于清端公政書（上）

高林清　趙桂溟　主編
趙桂溟　張仲偉　耿建華　點校

全國高等院校古籍整理研究工作委員會項目
《于清端公政書》點校　教古字〔2007〕0771號

山西出版傳媒集團
三晋出版社

圖書在版編目(CIP)數據

于清端公政書 / 趙桂溟,張仲偉,耿建華點校. —太原:三晋出版社,2016.3 (2019.8 重印)

ISBN 978-7-5457-1334-3

Ⅰ.①于… Ⅱ.①趙… ②張… ③耿 Ⅲ.①政書—中國—清代 Ⅳ.①D691.5

中國版本圖書館 CIP 數據核字(2016)第 073796 號

于清端公政書(上、下)

著　　者:[清]于成龍
主　　編:高林清　趙桂溟
點 校 者:趙桂溟　張仲偉　耿建華
責任編輯:落馥香

出 版 者:山西出版傳媒集團·三晋出版社(原山西古籍出版社)
地　　址:太原市建設南路 21 號
郵　　編:030012
電　　話:0351-4922268(發行中心)
　　　　　0351-4956036(總編室)
　　　　　0351-4922203(印製部)
網　　址:http://www.sjcbs.cn

經 銷 者:新華書店
承 印 者:山西潤金容印業有限公司

開　　本:787mm×960mm　1/16
印　　張:36.25
字　　數:650 千字
版　　次:2017 年 4 月　第 1 版
印　　次:2019 年 8 月　第 2 次印刷
書　　號:ISBN 978-7-5457-1334-3
定　　價:150.00 圓(全两册)

總序一

作爲《于成龍文化叢書》(以下簡稱《叢書》)首批成果的8本圖書將很快由三晉出版社出版。這是一項非常重要的工作,對於推動我國的廉政文化建設以及國家治理現代化都具有多方面的重要意義。

《叢書》的編纂和出版是落實習近平總書記重視歷史經驗教訓研究,爲國家治理現代化服務有關講話精神的具體體現。2014年10月13日,中共中央政治局組織第十八次集體學習。本次集體學習以我國歷史上的國家治理爲主題。習近平總書記在主持學習時發表了重要講話,就爲什么以及如何加强歷史經驗和教訓的總結研究,爲推進國家治理體系和治理能力現代化提供服務談了許多重要的意見。習近平總書記在講話中指出:"對綿延5000多年的中華文明,我們應該多一份尊重,多一份思考。對古代的成功經驗,我們要本着擇其善者而從之、擇其不善者而去之的科學態度,牢記歷史經驗、牢記歷史教訓、牢記歷史警示,爲推進國家治理體系和治理能力現代化提供有益借鑒。……歷史是最好的老師。在漫長的歷史進程中,中華民族創造了獨樹一幟的燦爛文化,積累了豐富的治國理政經驗,其中既包括升平之世社會發展進步的成功經驗,也有衰亂之世社會動蕩的深刻教訓。我國古代主張民惟邦本、政得其民,禮法合治、德主刑輔,爲政之要莫先于得人、治國先治吏,爲政以德、正己修身,居安思危、改易更化,等等,這些都能給人們以重要啓示。治理國家和社會,今天遇到的很多事情都可以在歷史上找到影子,歷史上發生過的很多事情也都可以作爲今天的鏡鑒。中國的今天是從中國的昨天和前天發展而來的。要治理好今天的中國,需要對我國歷史和傳統文化有深入了解,也需要對我國古代治國理政的探索和智慧進行積極總結。……歷史雖然是過去發生的事情,但總會以這樣那樣的方式出現在當今人們的生活之中。我國傳統思想文化根源在社會生活本身,是人們思想觀念、風俗習慣、生活方式、情感樣式的集中表達。古代思想文化對今人仍然具有很深刻的影響。我們要對傳統文化進行科學分析……”

于成龍是清代山西永寧州(今山西省吕梁市方山縣)人,清初重臣。他從偏遠治亂地區的知縣開始,後在多地、多個職位爲官,最終成爲地方政要和朝廷重臣,一生清廉,又政績卓著,是真正廉能兼備的一流官員。他在兩江總督並兼管兩地巡撫的任上去世,被康熙皇帝褒獎爲“清官第一”和“天下第一廉吏”。他是我國古代官員的傑出代表,有着豐富的修身、齊家、從政經驗,是山西以及全國的寶貴財富。山西黨政、學界和社會各界人士都有責任和義務在挖掘、研究于成龍方面做出自己的貢獻。

在研究于成龍修身、齊家和爲政方面,作爲《叢書》首批成果的8本圖書已經達到了一個很高的境界。這8本圖書包括于成龍的傳記、政務文稿、詩文選注、研究論文集、經典司法裁判文書以及儒家齊家治國小百科資料兩種。這8本圖書從多個視角,呈現給廣大讀者一個有血有肉的于成龍,具有系統性和豐富性,適合政界、學界、社會大衆等不同的人群來參閲和研讀。

加强對我國古代廉政文化的研究是十分重要的。其中一個重要的研究領域就是選擇一批優秀官員作爲研究對象,進行深入系統的研究,形成科學系統的研究成果,呈現給社會。應當説,于成龍是我國古代官員的佼佼者。之所以這么説,是因爲他是名副其實的廉能兼備的官員。首先,廉是中國傳統道德中的獨立要素,這在世界各大文明中都是獨特的和少有的。我國自古就有“四維”(禮、義、廉、耻)或“八德”(孝、悌、忠、信、禮、義、廉、耻)之道德體系説,其中,廉是一個獨立的、重要的維度。其次,廉還是各種品格素質的靈魂。《周禮·天官冢宰·小宰》中提出官吏考察的六個重要標準:廉善、廉能、廉敬、廉正、廉法、廉辨。善、能、敬、正、法、辨是官吏的六種重要能力和品質,可是在這六個標準之前都加一“廉”字,其意旨就是要處處以廉爲本、以廉爲魂。中國自古有這樣的道德理論體系,實踐中也不斷涌現出一個個活靈活現的代表人物。毫無疑問,于成龍是廉潔官員中的翹楚。他在廉潔性方面已經達到了相當高的境界,實現了廉和能的有機統一。也正因此,康熙皇帝才評價他爲“天下第一廉吏”。

從古今中外人才評價的各種理論、學説來看,廉和能都是兩個最爲基本的維度。真正的廉者應當是那些始終把廉作爲靈魂,並最終在廉和能兩個方面達到高度統一者。于成龍正是這樣的傑出代表。他所代表的是廉能兼備的、真正的廉。他在爲政方面同樣政績斐然,他的才能在最初擔任羅城縣知縣時就得到了很好的體現,在隨後的多個職位上,也都政績卓越。在長時間的爲政實踐中,他在完善保甲制度(保甲法)上做出了自己獨特的貢獻,在司法裁判中形成了很多經典的判例,對當今的國家治理和依法治國、法治建設都有重要的現實意義。近些年來,有些學者往往把廉和能對立起來,提出所謂“貪官能吏、廉官庸吏”之説,這實在是荒謬之極的觀點,實際情况顯然不是這樣的。假定讓這樣的觀點流行起來,豈不是爲貪官張目、讓廉官抬不起頭?實際上,即使在理論上把廉和能作爲兩個獨立的維度,也應當有四種組合,“貪官能吏”“廉官庸吏”只是兩種可能的情况,“貪腐無能”“廉能兼備”則是另外兩種可能的情况。在這四種情况中,“貪腐無能”當然是最糟糕的,如谷俊山之流;“貪官能吏”的破壞性也很大,如薄熙來、劉志軍之流;“廉官庸吏”當然也不好。在實踐中,這三種情况當然都存在,但如果很普遍,那一定意味着幹部政策、選人用人制度乃至國家治理出現了嚴重的問題。在國家治理良好的情况下,應該是“廉能兼備”的官員不斷涌現。所謂“廉能兼備”,也就是中國共產黨長期以來所主張的“德才兼備”的幹部標準。在中國革命和建設的歷史上,都是“德才兼備”幹部佔主導。也正因此,才能取得中國革命的成功和中國建設的成就。

總之,《于成龍文化叢書》的編纂出版必將加深人們對一代廉吏的認識,對於當前廉政文化的建設,對於反腐倡廉的推進,都將產生積極的作用。

任建明

2015年8月3日

［作者系北京航空航天大學廉潔研究與教育中心主任、教授,透明國際中國會員(TI－China)副主席］

總序二

這套《于成龍文化叢書》從最初的策劃、整理和編纂,直到今天準備付印,屈指數來,已整整五個寒暑過去了。作爲策劃人和主編,回想這段頗費心力、也頗費周折的日子,真不知該是激動,還是感慨,抑或是生發更多的世事況味。

記得那是2010年的季夏,山西方山于成龍文化園董事長高林清先生找到我,問我能否組織編纂一套有關于成龍文化的叢書。我一聽,這不正是我一直以來的宿願嗎?憑着這些年我對于成龍文獻的熱衷和了解,當即愉快地答應了他。

其實,身爲吕梁籍學者,我最早開始關注先賢于成龍是2004年的秋天。是這年秋天一次難忘的方山之行,與時任方山縣縣長李志安先生達成共識,開始着手《于成龍集》的文獻收集與點校整理。此項目歷時三年,2007年被列入國家清史編纂委員會《文獻叢刊》出版,成爲1949年以來中國大陸首次出版發行的最權威的于成龍文集。這部文集,以其首創性和文獻性,深受學界好評。

正是因爲《于成龍集》的面世,才使我與有着濃烈于成龍情結的高林清先生結緣,並有了一系列的文化互動。《于成龍文化叢書》的編纂,應該是我們最深層次的一次合作。這次合作,儘管歷盡艱難,但我們無怨無悔。恰恰相反,在孜孜矻矻的那些日子裹,讓我更多感受到的是高林清先生的一份家國情懷與文化堅守,以及一個文化先行者的覺悟,甚至孤獨。

在我未深入研究于成龍之前, 自己只知道于成龍是一個大清官, 大名人,並不十分明白于成龍這個清官形象背後有多深的文化內涵和現實價值,僅隱隱覺得作爲一個地方文化品牌應該加以深入研究和開發。事實上,進入世紀之交,于成龍這一文旅項目也曾引起當地一些投資人的關注,但還是因投入與産出很難成正比, 最終使那些見螃蟹而不敢下口的投資人知難而退了。在這樣的情況下, 一向有文化情結的民間投資人高林清先生挺身而出了。他後來在回答記者採訪時説,讀王永泰先生《清官于成龍》竟至幾次哽咽,夜不能寐。於是,性情中人高林清先生明知不可爲而爲之,發心要把于成龍廉政文化園做起來。他堅信,于成龍雖然故去近400年,但作爲一個中國廉吏文化的經典樣本,于成龍精神尚在,時代永遠需要于成龍精神,國家和人民永遠需要于成龍精神!基于這樣的信念和情懷,高林清先生不顧家人和好友的勸阻, 毅然決然傾囊把錢砸在了深不見底的于成龍廉政文化園建設項目上,甚至後來不惜賣掉自己的住房,以解燃眉之急。這樣破釜沉舟去做,高林清先生倒底圖的是什么?“位卑未敢忘憂國。”其實,他的投資圖的不是關乎蠅頭小利的回報,也不是關乎身家命運的改善,而是關乎中華民族優秀傳統文化的復興,以及當前國家政治清明的需要。從最初的規劃立項,到具體的工程建設,于成龍廉政文化園做得儘管異常艱難,最終還是做起來了,而且已經發揮了它應有的現實作用和導向作用。特别是以習近平同志爲核心的黨中央高舉反腐旗幟以來,對照“山西塌方式腐敗”現象的不堪,于成龍廉政文化園的政治意義和社會文化價值日益顯現, 不僅成爲全國黨政幹部廉政教育基地,也是新時期國民廉潔教育的重要目的地。

得道多助。回首數年文化苦旅,高林清先生可稱得上是“孤膽英雄”,但這位“孤膽英雄”在弘揚于成龍廉政文化的路上並不孤單。多年來,國家、省、市、縣等各級黨委、政府和有關部門,從政策、財力、人力、物力諸多方面給予了積極指導與大力支持。于成龍曾經履職之地的政府，全國社會文化界賢達，全國于成龍民間粉絲，均以不同的方式給予了熱情而無私的幫助。對此，高林清先生一直念念於懷，不能忘記。

在這樣的社會政治氛圍之下，高林清先生更是把編纂這套《于成龍文化叢書》看得十分重要。他認爲，于成龍廉政文化園要讓每一位參觀者能够直觀形象地感受到于成龍文化的獨特魅力，同時，要給廣大參觀者和更多的受衆深入學習于成龍廉潔文化提供系列的教育讀本。高林清先生的這一見識與決定，可以説是深具建設性和前瞻性。當前，國家政治生態形勢的根本轉變，更是印證了他超前的膽識。

從 2010 年起，我圍繞《于成龍文化叢書》的編纂，做了不少功課。2012 年，正式接受了編纂任務後，除自己親自操刀外，還聘請省内外數名文獻方面的學者，參與其事，共襄盛舉。初擬出版 2 輯，共 15 種 16 册，最後落實了 1 輯 7 種 8 册。分别是：

1.《于清端公政書》。該書是在山西古籍出版社 2008 年第一版《于成龍集》的基礎上，增加校勘而成。相較之前的《于清端公政書》，該書增補了史料三十篇，詩二首，編入“新補”，注明出處。其次，增加了校勘記，將三個版本《政書》置于一處，便于考校異同。再次，整理了碑刻文字資料，加强了地上文物與紙上文物的互證。而且增加了于氏譜系、族規、家訓、于成龍大事年表作爲附録。這樣，使該書的文獻性大大增强，整理也較前更加規範。此前《于成龍集》主編是李志安先生，增補、點校主要由我進行，經閻鳳梧、蕭泰芳二老先生審訂最後定稿。本次校勘則由張仲偉、耿建華完成。書名仍定爲《于清端公政書》，一來以示區别《于成龍集》，二來是對清版原著的延續與尊重。

2.《于成龍詩文選注》。該書是爲了方便普通讀者，首次由常佩雨、邵宗波、金小娟精心選注的。共收録于成龍散文 100 篇，詩詞 10 餘首(闋)。各篇的題解部分，介紹文章出處，並對其内容、文學價值等略作申説；注釋部分，既努力把握注釋的準確性，又立足讀者的閲讀趣味，盡量將相關内容全面注釋；附録部分爲于成龍大事年表等内容。

3.《于成龍判牘譯注》。該書是民國時期出現的一部于成龍判牘選集，共32篇，首次由常佩雨、金小娟等全文注釋翻譯。該書内容多是家庭糾葛、鄰里糾紛等民事案件。在這些民間糾紛的判決處理中，展示了于成龍作爲一代名吏、廉吏的審判風格，是留存至今彌足珍貴的于成龍判牘文獻。

4.《先儒正修録》。該書初編是于成龍，最後纂集是于成龍之孫于準。此次以清華大學圖書館藏清康熙刻本爲底本，首次由趙桂溟、常佩雨、金小娟校注，並增加多篇先儒小傳。全書包括先儒讀書、修身、養性、雜録、札記、自警、教學、訓舉子、學道、閑居、辯學、爲學等多方面的内容，是不可多得的儒學讀本。

5.《先儒齊治録》。該書共三卷，由于成龍之孫于準纂集，首次由常佩雨、金小娟校注。全書彙集了明清時期71位先代儒學名家的相關言論77篇，保存了明清儒家學者在思想教化、家庭倫理、治國行政、刑法獄政、財經財政、科技史等方面諸多史料，也是研究于成龍等明清儒臣思想軌迹的重要文獻。

6.《于成龍研究論文集》。該書是2009年三晋出版社出版的同名書的增訂本，由趙桂溟、常佩雨選編。書中收録了國内外于成龍研究的17篇論文。論文研究涉及于成龍的思想理念、品德才能、治世方略、生長環境、人格形成影響因素、祖籍考略、詩史相證等方面。增訂本略有取捨，新加了幾篇有份量的論文，研究範圍也更寬泛。特别要提到的是由我專門約請外語專家翻譯的美國、日本學者關於于成龍的研究論文，視角獨特，觀點新穎，這些應該是增訂本的新亮點。

7.《大清廉吏于成龍》。該書是傳記作家王振川先生應約而創作的。全書分三篇，上篇《亂世吕梁一書生》闡述于成龍生活的時代背景與出仕前的經歷。中篇《康熙官場廉能吏》描述了于成龍大器晚成，出仕做官，從羅城任上到直隸總督任上治政理事的具體措施。下篇《開創盛世大賢臣》記載了于成龍升任直隸總督、兩江總督後清操依舊,盡心國事的事迹。《附録》還增加了于成龍子孫情况、先塋毁壞情况等有價值的資料。

今天,7 種 8 册已具規模的《于成龍文化叢書》之所以得以印行,可以説完全是集體智慧和辛苦的結晶。在這裏,我們還是要首先感謝高林清先生,没有他百折不撓的堅持和不惜代價的付出,决不會有這套叢書的問世;感謝北京航空航天大學廉潔研究與教育中心主任、透明國際中國會員(TI-China)副主席任建明教授欣然爲本叢書作序;同時,我們也要感謝李志安、閻鳳梧、蕭泰芳諸先生的前期工作,給我們的叢書後續編纂帶來了方便;還要感謝常佩雨、金小娟、吴玉堂、邵宗波、邹鑫、王振川、張仲偉、耿建華等諸位學林新秀,他們的學術工匠精神,使我們的合作倍感愉快;最後,特别應該感謝的是張繼紅、落馥香兩位著名出版人,從編輯到印行,一路鼎力支持,才會有這樣圓滿的結果。

《于成龍文化叢書》就要和讀者見面了,作爲主編,此刻我的心情更多的是忐忑。儘管我們足够努力,但宥于學力等原因,難免會有種種疏漏與舛誤,尚祈讀者諸君不吝賜教,以期再版時改正。

趙桂溟

2015 年 6 月 22 日於古并集虚廬

凡 例

一、本書《于清端公政書》,清康熙四十六年(1707),由于成龍長孫于準在于成龍門人李中素編輯之《于山奏牘》基礎上擴充、抄録,蔡方炳、諸匡鼎重新編次、校對,分爲首編、政書(八卷)、外集,此謂康熙本。乾隆二十六年(1761),于成龍曾孫于大梃增刻續集,連同康熙本原版重印。

二、本次點校搜集到于成龍的著作有兩大版本系統,共五个版本,分别作爲校勘底本、校本、参校本,具體説明如下:

《于山奏牘》系統本。《于山奏牘》七卷,附録一卷,于成龍之門人李中素編輯,前有李中素序、鄭先慶序。此書始刻於清康熙二十二年(1683)。現存版本有:

1.山西大學圖書館藏康熙二十二年刻本《于山奏牘》七卷,附録一卷。齊魯書社《四庫存目叢書》影印天津圖書館藏清康熙二十二年刻本。經比對,以上兩个文本實爲一書,故整理時採用《四庫存目叢書》影印本,簡稱“奏牘本”。

2. 南開大學圖書館藏清康熙刻本《于山奏牘》七卷,首一卷,附録一卷。經比對,此版本首一卷爲奏牘本所無,其他部分與奏牘本完全相同,稱“南開大學圖書館藏《于山奏牘》本”。

《于清端公政書》系統本。《于清端公政書》八卷,由其孫于準在《于山奏牘》的基礎上,搜集遺失,增補缺失,由蔡方炳、諸匡鼎校勘編次而成。現存版本有:

1.康熙四十六年(1707)刊本,正文八卷,首一卷,外集一卷,山西大學圖書館、臨猗縣圖書館藏。簡稱“康熙本”。

2.乾隆二十六年(1761)補刻本,正文八卷,首一卷,外集一卷,續集一卷。山西大學圖書館、山西省圖書館藏,簡稱“乾隆本”。經比對,乾隆本刊印所用雕版實系康熙本原版,且内容有補充,爲目前所收内容最爲全面的版本,故以乾隆本作爲底本。

3.乾隆四十八年(1783)《四庫全書》本,此本題爲《于清端政書》八卷,前有康熙二十二年李中素序,無首編、外集、續集,題“兩江總督于成龍撰”,簡稱四庫本。經比對,四庫本録入的底本應爲康熙本。

三、本次點校以乾隆本爲底本,爲保存古籍原貌,故仍以首一卷、正文八卷、外集一卷、續集一卷爲順序編次。

爲閲讀明晰起見,本次點校將底本、校本、參校本中的序、跋置於正文卷首。外集、續集中收録的相關序跋也置於卷首,這些篇目在外集、續集中將不再收録。

四、本次點校的正文部分,内容爲于成龍所作條議、奏疏、勸諭、詩文等。在正文校勘過程中,以乾隆本作底本,以四庫本、奏牘本作校本。四庫本在抄寫過程中有所删改,奏牘本爲于成龍在世時所編,此二版本與乾隆本的不同之處均體現在校記當中,除明顯錯誤,以乾隆本原文爲正文。一卷之後附同官員往來書牘,由於奏牘本將往來書牘附于文章之後,且内容較其他版本有所不同,所以對於同官員往來書牘部分,以奏牘本爲底本,其他版本爲校本和參校本。

五、本書增補于成龍撰《建宋賢祠引》一篇,依時序編入《政書》第二卷之末。其他與于成龍有關之史料編入本書附録中,均注明出處。相關篇目大致按文章類别與寫作年代編排,無寫作年代者,按其所在之總集版本年代編排。

六、《于清端公政書》首編有目録,《政書》目録分别列於各卷之首,外集、續集無目録。本書統一編目,置於全書之首。

七、短篇一般不分段,長篇適當分段,以便閱讀。

八、爲適應普通讀者需求,本書斷句從短,標點從細。公文輾轉、人物對話,以及專用詞語如"三舉卓異""奉公奏最""苟四知之克嚴"之卓異、最、四知等等,一律加引號;概述大意、引文不全者,不加引號。各級官署、官職名稱如"州縣""州府""部院""督撫""司道""廳縣""衛備"等,非事有專指,一般不用頓號隔開。文中夾註,另加標點。

九、依照古籍整理通例,古體字、通假字、異體字、俗體字(含與今之簡體字相同者如于〔於〕、决〔決〕、争〔爭〕等),以及一篇之中一字而多體者,一般不作改動;偶有改動,以不發生歧義與異音爲準。對少數民族之污衊性稱謂,爲保留歷史原貌,不作改動。

十、避諱字、缺筆、添筆,以及音義、筆畫相同,而上下、左右結構不同之異體字,改爲通行字。

十一、錯字加圓括號,隨後之正字加方括號。校補缺字用方括號,衍文用圓括號。本書此類情况顯係誤刻、漏刻,極易辨别,對理解文意並無大礙;且在本書内大多可以互證,閲讀同類文字,即可一目了然,故不重復作校記。如"彭百(鈴)〔齡〕""鮑世(榮)〔庸〕""衛(濟賢)〔既齊〕""順治十(三)〔八〕年以副貢知羅城縣""期七(日)〔月〕起事"等等,均屬此例。原文殘缺處,用□表示。

十二、《于清端公政書》中之幾篇序、跋,以及"新補"中録自各種文獻之若干文字,原書無題者,本書視文意擬加題目;有作者姓名者,列於題目之下,以便檢索。

十三、《于清端公政書》首編"恩賜宸翰"之後,有"總理糧儲提督軍務巡撫江寧等處地方都察院右副都御史加五級臣于準敬録"字樣;《政書》各卷之首,有"後學平江蔡方炳、西陵諸匡鼎編次,冢孫于準敬録"字樣,因序跋中已有説明,故不保留。

十四、于成龍畫像與畫像背面之吳琠題辭,原在《于清端公政書》卷一之前,本書移置於全書插圖部分。

十五、本書增補文字取自正史、方志、總集、文集、碑刻,以及于成龍後人所作,非信實可靠者概不收入。

目　録

上

于清端公政書　序跋

序　跋

提　要

新　補

于清端公政書　首編

恩賜宸翰

新　補

于清端公政書 卷一

羅城書

合州書

武昌書

于清端公政書　卷二

黄州書

于清端公政書　卷四

黄州書

補　遺

于清端公政書　卷五

畿輔書

下

于清端公政書　卷六

兩江書

于清端公政書　卷七

兩江書

于清端公政書　卷八

吟詠書

于清端公政書　外集

于清端公政書　續集

于清端公政書　補集

附　録

于清端公政書　序跋

序　跋

《于清端公政書》原序〔一〕

李中素

今上之二十年，王師克滇，所向底定。神武既昭，罪人斯得，薄海内外，悉主悉臣，罔不賓服。上大嘉悦，益精惟治理，以大中丞夫子于公之治畿輔爲天下最，特晉位大司馬，總制兩江，以風有位。蓋上知公自令牧、二千石及監司、藩臬以迄開府上谷，歷閩、楚、蜀、粤，垂二十年，清操偉略，鴻文鉅績，久而彌厲，故兩歲之中，節鉞再加，一時眷遇，罕有其匹。明年夏四月，公請假在里，祭葬畢，即單騎至金陵，惟攜圖書數卷，直馳入署。五月，素自楚趨侍，恭覩御書賜公詩卷，兼聞駕幸雄縣，召見幄殿，温語移時，且詢公曩撫勦東山時事甚悉。益歎君臣相得，今古維難，而公獨遭際聖明若此，不有編述，懼不足以傳久遠。因發所攜圖書，得公自令羅城以來諸牘及詩文稿〔二〕，跽請於公，以爲古人著書立言，非徒誇示文字，良欲開導後學，使知所取法，無其事者尚欲有其言。況公之著作，皆因時立議，見諸行事，深切著明，小之治安一方，大者動關國計，非鑿空結想、借物託興之比。且公三舉卓異，屢平劇寇，天子知之已十數年，故復於雄縣親垂顧問。倘一旦詔公，條上行事，用備採覽，而編簡無稽，其何以對？公許諾，乃次第諸稿。片楮隻字，皆公親筆細書。歲久黴蠹霑蝕，半就脱落，彙其可識者爲若干卷。伏讀十許日，曰："於戲！盛哉！今而知無意於功者〔三〕，始能成天下之大功；不遺一事者，始能集天下之大事。本内聖外王之學，以行其致君澤民之志，其在斯夫，其在斯夫！"

方公初仕粤西，瘴癘所侵，異類與居，凡七年矣。北人宦此者百不一歸，而公處之泰然，略不爲動。卒之猺獞革心，民安盜戢〔四〕。其規畫條議，至今猶用之不盡，抑何偉也！及由蜀入楚，遍歷艱險，數定大亂，使内地悉平，王師得一意南征，無後顧之慮。迄今讀與中丞張公往復諸議，眞死而後生，危而後存，其難更有百倍于往日者〔五〕。當東山逆賊首倡江右、吴、豫，轉相煽熾，使蘄、黄不守，則吭扼喉噎，荆、武非我有矣。公獨與張公定策，率門下十餘人，督鄉勇數百〔六〕，直擣賊巢，身自陷堅，親冒矢石，一敗之黄土坳，一敗之紙棚河。旬月間一撫再勦，諸逆授首，而吴、豫、江右間聞風潰散，南北之路始通。方是時，外誅巨寇，内辦軍需，既飭屬僚，復撫百姓，羽檄交馳，人馬擐甲，凡所設施，皆手自裁答，于蒼皇中示閒整，於擾攘中恤民力，罔不纖悉曲當，洞中機宜。此又素所親炙，不假披閱始知者。至若出八閩于湯火之餘，調劑軍民，各安厥所，贖還難民，動以千百。每一書上，王公大人皆虚心聽受。撫綏上谷，屢建讜言，爲民請命。天子知公直，皆特旨報可，以故得蘇解困痼，全活死徙無算。古人得一節，足以傳之無窮；公則萃於一身，無往不備矣〔七〕。論者謂公以外臣重邀陛見，上親灑宸翰，兼賜白金、良馬、乳酒、銀貂、麞、兎、魚、鳧等物，恩禮疊加。人臣之榮至此已極，不知公之得此皆出意外。當其入粤，初不自意能至蜀也，及乎仕楚，更不意能至閩也，又安望開府畿輔、總制兩江哉？惟出萬死不一生之計,衹知君父深恩在所必報,其身家性命已久置度外。故凡有建白,輒掀髯而談,略無嚄唶,使稍有顧戀,其伸紙著筆雖曲極組織,其於國家事,終屬隔鞾搔癢,又何能功成事集如此其烈耶?是故爲人臣而知讀是書,其常也必廉,其變也必勇;爲人子而知讀是書,其養也必力,其哀也必毁。以此治兵,必無覆敗之虞;以此臨民,必免貪戾之禍;以之爲國,則達經權;以之居家,則敦孝悌。

於戲!公仕且二十年,危行特立,觸忌諱不少矣。所賴聖天子及當代王公大人知之於今,千百世忠臣孝子、志士仁人奉之於後。今雖華衮被躬,騶戟衛道,退處一室,雞鳴而起,鐘定而臥,惡衣麤食,有寒士之所難堪,而文章經濟,顧廣大精切若此,又孰得孰失也?公嘗謂所受知諸大人君子,皆及身顯庸,無復欠缺,獨中丞張公鞠躬報國,盡瘁以殁。今滇、黔蕩平而身不及見,每展對手書,輒愴然出涕,不知此書傳,則張公之功德自與之俱傳,即當代諸大人君子,亦無不與之俱傳。於以副聖天子精維治理之盛心,使士大夫服官攷業者,咸有所矜式,更使天下後世知凡欲成大功、集大事者,必於此不於彼,其爲裨益豈淺鮮哉!公兹甫涖兩江,未期月,綱紀整飭,俗易風移。每有示諭,閭里小民爭手録口誦,旬日成帙。由此平章天下,高文典册,方昌未已。奏之廊廟,鼓吹休明,將盈車充棟,有一書、再書、不勝書而已者,更請以俟諸異日云。

康熙二十有二年歲次癸亥春王正月上元,楚黄亭州門下士李中素拜撰。

【校記】

〔一〕奏牘本存於卷首,題爲"序"。乾隆本、四庫本存此文,四庫本題爲"于清端政書原序"。此文應爲奏牘本之序,《政書》輯之,故題爲"《于清端公政書》原序"。

〔二〕諸牘　奏牘本加"奏"字,作"諸奏牘"。

〔三〕知　奏牘本加"方",作"方知"。

〔四〕安　奏牘本作“孚”。

〔五〕于　四庫本作“於”。

〔六〕百　奏牘本作“千”。

〔七〕無往不備矣　奏牘本作“無往不備又更僕難悉者矣”。

《于山奏牘》序〔一〕

鄭先慶

嘗觀之黄河灝衍，必溯源於星宿；五嶽崢嶸，恆首脈於崑崙。蓋以非星宿不竭之淵，無以滋黄河之大也；非崑崙莫上之體，無以孕五嶽之尊也。世之祖功宗德，積厚流光者，槩可想見其詒燕矣。是以韋經世漢，王孝興淮，太傅婆娑於玉樹，晉國培溉夫三槐。其他世澤綿邈，奕葉寖昌者，如裴、陸、崔、盧、阮、韓、颜、柳，要皆代有哲人，開先啓後，本大而實繁，根深而枝茂也。因之，國史采風，太常隆典，昭德表賢，或錫之封謚，或祀之豆登。稽厥獲是，良匪倖臻。今汾陽于太公先生，抱郭有道、管幼安之襟期，有萬石君、陳太丘之家範。孝友著於庭闈，施助遍於閭里，持躬仁恕，訓子義方，篤生雙鳳，一時擬之機、雲、軾、轍。比制府北翁先生服膺而光大之，爲天星辰，爲地河嶽，正色冰心，松蒼栢勁。包孝肅、趙閱道差髣髴其涵藴，范希文、韓穉圭庶絜量其精誠。以是功流粤、蜀、楚、閩，尋遷保釐畿甸。聖天子異寵殊錫，歡同魚水，爰畀以江南、江西建牙督理。强教悦安，化成俗易，爲古今不易有之偉人，爲古今不多見之鴻烈。斯固其天資學力，得五百年山川間氣，盖亦太公趨庭之教，有以倡之耳。三晉公請祀公於聖廡，洵天人協合之舉也。黄叔度、王彦方里推方正，李贊皇、王文正世美貽謀。東海廷尉，駟馬高門；關西伯起，三公五世。二程有大中公之教，薪續絶學；紫陽有韋齋公之訓，功閑聖道。太公先生洵先後一揆。鄉先生歿而可祭於社，以垂不朽者，其先生之謂與！其先生之謂與！發潛闡幽，誠可俾後之處一鄉一邑者，大有所師率，以爲方員規矩，不猶覩泰、華而見九成之崑墟，觀河、雒而識湧泉之宿海也哉！

是爲序。

康熙二十二年歲次癸亥仲春月，年通家晚學生黄岡鄭先慶拜譔。

【校記】

〔一〕據奏牘本補，題目爲編者加。

《于清端公政書》卷首題辭〔一〕

吴 琠

巖巖正性，蝺蝺遐風。挺不淫不屈之氣概，貞特立獨行之心胷。竪脊梁於保殘歷險之地，勝仔肩於遺大投艱之中。蓋張忠定之不飾玩好，魯簡肅之衎衎履忠，傅獻簡之遇人以誠，范忠文之中無弗容。公殆各兼其孅而古人與同，余更欣瞻其貌而如見其衷。

沁州吴琠拜題。

【校記】

〔一〕奏牘本、四庫本均無此文。題目爲編者加。爲吴琠手書，有其印。

《于清端公政書》原跋〔一〕

劉 鼎

史稱韓魏公臨大事、決大議不動聲色，措天下于泰山之安；范文正初遺宰相書，極論天下事，他日爲政，盡行其言；至如司馬温公，人人引領，望其爲相。是皆德之盛而誠之著，非區區才智所能造也。所以自古一代名世之臣以天下爲己任，當艱難險阻之會，百折不回，具堅忍之定力。及當大任，而勲建名立，垂光百世。此無他，有非常之識，然後能立非常之言，成非常之功也。大司馬、西河于公非常人也，特膺寵命，總制兩江，天子倚毗，百僚奉法，黎民景從。未期月，而數千里之境内外、二百餘城之袤廣，翕然大治。鼎備位宇下，佩公之訓，莫不以一誠孚格于人。

邇得公門下士李君子鵠編次公歷來著作，再拜而伏讀之，歎公之遠慮深思，沉謀果斷，于國家大計、生民利害，洞若觀火，皆人所不能爲、不敢爲者。公之筮仕羅城也，處苦寒之邊徼，志彌堅，節彌厲，以綏靖遐方。自是治蜀、治楚、治閩，廿年如一日。撫勦東山，恩威并用，直足撼天地、泣鬼神，豈非德之至盛、誠之至著哉！開府畿輔之日，忠讜入告，孚信一人，朝上而夕報可，眷賚之隆，邁軼千古，惟其能行之，而始知其言之審耳。《易》曰“貞固足以幹事”，其是之謂歟！公之功業如日方升，丕炳天壤，則公之文章，當與星日爭光，山嶽比壽。然慮在官在民，無由盡見公之行事與立言也。于是敬授之梓，播之寓内，以風厲有位，移易風俗。天下後世服公之決機如神、措安磐石者，惟本一誠，養之素而出之裕也。生平事業，豪傑自知之，韓、范、司馬諸公類如是乎？讀是書而咸知所奮勵，以自盡其爲人臣子之職，則是書之有裨于世，奚可量也夫！

康熙癸亥夏五月，屬下吏、三韓劉鼎再拜謹跋。

【校記】

〔一〕奏牘本存於卷末，題爲“跋”。四庫本無此文。此文應爲奏牘本之跋，《政書》輯之，題爲“原跋”。編者據前例，將此文題爲“于清端公政書原跋”。

跋《于山奏牘》後〔一〕

武祇適

永寧北溟于公、交城奮雲張公暨余三人,交最久。辛卯春,同肄業於會城之崇善寺。會城風俗繁華,良辰美景,嘯歌而管絃者輻輳於寺中,三人厭之。友人荆雪濤、時澤普召三人於城北故晉藩之蓮池東書院,晨夕琢磨,以希一遇。放榜,三人俱未雋,鎩羽而歸,各閉其户。户雖各閉,而走札相規,依然卯春晤對。時丁酉,奮雲登賢書,余抱病數載,公以己卯副車,出就部選,得粤西柳州之羅城。假道敝邑,枉顧寒廬,毅然曰:"我輩雖無科第分,上古之皋、夔、稷、契,豈盡科目中人耶?我此行絶不以溫飽爲志,誓勿昧'天理良心'四字。子夙知我於蓮池書院者,敢爲子質言無隱。"余由其言想其心,預信必爲包孝肅、趙清獻、司馬溫公、海忠介一流人物。既而,由粤西而蜀而楚而閩,巡撫畿輔,總制兩江,數十年如一日。其剛毅自矢,不畏强禦,則包孝肅也;其精白一心,可對天地,則趙清獻也;其安上利下,扶危定傾,則司馬溫公也;易簀之日,僅餘竹簍敗笥,污衣舊靴,銀錢毫無,則海忠介之蕭條棺外無餘物、冷落靈前有菜根也。所云"言顧行,行顧言",公之謂歟。嗟乎!公生受聖天子之褒寵,賜詩、賜白金、賜良馬、賜麅魚肉、賜銀鼠褂;及其殁也,宸翰御書,勒石墓上,北公亦可含笑九京矣。余所不快者,天不憖老,乘箕太速,言念典型,爲我心惻。三公子伻來訃喪,貽行述、奏牘數册。媿余力薄名微,不能表章公,公亦無俟余表章。竊念三十年友誼,終不能恝然于心,幸洪洞彪西范先生彙輯三晉人文,敬將公之著作轉贈范先生,既經收録于《三晉語録》《晉國垂棘》等書中,仍借巨筆立傳,以盡余區區之友誼,或可以傳北公忠孝廉節之萬一云爾。

【校記】

〔一〕存於乾隆本外集,編者前置於此,以集中《政書》所有序跋。

《于清端公政書》跋〔一〕

陳奕禧

制府清端于公,(蔫)〔篤〕生永寧,以明經起家,歷官粵、蜀、楚、閩,節鉞畿輔,總督兩江。秉清明純懿之懷,本淹通經史之學,行貞固敏練之才,受知於聖天子,優譽有加,簡畀大任。故得盡發其所藴,施諸民瘼政事,而奏膚功,酬主眷,爲本朝人物第一,千載不朽也。小子禧初未拜公顔,爲平陽長吏時,見公直撫考試條約,即録寄洪洞范彪西進士,趣其梓行,蓋私心景慕而無緣瞻仰也。越二十年,當甲申秋,公孫、萊公大中丞公繼膺寵異,巡撫黔中。禧叨辱郡吏,(沭)〔沐〕教誨涵育之恩〔二〕,何異對我清端公言笑而沾被厚澤,以愜其夙志。適遺集録成,禧受而讀焉。其在羅城告親黨書,展味不忍竟。跡其忍苦穌民,以至誠相感,民亦忘其爲令長也。及繹楚黄書、檄、申、移,當軍興旁午,曲盡區畫,洞息機變,文事武備,并臻成效,要皆以誠出之。知公學有源本,亦何事不可措施於盡善也。丙戌春,大中丞公移節江蘇,禧亦因家兄出撫,回避來居吴下。思黔板不精,欲啓中丞公重雕,而搜羅遺佚,增補缺失,剞劂功早已竣矣。禧以門下故吏與校讎之末,竊仰清端公之豐功偉烈,又感中丞之知遇賞拔,烏能已於言且附名以傳,抑何遭逢之幸歟！丁亥春,禧拜黄州赤壁專祠,捐薄俸以置祠田,并書祠額刻懸之,將文集付周别駕,囑其謀梓。今中丞公盛業既就,當寄一部置祠中,以示黄之人,慰其甘棠之思,并知纘承先緒,如此其宏遠也。吴中素有祠在黌序之右,御書諸碑徵禧謄寫摹勒,昭垂於永久。惜筆墨鈍拙,當此鉅任，深用自愧云。

康熙四十六年秋七月朔，海寧門下吏、後學陳奕禧頓首謹跋。

【校記】

〔一〕存於乾隆本續集後，編者前置於此，以集中《政書》所有序跋。

〔二〕(沭)〔沐〕 據上下文意，應爲"沐"。

《于清端公政書》書後〔一〕

蔡方炳

余小子炳何幸得附名《于清端公政書》，而藉以不朽也。公爲振古以來有數之人。其筮仕也，開國家持廉秉公之風氣，布聖主仁民愛物之恩私，所在著稱，播聞遠邇，徒切斗山之仰。自總制兩江，得日聞公行事。凡墨者、酷者、黠者、澆者、奢者，無不變爲清焉、慈焉、良焉、淳焉、儉焉者，所存何神而過焉，輒化如此。當吾世而有斯人，苟獲登其門牆，一瞻顔色，足慰生平。適有纂修通志之役，炳膺聘至省。同局五十餘人，炳於旅進退之中獨蒙公賞識，命炳發凡起例，命炳正舛訂悮，且謂諸司曰："一局中惟蔡生肯認真。"夫"認真"二字，炳一生所自信，亦一生所以處拙者也。世無知我，被公一言道盡，感恩知己，願執贄稱弟子。公詢知炳膺博學宏儒之薦，入京時曾列蔚州魏果敏公門下，遂喜而受之，因曰："俟通志竣後，入吾署内共朝夕。"易簀前之七日，猶招入署中，絮語移時，孰意此晤遂成永訣！自維夫子知炳之深，愛炳之厚，而炳小子乃敢淺而薄如是也。兹奉中丞公命，校讐夫子《政書》，此誠後死之責，雖不敏，何敢以泛泛然自處。蓋夫子之所以居官事君者，亦不脱"認真"二字。學者試取《政書》讀之，何一非夫子認真處？(苐)〔第〕學夫子之認真，而致澤之道，思過半矣。校讐竣，爰援筆而書其後。

平江受業蔡方炳百拜識。

【校記】

〔一〕存於乾隆本續集後,編者前置於此,以集中《政書》所有序跋。

《于清端公政書》跋〔一〕

于 準

先祖清端公起家縣令,洊登制府,歷宦二十餘年,凡所施設,俱屬親裁。先清端無留稿傳後之思,隨手散帙。幸楚黄李子中素從廢簏蠹蝕之餘,搜輯政牘若干卷,屬員漕使者劉公鼎爰授之梓,先清端平生政績庶幾不泯。然準每一展閱,猶抱不全不備之感。邇者持鉞吴下,復遍從先清端舊治搜其遺牒,訪諸故家,稍得備所未備。吴門蔡子方炳,昔曾列先清端之門,因委以校讐之役。武陵諸子匡鼎適至,遂與同事,裒爲《政書》,而旁及於吟詠,於古文,凡先人遺筆不敢或棄。至於聖天子所眷注褒嘉者,首列之,彰榮寵也。諸當事所諮諏籌畫者,附列之,誌知遇也。刻既竣,敢述重刻《政書》緣起,而跋其後。

家孫準百拜識。

【校記】

〔一〕存於乾隆本後,編者前置於此,以集中《政書》所有序跋。此文題目爲編者加,原書無題。

《于清端公政書·續集》跋〔一〕

于大梃

先清端公《政書》刊行已久，梃受讀之，見吳、楚各有專祠，羅城獨闕，不禁廢書三歎。在先清端七年荒徼，剪棘披荆，固非爲血食計，而余小子没世不忘，未免桐鄉俎豆之思。故梃當出守廉江時，日(眞)〔冀〕量移粤西，爲先人建立專祠，畢生平願。不意病歸田里，荏苒廿年，有志未償，感慨係之矣。辛巳夏，接三韓金公手書及專祠録一帙，始知金公攝篆羅城，因父老之請，特捐廉俸，爲先清端創建專祠，并撰碑記、迎神等文，以垂綿遠。褒美揚休，情詞愷切，捧讀之餘，不覺感激涕零，沁入心腑。用即命弟大檀繕寫付匠，刊入《政書》，以昭金公厚誼，而余小子之志亦藉以慰焉。雕既成，敢跋《續集》緣起如此。

乾隆二十六年辛巳秋日，曾孫大梃百拜謹識。

【校記】

〔一〕存於乾隆本續集，編者前置於此，以集中《政書》所有序跋。此文題目爲編者加，原書無題。

提　要

《四庫全書》本《于清端政書》提要

臣等謹按:《于清端政書》，國朝于成龍撰。成龍，山西永寧州人，由副榜貢生官至兩江總督。卒謚"清端"，贈太子太保，事蹟具國史本傳。是集皆其歷任所作。曰《羅城書》,官羅城縣知縣時稿也;曰《合州書》,官合州知州時稿也;曰《武昌書》,官黄州同知、署武昌府時稿也;曰《黄州書》,官黄州江防道時稿也;曰《八閩書》,官福建兩司時稿也;曰《畿輔書》,官直隸巡撫時稿也;曰《兩江書》,官兩江總督時稿也。任監司以前,皆申、詳、條、議、札、檄、誡、諭之作,任巡撫以後,始列奏疏。第八卷曰《吟咏書》,則其所作各體詩,并以文六首附於後。别有《于山奏牘》七卷,其編次不及是集爲有端緒,另録存目。成龍以清節著名,而自起家令牧至兩膺節鉞,安民戢盜諸政蹟,皆綽有成算,其經濟亦有足傳。今觀是書,其平生規畫猶可見其本末也。

乾隆四十九年三月恭校上。

總纂官臣紀昀、臣陸錫熊、臣孫士毅。

總校官臣陸費墀。

《四庫全書總目提要》之《于清端公政書》提要[一]

《政書》八卷,山西巡撫採進本,國朝于成龍撰。成龍有《于山奏牘》,已著録。是集皆其歷任所紀。曰《羅城書》,令羅城時稿也;曰《合州書》,知合州時稿也;曰《武昌書》,同知黄州、署武昌府時稿也;曰《黄州書》,知黄州府時稿也;曰《八閩書》,歷任福建監司時稿也;曰《畿輔書》,巡撫直隸時稿也;曰《兩江書》,總督兩江時稿也。任監司以前,皆申、詳、條、議、札、檄、諭之作,任巡撫以後,始列奏疏,共七卷。其第八卷曰《吟詠書》,則其所作各體詩,并以文六首附於後。成龍以清節著名,而自起家令牧至兩膺節鉞,安民戢盜諸政蹟,亦皆綽有成算,其經濟頗有足傳。今觀是書,其平生規畫猶可見其本末也。

【校記】

〔一〕據《四庫全書總目提要》卷一七三録入。

《四庫全書總目提要》之《于山奏牘》提要〔一〕

《于山奏牘》七卷附詩詞一卷，江蘇周厚堉家藏本，國朝于成龍撰。成龍，字北溟，永寧人，前明拔貢生，入國朝授廣西羅城縣知縣，官至湖廣總督。此集刊於康熙癸亥，自卷一至卷七，皆載其歷任所上奏疏及詳文、牌示，并一時同官往來書牘；第八卷則詩詞，而終之以制藝一首。其後《政書》之刻，即因此本而增損之。此編盖猶其初稿，至於詩詞，本非所長，制藝一首，尤不入格，亦不如《政書》之刊除潔淨也。

【校記】

〔一〕據《四庫全書總目》卷五六録入。

新　補

總刻《于北溟先生文集》序〔一〕

范鄗鼎

康熙戊申、己酉間，予始知有于先生。及予之於先生作無情之應酬也，則在丙辰、丁巳之間。丙辰、丁巳，予選《續垂棘》二集，得先生著作，增光其中。又拔省身、弭盜諸格言，入《三晉語録》；拔忍字、節儉諸歌咏，入《三晉詩選》。予益知先生，而先生非予，安知予之知有先生也？即使先生知予，然予廿年守抱病蒙放之旨，未嘗於先生有一面之識、一字之通，故於先生相應酬者以神以性，而終不以情。乙丑夏，先生作古人去，予爲先生立傳，爲先生再三力請當路入三立祠，蒙俞。回憶廿年前，讀先生文章，景先生事功，所以報先生者止此。嗚呼！先生終不得而知予矣。文子三人，文孫四人，予亦倣知先生之意，未嘗識一面、通一字，以與之知。歲辛未，小价購書吳門，假道金陵，傳聞口碑於僉憲，克闡乃祖宗風。會予及門舌耕于京口、錫山之間，所傳聞者無異詞。僉憲謂誰？即子繩世丈，先生文孫也。予夙慮先生之文章、之事功，恐不盡傳，忽聞口碑如此，意繩老能心先生之心，必能事先生之事。先生一言一行，必能紹衣而作求之。頃之，及門寄一函來曰："《于清端公集》，凡先生之文章、之事功見予《垂棘》《語録》《詩選》者，繩老父子逐字清出，彙成全書。"予且讀且喜，且思予昔所得于及門并小价之言不誣也。輿繩老訂交，往來走字，實自此始。繩老乃贈其所彙成全書，來索序。或疑文章、事功不足盡先生，亦不足盡繩老之所以紹衣作求者。抑知古孝子愾聞僾見，一居處、一笑話猶思而不忍忘，況文章、事功赫赫在人耳目者乎？雖然，繩老所以紹衣作求者，實不在此。予爲關中楊忠介公序家乘，有曰："求忠臣於孝子之門，求孝子於忠臣之門，其理一也。"忠介公乃孫諱紹武，己丑進士，一仕而隱。今繩老德政方新，仕途日躋，將俾予求孝子乎？求忠臣乎？還以質諸繩老。

【校記】

〔一〕據道光五年本《国朝理學備考》第五册補。

于清端公政書　首編

恩賜宸翰

恭列《政書》首編

總理糧儲提督軍務巡撫江寧等處地方都察院右副都御史加五級臣于準敬録

任直撫時蒙頒上諭一道

康熙二十年二月十二日，翰林院掌院學士、教習、庶吉士庫勒納，一等侍衛、儀度額真對清，傳奉上諭："直隸巡撫于成龍，卿自外任小官，即聞有清廉之名，繼歷陞巡撫，益勵清節，自始至終，竝無改操。凡有親友、舊識私相請託者，槩行拒卻，絶不允從。及往沙河，所屬人員竝親友一切餽遺，拒而不納。此等清節，朕聞之不勝嘉悦。卿歷官廉潔，因致家計凉薄，兹特發内帑銀一千兩，朕親乘内廐良馬一匹連鞍，命庫勒納等親賚賜卿。俟事畢日，再至京師謝恩。卿受此寵賚，想當益加砥勵。朕尚親製詩一章，嘉爾清廉。因裝潢未就，俟到京日頒賜，一竝謝恩。"

任直撫時蒙賜御製御書詩并序一道[一]

直隸巡撫于成龍，秉性惇樸[二]，廉介夙聞。朕心嘉賴，俾典節鉞,保釐畿輔。惟能激濁揚清,始終如一,清潔之操,白首彌勵,真國家之可重,人所不能也。兹來陛見,爰賜以詩,用示鼓勵之義,且以風有位焉。

自昔崇廉治,勤思吏道澄。
郊圻王化始,鎖鑰重臣膺。
政績聞留犢,風期素飲冰。
朂哉貞晚節[三],褒命日欽承。

廣運
康熙二十年二月十三日
之寶[四]
賜直隸巡撫臣于成龍[五]

康熙二十年春正月,臣祖臣于成龍官直隸巡撫,督理孝昭皇后梓宫夫役,至京請陛見。上命侍衛持席於午門,傳諭:“巡撫年老不勝步,宜少坐。”乃拜謝坐。少頃入見,賜坐、賜茶,温語移時,慰勞有加,賜食於御書房。二月十二日,翰林院掌院學士、教習、庶吉士庫勒納,一等侍衛、儀度額真對清,傳奉上諭一道,并許製詩一章,以示褒獎。越十八日,大學士明珠,翰林院掌院學士庫勒納,一等侍衛、儀度額真對清,奉上諭:“朕親製詩章,裝潢已就,爾等即賫賜直隸巡撫于成龍,嘉其清節。俟事畢回京[六],一并謝恩。”及陵工告竣,詣闕謝恩,復賜鞍馬一匹。九月初十日,駕幸雄縣,詣行在,賜魚二包、鹿一隻、兔二十隻、鴈二隻[七],孤汀五隻。及見,上温語備至,解賜所御銀鼠褂,又賜御膳八器、乳酒一瓶。又道旁送駕[八],上望見行步稍遲,爲停鑾待之。是年冬,請歸葬,數日即有江南總督之命。竊惟皇上睿思天成，神文炳焕，親製詩章，揮灑宸翰，用以昭明政體，風厲臣工。是將載之簡册，傳爲美談，而臣祖名氏亦在奎壁光芒之中，因以不朽，誠千載一時也。古者侈君之命，勒諸鼎彝，垂之永久。臣既竊比此義，礱玉爲軸，裝褫成卷，什襲珍藏，復摹勒貞珉，以顯示來裔，兹更刻于《政書》之首。傳曰："王言如絲，其出如綸。"天下之士見之，有不鼓舞而淬礪者乎！

臣準恭紀。

【校記】

〔一〕(光緒)《永寧州志》卷二十五題爲"御製詩賜直隸巡撫臣于成龍并序"。

〔二〕惇樸 (光緒)《永寧州志》作"醇樸"。

〔三〕貞 (光緒)《永寧州志》作"現"。

〔四〕廣運 康熙二十年二月十三日 之寶 南開大學圖書館藏《于山奏牘》本作"御廣運 康熙二十年二月十三日 筆之寶"。

〔五〕賜直隸巡撫臣于成龍 乾隆本無，據南開大學圖書館藏《于山奏牘》本補。

〔六〕回 南開大學圖書館藏《于山奏牘》本作"囘"。

〔七〕鴈 南開大學圖書館藏《于山奏牘》本作"雁"。

〔八〕駕 乾隆本無此字，據南開大學圖書館藏《于山奏牘》本補。

賜葬時蒙賜御製御書碑文一道

太子太保、兵部尚書兼都察院右副都御史、總督江南江西等處地方軍務兼理糧餉、操江、謚"清端"于成龍碑文

朕讀《周官》六計弊吏曰：廉善、廉能、廉敬、廉正、廉法〔一〕、廉辯。吏道厥惟廉重哉！朕用是審觀臣僚，有真能廉者，則委以重寄，錫以殊恩，所以示人臣之標準也。爾于成龍秉心樸直，涖事忠勤〔二〕，而考其生平，廉爲尤著，以故累加特擢，皆朕親裁。蓋拔自庶官之中〔三〕，洊受節鉞之任，爾能堅守夙操，無間初終。古人脱粟布

被，或者嫌於矯僞。爾所謂廉，本於至誠。聞爾之風，可以興起。乃不(憖)〔憖〕遺，忽焉奄逝！日者省方察吏，南及江表，採風謡於草野〔四〕，見道路之謳思，清德在人，於今不泯。惟爾之廉，天下所知。朕俯合輿情，載褒勁節，既考名副實，謚曰“清端”。葬祭以禮，又晉之崇秩，賜予有加，恩邺爾子。嗚呼！人臣行己、服官、事主之道，爾可謂有始有卒者矣，顧不可以風世也與！

康熙二十四年二月十五日。〔五〕

【校記】

〔一〕法　南開大學圖書館藏《于山奏牘》本作“汯”。

〔二〕涖　南開大學圖書館藏《于山奏牘》本作“莅”。

〔三〕蓋　南開大學圖書館藏《于山奏牘》本作“葢”。

〔四〕草　南開大學圖書館藏《于山奏牘》本作“艸”。

〔五〕康熙二十四年二月十五日　南開大學圖書館藏《于山奏牘》本作“御 康熙二十四年二月十五日 筆”。

第一次諭祭文

康熙二十四年四月二十六日，皇帝遣山西汾州府知府張奇抱，諭祭太子太保、兵部尚書兼都察院右副都御史、總督江南江西等處地方軍務兼理糧餉、操江、謚“清端”于成龍之靈曰：

朕惟國家敷治，簡賢道先，保障人臣，奉公奏“最”，節重清勤。苟“四知”之克嚴，歷終始而弗替，寵褒宜賁，恩邺用昭。爾于成龍志篤醇誠，誼敦貞介，甫膺民社，聿著循聲，既懋旬宣，彌彰令績。是用畀以節鉞，綏乃邦畿。爾克撫字維勤，苞苴盡絶，迨兩江遷鎮，一節罔渝。馭下則大革貪風，勵己則寒同儒素，雖古廉吏，曷以加兹。迺倚任方殷，遂溘焉淪逝。軫懷良惻，異數頻頒。嗚呼！蕭然官舍〔一〕，竟擔石之無存；焕矣綸章，庶泉臺之克慰。苾芬在御，尚其歆承。

【校記】

〔一〕然 南開大學圖書館藏《于山奏牘》本作"肰"。

第二次諭祭文

康熙二十四年四月二十六日，皇帝遣山西汾州府知府張奇抱，諭祭太子太保、兵部尚書兼都察院右副都御史、總督江南江西等處地方軍務兼理糧餉、操江、謚"清端"于成龍之靈曰：

惟爾苦節克貞，鞠躬匪懈，真一介之弗取，越數官而彌堅。奄忽云亡，能無憫焉。嗚呼！清風未遠，長存表德之思；寵邺重頒，丕著旌賢之典。爾靈不昧，其克欽承。

康熙二十年冬，臣祖臣成龍奉命總督江南、江西兩省。二十一年夏抵任，二十三年夏卒於官。訃聞，皇上痛悼，諭祭二壇，給全葬銀兩。至康熙二十三年十一月二十九日，上巡幸江南回京〔一〕，備悉先臣清介勞瘁狀。迴蹕至都，面諭内閣、九卿、詹事、科道等官，會議邺典具奏。隨經會議得："仰惟皇上軫恤民生，澄清吏治，内外大小臣工，皆宜砥礪廉隅，殫心職業，以副皇上任用至意。頃者，聖駕東巡，經行大江南北，遍諮民瘼，稽核官評，訪得原任總督于成龍居官清正，爲古今第一廉吏。命臣等確加詳議。衆論僉同，宜沛隆恩，以勵臣節。除前已經諭葬御製碑文外，應加太子太保，謚'清端'，廕一子入監讀書。"竊念御賜墓碑，古有常典，大都詞臣奉命撰著，從未有出自御製兼蒙御書者。天恩浩蕩，逾于常格，賜謚賜廕，恩及存殁，榮寵非凡。臣感極涕零，謹刊列卷首，以誌高厚。

臣準恭紀。

【校記】

〔一〕回　南開大學圖書館藏《于山奏牘》本作“迴”。

御書扁額

康熙四十二年十月，蒙御書匾額，賜江南江西總督、謚“清端”、臣于成龍：

高行清粹

康熙四十二年九月，臣準以原任浙江按察司使丁憂服闋，赴補陛見。皇上顧謂大學士、吏部等曰：“此老總督之孫也。”旋奉旨特陞四川布政司使〔一〕。本年十月，鑾輿西狩，駐蹕太原。臣恭遭異數，賜賚無算。復蒙聖慈垂問臣祖塋在何處，幾許遠近。臣以越在二百七十里外對〔二〕，隨蒙親灑宸翰“高行清粹”四字匾額一幅賜臣。比扈駕至蒲，恭請聖訓，指授之際，又蒙天恩憶念曰：“爾祖寬嚴竝濟，人所難學。”臣伏念臣祖既歿，已歷二十年所，猶廑聖明惓惓不忘如此〔三〕。君臣遇合，遠軼夏商，直接唐虞矣。臣任蜀藩未四月，旋拜巡撫貴州之命，又調任江寧巡撫〔四〕。聖慈推念先臣〔五〕，寵加奕葉〔六〕。臣慙媿無地，希圖繩武，以無忝祖德，以無負君恩。謹備録之，以誌不忘。

臣準恭紀。

【校記】

〔一〕奉旨　南開大學圖書館藏《于山奏牘》本作“即命”。
〔二〕臣以　南開大學圖書館藏《于山奏牘》本作“臣當以”。
〔三〕聖明　南開大學圖書館藏《于山奏牘》本作“聖慈”。
〔四〕又調任江寧巡撫　南開大學圖書館藏《于山奏牘》本無此句，作“則又”。
〔五〕聖慈　南開大學圖書館藏《于山奏牘》本作“聖恩”。
〔六〕寵　南開大學圖書館藏《于山奏牘》本作“恩”。

御書對聯

康熙四十六年五月，恭逢皇上南巡，蒙御書對聯，賜江南江西總督、謚“清端”、臣于成龍：

歷仕甘棠隨地蔭

兩江清節至今傳

先清端持廉飭躬，秉誠報國，荷聖明知遇，膺重寄於封疆，錫殊恩于泉壤，榮寵至極，閱今已二十餘年。欣值翠華南幸，知士民愛戴猶深，特賜御筆對聯，用表先臣勳績。金薤雲章，輝煌照耀，固先臣曠古難遘之奇逢，實聖主風勵群工之盛典。臣準猥以菲材，席先臣餘蔭，疊受弘恩，謬叨節鉞。仰體皇上作忠之意，并承皇上教孝之思，敢不益竭駑駘，毋負吾君，毋忝爾祖，蓋凜凜乎有餘悚焉。爰拜手稽首，以誌弗諼。

臣準恭紀。

新　補

國朝聖祖仁皇帝敕命都察院右副都御史臣于成龍〔一〕

兹命爾巡撫直隸等處地方，管轄紫荆、密雲等關隘，贊理軍務，兼理糧餉，駐劄保定府，專理該管地方，舉核文職賢否，糧餉、刑名一切民事。爾宜宣佈德意，撫安人民，約束衙門員役，使之恪遵法紀,毋致作弊生事,擾害兵民。操練兵馬,修浚城池,詢訪民瘼,禁戢奸頑,其衛守備守禦所千總衛千總,經管錢穀,領運漕舡,仍照舊聽爾統轄。所屬地方,應徵應免錢糧,皆照户部題過新定,經制遵行曉諭,仍細加體察,如有司各官朦朧重收,藉端科派,參奏處治。嚴飭所屬,察解逃人,督理屯政。河間府至通州一帶河道,須督各道屬州縣勤加疏浚,使漕運通便。長蘆等處鹽政,并宜廉飭,期於鹽政無滯。又密雲等關隘,不許擅立關税,侵擾商民,嚴禁權豪勢要侵人田地,兜攬糧草,蠹耗軍需。天津一帶海口重地,尤宜接聯防備,沿海烽臺,設法嚴察,不得廢弛。備造運艘,製辦火藥、器械,如地方寇賊生發,即會同總兵官計議,統率將領戮力擒滅,務盡根株。凡地方利弊有可蘇息民困、振飭維新者,逐件條奏,請旨施行。地方備儲之計,如常平、社倉等事,責令有司力行備舉。境内逃丁荒糧,責成道府轉行有司從實察核,造册開報應蠲豁者,一面曉諭招徠,勸課農種,嚴禁濫徵侵占,使民人樂業。毋容有司將現存人户概派包賠,以致重累黎民。所屬司道以下各官果有真心任事,廉能著效者,即據實舉薦。如粉飾欺僞、貪酷殃民、庸懦溺職者,不時參奏。副將以下武職聽爾節制,并該管防守地方,剿禦賊寇,提調兵馬,舉劾武職賢否,一切軍務俱會同總兵官施行。如有武官騷擾地方,攬害良民,縱兵搶掠及隱匿賊情不報等事,聽爾會同總兵官糾參,從重治罪。敕中開載未盡事宜,聽爾詳酌施行。年終將行過事迹及兵饟、錢糧,造册送部察考。爾受兹委任,須持廉秉公,殫心竭力,以副委任,如怠玩廢弛、貪黷乖張,貽誤地方,責有所歸。爾其慎之。故諭。

【校記】

〔一〕據(光緒)《永寧州志》卷二十五補。

敕命兵部尚書兼都察院右副都御史臣于成龍[一]

兹特命爾總督江南江西等處地方軍務，兼理糧餉、操江，駐劄江寧府，居中調度，宣布德意，收拾人心。嚴飭文武官吏修浚城池，簡閲器械，稽查奸宄，查解逃人，設險固防，修理戰艦，操練兵馬，裕儲核餉，信賞必罰，弭盜安民，一應戰守機宜，悉聽便宜區處。誡諭文武將吏，共圖保障該省。巡撫提督等官，聽爾節制。如有賊寇生發，即應指授方略，督率提督鎮將等官，戮力剿滅，毋使滋蔓，仍申明紀律，禁約官兵，使所過地方，秋毫無犯。賊若悔罪棄戈，真心歸順者，准與招撫安插。依山據海，負固不服者，設法招撫，務須區處得宜。如招撫事體重大，奏請定奪。内地小盜，嚴責各汛防官及州縣衙所印捕官員緝擒。有隱匿賊情不報者，即行糾參，從重治罪。如有鑽投文武各衙門充爲標員吏役，暗通賊信及潛出行劫者，其濫收官員，不分守土駐防，糾參重處。大兵出征，往來境上，須行各該有司將糧草船隻預先備辦，應時支給，毋容州縣衛所横徵科派，苦累窮民。該省官兵，各有統轄，爾須與統領官及巡撫提督等官計議而行，有不法擾民者，依法處治。駐防滿州兵丁，如有擾害百姓妄行生事者，爾會同該管官審問，嚴行治罪。軍資糧應行支給，事竣察核。漕糧船隻，沿河撥兵護送，毋致疏虞。其兵馬實數向係道臣查點，今停其查點，爾督同提督選擇武官内廉干者查點。如有虚冒，即行指參。有與各督撫相關者，必會同酌議施行。鄰省如有兵事移會，務須犄角策應。爾猶須正己率屬，所統文武大小官員，必常加申飭，令其約束。衙門官役，俾一遵法紀，罔敢作弊生事，擾害軍民。用兵之際，稽遲糧饟、違誤軍機，或臨陣退縮、殺良冒功及借軍剥民侵餉肥己者，文官六品以下、武官四品以下，會同巡撫提督以軍法從事。巡撫提督鎮道等官，飛章參奏，候旨處分。所屬文武官員一秉虚公，嚴行甄别，有實心任事、廉能著效者，即據實舉薦。貪殘庸懦，輕則降黜，重則拿問，具疏奏聞。興利除害，有裨地方事宜，敕中開載未盡，許便宜區處。爾膺兹重寄，須持廉秉公，攄忠殫力，俾盜賊屏息，地方寧謐，斯稱委任。如因循怠忽，或處置乖方，致誤重地，責有所歸，爾其慎之。故諭。

【校記】

〔一〕據（光緒）《永寧州志》卷二十五補。

雍正帝諭祭文〔一〕

雍正十一年十月二十五日，皇帝遣山西汾州府清軍摠捕、同知兼管水利、鹽法、車輛事務盧褱，諭祭江南江西總督、加贈太子太保、謚"清端"于成龍之靈曰：

翊熙朝之泰運，瑞重良臣；稽册府之鴻猷，宜崇元祀。蓋成芬懋著，生平之風概如存；斯盛烈昭垂，奕世之寵褒益篤。載申綸綍，式薦牲醪。爾于成龍，品概剛方，操持廉慎。自膺民社之寄，早著循聲；歷邀節鉞之榮，彌堅素履。靖共爾位，積夙夜之勤勞；精白乃心，植封疆之表率。於戲！流芳竹帛，卓然一代之完人；樹範岩廊，允矣千秋之茂典。列豆籩於祠宇，渥澤攸隆；布筵几於里閭，湛恩疊沛。靈其不昧，尚克歆承。

【校記】

〔一〕據首都圖書館藏《于清端公詩文集》補，原稿無標題，題目爲編者加。

于清端公政書　卷一

羅城書

條陳引鹽利弊議[一]

看得柳屬地瘠民貧[二],兼以猺獞雜處,自入版圖以來[三],從無引鹽舊例。因粵東積引壅滯,疏通無術[四],波及粵西郡縣[五],乃有銷引之議,蓋自康熙元年始也[六]。柳屬以引鹽决不能銷,考成斷不能完,各陳艱苦,詳請免銷[七],文案如山,附卷可查。撫臺憐憫各郡[八]詳請痛切[九],題請免銷,部議未允,事出兩難。一面行催立埠招商[一〇],而商人因引目數多[一一],無人敢於承應;一面行文僉派里商[一二],赴東領運;一面催開未完鹽引州縣職名[一三]。吏民驚惶無措,幸撫臺深知吏民病苦,補牘再陳區畫户口食鹽之法,極力調停,部議始允,而鹽引幸減三分之二矣。自此,鹽課已定,有司雖愁苦中積,亦無可奈何。有招商立埠者,有設法官運者,有僻處山中,招商不應,請命於上司,代爲招商運銷者,咸屬急迫無聊之計。幸數年以來,考成俱完,且有溢額之引。原其行鹽之初,何嘗計及此也。今有司之考成雖完,而民窮愈不可支[一四],不可不蚤爲之變計也[一五]。成龍奉條議之文,確知民苦,不敢坐視不言,謹條列鄙議於左[一六]:

一、官運之宜禁也〔一七〕。當行鹽之始，民苦無素封之家，吏苦無點金之術，不得不賒借於有鹽之處，以救考成之急。鹽主因無現價，倍昂其值。鹽之來也既貴，則有司之發也自不得賤，且在官之僕役，明知鹽價出之百姓，領運盤費，誰肯較銖計兩，以爲官民計者？鹽價之貴，職此故也。至於發鹽之權，自上操之，有招商領運，鹽包數多而頻發者；有不係招商，假名色而予以必發者。上之發於州縣也無已，則州縣之發於民也亦無已。有司明知民苦，即引目已完，而亦不敢不領，爲無可如何之勢。領之必速發，發之必速催。鹽價雖貴而民不敢争，催鹽雖急而民不敢議，引價雖銷而民不敢言，日復一日，而民病已入膏肓。遲之又久，不惟累正賦，而且恐無民之可累矣。官與民皆沉淪鹽引之中而莫之救，其宜禁者一也〔一八〕。

一、埠商之宜革也〔一九〕。官鹽係梧州賒來之物，引稅水脚俱在其中。有司止幸完其考成，而不敢復議貴賤，爲窮逼所使而然也。若埠商運自廣東，鹽價可屈指而計，且競刀錐之利，誰肯浪費一二？及至地方，探知官鹽之價若干，亦照樣行之，利踰本數倍，乃無良心之極也。即有輕利之商欲減其鹽價，而又恐官鹽不行而獲戾焉。是官不樂商鹽之賤而致壅積，商更樂於官鹽之貴而獲厚利，兩相騰湧，民無賤鹽可食，而民愈窮。更有可異者，既名埠商，其發賣自應聽乎其便；無如其發鹽也，必求之有司，而其收價也，三五成群，挨門逐户而遍索焉。埠商之病民於斯爲甚，其宜革者一也〔二〇〕。

欲除以上二弊〔二一〕，莫若曉諭流商，從便發賣，渠較鹽本幾何，鹽利幾何，斷不至湧貴數倍，民亦不得從而爭議〔二二〕。況前商之鹽貴，而後商繼之，勢不得不減價以求速售。如是而隨時貴賤，非同官勢强壓，而鹽可無一定之貴價；民亦得量其有無，因其緩急，任其多寡，隨便而公易之，而民可無不得不領、不敢不領之苦。民窮稍甦，流商喜於疏銷有利，而來之必廣；窮民一旦得食賤鹽，而銷之必多。則引額較前更踰，有司亦不至有考成之慮矣〔二三〕。然尤有宜爲流商計者。從粵東領鹽至梧州〔二四〕,交引换票,其查核已嚴矣。後抵柳府,交梧州之票,另换柳州之牌〔二五〕,任意於各屬州縣交易〔二六〕,不必畫疆界、分彼此,以免煩瑣流商之害,而盤詰私鹽諸務亦可中止,民商俱被寬大之恩矣〔二七〕! 惟恐流商罕至,而提標數萬兵口,一年食鹽無算。馬平鹽包不及二百,其餘之引,或可以備不足,是又意外之一策也。若王公將軍有鹽,亦與流商等,任其銷賣,不必經有司之手,則流商之鹽從何而壅,食鹽之民從何而苦也。

【校記】

〔一〕奏牘本爲卷一之第二篇,題爲"粵西引鹽利弊議"。

〔二〕看得 奏牘本加"查",作"查看得"。

〔三〕自入版圖以來 奏牘本無此句。

〔四〕疏通無術 奏牘本無此句。

〔五〕波及 奏牘本作"貽害"。

〔六〕乃有銷引之議,蓋自康熙元年始也 奏牘本作"而銷引之議自康熙元年始"。

〔七〕柳屬以引鹽决不能銷,考成斷不能完,各陳艱苦,詳請免銷 奏牘本把"各陳艱苦"前置,爲"柳屬各陳艱苦";於"考成斷不能完"後加"泣訴";整句爲"柳屬各陳艱苦,以引鹽决不能銷,考成斷不能完泣訴,詳請免銷"。

〔八〕憐憫 奏牘本無"憫"字,作"憐"。

〔九〕詳請痛切 奏牘本作"詳免痛切"。

〔一〇〕奏牘本無"行"字。

〔一一〕而 奏牘本作"時"

〔一二〕一面 奏牘本作"又"。

〔一三〕一面 奏牘本作"即"。

〔一四〕此句後,奏牘本多"是一法立而一弊生"。

〔一五〕不可不早爲之變計也 奏牘本作"又不可不早爲之變計",多"又"字,少"也"字。

〔一六〕謹條列鄙議於左 奏牘本無此句。

〔一七〕一 奏牘本多"其"字,作"其一"。

禁 奏牘本多"嚴"字,作"嚴禁"。

〔一八〕其宜禁者一也 奏牘本無此句。

〔一九〕一　奏牘本多“其”字，作“其一”。
〔二〇〕其宜革者一也　奏牘本無此句。
〔二一〕欲除以上二弊　奏牘本作“欲去官運、埠商二弊”。
〔二二〕民亦不得從而爭議　奏牘本作“民亦敢從而爭之議之”。
〔二三〕矣　奏牘本無此字。
〔二四〕至　奏牘本無此字。
〔二五〕柳州　奏牘本作“柳府”。
〔二六〕州縣交易　奏牘本作“交易州縣”。
〔二七〕民商俱被寬大之恩矣　奏牘本作“民生獲被寬大之情”。

對金撫臺問地方事宜〔一〕

問：緑林草竊，如何消弭？逋誅逆獞，如何擒緝？山川地理之險要，如何屯戍設防？狑犽狼獞之驕悍，如何撫綏馴制？倒廢驛站，如何興復如初？森嚴欽限，如何依期完結？土司漢彝交錯之地〔二〕，如何立法，使邊陲藩籬鞏固相安？錢糧關税納污之藪如何釐剔，使陋規火耗悉除殆盡？何以清刑獄，使民無幽繫？何以懲刁頑，使民不健訟？何以招流移，使開墾蓁蕪？何以懲貪酷，使澄清仕途？何以察芟衙蠹？何以積儲備荒？

竊敉寧地方之要〔三〕，莫若安民。而安民之法，必以肅清吏治爲先務。吏得其人而潔己愛民，則弭盜固圉，省刑息訟，興利剔弊，諸務畢舉，雖在邊徼〔四〕，可漸次化理矣。成龍寡昧書生〔五〕，荒裔下吏，不識時務。仰承憲問，具稔憂時遠慮〔六〕，爲國爲民之盛心〔七〕，敢不率其蒭見〔八〕，以佐末議。今天下車書一統，中外臣服，粵西遠在南荒，天威底定〔九〕，巨寇已殄滅無遺〔一〇〕。而未雨綢繆，猶廑憲慮〔一一〕，誠爲國家樹萬年不拔之基，爲萬姓謀久安長治之道也〔一二〕。

夫地方何盜？盜即民也。民雖無知，决不樂於爲盜，必爲饑寒、刑罰迫之而爲盜也〔一三〕，責在有司。清淨寡慾，先之德教，以端風俗，繼之保甲〔一四〕，以防不虞。勿戕民命，勿剥民膚，俾各安室家，各戀妻子。此弭草竊之末議也。

粤西猺獞,種類不一,素號兇悍,以殺戮爲生,兼之十數年來,地方無主,强陵弱[一五],衆暴寡,無一淨地。天戈一指,么魔屏跡。彼雖仰畏其威[一六],然未盡懷其德。若稍疎一面之網[一七],多方招撫,開誠布公,消疑釋嫌,逆獞雖愚,亦必樂生惡死,悉歸王化,不煩弓矢而土宇寧謐。此安逆獞之末議也。

山川地理,或水或陸,未歷其地,難以懸擬。大約粤西地險獞悍,屯戍之兵不可不設,而統兵之法不可不嚴。兵以衛民,亦有禍民者;兵以防奸,亦有作奸者。屯戍設防,寧簡無濫。此防險要之末議也[一八]。

狑犽狼獞,不事詩書,不諳禮法,驕悍固其素習,責在有司。暫羈縻之,漸教育之,寬舒其手足,約束其心思,撫綏馴制,寧猛無寬。此撫綏驕悍之末議也[一九]。

若夫驛站,最爲民苦。當湯火初出,或可徐議興復,然煌煌功令、火牌勘合之外,嚴禁私役、需索等弊,四季循環,立簿查核。有司實心奉行,勿加譴責,則民吏不受害,而興復如初亦不難矣。此興復驛站之末議也[二〇]。

欽限事件最爲森嚴,有司敢不殫竭心力,勉副功令?然粤西與腹裏不同。猺獞不習書數,吏役乏人,一二經承兼理六房,事繁人寡,簿書堆案,有司攢眉,晝夜不停,而案牘彌積,如造由單、造奏銷、造會計、造徵解,册籍繁多,毫釐不敢苟簡,此係每年一定之成例。又加以清丈田畝,編審户口,催造開墾,無事不重且大。以一二書役,朝夕拮据,心血嘔盡,一不合式,查駁再造,而限期已逾,此事之無可如何者也。或有粤東善書算者投充,彼明知工食盡裁,必求里甲私幇。赫赫功令,誰敢自罹法網?是僉役土著苦無其人,召募流役苦無其資。書算者寡,事必遲延,則依期完結之法不能自爲之解矣。此早完欽件之末議也[二一]。

至于土司，古昔設立土官，撫其種類，誠以人地相宜，性情相近，以彝治彝〔二二〕，縻之以爵禄而爲朝廷用，故無反側之憂。今日彝漢錯處〔二三〕，殘忍多乖，皆因土官左右無正人，教導無良法，以至於此。若諭以輔導擇人，循法奉公，使彼内地和平，輸納其貢税，而無復苛求，自可相安於無事。此土司相安之末議也〔二四〕。

錢糧關税，國課攸關。然今日粵西之百姓，當兵火二十年，財力俱竭，目擊荒烟茅籬，遍皆鳩形鵠面。穀賤金貴，幸而正賦蚤完，已出望外。况鹽引加派，束手待斃，萬無疏銷之術，國法難逃，而陋規火耗雖甚，不肖者或未必能行之兹土〔二五〕。此除陋規之末議也〔二六〕。

刑獄者，民命所係。寧失出，毋失入，而好生之德自洽〔二七〕。詞訟者，風俗所關。禁止教唆，嚴絶赦前先審察原告之詞色，勿爲濫准，而刁頑之風可息〔二八〕。此清刑獄、止健訟之末議也〔二九〕。

殺戮之後，人民逃散，田地荒蕪。但使遵行三年起科之實政，吏静民安，流移可不招而自來〔三〇〕；烟火輳集，蓁蕪可漸次而開闢〔三一〕。此開墾蓁蕪之末議也〔三二〕。

貪酷者，害民害政之本。然蠻烟瘴雨，地瘠民貧，性命之念重，富貴之心冷。加以憲臺之嚴肅，有司雖不肖，或亦望風而畏罪之不暇。殃民者，莫若衙蠹。芟之毋使濫充，一歲必更察之，毋使倖生而置辟不貸。此清仕途、察衙役之末議也〔三三〕。

救荒者，莫若積儲。常平一倉，萬古良法，春發秋收，與民便宜，而緩急有濟，備荒之法莫逾於此〔三四〕。他如土物之採買，里甲之苛派，新役之幇貼，當此邊荒初甦之域，未必如腹裏之事事可議也。

【校記】

〔一〕奏牘本爲卷一之第三篇，題爲"對粵西金撫臺問地方事宜議"。

〔二〕彝　四庫本作"夷"。

〔三〕竊　奏牘本作"議得"。

〔四〕邊徼　奏牘本作"荒徼"。

〔五〕寡昧書生　奏牘本作"書生寡昧"。
〔六〕具稔　奏牘本無此詞。
〔七〕爲國爲民之盛心　奏牘本作"上以爲國下以爲民"。
〔八〕率其　奏牘本作"悉陳"。
　　蒭　四庫本作"芻"。
〔九〕天威　奏牘本作"仗威"。
〔一〇〕已殄滅　奏牘本無此詞。
〔一一〕猶　奏牘本作"時"。
〔一二〕誠爲國家樹萬年不拔之基，爲萬姓謀久安長治之道也　奏牘本無此句。
〔一三〕必爲饑寒、刑罰迫之而爲盜也　奏牘本爲"有迫之而爲盜者"。
　　饑　四庫本作"飢"。
〔一四〕繼之保甲　奏牘本作"繼之以保甲"，多"以"字。
〔一五〕陵　奏牘本作"兼"。
〔一六〕彼雖仰畏其威　奏牘本作"彼已悉畏其威"。
〔一七〕稍　奏牘本無此字。
〔一八〕此防險要之末議也　奏牘本無此句。
〔一九〕此撫綏驕悍之末議也　奏牘本無此句。
〔二〇〕此興復驛站之末議也　奏牘本無此句。
〔二一〕此早完欽件之末議也　奏牘本無此句。
〔二二〕彜　四庫本作"夷"。
〔二三〕彜　四庫本作"夷"。
〔二四〕此土司相安之末議也　奏牘本無此句。
〔二五〕行之茲土　奏牘本多"也"，作"行之茲土也"。
〔二六〕此除陋規之末議也　奏牘本無此句。
〔二七〕自洽　奏牘本多"也"，作"自洽也"。
〔二八〕可息　奏牘本多"也"，作"可息也"。
〔二九〕此清刑獄、止健訟之末議也　奏牘本無此句。
〔三〇〕自來　奏牘本多"也"，作"自來也"。
〔三一〕開闢　奏牘本多"也"，作"開闢也"。
〔三二〕此開墾蓁蕪之末議也　奏牘本無此句。
〔三三〕此清仕途、察衙役之末議也　奏牘本無此句。
〔三四〕備荒之法莫逾於此　奏牘本無此句。

再陳粤西事宜〔一〕

一、塘兵之騷擾未盡除也。奉文嚴飭,遞送公文,文設鋪兵,武設塘兵,兩不相涉,遵行久有定例。無如有司與防弁,或情面相狥,或私弊牽制,縱放塘兵居住民村,日供柴水米食,以故民不聊生〔二〕。惟在嚴察。

一、見年之答應未盡革也。奉文嚴飭,見年止許催辦錢糧,不許答應有司衙内供給上司差役飯食,及過往仕客下程酒席。無如積習難破,肆行無忌者,夫亦不少,且無恥輩藉口某縣有供應,恐嚇里民,逐件欲行〔三〕,不思洗滌。惟在嚴察。

一、知府之權太重也。往例州縣有道、府、廳爲之伺察,三分其權,而情難私飾,勢難獨斷,公道不能盡泯。今道、廳奉裁,而有司之賢否,藩臬耳目稍遠,惟知府爲最近。若府得其人,則官方自清,民生自遂,地方自安。或不得其人,則是非憑其喜怒,賢否任其高下。而有司畏知府更甚於畏院司,在下曲意爲阿從,在上極力爲狥庇。從此效尤成風,而民命邊境,關係不淺。惟在裁酌。

一、部頒法馬之宜公用也。粤西地瘠民貧,錢糧不容拖欠,正宜恤民財以完公事。若徒知刻剥,則民多一分之私費,便缺朝廷一分之正項,以至嚴刑追比,差役拷索,使民號泣無訴〔四〕,必倍貸以緩目前。迨至秋成雖豐,田中之禾先歸債主;一遇歲歉,賣兒鬻女,奔走流離。是當亟加憫念,嚴革收銀用戥,以除暗加明加之害。凡收條編,有司宜親坐堂上,將天平法馬置之座右,不得拘定某盤放銀,某盤下馬。聽從百姓完納〔五〕,有司即發印票,不得假手書役,一力掌定,民不敢言。如有用戥收銀及書役兑平者,許百姓赴告。

一、納銀納米之宜速收,糧票糧單之宜速發也。近奉新例,四月九月催徵。夫四月適當耕耘之候,九月又在收穫之時,農工正殷,而催科逼迫〔六〕。民之赴納也,已非得已,又從而措延之,夫復何望?且有司所司何事?若百姓納銀米,而不即上堂躬收,是怠惰也。若百姓群集,不能隨到隨收,即時發放,以至百姓隔宿守候,則有司之才不才,亦大可見矣。是在嚴察。

一、四月、九月之新例宜通融也。粵西與腹裏不同,夏禾最寡,而秋稻爲多。即秋稻亦有二種,有七八月收者,有九十月收者,是四月正耘、九月正收之候也。於此而催科太逼,則公私不勝其擾矣。或稍爲通融,聽從民便,自三月起至四月止〔七〕,有願輸納者收之,願全完者奬之,何必拘拘定以四月爲限也?或孤單貧弱,或水火災喪,一時力不能辦者,許具呈寬限,秋收上納,又何必於四月納半、九月納半之拘拘也?窮者不得與富者較,有故者不得與無故者較,量人情之緩急而權衡之,期於完正賦而止。即有艱難困苦者,量免一二,而在官俸食,豈不可相爲開除,奚若與煢煢赤子較錙量銖而算之無遺力也?又恐不肖藉名豁免而開侵欺工食之弊,是必將豁免者大張榜示,俾民役咸知,各抄一張存照,以杜弊端。如此新例雖定,而恩行於例之中,是催科中之撫字也。若夫未及四月而催徵全完,是必急於火耗;已經徵完而未行起解,是必陰爲那移。種種弊端,難逃洞察。

一、見年之亟宜憫恤也。粵西見年名色與腹裏里長排年爲一例,係十年輪任正務。若不加撫恤,任意刻求,勢必家破人亡於一年之中,即加數十年培養之力,不能復其元氣。夫既革其供應矣,而逐其力以催辦錢糧,是正務也。然見年亦有田地,若終日奔走,挨門逐户而催之,則自己之田禾荒不能顧,雖未竭其財,而亦已蹶其生矣。當開徵之候,有司出示曉諭,俾百姓隨便上納。如輸納不前,令見年催單頭,單頭催花户〔八〕,可不勞而坐致也。至於朔望之點卯,歲時之謁見,日用之伺候,當此邊荒極苦之地,猺獞畏疑之衆,似可盡革,而期於相安。是在裁酌。

一、雜派之不可包於官，由單之亟宜發於民也。夫雜派之禁，奉旨嚴飭，不啻再四，然亦有確不可少者。每歲之中，造由單紙張工墨有派，在縣造實徵紙張工墨有派，藥材本色額銀不足有派，表箋包袱額銀不足有派，春、秋二祭禮不敢儉，起解編銀水脚盤費有派，兩次奏銷水脚費用有派，是皆一定之例，萬不能除。但當堂與民公議，期於足用，眼同交出其派單，有司硃墨點定，散於見年存照，總有不肖〔九〕，料不敢將多派硃單留之百姓爲話柄也。至於意外之事，如往年幫解雲、貴之餉費有派，幫各道之進表有派，幫潯州之水脚有派，凡如此類，咸由上派定，原有定數。應將原牌付與百姓，從公議派完解，庶有司無不可告語百姓之事，百姓亦無疑畏有司之心，上下相知而緩急可以相濟。若夫愚弄猺獞，欺其無知，藉口派項之多，在官一力包管，初則猶相照顧，終則包外加派，民苦不堪，而逃亡相繼，是在亟爲勸諭禁止也。正賦、雜項界限不明，總由不發由單之過，猺獞雖不識字，彼亦知遇人而過問焉。不發由單，則原熟、新墾混淆無所查明，雜派得由而入之矣。然功令日嚴，諱過愈巧，印結甘結，徒事紛煩。若出其不意，稽查一二鄉民，問其有由單否，而官吏無所施其巧也。即如收銀大流水簿，俱係奏銷時打點停當，無關實事，止將納銀發票與由單合否，而官吏又何所肆其貪也？

一、有司之廉恥宜養，百姓之泣訴宜詳也。夫官之於民，猶父之於子。父不慈則子不孝，官不清則民不良。况邊徼之民雖刁，與腹裹大異。腹裹有勢宦挾制，噩衿把持〔一〇〕，光棍肆惡，捕風捉影。若夫蠢爾猺獞則不然，不諳官語，不識文字，惟聽外江流棍唆哄告狀，誆騙使用，及至提審，茫無一應，此粤西開闢初年之情形也。數年以來，百姓告官吏者不一，非盡流棍之唆哄，實有逼於不得已者。夫民之告官吏，豈盡是子虛？豈盡是刁詐？且有司之於民，宜化刁爲良，上下親睦。至於致民控訴，全無體面，亟宜引罪自悔，聽上處分,辭職離任,庶不致於官民搆訟,以傷體統。若反復爭辯,以祈免罪,加民以刁,寧不自愧?縱使辯明無辜,復何面目靦居民上乎?倘民含冤,不能剖訴,復增一仇敵,愈使民重足而立也。如立意與民洗冤,此風一倡,始也訴之,出於無奈,猶知犯上之科;究也稍拂其意,而肆行無忌,恐開刁詐之漸。是在憲臺默挽風化,以釀和平之福也。如有告官吏等事,留中而不必明行,按事而漸除之,以去地方之蠹,以伸百姓之冤,則官吏知警,不至與民廷辯,庶公法行而廉恥亦全。百姓知狀之未有准行也,必俯首歸家,不敢居告官之名,及官掛彈章,百姓群頌爲上之明,而不自以爲得意。是官之罪狀取之群議而無隱匿,參核之權耑之於上而不顯恃乎告訐。如此則民情上達,而民風或可幾乎淳良也,且以省案牘之煩,而上下蒙清靜之休矣。

一、粵西之邊防宜加毖也。邇來交南内爭,附於中國,以爲聲援。然弱則帖息聽命,强則跳梁抗尊,勢所不免。彼目覩兵馬雲集,敢不惟命是從?然二豎之勢不相下,兵馬一退,緩必相謀。彼内豈無智者陽爲順從,陰爲修備,事未可知。況數年以來,土司之官亦殫力矣,改土爲流之民亦未服心矣。且猺獞嗜殺爲性,反覆無常,即有司恩養如赤子,而終不能必其革心也。是可危也,又在憲臺未雨之綢繆焉。

【校記】

〔一〕奏牘本爲卷一之第四篇,題爲"康熙八年離羅城赴合州任抵桂林謁辭金撫臺條陳粵西事宜"。

〔二〕以故　奏牘本作"如故"。

〔三〕逐件　奏牘本作"逐逐"。逐逐,奔忙貌,匆忙貌,急於得利貌。據上下文意,奏牘本爲宜。

〔四〕使民　奏牘本無"使"字,作"民"。

〔五〕完納　奏牘本作"充納"。

〔六〕逼迫　奏牘本作"值逼"。

〔七〕三月　奏牘本作“一月”。
〔八〕單頭　奏牘本作“冬頭”。
〔九〕總　四庫本作“縱”。
〔一〇〕罷　四庫本作“劣”。

治羅自紀并貽友人荆雪濤〔一〕

廣西柳州之羅城〔二〕，偏處山隅，東北界連湖南道通一帶，西北界連貴州清平一帶。其餘土司環繞，山如劍排，水如湯沸，蠻烟瘴雨，北人居此生還者，什不一二。土民有猺獞狑狼之種，帶刀攜鎗，其性好殺，父子兄弟反目操戈，恬不知怪。順治十六年冬，初入版籍。

成龍於十八年到任掣簽後，親者不以爲親，友者不以爲友。行李蕭條，自覺面目可憎。賒脚錢，寄口食，行至清源。敝同年王諱吉人，初爲蕭山尹，繼轉蘇丞。時讀《禮》家居，慷慨仗義，反覆開明粵西非吉祥之地。素知成龍家食尚可自給，力勸勿任，以繳憑爲高見。成龍時年四十五，英氣有餘，私心自揣，讀書一場，曾知見利勿趨，見害勿避，古人義不辭難之説何爲也，俛首不答。王兄默知其意，亦不復阻，灑淚而別。五月初三日至家，別繼母妻兒。資斧艱難，典田賣屋，設法止有百金。攜蒼頭五人，勇壯可伴。臨行敝族相餞，歡飲至夜，扶醉就枕，而天已明矣。古云：“壯士非無淚，不灑別離間。”此不情語也。天明，舉家拜別。大兒廷翼入庠已久，猶如處子，將祖遺田産、文券開明交付外，止云“我做官不管你，你治家莫想我”二語。甫出户庭，而哭聲已達外矣。拜別祠堂，不覺腸斷。門裹門外相聚而泣，不復回顧，攬轡登程。此時之壯氣，真可吞猺獞、餐烟瘴而不爲之少屈。迨行至湖南冷水灘，一病顛連，未免英雄氣短。勉强扶病，陸行至桂林，謁見上臺，皆知羸體伶仃。詢及病狀，咋舌驚訝，惟勸以延醫調治，勿亟赴任。抱疴之人至是膽落,往日豪氣從何得來?病幾危,以苦孽未盡,不速死。扶病至柳州,稍愈,尚不知羅城在何方也。羅城與融縣、沙犨連界,行至沙犨,遇許鄉老,仔細盤問,方知對山即爲羅境。登山一望,蒿草彌目〔三〕,無人行徑,周山遍似營陣。哀哉!此何地也,胡爲乎來哉!悔無及矣。從此想敝同年之忠告不置也。痴人作夢,以爲邊境如此,漸入腹裏或不然,可憐黄茅直抵城下。

八月二十日入縣中,一如郭外,居民六家,茅草數椽。寄居關夫子廟,安牀於周倉背後,夜不瞑目,痛如刀割。黎明上任,無大門,無儀門,兩墀茅草,一如荒郊。中堂草屋三間,東邊隔爲賓館,西邊隔爲書辦房。中間開一門,入爲内宅,茅屋三間,四圍俱無墻壁。哀哉!此一活地獄也,胡爲乎來哉?鬱從中來,病不自持,一臥月餘。從僕環嚮而泣,無一生氣,張目一視,各不相顧。無如罪孽未盡,死而不死。乞歸無路,扶病理事,立意修善,以回天意,凡有陋弊,清查詳革。可憾已命不殞,禍及從僕,黄瘦似壁畫陰鬼,相對而泣,莫能相救。無何而一僕喪命,餘僕驚惶,不知所以〔四〕。至康熙元年正月,群謀爲歸計。成龍自忖,一官落魄復何憾,諸僕無罪,何苦累之?叮嚀各自逃生。内有一僕蘇朝卿,仗義大言曰:“若今生當死於此,回去亦不得活。棄主人流落他鄉,要他們何用?”哀哉,幸有此也!其餘掉頭不顧。當時通詳:邊荒久反之地,一官一僕難以理事,乞賜生歸。當事者置之一哂而已。本年逃僕歸家,大兒悲念天涯萬里,一主一僕何以安身?續覓四僕來任,而三僕皆登鬼籙,止存一僕在衙,晝夜號跳,一如風魔。事處兩難,一人難以遠行,欲將存僕伴歸,隻身更苦,無如存僕亦有思歸之念,聽其浩然長往。萬里惟餘一身,生死莫能自主。夜枕刀一口,牀頭貯鎗二杆,爲護身符。然思爲民興利除害,囊無一物,猺獞雖頑,想無可取之貨,亦無可殺之仇,帖然相安。

事到萬不得已之時,只得勉强做來。申明保甲,不許帶刀攜鎗,咸遵無違。間有截路傷命無踪盜情,務期跟尋緝獲;隱昧事情,盡心推敲,必得真實,立刻誅戮,懸首郊野。漸次心服,地方寧静,而上臺採訪真確,於是有大事殺了解省,小事即行處决之通行也。境内雖平,憾與柳城西鄉爲鄰。此地祖孫父子長於爲賊,擾害無已。申明當事〔五〕,皆以盜案爲艱〔六〕,置之高閣。成龍思漸不可長,身爲父母,而可使子弟遭殃乎?約會鄉民練兵,親督剿殺,以對命爲主,殺牛盟誓,齊心攻擊,先發牌修路,刻日進剿。此未奉上命而專征,自揣功成亦在不赦之條,但奮不顧身,爲民而死,勝於瘴病而死也。主意已定,决不可回,而渠魁俛首乞恩講和,搶擄男女、牛隻盡行退回。仍約每年十月犒賞牛隻、花酒一次,取各地方甘結存案,敢有侵我境界者,不報上司,竟行剿滅。苐獞人不怕殺,號令一以剥皮爲主,而隣盜漸息。至是,上臺採訪更確,反厭各州縣之請兵不已、報盜不休之爲多事也。嗣後,官民親睦,或三日,或六日,環集問安,如家人父子。言及家信杳絶,悲痛如切己膚。土謡:"武陽岡,三年必反亂一場。"任至三年,寢食爲之不安,賴人心既和,謡言不足信也。又云:"三年一小剿,五年一大剿。"及至五年,又當愁苦,賴官民相愛,謡言不足憑也。時法令太嚴,有犯必殺。情誼爲重,婚娶喪祭,民間之禮,一行無不達之隱,羅城之治如斯而已。

康熙二年,藩憲金公特取入簾,諸官槓從盛飾,成龍止帶皮套一件,共相驚訝,留意相難。時藩憲峻厲異常,輒欲詬詈屬官。成龍心不平,居闈中屢以抗直,不少挫辱。從此見重,朝夕必求坐談,盛典不可悉數。嗣陞本省巡撫,即以條對下詢,盡心敷陳民間利病,俱係入告重事。納言如流,事事題疏,而主文者辭不達意,旨允者什之七八。

康熙六年,成龍以邊俸逾期,八月陞四川合州。時報未到,金撫臺面諭兩司:"如不舉羅城令,本院當特疏薦舉矣。"兩司唯唯從命,而以卓異聞。撫臺又恐地方委用不得人,反滋擾害,耑疏新舊交代。哀哉！數年來,一舉一動,原非爲功名富貴計,止欲生歸故里。日食二餐,或日食一餐,讀書堂上,坐睡堂上,毛頭赤脚,無復官長體統。夜晚酒一壺,值錢四文,並無小菜,亦不用箸快。讀唐詩,寫俚語,痛哭流涕,並不知盃内之爲酒爲淚也。間嘗祝告城隍,謂我無虧心事一點,當令我及早還鄉,幸得保出性命。回想同寅諸公,死亡無一得脱,鬼神無爽,能不寒心？赴蜀之日,别金撫臺,蒙諭云:“我薦舉一塲,指望行取。知道你窮苦,我爲你凑下盤費,誰知你先陞了,此亦是你的命。但兩司因認不得你,不肯薦舉你。本院發怒,方纔舉來。誰想督臺將你考語‘淡薄自甘’四字圈了,立意粤西單舉薦你一個,亦是公道難泯處。今你往四川,又是苦了,照羅城縣做去,萬不可壞我名聲。我與書二封,一與總督,一與撫臺。”因此益勵前操,至死不變,此數年之大概也〔七〕。

【校記】

〔一〕奏牘本爲卷一之第五篇,題爲“與友人荆雪濤書”。
〔二〕廣西柳州之羅城　奏牘本作“廣西柳州府羅城縣”。
〔三〕瀰　四庫本作“彌”。
〔四〕以　奏牘本作“似”。
〔五〕申明當事　奏牘本多“者”字,作“申明當事者”。
〔六〕皆　奏牘本無此字。
〔七〕此句後,奏牘本多“偶書呈以發知已萬里一笑”一句。

合州書

請復祀典詳〔一〕

照得一代之興〔二〕,首重祭祀之禮。在外府州縣,職司守土,各有宜祀鬼神,載在舊章,萬世不刊。一切香帛、牲醴,咸支用各處正賦錢糧，纂入經費全書。煌煌典制，率土遵行，如春秋丁日祭至聖先師、啓聖公、梓潼帝君，戊日祭社稷山川、風雲雷雨、城隍土地諸神，三月初一日、七月十五日、十月初一日祭無祀孤魂。或以崇文教，或以敦祈報，或以恤幽魂，皆有祭享一定之期，簡而不數，豐而不儉，是誠聖天子百神來享之盛典也。有司奉行，罔敢怠忽。成龍新任合州，目覩地方荒殘，招撫百姓爲急務。然當安輯之初，必須培風化之源，重衣食之本，釋厲鬼之恫，則至聖先師爲禮樂文物之祖，社稷諸神爲百穀生成之佑。至於無主孤魂，倍宜憫恤。蜀土遭刼屠戮，白骨滿地，燐火遍野，往時民人寂寥，雖悲號夜月，無能爲祟。兹流民漸歸，烟火漸生，則此等無主孤魂，當人間祭祀之期，必悽愴愈甚。恩祀不及，怨氣所激，或爲災眚，或爲妖孽，必然之理。

以上諸祭祀，皆宜急爲修舉，不可闕一者也。曩因蜀中田地未闢，賦稅無多，祭祀未舉，遂爲缺典。間有有司捐俸舉行，或派居民相助，然未蒙聖恩，神鬼必不歆享。且以如此重典，而下需吏民捐助〔三〕，適所以羞朝廷而輕大典。矧今日車書一統，富有四海，一切祭祀，舉無缺略，何獨靳毫末之費，而俾蜀疆神鬼不得霑聖天子之恩歟〔四〕？伏乞憲臺裁奪，題請修復祀典。豐儉之宜，動支本處正賦錢糧銷算，或開徵糧多者從豐，開徵糧少者從儉。俟田土成熟，漸次如禮，則蜀疆神鬼均受皇恩，而於一代之典制有光矣。事關大典，冒昧上陳。

【校記】

〔一〕奏牘本爲卷一之第七篇，在“採楠木”篇後，題爲“請復祀典詳文”。

〔二〕此句前，奏牘本多“爲詳請題復祀典以光盛治事”一句。

〔三〕需　奏牘本作“爲”。

〔四〕歟　奏牘本作“與”。

請正朝儀詳〔一〕

照得朝賀大禮〔二〕，天下遵行，臣子敬君自有一定之儀，恐難以邊徼殘荒，任其儀制參差〔三〕。成龍原籍山西永寧州，凡遇朝賀，各官前一日昧爽，齊集萬壽院習儀祝聖，分班跪迎萬歲龍亭前至州治大堂。本日昧爽，各官齊集州治，向龍亭行朝賀禮，有司詣龍亭前跪，廩生宣祝聖文畢，復位分班跪送。此成龍原籍朝賀之禮也。

成龍初任廣西，在柳州府遇冬至朝賀。禮前一日，提督、分守右江道并文武各官，齊集分司衙門習儀，迎龍亭至柳州府大堂。本日昧爽，文武各官齊集柳州府衙門，文東武西，魚貫而進。提督與道官上月臺先行朝賀禮，分東西面立。後文武各官在月臺下行禮畢〔四〕，通贊禮生唱祝文，引贊禮生引知府詣龍亭前跪，通贊禮生唱，衆官皆跪，廩生宣祝聖文畢，知府復位，分班叩頭，跪送龍亭。此成龍目見柳州府朝賀之禮也。

今當冬至，成龍肅查朝賀儀式，因地方荒殘，原無上頒定規。往歲文武各官前一日齊集嘉福寺習儀，本日仍於嘉福寺行朝賀禮。此合州舊歲朝賀之禮也。朝賀大典，天威咫尺，臣子拜蹈，罔敢差失。第成龍素未習禮，又無頒式，未知在寺朝賀與在州治朝賀孰爲正禮。

又本日祝聖文云："維某年某月某日，某省某府州縣，臣等荷國厚恩，叨享禄位，皆賴天生我君，保民致治。今兹長至，聖壽益增，臣等無任踴躍懽忭之至。"此成龍原籍與粤西祝聖之詞。今查合州舊儀，將冬至進賀表文宣讀，又未知二者孰爲通行定式。夫以合州荒殘，典籍軼失〔五〕，當草創之時，儀文缺略，然朝賀大禮，臣子不敢苟且。但儀式未頒，成龍寸心難安。謹將儀式申請，伏乞憲臺裁酌舊章，俯准頒賜定式遵行。雖地方荒殘，而威儀漸有可觀，則尊君之禮大彰，而典制可垂永久矣。

【校記】

〔一〕奏牘本爲卷一之第八篇，題爲“請正朝儀詳文”。

〔二〕奏牘本此句前多“爲詳請朝賀儀式，以便遵行以垂永久事”一句。

〔三〕任其儀制參差　奏牘本作“儀制隨分參差”。

〔四〕在月臺下行禮畢　奏牘本多“東西”，作“在月臺下東西行禮畢”。

〔五〕軼　奏牘本作“逸”。

查採楠木詳〔一〕

康熙七年十一月二十五日〔二〕，奉巡撫四川都察院張憲牌案照查楠一事：“屢奉嚴旨，隨即通行各屬遍查具報。去後，事關欽工，本院不得不親往誌載産楠之馬湖、永遵一帶，躬率彼地各官兵役，直抵深山遠箐，確查大材楠木，以資國用。除具疏題明，擇吉起馬外，合先行委。爲此，仰該州官吏，查照牌内事理，即束裝星馳前往彭水、武隆二縣，會同該縣文武各官，率領兵役、鄉導確查，摇櫓白馬江口，及近酉陽一帶山箐，并南川縣金佛山、馬嘴等箐，堪充樑棟大材楠木，逐一開列圍圓丈尺，計其臨江道里遠近，馳赴遵桐，回報本院，以憑親臨彼地，覆行查看，酌估需用錢糧，題報施行。該州查明一處，即詳悉具稟，封入檄筒，飛遞駐節處所投閲。仍減從兼程前去，不許多帶人役，滋擾地方。若奉行不善，有悮欽工，法在必行，非比他事可恕。如著勤勞，本院定當特薦。仍先將起程日期報明”等因。

成龍捧讀憲諭，凛遵減從〔三〕，止帶書吏二名〔四〕，快皂二名〔五〕，門子一名前往〔六〕，合併報明外，第今歲災眚迭見，天變異常，邸報不絶，正恐懼修省之日，夫何恬不知怪，大興土木，勞民傷財，驚擾遐方，廟堂之上曾無一朝陽鳴鳳，此成龍之所大懼也〔七〕。蜀川素産楠木〔八〕，列朝已有成案〔九〕，(第)〔第〕今日之蜀川〔一〇〕，非昔時全盛可比。田地荒蕪，烟火絶滅，賦役户口載在由單，歷歷可數。即有一二孑遺，驚魂未定，尚望安輯撫育之不遑，忽遭此大役，誰爲採辦，誰爲牽運。哀此殘疆，勢必官與民偕斃，從此流民裹足，居民驚散，可惜蜀川財賦之鄉，終爲空虚之地。此成龍拊心太息，不禁痛哭流涕者也〔一一〕。成龍職屬下吏〔一二〕，凛承皇上嚴諭，踧踖無地，星夜就道，躬入深箐，確查無遺，用以仰副憲命〔一三〕，然不覺有切身之慮焉。成龍由粤西來任，路經楚黔，目睹大箐之中，雲樹參天，日光不到，即夏秋之交，尚有冷氣逼人，當此寒冬栗冽，竟成冰穴。大樹之中，林簿叢密〔一四〕，籐蘿纏結，虎豹成群，人跡罕至，必需夫斬伐開徑，爲容身之路，火炮刀鎗，防猛獸之奔逸。且蜀中居民與他省不同，平日既乏皮褌，又無絮衣。驅此啼饑號寒之衆，修深山密箐之路，無衣無食，何以禦寒？必致冷凍顛仆，一慮也；倘有一二顛仆，四外居民聞風奔竄，是工尚未舉，而地方已爲騷動，二慮也；隆冬天氣，民徙無依，相聚爲奸，是目前所必無之事，亦古來所恒見之事，意外可虞，三慮也。

成龍身肩重委，不敢不過爲顧慮。復思成龍入箐，必與本地文武官員同行。文官有衙役，或可令備斧斤、鈎鐮，凡密箐無路之所，指揮砍伐。武官有兵丁，或可令備火炮、鎗刀，以防猛獸。且大箐所在，周圍併無村舍，若朝入山而暮就舍，則奔走於茂林蔓草之域，往返躭延，必遲時日，何以報命？必示武官帶一二帳房，偕抵深箐，日暮攢宿於箐中，庶無出入往返之遲悮，而功可刻期告竣。但成龍位微，兼屬同寅，勢在難行。伏祈憲臺迅諭武隆、南川等處文官、衙役備修路之具，武官、兵丁帶防獸之器，仍攜帳房爲露宿野處之備，是可不用民間一夫，而地方自安静無驚。至於國家安危，生民休戚，憲臺封疆大臣，自有灼見，非成龍所敢輕議也。

附 張撫臺復書〔一五〕

武隆、酉陽一帶地方素産楠木,所以特遴門下遍查耳。及接來翰,山形地勢燎如指掌,併分五路並進,到處插牌橛記認,具見門下措置井井有條。乃所報之木並無一株合式者,門下可悉心確查,如獲巨料,不佞自於疏中題敘,以酬門下勤勞也。萬勿以尖細者搪塞可耳。不盡。

【校記】

〔一〕奏牘本爲卷一之第六篇,題爲“合州採伐楠木報張撫臺”。

〔二〕奏牘本此句前多“旨事”二字。

〔三〕凛遵減從　奏牘本作“減從凛遵”。

〔四〕止　奏牘本無此字。奏牘本此句後加“陳鼎、李文華”。

〔五〕奏牘本此句後加“王印清、王應鳳”。

〔六〕前往　奏牘本無此字,多“朱紫貴”,作“門子一名朱紫貴”。

〔七〕外第今歲災眚迭見天變異常,邸報不絶,正恐懼修省之日,夫何恬不知怪,大興土木勞民傷財,驚擾遐方,廟堂之上曾無一朝陽鳴鳳,此成龍之所大懼也。四庫本無此句,作“竊思楠木關係欽工,憲臺題明親勘,成龍仰承牌委,何敢不夙夜黽皇?”奏牘本與乾隆本同。

〔八〕蜀川素産楠木　四庫本作“惟是蜀川之産楠木”。

〔九〕已有　四庫本作“雖有”。

〔一〇〕(第)〔第〕　四庫本作“而”。

〔一一〕尚望安輯撫育之不遑,忽遭此大役,誰爲采辦,誰爲牽運。哀此殘疆,勢必官與民偕斃,從此流民裹足,居民驚散,可惜蜀川財賦之鄉,終爲空虛之地,此成龍拊心太息不禁痛哭流涕者也。　四庫本無此句,作“亟待撫綏。設辦理一有不善,誠恐遠近傳聞,或滋擾累。蒙憲臺諭令,輕騎減從,毋遲毋擾,此誠憲臺爲國爲民之盛心;而一介下吏亦竊願上不誤工,下不累民,以仰報于萬一。”奏牘本與乾隆本同。

〔一二〕成龍職屬下吏　四庫本無此句,作“邇者”二字。

〔一三〕用以　奏牘本無此詞。

〔一四〕簿　四庫本作“薄”。林薄,交錯叢生的草木。

〔一五〕乾隆本、四庫本爲卷一之附録任合州時張撫臺復扎計二道之二,奏牘本爲正文後附。

規畫銅梁條議〔一〕

一、在外流移宜招也。自甲申之變,黎民逃至土司爲其迫脅留難者有之;或流居别屬,因種糧而逗遛不歸者有之;或原係宦僕,又負人錢債,懼主索財,畏縮不歸者有之;或一家先歸,而爲民上者不論歸與不歸,將名入册,以阻歸志者有之。爲今日計,或遍發告示,或坐名關取,或見在載册之民歸自外方,凡有父族母黨,給以照票,令其招徠。招到三五家或五六家,俱准入本名户下,俟三年例滿輸賦。使在外之民播聞此風,各自襁負而至矣。

一、土著流寓既入版籍,俱係縣民,理宜和也。夫食毛踐土,悉屬朝廷赤子,兼奉定例,凡一插標即爲己業,後亦不得爭論。今載册者,多屬流寓萍踪,以充户口。在流寓之民,見有房有地,願自整理,整時别無人言。及至料理齊備,土著則云族人之業,或云母黨之産,彼此爭奪,禁人插占,甘心傾圮。若不嚴示,地方終無起色,不惟不廣招來,即見住之民,日益思散矣。

一、荒田宜闢也。查縣屬所轄二十六里,載糧二萬二千有奇。今歸籍者寥寥,載册者僅三十有九户〔二〕。奉行清丈之糧〔三〕,止三兩一錢有零〔四〕。開墾萬不及一,各民又防京丈,將見開之田懈怠。如單夫隻妻,租牛辦穀,一年不足一歲之用,終無展眉之日,猶幸安堵如故。務須給示獎勸,教民廣墾,男耕女織,各守其業,毋致饑寒〔五〕。仍應差人逐月採訪勤惰,勤者賞之,惰者懲之。如此鼓勵,自是家給户足,有比屋蓋藏之慶矣〔六〕。

一、風俗宜整也。查銅邑地方,向稱人文禮義之邦。自張寇變亂,二十年來人烟絶跡,雖經開復,禮教未興。歸籍之民間有幼時拉入營伍,竟不知孝弟忠信爲何事,酗酒放肆,任意横行,官遠法疎，縱横得以自便。雖有鄉官幾人，本無官守言責，同居桑梓，誰人得而禁之？務令上下二鄉設立鄉約各一名，每遇朔望，將上諭十六條諄切講解〔七〕，以禮讓爲先，勤儉爲本，戒遊逸賭飲，無以小過而不改。間有不遵約束者，許令指名報究，使知目有王章，勿令若輩視法如弁髦也。

一、縣城之駐防宜撤也。當年王師進滇，經過銅梁，因王眷尚未遷移〔八〕，每被逃兵過銅刦掠。自遷移之後，逃兵久已絶跡。前以銅梁有官有印，蒙上司設兵駐防，誠爲衛民久安長治之基。今銅梁官撤印繳，民雖零星野處，而頻年賊盜消弭〔九〕，以城内八九户之民，安用三十餘名之駐兵耶？兼以將領不能鈐束兵卒〔一〇〕，動輒酗酒恣肆。大營尚在夔門，相去千有餘里。向有合州駐鎮可以節制，今云已裁，愈不能約束矣。應否詳撤，庶免黎殘滋擾。

一、寡婦幼子宜恤也。天下最苦者莫若寡婦，伶仃無告者莫過孤兒，自宜優加憫恤。乃有奸弊陋規，令人詫異者。如夫死妻必嫁之言，雖未可概信，而有等奸民乘民婦夫死，視爲奇貨，或有隣居出備衣衾、板木代葬，經年累月不即取償，扣算本利若干，逼其再醮，天理何存？寡婦無門可訴，寧甘受嫁索財。更有賄送官長紅銀，假此因公苛求，雖奉兩院勒石碑禁，公然視爲故紙。今吏治清，賞罰明，宜立法飭行。嗣後，有翁姑主婚者，方許他適〔一一〕。若無翁姑、叔伯者，當聽本婦自便，不許奸民逐逼。庶生者安心，死者瞑目也。

附　張撫臺復書〔一二〕

合陽荒殘冲瘠，得高賢撫而綏之，自必漸有起色。頃聞初莅新政，驅冗役，却輿從，及絶無名之應付，清操毅力即此已見一班〔一三〕，甚快甚慰也。承賜廣藥二種，謹登，但二藥所醫何病，便間望并示知。附謝不一。〔一四〕

【校記】

〔一〕奏牘本爲卷一之第九篇,題爲"規畫銅樑條議"。

〔二〕户　奏牘本無此字。

〔三〕糧　四庫本作"粮"。

〔四〕止　奏牘本無此字。

〔五〕饑　四庫本作"飢"。

〔六〕有　奏牘本無此字。

〔七〕將上諭十六條諄切講解　奏牘本作"持聖諭六條諄切講諭"。

〔八〕王眷　四庫本作"餘衆"。

〔九〕頻年　奏牘本作"數年"。

而頻年賊盜消弭　奏牘本多"逃丁"二字,作"而數年逃丁賊盜消弭"。

〔一〇〕將領　奏牘本作"本領"。

〔一一〕他適　奏牘本作"出適"。

〔一二〕乾隆本爲卷一之附録任合州時張撫臺復札計二道之一,四庫本同,奏牘本爲正文後附。

〔一三〕班　四庫本作"斑"。班,通"斑"。

〔一四〕承賜廣藥二種,謹登,但二藥所醫何病,便間望并示知。附謝不一。據奏牘本補。

上提督請留合州營防兵揭〔一〕

照得大臣謀國固〔二〕,相緩急,以設防禦,而下吏守土,亦審時勢,以詳去留。本提督開闢蜀疆,剪除群寇,躬親戎伍,險阻備嘗。及成功大定,度形勢之或險或易,議防兵之宜有宜無,會同前總督李〔三〕,爰定經制,爲國家久安長治之圖。灼見合州據三江之要,會六路之總,必需營兵坐鎮,以資彈壓。因設將領、兵丁五百員名〔四〕,載在經制,垂之永久。

成龍於本年九月初六日到任,尚未熟悉地方要害,風聞有裁省合州營兵之議〔五〕,驚惶無措。姑就營兵之有關吏治者,條晰上陳,蒙撫憲批"候部議"在案。嗣後,成龍審閲合陽山川風景,扼重夔之上流,當順保之屏障,地勢險要,么魔敢於盤據,烏合易爲糾集。每當歷代季世,遂爲瓜裂,如釣魚城之舊跡,純陽山之石刻,鑿鑿可據。以是知本提督與前部院李,老成謀謨,增設營伍,憂深慮遠。兹本月二十四日接閲邸報,爲歷陳邊地等事,已經奉旨依議,是部臣據疏參酌,知永寧之爲邊慮,而未知合州之有隱憂也。爲久遠之計,本提督焦心爲國,瞻前顧後,已定之經制必不可更。爲目前之計,則成龍利害切膚,審時度勢,已裁之成命尚需挽回。本提督封疆大臣,凡地方利害,知無不言,如合陽之裁兵,實關地方之安危,事非渺小。伏乞憲臺重念甫定之殘疆不可輕爲揺動,萬全之經制難以驟爲更易,會同撫憲,酌議遠圖,題請遵照舊制,留營駐防,庶初年之經晝有始有終。或以永寧重鎮,勢需增兵,然重慶新設總鎮衙門,所有城守三千之兵去留未定,亦可通融調撥,則合陽之營兵可不裁,蜀省之經制可不更,而中外之土宇可以寧謐無虞。成龍腐儒,不達時務,衹因利害當身,激切再陳,統祈憲鑒。

【校記】

〔一〕奏牘本爲卷一之第十篇,題爲“請留合州營防兵”。

〔二〕此句前奏牘本多“爲殘疆之危險堪虞,經制之防兵難去,伏乞本提督始終重念地方,會同撫臺酌議題留,免更舊制,以保殘疆事”。

〔三〕前總督　四庫本作“前任總督”。

〔四〕因設　奏牘本作“乃新設”。

〔五〕風聞有裁省合州營兵之議　奏牘本作“風聞裁合州營兵之議”。

武昌書

爲武昌各屬請緩徵詳〔一〕

看得府屬州縣,驚鴻未集,民生失所,尚望殊恩安輯。若復議徵,恐小民輸納不前,軍需必致違悮。悉陳各屬情形,懇乞憲恩生全。如蒲圻、嘉魚逼近臨湘,寇賊犯境,雖飄忽而逝,然士民驚避,罔顧農業。通城密邇平江,民不安生,被賊乘夜襲城〔二〕,黎明遠颺,而煙火已絶。咸寧聯接蒲圻,人民遠竄湖山,境内十室九空。崇陽處蒲咸、通城之間,雖未流離,而警息時聞,不能盡力南畝。至於大冶,當風鶴之餘,土寇作祟,即不終朝而滅,斯民已受疑畏。興國、武昌、通山與大冶爲隣,土寇煽惑,兼以逼脅肆虐,生民不得樂業。江夏爲省會首縣,衝煩疲苦,民不堪命。是各屬危苦情形,久在憲臺洞鑒中。兹奉查議,合就據實直陳,均當軫恤安輯,以恤民生,則開徵之議尚非其時〔三〕。似應仍前緩徵,以救民困,庶小民無催徵危迫之虞,有司免違悮軍需之慮。

【校記】

〔一〕奏牘本爲卷二之第一篇,題爲“爲武昌各屬請緩徵上張撫臺”。

〔二〕被　奏牘本多“復”,作“復被”。

〔三〕尚非其時　奏牘本作“恐尚非時”。

請復臨湘驛站詳〔一〕

本月二十七日〔二〕,據蒲圻縣詳稱:“鳳、官、港三驛馬夫徐但陳等稟,懇詳迅起岳站等事。該本縣知縣張圻隆查看得蒲屬三驛接壤岳州、長雲等驛,原奉編以六十里爲一站,所以節勞逸、惜物力也。目今隣邑未行起站,無馬换騎,節經大人差使往上,俱經越站長驅三百餘里,以致夫馬困疲。前馬既去,後差無以接濟,差使絡繹,勢必貽悮,關係匪輕。合無詳請,俯念驛傳急務,轉詳঺發岳屬馬匹,各驛起站接换,庶軍機無悮,人馬得甦”等情到府。該本府看得湖北蒲邑與湖南臨湘爲隣,蒲有官塘、鳳山、港口三驛,臨湘有長安、雲溪二驛,雖有南北之分,而驛站實爲血脈相通之路。目前蒲圻三驛招撫馬夫，增補馬匹，應差無悞，奈臨湘兩驛未設，將港口之夫馬越站至岳港口，勢不能支。將鳳山、官塘夫馬越站至岳，路程愈遠，夫馬愈敝，是以臨湘未設之驛而累及蒲圻已設之驛，恐三驛夫馬愈敝，則差使絡繹，將何以應？此該縣據馬夫之稟而急申請也。伏懇憲臺念郵傳關軍前急務，刻不容緩，移會偏院設法馬匹，亟立臨湘兩驛，則蒲驛不至拖累，軍機得以迅傳矣〔三〕。

【校記】

〔一〕奏牘本爲卷一之第十一篇，題爲“守武昌請復臨湘驛站”。

〔二〕此句前奏牘本多“爲懇詳迅起岳站等事”。

〔三〕矣　奏牘本無此字。

飛報收復蒲圻詳〔一〕

成龍奉憲委修咸寧河橋，當有李守備及巡驛各員協力相助〔二〕，于初七日工成，已經飛報在案。初八日至蒲圻官塘驛宣佈德意，有大貴、雙坵二團鄉民投見。成龍遵發憲示，鄉民罔不悦服，亦經飛報在案。初九日沿路鄉民迎接泣訴，各有陳詞，現經彙繳，咸乞憲示。但頒發者已盡，懇領甚衆，祈速多頒，以安人心。本日晚，成龍同武昌衛李守備、城守王把總、金口郭巡檢、咸寧孫典史渡河進蒲圻縣城〔三〕，寂無人烟，止有原任丁憂巡檢潘宏錦闔家在城隨查。縣有六門，即壅塞四門，僅留北門、水門以通往來，以便修橋。所有收復蒲圻緣由，合就飛報。

【校記】

〔一〕奏牘本爲卷一之第十二篇，題爲“收復蒲圻報張撫臺”。

〔二〕當有李守備及巡驛各員協力相助　奏牘本作“李守備協力，巡驛各員相助”。

〔三〕孫　奏牘本作“衛”。

規復蒲圻上王憲副禀〔一〕

自憲駕回蒲，成龍因崇陽船歸，日夜不寧。今船已足數，值王把總從大營旋奉撫憲有守橋梁之命，則橋有責成，定於二十九日聯舟爲橋，庶成龍之職可寬責任。至於招撫士民，當大兵渡河之後，人心踴躍思歸，雖朝來暮去，而路有行旅，市有貿易，無如天雨連綿，道塗泥濘〔二〕，繼以逃兵浪言，煽惑人心。前此阻士民欲歸之路者天也，後此阻士民欲歸之心者人也。天時人事如此，縱成龍竭盡心力〔三〕，其何能濟？惟有株守歎息而已。既無益於地方，應歸省以謝罪。一畏士民之無主，空城寥落；一畏屬員之偕行，驛站廢棄。暫且居蒲，以圖可乘之機〔四〕。但請署之文未下，精力愈疲，神氣愈耗，似一廢人居一棄地矣。

若逃兵乃德安、興國、(圻)〔蘄〕州、黄協四鎮兵也〔五〕，於二十七日早渡蒲河，流言散佈，耳不堪聞。從崇陽、大冶逃者十之七，從蒲逃者十之三，恐通城一帶自此倍爲多事，未知撫憲如何布置？通城、咸寧官不勝任，成龍因蒲署未下，亦不敢多言地方事。目前静坐河干，料理船隻，鄉紳伺其動静，頗爲帖息。二十八日鄉民往來不絶，以通南北一綫之路，王把總歸來道營中事甚悉。二十三日我師在陳陵磯遇賊，勝負未分，但南寇多鳥銃，料不敵我師之勁弓矢爲輕便，天氣晴明，利於馳射。戰勝在即，嗣容報聞。

【校記】

〔一〕奏牘本卷五之第十三篇，題爲“規復蒲圻與王憲副書”。

〔二〕塗　四庫本作“途”。

〔三〕縱　奏牘本作“總”。

〔四〕暫且　奏牘本作“苟且”。

〔五〕(圻)〔蘄〕州　四庫本作“蘄州”，從四庫本改。

籌畫蒲圻防守詳〔一〕

看得蒲圻城内留兵防守,必然之勢也。然止留一將領足矣,恐主將多則兵丁難於約束,士民畏懼不歸,依然一空城耳。且兵丁盡住民房,目前士民歸來,將何爲安身之處?更有不忍言者,民房、家資、木器已不可問,再過數日,土底蓄物亦在難保。士民歸家,一見傷心,必號泣而他往,成龍亦乏撫循羈縻之術矣。伏乞憲臺酌留何營何將,該兵若干,牌行遵照;或止留城守王把總、兵三十名防守城池,遞送塘報,亦足濟用。今日之事,兵不在多,止在收拾人心而已。

【校記】

〔一〕奏牘本爲卷一之第十四篇,題爲"籌畫蒲圻防守報張撫臺"。

上張撫臺籌報各屬情形稟〔一〕

成龍駐守蒲邑,士民初有歸意,可憾興國、蘄州、黄州、德安逃兵回營,浪布流言,人心震驚,蒲邑附近各縣危如纍卵。上憲差使慌張〔二〕,空回一應公文,塘兵打轉,道路梗塞,通城文武恐懼離汛。賴有崇陽一縣砥柱中流,差役探成龍動靜,地方稍寧,通城因之報文回縣。嘉魚自寇夜來明去後,避居鄉間,聞今亦已歸縣。蒲邑漸有歸民,村落擊鼓插秧,山中採茶肩擔,沿河船隻貿易未盡斷絶。前尼將軍票查病駱駝一隻,成龍差武童賀世沿賫收管繳營。本月初六日午時來見,言四月二十九日離營,我兵駐扎離陳陵磯五里,附近大江,糧米不絶〔三〕,止缺燒柴。二十三日陸路大戰,殺賊無數。滿兵引他看殺死者,俱係頭有長髮。二十四日水路大戰,砲打壞賊船無數。二十七日、二十九日,陸路俱大戰,每日我兵四千餘人巡哨,此係確信。本日忽有大冶縣報文二角,武昌縣報文一角,愚民作祟,恐縣文失之驚張,亦宜蚤爲安慰。大冶逼近興國,有柯、陳二家,且通城久已思亂,嘉魚頑悍異常,倘聞風附和,大爲心腹憂,縱殄滅不難,亦傷元氣。守憲素得民心,勅速發示,以遏亂萌。且撫有柯、陳庶民,密差曉諭解散,發兵防守,此要著也。恐愚民生疑,反逼成釁端,是解散防守,緩急之間,憲臺自有萬全長策。依成龍愚見,俾興國將領嚴加隄防〔四〕,通山、武昌兩縣發重兵守禦,且置大冶於不問,順而撫之,則反側子自安。不發兵可無走險之虞。發隣兵以張鎮壓之威,且以杜鄰封通謀之漸,未知可行與否?此事關係非小,崗役賫投。伏乞憲臺垂念封疆,密與守道計議,若守憲肯親臨大冶,相機安撫,自可無事,但不可輕帶兵耳。前日逃兵各懷疑懼,務令各營將領收拾安慰,加以告病假歸名色,無使密釀禍種,聚而成黨。再懇將大冶、通城、通山、咸寧所供荆需,移會督臺暫緩,以安人心。成龍爲地方起見,非敢乘機怠緩軍務也,統惟憲裁。成龍僻處山隅,鞭長不及,以貽憲慮,罪難擢數。蒲邑大水冒城,垛垣推倒〔五〕,城内房屋傾圮,合并附報。

【校記】

〔一〕奏牘本爲卷一之第十五篇,題爲“籌報各屬情形上張撫臺”。

〔二〕慌　奏牘本作“惶”

〔三〕糧　四庫本作“粮”。

〔四〕隄防　奏牘本作“提防”。

〔五〕推　四庫本作“摧”。

報咸蒲浮橋被水衝壞情形詳〔一〕

咸寧橋成,洪水衝壞,是實天降災殃也。咸寧古有石橋,亦被山水衝傾,則一浮橋又安能支泛漲無涯之水?成龍初九日冒雨至蒲圻,大雨水漲漫,無下樁之所〔二〕,已經申報在案。初十日料理物料，十一日將橋梁雨中成就〔三〕，值有咸寧橋被水衝之報，成龍心神慌亂，忙無措手〔四〕。本日蒲圻大雨如注，水聲如雷，是咸寧已壞之橋，不知如何復修。目前蒲圻已成之橋，又在十分危急也。成龍的於十二日赴咸寧，多方布置物料，力謀再舉，不識天意何如？合就申報。

附　又報張撫臺〔五〕

看得居官辦事，務宜詳慎，況軍前重情，何得張皇妄報，以啓不測之禍。如署咸寧魯經歷，其人者署咸寧之事，不能修咸寧之橋，一味躲避，全無擔當。受成龍看守橋樑之責，值山水暴漲，自宜小心照管，倘有衝壞，自應僱夫補修，何因水漲，不察橋樑有無衝損，輒自妄行申報。致成龍驚惶，冒雨行至辰山，已經飛報在案。於十三日蚤辰，一路覓船，行至蒲圻界外嘉魚縣黄土坑地方，進湖僱船，每隻給銀三錢，豈意彼地百姓將成龍跟役亂打丟入水中。成龍親身勸覓，仍行持槍執棍，吶喊奪逼，成龍急跳大湖之中，魚鱉爲鄰，船户任克明亦跳入湖，甘蹈不測，浮水拉救上船，是皆魯經歷妄報，以啓不測之禍也。所有衛典史禀報情由，合先報明，以舒憲慮。成龍一月來筋疲力竭，神氣耗散，暫養一日，的於十四日回省，合併叙明。

【校記】

〔一〕奏牘本爲卷一之第十三篇，題爲“咸蒲浮橋情形報張撫臺”。

〔二〕梼　奏牘本作“橋”。

〔三〕將　奏牘本無此字。

〔四〕忙　四庫本作“茫”。

〔五〕奏牘本此文後附，乾隆本、四庫本均無。

呈報委撫東山起程日期詳〔一〕

本月二十二日〔二〕，奉撫部院憲牌，内開："麻城縣土寇劉青藜狂悖猖亂〔三〕，本應遣發官兵擒拿，但恐無知愚民或偶被蠱惑，或勢迫脅從，不忍俱加誅戮，特先委武昌道黄州協會同前往，相機撫慰。今恐小民疑畏不前，查該府先任黄州，駐劄岐亭，廉能自持，士民素所愛戴，合行遴委備牌。仰府照牌事理，即將發來告示十張，兼程前去麻城縣各山寨地方，曉諭民人，急蚤悔悟。如爲土賊迫脅，不妨自首，以贖前愆。若有力能擒拿賊首，亦許自新，仍加優賚。倘或執迷不悟，該府諭以忠義，曉以國法，力爲解散。事平之日，本部院自有酬庸之典，斷不負該府賢勞也"等因奉此。成龍已於二十二日晚自會城起程，於二十四日已抵白杲，的於二十五日進東山安撫，理合申報。

【校記】

〔一〕奏牘本爲卷三之第三篇，題爲"申報督撫各憲詳文"。

〔二〕奏牘本此句之前加"爲撫綏全賴賢能，合亟遴委，以安地方事。"

〔三〕内開　奏牘本作"前事照得"。

藜　乾隆本、奏牘本均作"黎"，但本書前後文章中多作"劉青藜"，故從四庫本作"藜"。

初撫東山遣牌〔一〕

照得本廳鎮岐四載有餘〔二〕，凡我士民罔不開誠見赤，相安無事。至於分守鄉汛，賴保無虞，殲滅鼠盜，藉力協助。因之偷兒遠遁，狼子回心，年來頗稱寧謐，固本廳之幸，實士民之力也。二月覲歸，詢知地方平靜，不勝慶喜。及赴省署理武昌府事〔三〕，辦理軍務，又往咸蒲造搭浮橋，仍駐蒲防守城池，雖諸務叢集，未嘗一刻忘爾岐民。自蒲旋省,忽聞東山作亂,誠爲怪事。以東山尚義之鄉,胡爲有此不義之舉?父母妻子立見亡滅,可惜本廳數年生養,一旦成灰燼也,真可痛心酸鼻。再三請命撫部院矜宥無知,幸蒙撫部院如天之仁,特允所請,以開一面之網。今本廳奉命來撫,合先遣牌傳諭。爲此,牌諭東山士民知悉:牌到之日,速候本廳親臨,投見辯明作反情由。爾民素稱良善,何忍背叛朝廷,將本廳平昔勸諭"安生理、保身家"等語竟置若罔聞也!如數月不見,竟成讐敵,本廳立即回省,任兵馬勦滅,本廳亦不爲爾民姑息矣。言出衷腸,切勿朦視。

【校記】

〔一〕奏牘本爲卷三之第一篇。
〔二〕奏牘本此句前加"爲曉諭事"。
〔三〕及赴省署,理武昌府事　奏牘本作"及赴省署武昌"。

勸甿間歸農諭〔一〕

照得劉青藜官激民變一案〔二〕,人心疑畏,地方震驚,以致該縣請兵安慰,自與附近良民無涉。况協府久鎮黄州,禮士愛民,賑荒放生,一片婆心〔三〕,爾民共知。兹統兵來撫,自是紀律森嚴。爾民當農忙之時,一刻千金,惟恐驚慌遠竄,致悮農業,合行曉諭。爲此,示諭沿路居民人等知悉:各宜歸家,盡力南畝。勿畏賊黨扳害,涇渭定有分别;勿懼兵丁往來,軍令毫無假借。如仍前遠避,不惟悮自己一年之生計,且有負協府平昔恤民無方、用兵有律之至意。

【校記】

〔一〕奏牘本爲卷三之第二篇,題爲"諭甿間歸農告示"。
〔二〕奏牘本此句前加"爲曉諭事"。
〔三〕婆　奏牘本作"㜷"。㜷,同"婆"。

安慰各堡諭〔一〕

照得本廳奉撫部院命〔二〕安撫東山〔三〕,於本月二十四日至白杲。據徐家堡生員朱珏、方士位、黄金聲、鄉民周吉甫等呈稱〔四〕:"本堡士民夙係耕讀樂業,并無外事,禍因三四匪類附會東山,本月初十日已經解散。十四日復被訛報,鄉堡耆民善人再查,并無形跡。十五日鄉約周美公點卯,遭誣合堡皆賊,見在監禁,以致善良疑畏驚散";又據生員朱珏等結稱:"本區除四凶附入東山外,再有匪類,願甘認罪";又據白杲、王家水垣等五堡生員戴其進等結稱:"生員朱珏等俱屬良儒,如有不端,願甘認罪"各等情,已經申報撫院外,合行給示安慰〔五〕。爲此,示諭徐家堡士民知悉:各歸堡内,乘時務農,勿得自悮生意。如有挾詐讐害,揚言害衆,許即稟明,立刻詳院究治。凡我士民,切勿再生疑畏,離家失業。

【校記】

〔一〕奏牘本爲卷三之第四篇,題爲"安慰各堡告示"。

〔二〕奏牘本此句前加"爲曉諭事"。

〔三〕安撫　奏牘本作"安慰"。

〔四〕鄉民周吉甫等呈稱　奏牘本"周吉甫等"之後,加"爲恩别玉石以安人心免致流離等事",作"鄉民周吉甫等爲恩别玉石以安人心免致流離等事呈稱"。

〔五〕合行　奏牘本作"各行"。

申徐道臺請釋無辜詳〔一〕

看得狂夫倡亂則宜勦,赤子弄兵則宜撫,自古皆然。况逼而走險,嘯聚山林,情有可原者乎?至于嚴刑慘刻〔二〕,逼報良善爲賊,意欲一網打盡,何能免鬼神之忌?古人於賊黨之中,尚冀開一生路,爲脅從罔治之法,何今人於良善之中,務期株連蔓引,爲殲滅無遺之舉？仁人君子安忍存是心，行是法也？玆據生員、鄉民哀訴前來，合亟請命。伏乞憲臺憐念無辜遭此慘刑，罹此法網，速行縣釋放，不惟受刑之殘喘可留旦夕之命，且四境良善得免人人自危之虞。否則，逼人於危，畏禍偷生，將有不可言者矣。

【校記】

〔一〕奏牘本爲卷三之第五篇，題爲“申報徐道臺”。
〔二〕于　四庫本作“於”。

申張撫臺釋放無辜詳〔一〕

看得東山之禍，起於官激民變，而究其根源，由於縣官心神昏亂。何物鄒克忠，乃衣頂生鄒惺，不孝不慈，無仁無義，此麻邑之窮兇極惡也〔二〕。縣官視爲心腹，衙役倚爲爪牙，乘機賈禍，唆官峻刑，逼士民於危亡，(陷)〔陷〕士民於株連，將縣城紳衿概稱通賊，力脅離縣，驚疑無依。又云縣城之外，無非賊黨，贊謀遍勦，以致士民號泣，怨氣衝天。除朱珏、徐克成等呈已經申報外，玆據徐阿曾、李中素呈詞，合亟報明。伏乞憲慈迅查縣官(陷)〔陷〕害良善，并鄒克忠主謀羅織情由，釋放監禁夾傷平民，焚毀刑扳無辜供詞。庶人心自安，禍端可息。

【校記】

〔一〕奏牘本爲卷三之第六篇，題爲“申報張撫臺”。
〔二〕此麻邑之窮兇極惡也　奏牘本此句在“爪牙”之後，作“縣官視爲心腹，衙役倚爲爪牙，此麻邑之窮兇極惡也”。

報東山就撫詳〔一〕

成龍凛奉憲命〔二〕，于本月二十七日單騎進山。劉青藜之父劉啓禎[三]，帶鎗手三百餘懽躍投見。成龍曉諭以憲恩不忍加誅，安慰解散，天地父母之至意。啓禎跪泣，衆寇崩角稽首，感頌憲德，已經就撫。然山愚無知，尤恐事後加誅[四]，意外就戮，環泣始終赦宥。成龍仰體憲慈，已許轉達矜全。伏乞憲恩迅賞矜宥保全告示，以弘不殺之仁。聞山中尚有數孽，祈諭啓禎盡行招撫，無留遺種。商城、英山匪類，隄防入境藏匿，倘有疎虞，應將啓禎前罪俱發。目前，安撫必須解散，解散必須安插，乞速撤黄協兵回汛，勅守憲暫駐，以便安插，以釋疑畏。仍飭麻城縣將監禁疑獄查報[五]，釋放已逐紳衿，曉諭進城，勿再偏聽誅求，以安地方。成龍必俟山黨肅清，安置妥當，方敢旋省。但報文苦無驛馬傳遞，多稽時日。乞憲差星夜馳送告示諭帖，可蚤結此局，成龍可免稽滯日久文案堆積之慮矣。

附　張撫臺復書[六]

日來招撫之事若何，既撫之後，安插尤□停妥[七]，若安插未妥，則前功盡置於無用矣。程鎮邦舊係東山頭領，今聞在黄岡山寨中彼有伊子程鵬舉一案，恐□不出，必負固山隅，如可擒，則令劉啓禎等擒之，不則亦令啓禎招彼率衆來歸。近屢奉上諭，原許從逆之衆反邪歸正，如果有功，不獨待以不死已也，幸親翁密圖之。專布，不一。

【校記】

〔一〕奏牘本爲卷三之第七篇，題爲“東山初撫禀報”。

〔二〕奏牘本在此句前加“爲禀報事”。

〔三〕劉啓禎　奏牘本作“劉起禎”，據各本判斷，奏牘本有誤。

〔四〕尤　四庫本作“猶”。

〔五〕飭　奏牘本作“敕”。

〔六〕奏牘本此文後附，乾隆本、四庫本均無。

〔七〕□　爲印刷模糊，無法辨識之字。

上張撫臺陳情小稟[一]

東山安撫一案,五月二十七日就緒。本日差役飛報,候命安插。值禁旅路經麻城,四境鄉民又驚避一空。成龍係地方安危,隻身駐居白杲,經過將軍嗔責藉伊兵威,竊取成功,嚴聲厲色問:"賊在何處,我們去殺!"成龍不敢遜,對以"安撫在先[二],兵到在後,何爲藉威? 已經安撫,何爲又殺?"將軍愈怒,云:"既有本事,何不殺吴三桂去[三]?"成龍回稱:"原不曾帶領兵馬,亦曾收復蒲圻。"將軍言:"我不是與你爭功。"成龍稱:"與朝廷辦事,夫有何功?"將軍問成龍鄉貫,忿然而往,成龍無端受其凌辱。竊思成龍年近六旬,鬚髮皓白,耳聾眼花,自筮仕粤西,由蜀至楚,離別妻子,隻身奔走十三年,磨苦已極,功名念灰。近因地方多事,不敢規避。前受知於總憲,新沐寵於憲臺[四],知無不爲,事無不任,風雨寒濕,艱辛備嘗,止圖報憲恩於萬一[五],實無邀功求進之念。無如時事多艱,大將領兵,咸以嗜利攘功爲心,毫無推賢讓能之德。成龍下吏,秉性愚直,實難安位。伏乞憲恩早定東山,成龍星馳旋省,陳情乞休,合先報明。

【校記】

〔一〕奏牘本爲卷三之第八篇,題爲"申報張撫臺"。
〔二〕對以　奏牘本無此詞。
〔三〕云　奏牘本無。
〔四〕沐　奏牘本無。
〔五〕於萬一　奏牘本加"也"字,作"於萬一也"。

慰東山士民樂業諭[一]

照得本廳鎮岐四載[二],自媿教養無能,然誠信不欺,爾士民知之有素。兹東山不靖,赤子弄兵,撫部院好生爲心,不忍加誅,特命守憲徐總府、王統兵撫慰。又虞爾山中士民疑畏不前,因本廳平昔爲爾士民所信,旋委前來,曉以忠義,諭以國法,力爲解散,以是奉命馳臨。本月二十七日單騎進山,爾士民果釋疑畏,撤旗奔獻,環呼懽躍,申訴寃抑,辯明陷害。除詳報撫部院給示安慰外,合再曉諭。爲此,示諭東山士民知悉:既傾心就撫,宜實意安生。履毛踐土,無非皇恩;鑿井耕田,當圖報効。即司牧有一行之乖方,然天下無不是之父母。嘯聚雖稱避禍,弄兵豈爲良民?繩以國法,勦滅何辭?幸撫憲有力爲解散之諭,恩侔天地;本廳有力爲請命之誓,炳若日星。凡我士民,盡釋疑貳〔三〕,歸寧父母,各安身家。僻處山隅,南北之兵戈不到;游優田里,婦子之嬉笑自如。何等快活!何等受用!永革一時邪念,共享山中太平。本廳千言萬語,無非爲爾父母妻子。各宜書紳,永佩不忘。

附　張撫臺來書〔四〕

親翁此行,能不負不佞愛惜麻民之意,爲之喜而不寐。此時惟推好生之心以荅上帝,守如保之念以全小民,何頑梗之不可輸誠?何强梁之不可感化?劉啓禎既率衆投誠,自當令其仍安耕鑿,倘能招致他寨强頑一體歸誠,尤當加以優奬,決不食言也。至鳥鎗軍器,作何收繳給價〔五〕?倘有吳逆散劄之人作何縛獻〔六〕?其脅從之衆解散之後安插何處?目今漢陽業已增兵,黄協亦請添兵額,應否可令入伍,或仍編入各里甲?俱煩一一斟酌得宜行之〔七〕。招撫之議既成,黄協自可回黄,惟留一守備駐麻。此非疑麻民猶有反側,蓋麻城地界二省,向欲添設守備駐防。此不佞之初意,非自今日始也。諸凡就緒之後,方可回省。發去告示十道,可即張掛曉諭。二十八日接到詳驗,已批行守道矣。二十九日接到來文,俱一一照行。惟二十四日報文,何尚未至耶?幸查之。耑勒,不一[八]。

【校記】

〔一〕奏牘本爲卷三之第九篇,題爲"諭東山士民樂業示"。

〔二〕奏牘本此句前加"爲曉諭事"。

〔三〕盡釋疑貳　奏牘本作"允釋疑二"。

〔四〕乾隆本、四庫本爲卷一之附録佐黄州署武昌時湖廣張撫臺來札計五道之一,奏牘本爲正文後附,題目據奏牘本改。

〔五〕至鳥鎗軍器,作何收繳給價?　乾隆本、四庫本無此句,據奏牘本補。

〔六〕尚有　乾隆本、四庫本作"至"。

〔七〕得宜　乾隆本、四庫本無此詞。

〔八〕耑勒,不一　乾隆本、四庫本無。

申報東山撫事已竣詳[一]

成龍凛遵星馳,於五月二十四日至白杲駐扎,離賊窠十五里,寂無人烟,已經報明在案。本月二十七日,單騎進山。劉青藜之父劉啓禎,帶鳥鎗三百餘名懽躍投見。成龍曉諭以撫部院不忍加誅,安慰解散,天地父母之至意。啓禎跪泣,衆寇崩角稽首,咸願就撫。成龍隨即申報。六月初一日,奉憲牌恩允矜宥,給示安慰,復遵發示曉諭。本月初三日,劉啓禎率衆來白杲,獻"傾心嚮化"旗一面,赴守憲投誠,賞賚勸諭,衆皆悦歸。又奉撫部院諭,劉啓禎既率衆投歸,倘能招致他寨强頑一體歸誠,尤當加以優奬。守憲仰體德意,特委劉啓禎執牌,向各寨宣諭招撫。于本月初七日[二],啓禎招鮑洪功、陳恢恢、李公茂等率衆來白杲,獻"安家樂業"旗一面,赴守憲投誠,各賞賚勸諭,給照牌告示,護身寧家,衆皆悦歸。東山已靖,撫事已竣,伏乞批示回省。

附 張撫臺復書〔三〕

劉啓禎傾心向化,具見親翁善於招(猍)〔徠〕。但未投誠人等,應逐一招撫,毋令臥榻之側,猶有他人鼾睡也。至啓禎招撫有功,可否令其轅門效用,當以戎旗守備待之?各鳥鎗手作何安插,尤當得所,可否令其入伍?目今漢陽營已奉文召兵,黄州協亦添設麻城、羅田守備,業經題請增兵六百名,而不佞撫標亦見需人。倘入撫標,其中果有雄武之士,當拔置材官、千、把之列。蓋投誠之衆恒苦其反側未安,須以至誠待之,令彼易於輸心向化,則地方自可無事耳。投誠盡至,則黄協方可撤兵〔四〕;鄉紳盡歸,則小民自然樂業〔五〕。諸凡事宜,總煩親翁措置妥當,與守道商酌行之。發去賞賚各物,幸同守道散給各頭目,以示投醪之意〔六〕。投誠事竣,可叙妥詳,不佞當以親翁招撫之功題請優叙也。目今地方多故之際,早爲上聞,亦足慰朝廷宵旰之憂也。竚切,竚切〔七〕。專布,不一〔八〕。

【校記】

〔一〕奏牘本爲卷三之第十篇,題爲"申詳張撫臺各憲"。

〔二〕于 奏牘本作"於"。

〔三〕乾隆本、四庫本爲卷一之附録佐黄州署武昌時湖廣張撫臺來札計五道之二,奏牘本爲正文後附,題目據奏牘本改。

〔四〕則 乾隆本、四庫本無此詞。

〔五〕同上。

〔六〕發去賞賚各物,幸同守道散給各頭目,以示投醪之意。 乾隆本、四庫本無,據奏牘本補。

〔七〕目今地方多故之際,早爲上聞,亦足慰朝廷宵旰之憂也。竚切,竚切。奏牘本無此句。

〔八〕專布,不一 乾隆本、四庫本無,據奏牘本補。

招撫後諭東山士民[一]

照得本府前駐岐鎮[二]，頗與士民無忤。近因東山作難，撫部院遴委勸慰。今爾士民相安無事，本府應歸省復命，合行曉諭。爲此，示諭東山士民知悉：本府於本月某日，由白杲暫駐岐鎮，爾等須念撫部院生全之德堪侔天地，至誠之心可格豚魚，凡有血氣，誰無知覺？父母妻子，朝夕歡聚，誰歡聚之也？雞犬桑麻，優游恬熙，誰恬熙之也？婦子無山棲日暴之苦，壯丁無瞭高守隘之累。無畏乎兵戈，而免負銃帶火之艱；無憂乎捕役，而獲薅棉鋤豆之樂。夫妻安枕，而夜半可以不驚；親友往來，而株連可以無慮。此恩此德，今生今世何以報撫部院之萬一也！自示之後，各安生理，永革邪念。食新在即，秋收不遠，山中正好避兵，愚民豈堪將相？一念之錯，皆由訛言之誤；回心之早，即是終身之福。耕田當差，勿藉口禁捕，而併阻乎官役；安下敬上，勿藉口激變，而兼撓乎王法。朝廷設官治民，一定之體；有司差役勾攝，不易之法。從今循理守分，自無恐懼憂患。命由天定，禍自人作，思之慎之！

【校記】

〔一〕奏牘本爲卷三之第十一篇，題爲“招撫後諭東山告示”。

〔二〕奏牘本此句前加“爲晚諭事”，據各本判斷，“晚”爲“曉”之誤。

招撫事竣慰東山士民諭[一]

照得東山官激民變一案[二]，撫部院好生爲念，不忍加誅。夙知守憲徐慈祥素著，副府王老成持重，特命撫慰。又虞山中士民疑畏不前，因本府昔駐岐鎮，頗爲爾信愛，遴委安撫。於五月十七日單騎進山，士民果釋疑畏。劉青藜之父率衆歡迎，泣訴寃害。六月初三日出山,赴守憲行署,傾心向化。仍宣佈院道德意,鮑洪功、陳恢恢、李公茂相繼悦歸,辯明前愆,咸願安家樂業。蒙撫部院矜念無知,概加恩宥。守憲遍給照示,嚴禁毒捕仇家株連揑害,多方生全。弄兵赤子安帖無驚,合行曉諭。爲此,示諭東山内外人等知悉:亂民已靖,官兵已撤。凡爾原未脅從士民,可無逼脅之慮,亦無玉石之憂。毒捕不敢肆虐〔三〕,讎家不敢揑害,各安厥居,共享山中太平。布告遠邇,咸使聞知。

附 張撫臺來書〔四〕

麻城一案先經具題,今既招撫,應將招撫緣由備叙妥詳,以便題報。目今地方多故之際,早爲上聞,亦足慰朝廷宵旰之憂也。竚切,竚切。

【校記】

〔一〕奏牘本爲卷三之第十二篇,題爲"招撫事竣慰東山士民示"。

〔二〕奏牘本此句前加"爲曉諭事"。

〔三〕虐 乾隆本作"慮",據四庫本、奏牘本改。

〔四〕奏牘本此文後附,乾隆本、四庫本均無。

又安慰士民諭〔一〕

照得東山官激民變一案〔二〕,本廳奉院道憲委,駐扎白杲,單騎進山,曉以忠義,諭以國法,力爲解散。山中士民泣訴寃害,畏禍聚集,情願歸家安業,已於本月初三日,劉青藜之父投見,守憲特賜袍帽,歡躍歸家。現今守憲駕臨白杲,開誠布赤,布告士民,凡有一切身被逼害,或以舊事吹求,或以親友波及,情實可憫,合行曉諭。爲此,示諭東山中外士民知悉:監禁寃誣,俱已釋放,被俘良善,半已昭雪,衆所共知。捕緝尚未銷案,疑畏不能帖息,因山路隔絶,毒捕碁布，寃情阻於上達，驚惶無所依歸。示到之日，或星馳申訴，執示護身，務各安厥居，萬勿仍前疑懼，聚衆失業。至於喜亂奸宄，多屬遊手好閑之徒，逃匿亡命之流，原無身家可慮，且有罪案未結，好爲訛傳，以驚亂人心，苟全己命。凡我士民，咸有父母妻子、産業身家，縱有株連，尚存公論，一辯自明，切勿爲彼輩所愚也。

附　張撫臺來書〔三〕

前浮橋一案，因准將軍咨移，不得不爲題參，詎意部議處分太過。但親翁賢聲素著，不佞自即題留，以孚輿論，况重以麻城安撫之功乎？惟勉力竣事可也〔四〕。專此，附布，不一〔五〕。

【校記】

〔一〕奏牘本爲卷三之第十五篇，題爲“又安慰士民示”。

〔二〕奏牘本此句前加“爲曉諭事”。

〔三〕乾隆本、四庫本爲卷一之附録佐黄州署武昌時湖廣張撫臺來札計五道之三之前半部分，奏牘本爲正文後附，題目據奏牘本改。

〔四〕可也　乾隆本、四庫本無此詞，據奏牘本補。

〔五〕專此，附布，不一　乾隆本、四庫本無此句。據奏牘本改。

諭隣境各屬〔一〕

照得撫院發示〔二〕，安慰百姓。凡東山相連一帶地方山寨嘯聚人等，俱在一視同仁之内，不止爲麻城一縣也。或黄岡、羅田等處，有願領示者，開明某縣某處，以便填註示尾，給發收照。

【校記】

〔一〕奏牘本爲卷三之第十六篇，題爲“諭各屬鄰境示”。

〔二〕奏牘本此句前加“爲曉諭事”。

委護程宦牌〔一〕

照得本府奉撫部院牌委〔二〕，安撫東山，已經安撫，報明在案。所有程鎮邦援例赴府乞撫，具文詳報。撫院已蒙批准援例安撫，合行投見。爲此，牌仰河泊景可賢、差役左先護送程鎮邦，前去會城投見撫部院，守候回文，沿途毋得稽延時日，致干取咎未便。

附 張撫臺來書〔三〕

浮橋一案，當即請復，幸勿以此思賦歸來也〔四〕。程鎮邦至省，其家屬已取保發領，以信招徠，今仍令赴親翁處。倘能將黄金龍、梅公素及黄日昇令彼設計擒拿將來，尚可爲之敘其功能也。又孫調元及散僞劄諸人，俱須留神密訪。奸人盡得則民心自安，此尤安插事宜之要緊者也。專布，不一。

【校記】

〔一〕奏牘本爲卷三之第十八篇。

〔二〕奏牘本此句前加“爲撫綏全賴等事”。

〔三〕乾隆本、四庫本爲卷一之附録佐黄州署武昌時湖廣張撫臺來札計五道之三之後半部分，疑乾隆本、四庫本把兩篇往來文書混爲一篇。奏牘本爲正文後附，題目據奏牘本改。

〔四〕浮橋一案，當即請復，幸勿以此思賦歸來也　乾隆本、四庫本無“浮橋一案，當即請復”，據奏牘本改。

宣慰陳恢恢諭〔一〕

照得本府奉撫部院安撫東山〔二〕，費盡苦心，推誠置腹。劉君孚信之最真，陳恢恢在沙廟相見，甚是爽利，恨見之晚。不料鄒君升爲盜僕逼脅，君孚仗義進勦，本府因之會集鄉勇，協力相助，申報各憲，以劉君孚、陳恢恢爲勦主，四境告示，昭然耳目。且恢恢與衆紳士陪本府每夜飲酒，情意浹洽，何物畜生，輒布浮言，離間我同心！本府年近六旬，離家一十四載，止帶二僕，孤身萬里，一片實心，惟欲保全百姓。駐岐數年，一舉一動，士民咸知，非爲功名起見。兹恢恢見疑本府，使心跡未明，殊切憤恨！望君孚作速傳諭恢恢，見亮此心無異。若懷狐疑，將以禽獸待本府也。本府焦勞招撫，精力疲竭，久思回籍，何可久戀官職，爲人所疑忌？如本府不以實意待恢恢，天地鬼神速加誅殛！

【校記】

〔一〕奏牘本爲卷四之第三篇，題爲"宣慰招撫諸賊告示"。

〔二〕奏牘本此句前加"爲曉諭事"。

東山就撫後飭行保甲諭〔一〕

照得東山向化〔二〕，士民安業。本府親履田畈，編立保甲，稽查匪類，勸勉爲善。惟恐遊手好閑之徒，兇逆亡命之流，不遵本府勸諭，且憾山中就撫，心懷叵測，匿名山間，流禍地方，潛行不軌，勒良從逆，一以壞安撫之實，一以貽良善之憂，深可痛恨！爲此，牌仰知悉：如有匪類，速勸投見，倘執迷不悟，脅良作亂，凡我士民，嚴行保甲，協力擒解，或殲滅報功。本府申詳院道，厚加獎賞，以勵忠義，以靖地方。切不可藉端報復，讐害無辜，不惟有負本府撫輯民人、清靖地方至意，且以犯神人之忌不淺矣。

【校記】

〔一〕奏牘本爲卷三之第十九篇，題爲"行保甲示"。

〔二〕奏牘本此句前加"爲嚴保甲，以靖地方事"。

禁止嚇詐就撫士民諭〔一〕

照得東山就撫〔二〕，守憲勸賞，給撫部院告示安插，遠近咸知。但其中有鄰封愚民附和入山，既撫之後，願各歸本地安業，恐鄉保、地棍、衙蠹、惡捕藉口稽查，恐嚇索詐，將歸業好意反致失所，殊非院道安撫之意，合行曉諭。爲此，示諭本地士民人等知悉：查本人歸家驗明，守道給票并告示，即善爲安插。如有諸色人等藉端嚇詐，除本人稟究外，鄉保即刻指名呈報，以憑報導申院拏解正法。倘通同作弊，或縱容肆害，事犯之日，鄉保均難姑宥。

【校記】

〔一〕奏牘本爲卷三之第二十二篇，題爲“禁止嚇詐就撫士民示”。

〔二〕奏牘本此句前加“爲曉諭事”。

清理保甲諭〔一〕

照得東山已靖〔二〕，應宜安插，爲撫良善後之計。兹本府沿堡清理，設立户長，教訓子弟，編擇甲長，稽查烟民，各安生理，毋縱爲非。唯恐有流移遊手之類，無家可歸，無業可務，聚集山中，衣食不足，甚之兇逆亡命之徒，有罪案未消，匿處林藪，苟延旦夕，均應處置得宜，以撫良善，合行曉諭。爲此，示仰陳恢恢知悉：亟清理山區，除將本區居民安插務農，照例設立户長、編擇甲長外，如有流移遊手之類，作何安插？至於兇逆亡命之徒，罪案未消，速趁此時投首，可以免罪。若觀望不前，則此會一失，投首無門，山中終非逋逃匿奸之地，後悔何及？思之！思之！

附　張撫臺來書[三]

浮橋一案，不佞見在繕疏，開復親翁，可毋煩縈念，幸將麻事竣局之後，方回鄂渚可耳。又不佞近日將玩法承差頭黄日昇責革之後，聞彼亦逃在東山一帶，煩密查之。黄副將已赴省矣，備述賢勞，殊爲欣溯。專布，不一。

【校記】

〔一〕奏牘本爲卷三之第二十三篇，題爲"清理保甲告示"。

〔二〕奏牘本此句前加"爲曉諭事"。

〔三〕奏牘本此文後附，乾隆本、四庫本均無。此附書與前文似無關，奏牘本作此，依奏牘本仍置於此。

保甲事竣再行申飭諭[一]

照得麻城東山撫勦咸輯[二]，士民向化。本府駐麻時，已經親履垣區，編立保甲，稽查匪類，勸勉爲善，日無寧晷，心未刻閑。雖有成規，惟恐本府離麻之後，人心渙散，無有聯屬，特委各方總堡，督領垣主、户首，分任勤勞，逐户清查。倘有流亡兇逆之輩，遊手好閑之徒，不遵本府勸諭，不聽保長約束，心懷叵測，爲害地方，潛行不軌[三]，煽惑我民，以壞安撫之實，以貽良善之憂，深可痛恨！爾西南北一帶，山勢不甚險峻，士民原無異心，但地連兩界，路通光、黄，必須稽察嚴密，永保地方。

【校記】

〔一〕奏牘本爲卷三之第二十五篇，題爲"保甲事竣再行申飭示"。

〔二〕奏牘本此句前加"爲嚴行保甲，以靖地方事"。

〔三〕軌　奏牘本作"宄"。

申飭區堡諭〔一〕

照得設堡長、户首〔二〕,原爲清理保甲,稽查匪類。若不徹底清查,顧惜情面,大非借重之意。嗣後,凡屬領牌堡甲所轄區分户首、烟民,務要遵依憲行保甲之法,聽信堡長教戒。爲此,示仰領委堡長及區内人等知悉:作速稽查匪類盜賊,教率子弟,驅除强暴,防守要路,勿使容隱不軌〔三〕,縱放逃僕。一家有警,隣里協力救護;一方有警,隣堡同心堵勦。爾等宜各以身家性命爲重。今日本府拳拳委託,再三叮嚀,總欲爾等共享太平無事之福也。本府更有囑者,地方重大事務,除真實密報,即宜相機早圖,毋令遺患。慎之!慎之!

【校記】

〔一〕奏牘本爲卷三之第二十六篇,題爲“申飭區堡告示”。

〔二〕奏牘本此句前加“爲曉諭事”。

〔三〕軌　奏牘本作“宄”。

再諭東山士民〔一〕

照得本府奉部院命〔二〕,安撫山中,爾等念朝廷德意,傾心向化,不越十日,漸次蕩平。止因該縣有爾等陽順陰逆之議,部院飭本府暫駐安插,毋得擅離麻邑,期爲善後事宜,以致羈留一月有餘。目睹亢旱,憂心如焚,兼之訛言沸騰,傳本月初二、初七爾等破城,縣中男婦縋城逃走,人情洶洶,本府寢食不安。今訛期已逾,保甲已編,幸天雨霑足,四民稱快。又,李公茂隨守憲赴省投見部院,劉青藜出首副將僞劄,候題優敘。劉君孚保全地方,一片實心,本府倚爲左右手。陳恢恢屢次謁見,毫無芥蒂。鮑洪功夜行歌舞。李子茂名雖掛於招撫，實無預於激變。皆爾士民耳聞目見，山中復有何疑？本府難於久駐，的於某日回省復命，合行曉諭。爲此，示諭山中人民知悉：嗣後，各安生理，共享豐年，須念該縣撫後復叛之文。爾等誰無良心？應與本府爭氣，勿使其言效驗，爲所耻笑。本府駐武昌，相隔不遠，凡事可速稟報。其餘人民安家樂業，勿再爲訛言蠱惑，致生驚擾。

【校記】

〔一〕奏牘本爲卷三之第二十七篇，題爲"再諭東山士民示"。

〔二〕奏牘本此句前加"爲曉諭事"。

勸諭士民〔一〕

照得東山作難〔二〕，止因被誣士民嘯聚，將附近居民逼脅入黨。哀哉！耆年父老曾經兵戈之慘，曾罹流亡之苦，萬死一生，留此殘喘，撫兒孫而心酸，覩田宅而魂銷。又有衣冠子弟，身受朝廷恩榮，顧惜祖宗門第，禮義廉恥，不忍棄絶，中夜彷徨，莫知所措，父母妻子環聚而欷歔泣下。又有種田農夫，賦性愚樸，十數年來耳不聞金革之聲，目不覩旌旗之色，止知終歲勤動。納糧之外〔三〕，積儲粟豆花布；茅屋之中，畜養雞鴨猪犬。稍有餘裕，買牛生犢，便稱山中富翁。聞此警息，捶胸頓足，件件難捨。又有商賈之流，或係己資，或係借貸，抛妻别子，經營江湖，折本羞見故鄉。倘有生意，歸家修理房屋，治買衣服、桌椅、器皿，好爲精緻，婢女僕兒，好爲役使。忽聽無端啓釁，顧惜從前辛苦，棄之不忍，守之難保，痛哭流涕，天日昏慘。凡此士民，情狀堪憐。因之，族微勢寡者，含淚棄家，遠避他鄉，苟全性命，煢煢無依；族大勢重者，糾合同姓異姓，督修堡垣器械，能自守衛，决不苟且從逆〔四〕。此等苦情，壅於上聞。在爾等各爲身家性命，在朝廷便是忠義良善，若不獎勸，何以勵後？合行給示獎勵。爲此,示諭東山士民知悉:爾等自能守衛者,忠義可嘉;望風遠避者,良善堪憫。自今伊始,潢池赤子俱是一家,各宜安心樂業,共享山中太平。本府更有囑焉,值此多事之時,不無一二姦民引誘後生,儌倖功名,殊不思耕田鑿井之民,豈慣爲披甲荷戈之事?本府曾有訓言,山中正好避兵,農民豈堪將相?古語有云:"一將功成萬骨枯。"這事豈是容易做的?嗣後,須嚴行保甲,責成户長稽查詐僞,勤約子弟,勿留禍害之種,勿蹈危亡之轍,慎終如始,以靖地方。

【校記】

〔一〕奏牘本爲卷三之第二十九篇,題爲"勸諭士民告示"。
〔二〕奏牘本此句前加"爲獎勸忠義良善,以靖地方事"。
〔三〕糧　奏牘本作"粮"。
〔四〕逆　奏牘本作"黨"。

招撫事竣詳〔一〕

看得劉啓禎即劉君孚,而劉青藜乃啓禎之侄,自幼丧父,啓禎養爲己子,住東山曹家河區内。禍緣夏寅生、李攀龍爲僞劄一案,忽被拿解,人心已屬驚疑。該縣未出示曉諭,而捕役藉端恐嚇,凡東山一帶舊日招撫遺民,并訛傳劄内姓名,及貿易歸家商賈,形涉疑似,人人有莫保之勢。而徐家堡劉公先、李君聖、方燕及談召賢疑畏入山,鄉保報明該縣,委耆老安慰,已經解釋。陡於五月十五日,魯家臺鄉約魯象美、徐家堡鄉約周美公、曹家河鄉約李祥(瑞)〔二〕、陳家集鄉約徐克承,赴縣點卯,該縣輕聽人言,將周美公等硬夾取供,仍行監禁。至於楊楚喬,係劉青藜十二年當差頭之保户,因差銀角口,用刑成招,並無報呈奸細緣由,周美公等泣訴有據。而劉君孚聞風嘯聚,脅衆弄兵,鮑洪(公)〔功〕、陳恢恢、李子茂亦以捕嚇嚮[三]應，山中震驚，縣治戒嚴，幾於燎原。此起釁之由，而該縣請兵鎮勦之所從來也。

成龍於五月二十二日奉撫部院遴委安撫[四]，二十七日進山曉諭。六月初三日，劉啓禎率衆出山，獻“傾心向化”旗一面，赴守憲投誠，賞賚有差，給照票安插，而劉公先、李君聖、方燕及談召賢均在安插寧家之内。劉青藜主張，在父非别有事端，脅從劉元兒、鄒先甫均已解散，本月初四日報明撫部院，發示宥罪安慰在案。劉啓禎蒙守憲牌委，招撫山中餘孽。本月初七日，啓禎招鮑洪功、陳恢恢、李子茂率衆出山，獻“安家樂業”旗一面，赴守憲投誠，賞賚有差，給照票安插。本月初七日，報明督撫部院，照例宥罪安慰在案。本月初八日，奉督撫部院爲撫綏全賴賢能等事牌：“仰即將發來告示，特諭各士民。凡被劉逆煽從黨羽，或令徑行解散，或令隨該府赴道協投明歸農，一概不得株連，慎勿任其執迷不悛，慘遭殺戮，累辱父母妻子，有負本部院軫恤至意”等因奉此。遵依發示，曉諭士民：“凡煽從黨羽，有徑行解散者，有赴憲領票歸農者，咸體督撫部院軫恤至意”在案。再查該縣飛報叛形案内開，周美公供稱：“方韶友在雲南來散劄付，藏於劉君孚家”，自招撫之後，遍查無方韶友踪跡，藏劄亦無的據；李祥瑞供稱：“雲南二人不知姓名，送劄付與劉君孚、劉青藜、邵君弼”，查邵君弼年老，並未倡亂，而雲南二人不知姓名，涉於風影；徐克承供稱：“郭輝之在君孚家行走，叫小的探報信息”，查徐克承係陳家集鄉約，在東山之外，離曹家河三十餘里，郭輝之何由囑其探信也？且曹家河鄉約李祥瑞亦赴縣點卯，何信不可探而囑徐克承焉？如疑點卯鄉約爲奸細，則無人不可疑矣。又，六月十七日劉啓禎領程鎮邦出山，赴守憲投誠，十九日護送赴省，投叩撫部院求賜發落。本月二十四日奉批：“已據守道詳批發臬司，將所繫家口取保候給”在案。緣係安撫事宜，合逐一據實詳報。

附　張撫臺復書〔五〕

東山招撫,全屬親翁勞績。今徐守道交代在即,則善後事宜尤在親翁獨力成之矣。頃聞木樨二里河又有嘯聚之事,不知果否?想大隊既已招撫,此小醜自易爲平定也。惟留神,不一。

【校記】

〔一〕奏牘本爲卷三之第二十篇,題爲"招撫事竣詳張撫臺"。

〔二〕曹家河鄉約李祥(瑞)　漏刻"瑞"字,據後文改。

〔三〕鮑洪(公)〔功〕　據前後文改。

〔四〕于　四庫本作"於"。

〔五〕乾隆本、四庫本爲卷一之附録佐黄州署武昌時湖廣張撫臺來札計五道之四,奏牘本爲正文後附,題目據奏牘本改。

招募反側充伍諭〔一〕

照得東山逆黨〔二〕,一歲三叛,繩以國法,當大肆殺戮,盡絶根株。本府仰體各憲好生德意,念爾愚民無知,爲奸宄煽惑,以致發兵勦絶,身首異處,妻子家業一旦成空,真可憾又可憐也!除將首逆擒解正法外,餘黨概行免死。但爾等共圖不軌,釀禍地方,凡被害之家,何能甘心隱忍?爾等餘黨中懷疑畏,莫若乘召募鎗手之名,投見本府,充兵食糧〔三〕,如有技勇,另加提拔。先給安家銀一兩五錢,隨帶鳥鎗,照例領價。與其提心弔膽,不如披甲荷戈。爲此,示仰東山一帶士民人等知悉:凡有願充招募,速行報名,決不相强。至若地方士民與衙蠹、惡捕,假稱兵役,肆行嚇詐,毒害無辜者,本府已訪知一二件,仰受害人等作速申冤,立刻通詳拿究,勿謂城狐社鼠。本府生性執拗,決不假借,總使勢不兩立,亦自無妨也〔四〕。

【校記】

〔一〕奏牘本爲卷二之第三十六篇,題爲"招募反側充伍示"。

〔二〕奏牘本此句前加"爲禁約事"。

〔三〕糧　四庫本作"粮"。

〔四〕奏牘本此句後加"特示"。

上張撫臺善後事宜禀〔一〕

成龍奉嚴命,酌行善後之法,焦心勞思,採訪山中地勢、路徑、隘口,已有成局。大約良民居多,而頑民有數,編以保甲,諭以利害,各有互保身家之心。成龍擇殷實良善,舉爲區長,聯絡守禦,家自爲守,人自爲戰,料宵小不能出其範圍。木樨河現委夏鼎安、夏正宗、夏柳宗、丁貴卿、丁吉生等彈壓。夏族人丁有二百餘,前倡亂之時,立志不變,已與逆爲讐,用之,此路可保無虞。二里河果有李公茂先撫,不知名姓。因劉啓禎未行招撫,氣激嘯聚。本月十八日啓禎聞風往慰,十九日報信安息。且此地有鄉耆田初陽二男,俱係青衿。啓禎未往慰之,先因公茂作孽,曾設相鬬之勢。公茂氣餒,嗣啓禎往慰而止。李公茂即李攀龍之叔,攀龍在監,可以挾制其心。目前委田初陽爲區長,以樹其敵。且有東義洲區長鄭君佩等、殷家園區長商克繩等、落梅河區長張在如等、南莊區長金鼎黄等、木子店區長童瑞之等,俱巨族富室,爲之聲援。此逆已在籠中,但因啓禎往慰,姑開一面。兹奉憲諭,亦必令出山申誠,以懲將來。十九日據劉啓禎密禀稱:"外縣竟有不軌之徒私來殺禎,不忿招撫。"似此人心不體朝廷德意,非勦不能靖。祈發四張密票給余公進、夏仲昆、袁興明,督烟民堵截關口要路,布揚聲勢,自然奪魄。至於山中,李公茂已經解散,禎大膽承任,凡事不煩過慮。尚有潘家塘大盗馬歪嘴乘釁刼擄人家,禎欲處死,不卜肯發令否?成龍時在麻城,當夜密差飛遞硃票,相機擒殲,數日尚無動静。今麻城附近,東山内外,編甲已就,紳衿和好,成龍刻期仍赴杲鎮布置〔二〕。山中有黄寅生,并無黄日昇。守道甚得人心,雖交代在即,尚宜款留善後。局面已定,可計日以待。成龍年邁力疲,不善飲食,强勉辦事,以報憲恩之萬一。仰祈洪慈,俯念成龍奔走之苦,委員接署,生死感激。倘有可効力之處,決不以官之去留異心也。〔三〕

附 張撫臺復書〔四〕

接來翰,具悉尊意,但疆圉多事,正藉賢刺史善爲撫馭,以恤殘黎,不佞行即繕疏題留矣。幸親翁盡瘁王事,勉抑私情,其東山善後事宜,尤望留意。率復,不一〔五〕。

【校記】

〔一〕奏牘本爲卷三之第二十一篇,題爲“上善後事宜情形上張撫臺”。

〔二〕刻 四庫本作“尅”。尅,亦作“剋”,通“刻”。

〔三〕奏牘本此句後加“天時亢旱,二穀枯槁人情洶洶。合并禀報。”

〔四〕乾隆本、四庫本爲卷一之附録佐黄州署武昌時湖廣張撫臺來札計五道之五,奏牘本爲正文後附,題目據奏牘本改。

〔五〕率復,不一 乾隆本、四庫本無,據奏牘本補。

請委武昌署員詳〔一〕

本年六月十四日〔二〕,奉總督部院蔡憲票:“差官張虎前去武昌府,著落官吏查照〔三〕,後開穀草數目,勒限全完,協同解官人役,限本月中旬以内飛解來荆接濟”等因奉此。該職遵查,於六月十六日爲“亟請署員等事〔四〕。照得成龍係黄州府同知〔五〕,於本年三月初九日委署武昌府事,因就近補授一案,授武昌府知府,尚未領憑。值禁旅南征,成龍奉委修搭浮橋,被山水衝毁,失悮軍務,題參部議處分,應遵奉離任。且成龍奉憲往撫東山〔六〕,遥隔省治,一切府事俱高閣躭悮,如軍前草束舊欠新派不及催辦,欽案部件熱審重情不及清理,負罪滋深。幸東山已靖,撫事已竣,本月初七日詳憲,候批歸省。蒙批:'一應安插善後事宜,該府必須計慮停妥,另詳報奪回省。'成龍凛遵成命〔七〕,撫事雖就,而善後非旦夕可奏,仰體憲慮爲地方生民圖久安之計,現在清查保甲〔八〕,立守望相助之法。延日逾久,積案愈多〔九〕。現今武昌同知新任,正可接署,料理府事。伏乞憲臺俯念欽部案件、軍需,關係重大,迅委同知接理。成龍受憲籌畫〔一〇〕,得以盡心効力,不敢以去位貽害地方生民"等因,具詳憲臺,未蒙批發。又于六月二十五日〔一一〕,奉布政司信牌:"爲特參違玩官員事。本年六月十四日,奉撫部院張憲牌行司:'照牌内咨文奉旨事理,欽遵施行'等因奉此。看得成龍原任黄州府同知,本年三月初九日委署武昌府事,蒙題補武昌府知府,尚未領憑。因浮橋一案,題參革職,例應解任。伏乞憲臺勅司速詳,委員署篆理事,庶一應軍需、欽部案件,責有攸歸"等因,于六月二十六日申詳〔一二〕,亦未蒙批發。今奉憲差催辦穀草〔一三〕,隨該看得自五月二十二日成龍委撫東山,未嘗一刻忘解荆軍需,奈羈處僻隅,不能分身以應,憂心如焚,亟欲撫竣,回省料理。又因善後之計,多方布置,非旦夕可就,唯恐日久遲悮,于六月十六日詳請委署催辦軍需〔一四〕。又本月二十六日詳請署員接理,撫事、軍需,兩無違延,俱未蒙憲示。玆差官目覩成龍艱辛疲病之狀,事出兩難。伏乞憲臺查批原詳,仰飽同知接印理事,刻期督催,庶可有濟〔一五〕。

【校記】

〔一〕奏牘本爲卷二之第二篇,題爲"辭武昌任請署員上蔡制臺"。

〔二〕奏牘本此句前加"爲軍務事"。

〔三〕著　奏牘本作"着"。

〔四〕等事　奏牘本作"以理府治事"。

〔五〕照得　四庫本作“竊”。

〔六〕憲　往　奏牘本無此二字。

〔七〕成命　奏牘本無此詞。

〔八〕現在　奏牘本作“目前”。

〔九〕愈　四庫本作“逾”。

〔一〇〕受憲籌畫　奏牘本多“守”字,作“受守憲籌畫”。

〔一一〕于　四庫本作“於”。

〔一二〕同上。

〔一三〕辦　奏牘本無此字。

〔一四〕于　四庫本作“於”。

〔一五〕刻期督催,庶可有濟　奏牘本作“刻期督催,不至遲悮,於公事庶可有濟耳”。

于清端公政書　卷二

黄州書

初至黄郡與友人書[一]

天下有極苦之地，居之久而不爲苦者，羅城、合州是也。天下有不苦之地，入其境而即爲苦者，黄州是也。羅城爲蠻烟瘴雨之鄉，其苦古今人共知之。然久之而茅屋頹垣，布衣(蔬)〔疏〕食[二]，裸體跣足，長歌痛哭，習以爲常。彼其心不在此也，在乎欲全生歸家而已。又久之而時和年豐，盜息民安，官民親睦，在下易於見德，在上易於見功。日用之需費有限，而一於儉。上司禮節不行，無所憎惡。迨至合州，人烟絶滅，水陸衝煩，苦矣。僕則挑水運柴[三]，主則讀書飲酒[四]，民間供應盡裁，上司誅求亦寬，往來仕客聞風而歎惜，以去夫役，因之無擾。在上則曰"清操毅敏"，又曰"刻苦矯厲爲良吏"。美之又加悲焉，憫其窮也。在下垂涕號泣，無復官民禮。此居極苦之地而不爲苦者也。

若夫黄州則不然。居郡丞之位，履文物之邦，署宇嚴肅，役胥羅列，士民聚觀，耳目雜遝。狐裘煌煌者[五]，同寅也；衣裳楚楚者，屬邑也。蒞斯土者，主尚可布衣而步行乎？僕尚可挑水而運柴乎？爲之治其執事，備其傘蓋，繁其交際，咸借貸以應。而冷署如冰,下無以爲德,上無以爲功,五窮環至,應接不暇,如之奈何? 此居不苦之地而適爲苦者也。

八年十二月二十五日蚤,舟中驟見小犬,長者龐然,幼者突然,竟不識爲誰家子。徐聽其聲音,抱頭痛哭。此命數蹇阨,父南子北者九年,一旦見面,肝腸欲碎者也。頃捧手扎[六],數載隔絶,如對芝眉,灑淚痛懷,始知老年伯奄忽仙遊。猶記聶親翁覲旋,寄有尊論,勉慰備至,尚存笥中。忽焉乘箕上天,五内震悼,此痛切而難已者也。惟年兄以禮節情,爲時自玉。積緒萬千,書不盡意,統希台照。不次。

【校記】

〔一〕奏牘本爲卷五之第十二篇,題爲"初至黄郡與友人書"。
〔二〕(蔬)〔疏〕食　四庫本作"疏食",從四庫本改。
〔三〕僕則　奏牘本作"其僕也"。
〔四〕主則　奏牘本作"其主也"。
〔五〕煌煌　四庫本作"黄黄"。
〔六〕手扎　四庫本作"手札"。

初守黄郡上張撫臺禀[一]

成龍于七月二十五日在麻城縣望花山,准武昌府關移,委官賚黄州府印信,本日叩恩接印,理黄州府事。于八月初四離望花山,初六日至省,回復撫部院嚴命。又因新派槽、鏟、鍋、桶等項軍需,向閫司領協餉置辦,羈遲數日,于初十日辭赴黄州。十一日巳時到府,即將草一百萬束,照糧均派,行各州縣催解,已經報明在案。又軍需困民已久,成龍不忍將槽、鏟、鍋、桶等項再派民間,情甘自任其勞,分委屬官覓買木料,差役調取匠作,買辦鐵、炭、楠竹、籮筐、木掀、撮箕等物,查結各憲守催事件,拮据半日,神已昏瞶。十二日早[二],親看起爐處所,復清查堆積公文,有黄岡縣縣丞王公濯呈繳日收公文,自七月十七日起至八月初十日止,共拆公文四百六十一件;十二日鋪司投遞公文九十一件,共五百五十二件,自巳時至二更方行拆完。成龍不覺頭暈目眩,嘔血不止。查各項公文,堆積如山,咸係要件,非經承敢于怠玩,亦非成龍敢于懸閣,皆緣缺員塵封,一時何以速理?且成龍于本年三月初九日理武昌府事,晝夜不遑。四月初四日委往咸寧、蒲圻,于五月十五日歸省,即辦解岳州軍需。五月二十二日委往麻城東山,于八月初六日方得回省。數月奔走,身履危險,罪戾滋深,精力已竭。夫以積勞之微軀,一旦覩要件之沉積,頓使心神驚悸,感成癆瘵之危症。目前扶病料理,務期新派軍需毫無違悞,但恐病勢危篤,將來不可保也。合先稟明。

附　張撫臺復書〔三〕

積勞之後,慎勿過于鞅掌〔四〕,以致欲速反遲也。接來翰,殊爲念切,幸善爲調攝,以慰不佞惓惓。麻城一案,備述賢勞,已繕疏具題矣。附聞,不一〔五〕。

【校記】

〔一〕奏牘本爲卷二之第四篇,題爲"初守黄郡上張撫臺"。

〔二〕早　奏牘本作"蚤"。

〔三〕乾隆本、四庫本爲卷二之附録任黄州時湖廣張撫臺來札計八道之一,奏牘本爲正文後附。

〔四〕于　乾隆本、四庫本作"於",據奏牘本改。

〔五〕附聞,不一　乾隆本、四庫本無,據奏牘本補。

到黄州任申飭諭〔一〕

照得本府新奉督撫兩憲會疏〔二〕,補授黄郡,撫綏人民,全賴賢有司相助爲理,以匡不逮。本府凛遵憲檄,夙夜匪懈,爲爾民謀安生樂業之長策，寢食未安，惟恐有負上意。兹於七月二十五日在麻屬望花山鋪開印視事矣，合行飭知。爲此，示府屬官民人等知悉：嗣後，各體本府愛民至意，大家齊心固守，清查保甲。如有面生歹人，聲音互異，立刻驅逐境外，務使兵民協和。城守事宜，照依往例，多撥人役，嚴加守禦，盤詰奸宄，以靖地方。該巡捕員役，毋得疎玩取咎未便。

【校記】

〔一〕奏牘本爲卷三之第三十二篇，題爲"開印申飭告示"。

〔二〕奏牘本此句前加"爲申飭防禦，以固地方事"。

爲黄州各屬報災請蠲詳〔一〕

覆查看得天災流行〔二〕，所在恒有，或災于夏而有報蠲夏災之例，或災于秋而有報蠲秋災之例，未有如今歲之水旱相仍，夏秋並災之甚者也。遍閲九屬士民痛籲州縣哀請，真淚溢紙上，悲不成聲，成龍不覺心酸涕流。雖夏災報逾定限，乃緣風鶴有驚，士民奔竄，呈訴愆期。性命之念重，初不計及水旱之洊至，誠有如蘄州里民張重高等呈稱"播遷未歸，以致失時不報"之詞，確爲真情。通計一歲正賦錢糧，既免夏災，復免秋災，所剩徵納協濟軍需，亦無幾何〔三〕。當此叛賊交訌之日〔四〕，荆岳用兵之時，訛言起滅不常，士民居徙無定，誠有如前府余三汲所詳"恐欲徵而無民可徵"之語，實爲有見。至于老弱溝壑，少壯流離，慘不忍言；饑寒切膚〔五〕，群聚爲盗，宜爲後慮。此各屬士民，有寧死于他鄉。"爲民請命，計出萬全"之詞，誠有如前府余三汲所詳；"(挺)〔鋌〕而走險"，黄安知縣徐秉仁所詳。以安爲盗之心，瞻前顧後，均有裨國家之石畫也〔六〕。逆賊作亂，人心共憤，指日授首。當事請協餉以濟軍需，暫寬此日災民之命，將來百姓感恩、踴躍輸賦報効者，正自無窮。誠有如黄梅縣革職知縣王庭龍所詳，"留此一邑災黎，爲後日種田輸賦之民"，可謂痛哭流涕、實意爲國爲民者矣！成龍更有請焉。目前荆岳進勦，備辦槽、鐗、鍋、桶，起運草束、穀米等項，無不藉民力以輸將。若寬小民今歲之賦，雖未得小民効順之財，而歡呼趨事，亦可得小民効順之力，並可得小民効順之心。成龍愚昧，不識忌諱，統祈憲裁，詳請題蠲。除未奉緩徵之先各屬已征銀兩，並照秋糧盡數恩豁，以救民命，以培國脈。合據黄屬士民州縣呈詳，妥議申報。

【校記】

〔一〕奏牘本爲卷二之第三篇，題爲“爲黄州各屬報災請蠲上張撫臺”。

〔二〕奏牘本此句前有大段文字，作“該成龍于本年八月十一日至黄州府查緩徵已荷等事一案前府余三汲于本年七月初五日呈”。

〔三〕無　四庫本作“復”。

〔四〕叛賊　奏牘本作“遇賊”。

〔五〕饑　四庫本作“飢”。

〔六〕石晝　四庫本作“碩晝”，奏牘本作“石晝”，“晝”疑爲“畫”之誤。石畫，大計。

請免彝運詳〔一〕〔二〕

竊照力役之征〔三〕，古今通義。前次赴荆運彝軍糈，派黄州府七千五百石，蒙嚴飭僱覓夫驢，勿派里甲力役，誠愛養百姓、培植國本之盛意也。漢陽僱騾可稱盡善，武昌僱驢亦蚤有成算。成龍奉文稍遲，忙不及備，若買驢僱夫，必延遲悮事，晝夜焦思無已。設借驢之法，言定驢回給主，傷損官賠，里民踴躍赴公〔四〕，毫無難色。而領運無人，點衙役代勞，各役向隅環泣，費幾唇舌，方有定局，各屬照例遵行。此成龍一片苦心，于倉卒之際〔五〕，爲濟急之舉，期以上不悮公，下不病民已耳。無如夫驢至荆，便已疲斃，日久所傷必多，兼悮運事。而荆州之夫驢一呼可以萬計，于是委官審度時勢，爲僱夫之舉〔六〕。每石夫價有一兩者，有一兩一錢五分者，有一兩二錢三分者，除官價六錢五分，應幫夫價自三錢五分至五錢八分不等。此外,去役之盤費,驢隻之草料,賠驢之價值,俱屬妄費,咸係官賠。方幸運米蚤竣[七],私爲得計[八],倏焉二運之檄又至矣。牌仰在荆夫驢再運[九],然夫驢久已各回,將何以應?各屬申請盈案,紙上之哀訴盡是哭聲,筆端之揮灑無非淚漬[一〇]。成龍之心已碎,術已窮,是當年西山之運苦在民,而今日彝陵之運苦在官。如逼之仍照前運,有司力竭,豈甘坐困?掩耳盜鈴,安能舍里甲而索奇計也!莫若行力役之征,光明正大,官民相濟,終爲久遠之法。如里甲艱於遠行,有前運傭夫之成例在焉。

成龍萬不得已,更有泣陳。前次派武、漢、黄三府運米之數[一一],漢陽府兩縣派米二千石,武昌府除江夏、蒲圻、通城、嘉魚量派外,尚有六縣該運米六千石。黄州府除黄梅、廣濟量派外,止有七縣該派米七千石,前次多派米五百石。成龍以運米未必如此之苦,且夫驢可以帶運,此五百石之任勞似無傷也[一二]。不料一石有一石之費,彼此輕重不均,各屬議論沸騰。今二運多派之米似難再運[一三],如以已派不便紛更[一四],查德安府于已派内新減一千石,或可援請。伏乞憲裁,敕司道公議,定官民運米之法,施均派恩減之仁,庶奉行不至遲悮,軍需可以濟矣。

【校記】

〔一〕奏牘本爲卷二之第九篇,題爲"請免彝運上張撫臺"。

〔二〕彝 本文中之"彝"字,四庫本均作"夷"。

〔三〕奏牘本此句前加"爲直陳彝米萬艱,官難再運事"。

〔四〕裹民踴躍 奏牘本加"借驢"二字,作"裹民借驢踴躍"。

〔五〕于 本篇中之"于"字,四庫本均作"於"。

〔六〕爲傭夫之舉 奏牘本作"傭夫之舉行焉"。

〔七〕方 奏牘本作"止"。

〔八〕私 奏牘本無此字。

〔九〕牌 奏牘本無此字。

〔一〇〕灑 奏牘本作"灑"。

淚漬 奏牘本作"淚珠"。

〔一一〕武漢黄三府運米之數　奏牘本作“武漢黄運米”。

〔一二〕此五百石之任勞似無傷也　奏牘本作“任勞一以無傷也”。

〔一三〕今　奏牘本無此字。

〔一四〕奏牘本此句後加“再有下情疊陳,黄屬惟廣濟、黄梅最苦,今歲又罹災傷,前次量派運米,迄今號泣,何堪再運,或者正賦可邀題蠲運米,亦可異憲德也。此例似非未被災郡可比。”

上張撫臺請免運夫稟〔一〕

成龍於十九日晚渡江,敦請各騾店,婉辭懇求,無如堅執不許,憂心如焚。耑委馮縣丞叩稟憲堦。漢陽有騾,武昌有驢,成龍將何以應?即於二十日夜至黄,細問(圻)〔蘄〕蘄水縣丞王遴自荆至彝路程、運米事情〔二〕。荆州六十里至穿心店,三十里至河溶,五十里至當陽,三十里至玉泉寺,四十里至連平,四十里至凉亭,二十里至風寶山,三十里至彝陵,共三百里。山路崎嶇,一夫止負米三斗,帶食米一斗,多負決不能行。兼有被褥雨蓋之累,領米收米必需半月,是一月止可運米六斗也。荆州除遵法官僱外〔三〕,運米一石,索銀一兩六錢。王縣丞離荆時,一兩六錢已不肯運。頃有信自荆州來〔四〕,土人每石討價二兩五錢,是運米七千五百石,須費萬金以外。黄屬甫定之餘,災傷之際,何堪當此苦累?目前正餉雖完,南漕正在催比,轉盼明歲錢糧又行開徵,民窮莫措,委實難支。官價六錢五分,爲數雖少,何至浮加數倍?未必非射利之徒乘機作祟,貽害百姓,貽悮軍需。成龍計窮力竭,與士民密議捐輸夫價〔五〕,以救一時之急。伏乞憲臺恩憐成龍苦心,俯允捐輸〔六〕,恩免運夫。成龍幸甚,地方幸甚!

【校記】

〔一〕奏牘本爲卷二之第十七篇,題爲“請免運夫上張撫臺”。

〔二〕(圻)〔蘄〕水　乾隆本作“圻水”,誤,從四庫本改。

彝　本文之“彝”字,四庫本均作“夷”。

〔三〕遵法官雇外　奏牘本作“官雇遵法外”。

〔四〕頃　奏牘本作“值”。

〔五〕捐輸　奏牘本作“蠲輸”。

〔六〕同上。

請捐輸運價免役運夫詳〔一〕

竊照我國家三十年來愛養百姓〔二〕，堯天舜日，海内享昇平之福，一旦吳賊逆天首亂，湖北震驚。邇來侵犯彝陵，〔三〕王師會勦，軍行糧從〔四〕，難容刻緩，需夫饋餉，勢所必至。凡踐土食毛之氓，正効力報恩之日也。兹因荆民疲于奔命〔五〕，派及武、漢、黄三府〔六〕，黄屬該運米七千五百石，敢不竭蹶從事？成龍攷古度今，審其時勢，權其機宜，有用民之力者，有用民之財者，名雖殊而實則相濟，惟期有裨公事而已〔七〕。如黄屬者〔八〕，應用財而免用力之區也。黄屬九州縣，以時勢言之，除黄梅、廣濟今夏水災，題達請蠲，而黄梅兵馬過往，踐傷更甚，已蒙司道公議裁減、量派不議外，麻城、黄岡、羅田、(圻)〔蘄〕水環繞崇山峻嶺〔九〕，接豫省之商城、固始，連廬州之六安、英、霍，聯絡四十八寨，素稱易與爲亂、難與爲治之地。去歲么魔蠢動，人心叵測，屢煩官兵，而麻城令屈振奇、黄岡令李經政、(圻)〔蘄〕水令蔣燦、羅田令王光鼎〔一〇〕，相與戮力撲滅，題敘各軍功在案。黄安密邇羅山，豫寇釀禍，黄安令徐秉仁躬親招撫，題敘紀録在案。黄陂與孝感、黄安接攘〔一一〕，逆賊搶楊店驛馬，查報題明在案。黄屬之時勢如此。

迄今婦子以寧，地方無驚〔一二〕，然投誠向化之輩，雖云革面，難信革心，成龍何敢一刻置諸懷？則權其機宜，不得不爲萬全之計也。查派運米七千五百石，每夫運米五斗，計用夫一萬五千名。呼之難猝至，聚之深可憂，是夫未至荆，而成龍膽先落矣。奉守憲牌，議運米一石，應給官價銀六錢五分，則七千五百石，應支官價銀四千八百七十五兩。是朝廷未嘗輕役一民，有此官價，何處不可覓夫？成龍爲軍糈計，又爲地方慮，情願勸勉屬民，捐輸銀四千八百七十五兩，爲募夫之助，少省朝廷金錢，以伸黄民急公之義，以彰上憲恤下之仁。用民之財，寬民之力，婦子仍然以寧，地方仍然無驚〔一三〕，于軍糈、民生未必無裨益也〔一四〕。如捐輸不前，成龍任遲悮軍需之罪。或恐成龍藉端分外苛派，甘心正法，以謝州縣。或恐州縣藉端分外需索，成龍揭報，以謝士民。此成龍窮極計生，憂心焦悴，權其機宜如此。否則運夫之催逼，中途之逃亡，運米之遲速，一日公事未竣，一日憂心莫展，成龍惟有愁悶絶命已耳。伏乞憲臺迅飭司道各憲會議〔一五〕。成龍寢食俱廢，晝夜望賜恩命，以解倒懸之危。

【校記】

〔一〕奏牘本爲卷二之第十八篇，題爲"請捐輸免運夫上督撫兩臺"。

〔二〕奏牘本此句前加"爲請效捐輸之誠，乞免運米之役，以申大義，以安人心事"。

〔三〕彛　四庫本作"夷"。

〔四〕糧從　奏牘本作"糧食"。

〔五〕于　四庫本作"於"。

〔六〕及　奏牘本作"夫"。

〔七〕公事而已　奏牘本加"乃"，作"乃公事而已"。

〔八〕者　奏牘本無此字。

〔九〕(圻)〔蘄〕水　乾隆本作"圻水"，誤，從四庫本改。

〔一〇〕同上。

〔一一〕攘　四庫本作"壤"。

〔一二〕驚　四庫本作"警"。

〔一三〕同上。

〔一四〕于　四庫本作"於"。

〔一五〕迅飭　奏牘本作"迅敕"。

謝徐守憲詳免派夫稟〔一〕

成龍屢聞派夫之議，晝夜愁悶，如坐針氊。於本月初十日稔知憲臺詳請折價，武、漢、黄三府士民戴如天之仁，陰德萬代；朝廷受無疆之福，鞏固百世。成龍不覺心折手額，踴躍欲舞。復望憲臺一力主議，哀懇必行，成龍奉命唯謹。伏乞憲鑒。

【校記】

〔一〕奏牘本無此篇。

爲麻城請改南折詳〔一〕

麻城一邑，僻處萬山之中，東北與豫省光、息、商、固接壤，東南與江南英、霍、六安比鄰，不通水次，惟宋埠一鎮僅有盈盈一水。九月之後，水涸沙淤，需用竹簰，僅裝米八九石不等，尚須人在水中牽拽百里之遠，出鵝公頸，方抵大江，艱苦異常。此歷來南米蒙允改折，久經憲臺洞悉，無庸成龍瑣陳也〔二〕。

目今軍糈扣算已定，刻不容緩，若俟麻邑南米接濟，夫以盈千累百之米，用八九石之竹簰輓運〔三〕，曠日遲久〔四〕，欲其速濟軍需，豈可得乎？在百姓筋疲力竭已不可言，而軍中之庚呼毫無裨益。兹據里民梅天章等呈稱"恩詳改折，以從民便"，呼籲痛切。成龍悉知麻城之山隅不近水次，更審酌軍糈之緊急難容緩待，不敢膜視，合據詞請命。伏乞憲恩憐山城水路阻遠，兵食萬難刻緩，俯從民便，飭糧憲照例允折〔五〕，庶公私有濟，兵民受福無窮矣。

【校記】

〔一〕奏牘本爲卷二之第十二篇，題爲"爲麻城請改南折上張撫臺"。
〔二〕庸　奏牘本作"容"。
〔三〕運　奏牘本作"遲"。
〔四〕遲　奏牘本作"持"。
〔五〕飭　奏牘本作"敕"。

上張糧道諫止採買稟〔一〕

成龍猥以謭劣，幸荷恩培，感戴終身。然覆餗之懼，恒切寸心。目前軍糈孔亟,憲臺晝夜不遑。成龍屬在下吏,不能少助一籌,自反深(漸)〔慚〕。(第)〔第〕採買糧米,成龍有三慮,不敢不爲憲臺陳之。黄屬邇來鼠竊狗偷,遍地横行,憲差賚銀務宜慎密。前聞有盜自省跟憲差至陽邏,托憲臺洪福,來差早已登岸,倖免無事。兹聞來差不加慎密,將銀兩裝在口袋,明搭騎走,惹動匪類計算,恐不可測。此露白之慮,一也。賚銀採買,必訪殷實經紀,自可無失。兹聞憲差不察虚實,概行混領混給。若輩領銀之後〔二〕,販猪買鹽,視爲己物,不惟遲悮軍需,恐此輩窮棍花費一盡,攜家逃走,定煩緝追。此散銀之慮,二也。採買軍需,係上倉糙米。兹聞憲差遍發示條,糙米之外,一概收買,大船小船絡繹不絶,以致民欲買升合不能到手。宋埠附近地方居民〔三〕,已閧然不能相安,今聞牙魚坑百姓又有奮不顧身之舉。此地方之慮,三也。伏乞憲臺密飭差役小心謹慎,細擇經紀,糙米之外〔四〕,勿包攬客船,仍分些須以濟民食。成龍不識時宜,冒昧上陳,可否,惟候憲裁。

【校記】

〔一〕奏牘本爲卷二之第十三篇,題爲"諫止採買上張糧道"。
〔二〕若輩　奏牘本作"一夥"。
〔三〕地方居民　奏牘本加"李招",作"地方李招居民"。
〔四〕之　奏牘本作"已"。

上張撫臺請免募鎗手禀〔一〕

成龍質腐才踈,仰荷知遇之恩,即肝腦塗地,難酬萬一。惟期保障黄土,紓憲臺東顧之慮〔二〕。幸今歲雨暘時若,百室頗盈,婦子頗寧,人心貼息,無復去歲風鶴之驚〔三〕、逆黨煽惑之擾,咸賴我憲臺恩威並用,深仁厚澤,淪浹黄民之骨髓,成龍毫不敢有所假飾,以欺憲臺也。惟鼠竊狗盜未能絶迹,雞犬尚爲騷動,成龍恒鰓鰓憂之。

邇來民多訛傳調軍前之夫，抽民間之丁，成龍靜以鎮之，訛言甫息。忽于本月初三日，奉藩司牌召募鎗手，某州縣招募若干名，立刻催報。前此百姓之所訛傳爲抽丁者，即此故也。愚民實不知爲召募也，第此亦關係地方安危大事。夫以爲召募則可，若定某州縣招募若干名，恐未盡善也。黄屬皆耕田鑿井之庶民，有父母妻子之關切，其中或有游手好閒、情願爲兵者，召募入伍，彼亦甘心，可濟實用。此招募不拘多寡，行之則可。如定以某州縣若干之數，有司不善奉行，畏上督責，猝募無一應者，勢不得不押鄉保以公報，勢不得不派銀兩以傭覓，恐此一舉，地方多囂動矣。奸人乘之，禍不可測。且有成龍不敢言者，遇知己之賢〔四〕，又不忍不言也。前荆州調黄協之兵，甚至親友泣别，灑淚赴途，光景淒慘，不堪聽聞。更有一二傭覓代行，彼已情願入伍，尚且如此，况耕田鑿井之民，有父母妻子之累，一旦逼以招募之舉，又不知作何光景也。伏乞憲臺裁酌，俾憲臺焦心苦思、剿撫經營之地方獲以萬全。如召募必不可免，似不宜分派州縣限定數目，止責成成龍量其緩急，陸續招解。可否允行，統祈憲鑒，蚤爲定議，庶人心安而地方無虞矣〔五〕。

【校記】

〔一〕奏牘本爲卷二之第十篇，題爲“請免募鎗手上張撫臺”。
〔二〕紓　奏牘本作“舒”。
〔三〕驚　四庫本作“警”。
〔四〕賢　奏牘本作“主”。
〔五〕奏牘本此句後加“爲此激切上禀”。

上張撫臺招募獵户禀〔一〕

庸材腐質，蒙恩拔識，寵以章服，優以異典，知己之感，千載一時，德難酬報。當此逆賊侵犯，正大彰撻伐之期〔二〕，凡屬臣子，罔不奮勵。况成龍受憲恩隆重，恨不能坐展一籌，少（舒）〔紓〕憲憂，寢食爲之不安。于本月十二日巳時恭接憲牌，取用獵户，各縣不能奉行，致違憲命。但獵户與鎗手雖同而實異，黄屬獵户最少，鎗手可學而能，各屬或泥定獵户，不敢妄報，罪誠有由。成龍凛遵憲檄，多方勸諭，招致年力精壯、習熟鳥鎗者，濟時之用。伏乞憲臺霽威，姑宥各屬無知之愆，成龍感戴無既〔三〕。

附　張撫臺復書〔四〕

歲募匆匆，五馬遽返，殊愧未盡懷抱，粗服聊表緇衣之好，何煩親翁齒及耶。鳥鎗已查收矣。附復，不一。

【校記】

〔一〕奏牘本爲卷二之第十一篇，題爲“招募獵户上張撫臺”。

〔二〕彰　奏牘本作“揚”。

〔三〕奏牘本此句後加“緣奉軍務合先報聞，統祈憲鑒”。

〔四〕奏牘本此文後附，乾隆本、四庫本均無。

復張撫臺招募鎗手并運驢夫役禀〔一〕

張漢一委牌遵諭面給，仍再四勸勉，竭力報恩，無滋擾地方，已赴黄安縣訖。於本月二十七日譚以從來黄，成龍復發委牌一張，俾與張漢一協力召募。又託羅山生員羅一者，亦往召募〔二〕，不拘多寡。此委羅一者，便于譚以從勸募〔三〕，可無他説也。運米驢已有六百隻，點衙役二百四十名。每夫四名，領驢十隻，立一小旗。每夫二十名，領驢五十隻，立一大旗，以免混淆。驢尾烙印記，驢項繫懸牌，書毛色并夫姓名，以便認識。口袋、雨具俱全，均有記號。又恐衙役辛苦，設備帳房，委照磨李德、署縣丞唐紹先督領，刻日起行。尚有夫驢，如法陸續前往。木料委經歷張徙滇催辦。合先報聞，以紓憲慮。

附　張撫臺來書〔四〕

荆州大將軍新設援勦營,急需鳥鎗手。頃據張漢一、方茂貞二人稟稱,暫委職銜,彼可以各招募五百名。今將委牌二紙付去,如其言果屬可信,於地方無擾,則將牌給彼,親翁或再給與執照。倘親翁處可以召募有人,而其事於地方有礙,似又不必多此一番委募,即將原牌仍繳回可也〔五〕。幸酌之,速速〔六〕。

附　張撫臺復書〔七〕

兩接來翰〔八〕,夫驢一項已有成緒〔九〕,殊慰懸懸。但委官必須府佐方能彈壓,且交米領米俱得迅速,幸再酌之。其夫驢起程日期,亦須即爲速報,以便檄知荆、彝等處〔一〇〕,并咨督院禁飭就近營汛拉扯耳。鎗手分招,極善。并復,不盡〔一一〕。

【校記】

〔一〕奏牘本爲卷二之第二十一篇,題爲"招募鎗手并運驢夫役復張撫臺"。

〔二〕往　奏牘本無此字。

〔三〕于　四庫本作"於"。

〔四〕乾隆本、四庫本爲卷二之附録任黄州時湖廣張撫臺來札計八道之三,奏牘本爲正文後附。

〔五〕仍　乾隆本、四庫本無此字。

〔六〕速速　乾隆本、四庫本無此詞。

〔七〕乾隆本、四庫本爲卷二之附録任黄州時湖廣張撫臺來札計八道之四,奏牘本爲正文後附。

〔八〕兩　乾隆本、四庫本無此字。

〔九〕夫驢一項　乾隆本、四庫本加"知",作"知夫驢一項"。

〔一〇〕彝　四庫本作"夷"。

〔一一〕不盡　乾隆本、四庫本無此詞。

捕盜巴河歸報張撫臺禀〔一〕

成龍叩謁憲堦,回府料理運米,苦無頭緒,以致心火焚熾。又因夜查關廂街道〔二〕,城門一嚮,馬驚墜傷,成龍倍加憂悶,數日稍愈,夫驢亦就,甫得安枕。不料心火外發,膚生膿胞,臥牀呻吟。于本月初十日忽聞巴河有失盜之傳〔三〕,漸不可長。成龍扶病微行,由徑至鎮,入失主之屋,細看前後兩門,並無打壞踪跡,情有可疑,亦不敢苟且輕易。再行密訪,拏獲一犯,居住偏僻,素行不端。十一日復以點煙甲爲名,遍訪真盜,立刻緝拏,當晚二更回衙。十三日失主到府,文武同赴城隍廟會審,失主身無點傷,情更可疑。當晚刻拏失主家奴,十四日早審,窺見隱情〔四〕,知爲失主奶公通盜也。但真盜未獲〔五〕,何以服失主奶公之心?於十五日晚在葦源口拏到一盜,即時鞫訊,自認情真。十六日蚤再加細問,滿盤托出,則成龍前訊奶公通盜之情果無差謬。隨傳失主面聽供詞,陸續叫失主家僮俾盜識認,第一、第二供稱不認,至第三乃爲奶公。盜大言是他調線開門,而失主奶公俛首不能强辨〔六〕。立刻即將盜口供出的黨〔七〕,差役分佈緝拏。大約多係興國地方慣盜〔八〕,一面差役往興國移文協拏〔九〕,隨將盜與奶公寄黄岡縣監候,差役回府必有着落。此夥竊盜毫無顧忌,若不嚴法以懲,人人傚尤,將來何所底止〔一〇〕?另容申報憲臺〔一一〕,創一懲百〔一二〕。

成龍因此勞攘數日〔一三〕,膿胞益勝,臀不能坐〔一四〕,手不能持,腿不能站。又值木料堆集江干,不躬親檢查,終不放心,强病支持,遍體疼痛,不能假寐。(圻)〔蘄〕州木料先行,(圻)〔蘄〕水木料頭幇已過黄岡〔一五〕,不過一、二日裁截停當,合幇赴荆。地方事宜委張武舉、鄒貢生沿路立堡巡防,事尚未竣。成龍血氣久衰,精力已枯,力不從心,强勉供職,地方一應事宜,伏乞憲臺寬慮〔一六〕。

【校記】

〔一〕奏牘本爲卷二之第十四篇,題爲“捕盜巴河歸報張撫臺”。

〔二〕又因夜查　奏牘本作“又值黄岡縣夜查”。

〔三〕于　四庫本作“於”。

〔四〕窺見隱情　奏牘本作“隱”。

〔五〕但真盜未獲　奏牘本作“但此夥竊盜毫無顧忌,若不嚴法以懲,人人傚尤,將來何所底止? 且真盜未獲。”

〔六〕而失主奶公俯首不能强辨　奏牘本作“而失主俯首奶公尚爲强辨”。

〔七〕口　奏牘本無此字。

〔八〕興國地方慣盜　奏牘本加“緝捕府”,作“興國緝捕府地方慣盜”。

〔九〕移文　奏牘本作“遍文”。

〔一〇〕此夥竊盜毫無顧忌,若不嚴法以懲,人人傚尤,將來何所底止?　奏牘本此句已前置,此處無。

〔一一〕另容　奏牘本作“即是竊盜”。

〔一二〕創一懲百　奏牘本加“嚴法”,作“嚴法創一懲百”。

〔一三〕成龍因此　奏牘本作“又”。

〔一四〕臂　奏牘本作“腐”。

〔一五〕(圻)〔蘄〕　乾隆本作“圻”,誤,從四庫本改。

〔一六〕奏牘本此句後加“黄安鎗手李監生正在府守催銀兩。十九日蚤,憲舍賫銀至,即差役賫送黄安。成龍先具實收,統祈憲鑒。”

上張撫臺籌捕盜禀〔一〕

成龍才力疎庸,自愧難肩重任,久荷憲恩俯鑒。至于地方盜賊横行〔二〕,失主與鄉保朦蔽不報〔三〕,習染成風,以致鼠狗無忌,真堪裂眥。成龍已痛切上陳,幸憲臺頒式嚴飭〔四〕,成龍敢不一力奉行? 若成龍屬員,朝夕告誡,一己之功名事小,百姓之殘害、地方之擾亂事大,天理良心,安可以一己功名竟置百姓地方于不問也〔五〕? 巴河、烏林二案,非成龍抱忿不甘,微行密緝,又蹈前轍。目前烏林港一事,訪有踪跡,但恨成龍力薄,不能供養緝拏人等。不料鼠輩仍無顧忌,行刼倍甚,自(圻)〔蘄〕州至九江〔六〕,處處變亂。成龍躁激欲死，又蒙督憲嚴檄，責成龍前在岐亭盜息民安，何今日奉行不力，反致盜案纍纍？成龍更苦之甚矣！前在岐亭，稍有風聲，便可傳知，朝聞夕挐，傾刻立擒，登時處死，皆躬親經理。今地方寥廓，各屬蒙蔽不報，在成龍以爲可幸無事〔七〕，誰知養癰至此。成龍踈虞之罪，其何能辭？無奈遍發捕役，各處打聽，(圻)〔蘄〕州又失兩事〔八〕，失主帶傷，鄉保不報，州官不知。成龍即刻行查，務遵憲頒式，以滅此鼠輩。特成龍血氣衰弱，實不能當此焦勞，統祈憲憐。

附 張撫臺復書〔九〕

巴河獲盜，具見摘奸發伏之奇。此等萑苻横行，自當嚴爲懲創。但失事未據報聞，是强是竊，尤宜據實具報，毋致代爲下屬受過也。瘡疾尤冀慎攝。率復，不一。

【校記】

〔一〕奏牘本爲卷二之第十五篇，題爲“又籌捕盜報張撫臺”。

〔二〕于　四庫本作“於”。

〔三〕蒙　奏牘本作“朦”。

〔四〕嚴飭　奏牘本作“嚴責”。

〔五〕于　四庫本作“於”。

〔八〕(圻)〔蘄〕州　乾隆本作“圻”，誤，從四庫本改。

〔七〕以爲　奏牘本作“止以爲”。

〔八〕(圻)〔蘄〕州　乾隆本作“圻”，誤，從四庫本改。

〔九〕乾隆本、四庫本爲卷二之附録任黄州時湖廣張撫臺來札計八道之五，奏牘本爲正文後附。

上張撫臺籌報水災禀〔一〕

今歲水災，自四月泛漲，至十月初旬尚未退涸，變出異常。蒙憲駕臨仙桃鎮，親看水勢，軫恤災黎，勅藩司取各府屬被災情形，繪圖請蠲,誠覆載斯民、鞏固邦本之至意也。成龍愚昧,揣度時勢,竊有眇見上陳。

凡天下事,情與勢而已。官與民休戚相關,如遇疾苦,何忍膜置?痛哭陳情,職所當然。若今歲之水災,各屬爲民請命,此今日之情也。目前西南用兵,日費不貲,而賦税全盛之省,惟有北直、浙江、江南、山東、山西、河南。是朝廷之所入有限,而兵馬之需餉浩繁。且關榷與鹽課俱不能征如舊額,司農仰屋,因之官俸、役食等項裁扣殆盡,而加徵鄉宦、編派屋税,無非艱難補苴之計,此今日之勢也。以今日之情審今日之勢,國用匱乏,災傷疊告。皇上痛念民瘼,勑諸王大臣會議蠲免。在廷諸臣憂心軍需〔二〕,輾轉無策,欲蠲災則絀餉,欲充餉則勸徵,勢處兩難。此安徽撫憲豫審情勢,有水不成災之疏,而部議又有高郵等處亦不准蠲之覆也〔三〕。目今湖北水災最苦最慘者,無踰沔陽、潛江、景陵、漢川、黄梅、廣濟〔四〕,如以被水諸縣概爲請命,合計蠲免錢糧太多,部臣必有難色。倘如江南事例,則最苦最慘諸邑受害自不可言,即痛哭流涕,恐難補救。或回天有力,幸邀皇仁,而司農計窘,必將十六年民賦如鄉宦一例加徵,是以絀于十五年者〔五〕,加于十六年〔六〕,則蠲災之惠淺,而加徵之累更甚。且蠲災不過一歲,而加徵必俟事平,苦若之何?雖朝廷必無之事〔七〕,成龍籌及兵餉,不得不爲之過慮也。揣情與勢之間,而期於救民實際,或擇被災之最苦最慘者,會請蠲災。其餘仍行勸輸,將國計與民生相濟爲用。尚未卜廷臣之會議何如也。此成龍愚昧之見,未知有合時宜否,伏乞憲鑒。

附　張撫臺復書〔八〕

民生困苦,又繼以水災,雖河伯爲虐,而地方各官尤當加意軫恤殘黎,以稍救災民於萬一耳。惟親翁加意率屬,以爲此一路福星可也。

【校記】

〔一〕奏牘本爲卷二之第十九篇,題爲"籌報水災上張撫臺"。

〔二〕在廷諸臣憂心　奏牘本作"而在廷計臣必憂心"。

〔三〕覆　奏牘本作"復"。

〔四〕奏牘本此句後加"而已"。

〔五〕于　四庫本作"於"。

〔六〕同上。

〔七〕雖　奏牘本作"此"。

〔八〕奏牘本此文後附,乾隆本、四庫本均無。

報張撫臺地方妖異稟〔一〕

成龍才疎德薄,久荷覆庇,兼辱教誨,而區區緝盜安民之私,素蒙洞鑒,至恩拔郡守,惟覆餗是慎〔二〕,倍加防禦。幸履任一載,頗保無虞。忽於去歲五月,大風示警,以後怪異疊見。自冬迄今,府城回禄屢虐,兵民受困。或見爲火團,或見爲赤鴉,齋戒祈禱,茫無一應。此一異也。猛虎晝行,路絶人稀,夜傍民舍,巧爲緩步之狀,故作嘔吐之聲,哄人出視、犬出吠,則啣之而去。此又一異也。有一等賊民,三五成群,匿於林中,日將暮,伺有孤客,粧成猛虎,一喊跳出,將客挾入深林,縛歸藏土室内,不見天日,遞賣他方。有一等妖民,青天白日,大路之上,用手將行人臉上一抹,其人即不能言語,頭畜、行李公然收去。此又一異也。至于山隅孤村〔三〕,有一等惡少,高郵、沔陽流民,人物魁梧,衣服整齊,口稱討米,勒索無厭,稍不如意,傾家搜刮。城市鄉村,男扮女粧,公然行走,沿門乞食,徑入内室與婦人鬧爭,全無忌憚。人不知覺。若夫偷盜牛驢,到處皆是。成龍欲以德化之而德薄,欲以法制之而法窮,將刑不勝刑,盜不勝盜矣。種種怪異,從未經見。更可異者,豫省光、羅,大雪盈尺,即黄岡境内,雨雪潤濕,而麻城、黄安,自秋徂冬,全無雨雪,土堅成塊,犁不能入,麥未下種,野無青菜。固成龍不肖所致,亦是造化菀枯不齊。目前開徵,不知何狀!兹當新正履端之始,乃憲臺百福駢臻之會,正千官慶賀之辰,亦即萬姓望澤之期,成龍備敘黄屬情形,仰冀憲鑒,俯賜軫恤,以垂弘庥。

【校記】

〔一〕奏牘本爲卷二之第二十三篇,題爲“爲地方妖異報張撫臺”。

〔二〕慎 四庫本作“懼”。

〔三〕于 四庫本作“於”。

上張撫臺籌緝逋寇禀[一]

史國柱包藏禍心,煽惑地方,蒙憲臺面諭密緝。成龍凛遵指授,幸未漏網,鼠賊就縛,咸仗憲臺威靈,成龍何功,敢當奬諭[二]?至練長王芳遠等感荷憲恩[三],特賞袍帽銀兩,成龍愈踧踖不安。兹奉密諭,孫調元、汪華之、陳克韶,成龍刻即設法迅擒。倘遁入黄安,便爲籠中之鳥,决不致兔脱,貽禍内地。但成龍新聞陳鼎業、陶白雪潛逃九江,苦無的役緝拏,唯望王芳遠、張漢一、方茂貞來黄密議。陶、楊二生,成龍給以委牌,俾防守畢家鋪一帶地方。又六安、麻埠告警,密邇羅、麻,成龍于羅田界隣六安、英山等處已發委牌[四],諭有身家生員豫爲防備,仍委武舉張尚聖赴羅偵探。成龍揣度時勢,另具密禀,伏乞憲鑒。又,招募鎗手,係生員吴之鄒經理。成龍因黄梅饑荒[五],募穀四百餘石,委生親往賑救,尚未回黄。俟吴生回府[六],清查頂替情由另報。

附 張撫臺復書[七]

奸人屢擾内地,此番又擒史國柱,皆親翁之妙略也。但孫調元尚爾逋誅，聞其同行有兩人，一爲汪華之，一爲陳克詔，同遁入黄安一路。且聞譚以從、陶克凌、李素之，係其親密舊好。查譚以從等舊係招撫之人，尚未發回羅山。幸親翁密授方略，俾其迅擒賊首調元，不致兔脱。切速，切速。專此，不一〔八〕。

附　張撫臺又書〔九〕

水師鎗手尚未足額，正在需人，吳生招致六十三人，具見急公之義。已據守道文報，俱發營收伍矣。王副將病故，身後之事，幸親翁就近善視之。不佞已即爲題請存恤矣。不一。

【校記】

〔一〕奏牘本爲卷二之第五篇，題爲"籌緝逋寇報張撫臺"。

〔二〕成龍何功，敢當獎諭　奏牘本作"成龍何敢當獎諭優溢"。

〔三〕至練長王芳遠等感荷憲恩　奏牘本作"練長王芳遠等荷憲恩隆厚"。

〔四〕于　四庫本作"於"。

〔五〕饑　四庫本作"飢"。

〔六〕俟　奏牘本作"侯"。

〔七〕乾隆本、四庫本爲卷二之附録任黄州時湖廣張撫臺來札計八道之六，奏牘本爲正文後附。

〔八〕專此，不一　乾隆本、四庫本無此句。

〔九〕奏牘本此文後附，乾隆本、四庫本均無。

報張撫臺籌捕餘寇禀〔一〕

才疎性拙，幸逢知遇，格外殊恩，感佩終身。黄、麻東山，仰賴憲威，頗稱寧謐。孫調元就擒，已除腹心之禍。止有陳鼎業，仍祈溫諭張漢一遍緝，料難漏網。訪孝感山嵩中藏賊甲三十副，鳥鎗數十杆，已密差查起，未知虚實。江右寧州賊平，興國、大冶無驚，而黄州可以安枕，伏乞憲鑒。外，程鎮邦家貧，糊口不給，武舉魯試挐賊盜一案，久在武昌，統冀恩施。

附 張撫臺復書〔二〕

狡逆作祟,煽惑鄉愚,致令無知交相受札。已獲者自應解往武寧,聽其質對;未獲者多方躧緝,以靖根株。至於無辜弟侄,非緣坐者,應予保候,以安人心。若夫未經供出,或名同字異者,平素與其往來,尤當令其自爲舉首,以邀減免,是亦好生之德也。率復,不盡。

【校記】

〔一〕奏牘本爲卷二之第六篇,題爲"籌捕陳鼎業等報張撫臺"。

〔二〕奏牘本此文後附,乾隆本、四庫本均無。

報張撫臺獲陽邏僞劄稟〔一〕

十月二十七日晚,據陽邏生員楊瓊枝、陶大定出首遊擊僞印劄綾一段、守備僞印劄紙一張,同黄岡縣知縣李經政至衙密繳。二生冒雨星夜來黄,實屬忠誠,當賞銀二十兩。其送劄陳遇之子陳鼎業,即刻會同朱守備,委吳把總密擒〔二〕。已將僞劄二張呈驗守憲轉繳,合就報明,祈即會同各上憲,以備叵測。緣係機密事宜,恐有洩漏,不便關移。

附 張撫臺來書〔三〕

陽邏地方報出首散劄之人,今忽聞陽邏驛馬三十四,盡被賊劫,不知去向,驛道竟無隻字報聞。頃來見面詢始知,而地方官并未申報,何耶? 親翁即速挨程密訪,要知此馬係何處賊寇所劫,今劫往何處,務得下落。至陽邏内地,而逆賊猖狂,應作何布置,并煩留神速爲料理,并即見復。顒切! 顒切!

附　又復書〔四〕

兩接來翰，蒿目時艱，籌畫防禦，同心之言，已識懷抱。但方此多事之時，要當以綢繆禦外侮，尤在以鎮静安人心，斯爲兩得之耳。孫調元幸即密訪，毋令兔脱，此賊就擒，則内地稍可安静。陳鼎業亦煩追踪速獲，其王方遠等已令其迅回黄州，聽驅策矣。麻埠之警更望留神。餘俱具悉，不一。〔五〕

【校記】

〔一〕奏牘本爲卷四之第五十八篇，題爲“報張撫臺獲陽邏僞劄”。

〔二〕密　奏牘本作“前”。

〔三〕奏牘本此文後附，乾隆本、四庫本均無。

〔四〕乾隆本、四庫本爲卷二之附録任黄州時湖廣張撫臺來札計八道之七，奏牘本爲正文後附。

〔五〕孫調元幸即密訪，毋令兔脱，此賊就擒，則内地稍可安静。陳鼎業亦煩追踪速獲，其王方遠等已令其迅回黄州，聽驅策矣。麻埠之警更望留神。餘俱具悉，不一。乾隆本、四庫本無此段，據奏牘本補。

慰諭陽邏士民諭〔一〕

照得地方之不靖〔二〕，由於人心之未安；人心之未安，由於疑畏之未釋。陳鼎業父子家世陽邏，同鎮士民非親即友，僞劄一案，或有附和入黨者，或有知情觀望者，或有畏禍結舌者。鼎業事露，人人自危，誠無足怪。本府確知爾等隱情，概不株連，於去歲十二月内親臨爾鎮，發示勸諭，爾民之心可以安矣。春三月間，爾民復驚畏不安，或因不軌之徒潛布流言〔三〕。今史國柱等已經授首，則爾民之心可以無驚矣〔四〕。或又見陳玉之久禁，首犯未除，恐其波及。今陳玉之等已正法，則爾民之心更可以安矣。又或見陳鼎業、陶雪白等未獲〔五〕，遍行緝拿，致生疑畏。不知已逃必捕者，朝廷之大法；來歸必釋者，朝廷之大恩。即張漢一、方茂貞投誠有功，撫部院賞賜袍帽銀兩,現今録用,已有明驗。若陳鼎業、陶雪白等洗心改過〔六〕,親自投誠,不但不究前非,亦且嘉與維新。倘執迷不悟,定期必獲。此理勢之必然,與爾民何干?多此一番疑畏。合行曉諭〔七〕。爲此,示仰本鎮諸色人等知悉:凡倡亂者,許自投誠,即行獎賞,親戚隣佑概不株連。有私行詐害者,許被害之家不時喊稟,便行究治。各宜安心樂業,毋自貽戚。

【校記】

〔一〕奏牘本爲卷二之第三十九篇,題爲"慰諭陽邏士民示"。

〔二〕奏牘本此句前加"爲再行曉諭,以安人心,以靖地方事"。

〔三〕因　奏牘本作"見"。

〔四〕矣　奏牘本作無此字。

〔五〕陶雪白　四庫本作"陶白雪"。

〔六〕同上。

〔七〕合行曉諭　奏牘本作"合存出示"。

招安六安州麻埠諭〔一〕

照得歲比不登〔二〕,小民失業者衆,困於衣食,往往相聚爲非。原其初念,豈便甘心作賊?不過計窮無聊,希延旦夕耳。朝廷知爾民此苦,故投誠歸命者,概從寬宥,分别獎賞。各省督撫久悉此情,故倡亂、脅從者,先事招徠,不忍遽勦。本府仰體上意,俯察下情,疾首痛心,無非欲保爾民之身命,洗爾等之惡名。區區此誠,天日可鑒。

前者蒲圻不守,言者遂指爲從逆。大將軍震怒,將加剪滅。本府單騎入城,招徠底定,至今安土樂業,得免誅彝〔三〕。次值麻邑東山告變,主勦之言,一日數至。本府親加撫綏,各憲賞賚優隆,今兹家室豐登,盡爲樂土。近者羅山賊首隔省來歸,本府不以越郡爲嫌,督撫不以鄰省歧視,迅發銀布衣食,移咨豫撫及所在官司,赦其罪愆，護其田里。彰彰耳目，共見共聞。此豈本府别有異術[四]？不過仰仗朝廷寬大與各憲慈恩，處置得宜，能服其心耳。

今聞爾麻埠地方亦有亂信，風聞不的，虚實未分。事屬南省[五]，在本府可以膜視，但念爾等同處天壤之間，誰非朝廷赤子？或爲勢豪所迫，或爲饑寒所驅，或輕信亡命之徒假造僞劄，轉相煽誘。以致二三無賴謂釁隙可乘，富貴可望，甚至謂大兵精鋭進討湖南、江西，可以乘間陸梁。不知挾持僞劄之人，即係近省犯罪潛逃者，計無復之，故假此入夥。若此輩果係滇、黔親信，則彼必留爲自用，安肯遠奔數千里之外？其人若果有才能，亦必自戀富貴，又安肯出萬死一生，以試虎口？即爾等偏信不疑，亦須審度時勢，試看湖南、江西相持一載，彼曾進尺寸否？自救不暇，焉能救人？目今滿兵一萬新駐九江，而四王爺、李(千)總統大軍不下數萬[六]，正從信陽過師，分駐廬、鳳、江州等處。倘聞爾等竊發，遣一旅之師關會江西、湖廣、河南、江南，四省與爾連界，郡縣會兵進勦，爾等求撫不得，欲逃不能。滇、黔之遠水不救近火，本地之親鄰盡爲敵國，黠者背約先逃，愚者束手待斃，眼前之妻子盡屬他人，祖遺之田産盡爲官物，仇讐快意，親戚悲傷，垂及子孫，尚爲笑柄。爾時求本府今日一紙書，安可得耶？如謂本府不出實心，徒以大言相恐，不妨廣爲偵探，商之老成，以決從違。

蓋好亂喜事之人，常以訛言哄動，爾等不察事勢，轉相傳布，認假爲真，至敗方知，悔已何及？往年爾等地方亦曾有亂，彼時首事者尚有膽識，結連者尚有數郡，控弦者尚有萬人。曾幾何時，灰飛烟滅。父老尚能言之，爾等當亦目擊，則其效亦可睹矣。合行曉諭[七]。爲此，示仰麻埠士民人等知悉：或有難白之隱情，切膚之痛楚，以及饑寒、科役、仇傾、勢挾種種苦情[八]，不妨徑赴本府投訴。本府一面移會爾府官司善爲安插，一面飛詳本省撫憲轉咨爾省撫憲，求其寬宥賑濟，一如羅山等處事宜，決不食言。其有才力過人、志懷報効者，本府定保舉題敘，以憑録用，立賜顯榮，必不以傾心向化之誠,置之空言無用之地。此本府一片婆心,故不避越俎之嫌,諄諄勸勉。如慮本府地方區堡嚴密,不敢徑通,當令二三老成隨傳示人前來,先爲照會。倘執迷不悟,則本府與爾輩相隔數百里,風馬牛不及,利害俱非所關,亦坐視爾等之噬臍而已。思之慮之,以毋負遠念至意。

【校記】

〔一〕奏牘本爲卷四之第五十九篇,題爲"招安六安州麻埠告示"。
〔二〕奏牘本此句前加"爲勸諭事"。
〔三〕彝　四庫本作"夷"。
〔四〕豈　奏牘本作"寧"。
〔五〕南省　奏牘本作"南州"。
〔六〕李(千)總　乾隆本漏"千"字。
〔七〕曉論　奏牘本作"出示"。
〔八〕饑　四庫本作"飢"。

上張撫臺籌畫預備稟〔一〕

今日之時勢靡定,人心之向背無常,相機制勝,圖萬全之策,在封疆大臣審先後緩急之宜而已。成龍下吏,沐恩高厚,稍有聞見,何敢緘默不言?

去歲滇、黔告警,人心蠢動,時勢之一大變也。王師雲屯,荆、鄂鞏固,而人心定矣。嗣後江右告警,人心復爲蠢動,時勢之又一變也。禁旅電馳,府縣恢復,而人心再定矣。目前秦、川用兵,聲聞不一〔二〕,人心易于摇動〔三〕,奸宄煽惑,潛謀叵測,此時勢之變而又變也。凡所以肅清内地,謹防外寇,無一事不爲要務。憲臺受國家重任,晝夜不遑,形神勞瘁,而湖北繫天下安危〔四〕,愈不得不蚤爲之籌畫矣。今歲元旦,生員吴之鄒在署,成龍命占一課,得旅卦,官鬼不動,主無賊寇,但恐四月有一小警。立春日,命程鎮邦占一課,亦係旅卦,官鬼不動,恐四月有一小警。本月十九日,徐司獄寄一課,係鼎之訟，斷云"地方反側已安，四月有一虚警，無害，五、六月漸就平息，勿慮"。成龍愈憂之。蓋徐司獄之課最驗，去歲成龍自蒲圻歸武昌也，占主敵人受降。未幾，而有招撫東山之役。自撫竣而赴武昌也，占云"東南還有一行"。冬月，而果有勦何士榮之舉。兹占四月有警，安敢不豫爲隄防？

黄府屬所可慮者，麻城、黄安、羅田、黄梅四縣。今趙提督鎮守潯江，黄梅可無虞也。羅田年來安静，無有釁端。成龍諭生員蕭二至小心謹守麻城，渠魁殲滅，猝難再禍，且有協兵五十名駐扎項家廟，虚實動静可以緩急相聞。所慮者黄安離府太遠，譚以從倡亂之時，城中紳衿聚蒼頭數百將爲内難，以從一撫，居爲首功。今以從未歸羅山，又不便發兵防守，此處恐有疎虞〔五〕。成龍于黄、麻地方〔六〕，命鄒家河貢士鄒世美練鄉兵五十名，潘家塘生員蕭命福練鄉兵一百名，牙魚坑余忠信、觀音閣陳玉環共練鄉兵五十名，居中豫備，以防不時之警。此成龍一府之事也。其餘形勢要害，憲臺自有籌畫，成龍不敢不鰓鰓過慮之。細閱諸家占辭，應主西南，則荆、岳堤防，更宜嚴慎。成龍受恩難報，敢以所見所聞陳獻〔七〕，期盡此心，伏乞憲鑒。

【校記】

〔一〕奏牘本爲卷二之第七篇，題爲"籌畫預備上張撫臺"。

〔二〕不一　奏牘本作"不確"。

〔三〕于　四庫本作"於"。

〔四〕而湖北繫天下安危　奏牘本加"此時之焦心愁思更以"，作"而此時之焦心愁思更以湖北繫天下之安危"。

〔五〕恐　奏牘本作"稍"。

〔六〕于　四庫本作"於"。

〔七〕敢以　奏牘本作"惟以"。

籌廢藩及江淤地畝認糧議〔一〕

清查田畝一案，關係國計民生，既防欺隱，又免包賠，誠於目前籌餉之中，爲久遠善後之圖。煌煌天語，培養根本，積累功德，豈微識淺謀所可幾及也？成龍自奉清丈之檄，查算黄屬田畝，咸遵部頒《全書》起科，原無缺額，可省行丈滋擾厲民。惟爲國用計，止有衛所地畝荒熟未清，江湖崩淤，小民爭訟，似應清丈認課者也〔二〕。至於廢藩宅基、園塘，原無錢糧，不在更名地畝之内。曾條陳藩憲酌詳，以清丈理頭緒，總期不病國，不病民，爲籌餉涓滴之一助也。成龍准（圻）〔蘄〕圻衛請丈出首蘆地〔三〕，報明前往。而該衛已經查確，出具印結申報，毋容再丈。因見（圻）〔蘄〕城滿目荒草〔四〕，居屋晨星，查係故明荆府諸王宗室廢基。麒麟山下荆府，正宫建立佛殿，東宫建立關夫子廟，四傍營兵蓋屋居住。蒼雞山前德安府，爲已故王參將修屋，家眷居住。東城應山府，爲現在李鄉紳領修街房。鳳凰山底永福府，已開爲菜園，有庠生願領爲學堂。一時人心鼓動，爭認價求領，有十數兩者，有二三十兩者，有四五十兩者，合算有七百餘金，而懇領尚未止息。查更名地畝一案，係載正賦錢糧，在《（圻）〔蘄〕州全書》額内〔五〕。比時苦於承墾無人，正賦缺額，變價之説格格難行，何暇議及廢基荒園也？田地招人開墾納糧，尚且難之，城内之荒基招人建屋居住，將誰應乎？國家三十餘年，地方享承平之福，雖數載寇氛密邇，而人心鞏固，咸爲子孫之計。願上價承業已建屋者無官基虚懸之慮，甫認領者有創造日新之漸，合乎人情，似屬可行。若編入更名地畝，恐人心退避，蓋以地畝每年耕種納糧，與屋基修蓋居住有不同也〔六〕。但變價之説，恐開後釁，或易變價之名爲上價，令開廢基修屋居住，以實城内之煙户，以壯金湯之氣色。未知可否，伏候憲裁。

若夫淤地一項〔七〕，臨江鋪與洲民相爭，松楊鋪與屯軍相爭，屢懇丈立界限。又羅湖洲李家嶺首報，新淤三十五頃。成龍親赴鴨蛋洲踏看，除久淤已種熟者，將新報之弓口畝數與老册封查，内有溢額者[八]，照畝認納蘆課，此無容議。惟相爭之地界[九]，尚在盈盈一水中。先將竹纜量定丈數，兩家駕船水面，插竹水底，各立界限，成龍均平分之。鴨蛋洲量定四十九弓，臨江鋪自認一百三十二弓。此地江流在上，并草塌、白沙之無跡，不知相爭之意爲何也？成龍細加採訪，據洲民崔雲從稱，臨江鋪界内占去伊今年麥地，蓋以九十月之交，水涸地出種麥，至來年三四月間收麥，任江水湧流。如此之地，似可免議，留百姓以有餘，無如各願認課，永爲己業，祈免後來之葛藤。松楊鋪與屯地，亦同此類。至羅湖洲李家嶺，據報三十五頃，又報一十五頃，係互控，黄岡縣憑衆處明立約，今丈明，願承蘆課。但西江之水雖淤，而東江之水已崩，似非永業，將來包賠之苦在所不免。但不認課，則承業者終不安心[一〇]，旁觀者難禁指摘。成龍仰體德意，凡一切已崩者，可否將新淤補還，准賜印照，以杜衆議，庶可免賠已崩之糧，而又認新淤之課也。又有葉家洲，係大江流水溢入，有淤無崩，似可承課。又查蘆政，淤地五年一丈，自康熙二年丈後，迄今十有餘年，值兹奉行丈定，似可免將來部差之煩。又有陽邏等處湖漇[一一]（清水曰湖，止水曰汊），載蔴、鐵、乾魚正供，長江流水業甲納府鈔正供。江水崩淤不常，凡有新淤水漇[一二]，應歸長江業甲。無如湖課業甲與兩岸居民，每多私占取魚，亦爭請丈，且有舉首隱没湖瑠淤地。成龍因案牘積久，回府料理，伏乞憲裁，可否併查？如奉文查出田畝多寡，有"紀録加級即陞"之例，誠以鼓舞効力之法。雖清查爲州縣職所當然，但成龍在（圻）〔蘄〕在洲[一三]，目覩州縣在烈日之中步行查丈，揮汗如雨，面颜赬黑，爲國盡心，不憚勞瘁，"紀録加級即陞"，固屬酬庸之恩典。然或邀一時之功名，貽日後官民之苦累，此成龍之本心所不安也。又，廣濟民首出王莊[一四]，未知虚實，可否行查，首虚反坐？合併敘明,統乞憲裁。或勅藩憲酌議萬全,杜百姓之物議,免大部之瘢索。賜示,以便遵行。

附 張撫臺復書〔一五〕

清查田地,事關國計民生,固不可任民欺隱,以虧惟正之供,亦不可聽有司邀功,以滋異日包賠之害。然必求其實,使上下均受其益。(圻)〔蘄〕州清出廢藩宅基地〔一六〕,如堪載賦者,宜於更名田地内清出陞科。昨接親翁之詳,已批藩司查議矣。至於公議價值之説,查昔年更名田畝,曾有變價之部行,後因民累不堪,遂爾中止。今應作何舉行,閲禀未晰〔一七〕,幸再爲備復可耳。

【校記】

〔一〕奏牘本爲卷二之第二十五篇,題爲"籌廢藩及江淤地畝認糧議"。

〔二〕似應清丈認課者也　奏牘本作"請丈認課"。

〔三〕(圻)〔蘄〕　乾隆本作"圻",誤,從四庫本改。

〔四〕同上。

〔五〕同上。

〔六〕有　奏牘本作"之"。

〔七〕一項　奏牘本無此詞。

〔八〕者　奏牘本無此詞。

〔九〕惟相爭之地界　奏牘本多"者"字,作"惟相爭者之地界"。

〔一〇〕則　奏牘本作"而"。

〔一一〕湖滗　四庫本作"湖陰"。

〔一二〕同上。

〔一三〕(圻)〔蘄〕　乾隆本作"圻",誤,從四庫本改。

〔一四〕莊　奏牘本作"庄"。

〔一五〕乾隆本、四庫本爲卷二之附録任黄州時湖廣張撫臺來札計八道之八,奏牘本爲正文後附。

〔一六〕(圻)〔蘄〕　奏版本作"圻",乾隆本、四庫本作"蘄",從乾隆本、四庫本改。

〔一七〕閲禀未晰　乾隆本、四庫本無此句。

勸諭急公[一]

照得滇、黔作亂[二]，大兵征勦，鍋、槽、草、豆，勢所必需，非官司之忍心苛求，實兵馬之日費浩繁。爾民遠處山谷，辦解固苦，而各官軍前支放，淒楚尤甚。本府在武昌答應，因草不足，曾撞頭於柱上；因豆不足，曾逼跳於江中；因船不足，曾捨命於湖内。傷哉！九死一生，言之涕泗交流。是屢次派徵爾民，有賣兒鬻女之慘，而催解不前，居官有性命存亡之危。即撫部院、朝廷大臣身受窘辱，大小官員奔走泥塗，實厄運偶逢，三桂造孽，害我官民，夫誰怨尤！在朝廷軫念民艱，一應軍需，現發帑銀，尤恐下情難達，特委三大臣料理糧糗，決不派之民間。浩浩皇恩，諭告屢頒，且撫院告示有"軍需孔亟，念切如傷，請銷脚價，請緩征賦，宵旦不遑，形神交瘁"之語，昭然在人耳目，爾民閱之，豈不痛哭？

無如上恩有餘，而下行則阻，如買草每束一分二厘，未嘗短價，而發銀未能足數。且零星發買[三]，必有折損，差役鄉約，俱有盤費。此項銀兩，豈非一分二厘數内乎？若夫軍前折草，官價一分二厘，如數支給。查每旗有三營，每營甲喇四五名，共有十四甲喇不等，即分銀十四封，稱折最苦[四]，且五日一放，無限留難。又八旗有八委官支持，每放有賞賜。哀哉！此分外費用，不准開銷，責之官賠，窮官有何家業而能賠耶？爾民之苦，官知之；居官之苦，爾民何能知之？若夫武昌之草費至二分，荆州之草費至三分以外。哀哉！官民交病，誰好爲之？如本府署武昌時[五]，因安撫來麻，時衙中尚有總督令箭供奉棹上，差官夜不收，坐則衆喧嚷，行則拉馬頭。居官如此之苦，而欲州縣之緩催得乎？所幸者，禾苗豐盛，天恩也；錢糧停徵，皇恩也。黄屬地處江北，雖有兵馬往來，不過一時之驚。比之荆、襄、鄖、岳、武、漢一帶，大兵駐扎，野無青草，糞積如山,民人流離,不知何所。黄屬尤(檄)〔徼〕天幸[六],得享太平[七]。合行曉諭。爲此,示仰黄屬民人知悉:軍前需用,勉力支持,且照糧派解,尤屬衆擎易舉,縱受追逼[八],皆由天定,切勿怨尤。難星無不過之日,逆孽有速平之機,照項蠲補,以酬勞費,諒不爾靳[九]。

【校記】

〔一〕奏牘本爲卷二之第三十四篇,題爲"慰諭急公示"。

〔二〕奏牘本此句前加"爲曉諭事"。

〔三〕且 奏牘本作"因"。

〔四〕稱折 奏牘本作"傷折"。

〔五〕如本府署武昌時 奏牘本加"催解嚴切爾民知爾民之苦",無"時",作"如催解嚴切,爾民知爾民之苦,本府署武昌"。

〔六〕則 奏牘本無此字。

(檄)〔徼〕 乾隆本作"檄",據四庫本、奏牘本改。

〔七〕得享太平 奏牘本作"享太平也"。

〔八〕縱 奏牘本作"總"。

〔九〕諒不爾靳 奏牘本作"特諭"。

慎選鄉約諭[一]

照得朝廷設立鄉約[二],慎選年高有德,給以冠帶,待以禮貌。每鄉置鄉約所、亭、屋,朔、望講解上諭十六條[三],勸人爲善去惡,甚盛典也。後世查奸戢暴、出入守望保甲之法,更多倚賴焉。無如黄屬風俗澆漓,教化陵彝[四],凡有司勾攝人犯,差役不問原、被告居址,輒至鄉約之家,管待酒飯,稍不如意,詬詈立至。且於朔、望點卯之日,肆行凌虐,倘人犯未獲,即帶鄉約回話。是差役之嚇詐鄉約,倍甚於原、被二犯。更有苦者,人命、盜賊不離鄉約,牽連拖累,夾責受害。甚之詞訟小事,必指鄉約爲佐証,投到聽審,與犯人何異?且一事未結,復興一事,終朝候訊,遷延時日,無歸家之期。離縣近者猶可早來暮去[五],三家店等處遠在縣治百里之外,即以點卯論，兩日到縣，一日點卯，再兩日歸家，是半月内在家不過十日。加以協拿人犯，清理區保，手忙足亂，無一寧晷。若三家店丘鄉約賣一婢女〔六〕，止應得鄉約一年，民間那有許多婢女以供因公賠累乎？凡爲鄉約者，所宜痛哭流涕也，言之可爲太息！當日給冠帶、待禮貌之優典何在？講解十六條〔七〕、查奸戢暴之良法何在？一旦責成保甲，彼鄉約曾未家居，何由而勸人爲善去惡？何由而諭人出入守望？名實不符，上下相蒙，世道頹靡，大不堪言。因之，年高有德鄙爲奴隸，殷實富家視爲畏途，或情或賄，百計營脱。而寡廉喪耻之窮棍，兜攬充役，串通衙捕，漁肉煙民，以編甲漏造爲生意，以投呈証佐爲活計，惟恐地方之不多事也，居民之不興訟也，差役之不來照顧、官府之不來呼喚也。事勢至此，尚可言乎！故報充鄉約，巡檢有常規，差役有常規，書辦有常規，此等銀兩非出之煙户而何？鄉約之苦，至此極矣。於是有半月之鄉約，一月之鄉約，有朋應幇貼之鄉約，真如問徒擬軍，求脱離而不可得。更有良心喪盡之輩，報一名，賣一名，臨時必用陪點，上下交接又有頂首。積弊錮習不可救藥，欲端風化，靖地方，宛如痴人説夢。

兹奉上臺嚴檄，力行保甲。本府仰體德意，痛革前弊，合行曉諭。爲此，示諭地方人等知悉：自示之後，有司隨查明鄉分，於適中之地立鄉約所、亭、屋，選年高有德者，擇吉迎送，給以衣、頂，行二跪一揖禮，在鄉約所任事，朔、望諭鄉民聽講十六條〔八〕。此外，一不許票仰協拘人犯，二不許差役到家飯食，三不許原、被告指爲証佐，四不許朔、望點卯，五不許請立印簿，六不許差督編查煙甲，七不許買辦軍需，八不許人命、盜案牽連姓名，九不許投遞報呈，十不許紳衿把持。凡人命、盜案，勾攝人犯，惟保甲、(保)長地方是問。惟爾鄉約，無事則勸化愚民，有事則密稟自封，用圖記牢釘，星夜飛遞。一年更换，地方平靖、訟獄不興者，年終給以“稱職”字匾；地方多盜、訟獄繁興者，年終書“不稱職”，用木刻條釘於門首；或斂錢擾害、不公不法者，訪實即時懲革，於縣前懸大木牌，書貪惡鄉約姓名於上，以示勸懲。於以端風化，靖地方，庶幾近之矣。凡我屬邑，勉力行之，以宣揚上憲德意，未必於地方風俗無裨益也。

【校記】

〔一〕奏牘本爲卷二之第二十八篇，題爲“重選鄉約示”。

〔二〕奏牘本此句前加“爲重慎鄉約，以端風化，以靖地方事”。

〔三〕講解上諭十六條　奏牘本作“宣讀六訓”。

〔四〕彜　四庫本作“夷”。

〔五〕早來暮去　四庫本作“朝來暮去”。

〔六〕丘　四庫本作“邱”。

〔七〕講解十六條　奏牘本作“宣讀六訓”。

〔八〕講十六條　奏牘本作“宣六訓”。

禁士子充里役諭〔一〕

照得國家設立學校〔二〕，考取民間俊秀子弟，優免差役，以示作養之意，誠盛典也。故上自縉紳，下及編氓之家，凡有子弟，延師教授，罔不冀一青其衿，雖前程遠大，此其階梯。而養尊處優，實不等於齊民，即武途與文學并重，朝廷原無異視〔三〕。無如楚風不古，黄屬文武生員，訪有充當里役，奔走衙門，恬不知怪。日與隸卒爲伍者，不思國家優免之謂何，黌宫臥碑之謂何，豈盡有司失隆重之禮？抑亦諸生甘自蹈秦士之賤也。合行嚴禁。爲此，示諭所屬文武生員知悉：自示之後，務宜各愛體統，自重名器。如生員名下糧石數多，另立名色，親身上納，不許催收甲户錢糧。或云户口消乏，豈果無一二人丁可應里役？何苦自賤至此！如必欲包收應役，該州縣將應役生員姓名查對紅案，別釘一簿，直書學名申繳，本府以憑轉報學憲查核。法在必行，該州縣勿得隱諱，貓鼠同眠，以致士風愈下。此本府一片熱腸，慎毋有違。

【校記】

〔一〕奏牘本爲卷二之第二十九篇,題爲“禁士人充里役示”。

〔二〕奏牘本此句前加“爲禁止生員充當里役,以端士習事”。

〔三〕朝廷　四庫本作“國家”。

申飭保甲諭〔一〕

照得編查保甲、團練、鄉勇之法〔二〕,無事則稽察盜賊,以遏亂萌,有事則相機救援,防禦堵勦。不動支糧餉而兵足,不調撥官兵而賊除,兵農合爲一家,戰守不分兩局。自古及今,消弭奸逆,安靖封疆,未有善於此者也。若不揣事勢者,以修立垣堡,遂爲聚衆,見製造器械,輒云謀叛。不知爲逆之人,聚匿深山水澤,何常有一定之垣堡?私造利戟長矛,幾曾畏有司之禁約?惟善士良民,守分奉法,堡無完牆,家無寸鐵。倏忽之間,死賊突至,赤手空拳,東投西竄。賊能縱恣殘民,民無所恃拒賊。妻子爲擄,牛種爲掠,骨肉分離,室如懸罄,歸怨於上,相率爲賊。田地日荒,糧税日減,其何以培國脈、固根本耶?

本府前奉督撫司道,編查麻城三鄉區保甲册籍,委用堡長、垣主,分派户首、烟甲,嚴取隣居互結,責以守堡禁夜,總期地方盜息民安,向化樂業,正寓兵於農,以人治人之微意也。乃好事奸宄,懼此法一行,彼無所匿,從中造揑訛言,妄稱抽丁,恐嚇愚昧。見保長編册,疑惑横生,或不遵稽察,或隱漏户口,殊可駭歎!當此禁旅如雲,所向克捷,各省客兵尚多閑置,何須爾等村農荷鋤充伍?即使果欲抽丁,莫非王土,莫非吾民〔三〕,功令孰敢不遵?奚必先假編查,然後按册索取乎?且爾等疑保甲爲抽丁,隱匿不肯入册,小而言之,漏户有抗法之罪,大而言之,觀望有闔門之誅。試看東山逆地,屍横遍野,血流成渠,是保甲、抽丁而死者歟?抑從賊作逆而死者歟？編保甲、出鄉勇者，未損一人；不編保甲、妄想富貴者，死已千百。保甲無害於人，從逆無利於己，固自彰明較著。奈何勸爾爲善，便自千難萬難；未嘗驅爾爲逆，竟若神牽鬼使？何愚於爲惡，而不智於爲善乎？本府憐爾等癡頑，再申儆戒，宜乘此閒暇，修築垣堡，各備器械，以資防禦。爾堡長、垣主、户首、鄉保、烟甲人等，宜自愛重，慎勿驚疑。果能妄念不生，非事不作，士爲善士，民爲良民，本府待爲腹心，州縣隆以優禮，横逆不至，刑罰不加，何等安逸尊榮！較何士榮等妄想富貴而家破身亡者，豈止天淵懸隔哉！本府更有勸諭：被賊煽惑入夥者，宜作速投見，改過遷善，即爲好人，若潛伏草澤，爲人捕得，自送性命。爾堡長、垣主當以招徠爲念，切莫乘機挾財悮命。從來不義富貴，都是禍根孽緣，能於此中分明，便是希聖希賢心地。思之，慎之。

【校記】

〔一〕奏牘本爲卷二之第三十三篇，題爲"團練保甲示"。
〔二〕奏牘本此句前加"爲再行申飭保甲，以全生命事"。
〔三〕吾民　四庫本作"王民"。

請禁健訟條議〔一〕

查看得楚黄健訟，從來久矣，而安邑刁風，於今爲烈，所以該縣有請嚴主唆越訴之詳〔二〕。是必積鬱憤懣，深疾牢不可破之陋習，仰冀肅清奸宄之嚴威。細繹詳内辭意，實有所指，難逃洞鑒。蒙批府嚴查〔三〕，遵即行縣，據實敷陳。去後，該縣復稱"仰體兩部院使民無訟之心，謬抒愚衷，以期小補，原非有所指"等情，申覆前來。成龍據文轉報，奉憲臺斧鉞之嚴〔四〕，申飭玩忽之罪，責令確議具詳〔五〕。成龍又何敢疎略如前，而不爲憲臺備陳之？

湖北地方自十三年風鶴之後，水旱頻仍，兼以湖南未復，憲臺爲封疆大臣，日夜焦勞。凡屬僚仰遵憲飭，防奸察僞，以敉寧地方爲急務。且用兵日久，荆、岳軍供，有司拮据不遑，去歲洪水爲災，疚心倍甚。無如黄屬奸棍，幸免兵馬之擾如江右之慘，不念皇上憫恤之弘仁，不惜有司保全之辛苦，不畏連年天災之疊見，專以起滅詞訟爲長技，魚肉良善爲兒戲，破人家産爲得志，誣衊紳衿富室爲威風。安邑貧脊，民雖好訟，可無大傷，而麻城、黄岡、(圻)〔蘄〕州之刁風〔六〕，實爲可異。一夥奸棍，呼朋引類，摇唇鼓舌，人人自危。成龍再四勸諭以王法可欺，鬼神决不可欺，將來男盗女娼、滅門絶户之報，毫不可爽，而惡等恬不知怪。夫使民無訟，古帝尤難之。成龍德涼才薄，豈能易俗於一旦？亦付之無可如何而已。該縣之詳，傷時憫俗，實非無意，而"無所指"一語，乃遁辭也，不得已也。成龍又何敢忖度他人之心，而懸擬之？

憲檄下飭，將州縣已經審結之案，准於解文備敘，詳奪有無煩瀆，是否可行。誠憲臺審酌上下之情，欲以嚴禁小民之刁訟，又欲大破有司之賄庇，甚費盛心也。如民間詞訟止許有司准理，而禁止越訴，惟恐勢豪紳衿、積年衙蠹一手把定，有司受賄狥情，亦未可定。或執一偏之見，或多疎略之失，以致民寃莫伸，上干天和。是許民上控，以清積弊，誠不可緩也。辯理軍民寃枉，國法具存，既經上讞，自有公斷，則州縣審結之案，似不必於詳文備悉，恐開文飾到底之病，又滋往返駁究之煩。但州縣爲發跡之始，有未控州縣而徑赴上控者，有原告在州縣而被犯徑赴上控者，有原、被俱控州縣，未經審斷而急赴上控者，一事而衙門告遍，種種不一。成龍曾有禁訟條約，如州縣不准民詞，或已准塌案不審，許赴府控告，務於狀内開明州縣不准、塌案不審年月情由。如本府不准民詞，或已准塌案不審，應赴上控訴，務於狀内開明告府不准、塌案不審年月情由，將府州縣以不職參究。如州縣已經審理，或受賄狥情，或執拗疎略，不恤民隱，許赴府申寃，務於狀内粘連州縣審語。如本府已經審理，或受賄狥情，或執拗疎略，不恤民隱，應赴上申冤，務于狀内粘連本府審語。果有不法等弊，分别輕重，輕者記過，重者參革究擬，于審察民情真僞之中〔七〕，寓甄别州縣優劣之意，於以禁刁訟而嚴官方。此成龍一片苦心，已通行各屬張掛曉諭，而奸棍藐不遵依。黄民無良，傷天害理，莫此爲甚。成龍因事涉瑣屑，當軍務倥傯之日，憲臺寢食不安之時，不敢煩瀆，止自愧德薄化淺，引罪負愆而已。

成龍更有下情，痛切陳之。小民之訟也，非盡原告之失也。止因稍有口角，在傍訟棍陡起風波，挺身代告，書名作証，即原告亦不能自主之也。且牽告無辜，或以泄宿忿，或以食弱肉。及至提審，彼飛颺遠遁，脱身事外，致原、被兩敗俱傷。此代告之害，深可痛恨也。嗣後，原告上控，即發江夏縣押歇家，解本犯回(藉)〔籍〕查實，取收管回報，另行起解候審，則代告之弊或可少除矣。又有一等光棍，聚集省會〔八〕，出入衙門，開張客店，專以包攬詞訟爲生涯。或有愚民一時小忿，投入羅網，便成驚天動地之詞。一黨奸棍塞滿村墟，止寄一原、被佐証姓名，訟事從天而降，儼然居停禍福在其掌握。此包攬之害，深可痛恨也。嗣後，申飭江夏縣挨門嚴查，凡麻城、黄安等處刁棍在省會者，無論久住暫住，押解回籍，取本地方官收管存案。仍力行保甲，諭民本分生理，禁止出入衙門，則包攬之弊或可少清矣。

又有一等訟師，凡告訴不准之詞，一經毒手，無不聳准。如成龍奉批上行事件，或有以(圻)〔蘄〕州而冒稱武衛者〔九〕，或有以武昌而冒稱黄屬者，此猶其小者也。有以田土之事而捏稱夥兵活殺者，有以口角之微而捏稱殺傷人命者，誣之以不得不准之詞。及至質審，不曰代書張大其詞，己不知情，則曰事不告大，不得上准；不曰無謊不成詞，則曰路遇人誤寫。加以反坐，哀號乞命。是原、被、証佐之家，盡淪喪於訟師之筆端。此代書之害，深可痛恨也。嗣後，准理詞訟，先考定代書，分衙門伺候，無得攙越。有代書圖記者准理。臨審,情與事違者,代書依律究治。仍將原犯罪狀坐於代書名下,則代書之弊或可少止矣。

再飭州縣彷木皂隸之法。凡遇准理詞訟,差木皂隸遞送鄉保知會,依限赴審。如過期不至,或失落沉閣,先加欺公之罪,後定原、被之案。若夫本府奉上批詞,州縣解到人犯三日内不審,或已審之後十日内不招詳報上者,成龍甘認曠職之罪。州縣遠近不同,近者以半月爲期,遠者以二十日爲期。如過期不解,成龍即行報明,繩州縣以曠職之罪。或各犯居住星散,難以依限申解,亦應州縣詳明,轉請展限,仍按期結案。庶幾府州縣勵精圖治,民寃無抑,可省上憲清問之勞。從此訟獄衰息,風俗雍睦,時和年豐,家給人足。于以輸正賦、供軍需〔十〕,綽綽乎有餘裕矣,何患乎南寇之不蕩平,楚疆之不底定哉!緣奉批飭確議事理,成龍不揣愚瞽,不識忌諱,冒昧上陳,冗繁過多,未知有(禆)〔裨〕清訟與否。

【校記】

〔一〕奏牘本爲卷二之第二十四篇,題爲"請禁健訟條議"。

〔二〕所以該縣有請嚴主唆越訴之詳　奏牘本作"該縣請嚴主唆越訴等事之詳"。

〔三〕府　奏牘本作"成龍"。

〔四〕奏牘本此句前加"若不確議具詳,則草率之咎奚辭業"。

〔五〕責令確議具詳　奏牘本此處無此句。

〔六〕(圻)〔蘄〕　乾隆本作"圻",誤,從四庫本改。

〔七〕于　四庫本作"於",奏牘本作"如"。

〔八〕省會　奏牘本作"會省"。

〔九〕(圻)〔蘄〕　乾隆本作"圻",誤,從四庫本改。

〔十〕于　四庫本作"於"。

與王協鎮書〔一〕

前者臨江出師,有投石超距之勢。老親臺緩帶輕裘,謀在萬全,即刻稟明撫憲,來諭慰甚。昨承翰教,兼賜塘報,賊之形勢如在目中。增兵已請命酌議,戰船業奉俞允,現買五隻,餘俟陸續備辦。火藥俟天稍晴,與朱親翁料理。吳把總鳥鎗四十杆,解赴軍前,相煩查用。東南軍務〔二〕,撫臺藉重,實恃爲太山。引領企望,不盡願言。

【校記】

〔一〕秦牘本爲卷五之第二十篇,題爲"與王協鎮書"。

〔二〕秦牘本此句前加"尊體違和,弟中心憂念,懇爲朝廷保重,勉强加飡"。

與同僚書〔一〕

今日之事,人心思亂,惟在靜以鎮之而已,不必與愚民較短長。我心不動,則浮言自息,此謝安石之所以全江左、寇萊公之所以定宋室也。借船二十一隻,特著貴價押回,緩急相濟,感何可言!但每船領銀伍錢,未知肯開銷否?共銀十兩五錢,望取船户一領狀,粘連用印,申繳存案,財帛分明。大丈夫此生此心,惟有天日可表耳。臨楮感切。

【校記】

〔一〕秦牘本爲卷五之第十八篇,題爲"與同僚書"。

與各屬邑令書〔一〕

正值分秧之時,忽有挑夫之檄,令人愁眉不展。幸黄岡縣慷慨捐募,并不問之里民,頓覺心胸爽快。不佞何緣遇此賢能輩相助爲理也!生民之慶,朝廷之福。但捐募必須有法,斟酌妥當,方克濟事。望同乃心力,無俾一人專美。不勝欣瞻。

【校記】

〔一〕奏牘本爲卷五之第二十一篇,題爲“與各屬邑令”。

與屬令書〔一〕

今日居官,咸怕盜案,殊不知盜案何足懼也。目前失主,鄉保恐其拖累,概隱不報,即有報聞,概稱竊盜。以致鼠輩毫無忌憚,且成群打夥,揚言誰敢報官,定行報讐。縱盜而盜愈多,始也畏事,既也畏盜,地方敗壞,已不堪言。嗣後失事,鄉保不報,嚴加懲責,盜賊自然斂手。十案之中縱不全獲〔二〕,亦可獲其半,盜賊自然膽裂,是不畏盜而盜自滅也。或云盜案可壞功名。(苐)〔第〕不思一己之功名其事小,百姓之受害、地方之受驚其事大。天理良心,何忍以一己之功名,竟置地方、百姓於不問也? 勉力報緝,不佞一力相幇,可不數月而地方清靜矣。此不佞躬親之事,勿謂老髦不聽也。惟留神,不宣。

【校記】

〔一〕奏牘本爲卷五之第十六篇,題爲“與屬令書”。
〔二〕縱　奏牘本作“總”。

禁諭荒民〔一〕

照得六月旱災已極〔二〕,七月以來連日下雨,東山一帶其雨已足,竟稱豐稔,岐、宋之間亦屬大有。唯西北一帶,雨雖不足而陰雲四起,已非無雨之象。近聞西北等處人心洶洶,或向有穀之家封倉閉糶,不但理法不容,亦見人心昏昧。時維七月,尚未交秋。目下有雨,仍屬豐年,即令無雨,種麥種菜,尚望有秋。若秋後無雨,田禾盡槁,十月之交〔三〕,爾百姓一面竭力支持,諸有司自當設法賑濟,未有豐凶未定,自蹈法網,先干不測者也。除已往不究外,合行禁諭士民人等各安生業〔四〕,毋得妄爲。倘有不法,許區長指名首報,以憑究處。慎勿死於法而得生於饑,則幸矣。

【校記】

〔一〕奏牘本爲卷二之第三十五篇,題爲“禁諭荒民示”。

〔二〕奏牘本此句前加“爲曉諭事”。

〔三〕十月　奏牘本作“十冬”。

〔四〕生業　奏牘本作“分業”。

籌黄安饑民諭〔一〕

照得黄安饑荒〔二〕,較他屬尤慘。本府雖以軍需繁劇,晝夜焦勞,未嘗一刻少忘。至府之日,業將九屬情形痛切呈詳,請蠲請賑,已蒙撫部院知照,彙題在案。其未完槽、鍘什物等項,一概免解,新派草束,發餉銀代買,我民自可安心受窮。但所種禾稻有不獲顆粒者,八月秋中,荒村男婦尚不得一飽,若至十月之交,雨雪載塗,其何以堪?今計九月,天氣猶暖,爾民尚可竭力支持,及至隆冬,必致饑寒不能出户〔三〕。凡老山羊角、石灰等處,有真正孤寡貧窮、朝不保暮者,本户量爲周濟。倘本户貧乏不能周濟,鄉保設法賑救。若鄉保貧乏不能賑救,報官設法。若户首、鄉保坐視其死,隱忍不報,查出定償命不饒。仰生員某等逐户細查饑民緩急,確册彙報,以便本府設法量給升斗,苟延時日。本府先借銀一百兩買穀積貯,候買完報數,本府親臨給散,以救須臾,餘俟勸輸全賑。爾百姓各宜安分俟命,決不使我民餓死。特諭。

【校記】

〔一〕奏牘本爲卷二之第三十二篇,題爲“籌黄安饑民示”。

〔二〕奏牘本此句前加“爲曉諭事”。

〔三〕饑　四庫本作“飢”。

慰諭黄安饑民〔一〕

照得府屬災荒〔二〕,惟黄安最甚。本府念切民艱,業已具詳請蠲請賑,蒙撫部院彙題在案。又,目今槽、鍘、草、米等項,本府一一代爲備辦解訖,爾民既免軍需,可以安枕。又思爾民饑荒,除出示勸諭鄉保、户首設法賑救外,本府隨借銀兩買備穀石,俟隆冬給發,斷不令爾等餓死,我民可以放心無憂。近聞光、羅交界一帶,間有竊發,或迫於饑寒〔三〕,或迫於催科,或窘於軍需,種種苦情,皆未可知。我民患切震隣,合行出示曉諭。爲此,示仰黄安連界士民知悉:探彼情形,速相勸諭,令彼悉將苦情具詞,本府以憑詳院移咨豫撫,體恤撫綏〔四〕,轉危爲安。倘彼不悟,爾等宜自爲身家計,并體本府苦心,督率鄉勇,嚴爲堵禦,以分涇渭,定將有功士民詳請獎賞。目前大兵經過,恐動聽聞,乘便撲滅,噬臍莫及。思之,慎之,毋忽。

【校記】

〔一〕奏牘本爲卷二之第三十七篇,題爲"慰諭黄安饑民示"。

〔二〕照得府屬災荒　奏牘本作"近因府屬災荒",奏牘本此句前加"爲曉諭事,照得黄麻、東山一案,本府已經撫勦事竣,各村堡安輯如故"。奏牘本整句作"爲曉諭事,照得黄麻、東山一案,本府已經撫勦事竣,各村堡安輯如故,近因府屬災荒"。

〔三〕饑　四庫本作"飢"。

〔四〕體恤　奏牘本作"體情"。

勸賑諭帖〔一〕

今歲饑荒太甚,窮民畏法,甘心餓死,罔敢爲非。凡我士庶,孰無測隱之心?本廳已倡輸化緣,晝夜憂思,自已力薄不能溥施,又恐募化錢穀難於周給。有一法於此,饑民咸有户族,仰户長稽查,合族化米贍養。如無户族,責在甲長稽查,報知鄉保與練長會議,計區内饑民之多寡,合一區烟民,布施搭救。上户節省酒肉,中户減少飲食,集日用口腹之餘瀝,救户族隣佑之死亡。鬼神有知,必報以户族興盛,隣佑和睦。施多者,子孫富貴;施少者,家門平安。或饑民繁多,竭區内之施化,力不能給,即據實報明公議,設法官助。如區内户長、甲長坐視饑餓,不報知族尊、鄉保、練長,以致饑民餓死者,户長、甲長照見死不救科罪。鄉保、練長力不能繼,忍心不報官者,各倍罰賑。此以族中之布施養族中之饑衆,區内之布施救區内之饑衆,易爲照管,法似省便。且以官賑備其不足,或可野無餓殍,和氣召祥,豐稔可俟。將此立斃之殘生,得見來秋之大有,不惟施救者欣同樂利,而更生者不知如何頂戴也。此法出自苦心思維,凡我士庶,勉强而力行之,不勝引領以望。

【校記】

〔一〕奏牘本爲卷二之第三十篇,題爲"勸賑諭帖"。

賑饑募引〔一〕

民爲邦本,故《周官》制貢,必通以二十年;食乃民天,故《周官》救荒,則經以十二政。蓋天災之流行時有,而人事之補救宜然。今奉督撫司道俱有賑濟之惠顧,我紳衿士庶寧無樂輸之人?余禱愧桑林,憂深雲漢,重念兹土罹此疾威。自夏徂秋,既彌月而不雨;爲耕爲穫,遂百畝之如焚。隔宿無糧,十室恒有其九;半菽不飽,四民奚止於三?余晝思而夜省,念嗷鴻之無策;恒傷心而慘目,懼巧婦之難炊。欲爲議代議更,既無緒之可議;思爲移民移粟,實無地之可移。故效持鉢之小技,暫爲燃眉之急圖,共丐洪兹,大施惻隱。幾石幾斗幾升,可救一時之婦哭兒啼;或銀或米或錢,立甦片刻之饑魂餓鬼。無亡七級,耑賴一忱。

【校記】

〔一〕奏牘本無此篇。

補　遺

覆糧道催彝運印領詳[一]

查得彝陵兵米[二]，初奉派運之時，茫然無措，亟爲夫驢馱運之舉，費盡焦勞。周折一時，官民驚恐，緣不知荆州有夫可僱惟虞稍遲軍供也，竭力催辦，甚至衙役爲夫，兒送婦泣，號天慟地。每一州縣，夫驢絡繹數里。及至荆州，夫頭攬運，一日用夫數千名，立刻可備。復爲僱夫之議，而夫驢空回，往返月餘。夫之口糧，驢之草料，其費不貲[三]。且損一驢，賠價二兩三兩不等，盡出有司之囊。此番之妄費，深可惜也；初時之張皇，深可危也。彼荆州夫價之多寡，誰復爲之瑣計耶？至二運之時，已有成局。夫價之低昂款項，咸得而知之。撫部院洞燭往事，再四申飭，嚴禁州縣私幇，而運米之規大定矣。煌煌憲令，孰敢少違？憲臺仰體撫部院深意，牌仰糧廳督運，府官出具印領，荆庫支夫價六錢五分。赫赫憲令，又孰敢不奉行惟謹？兹忽奉憲牌，有催州縣差役赴荆幇運之行，卑職竊有疑焉。荆州有夫可僱，荆庫有餉可領，押運有官可委，更有廳員坐理，安用州縣差役爲也？或以僱夫，亦需差役。該廳有糧捕、差役兩班在府，領本年春夏二季工食，赴荆伺候，儘可役使，又安用州縣差役爲哉？若夫三運六千石之派，不知黄梅、廣濟之全免米若干，麻城、黄安、羅田之量免米若干，尚未蒙憲頒確數，卑職無憑奉行。前三月内，該廳赴荆督運，卑職出具二千六百六十石印領，在荆庫支餉，僱夫運米，報明憲臺在案。迄今數月，屢催運米實收，未准該廳關移，難以報憲。俟前次印領米數實收移府之日，卑職將後次運米印領星夜飛賫，決不敢稍有延緩。合並敘明。兹奉飭催，應據實申報,伏乞憲鑒。

【校記】

〔一〕彝 四庫本作"夷"。奏牘本無此篇。

〔二〕彝 四庫本作"夷"。

〔三〕資 四庫本作"貲"。

移糧廳運米之員牒〔一〕

查得黄州府派運彝米〔二〕,初次運過七千五百石,此數原多派五百石。蒙督部院垂憐,減運五百石,以七千石作實數,實裁去浮額之數,不在恩免正數之内,有本府原詳可查。復奉撫部院痛切民瘼,全免黄梅、廣濟兩縣,量免麻城、黄安、羅田三縣,應在七千石内酌免。查黄梅原派運米六百四十九石六斗,廣濟原派運米七百三十二石四斗五升,兩縣共米一千三百八十二石五升。今派運米六千石,是黄梅、廣濟二縣全免米内,尚少免米三百八十二石五升也。奉糧憲檄開,量免麻城、黄安、羅田運米,誠仰體撫部院如傷之仁,憐念黄屬邑疾苦之德也。再查奉藩憲檄行,酌議量免麻城、黄安、羅田三縣運米。本府遵依議,免麻城三百六石,應運米三百六石;免黄安二百九十三石六斗四升,應運米一百四十六石八斗;免羅田一百八十三石七斗五升,應運米一百八十三石七斗五升。共該免米七百八十三石三斗九升。今派運米六千石,是麻城三縣有撫部院恩批量免之名,而未沾石斗升合之惠,且于糧憲檄開除量免麻城、黄安、羅田運米之行不合〔三〕。至于黄梅、廣濟兩縣二次彝米已經全免〔四〕,復經催運,實爲苦累。貴廳曾言免文在後,催運在先,第三次運時可以抵兑。此本府通盤打算,有二千六百六十九石零之印領也。疊准貴廳移文止稱運米六千石,並不詳及黄梅、廣濟之全免若干,麻城、黄安、羅田之量免若干,實在清算,何得尚有六千之數?或以本府議免麻城、黄安、羅田之米爲太多,亦無虚負撫部院憲恩，石斗升合之不免也。且細繹糧憲檄文，並無不量免麻城、黄安、羅田運米之行。貴廳催檄如雨，堅執六千石之見，恐黄梅、廣濟之米未經全免，麻城、黄安、羅田之米未經量免，日後訟興，以爲違悖撫部院、糧憲之批示牌文，誰任其咎？雖貴廳爲急公起見，亟思奮志于功名〔五〕，然爲上爲德，爲下爲民，亦當披肝瀝胆，向上憲激切陳之。凡事必實落有據，自可奉行無碍。再，貴廳在荆一月有餘，荆庫之餉銀現貯，每米一石，夫價陸錢五分〔六〕，不知目今已運米若干，果否已獲實收？何諄諄然止慮二千零之外尚有未送之印領也？果將前印領内米數運完，祈蚤頒實收，星夜再送印領，决不遲悮貴廳急公立業之美意。

若夫委官當時移送，立催起程，又經移明貴廳申報撫部院、藩糧二憲在案。因前又派夫五百名赴荆搬運軍器，需委的員，而黄屬之員勢若晨星，本府經歷張徙溟移送貴廳，照磨李德解米武昌，而本府乏員矣。黄岡典史周錦移送貴廳，團風河泊所唐學增、陽邏巡檢夏應陞奉上調委，團風巡檢汪源感噎疾臥牀，止留署縣丞唐紹先候解運夫，而黄岡乏員矣。蘄水典史施鳳翔送貴廳，巴河巡檢張一經、蘭溪巡檢金華國奉上調委，止留縣丞王霖候解運夫，而蘄水乏員矣。廣濟武(六)、〔穴〕巡檢潘應選奉上調委〔七〕，雙城驛丞王驎在荆未歸，止留典史湯銘候解運夫，而廣濟乏員矣。麻城巡檢孫承祐、龔熙俱奉上調委，止留典史楊蕙芳候解運夫，而麻城乏員矣。黄安巡檢金之彪移送貴廳，雙城巡檢李永潤久調軍前，止留典史陳銓候解運夫，而黄安乏員矣。蘄州典史鄭淑聲奉各憲飭知〔八〕，留任巡緝，大同巡檢陳祥瑞奉上調委，茅山巡檢劉源深奉上飭知，丁憂不許委用，止留州判吴日性候解運夫，而蘄州乏員矣。黄陂典史李文熛申報抱病，止留縣丞馮時奉候解運夫，而黄陂乏員矣。羅田在萬山之中，巡檢一員不敢離任，止留典史陸錫綬候解運夫，而羅田乏員矣。黄梅兵馬接踵，差使絡繹，尚請委員協濟，又非可以他邑較也。惟本府似爲贅疣，藩憲又以貴廳捕務相責，正在議復。若各州縣徵比錢糧，無擅離汛地之例，時勢至此，捉襟露肘，將何術以應之？審時度勢，以揮霍有餘之才，應束手無策之事，萬懇貴廳一力支持，先將前次印領内米數刻期運完，則後來之印領星電飛賫，可無煩慮矣。合行牒覆。

【校記】

〔一〕奏牘本無此篇。
〔二〕彛　四庫本作“夷”。
〔三〕于　四庫本作“於”。
〔四〕同上。
〔五〕同上。
〔六〕陸　四庫本作“六”
〔七〕武(六)〔穴〕　隆重本作“武六”，誤，據四庫本改。
〔八〕典史　四庫本作“吏目”。

申撫院變通彛運法詳〔一〕

查得三運彛米一案〔二〕，前蒙糧憲詳請，知府出具印領，糧廳在荆庫支銀募運，與州縣無相干涉，似視運事太易。檄文到府，卑職早已料此運之必致遲悮，揭參之萬難倖免矣。當本府王通判赴荆之時，卑職曾諄諄面囑，如有苦難，亟申請上憲裁奪。無如該廳仰怵威嚴，鉗舌不敢申訴，止向卑職嘵嘵不休。今糧憲已開揭參究矣，卑職不得不詳悉陳之。

糧憲之初詳誠爲美談，但未細審。出具印領者責在知府，荆庫領銀者責在糧廳，而僱募承運較工價之多寡，爭錙銖之末利，肯運與不肯運，其權又在夫也。即荆州本地之官，亦不能强不肯運之夫而督之使前，况黄州隔屬之官，豈能强荆州不肯運之夫而押之速運乎？此遲悮運米之由，實勢之所必至，而亦事之無可如何者也。至於揭参一事，在卑職尚邀愛惜州縣之虚名，即加斧鉞之誅，怡然受之而不辭。最可憐者，以一無米而炊之糧官，自春徂秋，夫不肯運，價不能增，束手待斃，其憂懼愁苦不知何似。一旦揭参罹罪，寔寔冤枉。此該廳之不敢陳情，而卑職不忍不代訴者也。每石夫價陸錢五分〔三〕，已爲定例，况當國用告匱、司農仰屋之時，裁扣加增，無非爲軍需不足起見，夫價誰復敢言？然當計窮力詘之日，又不能不通融於其間也。糧憲檄行照武、漢事例，武、漢豈有神輸鬼運之術？亦不過行州縣協運之一法耳。時勢至無可奈何，萬不能不待濟於州縣，否則卑職受参，糧官累死，毫無補於彝運〔四〕。伏乞憲裁俯允，照武、漢之例，州縣協運，則運米雖遲，而告竣亦易。失之東隅者，尚可收功桑榆也。若止責成糧官，終必悮事。卑職雖具印領，亦難逃遲悮軍需之咎，惟有席藁待罪而已。兹准該廳據荆州夫頭申瑞等"爲賞電民情始末，懇着本屬僱運，以免違悮事"，閲其情詞，寔乃夫不肯運、價不能增之確據。而糧憲檄行，"仍着本屬僱運"之語，亦無非州縣協運之法。合據寔詳請，統乞憲鑒批示，以便遵行。

【校記】

〔一〕彝　四庫本作"夷"。奏牘本無此篇。
〔二〕彝　四庫本作"夷"。
〔三〕陸　四庫本作"六"。
〔四〕彝　四庫本作"夷"。

上偏沅韓撫臺用兵事宜〔一〕

台旌抵石頭口，卑職祇誠晉謁，伏承温諭，并令條陳長沙事宜。卑職某山右書生，不諳軍旅，辱承清問，不自度量，謹以素所聞見，審酌時勢，披瀝肝胆，冒昧上陳。

一、用兵之道,以審酌時勢爲第一要務。今日西南交訌,各處時勢不同。封疆大臣荷朝廷恢復之責,須揣度用兵之利害何在,主張先定而後指揮,可以如意,務期勝敵,尤先期我之不爲敵勝。目前王旅深入長沙,逆賊堅壁清野。彼必料自江右達湖南,山路崎嶇,運糧艱難,欲以坐困我師,求戰不得,求攻不克,進退維谷。此淮陰之屈服左車、諸葛之六出祁山,正此故也。目前憲臺奉命統兵長沙,兼理糧餉,蒿目運饋之不繼,誠識時勢之要務,合當題明。長沙未復,州縣負固,總有餉銀,採買無地,勢不能不問之江右。督撫運糧有責成軍中無庚癸之慮,庶得以抒展謀慮,漸次布置矣。

一、運糧重務,雖責成於江右,而江右之山路與岳州之水路不同。且江右人心渙散,再加以運米之苦,倘奉行不善,益深益熱,禍不可測。况江右運米之處,正我兵出入之門户,轉輸之法不可不早定也。審酌形勢,或五六十里,擇堅固城垣爲屯糧之所。如無城垣,創立土堡,積貯糧米,撥兵防守,遞相轉運,可無長途之累。題定糧道、糧廳督運將官領兵護送,不惟饋運相踵,亦且聲援相接,正合兵家步步爲營之法矣。

一、資糧於敵,非久遠之計,誠如憲慮。但目前長沙居民爲逆賊趕逐,扶老攜幼,勢不能遠去,必與附近郊圻百姓避兵山谷,朝不保夕。且遍地禾苗正值收割之時,罔不揮淚痛哭,亟宜遍傳示諭,俾民收割,即發餉銀現買。以百姓已失之禾,獲意外之價,人不悦服,未之有也。第恐大兵蹂躪已久,民不相信,疑畏不前。幸馬臬憲隨征,當日衙役料避居長沙不遠,倘招致一二人,開誠布赤,確示以不忍相欺之實意。若得一二户向田收割,則聞風接踵,塞滿南畝,即逆賊亦不能强爲之制矣。較諸葛祁山割麥之策似高一著。不惟兵餉可足,藉以少紓江右饋運之勞,且收拾人心、平復湖南之一大機括也。

一、湖南自用兵以來,長沙之民與江右之民往來未當斷絶,先施恩於江右，則仁風必及於湖南，可動南方向化之心。再訪連界居民親眷，厚加賞賜，俾彼此援引，則叩謁轅門者自不乏人。且湖南最苦穀賤，如有積粟之家，重價採買，而沿路城垣、土堡所貯之米可備而不用。或有投見貧民不能糊口者，安插江右，勿俾失所，以牽係萬姓思慕之意。此平復湖南之所以漸及也。

一、逆賊堅守長沙，既料我兵乏食，又料我兵不能渡江，則湘潭一帶決無重賊防守。然我得長沙人心，自有渡江奇策。當年元兵受困於揚子江中，扣船獻計者盡出人意計之外，天下事何可量也？湘潭、山陝客商最多，久滯思歸，選本地豪俠仗義密論，多給護身牌票，彼客商必募船私渡。叩見之後，恩保資本歸家〔二〕，不惟湘潭各處人心摇動，而我兵亦可藉彼船以渡江矣。此出其不意、攻其無備之一法也。

一、湖南官員身陷賊地，父母妻子多在北方，誰不望雲欷嘘？且皇恩浩大，竟未誅求妻孥，雖有風聞，終是魂夢驚疑。須查縉紳，開出籍貫，移咨各省督撫，行文本籍，俾家人寄平安書信，必有乘間來歸者。縱賊境盤詰，不能脱身，亦可擾亂彼地人心。

至於天時、地利、人和，前賢言之甚悉，無容贅陳。勿肆殺掠，固平定之首重；勿分滿漢，尤戰取之密慮。書生一得之見，未知有合時宜否，伏祈憲鑒。

【校記】

〔一〕沅　四庫本作“院”。奏牘本無此篇。

〔二〕恩　四庫作“思”。

新 補

建宋賢祠引〔一〕

岐亭之有季常也,非岐亭有季常,乃季常有岐亭耳。由來人以地傳者十一二,地以人傳者十八九。余每談《方山子傳》,因感其初在岐亭時韜晦勳閥,庵居菇蔬,岐中人士莫知器識。迨東坡公一過杏花村,坐蕭然環堵中,依依有故人情。一旦使其地與人並傳千古,是黄州之有岐亭,因季常之一寓;而岐亭之有季常,又因蘇子之一識。故夫岐亭之得名良有以也。

余奉命守鎮兹土,將幾三載。計三載中,承委署郡邑者四,監兑給賑者二,暨詣天顔自闕下數月,乃得還黄。其間僕僕奔奏,頗爲鞅掌。是歲春朔之杪,始偕岐中士子過杏花村,謁季常先生墓,尋昔時所謂蕭然環堵者,竟不可得。噫嘻!賢人處此,何今古落落多同乎?爰與諸紳士約,謀建椽茆數間於杏花村址,邀士子讀書其中,歲時伏臘,豆雞壺酒,奠飲於季常先生墓側。余聞光、黄間多隱君子,後有賢人處此,必以此(都)〔郡〕人士能深緇衣之好。亡者尚爾,存者可知。自余來岐後,賢人接踵,俗美風淳,庶幾乎大宋團練使一識之於前,五百載重溫之於後,坡公或不笑余之陋劣矣。是爲引。

【校記】

〔一〕據(乾隆)《麻城縣志》補。

于清端公政書 卷三

黄州書

曉諭各屬[一]

照得黄岡縣李家集叛逆方公孝等[二],肆行刦掠,又敢倡亂,誘聚逃僕,成群入山,以老賊鄒君升爲首。本府會同戎府駐扎望花山,於本月二十四日,據鄒家河鄉約鄒益能拿獲賊一名楊克利,鳥鎗一杆,解來梟首,懸掛麻城縣示衆。又追獲鳥鎗一杆,弓一張,箭十枝,賞銀二兩,紅三疋。二十五日,據龍王墩區長王方遠報稱,拿獲賊一名方公孝,賞銀二兩,紅二疋。隨差役陳貴眼同彼地鄉保梟首,懸掛李家集示衆。本日委生員吳之鄒等,領鄉勇一百五十名入山進勦,老賊鄒君升離窠流遁。所有黄岡縣永寧鄉、羅田縣茅田畈、(圻)〔蘄〕水縣上窑等處[三],俱係連界,宜各加小心隄防[四]。如遇賊到,協力堵殺,報功行賞,以保身家,以靖地方。除申報院司道外,合行曉諭。爲此,示諭該縣士民人等知悉:本府同戎府會集鄉勇入山進勦,鼠賊流遁,誠恐潛入該縣地方,貽害平民。該縣傳諭各區士民,齊心協力,堵殺報功,勿令(免)〔兔〕脱,以留禍根。各爲身家性命,切勿疎忽。慎之!

【校記】

〔一〕奏牘本爲卷四之第二篇,題爲“曉諭各屬告示”。
〔二〕奏牘本此句前加“爲曉諭事”。
〔三〕(圻)〔蘄〕 乾隆本作“圻”,誤,從四庫本改。
〔四〕各加 奏牘本作“各區”。

進勦紙棚河逆賊委牌〔一〕

照得逆賊鄒君升招納流盜叛僕〔二〕,擾害附近良民。本府出示招撫,冀其悔罪來歸,詎意狂悖長惡,執迷不悟,已經申報撫部院在案。今同戎府統兵會勦〔三〕,票催各鄉義勇,聞聲響應,慕義子來,所有兵衆合行委任總統,以便整飭勉勵。爲此,牌仰某督率分隊編伍,務要合力進攻,不許臨陣退縮。功成之日,飛報督撫部院照功題敘,紀録優獎。

附 張撫臺復書〔四〕

麻民既已安堵,而又有鄒君升等倡叛,梗化斷難,再事姑息之仁,以長其奸也。楊克利自當正法,一面仍聯絡鄉勇,相機堵勦,毋□滋蔓,致費收拾,惟速圖之可耳。

【校記】

〔一〕奏牘本爲卷四之第一篇,題爲“進勦紙棚河逆賊鄒君昇等委牌”。
〔二〕奏牘本此句前加“爲進勦事”。
〔三〕統兵會勦 奏牘本無此詞。
〔四〕奏牘本正文後附,乾隆本、四庫本無此附文。

布告紙棚河大捷諭〔一〕

照得逆賊鄒君升招納逃僕流盜〔二〕,嘯聚紙棚河,妄行倡亂,擾害地方。本府於七月二十二夜，星馳望花山，預與劉君孚會議，命夏仲昆、余公晉伏鄉勇於布袋坳。仍同戎府調各區堡長，督率義勇，於二十五日進勦，直擣賊窠，望風奔潰。至二十六日，夏仲昆等於項家廟生擒賊頭鄒君升，斬首四十餘級，竝俘餘賊，殲滅無遺。爲此，示諭知悉：凡屬協從，各宜自惜性命，火速投誠，慎勿疑畏。捷音所到，咸使聞知。

【校記】

〔一〕奏牘本爲卷四之第四篇，題爲“布告紙棚河大捷告示”。
〔二〕奏牘本此句前加“爲布告大捷事”。

曉諭止殺〔一〕

照得逆賊鄒君升、黄金龍俱已授首〔二〕，餘賊擒斬甚衆，其有一二未盡，難以悉誅。如必概行殺戮，不獨非本府不忍之意，誠恐傷天地好生之心。爲此，示諭紙棚河内外一帶區堡人等知悉：自今以後，凡屬藏匿餘黨，聽其自來投誠，不許入山搜索。是叛僕歸主引見，是盜賊歸營爲兵，本府自能安置，已經止殺。初二日以後，擅殺者坐罪，擒來者無賞。本府一言既出，永不反悔。

【校記】

〔一〕奏牘本爲卷四之第五篇，題爲“曉諭止殺告示”。
〔二〕奏牘本此句加“爲曉諭事”。

勸諭餘賊投誠〔一〕

照得賊首鄒君升鳩集大盜叛僕〔二〕，勾引逃賊黄金龍，恃險負嵎，復肆擾亂。今君升、金龍就擒，并其黨俱已斬訖。但念從賊餘人或被迫脅,勢難保全,本府不忍盡殺,爾等宜各求生。與其逃竄饑餓死於山林〔三〕,不如父母妻子安其家室。况已殺者罪止其身,則來歸者應免其罪。合行曉諭。爲此,示諭山中人等知悉:務宜體本府萬不得已之心,無論是盜是僕,速速來歸,能自投見者不殺,被人拿獻者必誅,斷不失信。若能向化投誠,改惡爲善,仍是吾民。切勿藏匿山谷,終爲兵民拿獲報功請賞,自取殺戮。本府不殺之心,天日可矢。爾等慎勿疑畏〔四〕,有負本府惓惓保全爾等至意。

【校記】

〔一〕奏牘本爲卷四之第六篇,題爲"勸諭餘賊投誠告示"。

〔二〕奏牘本此句前加"爲曉諭事"。

〔三〕饑餓　四庫本作"飢餓"。

〔四〕慎勿　奏牘本作"亟勿"。

申覆張撫臺禀〔一〕

八月初一日,蒙恩諭,承差楊大昌領公文一色,指授方略,頒賜銀一百兩賞勵鄉勇。成龍跪領遵行,即從公給發,另行取領申繳。(苐)〔第〕山中之賊聞鄉勇進山,膽怯宵遁,四面圍擊勦滅,驚逃擒戮殆盡。七月二十九日晚,拿綁黄金龍等五名至望花山,恐有他虞,當晚斬首。八月初一日早,差左先解黄金龍首級飛報。鄒君升已獲,尚未解到。其投誠婦女、器械,嗣容册報。送札逆賊,復爲漏網,現在四面搜拿。梅公素另匿一方,遵依捕緝。合先報明,伏乞憲鑒。

【校記】

〔一〕奏牘本爲卷四之第七篇,題爲"申覆張撫臺"。

撤鄉勇凱旋牌〔一〕

照得鄒君升等既已擒斬〔二〕,餘黨竄走,即有一二鼠賊藏匿巖穴,見鄉勇未經掣回,自然畏怯不出。且將領、兵丁辛勞日久,本府心切不安,理合調還,記功領賞。特令飛諭,即刻凱旋。

【校記】

〔一〕奏牘本爲卷四之第八篇,題爲"撤鄉勇凱旋牌"。

〔二〕奏牘本此句前加"爲傳諭事"。

委犒鄉勇銀兩牌〔一〕

本月初一日,蒙撫部院諭,承差楊大昌賫銀一百兩犒賞鄉勇。特委送銀六十兩分給鄉勇,以昭撫部院德意。仍具稟收,以憑復命。

【校記】

〔一〕奏牘本無此篇。

禁止侵占諭〔一〕

照得鄒君升造孽〔二〕,禍及愚民,擒斬法所難宥。進勦之日,曾有竝不株連婦女之誓。今勦撫已竣,惟恐已勦者婦女、田地被人侵占。至於安撫,原出本府實心,又恐無良心之徒藉口引見免死,或邀求婦女、田地。本犯免死心切,無不依從,亦未可知,合亟清查。爲此,仰鄒益能、尹良才等知悉:作速從公清查,如已死何人,有無婦女、田地。若有,婦女應給何人收養,田地應給何人耕種。有無破人家口。至安撫何人,有無婦女、田地。若有婦女、田地,本犯出具經管甘結。或被人逼脅侵占,作速申寃,立刻追還,勿生疑畏。

本府既不殺爾身,又何忍破爾家?地方人等各體天理良心,勿得恃强欺壓已撫之衆,以致畏懼不敢明言私占婦女、田地。果有此等事情,亦自有妻離子散報應。萬勿視爲誑言。

【校記】

〔一〕奏牘本爲卷四之第九篇,題爲"禁止侵占告示"。

〔二〕奏牘本此句前加"爲清查逆賊婦女、田地,以杜侵佔事"。

申解賊首詳〔一〕

竊照鄒君升招納亡命〔二〕,盤聚山中,脅良助亂。於七月二十一日據左先着孟生飛報〔三〕,成龍當晚由岐亭至望花山,離賊窠二十里。二十二日與同行生員劉廣定、鄭丹、董建、梅鈿、李中素,武舉李大謀、魯試、陶之琇,候選千總劉先定,竝鄉紳蔡得春,貢生吳晉爵,生員程士極、戴宗禮,計議勦撫,咸以勦爲定局。值劉君孚稟稱,不宜再撫,衆議僉同。二十三日同佟同知一面委鄧家山尹公才、鄒家河鄒益能,聽貢生鄒世美從中調度,把守賊出入隘口;一面委生員蕭命福、蕭士蓁,調潘家塘鄉勇一百五十名,於二十四日齊集白杲。武童董錫即董魯菴,董天禄即董遂生領鄉勇協助劉君孚,着生員劉自然即劉青藜〔四〕,領鄉兵二百名堵寒坡岔〔五〕,夏仲昆、余公俊領鄉兵四百名埋伏布袋坳,唐殿、袁興明、何見子等領鄉兵三百名堵截塔兒岡。劉以廷、周伯卜等領鄉兵二百名堵截腦中山,馬安堡鄉保羅甸臣、生員林斗文堵截糧路,仍會大岐山僧貫識同鄉勇埋伏賊窠山後;一面委王方遠、余仲信、陳玉環把守賊出山隘口,又宋埠生員施之瑞領鄉勇協助布置停當。於二十五日委生員吳之鄒、貢生龔相旦領衆進勦,駐扎鄒家河,賊聞風宵遁,二十五日追至項家廟一帶。二十六日,投誠官李功懋殺傷劫賊來報。二十七日,各區士民咸受成龍委牌,四面攻擊。二十八日,麻城屈知縣馳至黄岡,李知縣聞報來望花山,以軍需緊急,當令還縣。是日,群賊殺傷、活擒、奔竄無數。二十九日晚,拿獲黄金龍,恐有他虞,當即梟首。八月初一日,差左先解赴轅門。本日午時,拿綁鄒君升,即斬首。差高華亦解赴轅門。其餘潛匿,或擒解梟首,或赴營投誠,逐一造册。至於有功士民、鄉勇名數,亦應開報。已經出示曉諭,禁止殺戮,一概寬宥,招撫安插,以彰撫部院好生之德。俟安撫停妥,查清婦女竝所獲器械,領衆生赴轅門謁見。

【校記】

〔一〕奏牘本爲卷四之第十篇,題爲“申解賊首報張撫臺”。

〔二〕奏牘本此句前加“爲稟報事”。

〔三〕着　四庫本作“著”。

〔四〕同上。

〔五〕堵塞　奏牘本作“堵寒”,誤。

禁止詐害諭〔一〕

照得鄒君升、黄金龍既俱授首〔二〕,叛僕、流盜一皆殲滅,其餘一二鼠賊藏匿深山,若嚴加搜尋,惟恐波及無辜,本府心甚不忍。今將領兵將領、生員竝所領鄉勇,一併撤回,從此止殺。即一二未盡餘孽,仰鄉約鄒益倫將本府德意勸諭來歸,亟令領見,不許地方刁民藉此嚇詐,就中受賄。如有賊黨不聽勸言歸命投誠,被人拿解,定難姑宥。

【校記】

〔一〕奏牘本爲卷四之第十一篇,題爲“禁止詐害示”。

〔二〕奏牘本此句前加“爲撫輯事”。

敍功詳文〔一〕

成龍於本年五月二十二日奉撫部院牌委〔二〕,安撫麻城〔三〕,力行善後事宜〔四〕。成龍遵依,清理麻城内外三鄉保甲,日無寧晷,心血嘔盡。忽於七月初九日聞黄岡縣李家集匪類蠢動,初十日飛馳至岐亭,群賊潛遁,查無踪影。二十二日未時,據左先禀稱,黄岡、麻城交界紙棚河,有妖逆黄金龍、賊首鄒君升作亂,盤據山崗,逼脅良民爲變,李家集慣盗、逃僕、亡命之徒入夥勢大,民不安生。成龍星夜同生員劉廣定等至望花山,離賊窠不遠。二十三日,會佟同知等計議停當,調各鄉義勇會勦。二十四日,生員蕭命福等鄉兵齊集。二十五日,生員吳之鄒等領鄉勇進山,鼠賊逃至項家廟、油河等處。四山鄉民把守隘口,奮勇堵截,擒殺妖孽黄金龍、賊首鄒君升竝沈潤成、沈四兒、沈六兒、方公孝、楊克利等首級二十顆,即諭禁殺招歸。鄒敬先等二十一名餘黨奔竄,山深林密,不便追捜。内多脅從,仰鄉保安插歸農。如係慣盗、亡命之徒,公舉入營爲兵,以全民命,以養天和。撫勦已就,地方已靖,成龍星馳回省復命,以紓撫部院東顧之憂。此一舉也,黄州府同知佟世俊、麻城縣知縣屈振奇、黄岡縣知縣李經政會議主勦;生員劉廣定、董建、李中素、梅鈿,候選千總劉先定,武舉李大謀、魯試,貢生彭喆相與贊勷,陳鎮邦密獻地理圖;生員蕭命福、鄭丹、蕭士蓁、劉啓禎,倡義協助;鄉勇領兵生員吳之鄒,貢生龔相旦,武童董錫、董天禄。其餘鄉約、區長,守隘堵截,不及遍開。義助鄉勇食米,貢生吳晉爵、生員戴宗禮、程士極、蔡作楫。自七月二十五日鄉勇進山,於八月初二日撤兵歸農,六日之内,鄒、黄二逆授首,群賊殲滅,脅從安撫,竝未請兵請糧,全仗撫部院恩威赫靈,密授方略。復蒙撫部院頒賞銀一百兩,於撤兵之日,從公當面給散,鄉勇踴躍歡呼。更可幸者,殺賊數十餘,而我民無一帶傷。從此忠義之氣一鼓,而地方可保無虞。所有賊、鳥鎗、什物等事見在清查,先將已獲鳥鎗六十桿、舊弓十張、舊箭八十枝、令牌一個呈繳。係勦逆事情,理合通報。

【校記】

〔一〕奏牘本爲卷四之第十二篇,題爲“敘功詳文”。

〔二〕奏牘本此句前加“爲禀報事”。

〔三〕麻城 奏牘本作“麻城縣”。

〔四〕奏牘本此句前加“東山民變於六月初七日撫事已竣，通詳在案。又奉撫部院牌諭”。

進勦東山報文〔一〕

時事多難，憂心如焚。陽邏楊、陶二生札付甫經出首，竊幸以爲有此二生即爲心腹，地方可保無虞。不料二十八日方擒賊僕，而群寇夜至，坐船一隻，載有馬匹，南北語音兼備，二十九日至周山舖，此賊定入東山。成龍傳諭各處鄉勇堵殺，但麻城東山亦有禍端，羅山周鐵爪已潛入白水畈，聚集亡命多徒。初二日早，武舉李大謀來報，一面發示招撫，一面約會鄉兵勦滅。且各區練長請勦殺密諭，變出倉卒，成龍擅專行事，實出萬不得已。又黄岡東山永寧鄉鼠賊蠢動，鄉約熊世忠初二日早請成龍進山相機勦撫。時勢至此，將若之何？麻城東山有劉君孚、丁奇生等可以堵敵，外賊亦不敢從此路進。黄岡東山望成龍甚殷，若不從衆願，恐致失望從賊，與麻賊合夥。且陽邏之寇一入，禍不可支。俟程鎮邦至，成龍決意前往。特府城空虚，人心洶洶，中懷憂慮。又恐一入山中，外寇難於照應，一身進退維谷。再四籌度，出其不意而臨之，迅雷不及，事或可濟，平黄兼以平麻。安危之勢，在此一舉耳。

【校記】

〔一〕奏牘本爲卷四之第十三篇，題爲“進勦東山報張撫臺”。

又報張撫臺〔一〕

十一月二十八日之晚，賊突然而至〔二〕，不知何來，飄然而逝，不知何往。十二月初一日〔三〕，忽報黄岡永寧鄉有警息。界連麻城東山，陽邏之賊必然入夥，則聲勢張大。九江有重兵，黄梅無事，蘄州有守憲駐防，留兵百名，可以無虞。府城空虚，已會商王協鎮回師密議布置，伏乞迅諭王協鎮旋旅，以資彈壓，實兵家勝算也。

【校記】

〔一〕奏牘本爲卷四之第十四篇,題爲"又上張撫臺"。

〔二〕賊 奏牘本作"之賊"。

〔三〕十二月 奏牘本作"十一月"。

又報張撫臺〔一〕

本月初二日,聞永寧鄉、白水畈二處賊變,即同黄協把總羅登雲,馬八匹,銃手四名,并齊安驛丞李德、麻城縣候選千總劉先定、黄岡縣家丁四名前進。初四日,黄協把總吳芝蘭領銃手五十名從蘄州至,偕行進山,駐扎段家店,離賊窠十五里。初五日,黄協千總李茂昇領馬兵五十名,亦從蘄州至。相機進勦。合就報聞。

附 張撫臺復書〔二〕

陽邏劫馬之賊,業被毛遊擊追踪,擒勦賊十七人,獲馬騾四十餘匹矣〔三〕。東山餘孽竊發,賴翁前往撫勦料理,自能得宜。府城空虚,已檄令守道吳親翁赴府彈壓,可無慮也。凡賊初起之時,或撫或勦,總以急散其黨爲主。來翰所云"迅雷不及,事或可濟"此最合機宜。古人云:"兵聞拙速,不聞巧遲。"政如此也。昨朱守備文到,劉青藜復有反叛之説。恐屬未確,已經密檄行查。親翁可密之,恐未有其事,徒令已撫之人不能自安耳。如有情形,時望相聞。前此東山一案,親翁已經加級。此行,惟望再著招撫之功。不佞自當同在事有功之人,一併題敘。雖親翁惟以安輯地方爲心,未必以功名動念,然不佞緇衣之好,自不能已於懷耳。并復,不一〔四〕。

頃接來文,黄土嶺須兵防守隘口,已即飛飭黄協王親翁矣。附聞,不一〔五〕。

【校記】

〔一〕奏牘本爲卷四之第十五篇，題爲“又”。

〔二〕乾隆本爲卷三之附録任黄州時湖廣張撫臺來札計十二道之一，四庫本無，奏牘本爲正文後附。

〔三〕陽邏劫馬之賊，業被毛遊擊追踪，擒勦賊十七人，獲馬騾四十餘匹矣　乾隆本無此句，從奏牘本改。

〔四〕并復，不一　乾隆本無此句，從奏牘本改。

〔五〕頃接來文，黄土嶺須兵防守隘口，已即飛飭黄協王親翁矣。附聞，不一　乾隆本無此句，從奏牘本改。

申報進勦東山詳各憲文〔一〕

照得叛逆何士榮糾結黨羽〔二〕，脅制良民，於本月初二日過麻城白水畈，與周鐵爪等合夥。蒙憲授方略，迅催黄協馬兵鎗手前來。成龍同羅把總、候選劉千總、李驛丞，領官兵、家丁，於初四日晚駐扎(叚)〔段〕店〔三〕，初五日李千總領馬兵至，俱報明在案。初六日，點集鄉勇四百名，黄協把總羅登雲、田武舉、張尚聖先統領前赴麻城白水畈。成龍會黄協千總李茂昇、把總吴(之)〔芝〕蘭領馬兵、鳥鎗手〔四〕，并程鎮邦、麻城候選千總劉先定、驛丞李德、黄岡縣家丁四名，領鄉兵二百名協同前進。尚有蘄水縣士民助有鎗手，未經點數，委用生員、鄉保不及細開。仍飛檄劉君孚等進土皮冲，梅鈿等進八疊山，鄭丹等進平頭山，童貴卿等守東義洲，蕭有至等守羅田境界，田穀伯、毛鱗長等堵勦於黄岡廟。大勢已定，相機撫勦，嗣容另報。

【校記】

〔一〕奏牘本爲卷四之第十六篇，題爲“申報進勦東山詳各憲文”。

〔二〕糾結　奏牘本作“鳩結”。

〔三〕(叚)〔段〕店　四庫本作“段店”，從四庫本改。

〔四〕吴(之)〔芝〕蘭　四庫本作“吴芝蘭”，從四庫本改。

又申張撫臺文〔一〕

本年十一月初二日卯時，據麻城縣武舉李大謀飛報："羅山逃賊周鐵爪潛入東山白水畈，聚亡命多徒，脅良謀逆，地方震恐"等情。據此，同日辰時據黄岡縣東山永寧鄉鄉約熊爾忠、陳蕃約等泣報："何士榮係黄岡縣永寧鄉人，居石馬冲。其兄何士勝曾在東山作亂，投吴三桂，居住長沙。兄死，何士榮新歸，糾結黄寅生等謀叛〔二〕，脅良從逆，亟請親臨"等情。成龍恐陽邏之賊奔逸入山，除另檄麻城東山劉君孚等嚴守隘口外，本日未時離府，同熊爾忠等行二十里，天晚駐路口村。本日戌時，接程鎮邦報，陽邏之賊與東山無干。初二日，親會劉君孚守隘。惟黄岡何姓造反，山民驚惶，麻城白水畈有英、霍、麻埠群賊猖狂。成龍初三日行四十五里至馬家潭，點集鄉兵據(叚)〔段〕店〔三〕。生員張本恕禀報："前月二十九日，有逆賊何士榮等聚衆何家舖，係逆祖居。恕原奉牌，有堵截之責，即督率各堡烟甲在於境内防禦，并無賊黨入境。今探的於本月初二日辰刻起身，大旗二杆，數百餘人，已往黄土嶺去，口稱三四日即轉"等情。成龍細訊山中形勢，麻城東山石人寨係麻城、羅田要路，三縣交界，屢反之地。順治十年蕩平山賊，本年題請石人寨設立千總，領兵駐扎防守，歷年寧謐，嗣後漸弛。本年春月，兵弁盡撤，以致鼠賊横行，略無忌憚。目前，何士榮過黄土嶺，必與白水畈衆寇入夥，合亟請發兵二百名防守黄土嶺一帶隘口，無使叛賊再犯黄岡境界，兼督勦麻城白水畈群逆。若官兵一至，則鄉勇之氣倍壯。兵貴神速，成龍移黄協發兵，早爲撲滅，誠恐日久蔓延，聚衆鴟張。伏乞迅勑黄協火速委弁領兵防勦，以殲叛逆，以保生民，以固封疆。俟山賊滅息，酌議於麻、羅新設兵内抽二百名防石人寨，庶首尾聯絡，有星羅棋佈之勢矣。

【校記】

〔一〕奏牘本爲卷四之第十七篇,題爲“申張撫臺文”。
〔二〕糾結　奏牘本作“鳩結”。
〔三〕(叚)〔段〕店　四庫本作“段店”,從四庫本改。

進勦何士榮給各區牌〔一〕

照得何士榮作反〔二〕,擾害李婆墩一帶地方,居民不得安生。本府親臨,相機撫勦,大起鄉兵,戮力協助,必需義勇督率。爾某義勇素著〔三〕,合行委用。爲此,牌仰速領鄉兵五十名前來,聽候進勦。但念目前收割正忙,每名給代工銀一日二分,先發三日。工價銀三兩,嗣後照日領給。務擇年力精壯,各執鮮利器械,論功行賞。口糧計名支放。如有鳥鎗,另給銀一錢。此賊不滅,山中不靖,爾田畈居民亦受荼毒。本府爲爾百姓圖安全,切勿畏縮,坐視賊氛猖狂。望領兵齊集進勦〔四〕。

【校記】

〔一〕奏牘本爲卷四之第十八篇,題爲“進勦何士榮給各區牌示”。
〔二〕奏牘本此句前加“爲委用事”。
〔三〕爾某　奏牘本作“爾等”。
〔四〕望領兵齊集進勦　奏牘本作“竚望領兵齊集進勦”。

又〔一〕

照得何士榮作亂〔二〕,擾害地方〔三〕,本府親臨,相機撫勦。大起鄉兵,戮力協助,必需義勇。爾某義勇素著,合行委用,爲此,牌仰速領鄉兵前來,聽候進勦。務擇年力精壯,各執器械,聽候本府點閱,給發號片、號旗,以憑調撥。如有鳥鎗匿不赴敵者,報明本府,即以私藏軍器治罪。或抗稱出外,即係從賊,一併報明,以憑拿解,梟首示衆。

【校記】

〔一〕奏牘本爲卷四之第十九篇，題爲“又”。
〔二〕奏牘本此句前加“爲委用事”。
〔三〕擾害地方　奏牘本作“擾害李婆墩一帶地方，居民不得安生”。

又〔一〕

諭某等知悉：本府清查保甲，刻日進山。爾等速傳各區，奉委士民整練器械，沿途迎接，切不可遠離汛地，致有疎虞。

【校記】

〔一〕奏牘本爲卷四之第二十篇，題爲“又”。

又〔一〕

諭某等：各速領鄉兵三百名，齊執鳥鎗，前來助勦，以張義舉。先發銀各三十兩，犒賞士卒。本府親駐但店，竚望雲集，戮力同心，共除叛逆，以安民心，以靖地方。功成之日，報明撫部院題敘〔二〕，論功行賞，切勿以鄰封膜視。

【校記】

〔一〕奏牘本爲卷四之第二十一篇，題爲“又”。
〔二〕題敘　四庫本作“核實”。

又〔一〕

仰羅把總統領鄉兵，太平堡余君榮等四十名，得勝堡高巨卿等四十名，清淨堡舒楚玉等四十名，雲龍堡王克明等四十名，前往黄岡廟駐扎，聽候大兵齊集，相機進勦。仍會田生員密議方略，務要紀律森肅，號令嚴明，毋得疎忽。

【校記】

〔一〕奏牘本爲卷四之第二十二篇,題爲"又"。

又〔一〕

諭某等知:今陽邏地方有賊二百餘人,於二十八日屯彼地山頭,二十九日逃入東山地界,已行飛報撫部院并王鎮臺會勦。爾等當督率本區鄉勇,約鄰區各長互相策應,早爲防守,把截要路,整備器械,遠行偵探,合力勦捕。如肯歸命投誠,不妨爲之轉達。事平之日,定請題敘獎賞〔二〕。諭到,星火知會,勿得羈遲,致使逆賊免脱。

【校記】

〔一〕奏牘本爲卷四之第二十三篇,題爲"又"。
〔二〕題敘　四庫本作"核實"。

曉諭周鐵爪等牌〔一〕

照得周鐵爪與譚以從等亂於羅山〔二〕,以從已經安插得所,鐵爪未及就撫,潛入山中。何士榮家住長沙,被愚人蠱惑,反歸鄉蠱惑愚人,曾仰何雲章、何媿人勸歸,雖稱執迷不悟,未必涕泣而道。至於英、霍、麻埠之衆,何苦擾我東山?此輩豈盡無父母妻子之爲累?豈盡無平等生意之可務?人之無知,一至於此。合行曉諭。爲此,示諭周鐵爪等知悉:示到,速宜猛省,若實心歸化,即引衆來見,或願回籍,或願從兵,聽從其便。本府從無誑詞,鬼神可鑒。言出痛腸,慎勿膜視。

【校記】

〔一〕奏牘本爲卷四之第二十四篇,題爲"又"。
〔二〕奏牘本此句前加"爲曉諭事"。

曉諭何士榮族衆牌〔一〕

照得何士榮謀叛〔二〕,煽惑無知,逼脅良民,以致人心驚惶,地方不靖。本府特來勦撫,命方占魁(傅)〔傳〕諭何雲章、何媿人速勸何士榮反邪歸正〔三〕。兹聞何族人等疑畏株連,男婦奔竄,是豈仁人父母之所爲?一人有罪,合族何辜?果士榮傾心投誠,本府哀求撫部院矜宥,亦當待以不死。况原未同謀,何忍一概波及?且雲章苦口良言猶彰彰在人耳乎。合行曉諭。爲此,示仰何族人等知悉:各釋疑畏,寧爾室家,凡鄉保地方人等,切不許藉端嚇詐。魯盜跖未嘗累及柳下惠〔四〕,往古之事也;鄒君升未嘗累及鄒君榮,近日之事也。王法天理竝行不悖,夫何疑畏之有?至於何士榮起禍之地,涇渭自别,及脅從逃歸之民,不止無罪,且加獎賞。若有出首僞劄者,繳報撫部院題請優敘〔五〕。本府之言,天日可矢,鬼神可鑒,切勿有懷疑畏,妄自奔竄。思之,慎之。

【校記】

〔一〕奏牘本爲卷四之第二十五篇,題爲"又"。

〔二〕奏牘本此句前加"爲曉諭事"。

〔三〕(傅)〔傳〕諭　乾隆本作"傅諭",誤,從四庫本改。

〔四〕魯盜跖　奏牘本作"柳下跖"。

〔五〕題請　四庫本作"聲請"。

曉諭但店居民〔一〕

照得何士榮謀反〔二〕,煽惑無知,逼脅良民,地方不靖,生民不安。王協鎮發兵勦滅,所過地方毫無驚擾。今駐扎但店,每兵一飱,本府親發錢十文,草料公平買賣支放,決不累及居民〔三〕。合行曉諭。爲此,示仰但店一帶地方居民知悉:兵馬經過之處,本府預行採買糧米、草料,鄉保人等切不可藉端科派。如有此等情弊,決不輕恕！

【校記】

〔一〕奏牘本爲卷四之第二十六篇，題爲“又”。
〔二〕奏牘本此句前加“爲曉諭事”。
〔三〕居民　奏牘本作“烟民”。

曉諭各鄉兵區長〔一〕

照得何士榮謀反〔二〕，勞爾鄉勇助我征勦，紀律務期嚴明，此兵法一定之例，非屬苛求。合行曉諭。爲此，示諭統領鄉兵區長人等知悉：凡鄉保領兵前來駐扎寬敞之處，先報區會鄉兵花名。本府照區會發旗幟以別觀瞻，照花名給號帖以憑識認，候本府親臨點閱犒賞，挨次分發，各依隊伍，不可紊亂。至於進山，真假難辨，隄防務嚴。凡鄉勇助勦，遵報花名，請旗幟、號帖。如無旗、號，即係奸細，盤獲審確，立刻梟首。法在必行，勿等兒戲。

【校記】

〔一〕奏牘本爲卷四之第二十七篇，題爲“又”。
〔二〕奏牘本此句前加“爲曉諭事”。

申報賊勢文〔一〕

麻城木(穉)〔樨〕河生員夏京報稱〔二〕：“賊何士榮等初二日聚集黄市下畈，初四日至上畈汪會極家抄洗，殺死閤家河曾姓客人，初四晚至殷家園擄掠，初五日燒南莊金瓊蘇樓臺，初六日至黄岡廟，晚至吕王城燒田生員屋，共有數千餘人，現扎李王城”等情。又據羅田鄉民朱爾定口稱：“初四夜有何士榮等分兵過羅田，擄驢十三隻，奸淫婦女，蟻。連夜趕來報”等情。該成龍看得賊黨合夥，殘虐生民。初六日，羅把總、張武舉領鄉兵前赴黄岡廟，當晚住三里畈，離黄岡廟三十里,初七早前進。成龍同李千總巳時至三里畈,據夏生員等報稱,賊已到黄岡廟,當發馬兵二十名。偵探口稱賊勢浩大,雖不可盡信,亦不可不急爲之備。合行飛報,伏乞憲臺迅勅黄協鎮帶兵親臨,商酌勦滅。恐鄉兵膽怯,無官兵賈勇,有悮大事。

【校記】

〔一〕奏牘本爲卷四之第二十八篇,題爲"申報張撫臺"。

〔二〕木(樨)〔樨〕河　乾隆本作"木樨河",誤,從奏牘本改。

又申報賊勢文〔一〕

照得麻城逆賊何士榮等作亂〔二〕,本月初六日,成龍會同李千總、羅把總、張武舉,領鄉兵四百名先往黄岡廟堵勦。初七日,成龍同李千總、吴把總、程鎮邦、劉先定、李德、黄岡縣家丁等,帶馬步官兵百名、鄉兵三百餘名,行至三里畈。值麻城夏生員、羅田朱鄉耆一時告急,隨發吴把總領馬兵二十名協助,報明請兵在案。午刻,羅把總等飛報已抵賊營〔三〕,成龍同李千總等直馳二十里至營盤。吴、羅二把總、張武舉統馬兵、鄉勇趕敗逆賊,追至峻嶺深林,奪獲器械,收營甫歸,兵民踴躍歡呼。是逆賊見馬兵而膽落,鄉勇倚馬兵而氣壯。時日已暮,安營布置,賊尚舉火高山頂上。合亟申報。

【校記】

〔一〕奏牘本爲卷四之第二十九篇,題爲"申報督撫兩臺"。

〔二〕奏牘本此句前加"爲申報事"。

〔三〕午刻　奏牘本作"頃刻"。

鼓勵義勇諭〔一〕

照得鮑世榮、陳頓(轍)〔徹〕轍大惡叛逆〔二〕,何士榮合夥横行,逼虐民生,焚燬民屋,神人共憤。本府會同黄協統馬步官兵并鄉保義勇進山征勦。本月初七日於黄土坳輒敢犯我先鋒,兵民鼓勵一戰,潰敗奔竄入山,奄息待誅。凡我士民屢被脅害,寃仇刻骨,罔不欲寢皮食肉,滅門絶户。當此報復之會,正宜會集擒滅,無留遺種。或有脅從逃歸,概宥不問。合行曉諭。爲此,示仰麻城東山一帶士民知悉:示到,速領鄉兵各路追擒,務使神人之憤泄於一朝,義勇之師不煩再舉。慎勿偷安,致貽後患。

【校記】

〔一〕奏牘本爲卷四之第三十篇,題爲“再諭黄土坳告示”。
〔二〕奏牘本此句前加“爲曉諭事”。
陳頓(轍)〔徹〕 乾隆本作“轍”,誤,從四庫本改。

報捷詳文〔一〕

本月初七日〔二〕,羅把總、張武舉領鄉兵至黄土坳遇賊,聞報先發〔三〕,吴把總領馬兵二十名接應,成龍同李千總馳至,已經追散收營,報明在案。初八日黎明,官兵、鄉勇守卡方歸,忽見西山一帶群賊摇旗前來〔四〕,又聞東山一帶有賊夾攻〔五〕。羅把總領鄉勇守截東面,其西山一帶〔六〕,李千總奮不顧身,領吴把總馬步官兵百名一往向敵,直至山腰與賊對鋒,群寇退却。羅把總、張武舉等統鄉勇兩路追擊,趕過崇嶺四五重,殺賊無算,填滿山谷,間有奔竄伏入松林。活擒賊首何士榮,搜獲僞劄付二段,僞示稿一紙。陣獲弓、矢、鎗、砲等器,暫給營兵應用。所擒何士榮併僞劄示,合差解驗。有功將士、兵民,另文申報。至陣亡把總吴芝蘭,併重傷、輕傷官兵人等、馬匹,嗣容册繳。尚有周鐵爪盤踞白水畈一帶,成龍會同弁兵、鄉勇〔七〕,刻日進勦。

【校記】

〔一〕奏牘本爲卷四之第三十二篇,題爲“報捷詳文”。

〔二〕奏牘本此句前加“爲飛報大捷事”。
〔三〕聞報 奏牘本作“傳報”。
〔四〕一帶 奏牘本作“一面”。
〔五〕同上。
〔六〕同上。
〔七〕鄉勇 奏牘本作“鄉士”。

報進兵黄岡廟文〔一〕

成龍初九日同李千總等行至黄岡廟,係黄岡、麻城、羅田三縣交界,崇山峻嶺,谿谷多歧,真乃盜藪。值羅田王知縣領鄉兵鳥鎗手會見,當晚至麻城縣地方吕王城扎營,背山面河。王知縣領鄉兵五百名,成龍面諭其隔水堵截。羅田境界離二里河至白水畈二十里,密邇賊穴。本日申時,據生員夏京報稱:“本月初六日至三里畈接見,蒙囑,京督守隘口。京巡守木(穉)〔樨〕河,見賊巢豎旗放銃,被京趕散,獲紅旗一面。據此,合將進勦地方、日期并紅旗解報〔二〕。

【校記】

〔一〕奏牘本爲卷四之第三十三篇,題爲“上張撫臺”。
〔二〕地方 奏牘本作“地名”。

進屯吕王城諭各區〔一〕

照得叛逆何士榮自長沙潛歸何家堡〔二〕,以僞劄蠱惑愚民。本府聞報,初二日進山,賊已往白水畈合夥。初七日復轉至黄土坳,值羅把總領馬步官兵、各堡鄉勇堵截,死賊奔竄入山。初八日黎明,輒敢摇旗下山,李將爺統馬步兵迎至山腰,衝鋒陷陣。羅把總、張武舉領鄉勇兩路追擊,趕賊踰山三、四重,殺獲無數,盈於谿谷。活擒四十八人,審明梟首,内有李有實之子李森、僕來兒,其餘多係何族叛僕。惟賊首何士榮并僞劄二段、僞示一張,活解撫部院轅門發落。初九日,本府會李將爺統兵直抵吕王城,羅田王令領鄉兵五百餘人沿河扎營助戰。大勢已定,鼠賊難逃,合行曉諭。爲此,示諭東山士民知悉:爾等前奉密諭,督會各區鄉勇,今已齊集什子砦左右。但四面鄉兵各有統領,貴約束嚴明,方調度得宜。若混在一處,勢不相下,死賊乘釁肆害,或潛行逸脱,不(苐)〔第〕勞而無功,且貽後患,不可不慮之早也。示到,宜各領各兵,各扎一營,務相和睦,禁止騷擾。此賊不上什子砦,必走商城、英、霍,而龜尾、八疊山、甑山河爲要路。夏京等守把木(稺)〔樨〕河一帶,鄭丹、熊公飛守把甑山河一帶,梅鈿等守把八疊山一帶,汪正緒等守把龜尾一帶,如敢疎忽放走,責有攸歸。丁期生、童貴卿、陳益之等,以及凡我士民書不能遍及者,各平心公議,如賊成群,合力勦滅,或聞風解散,各分一路,挨堡追緝。沿山漫嶺,即深林密箐,俱務嚴搜拿獲解審。良民逃難者,立刻釋放,仍取搜尋無賊甘結。毛翊長留軍前效力引路,李大謀領兵一至,即馳赴營,以便傳各處鄉兵聲息。毋得怠忽,各宜恪遵。

【校記】

〔一〕奏牘本爲卷四之第三十四篇,題爲“進屯吕王城諭各區告示”。

〔二〕奏牘本此句前加“爲曉諭事”。

次白水畈上張撫臺陳進勦情形〔一〕

成龍守黄以來〔二〕,謀慮地方安危,竭力軍需緩急,心血嘔盡,此憲臺之所洞悉也。無端僞劄煽惑陽邏,夜半船賊擄掠驛馬,變出意外。府城空虚,值陽邏驚後,有兩座船晚停江干,舉動叵測,人心洶洶。成龍身肩重任,分兵布置,靜以待動,徼倖無虞。初一日,已有白水、永寧信息,憂心如焚,勉强辦事。初二日黎明,兩地請援,理應申候憲命,特慮稍遲數日,則種類蔓延,事有機會,刻不容緩。況無將無兵,收拾鄉民,猝何能集?是以成龍當日激切叩稟,即同九人前往,而弁兵十二人偕行,星夜催督保甲。無如人心渙散,呼應不靈,費盡心力而協兵適至,當即鼓勇進勦。不料數日之内賊已養成氣候,黄土坳一陣,若非李千總衝鋒陷堅,竟有不可言者也。一戰取勝,殺戮三分之一。初十日抵白水畈,鄉兵接應,咸云什子砦有賊無幾,與千餘賊黨之報大不相符。鄉兵領委搜山,地方已稱無事。成龍爲事後之慮,周鐵爪竟無下落,英、霍、麻埠之賊將歸何處?是必匿遁密箐深峒,爲將來害也。且本地鮑世(榮)〔庸〕〔三〕、陳頓徹、李公茂尚未見分曉。成龍一府簿書,承上接下,咸屬要件,再遲數日,則積委塵封,欲即回府,則根株未絶,死灰必至復然。總之,崇山峻嶺之中,人易爲非;四省交界之地,性慣竊惡。伏惟憲裁,俾餘黨悉除,而府事不悮,幸甚。

附 張撫臺復書〔四〕

永寧肅清,具見偉略。其白水畈一帶,不佞已遣發黨、伊二参將領兵前去,此時定已抵山中矣。但撫勦并用,雖屬地方官愛百姓之心,然賊情叵測。方撫之後又爾陸梁,似難概以姑息施之。惟年親翁斟酌時宜,務將渠魁盡擒,令南人不復再反,方見綏靖之實著耳。專人特布,惟留神,切切。正發函間,適接守道吳親翁申文,其中情由,幸即備覆。不一。

【校記】

〔一〕奏牘本爲卷四之第三十五篇,題爲"次白水畈上張撫臺"。

〔二〕成龍守黄以來　奏牘本作"成龍蒙恩拔授黄守"。

〔三〕鮑世(榮)〔庸〕　奏牘本作"鮑世庸",從奏版本改。

〔四〕乾隆本爲卷三之附録任黄州時湖廣張撫臺來札計十二道之二,四庫本無,奏牘本爲正文後附。

進兵定慧寺報文〔一〕

成龍於本月初八日同協鎮李千總、羅把總馬步官兵，帶領鄉兵，與賊山腰對敵，李千總領兵活擒賊首何士榮，押解申報在案。初九日至吕王城，係麻城縣境。初十日至白水畈，群賊解散無踪。十一日報石壁萬野予作反，羅山周鐵爪等英、霍兇黨群聚，又有廣西孫延齡奸細孫麻子在内。十二日，成龍同李千總至定慧寺地方扎營，相機勦滅。兹奉嚴飭，合先回報。

【校記】

〔一〕奏牘本爲卷四之第三十六篇，題爲"次定慧寺報張撫臺"。

移党伊二參將文〔一〕

看得本月初八日黄岡縣永寧鄉黄土坳地方、湖南長沙散僞劄，叛逆何士榮領賊遍扎山頭，天將黎明，摇旗放砲。李千總衝鋒(陷)〔陷〕陣，射倒賊旗，活擒賊首何士榮，獲僞劄二(叚)〔段〕〔二〕、僞示一紙。初九日早解赴守憲，轉詳撫部院轅門發落訖。本日入麻城境吕王城扎營。初十日直抵賊穴白水畈，群賊潛匿無踪，鄉兵四面搜山。十一日早，鄉民報石壁萬野予作反，内有廣西孫延齡散僞劄。叛逆孫麻子自稱孫將軍〔三〕，羅山賊首周鐵爪即周二黨羽，併英、霍亡命與黄土坳殺散逃賊李公茂、鮑世(榮)〔庸〕、陳頓徹等嘯聚石壁，擾害良善。十二日，本府同李千總統兵赴甑山河進勦，駐扎定慧寺地方。十三日，據麻城縣禀稱，撫部院發兵十二三日可到，本府隨扎營定慧〔四〕，等候移會堵截〔五〕，申報在案。一面布置把守各隘口，鄭丹、丁奇生、熊公飛等守甑山河、燕子崖一帶，汪公極、張輝吉、何升菴等守龜山口、什子砦一帶，田穀伯、毛翊長等守八疊山一帶，劉君孚、余公晉、夏仲昆等守百神廟一帶,童貴卿、陳益之等扎東義洲,四面接應。十四日早,據麻城縣稟稱,貴府十二日至縣,十三日辰時進兵。本府即刻同李千總移營黄市地方,扎營什子山下。本日途中,准貴府大移偵探土賊情形,賊巢在於何處,回覆會勦。萬野予、周鐵爪等聚衆倡亂,乃其實情,石壁是爲賊巢。貴府大兵前進,石壁賊必望風潰散,由南奔竄,有本府同李千總、羅把總堵殺。惟東北一帶,應麻城縣嚴敕鄉兵勿使漏網,復留禍根。如賊黨成群負據山險,宜令鄉民前導,官兵步步爲營。勦賊貴其敏速,進兵貴其慎重,貴府自有妙算,相機審變,無煩本府絮言也。

【校記】

〔一〕奏牘本爲卷四之第三十七篇,題爲"移党伊二參將"。

〔二〕二(叚)〔段〕 四庫本作"二段",從四庫本改。

〔三〕自稱 奏牘本作"自號"。

〔四〕定慧 奏牘本作"定慧寺"。

〔五〕等 奏牘本無此字。

申報張撫臺文〔一〕

本月十一日報石壁萬野予作反,申報在案。成龍同李千總等發兵前進,十二日駐扎定慧寺,訪確羅山周鐵爪黨惡并英、霍亡命。又有口稱孫將軍者,查係從廣西來,騎一大騾,從中倡亂。鮑世(榮)〔庸〕、陳頓徹、李公茂俱往合夥〔二〕。十三日,據麻城縣稟稱,憲臺發党參將、伊參將統兵於十二三日准到。但官兵從麻城縣山路進勦尚屬寬敞,徑抵萬野予家,賊必由龜峰、八疊兩路奔逸,成龍等應駐白水畈堵截。合就申報。

【校記】

〔一〕奏牘本爲卷四之第三十八篇,題爲"申報張撫臺"。

〔二〕俱往 奏牘本作"俱逃"。

募擒賊首告諭〔一〕

示諭士民人等知悉:有能擒獻孫麻子者,賞銀五十兩。如有志功名,或文、武生員,或貢、監,報撫部院題請准給〔二〕。至於鮑世(榮)〔庸〕、陳頓徹已爲釜中之魚,擒獲來獻,遵前示給賞逆産、妻子。李公茂陣前帶傷,亟宜獻出,倘有縱放,恐不便於沿路居停。即賊黨擒獻,准宥前罪,照常人一例行賞,地方人等不得阻攔爭奪。

【校記】

〔一〕奏牘本爲卷四之第三十九篇,題爲“募擒賊首告示”。

〔二〕題請　四庫本作“核實”。

又〔一〕

照得鮑世(榮)〔庸〕、陳頓徹、李公茂造逆縱惡〔二〕,脅良爲賊,擾害地方,民不安生,與何士榮孫麻子、萬野予等結連作亂。本府於本月初八日擒何士榮於黄土坳,伊参府於本月十三日擒孫麻子、萬野予於石壁。大憝已獲,惟鮑世(榮)〔庸〕、李公茂、陳頓徹、周鐵爪四兇兔脱,勢必匿於茂林深谷。當此隆冬嚴寒,夜必舉火,定露形迹。日不再食則饑〔三〕,必有窩主供應糧食。此四賊若不殲除,不惟無以消從前良善之憤氣,且以留將來良善之禍根。況各區仗義,人人與爲仇敵,賊蓄憾在心,亡命結聚,夜行竊盜,禍所不免。凡我士民,久已忍冒饑寒〔四〕,勿憚辛苦,滅此朝食,一勞永逸。如有親故情面,互相遮隱,殊不思衆怒難犯,事久必洩,恐不能庇賊,而反自受破家亡身之害也。合行曉諭嚴拿。爲此,示諭黄市、白水畈等處士民知悉:示後,嚴加搜緝,以除爾等後患。如有窺見踪影、力能擒獻者,賞銀十兩;來報信者,賞銀五兩。即親友遞送藏匿,翻然悔悟〔五〕,爲事後之慮,或擒或報,一例給賞。切勿養癰,自貽伊慼。

【校記】

〔一〕奏牘本爲卷四之第四十篇,題爲“又示”。

〔二〕奏牘本此句前加“爲嚴拿叛逆,以絶根株,以靖地方事”。

〔三〕饑　四庫本作“飢”。

〔四〕同上。

〔五〕翻然　四庫本作“幡然”。

擒獲衆逆報文〔一〕

十六日早,劉君孚著鮑文子報稱,拿獲周鐵爪、鮑世(榮)〔庸〕、陳頓徹,報明在案。即刻,千總李茂昇同麻城候選千總劉先定、武舉魯試、羅田武舉張尚聖前往巡緝,於十八日巳時,李千總等同生員朱愷、劉青藜等護解周鐵爪、鮑世(榮)〔庸〕并次男鮑自性(長男陣斬)、陳頓徹等。據稱周鐵爪係朱愷活擒,賞銀十兩。鮑世(榮)〔庸〕父子、陳頓徹係劉青藜活擒,青藜身帶棍傷,其僕手被刃傷,賞銀二十兩。元兇已獲,地方復安,各處守隘鄉民當行曉諭放回,蘄水、黄岡、麻城隨營鄉兵,十九日盡諭出山歸籍。惟有李公茂未獲,密計擒拿。周鐵爪、鮑世(榮)〔庸〕、陳頓徹、鮑自性四犯,交付李千總解赴守憲查明轉解。成龍於本月初二日擅離府治,調集鄉兵,身不解衣,食不下咽,老病十分沉重,於十九日扶病赴麻城縣會伊、党二參將,商議地方事宜。至於脅從,原係良民,自應安撫,成龍已體憲慈曉諭,概不過問。惟有鮑世(榮)〔庸〕、陳頓徹、萬野予,乃麻城居民,自取滅亡,不無嫉害親友,扳誣良善,一切供詞、筆札似應投之水火,以彰天地之仁,以安良善之心。黄麻此舉,地方安危所繫。憲臺妙算如神,迅發大兵,賊首一鼓成擒,群鼠望風奔竄,無有漏網。憲臺威靈,遐邇咸懾,匪類自此膽落,封疆自此鞏固。朝廷之福,生民之幸也。

附 張撫臺復書〔二〕

前獲何士榮已經正法,并具題矣。兹接來翰,又獲鮑世(榮)〔庸〕、周鐵爪、陳頓徹三賊首,而麻令復報拿獲萬、孫二賊首,從此山中可冀廓清矣。但此番搜勦,務盡根株,諸凡渠魁,如係孫調元、史國柱等〔三〕,毋令遁逸。其餘脅從之衆,果出無辜,或可開其一面耳。所拿賊首,可即解省正法,以憑具題。親翁荷戈擐甲,跋涉山中,賢勞頗爲繫念。然以文吏而擅武略,屢著奇功,殊爲欣快。率此附復,諸惟自愛。不一。

【校記】

〔一〕奏牘本爲卷四之第四十一篇,題爲"又擒獲衆逆報張撫臺"。

〔二〕乾隆本爲卷三之附録任黄州時湖廣張撫臺來札計十二道之三,四庫本無,奏牘本爲正文後附。

〔三〕如係孫調元、史國柱等　奏牘本無此句。

禁止擄掠告諭〔一〕

照得入山進勦〔二〕,原以爲民,鄉勇協助,乃爲義舉,馬步官兵紀律森嚴。夫何鄉兵縱肆,雞豚遍地血淋,器皿一炬灰燼,甚之擄及耕牛,大干法紀,合行禁約。爲此,示仰各堡統領士民、鄉保人等知悉〔三〕:務嚴束各堡鄉兵,勿擅離營盤,驚擾地方。至於棹椅、成器之物,一概不許燒燬,敢有故違,定以軍法從事。且班師回府,其縱放鄉兵頭領,論罪不准敘功〔四〕。思之,慎之。

【校記】

〔一〕奏牘本爲卷四之第四十二篇,題爲"禁止擄掠告示"。

〔二〕奏牘本此句前加"爲禁約事"。

〔三〕示仰　奏牘本作"示禁"。

〔四〕准　奏牘本無此字。

禁止株連告諭〔一〕

照得山寇作亂〔二〕,所有外省漏逆孫麻子、周鐵爪潛匿東山〔三〕,勾連賊首何士榮、鮑世(榮)〔庸〕、陳頓徹等作亂,擾害地方,撫部院迅發標鎮官兵,由縣進勦。本府親率黄協營弁及各區鄉勇入山征討,前後合擊,内外夾攻,生擒諸逆。其餘黨惡,誅捕殆盡。藪澤已清,禍根已絶,從此山畈内外太平安樂,共享聖化,高枕無憂。目今鎮標官兵紀律嚴明,分别善良,秋毫不犯。爾等始知作善得福,作惡得禍,王法天理,分毫不爽,可爲殷鑒。合行出示。爲此,示仰士民人等知悉:自今日爲始,一概株連牽引盡行禁絶,各宜樂業安心,寧爾室家,修爾田園。不循謹之子弟,早加訓誡;必無益之交遊,早行屏絶。消釋嫌疑,和睦鄉里。敢有借舊案挾制者,告發,立行重處;懷私報復者,訪出,即寘極刑。爾地方鄉保、區長,即行曉諭勸戒,本府當分别獎勵,以上報朝廷洪恩,下恤爾民困苦也。

附 張撫臺來書〔四〕

東山之役,擐甲爲勞。何士榮既擒於前,僞孫將軍復擒於後,已經兩次具題。今俟周鐵爪等解至,再當彙疏題敘。但渠魁既獲,則脅從者自當招撫,俾其樂業。惟李公茂、孫調元,未可令其漏網也〔五〕。省兵已經檄撤山中,善後事宜,凡不佞所未及者,知親翁自能斟酌盡善耳。前煩覓鳥鎗,幸爲速覓,即不能如數,亦可總以速有爲荷,遲則恐不及耳。藥弩并留神。不盡〔六〕。

【校記】

〔一〕奏牘本爲卷四之第四十三篇,題爲"禁止株連告示"。

〔二〕照得山寇作亂　奏牘本作"爲安撫良善事,照得"。

〔三〕所有　奏牘本作無此詞。

〔四〕乾隆本爲卷三之附録任黄州時湖廣張撫臺來札計十二道之四,四庫本無,奏牘本爲正文後附。

〔五〕李公茂　奏牘本作“李公懋”,從乾隆本改。

〔六〕前煩覓鳥鎗,幸爲速覓,即不能如數,亦可總以速有爲荷,遲則恐不及耳。藥弩并留神。不盡。乾隆本無此句。

上張撫臺乞休致禀〔一〕

本月十九日,李千總領官兵旋府,解活擒賊首鮑世(榮)〔庸〕父子、周鐵爪、陳頓徹四名,赴守憲驗明轉解。成龍即於十九日至麻城縣會伊、党二參將,酌議地方事宜。賊首咸擒,東山復平,劉青藜、劉君孚擒賊殺賊,赴麻城屈令獻功,伊、党二參將塘報訖。惟有李公茂在黄土坳陣前帶傷,正在搜緝。伊、党二參將於二十二日班師。成龍在麻病沉,已詳守憲,請乞休致。伏懇憲恩垂念勞吏桑榆暮景,二豎狂逞,實難任事,俯允題請〔二〕,成龍生死感戴!外,弩弓樣製一張呈驗,有貢生鄒世美精曉弩製,一并呈送。又有黄安縣人伍家季來黄市招安周鐵爪,時鐵爪已擒,當即發回。據伍家季願招兵五十名,成龍已行黄安縣批差護送,伏乞牌仰黄安縣酌議,徑送轅門。但目前地方多事,且有護送,務期先行曉諭經過地方,庶不致真假混淆,匪類藉以書行,百姓可以無驚矣。

附　張撫臺復書〔三〕

親翁此行,東山渠魁次弟就縛,從此潢池小醜自當絶影。惟李公茂、吴煥能、孫調元,須留心密緝,毋留根株,再致萌發。又,所獲周鐵爪,今審供係鄧少興,乃鐵爪之徒,非真鐵爪也。似當仍令伍家季招安,或設計擒縛,爲囑。目今正急需鎗手,伍家季願招兵五十名甚好,祇須黄安縣給批徑送來省可耳,所送弩弓容查收。鄒明經俟到,當即見之,以詢弩製〔四〕。至親翁清操苦節,綏靖地方,種種勞績,不佞知之甚深,信之甚篤,勿以昨者守道文内小嫌,遂爲介介也。幸勉之,以慰綣切。專此。不一。

【校記】

〔一〕奏牘本爲卷四之第四十四篇,題爲"上張撫臺請乞休致"。

〔二〕題請 四庫本作"請休"。

〔三〕乾隆本爲卷三之附録任黄州時湖廣張撫臺來札計十二道之五,四庫本無,奏牘本爲正文後附。

〔四〕目今正急需鎗手,伍家季願招兵五十名甚好,衹須黄安縣給批徑送來省可耳,所送弩弓容查收。鄒明經俟到,當即見之,以詢弩製。 乾隆本無此句。

拿李公茂諭〔一〕

照得大逆李公茂〔二〕,忘恩背義,已撫復叛,輒敢引領亡命,於黄土坳與本府官兵、鄉民對敵。神人共憤,兵民鼓勇殺退,老賊抱頭鼠竄。迄今日久,未見地方鄉保綁送,是必匪類潛通藏匿,或親友難破情面,遞相容隱。殊不知逆賊作反,脅制良民,痛入骨髓。且扯旗放銃,彼何曾有親友之情〔三〕,而反以恩報仇也?又或愚民無知,惟恐賊口仇扳,故爾狐疑容隱。本府與此老賊誓不共生,爾士民各有身家性命,何苦自(陷)〔陷〕窩藏叛逆大罪?合行嚴拿。爲此,示諭東山士民知悉:示到,速將李公茂綁獻,不惟無窩匿之罪,且有擒賊之功。從此地方除一禍根,萬民咸受安靖之福,何憚而不爲此也?如再遲延,本府訪確,賊有應得之罪,自作自受,而窩匿之家一并究治,夫何説之辭也?事不宜遲,亟早擒獻,以(勉)〔免〕後悔,以靖禍根。

【校記】

〔一〕奏牘本爲卷四之第四十五篇,題爲"拿李公茂告示"。

〔二〕奏牘本此句前加"爲嚴拿叛逆,以靖禍根事"。

〔三〕彼何 奏牘本作"幾何"。

敘從征紳士功蹟詳〔一〕

成龍於本月十九日至麻，因李公茂未獲，仰縣丞陳希堯齎示山中遍緝。於二十七日活擒賊首李公茂，捆綁驢上，行至破頭嶺，老賊飜撞嶺石，仍扶上驢，至曹家河夜半氣絶，合將賊屍解驗。仰荷天威，賊首無一漏網，東山復靖。屈令先練鄉民守隘，繼請大兵勦滅，復安撫脅從，人心底定。惟孫調元一賊，確訪山中，無此姓名。除官兵、鄉勇勦賊有功，應黄、麻兩縣詳報外，有羅田武舉張尚聖在黄土坳與賊對敵，袍袖中一鎗子，勇敢爭先，現今兵部催取候差，似應留憲標聽用。麻城候選千總劉先定、武舉魯試，同黄協李千總拿獲周鐵爪等，武舉李大謀奉屈令委守隘口，俱著功績，且青年弓馬嫻熟，均應候用，以廣羅英才。渠等隨屈令叩謁，伏乞憲臺驗試。齊安驛丞李德手執鐵棍，膽略過人，似非驛員所可淹没。貢生吳晉爵嫺於弓馬，兼精鳥銃。周維部家養蒼頭善用鳥鎗。鄒世美已考教職，素習鳥銃，兼曉弩製。當今用武之時，以網羅人才爲上，智勇兼需。若止以文字取人，恐技勇之才未習《詩》《書》，屈於制科，不爲國用，必爲寇資。如羅田陳萬齡沉静有勇，似應拔識，而兔罝武夫可相繼爭售。至於劉廣定、蕭命福，老成持重；李中素、梅鈿，綽有智謀；貢生龔相旦、武生吳之鄒，歷著功績；程士極、戴宗禮，才德服衆；黄安貢生彭喆，武生葉芳蘭，勤勞王事。查順治五年有遲、羅兩部院已行往例〔二〕，懇憲勅黄、麻兩縣酌議舉行，以勵後效。程鎮邦相依入山，扶病籌畫，貧老堪憐。黄岡縣家丁四名，真旗下精甲，有願謁憲轅。諸生隨屈令前赴，乞賚顔奬勵。外，鳥鎗一事，吳把總本月初一日齎銀回府，值成龍初二日進山，未及料理。兹奉憲諭，先呈送上號鳥鎗十杆，又有陳縣丞二十杆，其餘陸續解用。成龍於二十九日離麻回府，爲此具稟。

附　張撫臺復書〔三〕

接來翰，知黄陂、孝感之間復有餘孽萌動，已密檄二令隄防矣。至東山告捷之功，刻下即當題敘。親翁可即赴省，并有功士民劉青藜等亦帶同前來，以憑賞賚鼓舞。顒候。不盡。

【校記】

〔一〕奏牘本爲卷四之第四十六篇，題爲“上張撫臺敘從征紳士功跡”。

〔二〕兩　奏牘本無此字。

〔三〕奏牘本此文正文後附，乾隆本、四庫本均無。

敘功詳文〔一〕

查看得黄、麻東山綿亘數百里，與羅田、蘄水接壤，乃匪類潛藏亡命逋逃之藪。逆賊何士榮來自湖南，孫將軍來自粵西，假周鐵爪來自豫省，攜帶僞劄，煽惑鄉愚，逼脅良民，聚黨倡亂。十月二十九日，何士榮等反於黄岡之永寧鄉。十一月初一日，李公茂、陳頓徹、鮑世(榮)〔庸〕、王子之等反於麻城之白水畈。兩處勾連，一時鼎沸。成龍初二日聞風，飛報憲臺，請兵防禦。蒙憲檄，調黄協弁兵迅勦，守憲駐守府城。成龍同千總李茂昇、把總羅登雲、吳(之)〔芝〕蘭〔二〕，齊安驛丞李德、候選千總劉先定、武舉張尚聖、黄岡家丁四名，領馬步官兵前進。值守憲諭黄岡知縣李經政，督生員曹洪仁等鄉勇齊集，供應糧糈。初八日，與賊戰於黄土坳。群賊扎營西山，李千總一騎當先，羅把總、張武舉兩脅夾攻，群賊敗北，殺盈山谷，活擒逆首何士榮，獲僞劄二張，解報守憲轉報在案。初九日，進攻麻城之白水畈。羅田知縣王光鼎、生員蕭二至等，領鄉兵五百餘名，把守交界隘口。蘄水知縣蔣燦，委生員何翩然等，領鄉兵二百名助戰，鼠賊李公茂等望風遠遁。十一日，聞孫將軍、萬野予、假周鐵爪反於麻城之石壁，李公茂等奔竄入夥，勢更燎原。崇山峻嶺，與白水畈聲勢隔絶。麻城知縣屈振奇因鄉勇守隘單弱，危急請兵，蒙憲迅發党、伊二參將星夜領兵救援。十三日入山，孫將軍、萬野予一戰生擒，而李公茂等又復奔逸。千總李茂昇同武舉劉先定、張尚聖、魯試等擒獲假周鐵爪、鮑世(榮)〔庸〕、鮑自性、陳頓徹并李公茂、王子之，解報守憲轉報在案。此役也，弁兵用命，士民同仇，皆賴憲威赫奕，特委名將，用兵神速，臬、守二憲聽命調度，王副將兵有紀律，而同知佟世俊、黄岡知縣李經政、麻城知縣屈振奇殫力除逆，羅田知縣王光鼎、蘄水知縣蔣燦咸資佐理。若夫千總李茂昇、把總羅登雲、百總凃魁凡、杜保、武舉張尚聖，躬冒矢石；齊安驛丞李德、候選千總劉先定、魯試、武生員劉青藜，協力行間；貢士、文武生員劉廣定、彭喆、李中素、吳之鄒、葉芳蘭、程鎮邦，同心贊畫；蕭命福、龔相旦、鄒世美、鄭丹、梅鈿、李大謀、曹洪仁、官純恭、靖天德、蕭二至、何翩然、陶之琇、何繼魯等，各領鄉兵踰山越嶺，苦歷風霜，戮力用命。其餘練長，未便細陳。至於陣亡把總吳芝蘭，爲國死難，忠義昭著。有功與帶傷兵丁不便備敘。伏乞憲裁。

附　張撫臺來書〔三〕

始和布令五馬，春生方深欣企。頃見小鈔，親翁獲鮑世(榮)〔庸〕等之功，部議又加一級矣。佳詞不獨爲辛、劉遺調，自當譜入《朱鷺》鐃歌，以爲奏凱之先聲也。附候。不一。

【校記】

〔一〕奏牘本爲卷四之第四十七篇，題爲"敘功詳文"。

〔二〕吳(之)〔芝〕蘭　奏牘本作"吳之蘭"，從乾隆本改。

〔三〕乾隆本爲卷三之附録任黄州時湖廣張撫臺來札計十二道之九，四庫本無，奏牘本爲正文後附。

嚴禁嚇詐諭〔一〕

照得鮑世(榮)〔庸〕等倡亂〔二〕,本府深入黄市,領兵勦滅,已經獲解正法,其餘脅從,概不追究。惟有同惡叛黨,恐留根株,爲爾鄉民禍端,他日報復良善,反受禍殃。本府保全善類,於十一月十九日離黄市時,留一密封硃帖,計拿李公茂、王子之等一十九名,囑汪拱極收藏,與丁企生、田穀伯等密議行事。此出於神人之公憤,勢不容已。嗣後李公茂、王之子拿解正法,熊遐先當場殺死,彭三俊等六名拿解爲兵,李廣宇等投見歸農。不料人心不良,輒起貪殘,藉端生事,遍地嚇詐,民不安生。此豈是仁人長者所當爲〔三〕? 此豈是同鄉共井所忍爲〔四〕? 生死切齒,反令本府爲善不終,召憾於鬼神,歛怨於百姓。兹當新正,諸神下降,清查人間善惡,本府每夜泣禱。如本府爲利傷命,刻剥鄉愚,忍心屠戮,株連無辜,乞神速誅,及其子孫。但上自官長,下至保練,咸藉本府爲名,釀惡無窮,是爾等之罪,即本府之罪。本府雖自反無愆,其何能免爾等罪孽深重之累及? 合行曉諭。爲此,示仰士民人等知悉:見示之後,亟行懺悔。有搶擄婦女者,速還婦女;有搶擄牛隻者,速還牛隻;有嚇詐銀錢者,速還銀錢;有逼索貨物者,速還貨物。尚可挽回神怒,苟免凶報。若執迷不悟,小之得病喪軀,大之闔家遭瘟,絶滅子孫,不義之物仍被旁人爭奪,惹得鬼哭神號〔五〕,而本府亦不能逃其連累。陰司罪案昭彰,勿占一時便宜。不聽本府之言,三日内外定有報應。速宜遵行,勿自貽悔〔六〕。

【校記】

〔一〕奏牘本爲卷四之第四十八篇,題爲“嚴禁嚇詐告示”。

〔二〕奏牘本此句前加“爲曉諭事”。

〔三〕所　奏牘本作“之”。

〔四〕同上。

〔五〕號　奏牘本作"笑"。
〔六〕勿自貽悔　奏牘本作"各自懺悔,不勝切禱"。

又〔一〕

照得永寧東鉉、還、和三鄉素稱守法良民〔二〕,無端何士榮結連釀禍,雖有惡少、遊手附和助逆,而强半出之脅從。黄土坳一陣,率子弟以攻父母,天地、鬼神所共切齒。因之,義旗一指,妖氛頓掃,惡少、遊手屍填山谷。本府手刃四十八人,以洩士民憤氣。其餘脅從,概宥不究。當獻囚梟首之場,陳蕃若領回歸降脅從一十五人,衆所耳目,豈有班師凱旋,復行追究往事之理? 至於王之仕禀稱"脅從者逃匿蘄水,不敢投見",緣是發票逐名招徠,勸諭安插,并無他意。今票已銷,又何疑忌? 若羅把總開報投見脅從,備案存查,各安家室,無懷二心。目今天氣陽和,萬物發生,農工將動,生計倍殷,其從賊倖免者,亟去邪返正。看何士榮榜樣,豈不寒心? 各理本業,保首領以保妻子,勿聽人言,東躲西藏。倘再失足,後悔何及? 爾鄉保、士民人等,切勿圖利恐嚇,致此輩容身無地。本府倘有風聞,定拿重處。合行曉諭。爲此,示諭士民人等知悉:自示之後,各宜遵行毋違。

【校記】

〔一〕奏牘本爲卷四之第四十九篇,題爲"又示"。
〔二〕奏牘本此句前加"爲曉諭事"。

黄協弁兵爭功看語〔一〕

看得用兵之法在乎主將,命營弁出師,簡授得人而士卒爭先効命,未有弁不得人而兵爭効命,亦未有兵不効命而弁克成功者也。黄土坳之戰,把總吳芝蘭臨陣死難,回詳守憲,請蔭邺在案。千總李茂昇一騎當先,胸中賊銃,綿甲透孔可驗,馬帶銃傷倒斃,步戰殺賊,踰山越嶺,兵氣倍奮,活擒賊首何士榮。把總羅登雲、武舉張尚聖,兩脅夾攻,甘勝獻何賊之衣帽、腰刀,功績可嘉,而實李千總之義勇膽略,有以倡之也。據甘勝訴稱,李千總高喊"要解活的,否則更斬蟻首",則李千總之殺賊入營,同士卒鏖戰,且擒滅有餘力,號令有餘威,歷歷如睹。大約兵非將無以鼓厥勇,將非兵無以成厥功,則甘勝奪功之訴無容深究也。此役也,弁兵同心戮力,咸有功勞可紀,皆貴府仰體撫部院慎重封疆至意,簡用營弁得人,健丁素蓄锐氣。守備朱諟催兵進山迅速,一戰滅賊,地方賴以寧謐,生民賴以保全。至於百總涂魁凡眉角中一銃,耳邊中一銃,兵王可先肩膀中一銃穿透,尚未全愈。其餘兵丁、馬匹帶傷者甚多,不及細開。若夫殺賊山谷無數、擒賊獻功兵民四十八人,難以悉備,本府當賞銀五十兩,以酬同仇之義。兹准移查,合并移明詳報。

【校記】

〔一〕奏牘本爲卷四之第五十篇,題爲"黄協弁兵爭功看語"。

東山平定勒石銘〔一〕在黄市龍潭冲什子寨路口大石上。

龜山以平,龍潭以清。既耕既織,東方永寧。

康熙十有三年十一月十九日黄州太守汾陽于成龍勒石〔二〕。

【校記】

〔一〕奏牘本爲卷四之第五十一篇,題同。

〔二〕太守　四庫本作"知府"。奏牘本此句後加"門下士麻城李中素書丹"。

復張撫臺禀〔一〕

軍務殷繁，憲臺勤勞，日昃不遑，成龍坐享安逸，惶悚殊甚。黄安招撫一案，催縣妥詳，於初四日方賚文到府，正據詳通報間。值憲恩浩蕩，軫念投誠家口，發銀二百兩，當時敘入詳内。譚以從等安插縣關，成龍發銀四十餘兩，爲餬口之資，頗稱得所。而黄翠林等一百餘名又垂涕乞降救命，情實悽慘，拒之不忍。今耑委驛官李德賚銀前往黄安買米，賑濟以從等家口。此官財利分明，決無侵冒之弊。并諭縣安置黄翠林等，以仰副憲慈。餘容再報。不盡。

附　張撫臺來書〔二〕

黄安一案，俟詳到當爲題敘。其譚以從等曾爲安插得所否？今發去銀二百兩，親翁可即爲買米酌賑，毋令流離失所，知定能處置得宜也。貉皮餘鐵，刻下需用，今特發船來裝。并此附及。不一。

附　又來書〔三〕

黄安一案，見在具題。其譚以從、黄翠林等，已於疏内題明安插楚省〔四〕。昨准制臺咨，有仍令河南差官領回之説。恐非其赴楚投誠之初念，似應聽從其便，庶令反側子自安，已有字致制臺矣。親翁可確詢譚以從等，再爲通詳可也。南康之警，黄梅防禦宜周。〔五〕王親翁往蘄，知親翁必有綢繆之商酌也。耑勒。不一。

附　又書〔六〕

黄安一案，先據縣詳，已批親翁處查議，幸敘妥詳，當具題也[七]。飢民無告,最爲可憫。總屬朝廷赤子,何分楚、豫?幸親翁即爲安插得所。或於十二年積穀内動支賑濟,即當於疏稿内題明可耳[八]。周鐵爪作何勦除,并煩留意。五馬爲所屬領袖,親翁加意整刷,定有可觀。其各屬地方苦情,不佞已銘之座右矣。附復。不一[九]。

【校記】

〔一〕奏牘本爲卷四之第五十二篇,題爲"復張撫臺"。

〔二〕奏牘本此文正文後附,乾隆本、四庫本均無。

〔三〕乾隆本爲卷三之附録任黄州時湖廣張撫臺來札計十二道之六,四庫本無,奏牘本爲正文後附。

〔四〕疏内 乾隆本作"此内",從奏牘本改。

〔五〕宜周 奏牘本作"宜用"。

〔六〕乾隆本爲卷三之附録任黄州時湖廣張撫臺來札計十二道之七,四庫本無,奏牘本爲正文後附。

〔七〕黄安一案,先據縣詳,已批親翁處查議,幸敘妥詳,當具題也 乾隆本無此句,從奏牘本改。

〔八〕稿 乾隆本無此字,從奏牘本改。

〔九〕附復。不一。 乾隆本無此句。

附 録

任黄州時湖廣張撫臺來札計十二道之八

歲聿雲暮,將屆新春矣。昨具疏請留,雖勉抑孝思,實爲地方起見。幸節哀視事,庶慰輿情。

于清端公政書　卷四

黄州書

申蔡制臺張撫臺乞歸守制詳[一]

成龍譾劣庸材，荷恩提拔，感戴終身。兹有下情，泣血上陳。念成龍父兄先逝，上無叔伯，終鮮兄弟，煢煢一身，奉侍慈幃，希冀升斗，以禄養親。不料任粤任蜀，遠隔天涯。及佐黄郡，又苦卑濕，不敢迎養。身羈一官，心懸白雲，十六年來，烏鳥之私未嘗刻忘。康熙十三年，成龍有終養之請，屢詞告休[二]，實爲高堂母老，中懷隱憂，不得不爲之乞憐也。今忽焉永訣[三]，母北子南，幽明殊隔[四]，訃音馳至，肝腸慘裂，魂魄黯銷，號天搶地，欲見無由，追悔無及！痛成龍母老不能養，母死不能殮[五]。目前，柩停中堂，亡靈無依，倚門倚閭，死後望兒，倍切生前[六]。成龍他鄉孤哀，腐心疾首，淚已血凝，形已骨立，惟奔喪營葬，觸棺躃踊，少釋終天之恨。此成龍痛哭呼號，而不得不爲之乞憐也。伏乞憲恩垂憐他鄉孤哀[七]，母死無治喪之子，施浩蕩之仁慈[八]，積萬代之陰騭[九]，循例題達，歸家守制[一〇]。亡母有靈[一一]，叩感地下。成龍倘邀餘生，焚香頂祝[一二]，即與母偕逝[一三]，啣環結草，永矢世世矣[一四]！

【校記】

〔一〕奏牘本爲卷五之第六篇,題爲“上蔡制臺乞歸守制”。

〔二〕康熙十三年,成龍有終養之請,屢詞告休　奏牘本作“此成龍十三年有終養之請嗣,屢乞休”。

〔三〕今　奏牘本作“兹”。

〔四〕幽明殊隔　奏牘本無此句。

〔五〕號天搶地,欲見無由,追悔無及!痛成龍母老不能養,母死不能殮　奏牘本語序有異,作“痛成龍母老不能養,母死不能殮,號天搶地,欲見無由,追悔無及”。

〔六〕倚門倚閭,死後望兒,倍切生前　奏牘本作“倚門倚閭之望,死後更切于生前”。

〔七〕奏牘本此句前加“荷憲臺格外之恩重逾山嶽,而慈母罔極之德痛切心膈”。垂憐　奏牘本作“垂念”。

〔八〕仁慈　奏牘本作“仁恩”。

〔九〕積　奏牘本作“廣”。

〔一〇〕循例題達,歸家守制　奏牘本作“俯允歸葬”。

〔一一〕亡母有靈　奏牘本作“亡靈有知”。

〔一二〕頂祝　奏牘本作“禱祝”。

〔一三〕偕逝　奏牘本作“俱逝”。

〔一四〕奏牘本此句後加“爲此泣血悲慟,待命之至”。

復蔡制臺禀〔一〕

成龍自康熙十二年叩謁憲堦,蒙褒諭之寵、章服之錫,恩逾格外,誠千載一時也。十三年代覲復任〔二〕,值南寇蠢動,湖北震驚,地方多事,軍務繁劇,未能趨謁,罪戾殊甚。自鄂至黄,終歲靡寧,成龍心血已枯,筋力盡竭,龍鍾堪憐。通詳乞休,未荷恩允,强勉從事,每多疎漏。至於羅田文武互訐,關係地方,成龍何敢一刻放懷此事?急則彼此相激,緩則意氣自平,况均係貴族子弟,忿爭之日少,親愛之日多。兹屢奉憲檄,不敢久稽,謹將大略申覆。伏乞憲鑒。

附　蔡制臺復書〔三〕

前者山莽竊發，門下躬親戎馬，殲渠撫脅，克奏膚功，聞之欣躍。文治武烈，當今並亟可爲推轂預期矣。襜帷親賑，民沾實惠。以此爲祝，更勝封人也。草復。不盡。

【校記】

〔一〕奏牘本爲卷五之第八篇，題爲“復蔡制臺”。

〔二〕代覲　四庫本作“入京”。

〔三〕乾隆本爲卷三之附録任黄州時總督蔡制臺復札計二道之一，四庫本無，奏牘本爲正文後附。此附書與前文似無關，奏牘本作此，依奏牘本仍置於此。

上蔡制臺用兵方略〔一〕

成龍受知遇之恩，雖竭犬馬之力，無以報稱於萬一。然年邁氣衰，力不勝任，况當軍興旁午之時，猶非太平腐儒可坐理也。伏乞憲臺垂念數月奔走，恩全離任，成龍得與十四年濶別之老母、妻子再相聚會，闔家焚頂無既。然時事孔棘，憲臺膺封疆重任，宜亟爲朝廷計安危也。

用兵之法，察天時審地利、有守有戰有攻、有奇有正、有緩有急、知己知彼、以逸待勞、攻其無備、出其不意之數者，不可不審也。今天下之大勢在荆州，據長江之險，賊不能憑空飛渡，相持數月，金風一起，川、湖之賊必兩路爭渡。彼利在戰，我利在守，以逸待勞，賊氣自奪。若我兵先賊而渡江，未爲勝策。我欲渡，彼必備，安能保其萬全？倘或賊有狡謀，陽示之以弱，而伏勁兵于澧、常間，我兵不揣虚實，踴躍爭先，入其彀中，則危甚。在我無必勝之勢，而進退失策。此知己知彼，渡江之戰在所當緩者也。岳州對壘，勢足相當，水陸更宜增兵，以守爲戰，勝負難决，然曠日持久，將若之何？目前陽平已復，蜀無可據，勿拘六月不興師之例，乘勝而入，進可以戰，退可以守。蜀中空虚，鄭蛟麟老懦，其餘浮夸之輩，無智勇之將，先之以撫，繼之以戰，蜀可傳檄而定。大兵直抵遵義，而黔省震驚，三桂必退守貴陽，然後荆兵渡江以尾其後，必勝之局。此奇兵在所當急，而出其不意、攻其無備者也。至於武昌受病，在通城小路，須委老成將官鎮守，勿騷擾民間，收拾人心，將平江一帶土寇撫而用之，探長沙之虛實，藉鄉民爲引導，而長沙可襲取矣。然後請偏院坐鎮，乘便招撫衡、辰、寶、永，亦足以奪賊人之膽，而壯我軍之氣矣。

【校記】

〔一〕秦牘本爲卷五之第三篇，題爲“上蔡制臺用兵方略”。

上蔡制臺南征方略〔一〕

四月内聞憲駕渡江南征，兵威振厲，成龍不勝雀躍，用兵三年，見此義舉。然以江湖水漲，暫旋天戈，此誠審酌乎天時地利，識兵家進退之機。成龍，儒生也，未諳軍旋之事，(弟)〔第〕以素所見聞上瀆憲聰。

兵家之要，有戰有攻有守。今日長江之險，古稱天限南北者也，守爲長策。然非徒守之而已，須訓練士卒，常有必戰必攻之勢。若止使之把守要隘，何異乎逍遥河上也？訓練之法，非止騎射、鎗銃之末務。五人爲伍，十人爲什，自管隊至百總、把總、千總、守備，上下相統，休戚相關，將知士意，士識將心，如身之有臂，臂之有指，呼吸貫通。一旦臨陣，晝視旗幟，夜聽聲音，可聚可散，仍可散可聚，而終不可亂。兩軍對壘，如手足之捍頭目，子弟之衛父兄，是訓練之要圖。此議涉於迂濶，而實非迂濶也。守備親乎千總，千總親乎把總，把總親乎百總，百總親乎管隊，管隊親乎士卒。士卒雖衆，然由管隊層累而上，則頭領漸約，風雨晦明，同其甘苦，鋒鏑死亡，共其患難，古大將吮疽投醪用斯道也。水師營亦然。但水戰之法久缺不講，似宜大小船隻相間，以便利爲上計。總之，兵不在多，關夫子用刀斧手三百，岳武穆用步兵五百，以少禦多，誠得乎兵心而已。將將之法，亦無異是。

目前國用匱乏，最爲喫緊，則屯種當議舉行。荆州用武之地，必有荒蕪之田，以守兵輪流耕種，如臨江一帶，九十月水退，種以大麥，至三四月水漲之時即可收割。其餘高阜之處，種以粟穀，不比水田多費人工。勿先計收(獲)〔穫〕多寡，實意行之，自有功效，亦可助朝廷些須之費，而亦不曠乎兵務。

當此主憂臣辱之時，憲臺爲封疆大臣，責任綦重。拔武夫於行伍之中，寄以干城腹心之任，古人有行之者。至於通徹占候，曉暢謀略，用兵已久，草莽料不乏人，虚心延訪，使貪使詐，此又運籌帷幄之要着也。成龍邇來老病纏綿，憂時心切，不克躬親叩謁，恭陳蒭言〔二〕，未知頗合時宜否？

【校記】

〔一〕奏牘本爲卷五之第四篇，題爲“上蔡制臺南征方略”。

〔二〕蒭　奏牘本作“芻”。

上蔡制臺酌留營將〔一〕

竊照黄州西接武昌、漢陽〔二〕，東連九江、安慶，長江一帶，亘綿數百里，上以鍵荆、岳之門户，下以搤潯、吴之咽喉，實屬要害之區。當承平之日，黄州原設副將一員，額兵六百六十名，分汛黄岡、黄陂、麻城、黄安、蘄水、羅田六縣。蘄州原設參將一員，額兵四百五十名，分汛蘄州、廣濟、黄梅三州縣。而黄協所轄，地廣兵少，常有鞭長不及之虞。康熙十三年，滇、黔告變，人心叵測，麻城、羅田素爲盜藪。憲臺慮周萬全,題請黄協添設守備二員,分防麻、羅,各召兵三百名。因蘄州勢踞江干,密邇黄州,議裁參將一缺,留兵三百,守備管理,而統轄於黄協。彼時江右無驚,議設議裁,緩急適宜。嗣豫章用兵,憲臺審時度勢,請復蘄州參將一缺,兩牘補陳,無非爲朝廷封疆起見。部議相左,蓋以九江有提督坐鎮,而江右已漸次蕩平也。然今日之憂,又不在水路而在陸路。聞江右寧州告警,與武昌之大冶、興國接壤,不無震鄰之恐。查大冶從小河出黄石港,直抵大江,在黄州之下蘄州之上。興國從富池口直入大江,在蘄州之下廣濟之上。雖賊寇不敢猝犯,但恐大冶、興國受敵,而沿江一帶須處處隄防。以一協鎮遥制九屬之水陸,瞻前顧後,不無可慮。莫若暫留雅參將坐鎮蘄州,仍分汛蘄州、廣濟、黄梅,而對江之興國等處,亦得專謀隄防。黄、蘄協力,聲勢相援,兵威自壯,防禦自密,不惟黄州鞏固無憂,即武昌之屬邑亦可恃以無恐。伏乞憲臺爲封疆謀萬全,因時制宜,暫留營將,輔車相依,以成不可摇動之勢。如欲必裁,或俟事平再議可也〔三〕。

附 蔡制臺復書〔四〕

接來稟,知災民賑救之議,有裨今日急務所當,具詳見門下留心民瘼〔五〕、保安地方至意。當即斟酌更改,移行撫軍司道府,力爲舉行,期臻實效。至蘄、黄一帶,去荆頗遠,聞見不易,尚有次第應行事宜,不妨條晰備陳。總冀民安盜息,疆土寧謐,即是無窮之福。軍旅、病勞交迫,率此復聞,并以誌門下直言無隱雅懷也。

【校記】

〔一〕奏牘本爲卷五之第九篇,題爲“上蔡制臺”。

〔二〕奏牘本此句前加“爲酌留營將,以資防守,以靖封疆事”。

〔三〕再 奏牘本無此字。

〔四〕乾隆本爲卷三之附録任黄州時總督蔡制臺復札計二道之二,四庫本無,奏牘本爲正文後附。此附書與前文似無關,奏牘本作此,依奏牘本仍置於此。

〔五〕所當具詳　奏牘本作“具”。

復張撫臺論設水師議〔一〕

用兵之道,審時度勢,陸路以騎兵勝,水路以舟師勝。自湖南失陷長江之險,賊視(耽耽)〔眈眈〕,相其機宜,設立水師,誠爲要務。荆州重地,武昌省會,水師二營,題請設立,可謂無遺策矣。惟蘄、黄一帶,上接荆、鄂,下扼潯、吴,爲全楚門户,水師不可不亟爲之議。然增設水師,必廣招募,而募一兵必增一兵之費,當國用匱乏,何敢議增?查道士洑一營,處黄州之下流,踞蘄州之上游,現設兵三百名,原稱水塘,或可易爲水師,似不必增兵,止易其名,習其技,便壯南北之雄圖也。如云兵寡難成營制,或將蘄州已裁兵一百二十名補入道士洑,共兵四百二十名,統以名將,聯荆、鄂而制潯、吴,思患預防、審時度勢之長策,誠有如黄協鎮改設水師之議允合機宜。(苐)〔第〕議水師,必議舟楫,若復新造,工費浩繁,便難舉行,或將岳州新裁水師營大船議發十隻,儘可足用。再查道士洑原設防江小船以濟之,大小兼資,聲勢自赫,守禦自固。兹奉查議,理合悉心籌畫〔二〕。伏候憲裁。

【校記】

〔一〕奏牘本爲卷四之第五十三篇,題爲“復張撫臺論設水師議”。

〔二〕理　奏牘本無此字。

上張撫臺論蘄黄守禦〔一〕

前九江、湖口情形,乃蘄營千總等員塘報,十三日晚投之王協鎮,請成龍會議通報,速發郁千總帶兵一百名,駐扎蘄州北關前哨偵探。成龍於十四日賫書差役前往九江府,知會逆賊實跡,救援機宜,俟役回另報。(苐)〔第〕黄梅與九江密邇,蘄州既與黄參將密議,竟不申報,是視地方大事爲戲局,乞憲嚴飭。十四日,成龍據協移復行詳報,請守憲并江防同知,未蒙憲示。十五日,奉憲牌備船二十隻,成龍自合遵行〔二〕,但民船備用,終非永久之計。成龍欲備價公買,爲緩急之需,特苦貧乏,不能濟事。且古有水師,似宜倣而行之。黄參將已經裁缺赴部改選,王協鎮自應速往蘄州整練兵馬。黄梅空虚,亦應特委專員領兵協守城池,以壯聲勢。廣濟無城,恐人心驚恐,弁兵均應駐防。今日事勢,以蘄州爲重鎮,以黄梅爲藩垣,龍坪、武穴正用兵扼要之地,布置須周密。事屬萬緊,統候憲裁。謹獻地(里)〔理〕圖一紙,祈察收。程鎮邦已至,正資助理,爲此具禀。

附　張撫臺復書〔三〕

接來翰,湖口被陷,在楚黄事勢,以蘄州爲重鎮,黄梅爲藩垣,廣濟添設駐防,龍坪、武穴須布置周密。數言已得其要矣。吴守道、佟、趙二同知,業已起身往蘄,黄協亦應帶兵五百名駐蘄。或於麻、羅二守備之中,速調一員駐黄梅,再於龍坪、武穴、廣濟三處分防聯絡,以固疆圉。總之,江上之賊,叛將、土寇烏合之衆,原非勁敵。况楚有九江爲屏翰,既不可過爲張皇,致民惶懼,又不可不預爲防禦,致不寇燎原。惟親翁斟酌情形,與道、協商定,以鎮静爲安内之功,以周密爲攘外之策而已。江汛無船,豈能控扼?不佞已具題造船,尚未准。有部咨備價公買之説,最爲妥協。但應需船若干,可速相聞,以便酌量爲計。九江守有回音,幸即馬上相聞。其蘄州、黄梅不申報情由,已另檄申飭矣。附復。不一。

【校記】

〔一〕奏牘本爲卷四之第五十四篇,題爲"上張撫臺論蘄黄守禦"。

〔二〕合　奏牘本無此字。

〔三〕乾隆本爲卷三之附録任黄州時湖廣張撫臺來札計十二道之十,四庫本無,奏牘本爲正文後附。

上張撫臺論九江事宜〔一〕

看得禁旅南下〔二〕,逆賊自然聞風竄伏,目前正可從容綢繆。黄梅爲武、黄下游門户,今據該縣稟稱,恐發兵駐防,則城内之廬舍、人民難保萬全,爲慮誠切。細閱形勢,湖口與斷腰近,清江鎮與九江近,莫若發兵駐扎清江鎮守,與九江聲勢相連,可以大壯兵氣。湖口離安慶不遠,或移安徽撫憲亟發精兵駐防,則三面鼎峙,彼此相倚,可保無虞。至於清江鎮,似應築兩土垣,兵居其一,民居其一,庶兵民不致混雜。統候憲裁。

附　張撫臺復書〔三〕

前見來翰,具悉碩畫。清江鎮自應設防,與九江共壯犄角之勢。安徽亦應發兵駐宿松等處,三面鼎峙。先已咨移江西督院及安撫矣。清江應否築垣,兵民分處?此在親翁就近與道、協商行。此時既當令兵不擾民,尤當恤民量力,務期斟酌情形,各得其當而已。又,來翰所云水陸形勝,不佞政復同心。此不獨漆室之隱憂,亦桑户之預計也。今九江已經勒部堂疏請添設提督,而河南亦復增設援勦提鎮。容再咨商豫撫,於汝寧、光、固之間,或得一援勦總鎮移駐,則更壯聲援耳。刻下省會召募鳥鎗手,幸親翁留神速募。其新撫譚以從等,可有能充此役之人否?孫賊之信,政恐未確。并附復。不盡。

【校記】

〔一〕奏牘本爲卷四之第五十五篇,題爲“上張撫臺論九江事宜”。

〔二〕奏牘本此段文字之前有大段文字,乾隆本、四庫本無。爲“本月二十三日,已具前稟,適值黄梅報到,合將報内情形上呈憲鑒。據黄梅縣報稱,最苦者地處衝煩,本月初五日至初七日,江撫經過奉驛道,連次差人查馬。又,本月十五日,有正黄、正白旗都統木、殷二位,領八旗夸蘭大下兵五千人至停前,十六日至縣下營,又有李總統兵隨後就到。又傳四王爺領兵就過,應接不止一次,供億不止一處,無名之費實難應手。憂畫傷心,形影自吊,惟憲如父母,故敢略言之。又,本月初二日,湖口縣被楊賊入城。江西發兵千名,於初十日到九江府。梅城之南九十里至清江鎮,與九江連界。東南八十里到斷腰,與湖口連界。去界三十里,即湖口縣城。是以人心驚駭,逃避不前,所恃者大江之隔,得以自存。卑職孤城,舉首莫策,幸數日賊勢稍平,人心略定。但事屬隔省,無塘報可據,未敢聞之上憲。恐發兵防駐,則隔境獠孽尚未及除,而此地之室廬先毁,人民先逃,再無殘黎,何以成邑等情。成龍”。

〔三〕乾隆本爲卷三之附録任黄州時湖廣張撫臺來札計十二道之十一,四庫本無,奏牘本爲正文後附。

上張撫臺論兵事〔一〕

守憲十七日臨黄,十八日有南康之報,聞郁千總領兵赴梅。成龍深切心腹之憂,請命守憲立刻發兵,當日給散兵糧,借支黄梅草銀二百兩。營兵方束裝,而憲命適至。船隻不足,李知縣帶家丁夜渡樊口,十九日天明船集,大小共四十隻,大船給銀三錢,小船給銀一錢五分。文武臨江釃酒誓師,頗有投石超距之勢。又聞郁千總往蕲,無復可慮,守憲優禮相待,較前迥若霄壤。一應事宜,守憲、協鎮爲政,成龍與中軍料理府事,如有緊要機會,亦不敢坐視緘默。六安州麻埠地方土寇倡亂,與麻城東山爲鄰。羅山解散餘黨,無人安插,三五成群,由麻城潛入東山。六安之界,利在守隘;羅山之黨,利在驅逐。聞風已報守憲,仰候布置。羅田、麻城文武不睦,麻城文弱武强,羅田武弱文强,事處兩難,調停無術。九江江守書到,馳報船隻目前買備尚無定局。統冀憲鑒。

附　張撫臺復書〔二〕

守道赴黄,聞相待甚好,殊慰懷抱。麻、羅文武未和,容另申飭。當此多事之時,惟藉同寅協恭,方能撫輯百姓,詎當有參商之見也？羅田解散之黨，極宜安插得所，頃有致親翁札已備悉之矣。九江已經勒部堂疏題，奉旨添設提督，即於在荆之雲、貴二提督遴一員赴任，不日即可抵汛。從此蘄、黄添一保障，或可無虞耳。專復。不一〔三〕。

【校記】

〔一〕奏牘本爲卷四之第五十六篇，題爲“上張撫臺論兵事”。

〔二〕乾隆本爲卷三之附録任黄州時湖廣張撫臺來札計十二道之十二，四庫本無，奏牘本爲正文後附。

〔三〕羅田解散之黨，極宜安插得所，頃有致親翁札已備悉之矣。九江已經勒部堂疏題，奉旨添設提督，即於在荆之雲、貴二提督遴一員赴任，不日即可抵汛。從此蘄、黄添一保障，或可無虞耳。專復。不一。乾隆本無此句，從奏牘本補。

申張撫臺請增防兵議〔一〕

竊照黄州地方寥廓〔二〕，水陸兼防，原設協鎮副將一員，額兵八百六十名，分汛黄岡、黄陂、麻城、黄安、蘄水、羅田六縣。昇平之日，尤虞地廣兵寡，盜賊竊發。自滇、黔告變，地方多事，麻城、羅田已新設守備各一員，募兵各三百名，無庸協兵防守。查千總羅登雲領兵五十名防守石人嘴，把總賈思玉領兵五十名防守黄陂，千總郁某領兵一百名防守陽邏，府城止留六百六十名，各塘汛分防不足，議撥羅田兵五十名防守石人嘴，撤兵回協，分守各塘。目前江右寧州告警，大冶、興國有震鄰之恐，黄州沿江倍宜慎加巡防，麻、羅營兵不時聽候調遣。玆聞督部院撥麻城營兵五十名駐防楊店，但大冶、興國與黄州一江相隔，處處需兵防守，以黄協一千四百之兵尚恐不足分防，尤望蘄州留將協力。若調麻邑之兵前往楊店，則兵勢愈分，防汛愈疎。况楊店係德安地方，尚屬内地，或德營撥兵五十名，亦可以資彈壓也。成龍本屬文職，不宜越位譚兵，但文武同城，安危與共，凡有關於地方者，未敢坐視不言。統冀憲裁。

附　張撫臺復書〔三〕

貴恙想已全安矣。玆奉王諭，探信之人具禀"黄州山内有吴友教者，通連南逆，竟有蠢動之舉"，但友教曩經親翁禀報，久已通行查拿，至今未據報獲，近果作何景狀？幸即多方密探，確訪的音，若有蹤跡，迅爲密報，以便遣發兵捕，撲滅此獠，以安内地可也。至於黄協，實在兵單，不敷彈壓，汛守、親翁作何調劑？或應請題撤回防通官兵，少加布置，祈即慨切具詳，以憑據，以核題也。臨楮拳切。

【校記】

〔一〕奏牘本爲卷四之第五十七篇，題爲"申張撫臺請增防兵議"。
〔二〕奏牘本此句前加"爲請别營汛，專兵力，以資守禦，以固封疆"。
〔三〕奏牘本此文正文後附，乾隆本、四庫本無。

與吴道臺論東征方略〔一〕

成龍自前月二十七夜星馳賫送僞劄後，二十八日晚，賊突然至陽邏，不知何來，飄然而逝，不知何往。十一月初一日，忽報黄岡永寧鄉有警，界連麻城東山，恐陽邏之賊必然入夥，則聲勢益張。九江有重兵，黄梅無事，蘄州賴憲臺駐鎮，威德宣布，當自萬全，止須留兵百餘以資協守。府城空虚，祈會商王協鎮回師，與成龍密議布置，更祈密授方略。初一日，已有禀報撫憲轅門，專懇協鎮旋師，用藉彈壓調度。再懇憲臺迅賜臨黄，封疆倚賴，東南安危，在此一舉。成龍惟稟命入山，躬彰撻伐，亦可紓憲臺内顧之憂也。可勝拳切之至。

【校記】

〔一〕奏牘本爲卷四之第六十篇，題爲"與吴道臺論東征方略"。

與鄭學憲書〔一〕

初七日忽捧憲諭，諄諄誥誡，念桑梓之末員，篤以家人父子之厚誼，感激之下，倍增酸楚。成龍年邁力竭，沉滯苦海，遥望白雲，肝腸碎裂。祇因撫憲恩深義重，不敢云瘁。地方事務，各屬年少，恐不諳練，事事關心。至於蘄、黄，原名盜藪，數年以來，躬親稽察，不遺餘力，水陸頗静。近日諸兇口稱成龍養高，必不冒險，敢於私臆横行。若不出其意外，破其惡膽，將何底止？扶病巴河之行，非得已也。即身居署中，未嘗不心馳境内。出入勤慎之諭，真令人痛哭流涕。事出無奈，將若之何？如此嚴密，尚有諱盜不報之弊。訛傳高尚，實屬本心。但目前難以卸肩，相度時勢，或終不免此一著耳。承惠種種，尊者之賜，不敢告却，解衣之恩，當佩服終身。敬望駕臨齊安，未卜福星何日照臨也〔二〕。

【校記】

〔一〕奏牘本爲卷五之第十五篇，題爲“與鄭學憲書”。

〔二〕何日照臨也　奏牘本作“肯照臨否”。

陛閫臬上張撫臺〔一〕

成龍受知遇之恩，即天地父母何以逾也！淪骨浹髓，莫可名言。昨叩别慈顔，痛不能割，于焉永訣，肝腸碎裂。蒙笑語之燕、醉飽之德，愧莫能承。復蒙清問俯及，敢不罄抒素所見聞，仰贊盛治。但恐蒭蕘鄙言〔二〕，無裨高深，伏望鑒宥焉。

自十三年禍亂之初，正憲臺莅政之始。承平日久，人不知兵，一時風鶴處處，城郭蕩空。若非憲臺鎮静，屹如山岳，彼時乾坤不知作何光景也。焦心勞思，選將守鄂，呼吸之頃，轉危爲安。復請侍衛之兵，大彰國威；上緩徵之疏，收拾人心。試問今日之天下，金甌如故者,誰之力也!憶昔逆氛漸逼江夏,城門之外,文書不能行,兼以糗蒭匱乏[三],費用浩繁,天降災殃,淫雨如注,慷慨悲傷,此成龍之所親睹也。尤憾奸宄喜亂,内變紛生,大冶煽禍於前,東山接踵於後,嗣江右諸邑失守,南北震驚,漢口、黄岡、麻城、黄安攘臂蜂起。憲臺發策指使,用兵如神,勦撫兼施,保有疆宇,題請恩免逆首家屬,用彰朝廷不殺之仁[四]。至於脅從罔治,視僞劄如棄紙,反側自安,又其餘事矣[五]。皇天在上,毫無佞諛之辭。兼以天災異常,洊遭水旱,請蠲請賑,苦無寧晷。數年來享平安之福,殊不知臥薪嘗膽之苦也。從前功德累紙難盡,目前事務較昔倍苦,官民交困,不忍不言。如轅門瑣屑細事,無關地方安危,似不必煩憲慮也。

圖治之大要,在用人、行政而已。用人之權雖出自朝廷,而激濁揚清之法又在封疆大臣操之。但知人則哲,自古爲難,賢良佐理,易與爲治。監司爲憲臺耳目,朝夕籌畫國家大事,最爲喫緊。如驛傳、襄陽二道,皆正人之選,倚爲心膂,自可相與有成。守令爲親民之官,時加勸勉,人孰無良?且八法具在,敢不自愛?而勞苦之吏,亦宜拔擢一二,以快人心,以示鼓勵。如彝陵知州身履危險之地[六],黄梅知縣躬親奔走之苦,日久神疲,情狀堪憐。前任漢陽江防修理沙船[七],傾家助國,均難泯滅。倘徼特典,則人人自奮於功名之路,罔不捐軀報効。若夫各府屬員,難以盡知,不敢冒昧上陳。此用人之大要也。

行政多端,目前苦累惟在軍需[八],王諭一頒[九],時刻難緩。然寓仁慈於催辦之内,寬一分則軍民受一分之福。一切木料、油、麻、鐵釘等項,先查經理衙門存剩幾何,勿令沉匿。尚需用幾何,量其多寡,確實分派,勿令浮冒。凡司道分派數目,申飭詳報,以俟開銷之日徹底封查,則沉匿、浮冒之弊可杜,而吏書不敢作奸。至採買米、豆等項,現在發價,申飭司道,不許牌内開“如價不足,另行補發”字樣。此係騙局,陽爲君子,陰爲小人。止許地方官照時價買解，造册報銷，如有浮冒者，痛加駁減。如大部奏銷之例，則公事易辦，而官民無平空墊賠之累〔一〇〕。至驛站之事，苦於倒追。各驛官無隔宿之糧，而拖欠至成千累百，號天泣地，不可聽聞，將何以周恤？各屬吏員奔馳軍前，枵腹從事，内不能顧妻子，外不能贍跟役，衣服襤褸〔一一〕，殊無居官之體，將何以存濟？排夫數減，差使日增，累及烟户，漸已逃避，將何以調停？大江舟楫，乃商賈血脈之路，封船不已，船户潛匿，商賈絶迹，將何以疏通？漢、沔一帶，堤受水害，百姓流亡，將何以修築？長江上下，塘汛無兵，盜賊必致横行，將何以預防？湖南一日不復，軍供一日不休，楚地居民日就剥削，患在肘腋，將何以籌度？楚民健訟，頓輒傾家敗産，縱有一二富室，破壞不堪，將何以禁止？事務多端，難以枚舉。此行政之大要也。

若督臺帥師洞庭，焦勞殊甚，鬚髮半白，尤賴憲臺同心戮力，時勤寬慰，此又封疆大臣利害與共、視同手足之誼矣。若察核官吏，下及衙役，此太平之常事。當今日極苦極累之時，更冀憲臺寬其文法，恩先於威，俾各屬黽勉圖治，咸樂寬平之化。成龍歸休丘園〔一二〕，遥相慶幸。

冗言瀆聽，曷勝惶悚，緣奉下問，不識忌諱，統乞憲鑒可否，采擇施行。若吴逆寘誅，天將悔過、蕩平可望。憲臺凌烟之慶，成龍身在草莽，亦與有榮施焉。

【校記】

〔一〕奏牘本爲卷五之第二十四篇，題爲“陞閩臯上張撫臺”。
〔二〕蒭　四庫本作“芻”。
〔三〕同上。
〔四〕之仁　奏牘本作“之威”。
〔五〕其餘事矣　奏牘本作“其餘緒”。
〔六〕彛　四庫本作“夷”。
〔七〕沙船　四庫本作“杉船”。
〔八〕惟在軍需　四庫本加“一事”，作“惟在軍需一事”。

〔九〕王諭一頒　四庫本加“今”，作“今王諭一頒”。

〔一〇〕墊賠　奏牘本作“填賠”。

〔一一〕襤褸　奏牘本作“藍縷”。

〔一二〕丘園　四庫本作“邱園”。

上徐藩臺書〔一〕

兩接諭命，讀至“苦海(陷)〔陷〕穽”之句，不覺痛如刀割，孰料時事一至於此〔二〕！曾憶去歲五月内成龍竭言切諫〔三〕，明知時事之難處，而瑣瑣慮及此也。憲臺亦憶及此乎？已往不諫，來猶可追。時事雖不可爲，而尚可及早圖之也。成龍又有蒭蕘之言，深知不足聽，而又不忍不激切言之也。惟望憲臺俯閲裁酌，可否實意行之爾〔四〕。

今日財用，惟有餘、不足兩者而已。酌盈濟虛、補偏救弊之法古人行之，今人不可倣而則之乎？懇憲臺大舒胸臆，勤惜分陰，全副精神注於會計，念兹在兹，日積月累，彈兑勿落他手，支放必須躬親，登記莫緩時刻。非孳孳爲利也，亦以云救也。若愁悶日集，毁言日至，一味放倒，將來何以處之？其緊要之法有三焉：

一曰覈實數。傳集經承，清查錢糧，民賦不足幾何，協餉不足幾何，捐納不足幾何，立爲欠數。著經手軍需書吏清算，各項軍供應開銷幾何，立爲存數。再將在庫在内已發銀兩徹底清查，某府州縣有已發之銀某等，如修理杉船之類；某府州縣有發買之米，如黄岡、蘄水二千兩之數。查明立刻催解，立爲存數，以所存抵補所欠。尚有不足幾何，復查在省棕麻、板片等項，已用實數幾何，未用存留幾何，俱係有用之物料，查明交付武、漢兩府，因便支用。一以省另買，一以作實數，可杜藉端盜賣之弊。已聞有盜賣鐵斤者，不可不蚤爲之計也。一一確查，然後一手出入，節次省減，量入爲出，雖有吝嗇之名，可免(陷)〔陷〕穽之累矣。

一曰親吏書。朝廷之有百官,百官之有吏書,一也。百官之内豈乏不肖?吏書之中豈無賢者?亦在因才器使而已。耕問諸農,織問諸婢,必然之理。一身之精力有限,衆人之耳目無窮。各執事分辦於下,一人察核於上,彼焉廋哉?但不可過疑,亦不可過信。用人勿貳〔五〕,古之道也;"樂彼之園","其下維籜",古之言也。好而知惡,惡而知美,衆吏莫不樂爲之用,何憂財用之不足乎?若寂處尊嚴,屏絶吏胥,止有一二親信,恐利歸他人,禍歸一己,種種弊生,不可救藥矣。

一曰閲文書。藩司爲一省總匯衙門,百官之賢否,民生之休戚,歲時之水旱,民賦之起解,軍餉之領支,俱屬望焉。文書隨到隨閲,隨閲隨行,則百官畏其丰裁,民生保其性命,水旱賴以調劑,民賦、軍餉無守候稽滯之怨。若不勤加拆閲,則諸事塵積,一二奸吏伺其喜怒,賄行文書,利歛於下,怨歸於上,縱財賦雖無可慮〔六〕,而(謟)〔陷〕穽愈不可測矣。更望親近正人君子,相助爲理,神氣日清,名譽日彰,功名置之度外,禍患杜於將來。

以上瑣言,出之痛腸,惟臺鑒焉,成龍行矣。承憲臺贈言,讀不忍終,及"見詩如見我"之句,灑淚沾襟。閩楚之隔,山川之遥,後事不及聞知。且成龍年逾六十,邇來多病,又恐有生死契濶之痛矣。臨別未面,後會無期,黯黯魂銷,不知所云。敬呈俚句誌别,惟憲臺見之,一如見成龍焉。

【校記】

〔一〕奏牘本爲卷五之第二十五篇,題爲"上徐藩臺書"。
〔二〕孰料　奏牘本作"莫料"。
〔三〕竭言　四庫本作"亟言"。
〔四〕爾　奏牘本作"焉"。
〔五〕貳　奏牘本作"二"。
〔六〕縱　奏牘本作"總"。

又爲藩憲上張撫臺[一]

成龍任道日淺,衙門事件亦少,經護道查明[二],已具結申報訖。惟任府治五年,錢糧、軍供等項,例應統爲查核。近日藩司行查,黄州府出具并無未完事件印結,合據結申繳。成龍任内之事俱已明白,應赴新任,且閩役於本月十三日到黄迎接,不便久爲逗留[三]。前藩司札云,回荆查明,詳請憲臺批允發憑,迄今未知查明詳請否?尚有十六年八月内買豆一事,當時議定買豆十萬石,成龍具六萬兩印領一紙,藩司止發銀一萬兩,買豆二萬石。此項豆銀,黄梅領銀七千兩,買豆一萬四千石;景照磨領銀三千兩,買豆六千石,俱已交收清楚,而六萬兩之印領未發。今歲領買豆銀二萬兩。此項銀兩,鮑同知領過一萬兩,景照磨領過四千兩,尚有銀六千兩,眼同庫官吏收明司庫,而二萬兩之領未發。又有修理沙船一案[四],借司庫銀一千七百五十兩,印領三紙。據前任郭同知云,止收過銀一千兩。此項銀兩,黄州府俱已承當,而一千七百五十兩之印領應行查發。九月初旬,姚監生赴荆清算,遇藩司於江夏,面云"回荆查發手札",又云"各領應存者存,應還者還,斷不貽慮。"言詞凄楚,讀之不勝痛切。僚屬之情[五],利害關心,但朝廷餉銀理宜逐一清算,爲一了百當之事。此成龍爲藩司慮,又不得不爲一身慮也,乃成龍痛心疾首而無如之何者也[六]。統望憲臺始終曲全爲拔救之法。

昨聞憲臺嚴聲厲色,乃一片婆心,實意教訓。而藩司不勝氣短,惟恐愧悔之下,事件頭緒繁雜,急不能理,必至寢食俱廢,而大事愈不可問矣。成龍愚見,莫若相其性情,而節次清之。但荆南路遠,事多遲滯,懇憲臺啓請糧道暫赴荆料理。星夜調回藩司,朝夕面商,温言寬慰,令其心志舒暢,愁悶暫展,喚經手錢糧吏書逐日清算,限期歸結,則錢糧之出入、多寡、有無水落石出。縱有差錯[七],逐案清補,事尚可爲也。若不蚤爲籌畫,必至僨事,苦至此極矣。

藩司止有一子，不幸早逝，煢煢母妻，天各一方，内外憂偪，又無親屬解慰，將來作何結局，又成龍之晝夜不寧而緦緦過慮者也〔八〕。

印領一日不發，成龍決不敢輕離黄州赴任，違限之咎，甘心受之。成龍執拗鄙見，未知有合時宜否？

【校記】

〔一〕奏牘本爲卷五之第二十六篇，題爲“又爲藩臺上張撫臺”。

〔二〕經護道查明　奏牘本作“護道事查明”。

〔三〕逗留　四庫本作“逗遛”。逗遛，亦作“逗留”。

〔四〕沙船　四庫本作“杉船”。

〔五〕僚屬　奏牘本作“師弟”。

〔六〕乃　奏牘本作“此”。

〔七〕縱有差錯　奏牘本作“總有差雜”。

〔八〕又　奏牘本作“此”。

上兩粤金制臺禀〔一〕

成龍才劣數奇，蹇仕粤西，蠻烟瘴雨，孤身七載。幸蒙知遇，千載一時，榮膺計典，格外提拔。迄今回想叩别瑶階，叮嚀勿變操守，不覺痛切肝腸。及赴蜀任，荒涼情狀，滿目悽愴。踏勘楠木，逾山入箐，奔馳百日。轉秩黄丞〔二〕，雖屬冷曹，而逼處盜藪，驅除撫輯，倍費心力，刑名繁劇，日昃不遑，兼理黄、漢捕務，苦肩重任。又兩值代覲〔三〕，奔走雨雪。又經五載，蒙蔡督臺識拔，特賜章服，仍膺異數，告誡勿變操守，一如憲命，成龍不覺痛切心腸。無端滇、黔起禍，南服不靖，成龍覲畢，星赴軍前〔四〕，代理武昌事務。適量移建寧守，張撫臺留任鄂郡，因浮橋一案參黜。值麻城土寇生發，委任撫勦，題授黄州守，一切軍需，躬親料理，神疲力竭。南賊潛入黄地，煽惑肆逆，領兵進勦，焦心勞思，鬚髪盡白。事平乞休，屢詳未允，勉力供職，以報兩臺今日之知遇，即以報憲臺當日之知遇也。

更瀆陳者，目今西南鼎沸，而東粤一省隔斷滇、閩之聲援，天下安危所繫,憲臺一力保全,真所謂朝廷封疆大臣矣。自豫章告變,粤東孤立一方,四面受敵,竊甚憂之。幸江右蕩平,則東粤軍威倍壯。頃閱邸報,西粤撫軍克復梧郡,須善守之。平樂灘高水險,不便進兵,宜密訪别路,出永州一帶,可以直抵桂林。舊右江黄守道素蓄膽略,(陷)〔陷〕入賊中,必有歸意,倘得内應,孫孺子不足謀也。舊線將軍未卜存亡,此老若在,可與黄協力。至於馬雄,成龍料必附賊。羅城溫守備久在標下,習知馬營虚實,倘起兵柳、羅間,襲取慶遠,猺獞聞風響應,是亦摇動彼地之一策也,惟恐細作難得其人耳。成龍治蘄、黄,頗稱寧謐。荆、岳相拒,邇來鄖、襄多事,亦已合兵會勦。江右寧州失守,不過土寇作祟,無有大患。秦中賊勢,略已斂迹。天下事全賴憲臺諸大臣盡心區畫,兵不可輕動,機不可輕失,相度時勢,戰守自有機宜。

成龍愚瞽下吏,沐恩高厚,夢寐難忘。兹因便羽,特將成龍前後艱苦備陳,兼述時事,以表鄙忱。臨禀不盡。瞻切〔五〕。

【校記】

〔一〕奏牘本爲卷五之第十篇,題爲"與兩粤金制臺書"。
〔二〕轉軼　奏牘本作"轉躡"。
〔三〕代覲　四庫本作"入京"。
〔四〕覲畢　四庫本作"於時"。
〔五〕臨禀　奏牘本作"臨啓"。

八閩書

公上康親王求罷鏟夫啓〔一〕

康熙十九年正月二十八日〔二〕,據福州府知府蔣璈、海防同知蘇佳嗣、糧捕通判林有蘭呈:"據閩縣知縣祖寅亮、侯官縣知縣姚震會報稱:'本月二十四日,蒙撫院傳奉王諭,令職等照舊撥給各旗官兵剿草人夫。職等以未奉院檄,難以撥派民間。隨因出師行逼,職等不得不再行請示。至二十七日,各旗官弁兵甲填塞縣堂,刻着職等撥派剿草人夫。職等以此項人夫,前係督院具題禁革,未奉上文,不敢擅撥。當經面禀參贊大臣併各司道,職等於二十八日具啓王爺〔三〕,聽候批示間,詎合城内外諸色人等傳聞仍取前項人夫,以大兵雲集,徭役繁重,民命不堪,突然廢業罷市,喧泣街衢。事關地方,理合詳請乞賜示禁,庶地方得以安堵'等緣由到司道。"據此,職等隨即傳唤保甲人等查詢。據稱:"大兵剿草人夫,子民竭力已久。前蒙王爺天恩〔四〕,軫念小民困苦,特准豁免,實蒙再生。不擬昨二十七日旗兵復向兩縣取撥,小民典鬻已竭,委難再支。因此驚惶廢業,號乞轉懇王爺"等語〔五〕。職等即曉諭,令其照舊開市安業外,但闔省殘黎困苦已極,業蒙睿鑒〔六〕,豁免各旗剿草人夫,百姓邀恩已久,今應否仍准照前免撥?此出浩蕩洪慈〔七〕,職等身任地方〔八〕,理合啓請王爺睿裁施行〔九〕。

【校記】

〔一〕奏牘本爲卷五之第二十七篇,題爲"上康親王求罷鏟夫啓"。
鏟四庫本作"剿"。

〔二〕奏牘本此句前加"啓爲地方罷市,亟請諭示安民事"。

〔三〕職等　四庫本無此詞。
具啓王爺　四庫本作"公同商議,摘敘原題事理詳悉,啓知王爺"。

〔四〕前蒙王爺天恩　四庫本作"前此曾荷蒙王爺洞鑒"。

〔五〕因此驚惶廢業,號乞轉懇王爺等語　四庫本作"不得已,瀝陳下悃,號乞憲轅,祈轉懇王爺等語"。

〔六〕睿鑒　四庫本作"垂鑒"。

〔七〕此出　奏牘本作"出此"。

〔八〕職等身任地方　四庫本多"仰邀簡命",作"職等仰邀簡命,身任地方"。

〔九〕理合啓請王爺睿裁施行　四庫本作"爲民請示,伏望鑒裁施行"。

再上康親王啓〔一〕

竊照國家之安危〔二〕，由於人心之得失；而人心之得失，在於用人、行政、識其順逆之情而已。孟子曰："得天下有道，得其民斯得天下矣；得其民有道，得其心斯得民矣；得其心有道，所欲與之聚之，所惡勿施爾也。"是國與民相倚之切，千古誠不可誣也〔三〕。我親王爲國家之大宗〔四〕，實維城維翰之所攸賴。因滇、黔背德，東南煽動，皇上命將出師，審浙、閩爲東南重鎮，熟知親王仁育義正〔五〕，可當大任，授閫外之寄，以平定東南，是即太祖、太宗、世祖章皇帝之所式憑也。我親王毅然受命〔六〕，簡師閲旅，平復浙疆，直入閩關，醜類望風効順，海逆遠遁，救斯民於水火之中，登之衽席之上，神武不殺，古之用兵無以逾也。數年以來，小民歌頌，戴高履厚，莫知所報。十七年，海逆偶爾犯順，旋即驅逐，而小民獲有寧宇，無非親王愛養斯民之所致也〔七〕。

邇來京師地震〔八〕，太和殿災。皇上憂勤惕勵，下罪已求言之詔，惓惓以愛民察吏爲念。且北直、江南、山東、河南處處告饑，賑濟之旨日頒。豈不知滿漢兵馬從征日久，勞於王事，軍需浩繁，内帑告匱，難於供給，而愛民心切，未嘗因之而少置也。親王爲朝廷宗臣〔九〕，鎮静海邦，地方寧謐，皇上少紓宵旰之憂者，惟親王是賴。我親王體皇上之心〔一〇〕，敬天畏災，屢諭滿兵毋擾百姓。煌煌王言〔一一〕，下痛民隱，上徹宸聰，是又太祖、太宗、世祖在天之靈所喜悦也。

職司成龍年逼桑榆，受親王知遇之恩〔一二〕，無以報答，惟審人情順逆之故，敬獻狂瞽之言。乞親王俯念國與民相倚之切〔一三〕，以一夫不獲曰予之辜，一吏不法曰予之咎，爲保邦致治之本，爲回天慰祖之實，以尊朝廷，以服海醜，莫是過焉。成龍章句腐儒，不識治體，冒昧瀆陳。伏乞親王睿鑒施行〔一四〕。

【校記】

〔一〕四庫本題爲"再肅上康親王啓"。奏牘本爲卷五之第二十八篇，題爲"再求罷剿草人夫啓"。

〔二〕奏牘本此句前加"啓爲敬陳國與民相倚之切，仰祈睿鑒，弘宣德意，以恤殘黎，以培國本事"。

〔三〕誠　奏牘本作"其"。

〔四〕我親王爲國家之大宗　四庫本多"載諸簡册，可考而知也，恭惟"，作"載諸簡册，可考而知也，恭惟我親王爲國家之大宗"。

〔五〕四庫本此句前加"有藉於親賢"。

〔六〕我親王毅然受命　四庫本多"任大責重，非比尋常，於時"，作"任大責重，非比尋常，於時我親王毅然受命"。

〔七〕無非親王愛養斯民之所致也　四庫本多"仰體宸衷"，作"無非我王仰體宸衷，愛養斯民之所致也"。

〔八〕邇來　奏牘本作"爾來"。

〔九〕親王爲朝廷宗臣　四庫本作"我王朝廷宗臣"。

〔一〇〕我親王體皇上之心　四庫本多"忠君愛國"，作"我親王忠君愛國，體皇上之心"。

〔一一〕煌煌王言　四庫本作"宣佈恩旨"。

〔一二〕親王　四庫本作"國家"。

〔一三〕乞親王俯念國與民相倚之切　四庫本多"祈有裨於國事"，作"祈有裨於國事，伏願親王俯念國與民相倚之切"。

〔一四〕伏乞親王睿鑒施行　四庫本作"伏乞恕其愚蒙，察其誠懇，實地方之大幸也。惟親王采擇施行"。

上吳撫臺論閩疆事宜〔一〕

成龍山右腐儒，未習軍旅，然謬任閩職已幾一載，切知生民之塗炭，皆由海逆之憑陵。此賊一日不滅，閩疆一日不寧。憲臺勞心焦思，圖報朝廷知遇之特恩，拔救閩省之殘黎，必殲除海逆，以底蕩平。因之，殫心籌畫，以難與慮始之見，爲一勞永逸之舉，修理戰艦，製造軍器，夏不避暑，冬不避寒，且浹洽歸誠，交驩平、勃，一片苦心，未嘗一刻忘朝廷也。兹戰具齊備，厲兵秣馬，擇吉興師，將見澄清海宇，乂安邊疆，在指顧間也。成龍雖屬眊瞶，踴躍歡忭，慶太平之有日矣。然不揣狂瞽，爲攘外必先安内之議，未知有當憲鑒否[二]，敢敬陳之。

一、省會根本之地，不可不慎也。閩民姦詭而好亂，多圖徼倖爲不終朝之計。逃兵、匿寇竄伏閭左，乘便思逞；遷民、窶夫室家仳離，一呼易叛。歸誠者雖多革心，而歸農者豈盡化(眼)〔服〕[三]？憲駕南征，腹内空虚，么魔窺伺，實繁有徒。雖王師静鎮，可保無虞，而南台種類雜處[四]，人心易爲煽動，倘有小警，未免煩憲臺閫外之慮。此林鼎、陳德楓二案似當早爲處決，以絶觀望者也。

一、上游形勝之區，不可不固也。延、建、邵武爲八閩咽喉，米穀所由輸運，商賈所由流通。邇來山寇出没，建郡之浦、陽、崇、甌等縣咸受荼毒，延、邵二郡、順昌、光澤均遭侵犯。至於杉關要路，民不安枕，商旅視爲畏途。各協守兵惟知按月索餉，不知所守何地，所防何賊。且江紀、楊一豹二賊，日以歸誠爲餌，而焚掠倍慘。憲駕南征，彼復何顧忌？雖尚將軍駐建，可恃無恐，而延、邵之間鞭長不及，二豎必更有一番計算。目前，古田已藏逆種，永安復報寇黨，順昌、尤、沙尚留燃灰，倘有小警，又未免煩憲臺閫外之慮。此順昌、杉關似宜各設防兵三百名，以資守禦，尤、沙似宜分兵數十名，以伺釁隙者也。

一、各營分守之兵，不可不練也。國家養兵，期於禦侮，未有止以迎送往來、守汛瞭望、空糜糧餉爲者[五]。近稽兵籍，郡有鎮守，邑有分防，星羅棋布，如常山之勢。然細加察核，或調赴漳南，或搭配水師，或分防塘汛，在伍之兵，實有幾何？憲駕南征，各營必逸豫高枕，惟計餉銀之完欠，誰復騐弓馬之生熟？倘有小警，在伍之兵寡而未必精，在汛之兵呼而未必應，又難免憲臺閫外之慮。似宜爲綢繆之計，亟加申飭，務覈在伍實兵若干名，時加操練，寡而期精；在塘之兵若干名，日加稽查，呼而期應。各成一(枝)〔支〕勁兵，互相聯絡,以通聲氣,以資禦侮,以備調遣者也。

至於海上形勢,憲臺久已洞悉,成龍何敢妄陳。戈矛所指,勢如破竹,以紓九重宵旰之憂〔六〕,酬知遇之恩,建蓋世之奇勳,鐫功名於鼎鐘,此成龍之雀躍欲狂者也。統祈憲鑒。

【校記】

〔一〕奏牘本爲卷五之第二十九篇,題爲"上吳撫臺論閩疆事宜"。
〔二〕有 奏牘本無此字。
〔三〕(眼)〔服〕 乾隆本、奏牘本作"眼",據四庫本改。
〔四〕台 四庫本作"臺"。
〔五〕未有止 奏牘本作"未有止期"。
〔六〕紓 奏牘本作"抒"。

候吳撫臺禀〔一〕

憲駕出征,爲國受勞,成龍逸居省會,無刻不厪諸懷。每閱南報,陟天馬,屯崇武,披草萊,剪荆棘,驅除游逆,安撫降丁,爲水師先聲,憲臺社稷臣也。破海壇,越江陰,戰湄洲、泥(湾)〔澳〕之間〔二〕,真可謂一月三捷矣。三月朔日,厦門露布,除兩朝之逋寇,建蓋世之奇勳。從此,海不揚波,民獲寧宇,用紓九重南顧之慮〔三〕。成龍喜躍如狂,更竊有請焉。

臺灣尚在,宜爲善後之計。或云得其人不足臣,得其地不足耕。此眉睫事也〔四〕,久之必爲厦門憂。武侯擒縱之策正在此時,銅鼓之威,海内咸仰望焉。成龍不識時勢,謬陳一見,乞憲裁酌晝國家久安長治之圖,萬世將倚賴之矣。但憲臺冒陰雨,觸海風,晝夜靡寧。聞憲體清癯,成龍寢食不安,區區下情,望爲朝廷保重。統祈憲鑒。

【校記】

〔一〕奏牘本爲卷五之第三十一篇,題爲"又"。

〔二〕泥(灣)〔澳〕 四庫本作“泥澳”,從四庫本改。
〔三〕紓 奏牘本作“抒”。
〔四〕眉睫 奏牘本作“目睫”。

上姚制臺禀〔一〕

本月初三日捧讀憲檄,爲大計一案,以和衷爲惓惓,是誠大臣之體,朝廷之福也。成龍老邁迂儒,不學無術,歷仕二十年,縱觀古今名賢,身任國家大事,無不同心協力,相濟以有成者。況閩省之危岌爲何如地,閩民之殘疲爲何狀也。謹將大計一事緣由備陳之。

部文大計以一月爲限期,成龍於十月初旬患病告假,而大計賢否,高藩司差役守催成龍以老病列款移司通詳,則大計重典成龍事不能理也〔二〕。適高藩司有楚省之議,撫臺以揭内不便列名,十月十九日催成龍議事,即以藩篆相付,成龍以病辭,未允。彼時二十五日,大計之限滿矣。二十日催迫任事,二十一日受篆〔三〕,二十二日即以大計請命撫臺,隨詢主稿之例。成龍未經其事,即傳吏書問云:“軍政乃憲臺主稿,大計乃撫臺主稿也?”復檢查舊案〔四〕,歷歷不爽,撫臺方諭吏書速行。此成龍在坐〔五〕,天日共鑒者也。成龍又以地方多事,屬員爲軍務所苦,且一年之中已被劾八員,此番似難過刻,乃成龍所力懇者。二十三日即開列三員通報,以副限内之舉,是大計緣由歷歷有案可攷者也。

憲臺廓達大度,敬賢容衆,同撫臺以定海安民爲己任,是今日閩省之封疆、朝廷所倚重、士民所待命、百官所畏威者,憲臺、撫臺也。數年來,勞朝廷數十萬兵馬,費朝廷數十萬金錢,全望會師大舉,以紓朝廷宵旰之憂,以解閩民倒懸之苦。兩憲功名垂於竹帛,福蔭綿於子孫,在此一時矣。和衷之論,憲臺盛德事也。成龍愚見,以吹壎、吹篪之誼,原無彼此;爾我之形、和衷之美,可併不有也。成龍耳聾眼花,不似人形,龍鍾可厭,久應在廢棄之列,何敢與言國家事。但蒙憲臺知遇之恩,知之何敢不言,言之何敢不盡[六]?臨稟悚切[七]。

【校記】

〔一〕奏牘本爲卷五之第三十二篇,題爲"上姚制臺宜和衷書"。
〔二〕事　奏牘本作"病"。
〔三〕奏牘本此句後加"報明在案"。
〔四〕檢查　奏牘本作"諭查"。
〔五〕在坐　奏牘本作"在座"。
〔六〕不盡　奏牘本加"也"字,作"不盡也"。
〔七〕臨稟悚切　奏牘本無此句。

上姚制臺議捐濟稟[一]

泉郡米價騰貴,兵民交困,蒙憲臺特疏題請捐濟,救此一方,誠饑溺由己之盛心也[二]。復奉憲檄,設立站運,先動憲捐銀五千兩,司道府捐銀五千兩,在省買米五六千石,星夜運泉,如救焚溺,實爲朝廷兵民,實爲朝廷封疆籌畫周詳。成龍奉命,竭蹶遵行。

撫憲并念泉郡米貴,協濟難容刻緩,諭查延、建、邵三府從前發餉買米尚有四萬石,委糧道星往清理督運;又恐府縣米石一時難清,聞餉銀四十萬將至,諭糧道於省餉十五萬内留三萬兩,迅爲買米,期於無悮急需。是撫憲熱腸同憲臺苦心,兩地合符也。值省會米價亦陡至二兩一二錢以外,成龍虞在省買米,則米價必爲興化之續,若候上游米到,又難副目前之急。隨懇撫憲諭借糧道十九年秋糧米,令閩縣備米一千石,侯官縣備米二千石,成龍湊米二千石,俟上游米到,陸續補還,一時協力辦備站運,可有頭緒也。嗣蒙憲委線副使來省催銀買米,成龍區區下情,有瀆陳者。

省米數日内減至一兩有零,若經採買,勢必仍前騰湧。省會貿易者衆,力田者寡,嗷嗷待哺,將何以濟?此其可議者一也。

大兵月折料穀二萬石,每石折銀六錢五分,目前因米穀價貴,勒不允折，費盡委曲。若米價再騰，必索本色，則每月二萬石料穀，將何以支？其可議者二也。

各道捐銀，事屬急公，誰不樂從？但成龍與各道朝夕共事，頗悉底裏，如李糧道陞任蒼梧，資斧告窘；王驛道陞任南臬，尚負債息，隱隱在聽聞間。王運使陞任嘉湖，日用亦甚蕭索。楊學道蒞任未久。當此三空四盡，無不捉襟露肘，夙荷憲臺矜念。至於在外各道，成龍未悉知。然值軍興浩繁、物力告匱之時，一舉一動，難逃憲鑒。若夫各府認捐，勢必索之屬邑，私派民間，爲偷兒竊取之計。其可議者三也。

前蒙憲恩，代解泉餉一萬餘兩，因協餉未至，久未清還。目前司庫匱乏，成龍苦情不敢上陳。大兵每月折料穀銀八千兩，折草價銀二千兩，月餉銀四千兩，共需銀一萬四千兩。東那西補，心血嘔盡。竊思成龍初任粵西令，止徵地丁銀一千二百兩；次任蜀牧〔三〕，止徵地丁銀九兩；再任黄州，錢糧徑解藩司，從不知收放銀兩成千累萬爲何事。忽遭此火坑，苦累欲死。此又成龍之不敢議者四也。

憲臺寬洪大度，體恤下情，成龍敢不披陳肝膽，以候裁奪。成龍更有請焉。泉郡兵馬云屯，料在省數千石之米，真如一杯之水。但相時度勢，或米價稍平，清查壓欠餉銀如數補足，則月餉無缺，民間積米自出，或可綽有裕餘也。憲臺嚴守一介，海内咸知，慨然以萬金自任，無非爲此朝廷兵民、朝廷封疆。成龍豈無人心，甘爲鄙吝下流？惓惓鄙懷〔四〕，惟祈審時度勢而已，統乞憲臺鑒酌焉。

【校記】

〔一〕奏牘本爲卷五之第三十三篇，題爲“上姚制臺議捐米書”。

〔二〕饑　四庫本作“飢”。

〔三〕蜀牧　奏牘本作“蜀守”。

〔四〕惓惓鄙懷　奏牘本加“特”，作“特惓惓鄙懷”。

附：八閩藩司紫薇堂一聯〔一〕

累萬盈千盡是朝廷正賦倘有侵欺誰替你披枷帶鎖
一絲半粒無非百姓脂膏不加軫惜怎饒得男盜女娼

【校記】

〔一〕奏牘本無此文。

附：五顯嶺〔一〕

山到窮時現許多峭壁層崖歎富貴功名何似林禽野鳥
路逢狹處經無數行雲流水任盤桓談笑休辜翠竹蒼松〔二〕

【校記】

〔一〕奏牘本無此文。
〔二〕辜　四庫本作“孤”。

補　遺

簡訟省刑檄〔一〕

訟獄爲民命攸關，聽斷讞決，務合情罪，使民無冤，然後能使民無犯。本司爲通省刑名，總理法紀專司，而簡訟省刑載在敕諭，所謂“刑期無刑，聖意即經意”也。值今時屆農忙，亂後孑遺方得歸農樂業，大小衙門俱應停訟。現蒙督、撫兩院給示曉諭，遠近諒已具聞。玆除一切民間小忿爭角細事，概不許濫准拘審、騷擾妨工并擅擬罪贖婪追外，如有關係重大，或由上發事件，必虛心平聽，俾吐真情，毋逞嚴刑以求必得。至引用罪名，必照律例，方稱明允。倘或上下其手,出入任情,是爲刑罰不中,民無所措,安望簡訟省刑以符功令？合亟申飭。仰府官吏查照事理,即便通飭所屬,自輕罪細故簡刑停訟外,其有應行審理及奉發等事務,平心剖決,應照律者照律,應遵例者遵例,擬議妥確,獄不滋煩,本司即以此定考核。若有苛酷淫刑、草菅民命及狥私賣法、巧爲輕重者,本司徑行平反改正,仍以舛錯與故出入人罪報參,決不姑容,毋以身先嘗法也。

【校記】

〔一〕奏牘本無此文。

嚴戢衙蠹檄〔一〕

衙役犯贜,首嚴功令,本司法紀攸司,剔蠹除奸,尤爲急務。自下車之始,即已留心體察,知八閩地方向來叢姦藪惡,咸借衙門爲護身之符,其積年盤踞公門者,爲害尤甚。蓋緣巨猾老奸機深術巧,始以甘言微利攄忠獻勤,而不肖有司遂以心腹相托,或爲掊尅之謀主〔二〕,或作暮夜之傳宣,猫鼠同心呼應,捷於影響。由是小民愚者畏其威福,狡者藉以鑽營。閭(閻)〔閻〕脂膏從而吸盡,良民蟊賊莫酷於斯。况閩地自變亂之餘,萬户凋殘,豈容復縱此輩貪狼,任其吞噬？本司細行密訪,業已廉得其實。如采辦軍輸,則濫加科派,取用夫役,則賣富差貧,以致詞訟爲之線索,惟利是圖、是非顛倒者,所在有人。本應指名立拿,蠹處官揭,姑念地方遭亂,法紀久弛,未經剴切申明,毋怪冒攖禁綱,姑已往不究外,合亟申飭。仰該府官吏即便移行所屬廳縣,嚴諭各役人等知悉:務各痛改前非,洗心易轍,奉公守法,保守身家。如有怙終不悛者,本司三尺具在,斷不再行寬假。官以貪縱揭參,蠹以大法重處。速宜猛省,毋貽噬臍。

【校記】

〔一〕奏牘本無此文。

〔二〕掊尅　四庫本作"掊克"。

申飭招格檄〔一〕

照得臬司乃刑名總匯，招由悉關題奏，重案口供、讞語務必簡潔至當，難容冗雜舛謬。每閲各屬申詳招由，如欵贜之案，多有不入原欵，問答口供，鋪敘冗長，牽混葛藤，贜無指實。甚至招冒議照，前後矛盾，不成招體。倘有舛誤，干係匪小，合行頒格通飭，備牌仰府。嗣後，承讞贜欵之案，務照格式，首列原欵，次列前件問答口供，後空數行，以備本司親訊。標謄招情，必期簡明，毋得繁冗。仍移行廳縣一體恪遵，各具遵依報查。

【校記】

〔一〕奏牘本無此文。

申飭差擾檄〔一〕

衙蠹肆害，法所必誅。本司總持風紀，首以除蠹安民爲事，豈容狐輩假威，公行無忌！此緣該府官吏玩怠從事，視欽部憲重大案件如泛常。每至屆限，猶然寢擱〔二〕，不報不結，羽檄交催，等爲故套。不得已而差役守催，蓋期亟完公務，亦所以免該有司遲悮之參罰也。該府若能體諒勉强差催苦心，事事如期報結，捷如影響，何用煩本司出差，以滋繁擾。近聞司差奉票在外，或藉端需索者有之，或咆哮恣肆者有之，殊干法紀。本司法行，自近將以盡剔大小各衙門之蠹，豈可令本司衙門養蠹不除！念以往未有確據，姑從免究。合亟飭行。仰該府官吏，凡奉行大小事件，務上緊完報。除尋常詞訟等事，原概不差提外，遇有萬分緊急重務，恐致貽悮，不得已而出差者，若該役有犯需索、恣肆等弊，該府立行據實具文，押回赴司，以憑重處。設猶拘投器之忌，即密具稟揭報明，另差拿究。倘再隱忍不言，是必該府有何陰事俾操短長，因而顧畏首尾，本司察出,先以該府委靡無能揭報。法在必行,務各恪遵。本司將以此覘該府之風力才幹矣。

【校記】

〔一〕奏牘本無此文。
〔二〕寢閣 乾隆本作"寢擱"。

設立木籤檄〔一〕

本司奉行欽部憲案,俱定有嚴限,少或逾期,參罰立隨其後。前緣各屬玩愒成習,任呼不應,往往事致違悮。猶慮差催滋擾,是以設爲風、火、雷三催號票,俾得次第報完。及雷票去後,猶逾限不到,即不得不行差提現行之法。如此各屬果能上緊料理,何事不依限完結?何苦必煩遣役?此差役到彼,即極守法,不敢需索,豈能免於一番供應盤纏?當兹賦繁財匱之時,該府廳經承亦安所從出?本司興念及此,雖在重處玩法之下,又不覺爲之體邺。今特再設木籤以代差役,合先飭知。仰該府官吏知悉:凡木籤一到,定限幾日,務必將所催事件著該承親賫回覆。若事已妥當,不煩駁詰,該承尚可法外從寬。如或苟且塞責,仍不能完結,除責懲外,再差役押還,另限妥確回覆結案。倘若木籤到後,猶若罔聞,不如限完報,是該府已不自愛,立即選役星夜鎖拿經承,先以重法處治,隨將該府違玩職名揭報。法在必行,斷不姑忍。各屬其各振刷精神,痛祛積習,毋負本司設法體諒、諄諄誡諭之意。

【校記】

〔一〕奏牘本無此文。

于清端公政書　卷五

畿輔書

初任直撫請陛見疏[一]

恭請陛見[二]，以盡微誠事。

臣本草茅下士，濫叨禄秩，由知縣而歷任府廳，十有餘載，寸長未見，實切曠瘝之愆。乃於三年之内，荷蒙皇上隆恩，由楚省監司歷遷閩省藩、臬[三]，此誠恩逾望外，(逈)〔迥〕出非常。履任以來，惟有朝夕竭蹶，以圖報效，實恐庸劣，未能稱職。今復荷新綸，不以臣爲謭劣，畀以直撫重任。臣捧讀之餘，自揣下乘菲才，何堪畿甸重寄？然聞命自天，又不敢控辭，有負特簡至意。竊念臣屢受皇上知遇洪恩，久切覲闕之念，今既謬叨皇恩，優陞巡撫，且自保定前赴京都，計程止三百餘里，與他省相隔迢遞者不同。況直隸係畿輔重地，連歲荒旱頻仍，黎庶困苦。臣係庸才，必得天語指示，庶足以撫蒞兹土。仰祈鑒臣愚衷，俯允陛見，使臣得以匍匐金階，瞻睹天颜，躬聆天語提命，即便回任，盡心供職，以仰副皇上簡任至意。伏乞睿慈俞允施行。

奉旨："于成龙簡任巡撫，正資料理，不必來京陛見。該部知道。"

【校記】

〔一〕奏牘本爲卷六之第一篇,題爲“初任直撫請陛見疏”。

〔二〕奏牘本此句前加“奏爲”。

〔三〕由 奏牘本作“復由”。

報災傷請蠲錢糧疏〔一〕

恭報勘明災傷分數事〔二〕。

該臣看得順德府屬之内丘、唐山、任縣,真定府屬之真定衛,順天府屬之涿州、武清、房山、昌平、永清、大城、寶坻、良鄉、東安、涿鹿,河間府屬之交河、阜城、青縣、天津共十八州縣衛,各被旱雹災傷。臣據詳報情形,業經具疏題報在案。今據守道詳稱,各屬被災地畝分委廳印官員踏勘,除涿州、房山、良鄉、昌平、寶坻五州縣勘不成災外,其内丘、唐山、任縣、真定、武清、永清、大城、東安、涿鹿、交河、阜城、青縣等十二州縣衛,俱經勘明成災,備造册結呈送,理合具題。隨該户部議覆〔三〕,内開“奉旨:‘這本内議免被災地方,著差爾部司官一員,作速前往踏看具奏,餘依議。欽此。’隨差郎中額爾赫圖前往踏看。去後,今據額爾赫圖疏稱:‘交河、阜城二縣,原報被夏旱災十分、九分、七分地二千七百六十六頃九十二畝,麥收即少,秋田收穫歉薄,應將此二縣被災分數如其原報。唐山、内丘、任縣、青縣、真定、阜城、涿鹿等七縣衛〔四〕,原報被夏旱災十分、八分地六千八百九十六頃七十五畝,麥雖收一二分,秋禾已收五六分,應比原報分數減其二分。大城、東安、永清、武清四縣,原報被夏旱災十分、九分、八分、七分地九千一百七十七頃二十八畝,麥收雖少,秋禾已收七八分,麥田所種禾苗又得收穫,應將此四縣具報被旱災不准算入。其東安、大城、永清三縣地内,麥與秋禾兼種,並不將麥地秋田分晰,俱作夏旱災具報,應一併交與部議’等語。又查報文内'天津衛被災田地坐在青縣,此地應照青縣一體'等語。查各屬被災分數,即經郎中額爾赫圖踏勘明白,俱照額爾赫圖所議。其東安等三縣並不分麥禾秋禾,俱作夏旱災,具報不合,但未開原報官員職名,不便遽議相應行文。該撫開列職名具題之日,將該撫一併查議可也等"因具題。

奉旨:"這本内各縣地方自去年被災,民生困苦,俱著照原報分數准蠲免。其東安等處地方官職名免察議。"〔五〕

【校記】

〔一〕奏牘本爲卷六之第二篇,題爲"題報災傷請蠲地方錢糧疏"。
〔二〕奏牘本此句前加"題爲"。
〔三〕隨該户部議覆　奏牘本作"伏乞敕部詳覆施行户部議覆"。
〔四〕阜城　奏牘本作"彭城"。
〔五〕免察議　奏牘本作"免行察議"。

請增驛站工料疏〔一〕

衝驛繁苦已極〔二〕,草豆騰貴異常,亟請加增工料,以救危站,以速軍機事。

該臣看得直隸驛站錢糧十分裁四之後,每馬一匹,日支料豆、草、麸額銀五分四厘。康熙十七年以前,連歲豐稔,僅足支應。十七年秋收微薄,各價已昂。至十八年,荒歉更甚,時值日益騰貴,較前不啻數倍。原定之銀不敷用度,所有額設夫役工食與廪糧、飯食,并買補馬價及煮料柴薪等銀,又皆必需之項,無可通融。直屬當天下之衝,往來差使晝夜絡繹,多係緊急軍務,必須膘壯馬匹以資馳騁,日需料草勢難減少,而額銀不足。各州縣驛賠墊應用,日難一日,紛紛告苦,是以巡道僉事吴元萊有暫增站銀之詳。臣批守道參議董秉忠確議。據稱:"直隸地方係萬國總匯之區,驛站非他省可比。今連歲凶荒,衝途各官賠累難堪,亟當變通,以濟驛困。

請將各驛所用豆草照時辦支,除原定銀數之外,其長墊之銀,於荒歉價貴之時暫時准給,俟豐年停止。”臣思值兹度支匱絀之際,内外臣工惟當生財節用,以資不逮,何敢建議加增?但豆草之騰湧已經二載,衝途之賠累亦已二載,靡不筋疲力盡矣。如不速爲軫恤,各驛勢將不支,必致馬斃夫逃,貽悮軍國重計。此臣不敢不以上聞也。即據兩道呈詳前來,理合具題。〔三〕

【校記】

〔一〕奏牘本爲卷六之第三篇,題爲“請增驛站工料疏”。

〔二〕奏牘本此句前加“題爲”。

〔三〕奏牘本此句後加“伏乞敕部議覆施行”。

請蠲宣屬衝壓地糧疏〔一〕

請豁水衝沙壓地糧〔二〕,以廣皇仁,以甦民累事。

該臣看得宣府所屬西城與懷安、蔚州等衛,邊隅土瘠,逼近渾、乾等河,有水衝沙壓地畝,小民包糧爲累。經前撫臣金世德於康熙十四年十月内具疏請豁,部覆以歷年錢糧俱係報完,不係未完拖欠,仍令照舊徵收在案。但查糧從地出,地即積荒,而歷年錢糧仍報全完者,是皆小民竭盡脂膏以包賠者也。自部覆之後,又歷五六年矣,除稍有可墾者已陸續勸民墾種外,其實實衝壓不毛之地,人力有所難施。煢煢小民包糧年久,困苦益深,漸至徵比不前,催呼莫應。在地方各官莫不以考成關切而無術彌補,屢以未完開報矣。前撫臣稔知其累,(第)〔第〕以時值軍需孔亟,數年來未得即爲覆請,故於伏枕彌留之際,猶惓惓以此爲未了之餘衷而遺疏乞蠲,仰邀聖德也。臣履任後,廣諮民瘼,復檢閱舊案,乃知宣屬窮黎之累害,莫過於包納荒糧〔三〕,是以檄行查勘〔四〕。兹據守道參議董秉忠詳稱:“口北道李如桂公同廳衛各官逐處勘明,懷安衛實有水衝沙壓地一百九十一頃二十一畝零,蔚州衛實有水衝沙壓地三百一十八頃二十三畝零,西城實有水衝沙壓地三百四十三頃六十畝零,又東城地方亦有水衝沙壓之地。緣從前猶望水退沙消,勉力墾種,以完正賦,是以十四年未經開報。乃年來衝壓益甚,耕耨無期,故官民激切呼籲,亦經口北道親詣勘明,實有荒沙地九百五十五頃二十九畝零”,取有該道廳衛印結,并造册呈送前來。

臣思民之有地,原藉所産以資生。今地荒而糧存,不特無以資生,而且以爲害也。邊徼窮黎,綿力幾何,奚堪永遠包賠?此數處之荒糧一日不除,則數處之民生一日不遂。雖目今師旅未息,需餉尚殷,但逆氛殄滅殆盡,唯遺黔、滇餘孽,指日蕩平,此後軍需似無虞於不足。而合計四處荒地,本色糧不過三千餘石,銀僅一千餘兩,免之則涓滴之損,似無關於國計,而數千餘户貧民得免包賠,實受惠於無窮。仰祈皇上特沛洪恩,准與豁免。俟水乾沙退之日,勸墾輸糧,庶荒邊僻壤之民永甦其累,頂感皇仁於生生世世矣。既據該道呈詳前來,除册結送部外,理合具題。隨經户部議覆:“查得宣屬西城等處水衝沙壓地畝,事關永蠲錢糧,不便遽議。應仍令該撫遴委賢能道官一員,親詣踏勘,果否水衝沙壓,據實具題,到日再議可也。”〔五〕又經户部議覆〔六〕,内開:“該臣等查得,先據直撫于成龍將宣府所屬懷安、蔚州二衛并東、西二城水衝沙壓地畝錢糧具題請豁,〔七〕臣部以事關永蠲錢糧,行令該撫遴委賢能道員,親詣踏勘。去後,今據該撫疏稱:‘遴委天津道李玠踏勘,懷安衛實有水衝沙壓地一百九十一頃二十一畝零,蔚州衛地三百一十八頃二十三畝零,東城地九百五十五頃二十九畝零,西城地三百四十三頃六十畝零,取其具踏勘官員印結,具題請豁’前來。查懷安衛等處地畝,該撫既稱‘委官勘明,實係水衝沙壓’等語,此項錢糧應准其二十年爲始照數豁免,其地畝仍令該撫速行設法開墾徵糧可也”等因具題。

奉旨:“依議。”

【校記】

〔一〕奏牘本爲卷六之第四篇,題爲“請蠲宣屬衝壓地糧疏”。

〔二〕奏牘本此句前加“題爲”。

〔三〕復檢閲舊案,乃知宣屬窮黎之累害,莫過於包納荒糧　四庫本無此句。

〔四〕是以　四庫本作“當今”。

〔五〕隨經户部議覆:查得宣屬西城等處水衝沙壓地畝,事關永蠲錢糧,不便遽議,應仍令該撫遴委賢能道官一員,親詣踏勘,果否水衝沙壓,據實具題,到日再議可也。　奏牘本作“伏乞敕部議覆施行,臣未敢擅便,謹題請旨,奉旨該部議奏,户部議覆,内開該臣等查得,直撫于疏稱宣屬西城與懷安、蔚州等衛各有水衝沙壓地畝,小民包糧爲累,經前巡撫金具疏請豁,部覆仍令照舊徵收,但宣屬窮黎累害,莫過於包納荒糧。又東城地方亦有水衝沙壓之地,取具各官印結,具題請豁前來,查宣屬西城等處水衝沙壓地畝。事關永蠲錢糧,不便遽議,應仍令該撫遴委賢能道宫一員,親詣踏勘,果否水衝沙壓,據實具題,到日再議可也等因具題。

“奉旨:依議。

“題覆前事,該臣看得宣府所屬懷安、蔚州二衛與東、西二城水衝沙壓地畝,小民包糧爲累,經臣具疏請豁,部覆令臣遴委賢能道官親詣踏勘,果否水衝沙壓,據實具題遵。即遴委天津道李玠前往彼處逐一踏勘,兹據守道參議董秉忠詳稱,天津道李玠會同護理口北道印務、保定府同知何玉如履畝查勘。懷安衛實有衝壓絶荒地一百九十一頃二十一畝零,尉州衛實有衝壓絶荒地二百一十八頃二十三畝零,東城實有衝壓絶荒地九百五十五頃二十九畝零,西城實有衝壓絶荒地三百四十三頃六十畝零,皆因山谷諸澗及渾、乾等河環繞於中,衝者盡爲溝渠,壓者遍地沙石,誠犁鋤所不能施,工力所不能措也。當津道踏勘之時,各衛城士民環繞哭泣,備愬歷年賠糧苦累,望蠲情切。津道目擊絶荒不毛之地,與小民鳩鵠之狀,以謂再加追呼,則邊徼窮黎,將來不免於溝渠。是地之荒者固荒。而熟者亦轉爲荒。津道勘報情形如斯。臣思此項衝壓地畝包納錢糧,實爲宣屬殘黎之累害,是以前撫臣金世德具題請豁,部覆未允,至易簀之際,猶念念不忘遺疏乞蠲。臣履任之後,復又行查確實,疏請蠲免,以邀皇仁。部臣因事關蠲豁錢糧,理宜詳慎,故令委官踏勘。今既履畝勘明,實係衝壓絶荒之地,工力難施,貧民歷年賠糧,異常困苦,其所報情形,出於目睹,最真最切,必無扶隱捏報情弊。合計四處荒地,本色糧止三千餘石,折色糧僅一千餘兩。今國家之正賦所蠲,不過涓滴,而存活數千户之生靈,則所全者甚大。臣謹據實題明,仍祈皇上特沛洪恩,將此四處衝壓地畝糧銀准與豁免,庶荒徼殘黎頂戴皇仁於不朽矣。既據該道呈詳前來,除地畝細册前已送部,無庸再造,所有勘官印結并口北道廳、城、衛印結,咨送户部外，擬合具題，伏乞敕部議覆施行。臣未敢擅便，謹題請旨，奉旨：該部議奏。”

〔六〕又經　奏牘本無此詞。

〔七〕于成龍　乾隆本、奏牘本作“于”，從四庫本改。

請禁訐告以正名義疏〔一〕

有司疊訐上官〔二〕，初爲謀(陷)〔陷〕詐贜之舉，漸成反噬挾制之風，流害無已，名義與國體俱傷。謹特疏糾參，伏乞睿鑒，以肅法紀，以昭體統事。

竊照上下者，名義之所關；舉劾者，國體之攸重。自督撫以及監司至諸執事，上下名義昭然，不容紊越。若三年計典與薦舉必不可停等案，並不時糾參事務，必司、道、府據實款揭合之，督、撫訪聞無異，方敢列疏入告。權不旁貸，事不獨制，上下相維，名實俱存，法至周詳盡善矣。未有如直屬之有司蔑視王章，逞訐上官，相沿成習，名義廢弛，體統倒置之甚者也。臣六月抵任，檢結舊案，如任縣已故知縣施埏寶爲申明威勒等事一案，訐報大名道范永茂、順德府知府殷作霖；廣平縣已故知縣夏顯煜爲利債之罔取等事一案，訐報大名道范永茂，署廣平府事、河間府同知周從謙。夫以前撫臣金清慎明決〔三〕，貪墨從無漏網，法紀凛然，又安容屬員縱吻肆訐無忌，糾劾之權，操之下吏？蓋以施埏寶、夏顯煜侵欠庫銀盈千累萬，謀陷詐贜，已死不可復詰，是予道府以不得不揭，撫臣以不得不參之勢也。無如效尤成風，恬不知怪。及臣任事數月，惓惓以驅除貪吏、亟救民生爲念，以少酧皇上知遇之特恩，擇其已甚，於百人之中，據道府揭報，略劾數員，以示懲創，以予改悔。隨有永清縣知縣萬一鼒依襲故轍，將霸昌道沈志禮列款開揭，臣業據文入告在案。此猶從守、巡兩道轉報者也。其中恐有勒索情弊，尚未可定，已行守、巡兩道會訊。未幾而獻縣知縣喬國棟訐河間府知府徐可先、同知周從謙之文又至矣，内稱：“兹因嚴禁火耗〔四〕，錙銖盡除，中秋無有餽送節禮,府廳因此懷恨,藉魯道村崔成失事一案,明知是交河地方捏誣獻縣,且謬執别人糧票,枉稱獻縣”等語,附訐知府徐可先、同知周從謙十六、十七等年各款,正在查閲間。

據守、巡兩道回稟:“前情除批守、巡二道會審確實另報外,臣查得魯道村崔成家被盜,乃本年三月二十一日事也。崔成赴部報獻縣魯道村失事,喬令以交河相推抗,不開具職名。天津道委徐知府親勘,據實開報,喬令輒肆污衊之言,致徐知府結舌,不敢定案,限期久逾,事無定局。天津道復委周同知往勘,查魯道村原屬獻縣地方,因當日同周家莊、高官、上夫莊等村悮圈入旗下,共地二百七十餘頃,交河還獻縣(叚)〔段〕家莊等村[五],共地二百七十餘頃。嗣後,魯道村爲旗下圈莊,歷來未設保甲稽查,亦無失事,相沿已久。兹忽有崔成被盜一案,喬令堅不承認。周同知細問交河還獻縣(叚)〔段〕家莊等村,[六]一切逃盜俱責之交河,而误誤圈獻縣魯道村之地、逃盜等事,何獻縣可脱然無涉也?轉報天津道開揭獻縣遲延職名,臣據參在案。”此乃地方公務,恩讐無可巧施,何輒以未送節禮爲辭,摭拾往事,公然具訐?且不由守、巡兩道,徑以驗文封送,似此悍藐,將來道、府必懷投鼠忌器之嫌而隱忍養奸,法紀大不可問矣。各屬有司包藏禍心,任意横肆,尅剥小民,道、府決不敢有過而問者。法紀頹靡,將何底止?我國家數十年振綱飭紀,大小臣工無不以名義自持,何容此干名犯義之輩挾制上官,壞綱亂紀於畿輔之地也!倘海内傚尤,風俗人心爲之大壞。伏乞敕部嚴議。如道、府不法,而撫臣姑容恣害,應作何從重治罪?而反噬挾制之有司作何處分?[七]於以申飭法紀,嚴戢體統。大義明而國體昭,以養國家久安長治之休,所關匪淺鮮矣。隨該吏部議覆[八]:“查道、府不法,督、撫姑容不行題參者,有降三級調用之例,應無庸議。至凡官員,若上司有將伊勒索苛求之處,應於未將伊列款揭報糾參之先首告,將伊列款揭報糾參之後,乃將上司列款首告者,因將伊揭報糾參之隙揑款首告,亦未可定,相應定其處分之例。查定例,内開:'京察大計,降級革職官員,如有將考伊官員以受賄、侵勒控告者,將所告之事不准行,本官有冠帶者革職,無冠帶者交與刑部議罪'等語。嗣後,凡官員將伊列款揭報糾參之後,乃將上司列款首告者,應照此例,將所告之處不准行治罪。俟命下之日,通行直隸各省遵行可也。"〔九〕

奉旨:"依議。"

【校記】

〔一〕奏牘本爲卷六之第五篇,題爲"請禁訐告以正名義疏"。

〔二〕奏牘本此句前加"題爲直屬"。

〔三〕前撫臣金　四庫本作"前任撫臣之"。

〔四〕因　奏牘本無此字。

〔五〕(叚)〔段〕家村　四庫本作"段家村",從四庫本改。

〔六〕同上。

〔七〕有司　四庫本作"員"。

〔八〕隨該吏部議覆　奏牘本作"臣謹具疏題參,伏乞睿鑒,敕部議覆施行。奉旨該部確議,具奏吏部議覆。内開除獻縣知縣喬國棟訐河間府知府徐可先、同知周從謙之文,該撫既稱批守、巡二道會審確實,另報等語,應俟查明到日,照例議外,議得直隸巡撫于成龍疏稱上下名義不容紊越,凡有糾參事務,必道、府據實款揭,督、撫訪聞,方敢入告。未有如直屬之有司蔑視王章,逞訐上官,相沿成習者也。臣查魯道村崔成家被盜一案,崔成赴部報獻縣魯道村失事,獻縣知縣喬國棟以交河相推抗,不開具職名。天津道委河間府知府徐可先親勘據實開報,復委同知周從謙往勘查。魯道村原屬獻縣地方,轉報天津道開揭獻縣遲延職名,據參在案。此乃地方公務,恩仇無可巧施,何輒以未送節禮爲辭,摭拾往事,公然具訐。似此悍藐,將來有司任意横肆,剋剝小民,道、府決不敢有過而問之者。法紀頹靡,將何底止。伏乞敕部嚴議,如道、府不法而撫臣姑容,應作何從重治罪,而反噬挾制之有司作何處分,等因前來。"

〔九〕奏牘本此句後加"等因具題"。

急救口北饑民疏〔一〕

謹陳急救口北饑民之議〔二〕,仰祈酌行事。

該臣看得宣府所屬衛堡連年歉收，民多困苦。今歲夏秋，東、西二城，宣府前衛、懷安衛、萬全左衛又被旱雹等災，深井堡、蔚州衛秋間亦被雹災。經臣委員勘明成災分數，先後具題在案。今據守道參議董秉忠詳，議緩徵、平糶二款前來。臣查宣屬徵糧多係本色，今疊被災傷，籽粒無出，必須糴米完納。值此饑寒交迫之際，災黎已難存濟，而重之以催科，臣恐徒煩敲扑，究竟不能輸將。雖國儲綦重，不敢輕議全蠲，然民命所關，又不敢不仰體皇上愛養群黎至意，急請軫恤也。臣查宣屬每年約徵本色糧玖萬石〔三〕，其每年支放不及五萬石，所徵者多而所用者少。康熙十八年奏銷實在糧共計二十萬七千餘石，除十九年給散蒙古併支放官兵外，仍有存貯糧二十萬石。康熙二十年儘足支用而尚有餘，十九年應徵新糧又約計九萬石。此糧徵完，不過積留在倉，無有支用之處。若將災傷地方分別輕重，酌量緩徵，被災之民實沾無窮之惠。今宣屬被災之處，惟東、西二城爲最，所有康熙十九年額賦，除折銀照數催納外，其本色糧一萬三千餘石，請於本年先徵十分之三〔四〕，其餘七分緩至明秋帶徵。至於前衛及懷、左、蔚、深四衛堡雖俱被災，未至如東、西二城之甚，本年折銀亦照數催納，其本色糧三萬三千餘石，本年先徵十分之七，其餘三分亦緩至來秋帶徵。此不過暫寬時日，其於額糧毫無虧損。而稍緩一分之追呼，小民即受一分之弘濟，不致立填溝壑矣。

再查東、西二城歷年所徵糧石，支銷無幾。現存之糧約計四萬五千餘石，久貯在倉，將有浥爛之虞。今二城罹此重災，百姓粒食維艱，若將陳積之糧平價出糶，不許外境興販，不許富户多糴，祇聽災民計口糴買。米價既平，民間易於得食，雖遇凶年，或可安鄉井而無流移之苦，亦救荒之一策也。臣謹具題〔五〕。

【校記】

〔一〕奏牘本爲卷六之第七篇，題爲“爲口北饑民請緩徵出糶疏”。

〔二〕奏牘本此句前加“題爲”。

〔三〕玖　四庫本作“九”。

〔四〕請於　四庫本作“祈請恩准”。

〔五〕奏牘本此句後加“伏乞敕部議覆施行。奉旨該部議奏，户部議覆，内開該臣等查得直撫於疏稱，宣府所屬連年歉收，今歲夏秋被災民難存濟，查宣府被災之處惟東、西二城爲最，所有康熙十九年本色糧於本年先徵十分之三，至於前衛及懷安、萬全、左衛、蔚州、深井五衛堡本色糧，本年先徵十分之七，其餘緩至明秋帶徵等因前來。查宣府所屬該撫既稱疊被災傷，均應如該撫所題，帶徵完納，至於該撫疏稱東、西二城現存倉糧四萬五千餘石，以平價出糶，令重災百姓計口糴買，亦救荒一策等語。查宣府所屬舊存米豆共六萬一千餘石，現今准其變價，今又將東、西二城舊存米豆盡數出糶，恐不足供應等項，亦未可定，相應行令該撫將東、西二城存貯米豆，俱令將一半照時價確估，報部可也等因具題。奉旨依議。”

再爲口北饑民題請急賑疏〔一〕

二城饑困已久〔二〕，三冬民命垂斃，懇祈題賑亟救殘黎事。

該臣看得宣屬地方連年歉收，今歲東、西兩城及萬全、左、右、前、懷、蔚、保、柴溝、西陽等處俱報夏災。臣到任後，勸諭守道及口北道倡率官紳、士民共捐銀一千三百八十二兩四錢，米七百七十九石九斗，委保定府同知何玉如前往分賑外，尚存銀二百八十三兩八錢三分。迨至秋間，東、西二城及前、懷、蔚、左、深、井等處復被災傷。據守道詳議，將東城等處被災地方本年應徵糧石分别緩徵，及將積貯糧石平價出糶，以救凶荒。臣於本年十一月初九日具疏題請。此時該地方官尚未報有饑死之民也。今於十一月二十七日據守道董秉忠詳稱：“據南路通判陳天楝報稱，東、西二城春夏以來民食草根、木荄，迨至秋冬，西成無望，捐賑無幾，向之根荄不可復得。近於二十餘日之間，饑死者不下數十人，即城坊闤市每日亦偃仆幾口”等語。臣展閱至此，不勝憫惻。伏思臣題平糶之疏見候部覆，即荷皇仁，允臣所請，尚須二十餘日，止可救來春，而不能救目前，亦止救稍能措糴之民，而不能救囊無一錢、殭臥待斃之民。即再疏請發廩賑濟，其間下部議覆、候旨允行亦須一月，此一月之内，民之饑死者又不知凡幾矣。臣與守道董秉忠共相籌度，東、西兩城即無常平倉穀可動，雖有從前勸捐存剩之銀，然止二百八十餘兩，爲數無幾。欲再勸捐，一時銀米不能驟集，而又迫不能待。再四圖維，别無良策，惟有西城陳積之糧，臣已題明平價出糶，以救災荒。今西城饑民奄奄一息，勢須急爲拯救，不能稍緩須臾。臣仰體皇上惠愛元元至意，委保定府同知何玉如等馳赴東、西兩城，查有實實饑困不能謀生窮民，動支前項倉糧，每名口賑給二斗，俾此垂危之民少延月餘之生。其前衛并蔚、深、懷、左等五處，據守道詳報，俱有饑民。臣檄守道轉行同知何玉如等，俟賑完兩城之後，將此五處饑民查明，亦動各本處倉糧給賑。至動過糧石，容臣通查各屬積貯無項舊銀，照依宣府前衛經變康熙十七年以前倉糧之價，按數抵補。如或不敷，再行勸捐補足。至各處饑民，除目前賑濟之外，其善後之舉，容臣酌議，另疏題請。今據守道呈詳前來，理合具題。隨該户部議覆〔三〕："查該撫既稱東、西二城及前衛等五處饑民委官賑濟，應行該撫速將存剩米石動支賑救，務須仰副皇上愛恤饑民之至意，毋致離散。仍將賑救過饑民數目、動支米數報部查核。其動過米石，該撫照時估價，勸捐抵補可也〔四〕。"

奉旨："依議。"

【校記】

〔一〕奏牘本爲卷六之第八篇，題爲"再爲口北饑民題請急賑疏"。

〔二〕奏牘本此句前加"題爲"。

〔三〕隨該户部議覆　奏牘本作"伏乞睿鑒，敕部議覆施行。奉旨該部速議，具奏户部議覆，内開該臣等查得直撫于疏稱，宣屬地方連年歉收，東、西二城春夏民食草根、木荄，迨至秋冬，根荄不得，二十餘日之間饑死不下數十人，城坊鬧市每日亦偃僕幾口，勢須急爲拯救，不能稍緩須臾委。保定府同知何玉如馳赴東、西二城查實實饑困窮民，動支倉糧，每名口給賑二斗，少延月餘之生。其前衛，井、蔚、深、懷、左等五處饑民，查明亦動倉糧給賑。至動過糧石，通查各屬無項舊銀抵補。如或不敷，再行勸捐補足。等因前來。"

〔四〕奏牘本此句後加"等因具題"。

謝賜《書經解義》疏[一]

恭謝天恩事[二]。

康熙十九年十二月初七日，臣提塘李懋功自京領齎皇上頒賜《書經解義》到臣。臣隨恭設香案，望闕叩頭祗受訖。伏思皇上至德生知，體執中於堯、舜；聖修典學，懋建極於商、周。念兹疎庸，咸宜訓迪，頒賜成書，俾有矜式。臣成龍雖以固陋之資，淵微莫測，益不敢不夙夜小心，講求古訓，期於仰副我皇上砥礪臣工之盛意焉。臣謹具疏奏謝[三]。

【校記】

〔一〕奏牘本爲卷六之第九篇，題爲"謝賜《書經解義》疏"。

〔二〕奏牘本此句前加"奏爲"。

〔三〕奏牘本此句後加"伏乞睿鑒施行，爲此具本專差提塘李懋功賫捧謹具聞，伏候敕旨。奉旨：該部知道。"

再請陛見疏[一]

微臣躬率舁請夫役[二]，前赴沙河，路由京都，謹請陛見，以遂夙誠事。

臣以譾劣菲才，謬蒙皇上知遇，授以巡撫鉅任，聖德如天，感激無地。臣於蒞任之初，具有恭請陛見以盡微誠一疏，奉旨："于成龍簡任巡撫，正資料理，不必來京陛見。該部知道。欽此。"欽遵不敢再疏陳請，然瞻天仰聖之愚忱，刻刻在懷。今工部題明舁請二位皇后梓宫，夫役一萬八百四十名，咨臣揀選齊備，親身率領，於二月初八日前至沙河。臣俟屆期，躬率人夫，趨赴應役。伏思臣前疏恭請陛見，未荷皇上俯允，今自保定前赴沙河，路由京都，咫尺闕廷，益切覲聖之念。且臣才識庸常，膺兹畿輔重寄，必得天語提命，俾知砥礪。臣謹再疏恭請[三]，伏乞睿慈俞允施行[四]。

奉旨:"于成龍著陛見。該部知道。"

【校記】

〔一〕奏牘本爲卷六之第十篇,題爲"再請陛見疏"。

〔二〕奏牘本此句前加"奏爲"。

〔三〕恭請　四庫本作"恭懇聖恩"。

〔四〕奏牘本此句後加"臣未敢擅便,爲此具本專差提塘李懋功賫捧謹具奏聞,伏候敕旨。"

陛見蒙賜謝恩疏〔一〕

恭謝天恩事〔二〕。

竊臣因督率舁請二位皇后梓宫夫役至沙河〔三〕,荷蒙聖恩,俯俞臣請,於康熙二十年二月初五日陛見,獲覲天颜,躬承提命,隨蒙賜坐、賜茶〔四〕,特撤御膳賜食〔五〕。當即謝恩,趨赴沙河,料理夫役。於二月十二日,翰林院掌院學士庫勒納、一等侍衛對親傳奉上諭褒嘉,特賜内帑銀一千兩、御乘連鞍良馬一匹〔六〕,隨望闕叩頭祗領訖〔七〕。又於二月十八日,大學士明珠、翰林院掌院學士庫勒納、一等侍衛對親奉上諭,賜臣御製詩一章,御筆手卷。臣恭隨欽使親詣行殿〔八〕,叩頭祗領訖。及臣率夫至陵〔九〕,事畢回京,于三月十四日詣闕謝恩,又奉欽賜鞍馬一匹。臣隨祗領,一併叩謝天恩,當經恭請聖安,復蒙傳諭賜茶。伏念臣以一介腐儒,歷任外吏,硜守淡泊,曾無寸長,謬蒙特達之知,簡授撫畿之職。今兹陛見,親覲龍光,幸抒仰聖之微忱,欣遂瞻天之夙願,詎荷睿慈,過承寵眷,賜坐、賜茶,特撤御膳賜食〔一〇〕。更念臣家計涼薄,特賜内府帑金、御乘良馬,且蒙聖製詩章,宸揮彩翰,綸音溢美,愧感交深。似此殊恩異數,誠曠古所希聞。臣何人斯,乃邀榮於非分,唯有益加砥礪,以無負我皇上知遇之隆已耳!臣謹恭疏奏謝〔一一〕。

【校記】

〔一〕奏牘本爲卷六之第十一篇，題爲“陛見蒙賜謝恩疏”。四庫本題爲“陛見恭謝疏”。

〔二〕奏牘本此句前加“奏爲”。

〔三〕二位　乾隆本作“一位”，從四庫本、奏牘本改。

〔四〕隨蒙　四庫本無此詞。

〔五〕特撤御膳賜食　四庫本作“賜食”，奏牘本作“特徹御膳賜食”。

〔六〕御乘連鞍良馬一匹　四庫本作“及内廄連鞍良馬一匹到”。

〔七〕隨望闕　四庫本作“臣當即”。

〔八〕欽使　四庫本作“明珠等”。

〔九〕率夫至陵　四庫本作“料理夫役”。

〔一〇〕特撤　奏牘本作“特徹”。

〔一一〕奏牘本此句後加“伏乞睿鑒施行。爲此具本專差提塘李懋功賫捧謹具奏聞，伏候敕旨。奉旨：該部知道。”

題報蠲賑宣屬米石疏〔一〕

題明勸蠲運宣米石〔二〕，以盡臣誼，少佐邊儲事。

切照宣府等處歲歉民饑〔三〕，邊外蒙古亦饑，頻行賑濟，存倉米石告匱。我皇上念切邊儲爲重，特命撥運京倉米石〔四〕，又以溽暑之時恐勞民力，復廑睿慮，命王公以下、卿貳以上〔五〕，各捐車輛〔六〕，運米萬餘石，以備急需。仰見我皇上惠愛斯民甚深且切也。竊念内外臣工均屬一體，在内王公大臣既已急公捐車輓運〔七〕，臣與道府等官叨(沐)〔沐〕聖恩，忝居外任，無以仰紓宵旰〔八〕，揣分何以自安？且臣前奉旨往宣府賑濟饑民，親見鎮城倉米支放已竭，現在竟無存貯，而前衛本年額徵之糧已奉特恩全蠲，直至明歲秋成，始有新糧接濟。目今宣鎮在城營兵無米可支，軍糈所關亦屬緊要。臣抵署後，旋與守道參議董秉忠、巡道僉事吳元萊面同酌議，乘今秋收之際，於直屬道府等，勉其各量力捐輸〔九〕，仍自備車脚運至宣府交收，約略計算，可得米貳萬石。有此儲備，則宣鎮兵糧不虞缺少，若遇賑濟蒙古等項,亦可少資於用。除臣已檄行各道府勸勉輸助,俟將願捐數目報明〔一〇〕,催令運宣。交倉之日,容臣核明確數,開列捐助各官職名〔一一〕,另疏題報外,此臣仰體皇上懷保之仁,亦傚廷臣急公之誼,勸令道府各輸涓埃,以盡臣分,少佐邊儲於萬一耳。臣謹先疏題明,伏乞睿鑒施行。

奉旨:"于成龍率屬捐米貳萬石〔一二〕,運至宣府備賑,可嘉,著議奏〔一三〕。該部知道。"

【校記】

〔一〕奏牘本爲卷六之第十二篇,題爲"題報蠲賑宣屬米石疏"。
〔二〕奏牘本此句前加"題爲"。
〔三〕切照　四庫本作"竊照"。
〔四〕特命　四庫本作"令部臣"。
〔五〕命　四庫本作"再命"。
〔六〕捐　奏牘本作"蠲"。
〔七〕在内　奏牘本作"任内"。
捐　奏牘本作"蠲"。
〔八〕紓　奏牘本作"舒"。
〔九〕捐　奏牘本作"蠲"。
〔一〇〕同上。
〔一一〕同上。
〔一二〕同上。
〔十三〕著　奏牘本作"着"。

再爲驛站請增工料疏〔一〕

衝驛繁苦已極〔二〕,豆草騰貴異常,亟請加增工料,以救危站,以速軍機事。

該臣看得直屬當天下之衝,各省差使莫不經由其地,驛站之繁難,自昔稱最。各驛原額工料當編定之時,蓋幾經籌畫,量其足用而設立。乃自吳逆倡亂,軍需浩繁,屢經裁減,差愈多而銀愈少,各驛始困。然於康熙十七年以前,值年歲豐稔[三],猶可勉力支持。不期十七年秋收歉薄,歷十八、十九年疊罹災傷,豆草等價一切騰湧,較前不啻數倍。裁剩之銀不敷於用,各官賠墊難堪,紛紛籲請。臣據守巡兩道詳議,是以有暫給長墊之疏,未荷允准。隨通飭各屬遵照部覆,仍令於裁存銀内通融支給,亦何敢再爲陳請?但自連歲災荒之後未遇豐收,物價曾不少減,而所存工料各有項款,如夫役工食、廪糧飯食,及買補馬價與煮料柴薪等銀,無一可省,更無一足用,實無可以通融。其間各驛賠累既久,日見困迫。自准部文檄行之後,呼籲疊至,比前更切,其不得已之苦情,誠難殫述。

兹據巡道僉事吳元萊詳稱:"直屬原額工料銀五十三萬四千一十兩零,奉文十分裁四,止應裁銀二十一萬三千六百四兩零。今合先後裁銀共有二十五萬二百四十七兩零,除應裁外,多裁銀三萬六千六百四十三兩零。此多裁之數,原係各驛應留六分以内之銀,請仍還各驛,少濟時艱"等情。臣復批令會同守道查議。今據兩道查明原有多裁銀兩,詳請題覆前來。臣猶恐未確,又檢閲原裁案卷,前撫臣金世德於康熙十五年奉文裁減之時,原按額銀計算,統合各案共裁銀二十一萬三千六百餘兩,後經部駁,又找裁銀三萬六千六百餘兩。曾於疏内敘有"原額計算幾及五分"等語,則是後次找裁者,實係應裁四分以外之銀。況前撫臣於十五年題覆裁四一疏内稱:"直隸無處不衝,無處不繁,較之安徽,相去懸殊,不啻倍蓰。今將額設錢糧照依安徽裁減,誠恐各驛遞將來力不能支,其於軍機緊差所關匪淺,若日後存剩之銀不敷供應,必須再爲題請。臣等身在地方,洞悉各衝驛之苦,不得不預爲陳明"等語,則是前撫臣當日仰體一時籌餉之計,勉爲裁減,固已逆知日後之必不敷於用也。假使撫臣至今尚在,值此連遭荒歉、物力艱難之際,亦將請復之恐後矣。臣今身在地方,目覩各驛困苦情形,安敢坐視倒廢而不亟爲上請也?合無仰懇皇仁,軫念驛站關係軍機重務,特勅部議,將前項多裁銀兩,自康熙二十年起給還各驛,容臣酌量繁簡,均勻補給,庶驛困得以少蘇,而馳遞軍機可無貽悮之虞矣〔四〕。

【校記】

〔一〕奏牘本爲卷六之第十三篇,題爲“再爲驛站請增工料疏”。

〔二〕奏牘本此句前加“題爲”。

〔三〕值 奏牘本作“直”。

〔四〕奏牘本此句後加“臣謹具題,伏乞敕部議覆施行”。

真屬被災州縣請停徵疏〔一〕

泣陳災邑萬分重困〔二〕,懇恩援例帶徵,以甦民命,以固邦本事。

據直隸守道參議董秉忠呈稱:“據獲鹿、井陘等縣申詳前事内稱〔三〕:‘獲、井等縣’環邑皆山地〔四〕,盡沙石,别無水源。在雨暘時若之年,收穫無幾,不意旱魃肆虐,遂連三年〔五〕。雖前經微雨,繼以暴風,麥穗焦枯,顆粒無望,穀種未播,秋收無期。嗟此下民,釜甑生塵,爨煙斷絶,因而流離載道。幸蒙各上司多方賑救,雖得續命之膏,然錢糧終無可措。若云緩徵於春夏,勢必併徵於秋冬,則此溝壑待斃之民,輾轉究無生路。有土地者因徵地丁而逃,有房舍者因徵房號而逃,丁口日見凋耗,國賦從何徵輸?是緩徵在常年爲破格之恩,在獲、井等邑,此地此時仍屬朝三暮四。案查口北被災深重,業蒙本院題請帶徵。獲、井等邑三歲奇荒,災黎之苦雖疊牘難盡,其狀實與口北相同。今除驛遞一項關係軍機,祭祀一項關係典禮,别縣既無協供之理,應於現年徵給。其餘除春季已經支給外,一切起運、存留各款通作十分計算,將康熙二十年地丁等項錢糧概行停徵,於二十一、二十二、二十三等年分别帶徵。倘邀時和年豐,尚可通融辦納轉移。緩急之間,於國賦無虧額之憂,民命有更生之望。若不爲民請命,終無善全之策。職等蟻命固無足惜,又安忍坐視千萬生靈盡填溝壑？不得不冒昧申請，伏祈鑒奪'等情。"

又據真定府呈詳前事内稱[六]："獲、井等邑詳同前情。該真定府知府趙瑾看得真屬地方災荒連歲，大概歉收，而西北沿山一帶之獲鹿、井陘、曲陽、平山、靈壽五邑災黎，困苦尤甚，惟冀雨暘時，若春秋俱熟，庶幾可望起色。不意本年自三月初、中二旬各得微雨之後，迄今彌月以來，河漢爲昭，麥苗不能盈尺，抑且漸見焦枯，已種之穀不長，未耕之地咸荒。幸蒙賑救頻加，暫得苟延目下。然賑濟救其一時，亢旱無如復見，黎民仰事俯育、急公完糧者，惟此地土是賴。地土一荒，下既切於饑餒，倘上再迫於徵輸，欲其不逃不散，不可得也。職府目擊災黎俱皆鳩形鵠面，慘苦之狀，鄭圖難繪。五邑士民紛紛籲控二麥枯死無餘，郊原悉爲赤地。除踏勘確實，另請題蠲外，兹據五邑將本年錢糧援口北帶徵之例，爲民請命前來。職府不得不據實呈請，俯賜具題，以救殘黎"等情呈詳本院。蒙批"仰速妥議詳"等因[七]，批行到道。蒙此，"該守道參議董秉忠看得真屬獲鹿、井陘、曲陽、平山、靈壽五縣地方連旱三年，小民困苦已極。雖前經詳請，多方蠲備買米及借穀，兩經賑濟在案，然不過少救目前之饑餒，惟望二麥以甦生。今據獲、井等縣與真定府詳稱：'各該地方自本年三月初、中二旬各得微雨之後，迄今彌月以來，河漢爲昭，麥苗枯槁，已種之穀不長，未耕之地咸荒，旱災復見。黎民所藉以資生完糧者，惟此土地是賴。地土一荒，下既切於饑餒，倘上更迫於徵輸，勢必逃散。'呈請確查災地請蠲，併援例詳請帶徵前來。是獲、井等五縣二麥絶望，夏災已見。除委員踏勘確實，另行詳奪外，但獲、井等五縣連被重災，十室九空[八]，小民糊口無策。以此重困垂斃之饑民，而令其辦納國課，此徒事追比，究竟不能完納，反多流離散亡之慘。康熙二十年分錢糧實實難於徵解，合無詳請先賜具題[九]，將獲鹿、井陘、曲陽、平山、靈壽五縣康熙二十年地丁錢糧，寬至二十一年帶徵完解。是一轉移間[一〇]，在國賦仍無虧缺，而千萬殘黎得獲再生之恩也"等因呈詳到臣。該臣看得直屬地方連年荒歉，去歲復被水旱災傷者三十餘處，畿北唯宣府爲最。業蒙皇恩蠲賑頻施，且允臣所請，將康熙十九年本色糧石准於二十年帶徵矣。至畿南被災之處，惟真定府屬之獲鹿、井陘、曲陽、平山、靈壽五縣爲最。蓋此數處皆沿山一帶，地固沙磧，民素困窮，何堪疊罹災傷？（第）〔第〕以宣屬饑民衆多，方煩發廩〔一一〕，是以未敢輕爲入告，重費國帑。臣鼓勸道府等官多方蠲備，買米借穀。自春初至今，兩經賑濟，被災窮黎稍爲苟延。所望者惟二麥成熟，秋田收穫，資生完賦俱藉此以給〔一二〕。不意今歲自春以來，雨雪甚少，各處同然。然於三月初七、八等日，時有雨澤，雖或未盡溥遍，而别屬已有沾足者。獨此五縣偏不得雨〔一三〕，且彌月以來，亢旱如故，麥苗悉已枯槁。夏災已成，民心惶惶，錢糧無措。該府縣咸激切詳請蠲除、帶徵，臣批守道查議。兹據該道參議董秉忠議，將各縣康熙二十年地丁錢糧，寬至二十一年帶徵前來。臣思此五縣目下情形實屬困迫，誠難復事徵輸。但時在夏初，雖麥田無望，若得透雨，秋禾之未長者尚可長茂，未種者尚可佈種。幸邀天眷，秋田有收，則民心安而民力紓〔一四〕。當兹軍需孔亟之際，臣何敢輕請帶徵，併何敢輕議緩徵也？若此後仍無透雨，則秋田又復無望，將見數縣民生不免流離溝壑之虞，國賦從何辦納？臣於此際，又不得不懇皇上寬恤之恩也。所有各縣被災情形〔一五〕，並目下民困難徵緣由，理合先疏具題〔一六〕。

【校記】

〔一〕奏牘本爲卷六之第十四篇，題爲"爲真屬被災州縣請停徵疏"。

〔二〕泣陳　四庫本作"瀝陳"。奏牘本此句前加"題爲"。

〔三〕奏牘本此句前加"蒙巡撫于右副都御史批"。

〔四〕奏牘本此句前加"切照"。

〔五〕遂連　奏牘本作"逐連"。

〔六〕又據　奏牘本作"申詳本院,蒙批仰守道速行確議詳奪繳,蒙此,又蒙本院批據"。

〔七〕蒙批　奏牘本作"蒙批,已據獲、井等縣申詳,批行該道查議矣"。

〔八〕室　奏牘本作"望"。

〔九〕合無　四庫本作"合據實在情形呈詳"。

〔一〇〕一　奏牘本作"以"。

〔一一〕廪　奏牘本作"稟"。

〔一二〕藉　奏牘本作"借"。

〔一三〕不得雨　奏牘本作"不得透雨"。

〔一四〕紓　奏牘本作"舒"。

〔一五〕奏牘本此句前加"除各縣夏災地畝,批令守道遴員踏勘,俟勘明詳報,到日另題外"。

〔一六〕奏牘本此句後加"伏乞敕部議覆施行"。

請免河間災民估買房地疏〔一〕

盆冤屢控未伸〔二〕,變産勉圖賠納等事〔三〕。

該臣看得袁珩未完逆本銀兩,前將親友曹振平所助河間、文安兩縣房地抵銀六千三百兩,内河間縣地每畝作價五錢七分,草土等房每間作價銀一兩一錢四分,計地九十三頃四十八畝零,房四百三十八間,共作價銀五千八百餘兩,准刑部移咨,行追變解。先據守巡兩道會詳内稱:"前項地畝,悉皆鹻薄,不堪耕種。照時估值,每地一畝不過價銀一錢,其隨地房屋每間不過價銀數錢。曹振平虚開多價,捐助袁珩以抵欠本。如照部單所開之價,勒令種地貧民承買,萬難完納。請照時值,估變其所缺之銀,相應仍於袁珩名下補追"等因〔四〕。經前撫臣金世德移咨刑部,咨回,仍令照數嚴追變賣。行據守道參議董秉忠、巡道僉事吳元萊會詳内稱:"前項鹻地、破房所值無幾。河間縣疊罹災荒,米珠薪桂,老幼啼饑,流離載道。幸蒙皇恩賑濟,雖散者復聚,而正供輸將不前。窮民即有房地,尚皆抛棄,何能重價置買,代完逆本銀兩〔五〕? 若必嚴追佃種之民照數納價,貧民不能措交,勢必逃竄他方。是不惟無益於公,而反重害災黎。仍請照依時值變價，其原抵逆本不敷之銀，在袁珩名下追補。或將房地仍歸曹振平，令代袁珩措完欠銀。或將房地歸於原業主曹克恭等，於克恭名下追出原得房地價銀，以結夙案。統聽部議。"既據兩道呈詳前來，理合具題。刑部議覆，内開："曹振平所助房地〔六〕，該撫既稱'若必嚴追佃種之民照數納價，貧民不能措交，勢必逃竄'等語，相應將曹振平所助房地歸回原主，仍於袁珩名下追銀五千八百餘兩，以完逆本可也〔七〕。"

奉旨："依議。"

【校記】

〔一〕奏牘本爲卷七之第一篇，題爲"請免河間災民估買房地疏"。

〔二〕奏牘本此句前加"題爲"。

〔三〕等事　奏牘本作"今限期將迫措辦無門，願比例交納房資，追賣抵償事"。

〔四〕相應　奏牘本無此詞。

〔五〕逆本　奏牘本作"欽案"。

〔六〕刑部議覆，内開曹振平所助房地　奏牘本作"伏乞敕部議覆施行。臣未敢擅便，謹題請旨。奉旨該部議奏，刑部議覆，内開該本部議得直隸巡撫于成龍疏稱，袁珩未完逆本銀兩，前將親友曹振平所助河間、文安兩縣房地，抵銀六千三百兩内，河間縣房地共作價銀五千八百餘兩，以抵欠本。前項地畝悉皆鹼薄，不堪耕種。河間縣疊罹災荒，若必嚴追佃種之民，照數納價，貧民不能措交，勢必逃竄。仍請照依時值變價，其不敷之銀，在袁珩名下追補，或將房地仍歸曹振平，代袁珩措完欠銀，或將房地歸於原業主曹克恭等。追出原得房地價銀，以結夙案等因具題前來。據此曹振平所助房地"。

〔七〕奏牘本此句後加"康熙十九年八月二十二日題二十四日"。

請寬盜案處分以惜人才疏〔一〕

盜案之處分久定〔二〕，不敢擅請從寬。人才之淹抑可矜，特爲酌陳通變，以鼓舞積困之勞吏事。

竊查盜案處分定例，内開："道路村莊被刦，將承緝州縣印捕官併捕盜同知、通判住俸，文到扣算。限一年緝拿，若限滿不獲，降一級調用”;又:“兼轄道官罰俸六個月,限一年催緝,限滿不獲,再罰俸一年”等語。此係已定通行之例,何敢輕議變更?第直屬之盜案與他省(逈)〔迥〕不相同。直屬圈殘之區〔三〕,民無恒産,既往往流習非爲〔四〕,而又旗、民雜處,乘馬挾矢,呼群引類,無可稽查。紛紛申報失事,幾無虚日。故監司廳印等官,求其與盜案脱然無累,得與陞轉之例者,十不能三四。其間豈無廉能素著之員可期大受者?而一官疲劇之區,此案未獲,彼案又起,一案幸完,數案未獲,甚有一日而失盜之案數家。經年累月,攢眉莫策。始焉未嘗不勵精求爲消弭之計,而無如飄忽兇徒,焚刼不時,積案多宗,降罰隨至,灰心進步,無計自拔。以朝廷有用之人才,而皆以盜案沉滯,鐫級去任,殊可憐惜。

臣目擊淹抑多員,不得不亟請稍爲變通也〔五〕。除城内被盜行刼,各官仍照定例處分外,其道路、村莊失事在州縣,身在地方,既不能消弭於未行,復不能緝拿於已刼,責無可諉,一年不能緝獲,降級調用允宜。但原失事之州縣既降級去任,接緝之官事不切己,恐未肯實心搜緝,則強盜反有漏網之弊。合無將州縣官於一年未能緝半題參者,降一級仍留原任,賊犯照案緝拿。若於已參議處之後,有能續獲一半以上,仍許開復,還其原降之級。是於懲過之中寓以勸勉,則各官不因去任隳心,咸知自奮,必能悉力擒拿,不致強徒幸免也。至於薦舉卓異,行取官員,乃朝廷超拔人才之典,而亦督撫諸臣盡其以人事君之義。但有才守兼優堪膺斯選者,每因一二案未完,格於定例,而不敢輕列薦剡,致使遠大之器困於百里,深爲可惜。前見江寧撫臣慕天顔爲請旨行取事一疏,將有未完,錢糧之知縣林象祖、任辰旦題請行取,欽奉特旨俞允。仰見我皇上憐才之殷,初未欲以成例限人也。直隸盜案之多,與江南錢糧之繁,事同一轍,其中非無品行卓越、才具優長如林、任二令者。倘邀一視之仁,特開破格之舉,遇薦舉大計及行取之期,容臣將真知灼見、確有才守之員，不論盜案之銷否，一體薦揚，以備擢用。庶真才不致於淹抑，而朝廷可收得人之實効矣。

再查捕盜同知、通判，雖專司督緝之任，但所屬有十餘州縣及二三十州縣不等，既不能分身經理，又無由遍歷搜拿，竟同各州縣一體處分，似屬過甚。查武職議處之例，千、把等官爲專汛，守備等官爲兼轄，副、參等官爲統轄，州縣印捕既與武職專汛之員同一處分，則同知、通判亦當與武職兼轄之員同一處分也。比例更定，則各廳員未有不鼓舞勉力者矣。至督緝道員定例，原止罰俸，臣亦何敢再爲置議？但於罰俸之外停其陞轉，限年緝賊。今承緝州縣與同知、通判既請量輕處分，而道員所轄地方遼濶，一歲之内有失事數起至十數起不等，停陞之案先後接續，竟無銷結之期。故直屬有督緝責任之道員，欲與推轉之例，終不可得。臣思方面大吏，或由京官改授，或由外吏陞補。歷任既久，率多練達之才，及其年力精壯，正可矢圖報効，乃令困頓一職，無復進階之期，更爲可惜。況督緝與承緝原自不同，在承緝州縣等官，固應停其陞轉，限年緝賊；而督緝之道員既已罰俸，似可免其停陞。輕重區別之間，或亦上下之體統宜然。若夫武職副、參等官，則又視文職之道員相等，所當併請一體變通，以昭畫一之例者也。緣係憐惜人才起見，敬陳末議。如果臣言可採，伏乞睿鑒，勅部議覆施行〔六〕。

奉旨："九卿、詹事、科道會議，具奏吏部等衙門。"

會議得："直隸巡撫于成龙疏稱云云〔七〕，相應將此處無庸議〔八〕。"

奉旨："直隸地方盜案繁多，官民殊爲苦累。著將該撫原疏内各款事情，再加逐一詳議具奏。欽此。"

再會議得："直隸巡撫于成龙疏稱：'直屬地方旗、民雜處，失事甚多。故監司廳印等官，求其與盜案脱然無累、得與陞轉之列者，十不能三四。官員而以盜案沉滯，殊可憐惜。道路、村莊失事，合無將州縣官於一年未能緝半題參者，降一級仍留原任，賊犯照案緝拿。若於已處之後，有能續獲一半以上，仍許開復其原降之級。至品行卓越、才具優長者，遇薦舉大計、行取之期，不論盜案之銷否，一體薦揚擢用。又，捕盜同知、通判所屬有十餘州縣及二三十州縣不等，既不能分身經理，又不能遍歷搜拿，竟同各州縣一體處分，事屬過甚，當與武職兼轄之員仝一處分〔九〕。至於督緝道員所轄地方遼濶，停陞之案先後接續，欲與推陞之列，終不可得。况督緝與承緝原自不同，既已罰俸，似可免其停陞。若夫武職副、參等官，視之道員相等，當併請一體變通'等語。查定例内：'道路、村莊被劫，承緝州縣印捕并捕盜同知、通判及專汛武職住俸，限一年緝拿。兼轄道官及兼轄副、參等官，罰俸六個月，限一年催緝。限内拿獲一半者免罪，若限滿不獲，州縣等官及專汛武職俱降一級調用。有加級紀録，准抵道官及兼轄武職罰俸一年，賊犯照案緝拿。同城知府照州縣例處分'等語。查盜案限一年不獲，既行降一級調用，餘賊交與接任官緝拿，限期急迫。本官既經去任，接任官事不切己，反不將盜賊查拿，以致盜賊愈多。嗣後，州縣等官及專汛武職等官，一年限滿不獲，降一級留原任，再限一年緝拿。無級可降之官，革職亦留原任，限一年緝拿，如再不獲，調用革職。同知、通判管轄數州縣，應照先定處分兼轄官員例，初參停陞，罰俸六個月，限一年緝拿。限内不獲，罰俸一年，照案緝拿。同城知府以下，既有承緝知縣，其知府應照同知、通判例議處。道官與兼轄武職，初參既罰俸六個月，免其停陞，仍限一年緝拿。限滿不獲，仍照例罰俸一年。若未滿一年之限陞遷，照離任官例罰俸一年。盜案俱係一體，各省盜案亦照此定例行。又查定例，'無錢糧盜案官員，方准薦舉卓異行取'。知縣林象祖、任辰旦，係奉特旨准行，不爲例在案，應將此處無庸議。命下之日，以後所到盜案，照此例議可也〔一〇〕。"

奉旨："依議。"

【校記】

〔一〕奏牘本爲卷七之第二篇,題爲“請寬盜案處分以惜人才疏”。

〔二〕奏牘本此句前加“題爲”。

〔三〕殘　四庫本作“占”。

〔四〕非爲　四庫本作“爲非”。

〔五〕亟請　四庫本作“懇恩”。

〔六〕奏牘本此句後加“臣未敢擅便,謹題請旨”。

〔七〕奏牘本此句前加“議覆内開該臣等”。

〔八〕奏牘本此句後加“餘照前議,恭候皇上命下臣等遵奉施行,謹題請旨”。

〔九〕仝　四庫本作“同”。

〔一〇〕奏牘本此句後加“等因”。

請緩徵災邑房課疏〔一〕

山邑慘罹奇荒〔二〕,房課力難措辦。懇祈題蠲,以救民命事。

該臣看得真定府屬獲鹿、井陘、曲陽、平山、靈壽五縣,連年疊被災傷,今歲復遭亢旱。經臣將所被夏災,委員勘明分數,具題在案。其應徵房税銀兩,先因難以措納,咨部俟麥熟之後開徵。今各縣咸稱:“房税緩俟麥熟開徵,原望麥收輸納,今自春至夏,亢旱異常,麥無收穫,災黎救死不暇,豈能責其完納房税?”詳請蠲免前來。臣批守道查議。兹據該道參議董秉忠詳稱:“獲鹿等五縣連被災荒,今又二麥無收。目下雖得雨澤,止可佈種秋禾,救死將來。此時正在青黄不接之際,若按追徵房税,勢必流離散亡,終無有濟。”臣查宣府被災地方房税銀兩已蒙皇恩免徵,而獲鹿、井陘等五縣,災傷與宣府無異。其房税銀兩請俟二十一年徵收,不過暫寬時日,於税銀仍可補徵而災黎實沾無窮之惠矣。既據該道呈詳前來,理合具題。隨經户部議覆〔三〕:“相應准其俟秋收之日徵解可也〔四〕。”

奉旨:“依議。”

【校記】

〔一〕奏牘本爲卷七之第三篇，題爲"請緩徵災邑房課疏"。

〔二〕奏牘本此句前加"題爲"。

〔三〕隨經户部議覆　奏牘本作"伏乞敕部議覆施行，臣未敢擅便，謹題請旨。奉旨該部議奏，户部議覆，内開該臣等查得直撫于成龍疏稱，真定府屬獲鹿等五縣連被災荒，今又二麥無收，若按限追徵房税銀兩，勢必流離，請俟二十一年徵收等因前來。查房税銀兩，原係爲接濟兵餉徵取，自應照限徵解，但該撫既稱獲鹿等五縣二麥無收，若仍按限追徵，百姓困苦等語"。

〔四〕奏牘本此句後加"等因具題"。

報賑宣屬饑民疏〔一〕

康熙二十年六月初七日〔二〕，准户部咨，内開："康熙二十年五月二十七日奉上諭〔三〕，諭户部：'前因大同等處地方，自去歲饑荒，百姓無食，流離失所，已經發銀二十萬兩，遣官賑濟，又將應徵房税悉與豁除，務期小民家室復完，不失故業。今復差官各處察看，閭閻尚多逃亡，田土仍然荒棄，耕種無資，衣食奚賴？朕心深爲憫惻。所有本年應徵地丁、各項正賦併歷年帶徵拖欠錢糧，盡行蠲免。但小民困苦已極，猶恐無濟目前。此外，有何應行事宜可以速拯災黎，俾得存活者，爾部即行詳議具奏，以副朕軫恤百姓至意。特諭。欽此。'欽遵，該臣等議得，除應行事宜另行確議具奏外，將大同、宣府、太原此三處賑過州縣衛所應徵二十年分地丁、各項正項錢糧米穀并節年帶徵拖欠錢糧米穀，俱行蠲免。其未賑州縣衛所錢糧，仍照舊徵收。俟命下之日，行文該撫，將蠲免錢糧之處大張告示，通行曉諭，俾其均沾皇上愛民實惠。如有不肖官員將蠲免錢糧私徵，或被害之民首告，或傍人出首者，將州縣官照貪官治罪，巡撫、司道等官一併從重議處。現今仍有無食饑民亦未可定，應請敕下直隸、山西巡撫作何速行設法賑救，以副皇上愛民至意之處，確議舉行可也。康熙二十年五月二十九日題。"六月初二日奉旨:"依議。著差爾部賢能司官前往,會同該撫賑濟饑民,務使得沾實惠,并作何設法拯救,著會同詳議具奏。欽此。"欽遵,移咨到臣〔四〕,除將蠲免錢糧之處頒發告示,通行七處曉諭,務使均沾皇上愛民實惠外,隨該户部員外郎葉等同臣會議〔五〕,親往七處查看,將寔寔乏食饑民,自六月十五日起至八月十五日止,借支存倉米豆,再賑兩個月,俟勸捐補還情由,業經會疏題明。臣隨於本月初九日起程,亦經具疏題報在案。至本月十四日已抵宣府,會同員外郎葉〔六〕,於十五日開倉賑濟前衛饑民。次至萬全、左衛、懷安、深井堡、東城、西城、蔚州衛,俱逐處遍歷,親行查賑。今於本月二十八日,已經賑完訖。臣於所到之處,逐一詳加察看。自出居庸關以外,地土率皆石磧、山坡,非如口内平衍之原田。而時方溽暑,凉爽自生,一似口内仲秋節令。若至仲秋,則肅殺之氣已至,而草木應先凋落矣。是口外之地勢、天時,均與口内大不相同。故常年稱爲豐稔之秋,亦適與口内之中年相等。若遇雨暘不均,則荒歉甚於他處。今此七城衛堡,去年災祲又稱特甚,民無素蓄,致多饑餒。前已蒙我皇上疊賑之恩,得以存活。所最苦者,尤在錢糧無從措辦。今兩奉特恩,將應徵房税銀兩,悉與豁除。本年應徵地丁、各項正賦并歷年帶徵拖欠錢糧,盡行蠲免。萬姓歡呼載道,幸免催科,咸有安居之慶。此七處之民情,大率如此。

臣等察看宣府前衛地方,民間所種麥田,雖收穫甚薄,而秋禾得沾雨澤,收成可望。見今農忙之際,少壯之人傭工力作,俱可度日。且豆菓菜蔬之類隨時採取,可以易米,亦可供食,較去冬今春與夏初無雨之際,已大不相同。是以請賑之民,亦不如前此之多。臣等查驗,將老疾困苦、力不能自給者,賑過大口饑民六十七名。萬全、左衛地方,見今情形大概與前衛相等。唯東南之(閻)〔閻〕家莊等村一帶,地土砂磧最甚,先遭亢旱,有棄而不種者,有種而至今萎短不堪者。臣等逐一查驗,將實實困苦之饑民,賑過大口四百一十一名,小口一十名。懷安衛地方情形,亦與前衛相去不遠,而山僻之區窮民較多於附郭之處。臣等逐一查驗,將實實困苦之饑民,賑過大口二百二十名,小口一十名。深井堡地方,地狹民少,見今秋禾較之左、懷等衛更爲茂盛。臣等查驗,除可自食其力者不給外,將老弱無力饑民,賑過大口十八名,小口二名。東城地方麥田無收,所種秋禾先苦亢旱風沙,近賴雨澤連綿,不被冰雹之處已漸長茂。唯千家營、王家窑、東水地、馬圈堡、西水地、東六馬房等村,於五月十七日爲冰雹打傷,間存根楂,或復佈晚禾,幸今有雨,亦漸生發,將來少有收穫亦不可定。但此等復被災之處,民人困苦。臣等親詣各村查驗確實,賑過大口饑民三百零二名,小口一十三名。西城地方,其情形不特比前、左等衛堡懸殊,即較之東城爲尤苦。麥田既不接濟,秋收又難懸望。其被冰雹打傷之黄羊坡等村共計二十四處,禾苗殘毀一空,率多拋棄不復再種。即有再種者,無力耘鋤,草多苗少,長不盈寸,欲望收成,全然難定。及查看民間屋舍之内,所貯唯有野菜,男婦老稚無不饑餓現於形色。緣此處被災獨重,是以窮民獨多。臣等逐一查驗,賑過大口饑民三千二百三十名,小口饑民八百五十名。蔚州衛地方,麥田因旱爲災,大率與各處相同,而秋禾則較各處爲尤盛。臣等查驗,除可以力作自食者不賑外,將困苦無力饑民,賑過大口一百八十名,小口二十六名。以上七處共賑濟大口饑民四千四百二十八名,每名給米二斗四升;小口饑民九百一十一名,每名給米一斗二升。通共借支各倉米一千一百六十六石二斗八升,豆五石七斗六升。此七處饑民得此兩月米糧,已可接濟至秋收。凡有收成之處,民人俱可自給。但如西城等之復被冰雹村莊,若秋禾仍無所獲,勢須再賑。容臣於應賑之時,另疏題明,設法拯救。至於賑過饑民花名細數,已檄令各地方官備造清册,俟送到之日,咨部查核。其借支米豆,亦一面勸捐補還，併俟捐補交倉之日，另咨報部。合將臣等賑完緣由具疏題報〔七〕。

奉旨："這賑濟過宣府所屬地方饑民，知道了。該部知道。"

【校記】

〔一〕奏牘本爲卷七之第四篇，題爲"報賑宣屬饑民疏"。

〔二〕奏牘本此句前加"題爲欽奉上諭事"。

〔三〕内開　奏牘本作"山西清吏司案呈"。

〔四〕欽遵移咨到臣　奏牘本作"欽遵抄部送司，奉此相應移咨案呈到部移咨到臣"。

〔五〕葉　四庫本作"葉倫"。

〔六〕同上。

〔七〕奏牘本此句後加"伏乞敕部查照施行，臣未敢擅便，謹題請旨"。

報賑濟事竣回署疏〔一〕

恭報微臣回署日期事〔二〕。

（切）〔竊〕臣奉旨會同户部員外郎葉倫等賑濟宣屬前、左、懷、蔚四衛、東西二城、深井堡七處饑民，俱經逐處親查給賑，於六月二十八日事竣，業經具疏題報在案。臣於拜疏之後，於六月二十九日自蔚州衛起程，由紫荆關入口，於康熙二十年七月初二日回署訖。臣於所到之處，詳察地方情形，諮訪民間疾苦，一切利弊所關與應行事宜，容臣次第入告外，所有微臣回署日期，理合具題〔三〕。

【校記】

〔一〕奏牘本爲卷七之第五篇，題爲"報賑濟事竣回署疏"。

〔二〕奏牘本此句前加"題爲"。

〔三〕奏牘本此句後加"伏乞敕部查照施行，謹具題知。奉旨：該部知道。"

雄縣蒙賜謝恩疏〔一〕

恭謝天恩事〔二〕。

恭逢皇上行幸雄縣地方，臣依望天颜，孺誠倍切，隨具疏奏明於康熙二十年九月初十日，蒙欽賜魚二包、麅一隻、兔二十隻、鴈二隻、孤汀五隻。臣衙門筆帖式郎圖賫捧到保，臣即叩頭祗受，分頒同城文武各官均沾聖惠。臣隨躬率守道參議董秉忠、巡道僉事吳元萊、保定營參將張玉麒馳赴行殿，祇候聖安〔三〕。復蒙恩賜御膳，併賜銀鼠掛一件、奶酒一缾〔四〕，臣當即叩頭謝恩訖。念臣謬任撫畿，毫無寸補，屢蒙聖惠，寵錫頻頒，仰承眷注之彌深，益慚報稱之無術，唯有矢竭駑駘，冀答隆恩於萬一耳。臣謹恭疏奏謝〔五〕。

【校記】

〔一〕奏牘本爲卷七之第六篇，題爲“雄縣蒙賜謝恩疏”。

〔二〕奏牘本此句前加“奏爲”。

〔三〕候　四庫本作“請”。

〔四〕掛　四庫本作“褂”。

〔五〕奏牘本此句後加“伏乞睿鑒施行，爲此具本專差提塘李(懋)〔茂〕功賫捧謹具奏聞，伏候敕旨。奉旨：該部知道。”

請更定宣屬文武儀注疏〔一〕

宣屬廳員轄衛之分〔二〕，名實未符，特請酌復舊制〔三〕，以重事權，以專責任事。

(切)〔竊〕照宣府一鎮〔四〕，地處邊方，雖四境遼濶，而山多田少，荒沙瀰望。寥寥土民，或築堡以居，或穴山爲室。蓋此地自來爲屯牧之所，原與腹裏不同。故於附近口内之處，僅置延慶、保安二州，此外唯設有十衛，地土人民悉令守備經管，而衛備之所不及者，即令營弁兼理。其統轄之官，則口北道總持要綱、六路廳分任督率也。緣邊塞之區糧微丁少，不堪爲縣而置衛，不必立府而設廳。其稽察錢糧、督緝盗逃，一切地方事務，皆六路廳之責任。是宣府各衛之屬於廳，亦猶州縣之屬於府，非若外省衛所徑隸都司，與府廳毫無統攝者可比也。舊制,守備於廳員俱行屬禮。自更定儀注以來,改行賓主之禮,文移俱用手本,原爲彼此不相轄而定。乃宣府各衛弁亦遂以文武分途,竟抗禮平行,而稽察不服,呼應不靈,毫無統轄之實也。近如蔚州衛已故守備何藩、懷安衛守備王日熹等,缺少倉糧皆盈千累萬。又萬全、左衛守備吴文儀等,或貪縱不法,或酷烈濫刑,俱經參究矣。至各衛連年本折錢糧,率多未完。十九年夏秋二災,不遵六、九兩月之限,奏銷文册至五月終尚無送到,悉已逐案參處。而各廳員以有督率之故,因之亦屢掛彈章,並受處分矣。

臣思各廳既任統轄之責,必重其統轄之權,名實相符,則呼應靈而諸事不致廢弛,未可以不相轄之廳備概論也。合無將宣府衛備於所轄之廳員仍照舊時儀注,另行更定,庶使各知分之所在,不復敢縱恣抗玩,而公務獲濟矣。再查城堡守備等官兼管地丁事務者,其錢糧亦係各廳任其督催稽核,而地方有失盜等事,除兼轄營將外,各廳仍有督緝之責,雖營弁而與衛備無異〔五〕。既有廳員統轄之事,亦應行廳員統轄之禮,所當併請更定〔六〕,以重事權,以專責任者也。禮部議覆,内開:"該臣等查得順治十八年〔七〕,臣部與内三院、吏、兵二部會定文武官員相見儀注内,'各守備見知府、同知、通判、推官,俱不相轄,行賓主之禮'等因,通行在案。相應將撫院于成龙更定儀注之處,無容議〔八〕。奉旨:'這各路同知等官,有專管稽察錢糧之責,屯衛守備與營伍守備不同,着再議具奏〔九〕。欽此。'該臣等再議得:直撫于成龙疏稱:'宣府衛地土、人民,悉令衛備經管,於廳員俱行屬禮。自更定儀注以來,稽察不服,呼應不靈,其城堡營弁兼管錢糧者,亦與衛弁無異,併行更定,而公務獲濟'等語。臣部查順治十八年以前所定儀注内〔一〇〕,既有廳員行屬官之禮。嗣後,相應照舊定儀注例統轄可也〔一一〕。"

奉旨:"依議。"

【校記】

〔一〕奏牘本爲卷七之第七篇,題爲“請更定宣屬文武儀注疏”。

〔二〕奏牘本此句前加“題爲”。

〔三〕請　四庫本作“賜”。

〔四〕(切)〔竊〕　四庫本作“竊”,從四庫本改。

〔五〕雖　奏牘本作“是”。

〔六〕并請更定　四庫本作“并請俯賜更定”。

〔七〕禮部議覆:内開該臣等查得順治十八年　奏牘本作“臣謹具題,伏乞敕部議覆施行,臣未敢擅便,謹題請旨。奉旨:該部議奏。禮部議覆,内開:該臣等查得直撫于成龍疏稱,宣府衛地土人民悉令衛備經管,稽察錢糧,督緝逃盗,皆陸路廳之責任。舊制,守備於廳員俱行屬禮,自更儀注以來,改行賓主之禮,廳員徒有統轄之名,而稽察不服,呼應不靈。宣府衛備仍照舊時儀注,另行更定。其城堡營弁所管錢糧與衛弁無異,當并更定等語。查順治十八年”。

〔八〕容　四庫本作“庸”。

〔九〕着　四庫本作“著”。

〔一〇〕臣部　奏牘本作“臣部議,仍令無轄行賓主之禮等因具題。奉旨:這各路同知等官,有專管稽察錢糧之責,屯衛守備與營伍守備不同,着再議具奏。欽此。”

〔一一〕奏牘本此句後加“等因具題”。

請全蠲災邑錢糧疏[一]

欽奉上論事[二]。

康熙二十年九月二十三日准户部咨,内開:“康熙二十年九月二十日奉上諭[三],諭户部:‘頃者,朕巡行近畿,至霸州地方,見其田畝窪下,多遭水患,小民生計無資,何以供納正賦?其該州見在被淹田地應徵本年錢糧,著察明酌量蠲免,以示朕勤恤民隱至意。爾部即遵諭行。特諭。欽此。’欽遵,相應移咨直撫,將霸州現在被淹田地數目并應蠲錢糧數目,速行查明具題可也[四]。”移咨到臣,隨檄直隸守道,欽遵將該州見在被淹田地數目并應蠲錢糧數目查明詳報去後。今據該道參議董秉忠詳覆,查該州水淹地畝[五],先經勘明成災十分、九分，具疏題報。部覆照例免本年錢糧十分之三在案。共計被災地一千五百四頃零，本年額徵錢糧共該銀六千三百八十二兩零。若照十分免三之數計算，應蠲銀一千九百一十四兩零。但該州地勢最窪，被水爲患，民生之困苦業在我皇上睿照之中。既奉特恩軫恤，合無於常例之外，將本年錢糧破格全蠲，以廣皇仁。統聽部臣覆奪〔六〕。

【校記】

〔一〕奏牘本爲卷七之第九篇，題爲"請全蠲災邑錢糧疏"。

〔二〕奏牘本此句前加"題爲"。

〔三〕内開　奏牘本作"福建清吏司案呈"。

〔四〕奏牘本此句後加"等因呈堂奉批行送司，奉此案呈到部"。

〔五〕今據該道參議董秉忠詳覆查該州水淹地畝　奏牘本作"今據該道參議董秉忠呈稱等因，呈詳到臣。該臣看得霸州地方田畝窪下，多遭水患，我皇上軫恤災黎困苦，特諭户部將應蠲本年錢糧察明，酌量蠲免。部咨行臣，將被淹用地并應蠲錢糧各數目查明具題行。據該守參議董秉忠詳覆，查該州水淹地畝"。

〔六〕奏牘本此句後加"既據該道呈詳前來，理合具題，伏乞敕部議覆施行。臣未敢擅便，謹題請旨部覆。奉旨：依議。"

酌派驛站銀兩疏〔一〕

衝驛站銀缺額，墊應維艱，謹請勑部定擬撥補，以甦郵困事。

竊照直屬各府州縣驛遞夫馬工料錢糧，向有額編定數，毋分(冲)〔衝〕僻〔二〕，俱於本州縣所徵地丁銀内照數支給。惟涿州、良鄉、通州、三河等州縣，地圈丁散，錢糧無徵，站銀缺額歷來申請撥給。康熙八年以前，前撫臣按年移咨户部請撥。康熙八年十月内，户部具題："直隸因無布政司，各州縣缺額銀兩，各道轉詳巡撫咨部撥給。今經具題，通薊道改爲守道，總轄直隸錢穀事務。以後一應缺額等項銀兩，照各省布政司之例，專責守道經管，其收放錢糧數目造册申報，巡撫查對明白，年終奏銷"等因。奉有"依議"之旨，移咨前撫臣。嗣經前撫臣移咨户部,請示凡一切撥補缺額錢糧,是否俱聽守道(經)〔徑〕自動給[三],年終彙册報銷? 抑或先行逐案咨部,始行該道動撥? 復准户部咨開:“直隸一切錢糧,俱守道總管動撥,年終奏銷,以憑查核題定。咨行甚明,無庸咨問。相應咨回,查照原題奉行”等因。自此以後,各州縣驛站缺額銀兩,俱係守道詳明前撫臣,按時撥給驛站,支用有賴。所以康熙十三年以後,軍興差繁之際,各屬應付無悮。至康熙十五年九月内,户部具題:“部撥錢糧之外,凡有動用銀兩,均應預先報明,奏銷之時,以憑查對。若有緊急軍需,一面報明,一面撥用。”奉有“依議”之旨,移咨前撫臣,遵將各屬缺額銀兩,於十五年以後移咨户部請撥,俱係隨咨隨允,隨即撥給。康熙十九年五月内,准兵部移咨,内開:“如有衝驛不敷及災傷缺額者,責令驛道查造細數,先行咨報本部,應否動用驛站裁四銀兩,核明定奪。如不行造報本部,遽將藩庫銀兩動用,除不准銷外,定將經管及轉報各官,一併以違例題參”等因。

臣於康熙十九年六月初四日蒞任,查涿、良等州縣康熙十九年缺額站銀,除護理直撫印務守道董秉忠移咨户部准撥之外,涿州尚有未撥銀四千二百三十四兩零,良鄉縣尚有未撥銀七千七百七十六兩零,通州尚有未撥銀五千三百八十三兩零,三河縣尚有未撥銀一千六百九十兩零。臣於十九年六、七等月及二十年正、五等月,屢次移咨户、兵二部請撥。户部以所請之銀係應給之數,將涿、良、三河三州縣缺額照數補足,其通州缺額先准撥銀二千兩。兵部以未經奏銷,將户部已准應補各州縣之銀,一概不准撥給。各州縣訴艱訴苦之文,殆無虚日。臣復屢爲咨請,兵部屢駁不允。今康熙二十年,涿州缺額銀四千三十四兩零,良鄉縣缺額銀九千八百二十七兩零,通州缺額銀三千四百三兩零,三河縣缺額銀七百三十兩零。臣又陸續移咨户、兵二部請撥,户部准將通州、三河縣之銀全撥,其良鄉縣先准撥銀三千兩。涿州之銀,户部移咨,俟兵部准撥之日再議。而兵部又以未經奏銷,俱不准撥。

各驛所缺站銀,乃經制額設按日支銷之項,凡人夫工食、馬匹草料以及過往員役廩給口糧,無項不取足於斯。歷年以來,皆係按數撥給,非自康熙十九年及二十年始也。乃兵部於奏銷之前,將所缺之銀概不允撥,則是僻處站銀尚得在本處地丁銀内照額全支。而涿、良二處當天下之衝,通、三二處爲兩京、喜峰孔道,均係差使至多至繁之區,反令其拮據賠墊。從前之逋欠既不能清,向後之預墊又須設措,以衝苦之州縣爲力幾何,而能久於支持?勢必馬匹倒斃,夫役逃散,稽遲緊急差使,貽悞軍國重務,所關甚鉅,寔爲可虞。各州縣原額站銀十分之内,除裁減四分外,所留六分之銀,原屬應領之項,且係必不可少之數。兹良鄉縣康熙二十年額銀一萬四千七兩零,本年地丁徵銀四千一百七十九兩零,止足三月有餘之需;缺額銀九千八百二十七兩零,計少八月有餘之銀。涿州康熙二十年額銀一萬四千八兩零,本年地丁徵銀九千九百七十四兩零,止足八月有餘之需;缺額銀四千三十四兩零,計缺三月有餘之銀。通州康熙二十年額銀六千九百七十六兩零,本年地丁徵銀三千五百七十三兩零,止足六月有餘之需;缺額銀三千四百三兩零,計缺五月有餘之銀。三河縣康熙二十年額銀四千四百一十九兩零,本年地丁徵銀三千六百八十八兩零,止足十月之需;缺額銀七百三十兩零,計缺兩月之銀。而本年地丁錢糧,春季不能完納,必待夏秋收穫之後始可徵收,所有缺額銀兩,勢須早爲撥給。今兵部將十九年所缺之銀,於二十年九月中議覆十九年奏銷案内始行扣撥,則二十年站銀直至二十一年九月間方得有銀撥補。

自今以往,尚有一年之期,爲時甚遠。目前現缺數月站銀,夫馬工料無項支給,人夫斷無不逃,馬匹斷無不斃,郵傳斷無不倒,此不待再計而決也。臣思各州縣站銀既有定額,本年撥給與奏銷後撥給,毫無增減,總出朝廷錢糧,何必遲之又久以候奏銷乎?與其遲撥，使經管各官有墊應之苦，兼有塌驛之慮，無如按期撥給，俾貲用不乏、差使無悮之爲愈也。臣請敕下户部會同兵部，將涿、良、通等三州縣康熙二十年缺額站銀照數撥補，康熙二十年以後站銀仍照康熙八年户部題定之例[四]，專責守道經管，令其每年春季查明缺額確數造册，詳臣核允，於驛站裁四銀内，逐季報明給發，年終造入奏銷册内具題，聽部查核，停其逐處咨部。此外，如各州縣驛或遇災傷，錢糧蠲免缺額，并存留祭祀、俸食等銀缺額，亦照例撥補，造入奏册報銷。庶圈佔瘠邑諸務整頓，不致窘竭時有呼籲之繁矣。

【校記】

〔一〕奏牘本無此文。
〔二〕(冲)〔衝〕　四庫本作"衝"，從四庫本改。
〔三〕(經)〔徑〕　四庫本作"徑"，從四庫本改。
〔四〕題定之例　四庫本作"議准之定例"。

酌議運送砲位疏[一]

欽奉上諭事。

該臣看得直隸各屬銅鐵砲位，前經户部郎中詹布禮逐處查明，業經彙疏題報。所有大小銅砲限于閏八月二十日内解部[二]，其多餘堪用鐵砲亦令陸續解部。臣隨檄行守道會同巡道查議作何運送。嗣據議覆："砲位散貯各處，莫如各就近起解爲便。"隨經行令文武各衙門，先將銅砲依限速解去後，續據保定營參將張玉麒以"砲多觔重，需車數多，窮弁難措"，具詳呈請臣批守道查議。玆據守道參議董秉忠詳稱[三]："武職衙門砲位，應請量給脚價，給各營自行僱運，以竣公事"等情。正在繕疏會題間，於本年閏八月初十日，准工部等衙門咨，爲請停各省解砲等事，内開："多餘鐵砲俱行銷燬之處，應俟各省砲位盡行查明，到日再議。其無河道省分，大小銅砲俱令驛遞傳送"等因。除各屬多餘鐵砲應另候部示遵行外，至於大小銅砲,先因定限急迫,已分催文武各衙門依限起解,現今亦有裝車就道者,亦有未經起解者。若遵新准部文,令其由驛遞傳送,而各營砲位又多在邊關山僻之所,仍須運至大路州縣,始有驛遞。與其迂迴道路,轉交驛遞,何如就其捷徑,各自解京之爲便?但不給與脚價,則解送無資,窮弁奚能賠墊?臣思驛遞傳送僱車之價,例係按程撥給,今將各營路自送之砲位,各照所需車輛亦按程給與僱價,是即以應給驛遞銀兩轉給各營,則錢糧並未多費,而於各營得免賠累矣。

再查馬水、紫荆等一帶關隘,皆處萬山之中,峻嶺深溝,人難並行。若係已毁之碎銅,則人力尚可背負,馬力尚可馱運。今各砲有數百斤至千餘斤不等,不脛不翼,癡重不前。雖欲藉衆扛抬,而人足難容,力無可施。其所存砲位,據稱皆當年本地置造,今之不能運出,亦猶昔之不能運入也。是必另籌其法,而後可以解送。即輕小之砲止重百十斤者,亦因路險難行,僅可漸次馱送。原定限期,勢難勉副。所當一併題明,聽部議覆。

【校記】

〔一〕奏牘本無此文。

〔二〕于　四庫本作“於”。

〔三〕具詳呈請臣批守道查議。兹據守道參議董秉忠詳稱　四庫本作“臣隨批,據守道董秉忠詳稱”。

再議運送砲位疏〔一〕

欽奉上諭事。

案照直隸各省大小銅鐵砲位,其直隸各營路解費無出,與路險不能運送情由,臣已另疏題請外,至於各省大小銅砲,除山東、江南、浙江、江西、湖廣五省并河南之地近運糧水次者,可以載船解送,尚有山西、陝西并河南之不近水次者,必須陸運。直隸當總匯之區，路必經由，而各驛自工料裁四以來，更值軍興旁午，差使絡驛，各官揭借賠墊，已有骨立難支之勢。雖三省銅砲難以預計，然砲之重者，率有數百斤至千餘斤不等。整砲非已毀之碎銅可比，人畜不能零星分負，需車必多。今畿南大路舊有遞運所車〔二〕，久經裁盡，又無額設車價銀兩，萬難應此各省之多砲。與其臨事而致悮，不若先計以酌濟。臣思額外車價原有報銷撥補之例，唯是撥給於准銷之後，則守候經年，不能濟急。當其應付之時無術設處，實滋困累。(第)〔第〕此車價按程算給，原有定數，合無將此運砲之車，准其於各州縣本處地丁等銀内隨時動支，僱覓應付。總係應給之銀，未嘗額外多費，而各屬得免借墊之苦，公務不致遲悮矣。

臣再有請者。有河道省分之砲位，由船載以抵通州，勢必用車運送入京。而通州止額設車價銀七百兩，每年支給不敷，墊應至千餘兩不等。今各省之砲，責之一處運送進京，力實難支，併請一例動支正項錢糧，雇募夫車，以免困累者也。

【校記】

〔一〕奏牘本無此文。
〔二〕今　四庫本作“今查”。

酌議運米脚價口糧疏〔一〕

遵旨運米賑濟蒙古事。

查照宣屬地方，連遭荒旱，災祲異常，民命實有倒懸之苦。仰荷皇恩軫恤，蠲賑頻施，幸獲稍延殘喘，不致填于溝壑〔二〕。兹准部咨，將宣屬米石運至殺虎口，賑濟蒙古，誠屬急需。但宣府距殺虎口程途遥遠，計往返有一千餘里及八百餘里不等。此項米石長途運送，若責之官役，而俸食盡裁，窮苦無出。派之小民，而煢煢餓殍，力難負戴，即賣妻鬻子，拚命領運，而解至中途，或病或死，米多未到,不特民命堪憐,而公務必致遲悮,使非給以脚價口糧,似難遠運。且此賑濟蒙古,事關緊要,亦向來少有之事,非尋常可比。臣據南路通判陳天棟激切具詳,批行守道董秉忠查議。據稱,運糧至五百里以外者,原有准給脚價之例,自應照例給價。其五百里以内者,雖定例内未開給與脚價,但此枵腹之民何能輓運長驅?應請恩准不拘常例,量給口糧。議令每夫一人,管驢一頭,馱米五斗。每夫日給米五倉合、每驢日給豆五倉合、草半束,折給銀六厘,以爲窮黎運送口糧之需。米豆于節年存貯倉内動支[三],草銀于現年地丁銀内動支給發[四],于公帑無多費[五],而事無遲悮。小民不致痿斃于道路[六],實受無窮之福矣。

【校記】

〔一〕奏牘本無此文。

〔二〕于 四庫本作“於”。

〔三〕〔四〕〔五〕〔六〕同上。

議改防汛營制疏[一]

謹按地方衝僻之形勢,議改防汛緩急之官兵,以資守禦,以固疆圉事。

該臣看得天津鎮臣所轄地方,周長廣濶,兩京孔道[二],九省咽喉,邊腹海漕,在在衝要。臣與鎮臣每以靖盜安民[三],妥設防汛爲念。今准鎮臣咨稱,因時制宜,有亟當酌議移調者。如康熙十四年設立豐玉營,守備駐扎豐潤,兼轄六汛,原不無鞭長莫及之虞。玉田縣地處衝衢,護送絡繹,莊村稠密,滿漢雜居,非一把總所能支持,應設守備一員,駐扎玉田,立爲玉田營。查喜峰同城者,有遊擊一員,中軍、守備、千總各一員,兵丁二百餘名。該路名雖邊口,實屬内地,且設有章京、披甲把守,其遊擊、千總足以防禦,應將喜峰路之中軍、守備，帶馬步兵丁二十名調駐玉田，即將玉田把總改爲崗汛。豐臺向係豐玉營所轄，該汛坐落玉田地方，應將豐臺把總改歸玉田營管轄。玉田見有馬步兵丁一百零八名，豐臺兵丁四十六名，併帶來喜峰路兵丁二十名，共計兵一百七十四名，駐扎守備一員，管轄把總二員，立爲玉田守備營制，仍屬薊協統轄，則在喜峰無損，于玉田實爲有益〔四〕。玉田既設守備，則豐玉營應改爲豐潤營，守備管轄豐潤、開平、黑洋、淜河四處，庶衝汛不致有悮。再，永協地方，當日設立海防三營，原令蒲河營都司居中調度。前以劉家墩守備調駐樂亭縣者，蓋爲樂亭城内被盜入刦起見。近日，海邊商販船隻往來，干係重于平昔〔五〕，相應居中設立遊擊一員，以資彈壓。查務關營遊擊雖有催護漕糧之責，但北接漷縣營，南聯楊村營，西通武清營，相離俱皆不遠，合將務關營遊擊改爲蒲河營遊擊，隨帶千總一員，移駐蒲河。即南海營守備改爲蒲河營，中軍、守備仍分防南海。其蒲河見兵三百零二名，駐扎遊擊一員、千總一員、把總二員，多方訓練，遠近巡防，允足以資彈壓。務關營遊擊既調駐蒲河，應將蒲河營都司改爲樂亭營都司，隨帶蒲河營千總移駐樂亭。其樂亭與劉家墩，見在馬步兵丁一百九十八名，外有因昔年樂亭失事，抽調蒲河營馬兵八名、南海營馬兵六名。今蒲河、南海均係海防要地，應將原兵撥還二處外，另于永協所屬邊口稍緩之營汛内〔六〕，抽撥馬兵十名、步兵二十名合之。樂亭原兵共計二百二十八名，駐扎都司一員、管千總一員、把總二員，仍屬永協統轄。蒲河營都司既調駐樂亭，應將樂亭營守備帶把總一員移駐務關，改爲務關營守備，屬通協統轄。務關見兵二百三十一名，駐扎守備一員、把總二員，足以料理汛防漕務。以上各營均換給關防，各定營制。一轉移間，而官兵無庸添設，俸餉亦無加增，其于衝汛、海疆俱有裨益矣〔七〕。

【校記】

〔一〕奏牘本無此文。

〔二〕四庫本此句前加"爲"。

〔三〕臣與鎮　四庫本無此詞。

〔四〕于　四庫本作"於"。

〔五〕〔六〕〔七〕同上。

請假歸葬疏〔一〕

微臣母未葬〔二〕,瀝陳哀衷,仰祈聖慈俯允,以全子道事。

竊惟聖朝敷教崇孝所以勸忠,臣子立身竭忠必先盡孝,未有子道有虧,而可以事君臨民者也。臣山右寒儒,早年失恃,蒙繼母李氏視臣猶之己出,教養勤劬,恩同乳哺。臣於順治十八年,叨選廣西羅城縣知縣。其時,臣父久已見背,止有繼母在堂。家世清貧,甫除一職,間關萬里,欲奉母之任而力有不能,僅偕二、三僕人擔囊而往。抛離母氏,囑臣妻子奉養,絶裾之情,至今思之,猶有餘痛。在粤七載,於康熙六年陞授四川合州知州。蜀道險阻,自昔稱難,欲迎母侍養而又不可得。至康熙八年陞湖廣黄州府同知,雖轉遷已就近地,而在任四年,兩次入覲,兼奉上司委調,不常奔馳,靡有寧宇。及十三年二月内,報陞福建建寧府知府〔三〕,留補武昌府知府,因浮橋一案革職,旋補黄州府知府,正值兵興,終未遂迎養之私。是臣竊禄有年,臣母從未一嘗臣之食也。至康熙十五年十月内,接臣母病故訃音,五内摧崩,隨照例詳請回籍守制,乃以逆賊梗化,軍務倥偬,督、撫諸臣不以臣譾劣,勉臣移孝作忠,慰留再四,隨經題准在任守制。臣於斯時私念,母在既不能盡菽水之歡,而多事之秋,若復力請回籍,又不能盡鞠躬之義,則忠孝兩失。由是抱哀供職,馳驅於軍旅之間,而臣母停柩在家不遑顧也。嗣蒙皇恩超擢,於康熙十六年十月内,特陞湖廣分巡下江防道。十七年六月内，復陞福建按察使，尋陞本省布政使。十九年二月内，簡授今職。古來知遇之隆，從無臣比。臣前任江防道，湖南猶阻聲教，及任閩省藩、臬，漳、澄正在用兵。自抵今任一年有餘，而黔、滇餘孽未盡殄滅〔四〕，禁旅尚煩征討，宵旰未舒，臣之私衷何敢遽及？且臣受命撫畿以來，毫無寸補，而聖眷有加。本年二月内，率夫沙河，因得陛見，特蒙製詩褒美，更賜帑金千兩、御馬二疋〔五〕。又本年九月内，駕幸雄縣，復蒙賜麅、兔、魚、鴈等物〔六〕。及臣趨候聖安，又蒙賜銀鼠褂併奶酒〔七〕。寵錫頻頒，榮施逾分，感激之私，捐軀莫報，唯慮暮氣已侵，鞭策不效，何敢言去，辜負聖恩？獨是臣於繼母生不能養，死不獲殮，罪已深重。今停柩五年有餘，尚未歸土。如臣之爲子，亦何賴焉？天倫父母，事有未盡，何以爲人？況臣今年六十有五，日就衰邁，若再遲延，遺此未了大事而溘先朝露，則通天之罪，百世莫逭。是以，每一回思而拊膺頓足，情難自已者也。

臣前此之奪情留任，歷久不敢言歸者，緣以四宇未寧，王事靡盬，人臣義不遑顧親之時也。兹接部文，滇南逆孽蕩平，率土歸王，普天同慶。從此兵革不用，臣民共用太平之樂。我皇上誕敷文德，首在扶植綱常，敦崇倫理，以維萬世之人心，以固無疆之曆服。臣謬任巡撫，代宣聖化，亦惟以綱常倫理教人。乃躬際太平之盛，非復從前多事之時，若不歸葬母喪，是貪戀顯榮，忘親背義，不孝之名不免貽譏於天下後世。對屬臨民之際，先懷慚歉，又何以勸人興孝，思致化民成俗之效耶？伏祈皇上鑒臣私衷，允臣回籍安葬母喪。俾臣子道獲全，完此一生大事，則身外更無他慮，犬馬餘年，皆圖報聖恩之日矣〔八〕。

奉旨："于成龍所奏，情辭懇切，准假三個月，回籍葬母。事竣，速行赴任供職。該部知道。"

【校記】

〔一〕奏牘本爲卷七之第八篇,題爲“請假歸葬疏”。

〔二〕奏牘本此句前加“奏爲”。

〔三〕建寧府　奏牘本作“福州府”。

〔四〕殄滅　奏牘本作“殘滅”。

〔五〕御馬　四庫本作“内廄馬”。

〔六〕蒙賜　四庫本作“蒙宣賜”。

〔七〕同上。

〔八〕奏牘本此句後加“緣係瀝陳哀衷事理,貼黄難盡,伏乞睿鑒,俯賜全覽施行。爲此,具本專差提塘李懋功賫捧謹具奏聞,伏候敕旨。”

請護印務疏〔一〕

恩准假期〔二〕,兼膺新命,恭請道臣護理印務,以便交代事。

康熙二十年十二月二十六日,准吏部咨,爲微臣母喪未葬等事,内開:“該直隸巡撫于成龍題前事。康熙二十年十二月十八日,奉旨:‘于成龍所奏,情辭懇切,准假三個月,回籍葬母。事竣,速行赴任供職。該部知道。欽此。’”欽遵,移咨到臣,准此。又於康熙二十年十二月二十八日,准吏部咨,爲補授總督事,内開:“本部題前事。康熙二十年十二月二十四日,奉旨:‘于成龍陞補江南、江西總督〔三〕,應兼職銜,爾部議奏。欽此。’”欽遵,移咨到臣,准此。

臣兩接部文,俱經恭設香案,望闕叩頭謝恩外,竊念臣一介腐儒,謬叨殊恩,歷任外吏,超擢直隸巡撫。年餘以來,毫無裨益,自揣庸劣,常懷覆餗之虞。前以母柩久停在家,特請回籍安葬。荷蒙聖慈准假三個月,令臣葬母事竣,速行赴任供職。捧讀之下,感激無地。正期完臣私衷,疾趨供職,勉圖後效,復奉特旨,陞補江南、江西總督〔四〕。臣聞新命,不勝惶悚。江南繁劇之地,總督兼理文武事務,任重責大。如臣菲才,何能勝此? 然以受恩深重,又不敢控辭,有辜知遇之隆,唯有勉竭駑駘,冀報高厚於萬一。(弟)〔第〕臣歸葬母喪,奉有欽定假期,而新承簡命,更不便久於遲曠。所有直撫印務,必須護理有人,庶臣得以速於交代離任,刻期回籍葬母〔五〕,事竣,星馳前赴新任。臣查直隸守道參議董秉忠,操守廉慎,才猷練達,自臣抵任年餘,同城共事,日益砥礪,留心政務,加意民瘼,凡所設施,無不允當。且查康熙十九年春夏之間,直撫員缺,部題奉旨,令其護理。合無循例,將臣印務仍交董秉忠護理,自可勝任無悮。但未奉旨,未敢擅交。理合恭疏題請,伏候命下,臣謹遵奉施行〔六〕。

【校記】

〔一〕奏牘本爲卷七之第十篇,題爲“假歸請護印務疏”。
〔二〕奏牘本此句前加“題爲”。
〔三〕江西　奏牘本無此詞。
〔四〕同上。
〔五〕刻　四庫本作“尅”。
〔六〕奏牘本此句後加“臣未敢擅便,謹題請旨。奉旨:該部知道。”

請帶郎筆帖式疏〔一〕

請隨帶筆帖式〔二〕,以資任使事。

(切)〔竊〕照直撫衙門筆帖式郎圖,於康熙十三年十二月内安設,迄今七年有餘。在前撫臣金任内〔三〕,歷久素稱勤慎〔四〕。及臣蒞任以來,又經年餘,益見其小心供事。凡各衙門所行清字文移,皆其番譯〔五〕,並無差訛,而且安分守法,從不干預外務,此誠筆帖式中所難得者。今臣奉命陞授江南、江西總督〔六〕,職司軍務,凡往來清字文移,尤須慎密,則番譯之員必誠實循謹〔七〕,臣所素信之人,庶可委用無疑。合無將郎圖准臣隨帶江南,以資任使？聽部議奪。理合具題〔八〕,伏乞議覆施行〔九〕。

【校記】

〔一〕奏牘本爲卷七之第十一篇,題爲“請帶郎筆帖式疏”。

〔二〕奏牘本此句前加“題爲”。

〔三〕金　四庫本作“金世德”。

〔四〕歷久　四庫本作“已”。

〔五〕番譯　四庫本作“繙譯”。

〔六〕江西　奏牘本無此詞。

〔七〕番譯　四庫本作“繙譯”。

〔八〕理合具題　四庫本無此句。

〔九〕奏牘本此句後加“臣未敢擅便,謹題請旨。奉旨:該部知道。”

恭報交代并舉賢員疏〔一〕

恭報微臣交代起行日期並繳敕諭事。

康熙二十一年二月初五日,准吏部咨,爲恩准假期兼膺敕命等事,内開:“直隸巡撫印務交與守道董秉忠暫行護理”等因。於康熙二十一年正月二十八日,奉旨:“依議。欽此。”欽遵,移咨到臣,准此。臣隨將傳敕一道、直隸巡撫關防一顆,并吏書文卷,於康熙二十一年三月初六日交送直隸守道參議董秉忠接收護理。臣欽遵成命,即於初六日自保定起程,前往原籍安葬母柩。事畢之日,即星赴江南、江西總督新任。俟抵任後,另疏題報外,所有微臣原領直隸巡撫坐名勅諭一道,理合恭繳。

臣再有陳者。以人事君,人臣之誼。臣謬荷知遇,抵任一年有餘,於所屬各官細加察驗,更時爲勸勉。除前歲舉劾案内,將直隸守道參議董秉忠、阜城知縣王燮薦舉在案,又去年遵旨往宣府賑濟饑民,將南路通判陳天棟薦舉在案。内,王燮已蒙行取,其董秉忠、陳天棟均未奉俞允注册,而賢績已達天聽。此外如柏鄉縣知縣邵嗣堯之矢志清潔,高陽縣知縣孫弘業之留心弭盜者,概不乏人。然尚須勵終如始,磨練歲時,爲將來國楨之選。而較然不欺、卓有成績者,一爲通州知州于成龍也,具恬淡之性,優通變之才,治劇理繁,允堪器使;一爲霸州州判衛既齊也,化浮囂之氣,凜清白之操,任州幕而講學不輟，署縣篆而滿漢咸和，可當大任。此臣一年來，殫心吏治，廉訪人才，以報我皇上知遇之恩於萬一者也。兹值離任之際，不敢隱蔽，故特列名上聞〔二〕，期以表勵官方，以盡臣舉賢之微誠耳。伏乞睿鑒施行。

【校記】

〔一〕奏牘本無此文。

〔二〕故　四庫本無此字。

弭盜條約〔一〕

照得直屬逃人、盜賊，大爲民害〔二〕，無論軍民紳士，或犯窩逃，或被盜刦，家業不保，甚至身命隨之，而地鄰人等亦咸被其牽累。今欲爲爾等謀保護安全之計，莫如力行保甲。古人守望相助，出入相扶持，良法美意，可則可傚。用是，因時制宜，酌定條款，編帙成書，務使家喻户曉，共相勸勉，以期寧謐。本部院欽承簡命，撫涖兹土，與爾等情關休戚。故不憚諄諄告誡，總欲爾等各守身家，非好爲多事也。爾等當深思而力行之。所有條款開列於後：

一、十家立爲一甲。務選殷實、老成、端正、勤慎者，公舉爲甲長，報官。九家咸聽約束，違者禀官重究。

一、十家各開男婦姓名、年貌。自祖父母及本身妻妾，至子孫婦女與同居叔侄親戚，并婢僕等人口，作何生理，盡數開立門單，交與甲長，不許遺漏，以便認識稽查。違者重究。

一、九家民人，互相保結。其結内開：某人作何生理，平日并無窩逃蓄盜、交結匪類、出入旗下、勾連生事、游手賭飲、撒潑兇惡、結黨刁訟、起滅是非等項。如有此等事犯，某八家甘受連坐。所結是實，九家各具互結一張，交付甲長，以便編入甲内。如朦混具結，地方官查出，九家各責三十板，枷號兩個月。敢有抗違不遵入甲者重究。

一、九家之中,平日有窩逃蓄盜、交結匪類、出入旗下、勾連生事者,八家不敢互結,許本人赴官自首,改過遷善,咸與自新。地方官另訂一册,開列姓名。或他處舊案扳犯,許將本犯悔過首詞敘入,以開生路。或怙惡不悛,地方官執法究治。如力不能制者,立刻申報,以憑核參拏問。其餘游手賭飲、撒潑兇惡、結黨刁訟、起滅是非者,八家不肯互結,亦另訂一册,開列姓名,不時稽查。違者重究。

一、甲長釘一甲簿,凡十家之内有出外行走者,即報明甲長今往某處公幹,甲長注入簿内。回日仍報明甲長某日事畢回轉,即於簿内去時項下註明,以便稽查。或恃惡不報,或詭秘不報,八家查明某不在家,即報甲長注簿,次早報官拿究。或八家通同隱諱不報,甲長查出,注簿報官,本家與來人審明口供。如來人清白,任其回去,本家仍以失報責二十板,八家各責十五板。如來人不端,即差役押解原籍地方官查收注簿,取收管於本處簿内,注解收訖,本家責四十板,枷號三個月,八家各責三十板,枷號兩個月。違者重究。

一、十家之中立有甲長或不諳書寫,即請隣佑識字者登記。或甲長有事他往,即報明九家公同注簿,將簿轉付甲内人收管登記。甲長回日,仍同九家將回轉情由注簿,將簿收回。如甲長家有親客來往,亦照九家例注簿。違者重究。

一、市鎮居民開店接客,須釘一簿,每晚客寓同行幾人,務查問客衆姓名,係何處人氏,來往何處;或何公幹生理,有無弓箭什物;或自備騾馬,或僱長脚〔三〕,將騾馬毛色認明;或孤客步履,有無行李,盡數登記簿内。次早或去或住,報送甲長查閲。如有來歷(謊)〔慌〕張,語言恍惚,踪迹可疑,即密傳甲長、保長,窺伺去向,夜晚小心隄防,次日勿令早行,以備不虞。如玩忽不記,他處失事,行查店家簿内未開者,從重治罪。

一、十家之中有鄉紳、兩榜、貢監生員，不便與庶民同例編查，但直屬逃盜肆害，夜不安枕，白晝刼殺，幾無虚日，紳衿咸受荼毒，歷歷有案。該地方官酌議，或鄉紳立一册，文武兩榜各立一册，貢監生員各立一册，將家僕盡數開列册内。邇來風俗頽靡，有以武舉而窩盜者，有以武生而爲盜者，種種不法已經事犯，似應武舉、貢監生員互相保結。武舉、貢監責之縣官，文武生員責之教官。如生員抗不互結者，教官移縣轉詳；如武舉、貢監抗不互結者，縣官申詳，一併查究。或武舉、貢監生員居處隔遠，未悉素行，不便互保者，另列一册。如係鄉居，願編入村莊保甲者，聽其自便。此分别貴賤之法，以寓弭盜安民之意。法在必行，違者重究。

一、鄉村各有垣牆，此弭盜安民之善制也。日久剥蝕，多有倒壞。目今農隙，正宜同心協力，補葺壞垣，修理栅欄〔四〕。各甲長公釘一簿，輪流派撥，某日某人幾名看守栅欄，某人幾名值日查夜，登記簿内。或遇盜警，本村放炮鳴鐘擊鑼，大家救護。如堵禦不能入栅行刼者，巡夜同守栅欄人等報明地方官，各賞紅布五尺。如已入栅欄，力能救護不致失事者，巡夜、守栅人等報官，各賞紅布一丈。如當場打死、擒獲盜賊者，巡夜、守栅人等各賞紅布一疋。倘先事不能知覺，臨時不肯救援，以致盜賊入栅、刼去財物，拷傷失主者，隣佑并巡夜、守栅人等一併究治。敢隱諱不報者，十家以通賊論。

一、村莊居民，一甲以至數十甲，若無統屬，則呼應不靈，應設一保長，以統率各甲。或村莊止有一甲，將附近村莊甲長聯成一處，公舉一賢能保長料理地方。各甲長將花名交付保長，保長將各甲合總報官，以憑稽察。凡遇隣村有事，保長聞鐘炮鑼聲，立刻傳炮各村一齊放炮。保長即率所管村莊甲長，一面分衆各據要路堵截，一面率衆直赴當場救援。或當場殺獲賊徒，或要路擒拏賊徒者，每名各賞銀五錢，甲長賞銀一兩，保長賞銀二兩。如保長聞隣村放炮不傳炮者，罪坐保長。甲長聞保長放炮不傳炮者，罪坐甲長。如甲長傳炮,甲内人丁不赴援者,罪坐各家。如當場退縮,觀望不前,致賊逸脱者,罪坐保長。如分撥堵守要路,放脱賊走者,即未受賊賄,甲長亦應治罪。法在必行,違者重究。

一、地方設立保、甲長,協力守禦,不可無器械使用。查一村之中須置炮一杆〔五〕,鑼數面。各家成丁者,各備門棍一條。凡遇盜警,先放炮,以便保長會衆救援,兼以鐘鑼齊擊,則各家奮勇爭先。更查甲内或有鳥鎗、弓箭、腰刀、鐵尺、長鎗、鐵(乂)〔叉〕之家,開明報官,量留鳥鎗、弓箭數件,地方官書押鐫刻於上,仍給本主。甲長同本主具領存案,不許攜帶别處行走。如有遺失,從重治罪。其餘盡收入官,照物給價。如有匿藏,甲長與八家首報,本家以通賊論。如甲長、八家未經查出,被傍人首報,甲長與八家連坐。至於刀、尺、鎗、(乂)〔叉〕,概鐫本家姓名,當官驗明,登記簿内,以便稽察。違者重究。

一、地方人民有在圈佔莊内居住旗房者,查明幾家,照例編入附近村民甲内。如有抗違不服者,查拘親屬,務獲正身,面取親屬保結,交付甲長,注入簿内。本身仍以抗違王法〔六〕,枷責不饒。

一、十家之内有窮苦民人不能度日者,甲長報知地方官另造一册,設法養濟。如此等民人既不敢出外行走,又無地土生意,甲長不報,罪坐甲長。甲長已報,地方官任其困餓顛連,以致喪命溝壑,或典僱旗下苟延歲月,本院訪聞,縣官以不職糾參。如能設法生理,養濟四季,詳報存案,以便紀功舉薦。

以上各款,務須恪遵實行,不得視爲具文常套,悮身家而干法紀。保甲人等亦不得藉端滋擾,自取罪戾 ,後悔無及。須至册諭者〔七〕。

【校記】

〔一〕奏牘本爲卷七之附文之一,題爲"弭盜條約"。

〔二〕奏牘本此句前加“爲申嚴保甲以絶匪類以靖地方事”。

〔三〕雇　四庫本作“僱”。

〔四〕一鄉村各有垣牆,此弭盜安民之善制也。日久剥蝕,多有倒壞。目今農隙,正宜同心協力,補葺壞垣,修理栅欄。　四庫本作“一鄉村各有牆垣、栅欄,日久倒壞,目今農隙,正宜修理。”

〔五〕杆　四庫本作“具”。

〔六〕王法　四庫本作“國法”。

〔七〕至　四庫本作“知”。

續增條約〔一〕

十家互結之法,本部院在楚行之已久。然在直隸有行不去者,祇因南北風氣不同,習俗亦異。今加意諮訪,有前此條約中所未備者,酌增數則,附列於後:

一、直屬有等大盜,彰明較著,稱爲“馬上好漢子”。地方人等畏之如虎,敬之如神,稍有拂意,即白晝刼殺,或暮夜殺死全家。凡屬良民口稱“犯了王法,止一人死;惱了大盜,則全家死。”因之,寧死王法,決不敢惱了大盜也。從此思之,求一不敢互保之八家不可得矣。隱忍獻媚,求保身家,誰敢不保大盜?如此,保甲竟爲養盜圈套。嗣後,地方官先訪大盜姓名,密稟本院,務憂深慮遠,設法擒拿,立斃杖下。王法既行,則良民有所倚靠,氣直膽壯,互保之法方能著實行去。切勿如從前深州之受賊賄,束鹿之畏賊鋒,致大盜蜂起釀禍,迄今不可救止也。

一、禁馬之法,本院業已飭行。邇來密訪,此法止可行之於良民百姓,決不能行之於巨窩大盜。凡屬窩家,俱是大有身家之人,院宇深邃,僕從衆多,馬匹、弓箭、器械無不備具。且鄉愚村民望風慴伏,稍有身家,託爲姻契。不肖有司受其餽獻,結成相知,且自已贓跡纍纍,畏其訐告。一人牢籠,明知故隱;一經事犯,多方遮飾。地方百姓知其手眼通神,怕到官不得死,無奈連名公保,預爲結識之地。其中黨羽,引類呼朋,極口稱冤,每每釋放,竟無顧忌。若夫巨盜重價購買健馬,追風逐電,防汛官兵望風縮頭,誰敢向前堵敵? 此等馬疋,俱養之各處窩家,踏就生意,取之如攜。一經事犯,即藏窩家。如追緝急逼,或潛匿京邸,或投充旗下,地方官莫可誰何。且此輩舉動更爲駭人,有買驢騾日行二三百里者,有步行一日一夜走三四百里者,今日打刧,明日已離失處數百里矣〔二〕。因此,事犯多被辯脱。此種大盜一日不除,則河南、山東、直隸終無寧晷。嗣後,地方官務要廉靜自守,端正寡交,更留心密訪,切勿如滄州之被其愚弄,則大窩必然歛手。一切巨盜,嫖賭性成,揮金如土,手頭一空,便思行刧。東來西去,到處狐群狗黨,交相容匿,不肯改悔,不死不休。且賊通九州,某處有一生意,便來勾引。既已入夥,明知事犯到官不饒,總屬死命,欲不去而不可得。興言及此,亦覺可憐,一步錯了,滿盤是錯。地方官須要恩威并用,將此夥巨盜心上時刻記算,不要一刻放下。某賊某日在某處,即行密拿,一經擒獲,便思了當。如某賊已有悔萌,即傳投見,善爲解救,處置得宜。如事發緝拏逼急,無處躲閃,投見求免者,萬萬不得寬縱,立刻綁送失事地方,切不可被他哄了。總之,天下無難事,只怕不用心。若將問百姓要銀子這副心腸用在拏强盜上,何事不成? 各地方官都一心做起來,賊無容身之地,何愁地方不太平? 著實細心參閲。

一、州縣地方,或有一村都是盜,一家祖孫父子世世做賊。這互保之法如何行得去? 甲長是盜,九家是盜,明是强盜保强盜。此處没奈何,只得亦編成保甲,姑入羅網。大約良民多,賊盜少,務擇有身家、有才幹的做一保長。立禁止夜行木牌,時刻叮嚀各處甲長大家隄防,看明這一村的出路去路,於要緊路口埋伏鄉夫。如遇此村人黑夜行走,即行綁鎖,次日稟官嚴審。如無謀刧實跡,治以夜行之罪。如此防閑日久,彼不得動手,或稍歛盜心亦未可定。此“蓬生麻中,不扶自植”之謂也〔三〕。著實奉行。

一、保甲之法一行，盗賊不得動手，必與地方官爲仇讐，須要時刻防備這夥强盗謀害。白日謹守城門，稽察出入，著巡捕官每日落時逐户查問，并庵觀、寺院不許容留閒人。更於衙内建一敵樓，頂上蓋房二間，每晚家人巡更，地方官帶印宿於中，一層嚴守樓門。再於衙舍外邊撥更夫巡邏，以防報復。此先保其身，方可實行保甲。切勿疎虞。

一、賭賻乃爲盗之根，屢奉嚴禁法令，不容寬假。邇來訪得直屬每遇集市，一夥大盗公然放頭開賭，地保不敢過問，地方官竟置膜視，全不禁止。這夥將打劫之物一擲輸去，又商議行劫，隨劫隨輸，隨輸隨劫，終無了日。又將没飯喫的窮人勾引在内。地方官平日不肯禁賭，養成盗黨，及至事犯，把入夥的窮民拿來一例梟斬，於心忍乎？此種罪過都在地方官身上，只是貪財迷竅，全不思想殺了這些窮人，到陰司底下那個不嚷鬧？終久一命要還一命，遠在兒孫近在身。何如打起精神，嚴禁賭賻，稽查貧乏，不知救了多少人的性命，禄位如何不崢嶸？子孫如何不昌大？功德無邊，比要銀子十分受用，十分放心。地方官要留心參閱。

【校記】

〔一〕奏牘本爲卷七之附文之二，題爲“續增條約”。

〔二〕失處　四庫本作“失事處”。

〔三〕植　四庫本作“直”。

飭查劣員檄〔一〕

直屬地方倍極衝疲，又兼連年疊罹災祲，百姓困苦，不但民鮮蓋藏，實已僅存皮骨。惟在良有司加意調劑，更藉道府等官實力整頓，庶不致流離失所。今本院新膺簡命，撫綏兹土，切切以察吏安民爲念。自入境以來，風聞地方各官未能潔己奉公，或征糧而濫收火耗者有之,或遇差而派取民間者有之,或嚴刑峻法貽累地方者有之,或聽信衙蠹恣意誅求者有之。種種不法,殊可痛恨!若不急爲釐剔,其何以澄肅官箴,靖安地方乎?(苐)〔第〕恐耳目未周,風聞未確,除現在密訪外,合行查報。爲此,牌仰該道照牌事理,文到細加體察,務將不肖貪酷官員速行據實揭報,以憑飛章參處。至于昏庸衰老、廢弛公務等輩[二],亦即訪確,分别報明核參。該道務須實心察訪,勿得以平日之喜怒爲屬員之賢否,亦不得瞻狥情面,止以微員塞責。如不實力奉行,止循故套,該道亦難辭咎。

【校記】

〔一〕奏牘本無此文。

〔二〕于　四庫本作"於"。

嚴飭佐貳擅理詞訟檄[一]

朝廷設官分職,各有專司。如府州縣佐貳之設,凡緝逃捕盜、巡查私販、領解錢糧等項,是其職也。至於一切民詞,原係正印官之事,其佐貳等官不許干預,以滋紛擾。查定例一款,内開:"佐貳等官不許准理詞訟,如正印官批行事件,方許審理"等因,久經通飭遵行在案。乃邇來日久法弛,佐貳等官未免置若罔聞,遇有呈詞稟狀,無論可否,概行濫准,差提混審,恣意苛求。值此災祲疊見之後,蓋藏久虚之日,若不亟爲嚴飭,誠恐擾害無窮。爲此,票仰該道照票事理,即速嚴飭所屬各府州縣,凡一切强盜、人命重情,鬬毆、户婚、田産等事務,令印官親爲審理,不得復任佐貳等官混行濫准,差役拘提,以滋擾害。如正印官批行事件,亦須即爲審斷,不得拖累遲滯,有曠民業。若正印官不嚴加稽察,仍由佐貳等官濫准混審者,該道訪確,即行據實揭報,以憑參處。倘該道狥隱不報,或被傍人告發,或經本院察出,責有攸歸。

【校記】

〔一〕奏牘本無此文。

嚴禁奢靡檄〔一〕

據直隸守道條議四款内："一曰力崇節儉也。天地之生財，止有此數，過用則易竭，奢費必不支。且暴殄狼籍〔二〕，凶扎隨之〔三〕，必然之理也。俗薄風靡，華奢競尚，一常餐而甘旨多簋，一燕會而珍錯雜陳，網羅搜盡禽魚，適口務窮水陸，致庖厨之慘殺驚聞，椒桂之芬辛滿鼻，誇高争勝，恬若分然。一衣而紈綺爭奇，一裳而綾羅罔惜，一襪而錦毹間錯，一飾而珍翠千金。甚至肥馬輕裘，鷹隨犬逐，盃盤狼籍〔四〕，郊圻甘脆，飽及禽獸。種種逾分，不特富家大户安然行之，而輕薄喜好之徒亦俱勉强則傚，良可浩歎！總由爲民上者不身先儉朴，以躬導之，彼蚩蚩若輩何知物之當惜，福之不可盡享耶？夫饑固不可，果腹則已；寒固難禁，苟煖輒休。安在粗糲蔬瓠之不可充腹，而布絮素衣之不可適體也？誠能躬先約素，懇切化諭，使間(閭)〔閭〕共知粒食之不可暴棄，非分之□以喪身。凡吉凶燕享，日用尋常，俱有定制，不令過分。更於朔、望講約之日，共相勸勵。知禮之士大夫，則化勉其家以及其族其戚。耄耋之鄉老，有行之耆民，則轉相化勉夫子孫。村里之間，將見古朴可風，物力常餘。日積不見多，而歲積則日盈。苟逢水旱災荒，未必遂致捉襟而肘露也"等因到院。據此，擬合通行嚴飭。爲此，票仰該道照票事理，即便轉飭所屬。凡飲食燕會，俱有常度，適口則已，毋逞慾而珍錯雜陳，毋競奢而水陸兼備。服御衣飾俱有常制，適體則已，勿喜新而紈綺爭勝，勿鬬麗而錦綉稱奇。通國士庶，俱因習尚成風，罔惜物力。是在爲民上者，務須躬先儉朴，諄諄勸導。由士大夫以及鄉耆，由鄉耆以及編氓，務使咸知物力艱難，轉相化勉，共返淳龐，俾風移俗易，本院將以覘諸有司之賢良教化矣。倘或視爲具文，因循舊習，有奉行之名而無奉行之實，本院亦何樂有此屬員也？定以溺職特疏糾參，决不姑容。各宜凛慎，毋貽後悔。

【校記】

〔一〕奏牘本無此文。
〔二〕狼籍　四庫本作"狼藉"。
〔三〕扎　四庫本作"札"。
〔四〕狼籍　四庫本作"狼藉"。

嚴禁火耗諭〔一〕

朝廷則壤以定賦，百姓按則以輸糧，原有一定之規。在州縣各官身爲民牧，亦當上體朝廷德意，下念百姓困苦，按則征收，更不可意爲輕重。故火耗之禁，功令首嚴，所以勵官方惜民力甚切也。乃有司視爲弁髦，全不凛遵，指授櫃書，高下其手，有加二者，有加三者，有明雖加一而暗實加三者，種種竊脂之行無異竊盜，相沿成風，恬不爲怪。本院自歷任以來，此中情弊，知之最悉。今特膺簡命，撫蒞兹土，首以察吏安民爲事。凡各州縣衛務須洗心滌慮，痛除積習，毋額外以横征，毋恣意以朘削。愛功名而愛百姓，既可以不愧衾影，復可以無慚職守，明有循良之譽，幽有陰騭之報。即本院亦樂與諸有司共覩厥成，特疏薦揚。儻有不肖有司狃于故習〔二〕，甘蹈陋規，不恤民怨，不顧鬼譴，或快意于輕裘肥馬〔三〕，或肆志于田宅妻妾〔四〕，或近爲耳目之娛，或遠爲子孫之貽，當民窮財盡之日，饑饉洊臻之時，稍有良心，莫不拊膺長歎。即多方軫恤，尤苦國賦難完，民力難支，又安忍于正供正數之外〔五〕，敲鳩形鵠面之骨，吸賣兒鬻女之髓，以遂一身一家之欲？忍心害理，禍必不遠。天道好報，决不爽期。總以爲幽渺難憑，且顧目前，然王法具在〔六〕，本院决不敢狥縱以玩功令。除通行各屬嚴飭外，合行出示曉諭。

【校記】

〔一〕奏牘本無此文。
〔二〕于　四庫本作"於"。
〔三〕〔四〕〔五〕同上。
〔六〕王法　四庫本作"國法"。

嚴禁餽送檄〔一〕

禮有交際,原因分誼相近,互爲獻酬,用將誠敬。至名分懸隔,體統攸關,自合杜絶餽遺,凛遵功令,孰敢隕越,以滋罪戾?雖其間用下敬上,禮順人情,然既不可疎 ,尤不可越。本院與各州縣共事一土,休戚固自相關,名分實屬懸隔,若復交際,何異朋儔?是敬上乃所以犯上,順情適成其悖禮,因循成習,不獨有干憲典,亦且褻瀆等威。如大名縣知縣公然開具手本,呈送中秋節禮,越分犯上。本應題參,姑念初犯,暫從寬宥。合行嚴飭。爲此,票仰該道照票事理,即便轉行各屬申飭。嗣後,凡遇重陽、冬至、元宵等節,并過路送禮,各衙門概行禁止。如有私相餽獻,查出併行題參,决不姑寛。各宜一體恪遵施行。

【校記】

〔一〕奏牘本無此文。

嚴禁略賣檄〔一〕

直屬歲歉民饑,業荷皇仁,發帑賑濟,各邑窮黎咸宜共安鄉井,以待有秋。乃四外奸徒乘機興販人口,結聯地棍,簧惑鄉愚,輕自賣身,或賣子女,所得價銀有限。自賣之後,或轉賣遠方,或賣與旗下,一倍數倍。無知小民誤墮奸計,遂致終身淪落。該管有司從未禁遏,殊屬溺職。又旗下買民,定有地方官用印報部之例。各屬當于投遞賣契之時[二],詳查確實,然後用印。近日祁州竟將背主投旗之曹來,不問來歷,祇憑地棍杜文常假揑之契,即與用印。前據曹來之主曹之完狀控,批發保定府審明,業將原契究出,斷歸原主。恐此外不查來歷、混行用印者,不止祁州一處已也。合行一併通飭。爲此,票仰該道照票事理,即移行各府通行。所屬州縣衛等官,各于所屬境内不時體察[三],如有外來奸徒勾串地棍興販人口者,立行嚴拿究解。至于旗下買民[四],務將所買民人及地方、鄰佑、族長人等傳訊明確,方與用印。如有仍前怠忽,不恤小民困苦,任其輾轉販賣,并旗下買身文契不行查明,輕與用印者,或本院訪聞,或該道府揭報,定以溺職指參。各宜凛惕,勿貽後悔。

【校記】

〔一〕奏牘本無此文。

〔二〕于　四庫本作“於”。

〔三〕〔四〕同上。

飭查防守地方檄[一]

真定所屬地方遼濶,西山一帶界連晉省,寫遠險峻,易于藏奸[二]。近見劫殺頻聞,皆設備未週之故。該道即將所屬各州縣併各關隘地方,某處設有防兵若干,駐扎城守者若干,分防汛地者若干,某處係緊要地方,所設官兵果否足用,某處地方遼濶,來往巡查有無鞭長不及之虞,逐一備悉查明。酌量地方之緩急,設兵之多寡,今應作何裒益,酌議妥確,造册詳報,以憑移咨總鎮,會商定奪。總期兵不添而巡查自周,民不擾而盜風日息。該道職任監司,地方攸賴,切勿以泛常視之也。

【校記】

〔一〕奏牘本無此文。

〔二〕于　四庫本作"於"。

申嚴冒災檄〔一〕

直隸地畝被災，特奉皇恩，蠲免錢糧，必使被災人户均沾實惠，庶不負朝廷軫恤至意。然有鄉僻之民，愚昧可欺，文已到而不知，糧已除而不識。户書、里蠹、劣衿、奸棍朋謀串結，或沉擱原行，侵吞已納之糧；或移甲換乙，冒免他人之地。種種弊端，不一而足。是將朝廷恤災之巨典，徒飽奸蠹之谿壑，殊可痛恨！今各屬所報災傷地畝，已奉部覆允准，隨經頒發告示，檄令該道轉發在案。合亟嚴行申飭。爲此，票仰該道查照票内事理，即速移行該管道府廳轉飭該衛堡，將前發告示多爲鈔白，于被災村莊遍貼曉諭〔二〕，勿得沉匿。其被災花户，各按原報地畝，照依應蠲分數，將本年錢糧逐名除免。如有已經完納者，即照數流免下年錢糧。至各花户報災之時，該衛堡俱有花名細數底册，令將此項底册先送查核，不必另造。仍取户書、里役不敢作弊，如有弊端，願甘死罪結狀，並該地方官印結，一併呈送存案。倘有愍不畏死之徒大膽玩法，仍有侵欺冒免之弊，或經訪聞，或被告發，定將結内有名書役及劣衿、奸棍一併嚴提處死，該地方官以通同侵冒特疏參拿，決不輕貸。

【校記】

〔一〕奏牘本無此文。
〔二〕于　四庫本作"於"。

嚴飭協拿盜賊檄〔一〕

盜跡詭秘，出没無常。呼朋引類，糾黨非一處之人；朝西暮東，行止無一定之所。若事經發覺，追捕嚴急，則藏匿愈密。所賴各地方官無分彼此，協力擒拿，庶奸宄無潛身之地，而萑苻可期肅清。

今據南皮縣條議内稱："隣境之盜十不得一，皆因各州縣衛拘泥界限接壤之地無異秦、越，不獨彼縣之人此縣不能往問，即此縣之人潛入彼境如入深淵"等語。似此護盜成風，地方何日得寧？擬合通行嚴飭。爲此，票仰該道查照票内事理，即通移各道府轉飭所屬，如遇隣封失事追捕，盜賊遁入境内，即行接續窮追。如係獲賊供出夥盜，開有姓名住所，移關提取，即行設法擒拿。務期同心協力，共圖殄滅，以靖地方，慎勿彼此歧視。倘有以隣境失事，漠不關心，置之不追不緝，或受大窩囑託，或被捕役朦蔽，將現在之賊以死故、逃亡開脱，一經本院訪聞，定以縱盜、黨賊分别題參究治。各宜凛遵，毋貽後悔。

【校記】

〔一〕奏牘本無此文。

嚴禁賭博諭〔一〕

四民之中各有本業，咸宜安分，以保身家。乃有奸猾之徒，希圖厚利，開設賭場，貪痴之輩墮入局中，相聚賭博，晝夜不息。開場之家獨得其利，赢者百無一二，輸者比比皆是。以致貲財蕩盡，田房準折一空，棲止無所，謀生無策。或情極自盡，或身爲乞丐，或自賣旗下，或將妻、女、子、媳賣爲奴婢，終身淪落，或爲盜賊，致被擒獲，身罹重辟。此皆賭輸以後之形景也。當聚賭之時，還有互相爭競，被人毆死者，亦有疊輸氣苦，殺死人命者。如口北道詳報，康明譽、康光譽與韓鎮考等賭錢相爭，兄弟二人俱被韓鎮考、韓二考打死。又如宣府營兵黄之元與前衛生員蔡繩枝鬬牌，屢被繩枝所赢，將繩枝殺死。此係近日之事，皆因賭博之故。除批行究擬外，合行出示嚴禁。爲此，示諭士民人等：嗣後，各守恒業，不許群聚賭博。如敢違禁，定將賭博之人與開場放頭併抽頭之人及該地方，俱照定例治罪,决不輕貰。若有首告賭博者,提審得實,照例將賭博銀錢一半給賞。如同賭之人出首者免罪,仍行給賞。須至示者。

【校記】

〔一〕奏牘本無此文。

驅逐流娼檄〔一〕

士農工商各有常業,官役吏胥各有職守,無庸隕越。本院涖任以來,禁止奢華以敦習尚,嚴飭官方以明政體,業經申飭在案。邇聞習尚紛靡,官常敗壞,未有如廣平一府若是其甚者也。如雞澤縣之柳下,永年縣之南胡賈、西岩村等處,女戲雜沓,娼婦繁多,不止紳衿士庶破産招致,即文武官弁出入衙門,不特不行禁止,抑且流連暢飲,醉後狂悖。上之官府敗其官方者,如錢同知留宿于張守備署中〔二〕,并例監張文炳、張文煜家嫖戲旦四娃者是也;下之衙役忘其性命者,如府門役齊佩蘭設騙各縣銀錢,包宿李六,縣户房張文玉、王立業侵本縣庫銀,嫖宿王菊花是也。似此官役、士庶縱慾濫觴,廢棄職業,將見風俗日壞,官常不整,言之殊堪痛恨!合行飭逐。爲此,票仰該道照票事理,作速轉移大名道,將一切流來女戲、娼婦,嚴檄各該地方官,盡行驅逐出境,不許仍前容留,併出示曉諭士庶人等:嗣後,務要恪遵前禁,守其本業,庶風俗不致頽靡,而地方亦漸返淳龎矣。併取各遵依報查施行。

【校記】

〔一〕奏牘本無此文。

〔二〕于　四庫本作“於”。

再飭植樹浚井檄〔一〕

耕、鑿、樹、藝，培天地自然之利，裕吾民衣食之源，此誠根本之業。但編户無知，率多因循怠惰，難與慮始。唯賴司牧諸人留心勸導，督率力行，久之自收成效，使小民安於利而不知。本院於去年七月内，有令各官督民廣植桑麻、多浚井泉之檄，通行在案。兹據安肅縣王令申稱："遵檄編爲歌詞，遍貼鄉村，民皆爭先淘井。報到四十八村已得井二千五百二十有餘，且教植柳以爲水斗之用。又桑栽難覓，凡榆柳之類莫不有利，併作俗語遍貼，目今民皆扦插"等情。似此一邑勸勉有方，民皆趨利而爭先，可拭目以觀成效矣。其餘各屬曾否舉行，歷久杳無報覆。蓋徒視爲虚文，悉已置之高閣，深可痛恨！若謂方物不類，地土異宜，即有不宜于桑〔二〕，無不宜于麻者〔三〕。且如榆柳之類，乃最易生之物，又不擇地而可期長茂者。至泉源與土脈流通，無地無水，即或原隰、高下不同，一邑之中，間有石磧、流沙，亦自無多。其土深壤沃之處，無不可爲井。此二事，勞僅一時，坐享長久之利，民何憚而不爲？官亦何憚而不勸也？今閲王令所編歌詞，簡切明曉，愚民易于省記〔四〕，擬合一併通頒。爲此，票仰該道府查照票内事理，即通飭所屬恪遵原行并今檄事理，寔力舉行。仍將發去歌詞照式刊刻，遍貼鄉村，諭民傳誦，咸使知利爭趨。俟歲終，將勸民植過桑麻、浚過井泉造册，徑報本院查核，以憑分别殿、最。其去歲通飭因何不即遵行緣由，併取各屬回文彙詳報奪，均毋違錯。

【校記】

〔一〕奏牘本無此文。

〔二〕于　四庫本作"於"。

〔三〕〔四〕同上。

于清端公政書 下

高林清 趙桂溟 主編
趙桂溟 張仲偉 耿建華 點校

全國高等院校古籍整理研究工作委員會項目
《于清端公政書》點校 教古字〔2007〕0771號

山西出版傳媒集團
三晋出版社

于清端公政書　卷六

兩江書〔一〕

優陞謝恩疏

康熙二十一年二月初六日,准吏部咨開文:"選清吏司案呈奉本部,送吏科抄出。本部題前事,内開:'該臣等查得,于成龍係見任直隸巡撫兼都察院右副都御史。江南、江西原設總督一員管理,今將于成龍照例陞爲兵部右侍郎兼都察院右副都御史,總督江南、江西等處地方軍務兼理糧餉、操江,仍帶紀録三次於新任。'康熙二十一年正月二十七日,奉旨:'于成龍清廉素著,著優加兵部尚書兼都察院右副都御史,總督江南、江西等處地方軍務兼理糧餉、操江,寫勅與他,餘依議。欽此。'"欽遵,抄出到部送司,相應行咨案呈到部,移咨到臣。准此。

竊臣寒微譾劣,猥蒙皇上知遇,授以直隸巡撫。莅任一年有餘,愧無寸長足録。皇上不以臣庸鄙溺職,復授以江南總督鉅任。臣方慮智力短淺,時凛覆餗之懼。乃又荷殊恩,令臣兼理江西督務,撫心自問,臣有何能而當此兩江之重寄耶!今邀皇上不次優典,加臣以兵部尚書職銜,臣驚聞成命,不覺汗流浹背。雖皇上之寵眷日隆,而微臣之愧悚日甚。惟有益加黽勉,竭盡駑駘,仰報高厚於萬一耳。除臣虔設香案,望闕叩頭外,臣謹具本恭謝。

【校記】

〔一〕奏牘本無此卷文章。

請暫停江蘇舉劾疏

竊照文職官員定例二年舉劾,所以澄敘官方,鼓舞人材,甚盛典也。然必舉果循良,則舉者知榮,而未舉者知勵;亦必劾果貪墨,則劾者知悔,而未劾者知畏。將舉不虚舉,劾不虚劾,而朝廷勸懲之典以立。今康熙二十一年又值二年屆期,安徽所屬,臣已恪遵成憲,採訪得實,照例舉行在案。至於江蘇一帶大小屬員,臣虚衷體訪,亦廉得其概。然有立身在名節之際,而行事未必盡孚于民隱;有行已在清濁之間,而舉動未必盡攖乎民怒。蓋賢非循卓之尤,貪非污墨之甚,恐舉之劾之,不足以爲未舉未劾者愧勵,安敢率爲入告?臣請今次舉劾,似宜暫停。官之賢者,臣獎進誘掖,徐觀厥成,果其清操自矢,初終不易,臣自特疏題薦。官之不盡賢者,臣仰體皇上寬大之仁,提命教誡,以期自新。萬一怙惡不悛,臣亦不時糾參,不敢稍爲姑容。庶激勸不爽,而於澄敘官方,鼓舞人材,或少有裨益矣。

請豁民欠漕項疏

臣猥以菲材,荷蒙皇上特簡,總制兩江。當蒞任之初,披閲臣署案牘,恭誦康熙二十年十二月二十日恩詔,内開:“康熙十七年以前民欠錢糧、税銀及帶徵錢糧,該督、撫查明保題,到日豁免。欽此。”臣伏讀之頃,不勝感誦皇上加惠元元之至意,即古之湯、文無以過也。雖經署督臣徐國相謄黄頒行,(苐)〔第〕恐不肖官役仍敢違悖朦徵,臣隨大書告示,分檄各司道通行曉諭,并咨移江、安二撫臣會核民欠册結，具疏請蠲去後，乃於康熙二十一年六月十一日總漕臣邵甘准户部咨："爲察核通庫等事。康熙十七年以前未完漕項錢糧一案，查詔款内開：'所關河漕一應情罪，俱不赦免。'相應仍咨總漕將此項錢糧速行徵完，如有不完，將經管各官題參"等因。是部覆綦嚴追呼之令，又將遍告閭左。

臣痌瘝在抱，輾轉思維，竊謂恩詔内"河漕情罪，俱不在赦免"者〔一〕，似指有悮河道漕運情罪處分文武臣而言，原未云民欠漕項錢糧亦不赦免也。且備查康熙十年欽奉恩詔，豁免康熙六年以前民欠，而江南省漕項錢糧實在已奉豁免數内。又康熙十八年欽奉上諭，停徵康熙九年以前民欠，并康熙十八年奉旨豁免康熙十二年以前民欠，凡漕項銀米莫不開入民欠内一例蠲停。今康熙二十年欽奉恩詔，豁免康熙十七年以前民欠及帶徵錢糧，天語相同，并未指出"漕項錢糧不准豁免"字樣。是皇恩浩蕩，誠如天地覆載，無不包容。而部臣拘於另條"河漕情罪，俱不赦免"之詔款，復令追徵。臣思畎畝小民，任土作貢，按畝輸將，辦折者曰條銀，辦本者曰倉米，總皆出於地丁一條編徵，從未另有一辦漕之田畝。以故，窮簷蔀屋凡有逋欠者，一聞恩豁，莫不舉手加額，載道歡呼，如釋重負。不謂詔下數月之後，又有漕項不准赦免之行，復將則壤計丁，分别追比。竊恐小民愚昧，未易諳此規條，保無有不肖官胥乘機弊混，竟將起存之民欠亦藉稱漕項朦徵紛擾，大負我皇上蠲恤之深仁者乎？江南賦税甲於天下，自兵興而後，轉輸邊餉、撥協軍供，不下二三千萬之多。今遺此舊項欠籍，通盤合計，不過尾數，即有漕項之名，又多係折色減存，實非運北漕糈可比。是催徵徒詘於民力，蠲免無損於天庾。矧當四海昇平，亟應休養財賦之源，上培國本。伏祈我皇上垂鑒東南民力凋敝已深，特沛恩綸，一體蠲豁，俾億萬窮黎仰沐堯天舜日，歡聲雷動，歌誦聖德於億萬年勿替矣。除一面查取民欠細數册結，候旨遵行外，臣謹會同總漕督臣邵甘、江寧撫臣余國柱、安徽撫臣徐國相合詞具題。

【校記】

〔一〕赦免　四庫本作“恩免”。

請補江寧知府疏

看得江寧知府一官，不獨爲八邑之表帥，而實爲通省之領袖。臣奉命初到江南，一切有關官民事務尚未周悉，正須守才兼備之員，以補佐臣之不逮。到任以來，目覩江寧知府陳龍巖老成持重，廉潔自矢，且其料理各項錢穀，應付過往官兵，尤徵肆應之才。臣深幸其得一良吏，可以收臂指之效，而表式乎群寮。不意於康熙二十一年六月十九日未時病故，臣聞報如失左右手。竊念朝廷儲養人材，固不乏才德兼優之儔，但吏部銓選，原有定例。今該府員缺，部臣自必循資按格掣籤推補，誠恐所推者操守有餘而才幹不足，或才幹可觀而操守難憑，以之經理重地，難免覆餗之虞。必得才守兼全，如臣任直隸巡撫所薦通州知州于成龍、霸州州判衛既齊，區畫一切事務，庶可政修事舉，勝任而愉快。相應仰請皇上俯念江寧知府一官關係最重，不拘銓選常例，勅部立速揀選，或命廷臣會推清操久著、幹練成效者星馳赴任，俾臣專心倚任。地方幸甚，微臣幸甚！

留徽六太三營官兵疏

看得康熙十三年饒逆變亂以後，所在煽動。前督臣阿席熙於要地之綢繆務早等事案内，將江寧將軍下各營閑甲兵糧一千名，以六百名補入徽州營，以四百名補入六安營，俱裁去參將，改設副將。又太湖一營，前任江寧撫臣馬祜爲汛廣難以綜理等事，添設右軍守備一員，專管江南汛地，俱各奉有俞旨，欽遵在案。今康熙二十年十二月二十日，恭逢恩詔款開："軍興以來，添設绿旗官兵應行裁汰者，該督、撫、提、鎮詳查，題請裁汰。欽此。"當經前督臣移會撫、提諸臣并行徽州、六安、太湖三營酌議裁汰去後，據徽州營副將姚弘信、六安營副將周于仁、太湖營遊擊李鳳翔等，請將原補官兵仍舊留用，并准安徽撫臣咨覆相同。

臣查徽郡東聯德平、樂興，西接浮梁、倒河，匝處萬山之中，層巒疊嶂，最爲奸宄出没之所。臣檢閱舊案，如逆賊王跳鬼及饒逆侵犯之時，悉因三省連界，汛廣兵單，不敷防禦，以致小醜陸梁。此前督臣所以改設副將，添佈重兵彈壓也。又六安一汛，綿亘數千餘里，與湖廣黄、麻等處相接，實爲江南西陲重地。臣前任黄州府時，勦撫東山逆孽何士榮等，歷覩江、廣形勢，但見英、霍二處，山深谷邃，伏莽堪虞，非安設重兵不足以捍此巖疆，前督臣早已見及此也。今二處官兵佈置周密，地方稍稱平静，正宜安愈圖安，綢繆未雨。若拘於軍興以後添設之名，而裁此險汛之兵將，臣恐不軌之徒伺隙思逞，彼時再議增兵安輯，而地方已不勝其驚擾矣。臣謂徽、六兩營官兵，斷斷難以議裁。伏查部文與恩詔内議裁官兵，似指有事省分題設重鎮而言。至於徽、六兩營，原從地方險隘起見，且千名之兵又係通省各營閑甲，較於他省額外添設者不同。若夫太湖一汛，臣自閩地赴任直省經由其間，湖面廣濶，一望無際，港汊叢雜，素爲盜藪。該營添設右軍守備一員，耑司江南汛地，誠爲營制起見，更難與軍興後所添官兵一概而論。臣以事關封疆重務，不敢膠執己見，隨又備商昭武將軍等議覆僉同，是以謬陳臆議，將前項官兵照舊留用。臣非不知裁兵即以節餉，然爲地方計久遠，則亦不得爲朝廷惜金錢，又何況三營所增之俸餉，尚有額内應給之原款乎？相應仰懇皇上俯念徽州、六安、太湖三營皆係山澤險汛，續補官兵准其照舊留用，永垂經制，其有益地方誠非淺鮮也。

補撫標額兵疏

看得江寧、安徽二撫標原添設官兵二千五百名，經部臣會議，留爲經制，將督、提、鎮、協各營内老弱裁汰，以足其數。奉有俞旨，移咨到臣。臣隨移行欽遵。去後，玆准提臣楊捷咨稱："江南地方廣濶，外有江海，内有叢山，無險不備。各營額兵節經裁減，處處兵單，萬難再裁。議將徽、六二營所裁續添兵丁一千名抵補，尚不敷一千五百名，再於通省内地各營裁汰"等因。

臣思裁補撫標兵缺，雖部議於督、提等標汰除，然未有不量其汛地之險易而概行裁汰者。今查江南幅(幁)〔員〕遼濶，水陸兼防，在在需兵，而沿江沿海爲尤甚。如崇明、雲臺俱各孤懸海中，金山、柘林、青村、南匯、川沙、吳淞、黄浦又皆逼近海面，京口一鎮跨江設險，咽喉要津，且有漕白糧艘經由。若夫泰州一營兼轄興、掘二汛，民竈雜處，地極其廣，而兵僅三百四十餘名。是以上各營急需多兵彈壓，均不便議裁。此外，内地額兵共計止有三萬五千七百九十餘名，而議裁二千五百名，所裁過多，則營伍空虛，汛守鮮不廢弛。是撫標兵缺雖取足於腹裹各營，而汛廣兵單又不可不豫爲之所，此提臣徽、六二營裁兵撥補之議爲有見也。蓋徽、六二營新裁兵一千名，原係通省閑甲，今以各營閑甲而仍抵各營之裁汰，祇以增足五萬五千之額，原非另外添設。即朝廷多此千兵糧餉，非與國帑有虧，而各營多此千兵汛守，則與地方有益。相應仰請皇上允臣所請，將徽、六二營新裁兵丁一千名即抵撫標之數，其餘一千五百名容臣於内地各營通融分派，陸續裁汰可也。臣謹會同具題。

請寬裁兵疏

看得江省袁、臨地方奉旨抽兵防守一案，臣准部文，隨移會江西撫、提二臣定議。去後,准撫臣咨覆,議於袁鎮奉裁兵内挑選四百名,共足袁營兵一千二百名,以資防禦。臣查袁鎮標兵即在各省保泰一案二年裁汰之數,今所添四百名則係新增,而非額内抽撥,且逆氛煽亂之後,營兵多寡皆係隨時佈置。今地方平靖,又須從長計議,相險設防,以爲經久之計。隨又備咨商酌。去後,兹准撫臣佟據布政司張所志詳議咨覆前來[一]。

臣查江右營制,康熙十一年前督臣麻勒吉題明設兵二萬八千八百二十九名,迨康熙十三年逆氛猖獗之後,各營續添官兵共三萬三千餘名,逾於定額之數。前蒙皇上寬以二年消除,則通省營制仍應照前督臣已定之數爲準,其袁、臨與撫標應添撥兵共一千八百五十名,即於此二萬八千八百二十九名之内,酌量汛地險易,通融抽撥,以成一定之制。如袁、臨地方關係緊要,向設兵八百名,今議增兵四百名。查饒州、九江地處腹裏,尚可裒其有餘以補袁營之不足,應於饒州營抽兵六十名,九江營抽兵三百四十名,共兵四百名,以足袁營兵一千二百名之額。又撫標應設兵一千五百名内,本標向有護衛兵五十名,今應抽撥兵一千四百五十名。查南瑞鎮標,南昌城守水司[二],九江南湖水師,撫、建、饒等營雖無多兵可撥,然皆屬平易内地,較與銅鼓、南贛等各營水陸要汛不同,應於南瑞鎮標裁兵七百五十五名,南昌城守營裁兵一百二十八名,南昌水司[三]營裁兵一百二十八名,建昌營裁兵一百九十名,南湖水師營裁兵一百六十五名,饒州營裁兵八十四名,共裁兵一千四百五十名,合以撫標原額護衛兵五十名,以足兵一千五百名。此則袁、臨與撫標應添應撥之兵數也。至於撫、建二屬既裁去提、鎮,今應如前督臣原定經制,仍復撫州、建昌二營。此外各營官兵數目,均循其舊。惟廣信地方界隣浙、閩,深山邃谷,允爲險隘。該營原止設兵五百八十名,不敷防禦,今宜稍爲更定,議增兵一百五十六名,共兵七百三十六名。查撫州居南、建兩府之中,實爲腹裏平易之地,該營原設兵七百八十名,尚可議裁兵一百五十六名,添入廣信防守。此則舊額與要地應復應更之兵數也。營制既定,所有續添官兵統於二年之内消除全完,以遵成議。再查裁兵之成議等事一案。江西未經裁完官兵,部議仍照康熙七年會議之數限一年内裁足。臣思江西自十三年以後續添之兵三萬三千餘名,過於原額,現在紛紛裁汰,若再將額内之兵同時并裁,未免艱於安插。以臣愚見,似宜先將續添各兵儘於二年内消除,俟裁完之後,容臣量度時勢,再照康熙七年會議定數斟酌汰除足額,庶目前安插之兵免於壅滯,而裁汰之數得有分别也。其各營有應復官弁及管轄汛地、勅書、關防各項事宜,俟部覆命下之日,臣另行查明具題外,謹會同江西撫臣佟合詞密題〔四〕。

【校記】

〔一〕撫臣佟據　四庫本作"撫臣佟某行據"。
〔二〕水司　四庫本作"水師"。
〔三〕同上。
〔四〕會同江西撫臣佟　四庫本無此句。

再陳請蠲漕欠疏

竊照康熙十七年以前民欠及帶徵錢糧,恭逢康熙二十年十二月二十日恩詔涣頒,令督、撫查明保題豁免。是不拘何項錢糧,凡屬拖欠在民者悉得概邀恩豁,天下臣民莫不翕然稱慶,而江南窮黎被澤尤深。秖緣總漕督臣邵甘以二十年帶徵、十四年漕項咨部請示,蓋從帶徵之官不應仍受參罰而言,而部臣謂"所關河漕情罪,俱不赦免",令將漕項錢糧速行催完,則因處分之情罪而併將民欠之漕項一併不赦矣。

臣恭繹恩詔,款開止云"民欠及帶徵錢糧,督、撫查明,保題豁免",原未開除漕項錢糧不在赦免也。且百姓按畝輸賦,無論或本或折,俱係一條鞭徵,其辦納漕項者,並非另有一等地畝,即拖欠漕項者,亦非另有一等小民。似赦則俱赦,不應因漕項情罪而牽纏漕項錢糧,以負皇上浩蕩洪恩。伏讀恩詔,款開:“一、河道漕運,關係重大,一應情罪,俱不赦免。”此款爲慎重河漕起見。然既指明“情罪”二字,似因侵盜河漕庫帑與工程未固、漕運違悮者特行摘出,與民欠漕項錢糧原不相涉。案查康熙十一年爲災邑又被等事、彙報各屬等事、彙報淮揚等事、户部覆前江寧撫臣馬祜各疏,康熙十一年被災起存漕糧漕項及康熙十年漕糧漕項俱准照數全免,是因十一年之被災而并帶徵之漕項一例豁免矣。又查康熙十八年爲備陳舊欠無徵等事,前江寧撫臣慕天颜請將康熙十年、十一年、十二年民屯地丁并漕項未完銀米概賜蠲豁,奉有俞旨允行,而漕項又蒙豁免矣。何況康熙二十年皇恩肆赦,普天同慶,反將無徵漕項令窮簷赤子復受追呼之苦乎?臣謂康熙十七年以前一切民欠漕項錢糧悉應一概蠲免,在朝廷不過去此無徵之虚數,而窮民即得共邀免比之實惠,庶與恩赦款例相符相應。仰請皇上俯念漕項錢糧即在民欠地丁之内,准援往例,恩賜全蠲,俾江南萬姓仰沾聖澤,歡聲雷動,其樂利誠非淺鮮也。

題留鎮江知府疏

竊照京口濱江負海,地處衝要,又當閩、浙孔道,素稱繁劇,且爲旗營駐防之所,軍民雜處,豪暴間出,非偏僻旁郡可比。臣駐扎省會,撫臣亦相距稍遠,耳目或有難周,所賴道府彈壓整頓,良非淺鮮。況知府爲親民之官,戢兵以安民,倚藉尤切。

臣自到任以來,凡要地郡守之淑慝,尤必加意體訪。目覩鎮江府知府高龍光守絶一塵,才長肆應,革除耗羨,屏絶餽遺,真以實心而行實政。他如綏靖地方,審理逃務,調劑得宜,旗、民允服,無忝表帥,允稱理繁之任。似此才守兼優之員,正可砥勵官方。方期久任奏效[一],乃因康熙十九年分漕船開兑違限案内,部議降級調用,奉旨“依議”,欽遵在案。是龍光以遲悮漕船降調,自應遵奉解任,臣又何容瀆奏?但臣蒙皇上委畀兩江重寄,夙夜殫心,全藉群策効力,相助爲理。且鎮江與省會接壤,勢如臂指,旗、民錯雜,治理爲難,于以保障而調劑之,非如龍光其人者慮難仔肩而稱職也。伏查定例,“被降之官果係清廉愛民良吏,許該督、撫題請留任”等語。又查康熙二十一年二月内,安徽撫臣徐國相爲請旨事,題留太湖縣知縣章時化一疏,吏部援引廣東撫臣金儁題留肇慶府降調知府張京鏟,部覆准其留任之例,將時化覆准留任在案。今龍光才守兼優,臣知之最稔,實係清廉愛民良吏,既與保題之例相符,又與部覆所述張京鏟留任之處相合。况龍光陞授今職之時,原奉特旨補授,則其才守久在睿鑒中。臣從地方起見,爲朝廷惜此人才,不敢緘嘿。仰懇皇上施使過之仁,允臣所請,勅部議覆將龍光帶所降之級仍留原任,俾得展佈所長,以竟其用。臣得以倚爲車輔,則劇郡得人,而叢脞無憂矣。

【校記】

〔一〕期　四庫本作“欺”。

特薦江蘇藩司疏

竊惟論人授官,固當就才之短長以分繁簡;若就官論人,又當按地之繁簡以定高下。江南賦重役繁,民生凋敝,兼以水旱頻仍,供億四出。官斯土者,長才欲黽勉,而回頭無進步之階;短才困積逋,而束手鮮周身之策。案牘日見紛紜,催科日見繁苦,求其痛自鞭策、志期上達者,屈指不一二見也。臣等荷蒙簡命,督撫吴中,入境受事,親見其難。朝乾夕惕,茹蘖飲冰,上以期答朝廷委用之重,下以期慰生民樂業之望。細事必出於躬親,勺水必凛於夙夜。舉凡屬吏公事進見,多方訓誨,隨事禁飭。嚴其守,又察其所守之真僞;勤其政,又訪其敷政之寬嚴。莫不爭相濯磨,矢心釐剔。未幾而以盜案降級者見告矣，未幾而以逋欠落職者見告矣，未幾而以違限處分者見告矣。在朝廷乃不得不處之定例，在各官亦不能自逃之罪案。故自郡守以及有司，問其官則席不暇煖，問其職則整頓無心，勢使然也。即今大計之典，正以《周官》考績之法，伸國家彰癉之權，所關誠非渺小。而守令各官無一堪膺斯選，豈皆妄自菲薄，甘居庸劣乎？地實限之耳。況藩司爲錢糧總匯，數百萬之賦税於此考成，本省外省之兵餉於此徵解，大小屬員之賢否於此表率，以至民生之疾苦、水旱之災傷於此嚴稽核而賴賑恤，其繁苦百倍於郡縣，其責任亦百倍於郡縣。苟非才能肆應，氣堪百折，鮮不朝受命而夕僨轅矣。如江蘇布政使丁思孔，歷任既久，參罰固多，既不敢違例以入"卓異"之列，又不敢拘例以蹈蔽賢之愆。臣等爲地方人才起見，敢合詞特舉。其政蹟班班，敬爲皇上陳之。

外省之協餉，江省最多，此則刻不容緩者。本官自到任迄今，解過協餉壹千叁百餘萬[一]，從無片刻遲悮。京口駐防豆草、糧餉皆尅期解給，即遇災荒之歲，亦必設法接濟。此其實蹟之見於軍餉者也。用兵以來，江省前後奉造(鳥)〔塢〕、沙二船貳百餘隻[二]，本官催辦工料，竭蹷恐後，閩、楚、江西馬匹、弓箭及駐防蒙古甲兵衣帽等項，捐助製備，不以絲毫累民。此其實蹟之見於軍需者也。蘇郡爲閩、浙咽喉，軍旅往來，更換船隻，連年絡繹不絶，本官措置供應，親自儹辦，住宿河干，不辭勞勩。此其實蹟之見於軍行者也。清隱地，勸開墾，共計陞科壹萬餘頃，而公私稱便，又清增雜税及補徵田房税銀貳萬兩。此其實蹟之見於公帑者也。各屬起解錢糧，親自經收，不假手於吏胥，批迴隨投隨掣。又飭行各屬徵收，里民自封投櫃，禁止火耗。如遇災祲，則量行緩徵，使民力稍裕，而糧餉不匱。此其實蹟之見於催科者也。捐修蘇州府學等處，使寒生讀書其中，資以膏火，觀風所拔士於丁巳、戊午、辛酉三科，中式甚衆。又設立鄉約，宣講上諭十六條及申明六諭，家喻户曉。此其實蹟之見於文學教化者也。飭行各屬設立育嬰堂，以育遺嬰，并施棺以資掩埋，發藥以救瘟疫。此其實蹟之見於濟人者也。至於居脂膏之位而不以賄聞，處奢華之地而不以侈著，公私絶其請託，出入嚴其關防，尤其介性貞操，矯然特立者矣。乃以參罰糾纏，無由振拔。不惟本官之淹蹇，任事灰心，凡勞吏之聞風，亦皆短氣。既不足以彰聖明使過之仁，又非臣等以人事君之義。查前任撫臣慕天颜曾以上海縣知縣任辰旦、常熟縣知縣林象祖俱有積逋未清，特疏薦達，業荷皇上特允行取，得備掖垣之選，候補清華之列。今思孔之繁與難，視二臣何止什百倍耶〔三〕？倘臣等隱忍而漫爲姑置，蔽賢之過與狥私等，臣等之所不敢出也。臣等非不知藩司爲錢穀之府，思孔爲詿誤之身，特疏爲出尋常之外，不能不起人形似之議。然而臣等之可自信者，心也；所以報皇上者，心也。況臣等深荷皇上格外之知，不敢蹈知而不舉之罪。且思孔行已入覲輦下，仰祈皇上親賜諮訪，其人之才能賢否，難逃睿照。如果臣等所舉不謬，伏乞皇上破格擢用，則立賢之典可以度越千古，且使凡爲臣子者皆感激思奮，以希特達之遇，其於吏治民生未必無小補也。臣謹會同江寧撫臣余國柱合詞具題。

【校記】

〔一〕壹千叁　四庫本作“一千三”。
〔二〕(鳥)〔塢〕　四庫本作“塢”，從四庫本改。
　　貳　四庫本作“二”。
〔三〕什　四庫本無此字。

乞休疏

准吏部咨開云云，奉旨：“于成龍從寬留任，餘依議。欽此。”欽遵，備咨到臣，准此。臣捧讀溫綸，感媿彌深，隨恭設香案，望闕叩頭謝恩訖。竊臣以庸材謬膺督寄，年老疎陋，一歲之内兩蒙聖慈寬留。是臣之愚忱爲我皇上洞鑒,臣安敢不期竭駑劣,盡此餘生,以仰報天高地厚於萬一。然皇上之宥臣,將謂臣之精力尚堪振刷,以期效於將來也。

伏念江南財賦重地,事務殷繁,而又加以江西兵燹之餘,尤宜調劑,是非年富力强者難副其任。今海宇蕩平,民物熙恬,我皇上勵精圖治,日昃不遑,恒惓惓以吏治民生爲念。每盥讀聖諭,跼蹐不安。臣勉力拮据,思所以副我皇上安愈圖安之意。無奈兩目久昏,兩耳不聰,自去秋染瘧之後,復得怔忡之症。每辦事午夜,心胸驚悸,輒不能寐。焦思愈集則精神愈憊,精神既竭則事務糊塗,勢所必然。臣勉勵之念雖切,而艱大之任自揣萬不能勝。是臣無(裨)〔禆〕兩江之治化,實負期望之聖心。將來再有貽悮,縱睿慈曲加矜全,臣有靦面目尸位素餐,將何以砥礪寮屬、統馭士民耶?伏乞皇上俯念地方重大,鑒臣老邁不堪供職,特賜休致。臣沐皇恩,有生難報,惟願生生世世圖効犬馬而已。臣謹具奏,恭候睿鑒施行。

于清端公政書　卷七

兩江書〔一〕

諮訪利弊通行檄

照得大弊不革，則大利不興。一縣有一縣之利弊，一鄉有一鄉之利弊，自當因地制宜，相時興革。但兩江幅(幁)〔員〕遼濶，一時耳目難週，端在賢有司殫心匡理，庶國計、民生兩獲安全。况大江左右，或邇年旱澇，物力多艱，或兵燹遺黎，瘡痍未起，尤宜加意釐剔，以臻至治。凡有利國利民所當興者幾何事，害政害民所當革者幾何弊，該州縣身在地方，見聞必確，合亟轉行諮訪，仰該府官吏照票事理，即便轉行所屬州縣。凡地方官政民情有宜於昔而不宜於今，利於官而不便於民，或利所當興，慮阻撓於勢要，或弊所當革，苦積習之因循，其最關民瘼、安上全下事宜，該府暨州縣務須明白指陳，徑行詳報。本部院虚衷採擇，極力舉行。毋得假公濟私，捨大言小，浮詞摭拾，徒煩披閲，并不許由司道府轉詳，致滋格碍。

【校記】

〔一〕奏牘本無此卷文章。

示親民官自省六戒

朝廷設官分職皆爲治民，而與民最親莫如州縣。近來積弊成習，親民者反以累民，甚有不知廉耻爲何物，而“天理人心”四字置之高閣不問矣。噫！吏治日壞，如倒狂瀾，何時止乎！用是，偶採成言，兼參時弊，陳列六則，朝夕省觀，自爲猛惕。倘反是道也，王法不及，必有天殃及之矣。謹列如左：

一曰勤撫恤。州縣之官稱爲父母，而百姓呼爲子民。顧名思義，古人所以有保赤之喻也。夫保赤者，必時其飲食，體其寒煖，事事發於至誠。保民者，亦當規其饑寒〔一〕，勤其勸化，事事出於無僞。蓋無僞則有實心，縱力有不及與事有掣肘，然此心自在，即於萬分中體認一分，亦百姓受福處也。昔陽城云“撫字心勞”，知撫字必從心出，由心而發，隨事加恤，便有裨益。若徒外面摭拾一二便民好事，以爲得意，亦市名也，其去殘忍者幾希耳。是不可不戒。

一曰慎刑法。草木禽魚皆有生命，不可咨意殺伐。况人爲萬物靈，其肌膚、手足悉胞與也。人不幸而涉詞訟，又不幸而於詞訟中受刑罰，雖十分不可寬，必須求一分稍可寬處。此吕叔簡《戒刑書》内所以有“不輕撻、不就撻”之説也。至於囹圄福地，昔言已及，當思入此者皆無知小民，或有寃枉，極可哀痛，自然稍加體念。若徒任意禁獄與任意加刑，甚有狥情面、恣苞苴，以下民之皮膚供長吏行私之具者，或身或子孫，定遭奇禍。是不可不戒。

一曰絶賄賂。爲貧而仕，雖乘田、委吏，止爲禄養，未嘗於禄養之外有别徑也。若舍此而外多求便利，即爲暮夜楊伯起之“四知”，言之已可凛矣。昔人云：“士大夫若愛一文，不值一文。”又云：“從來有名士，不用無名錢。”試思長吏於民論到錢處，亦何項爲有名乎？夫受人錢而不與幹事，則鬼神呵責，必爲犬馬報人；受人財而替人枉法,則法律森嚴,定當妻孥連累。清夜省此,不禁汗流。是不可不戒。

一曰杜私派。小民應辦正額尚且難應,未知私派從何起也。不過頻年來軍需緊急,如解馬、賠馬與兵馬行糧、草豆,衝途供應,動以千百,無計可支。故有派之民間,俟日後銷價給發者。如近來行糧價值檄行刊附由單之末,以防發給短少之弊,是部院大臣亦疑州縣爲先取民而後發價矣。不知先取後發雖至公無私,小民之揭借其利已經數倍。况長吏派一錢則胥(里)〔吏〕派數錢〔二〕,長吏派一斗則胥(里)〔吏〕派數斗〔三〕,有極不堪命者乎!何如稍那正供,現價現買,而即力請上臺迅速開銷,并由單價值亦多此一番周折〔四〕。昔人云"於不得已中求一分擔當",即人民利益處也。至於因公苛斂,任意誅求,種種乘機自利,不啻爲盜取人,定然自有後禍。是不可不戒。

一曰嚴徵收。小民正供自有額賦,外此分釐非可苟也。近來徵收立法,着令自封,禁絶火耗,上之所以嚴州縣者,可謂周且密矣。夫爲州縣而受上之禁飭,即使無弊自好者尚覺汗顔;至爲州縣而并禁飭之不靈,倘有自欺,則有心者將視爲何等乎!古人云:"錢糧一節若肯請減,其善無量。"今錢糧不能減,而去其錢糧中加增之弊,亦與減錢糧彷彿。况鳩形鵠面、衣食啼號,此等困苦小民,欲陰搜其膏血,縱令安然無事,滿載還家,後日亦必生流蕩子孫以覆敗之者。是不可不戒。

一曰崇節儉。天生財物,固供人用,然必存不得已而用之之心,方能用度相繼。倘奢侈任意,飲食若流,無論暴殄,固犯譴呵。即費用必思取給,是亦壞心術之萌蘖也。夫長吏近民,雖自己足食,尤當思民之無食者;自己披衣,亦當思民之無衣者。推此一心,縱令衣食淡薄,尚且不能消受,而猶欲起侈麗之想乎!鄭俠語人云:"無功於國,無德於民,若華衣美食,與盜何異!"夫衣食甚細而至以盜相推,此充類至盡,唯恐長吏之稍奢也[五]。是不可不戒。

【校記】

〔一〕饑 四庫本作"飢"。
〔二〕胥(里)〔吏〕 四庫本作"胥吏",從四庫本改。
〔三〕同上。
〔四〕價值 四庫本作"價直"。
〔五〕唯 四庫本作"惟"。

移江西撫院轉飭各屬妄借分捐咨

照得民間之困苦,莫甚於私派;有司之掣肘,盡苦於分捐。江右各屬自甲寅以來,賊寇蜂起,征師雲集,一時軍需供應費用不貲。如解送御馬倒斃,置造戰船營房,搬運滿州骸骨,以及修理公署,協濟科場,無不咄嗟立辦。維時事迫,俱係動支正項,及至事後算銷,則有核減價值者,又有不准開銷者。由是設處分捐之法,包藏私派之弊,或草單半幅,或飛簽一枝,立催照數繳完,不留一毫形跡。以致長吏焦心彌甚,小民剜肉難堪。恭讀康熙二十年十二月二十日恩詔一款,内開:"康熙十九年以前用兵,各省採買供應大兵,緑旗官兵糧草價值有經駁減者,亦有尚未奏銷者,該督、撫確查保題,到日准銷"等因,欽遵在案。則是從前一切核減追補之銀俱在保題准銷之内,又何有病官累民之事?但恐不肖官員與夫衿棍、蠹胥上下扶同,打成一片,猶借分捐名目,仍然苛派里民。本部院遠駐江寧,耳目一時難及,仰祈貴院念切同舟,嚴加禁飭,并查各屬如有不肖官員藉事風生,妄借分捐,從中濫派,致累小民,立賜移示,會疏題參,以儆溺職,以甦民困。

飭勵學政事宜

掄才爲國家大典,造就培養,實始黌宮。況江南大邦,係人才薈萃之地。學道爲通省文衡，責任綦重，務在精白乃心，矢公矢慎，操守廉潔，振拔孤寒，庶不負朝廷任使至意。若懷不肖之念，苞苴盛行，致開奔競之途，徑竇百出，煌煌功令，置若罔聞，學政廢弛，有江河日下之勢。所以前經左都御史魏題請剔除十弊，禮部覆准，奉旨遵行已久，謂可稍挽頽風。乃本部院下車以來，訪知積弊多端，有難悉數。如上下交通則弊在有司，表裏作奸則弊在胥吏，鑽謀賄托則弊在生童。究之種種情弊，皆由學道無潔己之念，不能正以率下，以故難于杜絶耳〔一〕。從來學道一官，非進士出身不在是選。當其做秀才時，若遇不公不明之學道，必有大不平之鳴，怨憤訕謗而罵詈隨之，何以自己做到此官則又躬自(跆)〔蹈〕之，全不記寒牕呫嗶之苦〔二〕。寡廉鮮耻，敗壞身名，莫此爲甚。即謂銅山金穴，利令智昏，不暇爲潔身之謀。然誰無子孫，誰不願子孫成名顯達，而瞞心昧己，賍私纍纍，獨不畏明有王法〔三〕，幽有鬼神，現在發覺則有身家性命之憂，日後凋零更受男盜女娼之報乎！至於儒童赴試，爲士子進身之階，務須守正待時，何必妄求躁進，乃素封之家倚錢神爲作合，紈袴之子恃竿牘以求通？是父兄平日先以自炫自鬻教其子弟，則子弟所習見習聞，無非夤緣賄賂，又安肯潛心肄業，以望學問之有成？古來由白屋而爲公卿，取紫青不藉門第，載在史册，不可勝數。更如近代之王元美、陳臥子，皆江南人文領袖，何嘗不出簪纓世胄，又何嘗藉祖父餘蔭以取科第？即此可作讀書人榜樣。爾等有此營求之費，何不資其膏火，慎擇良師，俾子弟下帷攻苦磨礪以須，而必欲百般鑽刺，以奪單寒上進之路，致使懷才自好之輩皓首窮經，卒不得一青其衿，抑鬱沉淪，愁歎之聲載道。聞之心惻，思之髮指！誠使爾輩翻然自悔，各安誦讀，不爲習俗所移，則考試官無從射利，雖欲不公，不可得矣，何患弊源之不清乎？聖賢學問只在義、利兩途，蹈義則爲君子，趨利即爲小人。由一念之公私，分人品之邪正。何不洗心滌慮，勉做好人。本部院上體朝廷右文作人

至意,下爲憐才剔弊起見,諄諄誡諭,并將訪聞各項情弊爲十弊中所未有,或有而未詳盡者,條分縷析如左:

一、學道私人大約以掌案、長接爲心腹,掌案者以事歸總握,長接者以行近親隨,輒敢大膽進言,先瞰本官之需用,巧爲借貸以充應。及至到任後,官吏閧聚一堂,視名教爲貨利之藪,私議進學、補廩、提等等項,分别府州縣之大小,以定生童價目之高下。及將按試之日,掌案、長接預遣積蠹、副役并包攬棍徒,潛匿本地方菴觀、歇家,招摇説合,串同門役、水夫,暗通記號,奸宄莫測。嗣後,學道按試止許隨帶謹恪書吏數名,以供書寫,著府州縣等官嚴加搜檢進署,直至試畢發案後,方隨本官出館。到别府,亦如之。其菴觀、歇家等處,無許容留冒役、棍徒等人,地方官仍不時緝訪拏究。

一、學道發牌考試各府,抵境之日,地方官借迎接爲名,即用言餂私情,預爲結納。及試生童之日,又借提調送考名色投謁進見,或暗通線索,或代達私書,甚至考後次日,府廳州縣等官借稱公事進謁,而學道亦不時傳見,館門啓閉無常,亦無禁鑰,以致上下交通,弊竇叢生。嗣後,凡府廳縣等官出迎,該道概行謝絶。送考點名畢,各歸本署供職,不得參見。

一、考試前一日,府官送童生案册,教官送生員學册,以備學道點名入試,從來彌封編號印簿及場内坐號,紅簿點名後即發該府州縣收貯。所以發案之日,止將原卷發府拆對原册填案。近有司任意逢迎學道,竊幸查對[四],公然收存道署,不但夤緣者(名號生姓)〔坐號姓名〕可以暗中摸索[五],并貴介子弟三代姓名註原册之上,如有囑托,更覺瞭然在目。今後學道點名畢,即將彌封坐號等簿當發該府州縣攜回,毋蹈前轍。

一、學道按試,例應教官送考,并府首領、縣佐貳等官巡捕。其在巡捕等員巡視考場,或借効勞乞恩,已屬不法。至教官爲親臨屬員易通情弊,甚有投認師生,擅通薦函,并夤緣關説等弊,殊干憲紀。今學道按試某處之日,預期點定巡捕二員,量點送考教官幾員,關防供職,試畢發案後一併發放,無許朝進暮出,以杜私端。

一、童生赴試必由縣府二考録取送道,文章高下務須縣府秉公校閲,庶真才得以上進。近不肖有司視爲具文,全無慎重之意。有等故爲少取,以名數之先後分賣價之低昂,有等一味盡情,依薦牘之差等爲填案之甲乙。致孤寒而有抱負者屈抑不伸,望道試如登天之難。即學道有意遴才,亦無從甄拔,因而改絃易轍,謂此中原無佳卷,何妨受賕肥橐。此念一萌,上行下效,府州縣愈無忌憚,真才何由得達。今後歲科二試,縣府考拔取童生,務令公明閲卷,不妨一覆再覆,以杜傳遞代倩等弊。覆試既畢,即發全案,無得稽留以待鑽刺。仍粘連三卷,送道查對筆跡〔六〕。如所取卷内有文理荒謬,必係府縣官狥情受賄,該道即申報本部院,以憑嚴究。

一、廩生保結,原係稽查刑、喪、過、犯〔七〕,冒籍娼優、隸卒等項,不得混試。近有不法劣衿受賄作弊、朦朧濫保外,更有串通外府有文無行之人,先作本縣儒童,冒名赴考,往往倖獲。及發案有名,或索勒本童謝銀,或朋奸覓人頂買,俗有"活切頭"、"飛過海"名色,殊屬駭異。嗟嗟!取額幾何,寧堪此輩網利!該道按試日,先期傳集各學廩生,逐名嚴詢,各具甘結。所保儒童如蹈前項等弊,罪甘褫革,仍加究處,法在不宥。

一、進學儒童,原分大、中、小縣,著有定額。每大縣賄買人多,限于額數〔八〕,將本童填入窮僻小縣案内。仍恐小縣攻擊冒籍,俟發紅案後,巧令本童具呈改學,仍歸本縣者;又商籍取數較多,赴考儒童與民籍較少,亦有以民籍赴考儒童混進商籍者。接木移花,爲弊匪細。今該道務期嚴核本籍,秉公閲卷,毋得混淆。

一、按試一府,閲卷既畢,即當發案。或因私橐未飽,故爲稽延,竟將試卷帶往别府,童生則懸價以待入局。生員貧富又教官素所熟悉,至有不肖教職故以富生姓名聲言考置劣等,嚇賄提拔。貪婪無忌，莫此爲甚。有蹈此弊者，該道即行揭報提處。又捐納童生，有一體發案之部文，尤不得藉口稽遲。嗣後，捐納童生陸續取齊外，先將取定正額童生，于覆試次日，即將原卷發府拆號填名〔九〕，申報本部院，以憑查對〔一〇〕。

一、童生試卷，必經發府拆號填名，所以學道之權往往知府得以操之。因而交通關節、一切過付皆出其手，不惟去取竊擅，甚至拿捏訛頭，累千盈萬，據爲己有。及學道索取結局，府官以業經紅案有名恃爲無可如何，竟致白賴者。學道亦以曖昧自悞，不敢聲張，惟有隱忍而已。此等大没良心人，傷天害理，該道何苦徒損心術，受制於人，名利交失。自己不能逃鬼神之譴責，子孫又必受禍患之報應，可不畏哉！是在學道廉潔自矢，則上下體統凛然具在，自不受屬官之挾持矣。

一、試官例設挂號，胥役收進文書，學道職在衡文，專司學政，無軍務、刑名、錢糧緊要等事。近各府州縣鄉紳以私函不便直達，往往借現任官封，賄囑門役，擅行投遞，或因勢迫情邀以致真才淪落，深可痛恨！此後，凡有官封文書，止許開口投遞。如有請託私書，該道即刻將原封、原書，星速呈送本部院一併題參。至于沽名奔競，所在有之，而盜竊虛聲，下江尤甚。每借"憐才"二字，藉口公薦，聯名竿牘。究屬朋利私心，而於孤寒實學毫無裨益，亦當嚴行杜絶。

一、不肖官屬上下關通，交互作弊。每遇一考，于府取正案試卷之外，送空頭印卷多寡不等。遇有身未赴考，肯出大錢及鑽求大來頭薦書者，竟代作文字二篇，居然入泮。此弊首當嚴禁。其前列生童，例應將原卷解部，不得擅行改竄。至於刷卷等弊往往有之，俱應痛革。

一、設科取士，文武并重，豈以學習韜鈐，遂可視同弁髦。近日每以武途忽視爲狥情交際之具，或送往來過客，或賞巡捕等官乞恩,或進士一二人、舉人四五人,明目張膽扛説一名,竟爲成例。遂有市井遊手無賴之人,目未識丁,不諳騎射,賄托鑽營,濫叨名器。一入武庠,便約結匪類,三五成群,借衣頂爲護身之符,視衙門爲壟斷之地,把持謗訕,肆行無忌。此皆係學道拔試不加慎重于始〔一一〕,致滋澆惡成風。此後,考試武途生童,務須秉公校視,果係弓馬熟嫻,策論優通,方准拔取,毋得縱意狥私,致使干城失寄。

以上諸款,皆係本部院察訪最真,切中時弊。自示之後,該道務與各提調、教職、官吏、紳衿人等洗滌肺腸,實心痛改,得真才以報朝廷,振文教以吐士氣。本部院斷不没人之善,定行特疏獎薦。倘怙終不悛,陽奉陰違,本部院耳目最近,隨時隨地密行察訪。如前十二弊有一于此〔一二〕,立刻飛章入告,官則摘印,子衿黜革,候旨,按律擬罪,其蠹胥、奸棍即刻斃之杖下。本部院實心實政,斷不託諸空言,使宫牆名教之地爲爾等藏垢養癰也。

又硃批〔一三〕

衡文者,愛惜人家好文字爾。子孫有文字,定爲衡文者愛惜。若一味愛錢,只恐子孫縱會做文字,決不出頭。更恐神鬼怒恨,生出瞎眼子孫,上長街唱蓮花落,要看字也不能彀了。莫笑老夫迂談。

【校記】

〔一〕于　四庫本作"於"。

〔二〕呫嗶　四庫本作"呫畢",。

〔三〕王法　四庫本作"國法"。

〔四〕查　四庫本作"察"。

〔五〕(名號生姓)〔坐號姓名〕　四庫本作"坐號姓名",從四庫本改。

〔六〕查　四庫本作"察"。

〔七〕同上。

〔八〕于　四庫本作“於”。

〔九〕同上。

〔一〇〕查　四庫本作“察”。

〔一一〕于　四庫本作“於”。

〔一二〕同上。

〔一三〕四庫本題爲“又”。

興利除弊條約

照得州縣各官厲民積弊,處處皆然,而江南尤甚。本部院下車以來,即訪有等不肖有司悖違嚴旨,剥削小民而莫之恤,因循陋規而莫之除。本部院恤民念切,本擬將此等積弊據實入告,仍開劣員以昭貪墨闒冗之戒。但初經莅任,正望各屬悔罪維新之候,姑從寬典,除已往不究外,自今伊始,爾等各官務將後開積弊盡行痛革。所有應禁各款臚列于左:

一、嚴禁火耗。徵收錢糧,照部頒法馬,令花户自封投櫃,不許暗加火耗。久奉禁例,况經功令創懲,州縣各官自宜洗心革面。乃訪聞江南下江州縣徵收錢糧仍有火耗,上江較爲尤甚,而江西州縣火耗竟有每兩加至一二錢不等。哀此小民剜肉醫瘡,吞聲飲泣,而不肖有司方且肥家潤槖,坐致富饒,恬不知耻。本部院念火耗之弊害民最衆,而累民最甚,務必痛除盡革,以紓民困。如有不遵,訪出定行參究。該管道府不行揭報,均難辭咎。

一、禁止私派。小民終歲勤苦,竭胼胝之力,難完輸將之供,而不肖州縣往往巧立名色,借端私派。如條銀則有傾銷解費之派,漕糧則有修廒監兑之派,由單編審則有刊刻紙張之派,種種名色,弊難枚舉。甚至江西地方有湖差、蘆差、門差、竈差,横徵苛斂,更可駭異。本部院頗有所聞,俟廉訪得實,旦暮具疏糾參。如各官能及早猛省,痛自湔滌〔一〕,本部院姑開面綱,准與自新。若怙終不悛,陽奉陰違,或經訪聞,或被告發,立行參處,斷不姑息,以貽一路之哭也。

一、嚴禁餽送。從來寡所用，斯廉所取，未有用之極繁多，而取之能廉潔者也。本部院訪得兩江官員專事彌縫，惟尚交際。司道府廳州縣生辰、令節、到任、署印、卸事，自下而上，無不遞相餽送，視地方大小區别等差，盈千纍百，目爲舊規。於是官評之賢否，吏治之勤拙，俱不可問。且此等餽送不出於錢糧之加徵火耗，則出於詞訟之婪取贓私。以小民之膏血，供多官之結納，民生何以得遂，物力何以得阜也？本部院下車，清介自持，誓不受屬員一毫餽送。爾司道府廳州縣務期共相砥礪，痛絶餽送，庶幾懸魚瘞鹿之風遠逮古人，而飲冰茹蘗之操更重今日。倘視具文，藐玩不遵，本部院訪聞得實，白簡具在，斷無寬貸。

一、訪拿衙蠹。澄敘官方，必先剔除衙蠹。蓋此輩浸潤蠱惑於本官，不曰某項舊規可取，則曰某事前官曾行，且曰上司交際、平日費用，勢不得不取資於此。大佞似忠。本官一墮其術，遂招摇兜攬，顛倒是非，播弄威福。本官利其暮夜之金，甘受捉鼻。蠹役憑城依社，小民側目含寃，毋論刑名、錢糧，大小衙門，在在皆然。緣積蠹久居衙門，或父子兄弟出入朋充，或已役滿而仍前干預，本官不肯破面驅除，以致流毒無窮。今後，各官嚴行覺察，如有積年蠹役及干犯前項種種情弊者，即速開具款揭，呈報本部院，以憑盡法究處。如敢扶同、狥庇及將小(眚)〔眚〕微疵揑飾塞責者，察出參究不貸。至於經制之外容留白役，併照定例題參。各宜凛慎，毋以身名輕狥下役。

一、訪拿光棍。剪蟊賊，所以培嘉禾；鋤强暴，所以安良善。本部院訪得兩江地方有等光棍，交結匪類，串通衙蠹，或指逃嚇詐，或唆盜妄扳。凡溫飽素封之家，輒行嫁禍構害，睚眦殺人，道路側目。是使熙皞之盛世尚有痛心疾首之民，地方官寧不重負職守耶！自示之後，如有此等光棍横行無忌、殘虐小民者，立即呈報本部院，以憑盡法處死。至江寧、鎮江有扒手，蘇州、松江有打降，皆地方喇虎,該有司一併訪拿重處,以絶奸宄。姑息容隱,察出併究不貸。

一、禁止問刑遲延。案無留牘,斯獄鮮沉寃。屢奉諭旨:"内外問刑、衙門事件,不許遲延。至於易結之事,故意延遲不結,從重處分。"欽遵在案。今本部院聞兩江各衙門一切事件不遵限完結,經年累月,株連蔓引,羅織鍛錬。甚而久滯囹圄,瘐斃民命,抑或男女無别,致傷風化。至於户婚、田産易結細事,亦必曠延日月,以致小民拋家失業。及批允發落,又有羈比、罰贖之苦。迨事完釋放,已四壁蕭然,室如懸磬矣。言之深可痛恨! 今後,各衙門事件、詞訟不拘大小,俱要遵限完結,易結細事隨到隨審,即行省釋,並不得濫罰贖鍰。敢有故違,或經訪聞,或被告發,題參重究。各宜凛遵,毋貽後悔。

一、嚴禁借旗放債。駐防滿兵皆係禁旅,大臣統帥戍守,紀律自是嚴明,斷無縱容旗丁盤債虐民之事。但地方無籍奸徒影射旗勢,或串同苦獨力營厮〔二〕,狐假虎威,狼狽作奸,違禁取利,及印子錢名色,盤筭估折,稍不遂意,鞭撻横加,小民無可如何,殊干法紀。今後,如有此等奸徒借旗盤債,行兇虐民,即行呈報,以憑會同將軍嚴審。如平人,立置重典,如係有職人員,請旨革究,决不輕恕。

一、嚴禁濫差。衙門差役禁戢猶懼不法,若濫行差遣,則猶虎而翼,其不至噬人者鮮矣。本部院訪得司道府差下縣,縣差下鄉,俱足爲民害,而府縣差害民尤甚。蓋司道差去民間稍遠,故其害民猶少。若府差,有每年坐催地丁、兵餉名色,此輩謀票入手,攜朋引類,一到該縣,庫胥、户役皆有初見禮儀,縣官間有賞賚。此役久住該縣,需索無厭,稍或不遂,凌轢長官,咆哮公堂,無所不至。再如縣差下鄉承催錢糧,拘提人犯,酒食差錢,狼貪豕突,窮鄉僻壤,辱及婦女,幾無天日,尤爲切齒。今後,錢糧事件立限完解,司道府不得擅差一役下縣。州縣錢糧務要遵照禁革里排,頒發限串,令花户自封投櫃，截票歸農。至於詞訟，非人命、逃盜，止許原告領牌自拘，俱不得擅差一役下鄉。如有故違，事發，官則飛章參奏，役則立斃杖下，决不姑貸。

一、嚴禁濫收監倉。犴狴之設，所以收禁重犯，非濫及無辜、輕罪也。兩江虐政，不論重輕罪犯，輒擅收監，而獄吏、禁卒百般淩虐，多方索詐，甚而打兇、打肥名目及劣員殘逞勒取病呈等弊。種種惡蹟，難以罄述。今後，除死罪重犯照例鎖銬外〔三〕，其餘輕罪人犯不許概加桎梏。至於催科、詞訟並婦女，非犯重罪，不許收禁。佐貳、衙官不許擅將人犯收寄倉鋪。印官躬親督視囚糧，按時給發。夏月不時灑掃，以除瘟疫；冬月量給草茵，以免凍斃。倘有故違，仍踵前轍者，許各犯家屬奔控轅門，以憑提究。

一嚴禁捕役非刑私拷。獲盜未經到官，豈容捕役先取口供；臨審方可動刑，安得奸徒私加酷治。本部院聞兩江捕快人等，每於初獲盜犯未經到官，輒私帶荒郊，慘拷酷弔，名爲坐索，或誣良認盜，或授意指扳，箠楚之下，能無妄供？而捕官希圖結案，朦朧成獄，黑冤難辯〔四〕。聞之眥裂。今後獲盜，不許捕役私訊拷打，如非拒捕格鬥而本犯被傷者，定係前弊，該本官即行嚴究捕役。倘有不遵，官則題參重究，役則立刻處死，决不姑貸。

一、禁止保歇。省會府縣歇家，最爲作奸犯法之藪，故定例歇家與衙蠹同罪，法至嚴也。其在省會府城者，外府州縣解錢糧，則包攬投納使費，更有洗批那移之弊。解人犯，則包攬打點行賄，更有主唆扛幇之弊。至州縣歇家，包當糧里，代納錢糧，及至侵漁缺欠，逃脱無踪。有司恐碍考成，勒令花户重賠，小民含冤莫訴。再而主唆原、被刁訟興詞，及至兩造明知悔悟，而詞入公門，欲罷不能，彼且徐收漁人之利。此等歇家甚於陷穽，愚民無知誤墮，身家立破，罪不容誅。該地方官嚴行查訪，據實嚴拿究擬。如狥私阿縱，定以失察參處，决不姑息。

一、嚴禁訟師。兩江地方俗尚健訟,小忿輒裝大案,遠事捏稱新寃。載鬼張弧,問官無從詰審。揆厥所由,皆緣奸惡訟師不照本人據事直書,採捏株連,希圖聳聽。及准理之後,兩造茫然,更且從中主唆,恐嚇詐騙,未及對簿而原、被之身家幾傾於訟師之手。言之殊堪髮指!示後,代書止許直書情事,不得别有增減,仍填代書姓名。如審有虚誣者,提代書從重嚴究。其有過惡昭著訟師,地方官併訪拿解轅門,處死不貸。

一、禁上取用行户。江南雖商賈輻輳,衆貨聚集,人物繁華,類皆逐末之輩揭本借貲,聊以糊口,冀得微息。至江南地方,十室九空,生計寥寥。再而江西當用兵之後,瘡痍甫起,凋瘵未復。官斯土者,宜如何潔己愛民,軫恤撫綏,或可漸復元氣。乃兩江弊政,各官凡一應日用等物無不取用行户,或短價虧欠,或勒揹不給,以致資本消乏。一廛既匱,八口啼飢。本部院稔悉此害,殊堪髮指。自禁之後,各官有蹈前轍者,許諸色人等赴轅門喊告,審實立即題參,以爲貪黷剥民者之戒。各宜警省,毋自貽戚。

一、禁止奢靡佚遊。禮莫重於婚喪,俗莫敦夫勤儉。本部院查《家禮》載親喪一節〔五〕,三月而葬,謂附棺者必誠必敬。乃爾江南地方多尚虚文,半靡於佛事〔六〕,半惑於堪輿,以致停棺不葬,久而風火暴露,皆不可測,既愧人子之心,且失慎修之禮。至於兒女婚姻競尚華侈,每因百兩未爛盈門,遂致三星徒賡束楚。奢既越禮,遲則愆期,均非風俗之美。他如牛首春風、秦淮夜月,以及各處招提名勝,不過騷人韻士藉以爲遊覽,非四民恒業所可留連。甚至良家婦女駢肩累跡,燒香拜願,自招輕薄,致啓釁端,尤爲可耻。今後,地方親民各官諄加勸諭,喪葬以禮,婚姻以時,勸以務本,慎以遠耻。俾風俗一返淳龐,斯世道永安熙皞矣。如有不遵,查出重究。

一、嚴禁兵丁虚冒。離次失伍,已爲軍法所不容;虚名冒餉,更屬王章之難宥。兩江爲東南重地,汛防戍守最爲喫緊。本部院訪得各標營將弁多有坐佔名糧，或數分、十餘分不等，而營識本身之外，亦坐佔一分者。此等坐佔之糧，差操不與，獨於提、鎮點兵時〔七〕，令其僕厮披執應名而已。是使朝廷歲糜養兵之餉，而不獲收養兵之用。墮軍實而干法紀，莫此爲甚。自示之後，各營戰守馬步兵丁俱要現在實數，不許仍前坐佔虛冒。如敢故違，訪出，定以軍法從事，决不輕饒。

【校記】

〔一〕湔　四庫本作"湔"。
〔二〕苦獨力營厮　四庫本作"旗下家奴等"。
〔三〕銬　四庫本作"鐽"。
〔四〕辯　四庫本作"辨"。
〔五〕查　四庫本作"察"。
〔六〕靡　四庫本作"縻"。
〔七〕點兵　四庫本作"點名"。

嚴禁漕弊各款

照得徵兑漕糧弊竇多端，雖經本部院屢飭通行嚴禁，但恐所屬印運各官狃於故習，不思閭(閻)〔閻〕困苦，不念身家爲重，仍然陽奉陰違，恣肆勒索，殘虐吾民，亦不可定。今值開兑伊邇，所有漕弊事宜，合再摘款嚴禁。

一、禁旗軍勒索之弊。夫漕糧官收官兑，原不令軍民會面，此定例也。自五米十銀之外，不許多有加增。近聞旗丁驕横，不曰米色不佳，則曰私增斛面，措勒多端。乃於十銀額支之外，每石又加銀六分，名曰"六銀"。相沿日久，遂成錮例。其銀以廒書經收入手，臨兑轉給，而廒書藉此名色，又復加斂分肥。嗟嗟！小民有限脂膏，何堪如此剥削，深可痛恨！示後，如有運弁狥縱不法，旗丁串同廒書借端勒索，或經本部院訪聞，或被里民告發，官弁飛章指參，丁書立拿杖斃。

一、革差擾之弊。各屬徵收漕糧，從前俱係差催，致小民以有限之金錢，填若輩無窮之谿壑。本部院深悉民間積困，不苦於正供，而苦於差擾。今催納漕糧，止許照地丁設立滚單之法，屆限不完，再發本皂行提，使百姓省一分之差費，即可早完一分之正供。如有違禁差擾，定行糾參不貸。

一、禁奸棍包納之弊。米色乾圓潔淨，最爲第一要務。近訪有地方光棍人等住居倉旁，借開張米鋪爲名，攬收里納糧米，多勒費用，代爲完交，纍百盈千，揑派粞碎糠粃，串同廒書、倉役人等，機乘早晚無人之際，一概混斛廒内，致啓旗丁措勒之端。厲國病民，深可痛恨！示後，如有奸棍仍前包納紊亂漕規者，司漕各官訪實，即行鎖解轅門，以憑立斃杖下。

一、禁舵水擁擠倉場之弊。收兑漕糧重地，理宜肅清。止許一旗一綱領兑，原不容帶領多人，致滋鼓噪。示後，如有運弁不遵示禁，仍縱不法旗丁多帶舵水人等蜂擁倉場、灸詐兑費、凌辱官役者，監兑府廳各官立刻揭報，以憑嚴拿究處。

一、革倉夫穴竊之弊。倉夫一役，不過專司啓閉而設，然此輩居住倉側，慣借看守爲名，遂敢作奸偷米，是多一鼠竊也。及至兑運之後，又將存倉竹木潛行拆取，致累里民備辦。今應斥革，逐令歸農，不許仍住倉側。每晚印官親臨封倉，另選誠愼人役左右巡緝。如有抗違不遵，除拿倉夫處死外，併將司漕各官從重指參。

一、革雜派淋尖之弊。小民終歲勤勞，粒粒辛苦，而狼戾者視若泥沙，每於兑漕之時，借稱驗收樣米名色，棍蠹群踞水次，任意勒索。甚至開倉神福有費，紅單酒席有費，糧差總書有費，奏銷算帳有費，百計取盈，不饜不休。及至糧米入廒，必要踢斛淋尖，多索耗米不等。鄉民任其蹂躪，莫敢誰何。示後，如仍踵前弊，一經訪聞，或被里民告發，官即飛章糾參，蠹役立拿杖斃。

一、禁包歇充當之弊。漕催五年一輪，承管各甲之米，其倉中修葺鋪墊，皆其事也。然而鄉愚不諳書算，每每倩僱積年棍蠹包攬代充。因而串通蠹書，共相侵蝕，以致虧米缺兑，貽累匪輕。今務令正身充當，如有奸棍包充作弊，司漕各官查拿，解轅處死。

一、禁對支卹米之弊。各邑孤貧卹米，此朝廷優養無告之民。向有勢棍、富豪，利其有此卹米可以兑給漕糧，先將銀米借貸，及至兑漕之時，取盈扣算。在豪富則圖利而不仁，在孤貧則抵債而愈困。更且共相垂涎支給，觀望不納。悞漕病官，莫此爲甚。本部院深悉其弊。示後，各邑務須漕糧兑足，即將存倉之米照數給領，一概不許兑支。如有勢棍、富豪不遵示禁，仍蹈前轍者，司漕各官訪實，即行鎖解轅門，以憑立斃杖下。慎毋狥隱，并干未便。

一、禁廒書飯食之弊。各屬徵兑漕糧，每用書役司理其事，名曰“廒書”。其中遂有索費之名，則曰“飯食”。里民計米付銀，勢不可缺。而且侵蝕折乾，往往缺兑悞運，仍派里排賠補，名曰“廒欠”。錮弊相沿，牢不可破。如有此等情弊，訪實，官參、吏處不貸。

以上各款，皆切漕政錮弊。本部院不靳諄諄誡諭，無非欲爾官弁、丁役人等痛改前非，嘉與維新之意。如果實力奉行，革除積習，自當分别獎勵。倘仍怙惡不悛、剥削小民者，官即飛章指參，役拿立斃杖下。法在必行，斷不姑寬。各宜猛省，毋貽後悔。

通飭各屬私派納訪檄

照得訪拿衙蠹，原爲除害安民。如各該衙門果有大奸巨憝贜真証確者，應即按名拿解，聽候發審追擬，以彰國法。近聞江右各官每借訪拿名色，上而司道，下而佐雜等役莫不有派，名曰“納訪”，竟成貿易，盈千累萬，公行比追。上官惟思“納訪”銀兩，一任大奸巨憝，概不查拿。蠹役既完“納訪”銀兩，愈肆咆哮，横行婪詐，以致蠹弊日深，民害愈烈。興言及此，殊可痛恨！除現在密訪參拿究處外，合行通飭。爲此，票仰該司官吏照票事理，即便移行所屬各衙門一體遵照。嗣後，務宜痛改積習，持廉秉公，將該衙門積奸大蠹不時廉訪揭報，以憑懲究。不許仍前上下通同，私訪派納，婪贓庇蠹。敢有故違法紀，怙終不悛，該司即將貪黷官員揭報參處，慎毋瞻狥。

弭盗安民條約

照得江南一省幅(幀)〔員〕遼濶，盗賊竊發，所在有之。或剽掠閭(閻)〔閻〕之間，或肆劫江湖之上，爲害于民〔一〕，殆無虚日。抑思此盗賊者，莫非朝廷之赤子，良由該地方官始則拊綏鮮術〔二〕，既不能禁民之不爲盗，繼而弭戢無方，又不能化盗而歸於民。因循忽視，俾流毒未有底止，將何以肅郊境而臻寧謐乎！本部院欽承簡命，委任封疆，目擊地方情形，爲安全黎庶之計，禁暴戢奸所宜亟講。因於體訪籌畫之外，博採輿論，分别諸條。如陸路之首重保甲，水路之嚴飭汛防，是爲弭盗之大綱。而其餘各款，亦皆旁搜斟酌，歸於至當，無有賸義。用是刊刻成編，徧行各屬，轉相告誡，務在家諭户曉，使知本部院保護民生至意，雖窮鄉僻壤，水澨山陬，咸令恪遵，毋視爲紙上之空言也。况保甲之法久經奉旨，而向來地方官視爲故事，行之不力，以致奸民匪類改革無期。凡膺民社之寄者，豈不有忝厥職。自發條約之後，各宜督率居民實心舉行。如果勸諭周徧，約束精嚴，使盗藪肅清，居民安堵，本部院定行特獎。倘仍前玩愒，或陽奉陰違，以及藉端需索〔三〕，本部一有訪聞，官吏及保、甲長人等分别懲處，斷不寬貸。末款言之詳矣，宜各凛遵毋忽。所有規條，開列于後〔四〕：

一、設甲長。凡十家立爲一甲，務須各該州縣印官刻意勵精，以實心行實法，單騎簡從，躬詣各地方查編。每一甲之内，秉公遴選端正勤慎、殷實老成之人一名，舉爲甲長，稽察九家，咸聽約束。

慎勿狥私濫舉，亦不得轉委衙官，藉端生事[五]。仍令九家各開男婦姓名、年貌，自祖父母、父母及本身妻妾，至子孫婦女與同居同姓、異姓族戚並僕婢等人口，作何生業，盡數開列門單，交與甲長，以便識認稽查。其甲長亦將本家家口照前式開列門單，聽九家互查，均毋遺漏隱瞞。違者重究。

一、取互結。甲長既已遴舉，十家俱應聯名互保。其保結内開某某家士農工商各係作何生業，平日俱無窩逃蓄盜、交結匪類、勾旗詐詐、闖將打降、(兇)〔酗〕酒撒潑、嫖賭爲非、刁訟抗糧等項。如一家有此等事犯，九家甘受連坐。互結一張，公同書押，交付甲長，以便編入甲内。倘有前項不法之徒，而九家朦混具結者，地方官查出，除本犯照應得之罪究治外，九家各責三十板，枷號兩個月。其抗違不遵入甲者，一併重究。

一、准自首遷善。查互結之法既行，倘十家之中有某家平日係窩逃蓄盜、交結匪類、勾旗詐詐、闖將打降等項，九家不敢互結者，許本人報知甲長註簿，仍赴官自首改過，咸與自新，地方官另記一册，開列姓名。或他處舊案扳犯，許將本犯某年月悔過首詞敘入，以開生路。或怙惡不悛，地方官執法究治，如力不能制者，立刻申報，以憑核參拿問。其餘(兇)〔酗〕酒、撒潑、嫖賭、刁訟、抗糧者，九家不肯互結，亦准報明自首，另記一册，開列姓名，不時稽查有無改過實跡。違者重究。

一、立甲簿。凡十家之内有出外行走者，即報明甲長今往某處，作何生理勾當。甲長註入簿内，回日仍報明甲長某日事畢回家，即於簿内本人出外事由之下註明，以便稽查。或恃强不報，或詭秘不報，八家查明某不在家，即報甲長註簿，次早報官拿究。倘鄰近州邑適於此日此夜失盜，即移解會訊。如八甲通同隱諱不報，甲長每晚查某不在家，即眼同八家註簿，次早報官，先責八家各二十板，枷號一個月，後拿本犯審處。又如十家之内，有親戚朋友來相拜望者,即報知甲長本家有某處某客某親,同行幾人,是何姓名,或步或舟,或騎或轎,帶何行李來此,甲長即註入簿内;或本日即去,或隔宿而去,本家仍報明甲長於前報項下註明,以便稽查。或恃强不報,或詭秘不報,八家公報甲長註簿,報官拿究。或八家通同隱諱不報,甲長查出註簿報官,拿本家與來人審明口供。如來人來歷明白,任其回去,本家仍以失報責二十板,八家各責十五板。如來人不端,即差役押解原籍,地方官查收註簿,取收管於本處,簿内注解收訖,本家責四十板,枷號三個月,八家各責三十板,枷號兩個月。以上二條,甲長通同隱諱,一經地方官查出,將甲長加等重究。

一、稽甲長。十家之中遴舉甲長,或不諳書寫,即煩鄰佑識字者登記;或甲長有事他往,即報明九家公同註簿,將簿交付甲内老成持重之人收管登記。甲長回日,仍公同九家將回來情由註簿,將簿收回。如甲長家有親客來往,亦照九家例註簿。違者一體治罪。

一、設保長。各村莊居民一甲以至數十甲,若無統率,則涣散難齊,呼應不靈。今應約以十甲爲率,該地方官再加遴選,舉一端方公直、老成勤慎之人充作保長,以統率之,料理地方,各甲咸聽約束,將花名交付保長,保長將各甲合總報官,以憑稽察〔六〕。如小村莊止有一、二、三甲不等,應將附近村莊甲長聯成一處,公舉保長料理約束,一如前制。俟一年後,另選更换,以察功過而防弊端。倘有不法保長藉端擾害地方〔七〕,一經察出,或被害告發,俱照衙役犯贜,從重治罪。

一、分鄉紳。十家之中有京外仕宦,或見任,或里居,及未出仕之進士、舉人,不便與庶民同例編查。但逃盜肆害,不特官民交困,紳(袍)〔衿〕亦受荼毒〔八〕,歷歷有案可稽。今應該地方官酌量另立一册,務令各宦將實在家屬、僕從人等盡數開列册内,送地方官備查,各宦仍互相稽察。倘有違悖功令者,公同舉首,地方官轉申,按治如法。倘係鄉居紳宦願編入村莊保甲者,聽從其便。至於一切微官，如在京異途雜職及在外文官州邑佐貳以下，武官守、千以下，及武甲科并貢監文武生員等項，每州縣多者不下千人，少亦數百及百餘員名不等，若另列各册，散漫難稽，應與齊民一例編入保甲。違者申究〔九〕。

一、恤窮民。凡十家之内有窮苦民人不能度日者，甲長同保長報知地方官，另造一册，設法養濟。如此等人民既不敢出外行走，又無地土生意，爲民牧者不加存恤，必致轉於溝壑。如保、甲長不報，罪坐保、甲長。如已報，地方官任其飢餓喪命，或典僱旗下苟延歲月，本部院訪聞，地方官以不職糾參。若能設法養濟，四季詳報存案，以憑記功舉薦。

一、修整牆栅。凡市鎮鄉村各有牆垣門栅，原以慎啓閉而資衛護，此舊制也。乃年深日久，率多毁坍。今應各照舊制，逐一補葺堅固。保、甲長公訂一簿，輪流派撥，某日某人幾名看守栅欄，某人幾名承值查夜，俱登記簿内。或遇盜警，本村放砲敲鑼。如有寺宇之處，以鳴鐘爲號。該地方居民同心協力，一齊救護。如堵禦盜賊不致入栅行刦者，巡夜同守栅人等報明地方官，酌賞銀伍錢〔一〇〕，保、甲長賞銀壹兩〔一一〕。如已入栅欄力能救護不致失事者，巡夜、守栅人等并保、甲長賞亦同前。至於力能當場打死、擒獲盜賊者，巡夜、守栅人等并保、甲長報官，加倍賞銀壹兩〔一二〕，仍令本地方人等置酒食酬勞。倘先事不能知覺，臨時不肯救援，以致盜賊入栅，劫去財物，拷傷失主者，鄰佑并巡夜、守栅人等及保、甲長一併究治。敢隱諱不報者，十家俱以通賊論。再照各地方編派夜巡、守栅人等，往往舍巨族而責貧民。夫貧民不過孑然一身耳，何須防賊？所應防者，正爲富貴之家起見，乃不輪流看守，反使貧人常川代爲巡查〔一三〕，甚非理法之平。嗣後，不論貧富，一體派守，違者從重究處。其鄉紳亦應遣家屬輪當，永著爲令。

一、建敵樓。各村莊既設保、甲長督協守禦，必須敵樓方得遠視廣聽。今酌定，凡村莊居民有過百家以上者，即於本村之外建造敵樓一座，務比本村房屋高長數尺，以便遠望。其樓基不論亂石磚塊，和以膠泥，俱可築壘，止取厚實堅固，勿事粉飾。上蓋小樓一間，内置砲一桿、鑼一面。每日於各甲之内輪派一人，晝則四面瞭望，夜則徹夜支更。凡遇有事，立刻放炮鳴鑼，使本村保、甲長早得糾衆格鬥。其附近各敵樓聞聲，亦即放砲鳴鑼，一齊接應。各保長即率所管甲長，一面分撥堵截要路，一面合力救援。賊勢既孤，我衆益鋭，不難當場就縛矣。如能殺死及擒獲賊徒者，在事人等每名賞銀壹兩〔一四〕，甲長及守敵樓人每名賞銀壹兩伍錢〔一五〕，保長賞銀貳兩〔一六〕。若擒殺拾名以上大夥强盜者〔一七〕，加倍賞賚，仍俱令本地方人等備酒食酬勞。如賊至本村不行放炮鳴鑼者，罪坐保長并守樓之人。如保長已聞放炮鳴鑼，不速傳甲長者，罪止坐保長。如保長已傳知甲長，而甲内人丁不速救禦者，罪坐甲長并不救禦之人。更有堵勦不力，或當場退縮觀望，致賊逸脱者，酌審情形，分罪保、甲長。至於分撥堵守要路，放賊走脱者，即未受賊賄，亦行嚴究。若聞隣村鑼炮，不行接應，及保、甲長協救不力者，應罪坐隣村保、甲長、守樓人等。法在必行，均毋玩忽。

一、置器械。各村莊既建造敵樓、置有炮鑼矣，凡遇盜警，自應會衆救援，奪勇爭先，全資器械。嗣後，各家俱備門棍壹條〔一八〕，如有鳥鎗、弓箭、腰刀、鐵尺、長鎗、鐵(乂)〔叉〕之類，亦准開明報官，量留鳥鎗、弓箭數件，地方官書押鐫刻於上，仍給本主，甲長同本主具領存案，止許防護本村及救援鄰村，不許攜帶别處行走。如有遺失，從重治罪。其餘盡收入官，照物給價。如有匿藏，甲長與八家首報，本家以通賊論。如甲長、八家未經查出〔一九〕，被傍人首報〔二〇〕，甲(首)〔長〕與八家連坐。至於刀、尺、鎗、(乂)〔叉〕，概鐫本家姓名，當官驗明，登記簿内，以便稽察。違者重究。

一、防積賊夜行。有等兇惡地方，一村都是盜，一家祖孫父子世世做賊，互結之法如何行得？甲長是盜，九家是盜，明是强盜保强盜。此處没奈何，只得亦編成保、甲，姑入羅網。大約良民多，賊盜少，務擇有身家、有才幹的做一保長，立禁止夜行木牌，時刻叮嚀各家甲長，大家隄防，看明這一村的出路去路，於要緊路口埋伏鄉夫。如遇此村人黑夜行走，即行綁鎖，次日禀官嚴審。如無謀刼實跡，治以夜行之罪。如此防閑日久，彼不得動手，或稍歛盜心，亦不可定。此"蓬生蔴中，不扶自直"之謂也。著實奉行，違者重究。

一、禁闖將打降。邇來最爲民害者，無如闖將打降。陰奸匪類動則蜂群拉會，不時結黨狐行。入其局者，豪强逞兇；犯其鋒者，身家立碎。若輩雖不爲盜，而其爲害者更甚於盜。嗣後，責成各旅店、酒肆留心密察，凡投宿人等如有冒稱旗下，出入不明，或假托投文，並無驗照，即係前項罡梟陰惡，密速報官查拿，審訊明白，從重治罪。如無爲非作歹實跡，該地方官差役押解回籍收管。倘有前項棍徒，旅店、酒肆容留住宿，隱匿不報，一經官司察出〔二一〕，或被知情首發，先將店家重責，後拿本犯審處。違者重究。

一、稽察旅店。凡城市鎮集居民開店接客，須定一簿，每晚投宿之客同行幾人，務查問客衆姓名、係何處人氏、今往何處、作何勾當生理、有無弓箭什物。或自備馬騾，或僱長脚，將騾馬毛色認明。如乘船，則係某處寫載。坐轎，又係某處僱夫幾名。其孤客步履，有無行李。盡數一一登記簿内。次早或去或住，報送甲長查閱〔二二〕。如有來歷詭秘、語言謊張、踪跡可疑者，即密傳甲長、保長窺伺去向，夜晚小心隄防，次日勿令蚤行〔二三〕，以備不虞。如玩忽不記，他處失事，行查店家簿内未開者，從重治罪。

一、訪擒大盜。各屬有等積年大盜，黨羽繁多，佈置周密。地方人等畏之如虎，敬之如神，稍有拂意，即飛檐走壁，暮夜殺死全家。凡屬良民，口稱"犯了王法止一人死，惱了大盜則全家死"，因之寧死王法，決不敢惱大盜也。從此思之，求一不敢互保之九家不可得矣。隱忍獻媚，求保身家，誰敢不保大盜？如此保、甲，竟爲養盜圈套，言之殊堪髮指。嗣後，地方官當以弭盜安民刻刻在念，先訪大盜姓名、確實巢穴，密禀本部院。務憂深慮遠，設法擒拿，立斃杖下。王法既行，則良民有所倚靠，氣直膽壯，互保之法方能著實行去。切勿偷安隱忍，釀成大害，自干不職嚴參也。慎切！

一、懲窩盜。强徒竊賊尚有一時無知，誤入夥内，事後猶知悔改。惟有一種積惡巨窩，每於鄉里間假爲豪俠氣象，暗訪某處有殷富之家，串通捕役，勾結無賴兇徒，一呼雲集，劫財之後，坐地分贓。及盜犯被獲，又爲夤緣賄縱。甚有指使黨類别劫資財以供使費，遂致大盜横行，益無忌憚。嗣後，地方官督率保、甲長留心細查，各甲内如有窩盜實跡之人，許保、甲長同八家連名公首，立拿嚴審解報。其於獲盜之日，先究真正窩家，一體正法。若捕役教唆，誣(陌)〔陷〕平民，定行反坐。該地方官仍大張示諭：一切赦前窩犯，文到之日，速將從前窩盜緣由一一自首，免罪。若更能舉發盜黨，擒拿審實者，另加賞賚。

一、察旗盜。江南無賴奸民往往投靠江寧、京口等旗下爲護身之符，旋稱告假回籍，晝則倚勢行兇，夜則糾衆打刼。地方官追捕急迫，彼即仍竄歸旗，無從究詰。揆厥所由，總因旗主貪利財物，明知故縱。其出外之時，裝成圈套，先遞逃牌，若刼掠滿載而歸，則曰自回投主，將逃案圈銷。或事發被獲，諉稱已遞逃檔，與本主無涉。積習相因，以致投充人等肆意横行，深爲民害。嗣後，地方官務實力奉行保甲之法，將旗人原無告假回籍之例遍示曉諭。各保甲人等不時稽查〔二四〕，如有投旗人私自回籍者，保、甲長即同八家協拿報官，立刻押解(公)衙門究審，不許稽遲時刻，以致扳累善良。若通同狥隱，一經發覺，將窩家照例治罪外，保、甲長及八家人等定行一體連坐。

一、禁養馬。民間養馬屢經奉旨嚴禁，乃密訪此法止可行之于良民百姓〔二五〕，決不能行之於賊盜。蓋積賊巨盜手眼通神，每每詭稱某旗姻契、某標效用，不惜重價購買健馬，馳騁之下，直可追風逐電。防汛官兵望風畏怯，誰敢向前堵敵？是盜鋒熾焰〔二六〕，實由地方官不將馬禁實力申嚴也。嗣後，民間仍敢違禁養馬者，著落該甲内之八家報明保、甲長，據實報官，將本犯照例從重治罪。如八家隱諱不報，經保、甲長報官者，將八家一體連坐。倘保、甲長通同容隱，地方官查出者〔二七〕，保甲長均與同罪，決不姑恕。

一、嚴飭江防。自安慶以至京口，大江兩岸有安遊、奇瓜鎮等營分界撥防，原爲緝拿江洋大盜而設。每汛設有瞭高樓一座，營房叁間、哨船壹隻〔二八〕，撥定弁兵晝夜瞭望巡防。遇有盜賊打刼行舟，隨即放砲鳴鑼，駕船追緝。隣汛一聞響砲，立速應援，盜賊自難飛逸，無有不就擒者。乃訪聞邇來巨盜，每多粧扮客商，將器械藏匿舟中，灣泊濱江無人之處，窺伺客船，肆行刼奪，以致官兵不及覺察追捕。雖云積賊狡黠，亦由防汛懈弛。嗣後，專責各營將嚴督守汛弁兵，各於應守汛内每夜沿岸巡查〔二九〕，如有載人空船灣泊無人地方，即時盤問來歷，押赴防汛處所看守，次早再加盤詰。倘有弓箭、刀鎗、鐵尺、銃砲等項器械，形跡可疑，語言恍惚，並無批牌可據者，即送附近州縣審明詳報。不許將來往商賈、重載貨船一概混查，需索財物。告發，立行杖斃。如客船被盜行刼，防汛官兵有能即時追獲，兵丁、管隊每名賞銀壹兩〔三〇〕，千、把總記功彙敘。如本汛不能追獲，被别汛拿獲者，將别汛官兵照例犒賞記功，本汛弁兵各綑打肆拾棍〔三一〕。如與别汛協力同拿者，仍行給賞。該營副、參、遊、守等官應於夜間不時乘坐小艇沿江遊巡，每月終出具所轄水汛地方並無盜賊刼財傷人，不致隱諱，印甘結狀，呈送存案。具結之後，或經本部院訪聞，或被失主告發，千、把總先行提拿綑打，該管官飛章參究。

一、嚴緝湖盜。江南地方素稱澤國，如江寧、太平、寧國三府屬接界處之萬頃、路西、白鵬、石柏諸湖，蘇屬之太湖，松屬之泖湖，廬屬之焦湖，揚屬之高郵寶應湖，鳳、淮等屬之洪澤等湖，水面遼濶，港汊叢多，實爲聚盜之藪。兇徒匪類往往生長聚族於斯，習慣水性，或蕩漾輕舠以渡爲事，或操駕小艇以漁爲名，藏匿蘆葦深處，窺伺往來客船，肆行刧奪。雖濱湖處所設有汛防弁兵，率多在營坐視，全不駕船巡緝，迨失事之後聞報追趕，而賊船已遠遁無踪矣。嗣後，責令各該營將著落本汛千、把總，每日帶領兵丁駕船分路遊巡，遇有盜賊，即時追拿務獲。其賊船藏匿蘆葦之中，嚴加搜查，不許停泊。如船内藏有刀鎗、鐵尺等器械，立刻解赴有司，嚴審詳報。如湖中失事，有能即時追獲盜賊者，兵丁、管隊各賞銀壹兩〔三二〕，千、把總記功彙敘。倘縱容賊船往來全無拿獲者，立提千、把總綑打三十棍，該管營將一併參究。又訪得沿湖盜賊，日則在湖操舟行刧，夜則登陸窩藏奸民之家酗酒賭博。又有等佯爲莊農、市儈，日間各處探訪，約訂夥黨，至夜分下湖行刧客載者。更有陸地盜線邀串湖盜，乘夜突入村莊，大肆刧掠，甚至搶去殷富商民，挾持取贖者。種種横行，恣爲民害，總緣附近奸民窩藏勾引之故。各州縣應將傍湖一帶圩埂居民，親行另編保甲。又如前街居民已編入甲内矣，尚有後層臨水居民茅簷零落，地方官易於忽視遺漏，今應詳細編查，使之聯絡一處，得以互相稽察。若一家窩藏匪類，容隱不報，一經查出〔三三〕，甲長、八家一體以賊情連坐，併將保長重究。仍專責捕盜府佐并該地方印官，督令該境内典史、巡檢率領勤慎捕役，不時在於湖邊、河滵各處密行查緝，但不許借端需索保、甲長、居民供應飯食等項。如有故違，捕役立拿處死，捕官即時斥逐，仍按贓治罪。

一、編烙船號。查各湖賊盜多係本處駕船捕魚之奸民，往往出没蘆柳叢密、汪洋巨浸間，探有來往孤舟，肆行刦奪後，即櫓槳齊施，風帆遠引而去。若遇官司捕拿急迫，彼則沉贓水底，依然漁户。更有等積奸網船，晝則在港捕魚，夜則出港行刦，凡濱江河汊等處無不皆然，大爲民害。今應專責該地方官各就境内情形，躬詣水次，實心清查，將一切漁網、鴨嘴、划快等船，做照稽察村莊百姓之例編立牌甲，遴委公正保長總理查取，聯絡互結存案。該印官不必假手胥役，致滋需索之弊。即著落各保長挨甲編定字號，於船尾印烙某州縣、某保、某甲、第若干號、船户某人字樣於船身，或首尾塗漆顔色記認，即遠處瞭望，亦可分别。仍彙造花户字號細册，一樣二本，以一册報官，一册存保長處，不時查點。各船止許白晝撑駕生理，遇晚聚泊原港。如有一船爲非作歹及夜間私撑出外者，許甲長及同甲八船報明保長，公同首官拿究。若九船互相容隱，經保長查首者，將九船併治以罪。如保長通同容隱，别經事發，或地方官訪拿者，將保長一體連坐。至本處額編船數之外，另有來歷不明之船混入港口，以捕魚爲名，踪跡詭秘者，該保、甲長即報官稽查〔三四〕，不得私行容留。又本甲之船年久拆毁者，應註銷原號，其新造者補編入册。若買别保舊船〔三五〕，應另行編烙，俱於月終由保長彙册報官。又各衙門差船、各營巡船，俱令該管官弁一體編烙。其漕鹽官舫、驛道站船，并往來巨艘、客商重載等船，不在查編之列。

一、設水栅。操舟强刦之徒得以肆行無忌者，總緣水面四通八達，刦奪之後揚帆而去，絶無攔阻之故也。按大江以南之官河，水勢甚平，俱建有跨塘橋梁，遠者十餘里，近者數里不等。今酌定，凡係官河、大路橋梁之下，俱應設立堅固水栅。責令本地方保、甲長輪派該地方甲内之人專司啓閉，每夜定更時分即將栅欄閉鎖。甲長鳴鑼傳唤過往船隻灣泊汛墩處所，敲梆巡警，至天明方許放行。其戌、亥、子、丑、寅時，不許片帆行走。如各船已泊近汛墩而仍被賊刦者，必係汛兵通同，應報官拿究。又如有外來之船，除緊急軍務、兵餉等差，許守栅人查明果有前途營汛護送及照驗憑據者，始准放行。其餘一切船隻俱令停泊，仍報明保、甲長盤詰前栅擅行放走情由，次早報官挨究。如本栅私自放行者，亦聽下栅報官查究〔三六〕。

至於各處支河、小港路口，俱應建設水栅，責令該保甲居民輪流看管，晨昏啓閉，凡禁約事宜一如前例。其有紆流、僻汊，如果爲商民船隻所不經由，確係盜賊出没之間道，該地方官據實詳明本部院，立樁釘塞。若水面寬濶爲樁栅所不能施者，應關會該營汛，量撥兵船，不時往來遊巡，加意偵防。均毋故違。

一、飭船埠。凡商賈、軍民人等攜帶錙重遠行，必投牙埠寫船者，以船户之來踪去跡，惟牙埠知之最詳，爲可倚而可托也。乃有等無賴船埠，祇圖兜攬多趁牙錢，竟不查詢船户來歷〔三七〕，輕爲攬載，以致匪類操舟，往往於中途僻處刦財害命，深可痛恨。嗣後，各地方一切船埠俱置立空白厚簿一大本，送地方官鈐記號印存貯。凡遇船户投牙，先登詢確實來歷、籍貫及駕船舵、水、男、婦若干名口、姓氏、年貌。如係回空攬載者，驗其原攬客票内籍貫、姓氏果否相符，一一填註册内，編定字號。遇有客商投埠，即眼同該商將某年月日、裝載某客人、某項貨物行李等類，一并填入簿内，照謄牙票給商，以便長行。該埠頭仍將印簿按季送地方官倒換稽核。倘有謀刦事犯，彼處按照牙票，本處按照底册，立刻關會原籍地方提拿兇身、船户并玩法牙行，一併置之以法，决不姑寬。該地方官仍于水路馬頭大張示諭〔三八〕：往來商賈人等務令投埠僱船，毋惜牙行小費而私自僱覓，并將某某官塘大路防汛整密，堪以泊船，及某某處港汊叢雜，爲盜賊出没之區，不宜泊船，立樁明白曉諭。使知趨向定程，便于早泊遲開〔三九〕，以防意外之慮，不致貪趕程途，僻道夜行，自貽伊戚矣。均毋故違。

一、嚴諱縱。文武官弁平時既不留心防毖，一遇盜發，畏干處分，即威脅失主里隣改呈匿報。其有焚殺昭彰、萬難掩人耳目者，十案之中僅報一二，而又預伏"搶竊姦仇"等字樣，爲將來卸過之地。以致捕役揣其意旨，不行拘拿，里隣懼於牽連，不敢舉首。互相隱瞞，諱日甚而盜愈多，民生何日得安？言之真堪髮指。嗣後，各地方凡有盜刦,該失主不必疑畏,即據實具報州縣。如已報州縣而五日内不行通報,反行逼勒失主者,許徑赴道府廳首報。若道府廳庇護州縣不行轉報,許失主徑赴本部院轅門擊鼓喊稟,查實〔四〇〕,將文武官弁一併照諱盜例題參。其有挾制失主改寫首呈,於初報文内預伏"搶竊姦仇"等字樣含糊支飾者,本部院不罪失主,惟將該管官弁照隱諱參處,决不姑寬。

一、禁推諉。朝廷設立文武官員,總以除暴安民爲首務,且普天之下莫非王土。乃邇來玩愒之官,動以疆域異視,一遇交界地方被刦,輒行推卸隣封,官則借以倖免處分,役即因而賄放賊盜。彼此互諉,上下相蒙,遂致狡賊窺緝捕之無人,專在接壤之區恣肆刦掠,小民受其荼毒,真不堪命矣。嗣後,各州縣遇有交界地方失事,如係本屬境内,立時據實申報。一面會同該管營汛,文武同心,選差(勒)〔勤〕幹兵快設法踹拿,一面關會鄰封添差協緝,使强徒鼠竄無門,自然就縛。如敢擅行推諉,以致真賊遠颺者,定將該管文武官員俱照諱盜例題參重處,其千、把總等綑打三十棍,决不姑寬。

一、禁誣良。各屬廳印、捕盜等官不思朝廷設官分職職守謂何,乃平日既不能弭盜安民,一遇地方失事,有等不肖之官功名念熱,止圖緝獲過半,冀免處分,不暇端詳獲賊之是非真僞。因而積奸捕役得以播弄威權,賄放真盜,妄拿良民,動以非刑,勒其認贓扳夥,輾轉誣(陌)〔陷〕,天理何在,國法難容〔四一〕!興言及此,不禁目眦髪豎。嗣後,各州縣印官於獲盜審訊之時,務將理欲關頭認明,必須平心静氣,將各盜隔别調開,逐名提至階前,揭去上下衣服,驗明有無私拷傷痕,然後細加推鞫上盜月日情形,執何器械,刦何財物,果否與失主報單相符。其事前同謀合夥姓名,及事後在何處俵分贓物,是否與同案别賊所供一一吻合。再將所獲之贓令失主認明,真確無疑,始行招解府廳。倘有私拷誣(陌)〔陷〕情弊,立即據實通詳,將捕役置之以法,斷斷不可庇縱。如州邑朦朧具招,經府廳審出寃誣者，該府廳立將州縣職名揭報本部院題參重處。若府廳含糊，責在司道審豁詳參。倘司道依樣率轉，一經本部院審出寃(陷)〔陥〕，除立時釋放外，定將司道府廳州縣等官一併嚴參不貸。

一、飭捕兵。各屬應捕原爲緝盜而設，乃今之承是役者反縱盜爲害。一捕名下多蓄穿窬小偷，縱其在外掏摸，獻納月規。至大夥强徒亦多受賄通線，未露曲爲包蓋，已露陰放脱逃，表裏作奸，養盜罔利。更有汛地守兵瞷過客之厚貲，窺居民之饒蓄，勾盜夥，刼器械，既便取攜門禁，誰復攔阻。骫法殃民，深屬可恨！嗣後，府廳州縣營汛稽察捕兵，一如小民保甲之法，查取聯絡保結。若捕役有養盜縱盜事發，竟以窩家論罪，其同結之役不先行舉首者一併連坐。至防兵爲盜，該汛千、把總并互結之兵俱以知情重究，仍將營將飛章參處。

一、革白捕。各屬捕役原應官爲募充，遇有地方失事，勒限比緝盜賊。乃正捕一名之下，又私帶白役數名，沿歷鄉村，窺探殷懦之家，指盜指贓，百般索詐。正捕利其工于攫金〔四二〕，倚爲鷹犬。甚有白役冒捕，昏夜持鏈銬之具擁衆入村，混將良民指盜，先掠家貲，仍帶至荒僻處所，非刑吊打，逼獻藏金。迨事發報官，官籍無名，以致追緝杳無弋獲。是假捕害民，竟同大盜矣。嗣後，各捕盜府佐及州縣等官，應將在官捕役設立卯簿，一一點訊明白。每名各給印信腰牌，一面寫本役姓名、年歲、籍貫，一面圖畫本役面貌，令其出入隨身懸掛，以聽差使，仍大張示諭所屬軍民人等通知。如有捕役指拿盜賊而無印信、腰牌，及有而年貌不對、籤票無名者，許本甲地方人等會同擒縛報官，轉申本部院按以光棍論罪。其攜帶白役之正捕，照衙役犯贓從重究擬。法在必行，决不姑恕。

一、禁指扳盜贓。凡盜賊贓物，窩家知情寄頓，自應依律究擬，毋容少貸。惟有等原不知情，如典鋪當銀居民誤買之類，當以理恕。乃有等玩法捕役樂於生事，動以起贓爲由，率領虎役多人咆哮入室,名雖搜查,實同搶掠。稍拂其意,即唆令盜口咬扳,更有仇隙誣(陷)〔陷〕者。糊塗有司聽其撥調拘解,迨經司府審明超豁,而無辜受累,家資業已蕩然。言之深可痛恨!嗣後,各屬捕盜、廳印等官拿獲賊盜時,止究現在之賍立案定罪。其已經典賣者,如果經失主認明,應照賊犯原典原賣之數,該地方官捐資取贖,以警疎防之愆。俟臬司審結日,徑將賍物給付失主收領。至盜犯供扳借寄之賍,非有確實証據者,一概不許誅求。倘惡捕仍敢違禁,唆扳勒索及典賣之賍,地方官不與失主取贖,或白向鋪户强取者,許被害人等奔控各該上司轉詳本部院,官則飛章題參,役拿立時杖斃,决不姑饒。

一、禁凌虐失主。凡士民人等不幸而遭强盜刦財傷人,其苦楚已自難堪。乃地方官欲諱盜刦,又必使失主累上加累,動稱報賍不實,失事不真。或乘其罅隙,而揑以閨門不肅;或因其疑似,而坐以家屬通同。官則瞷隣里之殷饒,責以救獲不力;役則指比緝之使費,慫其需索多般。迨獲盜認賍,失主未還故物,而問官、捕役先挾之與强盜一批起解,赴府赴司,經年候審,上下胥隸,蔓詐不休。嗟嗟!失主受此拖累無窮,未有不自悔其初之不諱,而盜賊益恃以肆刦無恐。"失盜遭官"之諺,洵不誣也。嗣後,被盜失主一經投呈,地方官立刻查詢明白〔四三〕,據實申報。各該上司一面多差勤幹捕役四面踹緝,務獲真盜,追賍正法。不許藉端凌虐失主,希圖諱隱,亦不得縱容捕役需索。其獲盜起解時,失主另具一批,候司府審明,即釋令寧家。敢有胥役仍前需索者,許失主不拘司審、府審時,俱准當官指名具稟,查拿審寔,立行盡法究處。至起獲之賍,如係珍貴財物等件,在州縣質認明白,即當官鎖貯箱匣之内,加以印封,轉解司府質審後,亦當官封鎖如前。俟結案日,即發失主收領,以杜抵換之弊。敢有故違,併行重究。

一、逐娼妓。江南民風澆薄,遊手好閒子弟每被無賴棍徒勾墮花柳場中,痴心迷戀。初則蕩産傾家,漸至爲非作歹。且流梟黠賊埋名改姓,托身於遊娼、窠婦之家,晝隱宵現,結交地頭匪類,揣探某某家資殷富,又想刦盜財物以供纏頭。鴇婦愛錢,百計爲之庇諱。納垢藏污,莫此爲甚。嗣後,耑着保、甲長細查該地方〔四四〕,若有游妓、土娼,盡行驅逐,通限一月之内另改别業。如敢不遵,保、甲、隣佑即行公首到官,將龜棍重責三十板,枷號兩個月,娼婦當官配賣。如有積棍把持,保、甲、隣佑通同隱諱不報者,或經官司察出,或被傍人首告〔四五〕,先將保、甲、隣佑各責三十板,仍拿積棍與龜棍一同枷號究處。違者重究。

一、禁賭博。查定例,賭博之人係民,責四十板,枷號兩個月。開場放頭之人,責四十板,枷號三個月。該管官不行查拿,均有處分。良因賭博近於盜賊。耑有一等積盜將打劫之物開張賭場,暗行踹盤踏線,勾引夥黨,恣肆刦掠。而無籍賭棍掇賺良家子弟墮其彀中,初則局騙分肥,漸至賭輸入夥。迨事後發覺,不特首領不保,且上玷祖父,下累妻子。言之真可寒心。更有衣冠、學校之流,亦每溺志呼盧。此尤風俗厚薄、人心邪正所關,均當痛行嚴禁。嗣後,編定保甲,十家之内,一有開場賭博之家,招來無籍棍徒,哄誘良家子弟,放頭賭錢,以致潛匿奸宄、盜踪叵測者,不論保、甲長及八家人等,許即奪其牌骰、籌馬、財物,一併訐首地方官,立拿放頭之犯併賭犯,按以盜情從重究擬,仍拿各犯父兄論罪。如甲長、八家隱諱不報,或經官司察出,或被知情首發者,將甲長、八家一併連坐,其保長以疎忽重處。若名教中人不知自重,一犯前條,立刻題參褫革,一體治罪。法在必行,斷不姑恕。

一、禁邪教。無爲、白蓮等教最爲奸宄叢聚之區,陽以闡揚佛法爲名,陰則捏造符讖,妄言禍福。無知愚民誤墮彀中,靡不被其煽惑,集羽黨而訂血盟,姦盜詐僞,無所不爲。功令首應嚴禁。嗣後,該地方官着落保長責令各甲長將甲内人户不時互相稽查〔四六〕,

如有前項奸徒邪教煽惑確有實據者，八家立即報明保、甲長，即日報官嚴拏，解赴本部院，以憑照妖言惑衆律論斬。如保、甲及八家通同隱諱不報，該地方官查出[四七]，或被知情首發，定行一併治罪。該地方人等亦不得妄借仇隙，首害平民，違者反坐。

一、禁僧道庵院容留歹人。蓋緇衲、羽流之處，本爲清淨法門，原非奸徒遁跡、遊客假寓之所。嗣後，各州縣務將境内一切僧房、道院俱大張告示，禁飭該住持，不許容留走方僧道、外來遊客、無籍人等居住。如有踪跡可疑、來歷不明之輩恃强投寓者，許住持協同地方保、甲長、鄰佑扭送到官，從重究處。倘住持擅留住宿，容隱不報，或經地方官查出[四八]，并保、甲長、鄰佑人等舉首，審實，定將該住持究處驅逐。

一、寬宥自首强盜。凡人之爲盜賊者，原非天性使然也。或爲貪污官司逼追，或遭勢豪大户侵凌，與夫饑寒迫身[四九]，一念之錯，墮身苦海，抱頭竄伏。静夜自想，豈無一點遷善改過之心？惟恐投首到官，仍難免刀頭一死，遂致疑畏不前。殊不知大夥强盜，除殺人放火及投首後再做强盜者不准首免外[五〇]，其餘俱准自首免罪[五一]。或本犯雖不到官，而浼人代首，及本犯之父兄、妻妾、子孫、大功以上親戚人等代爲出首，俱准作自首免罪[五二]。其小功、緦麻親首告，本犯亦得減等免死。《大清律》上開載甚明，本部院仰體皇上好生之仁，特與推誠曉諭。各地方文武官弁速行大書告示，遍貼城市鄉村。凡有本處行刦及别省行刦，逃竄該屬境内一切强盜見此告示，或本身到官，或浼人代首，或本犯之父兄、妻妾、子孫、親戚人等代爲舉首，俱立刻備將從前强刦緣由，據實投首。所在官司速與轉申本部院，立即題明免罪，放歸原籍安插。若更能招集黨夥同首，或投首後舉出逸賊姓名、巢窟，便於官兵緝捕者，另加賞賚。從此革面革心，回頭是岸。慎勿因循畏避，必待官司捕獲，那時駢首就戮，悔無及矣。凛切，凛切！

一、誡惰民。士農工商各有一業,夫人必有恒業而後安分守己,不致放逸非爲。乃近來民間子弟率多不工不商,非農非士,受享父兄現成衣食,每日遊手好閒,往來賭窟娼家,結交匪類。富饒者漸至饑寒〔五三〕,貧窮者流爲亡命,穿窬伏莽,是其下場行徑。雖云父兄平日失于拘束〔五四〕,然邑有惰民不教而殺,俱爲民上者之過也。嗣後,各州縣官於朔望講解鄉約時,將上諭第十條内"務本業以定民志"一條痛切開導,務使小民人人猛省。仍着落保、甲長各查甲内子弟年至二十成丁者〔五五〕,着伊父兄上則讀書〔五六〕,次則耕種、貿易,再次則百工技藝,督其專課一業,毋許遊手曠惰,習染非爲。違則保、甲長報官,提伊父兄責懲,仍將本人枷號遊行四鄉,以爲惰民之戒。如保、甲長狥隱不報及挾仇誣報,並罪不恕。

一、講鄉約。蓋民無常性,習俗則移。孔子曰:"性相近也,習相遠也。"使其日聞善言,自將感慕而爲善行,風俗漸淳,人心漸古,又安得有萑苻之刦掠,輕(陷)〔陷〕法網哉!恭照上諭一十六條昭示"尚德緩刑,化民成俗"之要,久經刊刻通行,乃地方官尚有化導未純,奉行未力,應再申嚴。嗣後,各州縣官務於每月朔望,躬詣明倫堂,督率教官,齊集諸生及父老子弟人等,將上諭一十六條内教孝勸忠、和鄰睦族、勤學務本、守法奉公等事宜,逐條詳繹宣揚,婉轉勸導,切實奉行。其僻遠鄉村,應敦選齒德並優、允堪士民矜式之人聘爲鄉約,大村每村一人,小村或數村一人,亦如前制,按期講誨。不許胥棍濫充,亦不得藉端生事。該州縣如果能勸率有方,風淳俗美,闔境全無邪僻匪類者,本部院察實,官則以賢良題褒,鄉約免其雜差,仍給匾以示獎勵。

一、禁需索。查以上各規條,如遴委保甲、長及建樓、修栅、烙船等事,與夫造册取結,諄諄誡諭,莫非本部院一片苦心,欲爲百姓籌畫安全至意,全賴循良有司打點精神,推心行法,着實舉行〔五七〕。如敢陽奉陰違,藉端需索,倚法作弊,本部院耳目最近,一經訪實,官則摘印羈候,飛章題參,役拿立時處死。其保、甲長如敢欺壓鄉愚,及一切詐索事發,俱照衙役犯賍嚴例重究,决不姑饒。

【校記】

〔一〕于　四庫本作"於"。
〔二〕拊　四庫本作"撫"。
〔三〕藉　四庫本作"借"。
〔四〕于　四庫本作"於"。
〔五〕藉　四庫本作"借"。
〔六〕察　四庫本作"查"。
〔七〕藉　四庫本作"借"。
〔八〕紳(袍)〔衿〕 乾隆本作"紳袍",據四庫本改。
〔九〕申　四庫本作"重"。
〔一〇〕伍　四庫本作"五"。
〔一一〕壹　四庫本作"一"。
〔一二〕同上。
〔一三〕查　四庫本作"察"。
〔一四〕壹　四庫本作"一"。
〔一五〕壹　四庫本作"一"。
伍　四庫本作"五"。
〔一六〕貳　四庫本作"二"。
〔一七〕拾　四庫本作"十"。
〔一八〕壹　四庫本作"一"。
〔一九〕查　四庫本作"察"。
〔二〇〕傍　四庫本作"旁"。
〔二一〕察　四庫本作"查"。
〔二二〕同上。
〔二三〕蚤　四庫本作"早"。
〔二四〕查　四庫本作"察"。
〔二五〕于　四庫本作"於"。
〔二六〕鋒　四庫本作"風"。
〔二七〕查　四庫本作"察"。
〔二八〕叁　四庫本作"三"。
壹　四庫本作"一"。

〔二九〕查　四庫本作“察”。
〔三〇〕壹　四庫本作“一”。
〔三一〕肆拾　四庫本作“四十”。
〔三二〕壹　四庫本作“一”。
〔三三〕查　四庫本作“察”。
〔三四〕同上。
〔三五〕保　四庫本作“堡”
〔三六〕查　四庫本作“察”。
〔三七〕同上。
〔三八〕于　四庫本作“於”。
〔三九〕同上。
〔四〇〕查　四庫本作“察”。
〔四一〕國法　四庫本作“法令”。
〔四二〕于　四庫本作“於”。
〔四三〕查　四庫本作“察”。
〔四四〕着　四庫本作“著”。
〔四五〕傍　四庫本作“旁”。
〔四六〕着　四庫本作“著”。
查　四庫本作“察”。
〔四七〕查　四庫本作“察”。
〔四八〕同上。
〔四九〕饑　四庫本作“飢”。
〔五〇〕准　四庫本作“準”。
〔五一〕〔五二〕同上。
〔五三〕饑　四庫本作“飢”。
〔五四〕于　四庫本作“於”。
〔五五〕着　四庫本作“著”。
〔五六〕〔五七〕同上。

嚴禁抽豐諭

江南財賦重地，連歲災荒，十室九空，凋疲已極。司牧各官身在地方，自宜軫念艱難，多方體恤，以培養元氣，鞏固邦本。乃有等不肖竭盡民力，濫結親知，而往來過客絡繹如雲，或挾勢需索，輾轉請託,或冒稱瓜葛,盤踞招摇,包攬詞訟,顛倒是非。凡民間借盜勾逃、詐財假命,以及户婚、田土細事,無不説合線引,暮夜分肥,出入衙署,拴通地虎、廢紳、惡棍,起滅風波,網羅局騙,威逼聽斷,無厭貪婪,把握官柄,屈抑下情,交遊饋送。金錢悉是小民破家脂血,抽豐作耗,竟成通病。本部院深悉此弊,合亟嚴禁。爲此,示仰督屬文武官員、紳士、軍民人等知悉:嗣後,此等大胆遊棍,務要各自斂跡,不得仍前周流出没,見利忘命。地方官先潔己自守,毋得曲狥情面,交結此輩,吮吸我民。通飭僧道寺院、歇家各處,不許潛留頓宿。如有前項情弊,一經告發,訪實,定寘以法,地方官並從重参處,斷不姑寬一線也。凛遵毋忽。

禁送節禮諭

交際之道,古今不廢,而名分所在,體統宜清。本部院督制兩省,與各州縣各官勢位懸殊,舉劾攸關。若逢時饋獻,希妄通達,本部院安肯收受敲骨吸髓之贓物,而平分男盜女娼之報應也。除檄行藩、臬轉行飭禁外,合行出示曉諭。爲此,示仰督屬文武官員人等知悉,一體遵照毋違。

硃批〔一〕

當此官民交困之時,如此行逕,鬼神寧不切齒,令人痛苦也?

【校記】

〔一〕四庫本題爲"又批"。

勸令節費諭

惟儉助廉,大夫、士民所共知也。優伶、大席,雖敬客甚爲糜費,情誼反不接洽〔一〕。即間有行者,除子孫慶祝高堂,餘悉止之。

至于親友坐談道義〔二〕,人情所必不可少,一飯五簋足矣。不惟自免借貸,實所以仰體聖主崇儉至意。

【校記】

〔一〕接洽 四庫本作"浹洽"。
〔二〕于 四庫本作"於"。

嚴禁輕生諭

天心好生,民命至重。乃有無知愚氓,罔惜身軀,或因口角微嫌,或因睚眦小忿,輒尋自盡,投繯、溺井、服毒而死者,比比皆然。原其意,謂捹一死可以圖賴他人〔一〕,殊不知自盡無抵命之條而已。死不可復生,拋父母,棄子女,永絶夫婦之好,舉家號慟,慘目傷心,死而有知,不識其追悔當何如也。古人云"生死亦大矣",何可因一朝之忿,自行戕賊致死哉!此皆愚夫愚婦一時短見,不知此身所關之甚重也。父母生我,則我之一身爲父母所倚賴;我生子女,則我之一身又爲子女所仰給。輕生自盡,耄年父母何人奉養?幼小子女何人撫育?人雖至愚,莫不有愛父母、憐子女之心,何其忍于拋棄乎〔二〕!有死之重比于泰山者〔三〕,惟男死于忠孝〔四〕,婦死于節烈〔五〕,乃爲得所。若因微嫌小隙,憤恨而死,男爲頑蠢,婦爲潑悍,不孝不義,非節非烈,枉死而不得善名,徒貽人以訕笑。由此思之,其亦可以猛省矣。至于奸惡之徒指屍訛詐〔六〕,糾衆毁人房屋、碎人家伙、搶人衣資、逢人亂打,兇暴等盗賊。輕生之人謂死後有此一番可行,故捹命之念由之起也〔七〕。除已通檄各司道府轉行出示飭禁外,合再刊刻曉諭。凡居民人等無論男婦,各將身命自重,保全父母子女,慎勿因一時嫌隙,短見輕生。倘有投繯、溺井、服毒身死者指告他人,概不准理。若以自縊、自溺、自毒捏爲謀故毆打情詞,即坐以誣告之條。若不經官,糾衆私行打搶,借端訛詐,一概拘拿申報本部院,治其搶奪之罪。各宜凛遵毋忽。

【校記】

〔一〕擭　四庫本作“拚”。
〔二〕于　四庫本作“於”。
〔三〕〔四〕〔五〕〔六〕同上。
〔七〕擭　四庫本作“拚”。

革秋審陋規檄

本年五月二十六日，據江蘇按察司呈詳，請禁秋審陋規等事到部院。據此，隨於詳内批開：“秋審陋規，有司藉端科派里甲、需勒行户〔一〕，本部院已經訪悉。今該司能猛力革除，煥然一新，深爲可嘉。仰即立榜，嚴禁各屬。敢有故違，立即揭報，以憑參究”等因，批行并全詳抄粘外，爲照該司衙門從前於秋審一事，均有陋規私派情弊，本部院正在嚴查拿究〔二〕。今值該司履任方新，諒能潔己率屬，以除積弊。誠恐有司仍蹈前轍，恣意科派，及積蠹、奸胥借名滋擾，合亟嚴飭。爲此，牌仰該司官吏照牌事理，即便遵照，嚴飭胥役不許借秋審名色需索有司，以致州縣科派里甲、勒取行户，仍一面通行所屬立榜永禁。嗣後，如有前項情由訪聞，立即據實揭報，官聽特參，役拿處死，斷不寬貸。文到，先將奉行過遵依報查。

【校記】

〔一〕藉　四庫本作“借”。
〔二〕查　四庫本作“察”。

嚴飭旗下買人檄

照得旗下買人，雖有無論地方，著用正印官印信准買之例〔一〕，但聞江南習俗，每有假冒籍貫、僱充中保之弊。用印官一時被其欺朦〔二〕，及至投旗復逃，原籍地方何由而知？往往民人竄逃，有司失察，强半皆出于此〔三〕。合行申飭。爲此，票仰該縣官吏照票事理。嗣後，如有旗下買人用印者，先將所買之人姓名、籍貫及媒保等人俱報本部院存案，一面提集契内媒保，嚴訊真正籍貫、姓名，并將媒保之兩隣、保甲先行提詢，面驗契内媒保是否真正本地住籍之人，取具甘結，然後用印。如媒保係他縣人，移明彼處有司存案。除出示曉諭外，倘敢仍前混行用印，養癰害民，官參、吏處不貸。先具遵依報查〔四〕。

【校記】

〔一〕准　四庫本作“準”。
〔二〕朦　四庫本作“蒙”。
〔三〕于　四庫本作“於”。
〔四〕先具遵依報查　四庫本無此句。

禁田房找價檄

照得民間田、房彼此交相買賣，自必憑中按時估價，兩相情願而後成議，未有絶賣之産，復又告找告增者。近訪江南陋習，索騙成風，當其棄産之時，未免田地荒蕪，房屋傾圮，或因賦税無出，或因婚喪乏資，彼時勢處燃眉，急覓售主。及至憑中議價契賣，交割買主執業之後，漸將荒田佈種成熟，頹垣修葺改觀，不知幾費經營。而原主突萌索找之念，遂有地方勢豪垂涎美産，設謀扛幇。更有一班訟師、地棍，播弄風波，不曰半價鯨吞，即曰利債滚算，訐告經年，居間硬証。有司視爲置産之人必皆殷實可啖，濫差勒索，稍不遂意，斷贖斷追，以至小民受其漁獵。甚至有衙蠹侵盜錢糧，追比不前，動以變産爲名，控賣良善，株連蔓引，貽累無辜。種種錮弊，若不痛加剪除，民害何所底止？合行飭禁。爲此，牌仰該司官吏照牌事理，即便轉行各屬出示嚴禁。嗣後，如有奸民將已賣田、房告找告增，併地方官擅行准理〔一〕，以及勢豪、訟棍夥同嚇詐者，許被害之人赴轅控稟,以憑參拿究處。仍將通飭遵行過緣由,具文報查。

【校記】

〔一〕准　四庫本作“準”。

清理獄禁通行檄

本部院初膺簡命,總制兩江,軫念民生疾苦,凡興利除害之事,自當漸次舉行。所最關心者,惟各監所人犯俱係無知赤子,誤罹法網,雖孽由自作,情實堪憐。當此恩赦普頒,一切罪犯咸邀原宥。且時逢熱審,天氣漸炎,若概行淹禁,臭穢薰蒸,勢必傳染疫癘,監斃囹圄,深爲憫惻。所有各監所人犯,凡係赦前併現在審理輕罪各案,自應立速清查,分别保釋。合亟飭行。爲此,票仰該司府官吏照票事理,即便通飭所屬親詣監所,逐一清查。凡係赦前例應援宥併現在審理輕罪各案,情非重大者,立行保釋,毋任奸胥留難勒索,概行濫禁。如盜、叛等案係欽案内緊要重囚,法應監固者,仍飭令獄官、禁卒均給囚糧,打掃潔淨,毋使穢氣薰蒸。遇有疾病,速撥良醫調治,併嚴諭獄卒不許凌虐罪囚。如敢故違,一經本部院訪查得實〔一〕,立即差拿處死。仍將應禁、保釋人犯開明事由,備造清册,呈報核奪,均毋遲延。

【校記】

〔一〕查　四庫本作“察”。

批蘇松道清理獄禁詳

據蘇松道詳稱:“各屬監房每因修理錢糧奉裁,致多坍塌,上漏下濕,疾疫易生,雪虐風悽,飢寒難免。仰請通行嚴飭守令各捐己資,將監鋪房屋凡有傾頹損壞之處,逐一修葺,務期堅固。仍責提牢吏卒旦晚用心打掃潔淨,庶不致薰蒸穢觸,染病傷生。至如囚糧一項〔一〕,雖有捐設銀米,但此關係報銷,必欽犯部案有名者,方得分給,其他流徒以下并寄監别屬解到事犯,皆不與焉。果係真無家屬、凍餒堪憫者,多方捐措,加意周給,庶獄底餘生賴以全活。再如禁卒凌虐罪囚,其害不可勝言。或横行杻械,或遏絶獄食,皆因需索未遂。更有牢頭酷(灸)〔炙〕灸新犯,尤爲慘烈。一待新囚入禁,百端苛索,講盤斂費,苟不饜壑,置之黑阱寃柙,以至弔拷威逼,湯火非刑,無所不至。串同捕卒,教賊扳良,尤其長技。或有身家之人偶犯羈禁,必倍遭其迫脅荼毒,不至滿慾不止。相應詳請痛加禁絶”等因,當經批開披閲。捐給囚糧,修理監房,句句痛切,字字哀矜,不覺惻隱之心勃然撥動。本部院前任閩臬,躬親察監,嗣任直撫,唯囚犯廑懷〔二〕,不謂今日幸獲同心也。至牢頭之惡,更爲慘毒。本部院曾任粤西柳州府羅城縣令,賑府監囚犯,哀訴牢頭、禁卒之虐,天日俱慘。仰速時刻留心,嚴飭所屬矜恤囚犯,勿令飢餒,監房勿令滲漏,免染病疫。陰功浩大,子孫受福無窮。仍候通行兩臬司實意倣飭,决不有辜美意良法也。

【校記】

〔一〕如　四庫本作“於”。
〔二〕唯　四庫本作“惟”。

批朱同知甘結

從重參處,此王法也,本部院豈肯輕輕放過,于天地鬼神何與〔一〕! 省心自問,發爲誓詞。孔夫子曰:“丘之禱久矣,如予所否者,天厭之!”非誓而何? 誓雖爲下等人説法,然君子戒慎恐懼工夫不外是也。尸居而龍見,淵默而雷聲,又何説與? 孟子云:“《書》

曰：‘天作孽猶可違，自作孽不可活。’”又云：“如此則與禽獸奚擇哉？”又云：“人見其禽獸也。”又云：“獸相食，且人惡之。”又云：“孔子曰：‘始作俑者，其無後乎？’”又云：“桎梏死者非正命。”諄諄告誡，何嘗不説到身家、性命、禍福上邊。如今貪贓剥皮的，提起筆害怕講這話頭，殊不知舉頭三尺有神明，如何瞞得過他去？立意要改惡，一刀兩斷，筆下就活現出一箇閻羅天子來。重重地獄，如在目前，便時時打點一念一事，猶不敢肆意貪贓。如輕描淡寫，姑且做箇戲法兒頑一頑，殊不思湛湛青天不可欺，就有許多凶神惡鬼緊隨。莫愁不參處，就有參處的日子，家破身亡，子孫討飯吃。君子做事如青天白日，何諱之有？如今的人不知悔罪，都吃了諱的虧。知之。

【校記】

〔一〕于　四庫本作“於”。

檄示勦海行兵方略

照得用兵之道，無論賊之多寡，總貴謀出萬全。故爲將者每事謹慎，自不難於克敵奏功。今逆賊周雲龍潛踞舟山，雖屬海上游魂，然亦未可忽視。且按勦之師出於兩省，未免混淆。江南船兵乃京口、崇明、川、吳各處調集，又非該鎮練習之師。尤可慮者，兵行詭道，該鎮提兵出洋，惟恐賊人奸謀叵測，更須著意伺察。即如浙督部院所題閩船十隻，於十一月十七日夜，乘潮欲進海門，及被汛兵攔阻，而黎明已開行北去。此等關鍵，不可不加防備。再，軍機往來全憑印篆，慎勿纖毫疎略。種種機宜，均須慎密。爲此，照會該鎮，俟京口五十七船齊集吳淞之時，即將官兵數目、配定船號，造具清册三本，擇定日期，一面起行，一面通報，以憑移會浙省督、撫部院會疏題報。并行沿海經過營汛知悉：爾受兹委任，務須持重謹慎。各船領兵將領俱宜和衷共事,統馭士卒,寬嚴並用。一到瀝港,即將到汛日期、官兵數目通報督、撫,一面與定鎮會合,每事互相商酌而行,毋得彼此參差。倘逆賊投順,又須察其真誠,方與來歸,仍宜多方隄備,以防奸謀。往來公文,先察印式大小,次驗篆文疎密,然後審其移文體統,庶免冒竊之弊。軍中號令宜嚴宜明,而每晚暗號更須嶳密。至於應用號帶、旗色,一面出洋,一面知會浙洋領兵鎮員。文内開載未盡事宜,又當臨時斟酌,切勿疎略,有負本部院委任至意也。

祭天妃祠文

維康熙二十二年冬十二月,總督江南、江西部院于成龍奉旨會勦舟山海寇周雲龍,擇是月吉日,命京口左路水師總兵官張某統領沙船一百隻,官兵五千餘員名,會同浙省出洋搜勦。謹以剛鬣柔毛之儀,致祭於天妃聖母座下而告曰:

維神職司水府,名達天庭。上扶國祚,下佑生民。凡在所禱,默歆響應。方今盛世,江海蕩平。舟山餘寇,尚爾頑冥。屢逼川沙,迭近崇明。肆其狼毒〔一〕,劫掠靡寧。奉旨會勦,我旅斯陳。百餘戰艦,五千甲兵。統領將佐,實爲師貞。發自京口,會於浙津。伏望神力,呵護前行。出洋搜島,風濤不驚。天吳避影,水怪潛形。所向披靡,助我威靈。殲此餘孽,聿奏膚勳。恭惟聖母,鑒茲悃忱。

【校記】

〔一〕狼 四庫本作"狠"。

于清端公政書　卷八

吟詠書

五言古

老女吟〔一〕

妾身已許嫁，梅實過三春。四德未敢斁，歸期何尚迍？豈爲儂貌寢，應是婿家貧。冰融霜又至，何以采澗濱？布絲郎可貿，井臼妾所親。旭日雁聲寂，蛾眉低自顰。誰家車和馬，百兩爛其隣？妾命嗟成薄，桃葉空蓁蓁。拊心叩昊天，終待結朱陳。就使窮難嫁，詎將香逐塵？悲思古賢婦，饋饁敬如賓。印友心同否？有生殊不均。

【校記】

〔一〕奏牘本爲卷八之第五篇，題爲"老女吟"。

自嘆〔一〕

病體渾無力，閒愁誰與憐？炎凉悲二豎，狐蜮寄丹田。不願上方劍，但持《感應篇》。小官缺養母，浮譽惱群賢。久欲歸林臥，豈爲升斗牽？菩提垂慈訓，真覺孽難湔。廉隅雖尋丈，光明即佛仙。隱微多玷垢，冥府不矜全。只謂堪瞞衆，誰知難哄天。晨夕朝太岳，思結再生緣。輕脱敝衣裘，予將撇俗纏。秋風吹細雨，霹靂護青蓮。

【校記】

〔一〕奏牘本爲卷八之第三十三篇，題爲“自嘆”。

勸民〔一〕黄俗喜訟，鎮岐時作此勸之。

閉門且避事，省爾窮民錢。莫憾居官懶，妻孥望爾還。倉中無一粒，比日斷晨煙。儂自甘心餓，嬌兒兩淚漣。肝腸痛碎絶，中夜不能眠。望爾覓升斗，忽聞訟獄牽。哀哉饑欲死〔二〕，尚遑爾輕懁〔三〕。健訟因亡産，饑寒猶不悛〔四〕。痛兒兼痛爾，無食誰爲憐？挖蕨奴甘去，爾回種麥田。强如羅鼠雀，枵腹與人喧。安分救兒女，空中自有天。莫生狂蕩想，官府自周全。萬一無生路，清貧赴九泉。我今歌且泣，勸爾此長篇。

【校記】

〔一〕奏牘本爲卷八之第三十六篇，題爲“勸民”。
〔二〕饑　四庫本作“飢”。
〔三〕懁　四庫本作“狷”。
〔四〕饑　四庫本作“飢”。

紀行〔一〕

雞鳴起茅店，晨路漸熹微。東北朝天子，周馳望帝畿。隻身走古道，何必雲錦飛。朔風吹栗冽，霰粒灑征衣。兩耳兜入帽，兩腮削故肥。足冰拳鐙蹴，手皸垂鞭揮。南楚寒暄半，六花滿亦稀。前後難遮顧，僕夫徒歔欷。急求旅店火，冷戰念天威。晨興復登路，重山白霏霏。面目加黧黑，鬚髯戟旂旂。苦極還自慰，歷險忘其碕。指日拜天闕，天香可袖歸。十年奔故里，未息漢陰機。

【校記】

〔一〕奏牘本爲卷八之第三十八篇，題爲“紀行”。

除夕〔一〕

除夕三十日,江黄萬象新。陰雲天地暖,細雨柳梅春。咫尺瞻龍座,劬勞自小臣。壺漿難濟衆,掃榻且迎賓。爆竹幾家響,椒盤生底塵。

其二

政餘空閉目,燈燭忽輝光。香瓣通三界,人天依粉牆。朦朧試一看,惻惻使心傷。

其三

四壁音容慘,忽焉思故鄉。老妻知歲事,料得一家忙。誰念居官者,隻身惟雪霜。幸兒伴我側,談笑且開觴。只恐倚門望,淒然憾夜長。

其四

新春指日過,遊子整歸鞭。舞綵期非遠,雁行共一天。老夫惟自苦,形影誰爲憐?升斗羈難去,妻孥情共牽。况經饑饉日,觸目誰仔肩?祈得麥新熟,平安報有年。家中莫怨望,拂(裏)〔袖〕此心堅〔二〕。

【校記】

〔一〕奏牘本爲卷八之第三十九篇,題爲"除夕"。

〔二〕(裏)〔袖〕 四庫本作"袖",從四庫本改。

庚申除夕上谷署中作〔一〕

今夕是何夕?明晨又一年〔二〕。三冬無再雪,萬户有孤煙。爆竹誰家響,盆花幾處鮮?早朝齊拜舞,誰上嘒星篇〔三〕。竈冷疇爲祀,井寒空自漣。哀哉孑遺歎,忍待麥芊芊。

【校記】

〔一〕奏牘本爲卷八之第四十一篇，題爲“庚申除夕上谷署作”。

〔二〕又一年　奏牘本作“二十年”。

〔三〕嘒星　奏牘本作“彗星”。

七言古

勸民節儉歌〔一〕

皇帝二十一載秋，海宇乂安平寇孽。江南連歲困兵荒，喜今豐稔民樂業。我適奉命制兩江，億萬生靈如保赤。念爾吳風尚奢靡，罔知愛養與節嗇。乍遇水旱多逃亡，滿目鳩形歎羸瘠。凡此一旦致流離，皆由平日鮮蓄積。聖訓垂戒示寧儉，王制立法重足食。《易》著損象享二簋，《詩》美豐年盈百室。我皇上諭十六條，其四農桑五儉節。爾民日習視爲常，我今再復丁寧説。百王之聖首唐堯，土簋鉶羹陋不飾。萬世之師爲宣尼，飯(蔬)〔疏〕飲水樂不戚。後人淫佚與驕奢，往往售田與鬻宅。爾民有身即有家，仰事俯育資贍給。貧窮之家固宜儉，貧可自存免貸息。富厚之家亦宜儉，富可長保免賣拆。粗茶淡飯儘可飽，何苦珍羞侈羅列。總然下了三寸喉，一般滋味無分别。褐衣緼袍儘可煖，何苦錦綺炫鮮潔。總然遮得七尺體，一般寒暑無差擇。土壁茅簷儘可居，何苦棟宇雕丹碧！總然住得百年身，一般坐臥無奇特。留得甘旨養父母，何苦鼎烹宴賓客！留得膏粱飽妻兒，何苦冶遊費杯席！留得餘財周宗族，何苦邀福事仙佛！留得餘粟散鄉黨，何苦信邪求巫覡！慎勿徵歌愛選聲，慎勿貪淫愛漁色。慎勿畫船競簫鼓，慎勿寶馬裝鞍勒。酒樓茶肆切莫登，法物玩器切莫覓。入廟燒香都是虚，演戲酬神亦無益。江寧秦淮蘇虎丘，揚州紅橋好風月。人道快遊名勝場，我道浪費金錢窟。更有不肖少贏餘，便思嫖賭任抛擲。百萬呼盧豪自誇，十千纏頭狂不惜。又有無知好鬬强，聽信刁唆事告訐。苞苴甘作暮夜餽，囊橐罄供胥吏掇。非徒作孽招人禍，定應召怒遭天殛。或流異鄉爲乞丐，或(陷)〔陷〕非類爲盜賊。不知節儉一念差，遂淪溝壑膏斧鉞。思之可畏亦可痛，亟宜猛省自怵惕。趁此豐年有收成，大家樽節莫狼籍〔二〕。減得一分存一分，省得一粒存一粒。如此積累少至多，九年餘三三餘一。縱值荒凶可無患，奚憂凍餒虞匱絀？莫待無時思有時，常將有日思無日。若要飽食與煖衣，只須勤耕與力織。儉爲至寶一字箴，民安物阜無奇術。所期盛世致太平，不願麟遊與鳳集。但願菽粟如水火，鼓腹含哺忘帝力。上爲國家養元氣，下爲烝黎儲命脉。共迎天貺答君恩，熙熙攘攘樂無極。我今作歌勸遒人，遍宣金口與木舌。爾民各宜書一通，毋爲負我婆心切。

【校記】

〔一〕奏牘本無此詩。

〔二〕樽節　四庫本作"撙節"。

狼籍　四庫本作"狼藉"。

忍字歌〔一〕

心最慈，刃最毒。心上如何放把刀，做來忍字有含蓄。這把刀，按不定，鑽出頭來喪身命。這把刀，按得下，任他兇險也不怕。只要時時忍在胸，自然利刃都無鋒。古來多少能忍漢，百般磨練成英雄。我持一忍勸世人，更把諄諄教吳民。吳地雖饒民鮮朴，江北江南異風俗。江北好勇多輕生，江南好訟多速獄。好勇皆由不忍來，細嫌小隙搆禍胎。或因圖産爭田屋，或因貪利謀錢財。或因狂戲競口角，或因酣酗迷酒杯。或持刀棍或拳脚，一時厮打勸不開。强者既傷弱者死，惹成人命釀成災。兇首抵償斬與絞，造意加功罪不小。餘人也要杖一百，禍到頭來悔遲了。牽累父母與妻孥，株連証佐及隣保〔二〕。本無夙怨非深讐，不能忍耐尋煩惱。在人止喪一條命，自己身傾家復掃。幾番敲夾方成招，無限痛苦喫刑拷。招成下在牢獄中，衣不遮寒食不飽。自作自受理應當，拖陷旁人做路殍。更有一種最蚩氓，希圖掙命去害人〔三〕。溺水投繯并服毒，幽魂怨魄先沉淪。豈知自盡不抵命，近來禁例甚分明。徒然短見填溝瀆，縱有真冤那得伸。空撇妻兒拋骨肉，重泉風雨泣冥冥。皆因一念不能忍，多少傾家與喪身。乃若好訟尤可異，事起睚眦極微細。不肯按住心頭刀，非爭名利只爭氣。一投鏟棍及訟師，教唆扛幫無不至。彌天架謊雲霧遮，平地生波風浪沸。賺將片紙入公門，要歇手時也無計。書吏承行便索錢，差役執票先講費。有司擇肥縱飽婪，過客抽豐作芳餌。不是豪衿出把持，定有劣紳來護庇。到得衙門臨審時，鋪班使用都周緻。一家贏了一家輸，訟師挑撥燄更熾。道府告過又到司，更將院狀包投遞。聳動發審與親提，上司差票如雷厲。解户歇家爭共攢，罪名贓贖誰相替？連年屢月不得休，貸盡親朋賣田地。妻啼子哭家業消，訟師衙役欣得意。早使當時忍須臾，豈至今朝空懊悔？試觀不忍致百殃，方知忍字召千祥。我且細説你細聽，忍中妙義難思量。除却臣忠與子孝，天倫大義首綱常。若使兄弟共能忍，豈肯同氣相鬩牆？若使夫妻共能忍，豈致反目生乖張？若使朋友共能忍，豈教《谷風》興怨傷？若待妯娌能以忍，滿門和氣自吉昌。若待婢僕能以忍，合家鼓舞爭趨蹌。若待姻親能以忍，有時急難來相商。若待隣里能以忍，有時貧乏常相幇。見人一味只謙遜，不使勢力逞剛强。鄉黨孰不相敬重，面前背後齊稱揚。豈直善名播當世，定教默祐感上蒼。富貴之人固要忍，忍能造福逾綿長。貧賤之人尤要忍，忍則安分作善良。讀書之人須要忍，磨穿鐵硯登廟堂。力田之人須要忍，滴盡汗血充倉箱。行商坐賈須要忍，和氣不怕走津梁。傭工作匠須要忍，小心不怕缺衣糧。聖門言恕我言忍，一字終身用不盡。若教用得忍字來，境到逆時都是順。也無愁，也無悶。眼底胸中本蕩平，那有五嶽起方寸？不慮窮,不慮困。水到渠成聽自然,却有天公暗幫襯。在昔唐時張公藝,百口同居傳九世。天子親幸問其由,手書一紙百忍字。忍能睦族能齊家,旌表門閭稱高義。我今治國如治家,視爾萬民如子弟。但能刻刻忍在心,何難子孝與弟悌?不鬭狠,不忿戾,太和宇宙皆元氣。毋爭訟,毋好事,各安耕鑿享樂利。一忍不爲少,百忍不爲多。忍得終身坦蕩蕩,忍得片刻笑呵呵。無災無禍好快活,大家來聽忍字歌。

【校記】

〔一〕奏牘本無此詩。

〔二〕証　四庫本作"證"。

〔三〕擈　四庫本作"拌"。

五言律

戊午監試楚闈作〔一〕

皓月懸明遠,奎光暎素秋。瑤圖五老獻,玉署衆英儔。桂影天香發,卿雲瑞氣浮。末員微效職,爲國廣薪槱。

【校記】

〔一〕奏牘本爲卷八之第二十六篇,題爲"戊午監試楚闈作"。

赤壁懷古〔一〕

赤壁臨江渚,黄泥坂名鎖暮雲。至今傳二賦,不復説三分。名士惟諸葛,英雄獨使君。今朝懷古地,把酒對斜曛。

【校記】

〔一〕奏牘本無此文。

偶書〔一〕

春來陰雨多，春去晴光好。花蕊妬蜂鬚，雛翎驚鷂爪。柴門留月看，琴堦倩風掃。物理自如此，鶯殘茂葉老。

【校記】

〔一〕奏牘本爲卷八之第二十七篇，題爲“偶書”。

霧〔一〕

大霧滿虛空，山川一混濛。人聲遠近際，樹色有無中。旭日光微杳，群陰慘薄叢。模糊難見路，舉足我心忡。

【校記】

〔一〕奏牘本爲卷八之第二十三篇，題爲“霧”。

壬戌秋九金陵署夢中作〔一〕

牢落風塵裏，三千白髮新。跨虹湖色變，嘯月海嵐親。椒雨鐵牛厰，菊霜金馬隣。帝鄉咫尺近，浩氣達西秦。

【校記】

〔一〕奏牘本爲卷八之第四十三篇，題爲“壬戌秋九金陵署夢中作”。

七言律

粵西九日〔一〕

冷落荒城又一秋，每逢佳節轉添愁。黄茅嶂遠今猶古，白髮風凄歎復羞。菊瘦懶看空淚落，雁回遥望暮雲收。閉門却厭登高去，醉裹心魂到故丘。

【校記】

〔一〕奏牘本爲卷八之第八篇,題爲"粤西九日"。

戊申除夕入彭水採楠木宿神祠側作〔一〕

驅馳王事入彭川,旅舍神宫辭舊年。七載羅陽梅弄影,三冬蜀道柳含煙。石龜氣負星文粲,林鳥聲催草木鮮。忽憶家鄉思對鏡,明晨霜鬢獨凄然。

【校記】

〔一〕奏牘本爲卷八之第一篇,題爲"戊申除夕入彭水採楠木宿神祠側作"。

長安邸中午日〔一〕

十載浮萍宦異鄉,回思已事倍神愴〔二〕。榴裙噴火紅颜好,荷蓋擎珠绿水凉。泡雨有無呼吸變,奇雲生滅古今忙。悲歌慷慨當年夢,白髮空慚續命長。

【校記】

〔一〕奏牘本爲卷八之第一篇,題爲"長安邸中午日"。

〔二〕愴　四庫本作"傷"。

夢境〔一〕

夢裏單眸一老翁,胡床岸幘貌如童。横談往事多奇異,笑指英才在座中。説到當年開福地,蟠蛇嚙體漫飛空。問吾來楚若干紀,六載流光荆棘叢。

其二〔二〕

門外依稀佳客至,非仙非佛隔牎東。贈儂一束古詩卷,蝌蚪開書久别公。夢轉含糊難記憶,簷前錯認五更風。一聲雲板徹寒署,萬事攢心日未紅。

【校記】

〔一〕秦牘本爲卷八之第二十五篇,題爲“夢境”。

〔二〕其二　秦牘本作“又”。

夢餐優曇花作〔一〕有引

余讀書山寺時,夢餐優鉢羅花,即吟一句云:“仙人賜我鉢羅花。”醒語純天上人,檢藏,知鉢羅花即優曇花也。因賦以誌。

優曇曾記夢中餐,山寺日高柏水寒。雲繞佛龕常五色,香飄精舍比芝蘭。生平未識金銀氣,偶爾輕抛麋鹿灘。四十年來魔障盡,好教拂袖紫霞端。

【校記】

〔一〕秦牘本爲卷八之第四十篇,題爲“夢餐優曇花作”,無“有引”二字。

冬至渡淮〔一〕

鳳陽路值一陽天,霜透征裘陟巘巔。九里山前沙草合,石頭城角水雲連。雙凫啌喋浮淮浦,孤雁翩翻下泗川〔二〕。馬首北來閑弔古,舊陵宫樹不知年。

【校記】

〔一〕秦牘本爲卷八之第二十八篇,題爲“冬至渡淮”。

〔二〕泗川　秦牘本作“泗壖”。

過虞姬墓〔一〕

在靈壁縣有紅色草,見人輒舞,俗名美人草。

和前人韻。

陰陵古道照殘陽,策蹇荒塋弔楚亡。血灑西風猿嘯月,氣吞白帝劍生霜。貞魂傍逐烏騅逝,烈骨長凝碧草香。行客莫知悲舞意,春來疑作妬新粧。

其二〔二〕

破秦當日衂咸陽,及敗誰嗔困北邙。玉玦無謀定天下,青鋒有意謝君王。八千歌散腸應斷,九里煙銷骨尚香。悔比樊姬差一諫,空令(死)〔妃〕血舞紅粧。

【校記】

〔一〕奏牘本爲卷八之第二十九篇,題爲“過虞姬墓”。

〔二〕其二　奏牘本作“又”。

銅雀臺〔一〕

銅雀空臺漳水流,雲横煙斷笑殘丘。千門鎖鑰風塵暗,萬里河山落日收。才子文章堪極目,美人臺榭半成洲半爲漳水所壞〔二〕。英雄一世今安在?明月依然是漢秋。

【校記】

〔一〕奏牘本爲卷八之第三十篇,題爲“銅雀臺”,題下有小字“半爲漳水所壞”,無文中小字。

〔二〕奏牘本無注釋小字。

臺榭　奏牘本作“聲伎”。

中途遇雪〔一〕

陰雲漠漠朔風寒,雪染征裘行路難。霰集冰凋憐馬滑,花飛枝壓總心酸。離披短袖侵膚潤〔二〕,凛冽長途刺骨瘢〔三〕。更憾蒼頭多怨語〔四〕,何時高臥學袁安?

【校記】

〔一〕奏牘本爲卷八之第三十一篇,題爲“中途遇雪”。

〔二〕膚潤 奏牘本作“皮綻”。
〔三〕凛冽長途刺骨瘢 奏牘本作“荏苒長途刻骨瘢”。
〔四〕多怨語 奏牘本作“偏搶白”。

代兄憶弟〔一〕

天光黯澹雁行斜,斷續行雲映遠霞。太乙吹藜顛出火〔二〕,蠹魚蝕字腹生花〔三〕。素琴懸壁宮聲合,青草當庭春意賒。太史於今瞻紫氣,德星應集我荀家。

【校記】

〔一〕奏牘本爲卷八之第三十二篇,題爲“代兄憶弟”。
〔二〕顛 奏牘本作“頭”。
〔三〕腹 奏牘本作“復”。

恩假歸里葬親過固關作〔一〕

行行復過井陘口,白髮皤皤非舊顔。回首粤川多壯志,勞心閩楚少餘閒。欽承帝命巡畿輔,新沐皇恩出固關。四十年前經過地,于今一别到三山。

【校記】

〔一〕奏牘本無此詩。

祝蔡忠襄公尊配顧太夫人八(袠)〔表〕有引〔一〕

中丞蔡忠襄公以明末壬午開府吾晋,時寇亂蠭起,蹂躪三秦。公撫循吏民,躬駐河上,且戰且守,朞年賊不能渡。既潼關師潰,退保太原。大厦已傾,難支一木。甲申二月城(陷)〔陷〕,公從容就義,北面再拜,自縊于三立祠。吾鄉父老至今談公惠政烈節,輒流涕欷歔,過其祠下者,低回而不能去。余以西河後進,景企芳徽,瞻拜之餘,每深愾慕。今越四十載,謬叨兩江節制,來涖金陵,適公仲子方炳應纂修通志之聘,獲與周旋。詢公家世清白、門户零替之狀，爲之歎息。炳因言其母顧太夫人於兹仲冬壽躋八(袠)〔衰〕[二]，負米代養，菽水承歡。一門節孝，可謂無負公於九京矣。聊賦四什，敬祝九如，奉以翟衣，侑夫兕爵，非止情殷介壽，實由義切表忠云爾。

中丞(井)〔秉〕鉞昔行邊[三]，屈指捐軀四十年。馬革從容真不愧，熊丸辛苦自堪憐。河山百戰丹心痛，俎豆三遷彤管賢。忠節並全非易事，幾人青史有完編。

其二

晉陽城畔訪遺祠，每憶摳衣下拜時。老我今開江上幕，遲公未拂隴頭碑。編摩令子知家學，訊問高堂識母儀。爲説諸艱都歷盡，冰霜(嬴)〔羸〕得鬢如絲。

其三

秦淮襆被急歸裝，拜母今稱八(袠)〔衰〕觴。南岳夫人親授誥，東吴名士盡登堂。洗心鐘磬皈無量，藏血衣冠誓未亡。誰似一門鍾間氣，獨爲家國繫綱常。

其四

兩江持節首維風，棹楔褒貞即表忠。茂苑碧城瞻婺宿，長洲紫府傍墉宫。重紆象服華筵上，久罷魚軒委巷中。聖代旌門多異典，懷清臺築具區東。

【校記】

〔一〕奏牘本無此詩。
〔二〕炳　四庫本作"方炳"。
〔三〕(井)〔秉〕鉞　四庫本作"秉鉞"，從四庫本改。

賀壽[一]

才猷當代仰宗工，經濟文章自不同。名著玉堂稱繡虎，功齊銅柱集飛鴻。一身化育鈞陶際，萬姓生成指顧中。從此豫州多氣象，惟憑湘澤望高嵩。

其二〔二〕

數年寒署戴清輝，爲戀深恩尚未歸。挾纊何緣同縞帶，捉襟殊愧等緇衣。盾邊檄就常摧敵，馬上詩成已解圍。敢訂中原霖雨足，願分餘潤慰調饑。

【校記】

〔一〕奏牘本爲卷八之第三十四篇，題爲"祝壽"。
〔二〕其二　奏牘本作"又"。

五言絶句

無酒〔一〕

一夜一壺酒，牀頭已乏錢。强欲禁酤我，通宵竟不眠。

【校記】

〔一〕奏牘本爲卷八之第十三篇，題爲"無酒"。

春雨〔一〕

屈指春三月，連陰九十朝。花片落泥涔，柴煙帶濕燒。

【校記】

〔一〕奏牘本爲卷八之第十四篇，題爲"春雨"。

春暮〔一〕

清明方過去，穀雨又新來。眼看春光盡，遊人何日回。

【校記】

〔一〕奏牘本爲卷八之第十五篇，題爲"春暮"。

客訪溪〔一〕

我來客訪溪，獨坐夕陽西。古道荒已没，隔籬聞鳥啼。

【校記】

〔一〕奏牘本爲卷八之第十六篇，題爲“客訪溪”。

辛酉上元上谷祈雨作〔一〕

時經臘無雪，恐傷二麥，持齋三月，冀少回天意，故作此示群僚，俾各知所省戒云。

皓月當空照，黄塵逐日飛。求沾驚蟄雨，腸斷幾千回。

【校記】

〔一〕奏牘本爲卷八之第四十二篇，題爲“辛酉上元上谷祈雨作”。

七言絶句

羅城署中閒詠〔一〕

牕前馴鴿行書案，驚醒主人午夢時。起坐閒看十七史，古今成敗有誰知。

其二

子厚當年被謫時，柳州城上寫新詩。那知千載存亡後，我與先生共客羈。

【校記】

〔一〕奏牘本無此詩。

濮湖夜月〔一〕

水落林空蔓草長，猿吟虎嘯石龕傍。攀蘿尋勝窮人力，月色悠然照古塘。

【校記】

〔一〕秦牘本爲卷八之第二篇，題爲“濮湖夜月”。

東津漁火〔一〕

夜静沙寒灘水鳴，雲横露冷渡浮萍。星垂兩岸青燐見，故遣幽人撒網驚。

【校記】

〔一〕秦牘本爲卷八之第三篇，題爲“東津漁火”。

魚城煙雨〔一〕

石城遥望碧雲端，峭壁荒凉煙水寒。屈指興亡幾許事，清風明月在江干。

【校記】

〔一〕秦牘本爲卷八之第四篇，題爲“魚城烟雨”。

金沙落雁〔一〕

金沙依舊掛灘長，孤雁飛飛下夕陽。煙斷水寒棲不定，稻粱覓處是他鄉。

【校記】

〔一〕秦牘本爲卷八之第五篇，題爲“金沙落雁”。

晚菊〔一〕

年年九日報花開，偏爾今年懶脱腮。似怕主人添瘦骨，綻黄斂影乍徘徊。

其二〔二〕

桃李芳菲盡有期，菊花愛晚獨遲遲。西風摇落今重九，尚爾韜英更待誰？

其三〔三〕

籬邊把酒問青天，何苦繁霜帶醉煙？縱使向榮嗟已暮，更遲疎影益人憐。

其四〔四〕

一般培植百花臺，衆卉爭妍不肯開。趁取清標須速發，莫虚涼序問將來。

【校記】

〔一〕奏牘本爲卷八之第七篇，題爲“晚菊”。
〔二〕奏牘本題作“又”。
〔三〕〔四〕同上。

有感〔一〕

書生終日苦求官，及做官時步步難。腮下許多懷抱事，何曾行得與人看？

【校記】

〔一〕奏牘本無此詩。

偶吟〔一〕

石崇豪貴范丹貧，生後生前定有因。傳語世間名利客，不如安命是高人。

【校記】

〔一〕奏牘本爲卷八之第九篇，題爲“偶吟”。

寫夢〔一〕

終日思家悵復吁，夢魂飛泊洞庭湖。忽驚信篆歸何處，別却耆童覓舊途。

【校記】

〔一〕秦牘本爲卷八之第十篇，題爲“寫夢”。

中秋值雨有感〔一〕

正擬中秋看月華，無端雨後黑雲遮。天公有意朦朧過，不許清光照碧紗。

其二

歲歲中秋離別天，登樓羞看月團圓。嫦娥會得愁人意，雲閉寒宮合早眠。

【校記】

〔一〕秦牘本爲卷八之第十一篇，題爲“中秋值雨有感”。

秋吟〔一〕

一年又有一年秋，難禁時時憶故丘〔二〕。獨坐琴臺心萬里，庭前草木盡含愁。

其二

漫誇解綬是何人，五斗安能强絆身？屈指古今猶未遠，閒看菊蕊倍傷神。

【校記】

〔一〕秦牘本爲卷八之第十二篇，題爲“秋吟”。

〔二〕丘　四庫本作“邱”。

春月〔一〕

臘月出門履雪山，梅花向暖綻紅顔。春來桃李横岡嶺，我自披裘草色閒。

【校記】

〔一〕奏牘本爲卷八之第十七篇，題爲“春月”。

蜀中山行〔一〕

幾人鞅掌幾人閒，山裹僧家獨閉關。風雨一犁堪自慰，醉歸春社月西灣。

【校記】

〔一〕奏牘本爲卷八之第十八篇，題爲“蜀中山行”。

自吟〔一〕

逢人漫道不如意，滿腹原來不合時。回首青山千萬里，樂天安命亦何疑。

【校記】

〔一〕奏牘本爲卷八之第十九篇，題爲“自吟”。

雞冠花〔一〕

亭亭赤幘岸臺端，傲出風霜不自寒。要識朝陽憑一唱，扶桑高捧海瀾安。

【校記】

〔一〕奏牘本爲卷八之第二十篇，題爲“雞冠花”。

成都〔一〕

兩任邊荒囊乏錢，低頭羞語尉巡前。淮陰受却少年辱，也了前生一惡緣。

其二〔二〕

易老馮唐虚歲月,難封李廣未公侯。晉秦同好今吴越,只爲方圓不可儔。

其三〔三〕

萬里孤舟亦一官,窮途主僕强加飧。單衣難禦朔風冷,倚户無言白眼看。

【校記】

〔一〕奏牘本爲卷八之第二十一篇,題爲"成都"。
〔二〕奏牘本題作"又"。
〔三〕同上。

送王子重公車〔一〕

三年簡鍊揣摩成,喜送公車上帝城。我到八閩將改歲,杏花時節看題名。

【校記】

〔一〕奏牘本無此詩。

贈屬邑〔一〕

浠川淑氣冠齊安,撫字催科萬姓寬。尤望冰壺澄到底,神君年少足稱歡。

【校記】

〔一〕奏牘本爲卷八之第三十五篇,題爲"贈屬邑"。

讀聘君歌〔一〕

挑燈夜讀聘君歌,句句關情觸目多。萬物生來同此性,吾民不聽却因何?

其二〔二〕

挑燈夜讀聘君歌,引得船頭駭浪多。風雨無心猶會意,吾民不聽却因何?

其三

挑燈夜讀聘君歌,水底魚龍噴浪多。浪裏魚龍猶聽講,吾民不聽却因何?

其四

挑燈夜讀聘君歌,江色星光隱没多。雲横斗轉星還現,吾民不聽却因何?

其五

吾民不聽却因何,豈是吾民癡詐多?定有個中真線索,從容細讀聘君歌。

其六

吾民不聽却因何?笞杖流徒總是多。偏與人猜猜不著,從容細讀聘君歌。

其七

吾民不聽却因何?月旦鄉謡講亦多。室暗心虧神目電,從容細讀聘君歌。

其八

吾民不聽却因何?表正影端差莫多。俸禄脂膏皆妙語,也須添入聘君歌〔三〕。

【校記】

〔一〕奏牘本爲卷八之第三十七篇,題爲"讀聘君歌"。

〔二〕奏牘本本文無小標題。

〔三〕聘 奏牘本作"聽"。

壬(戌)〔戌〕九日[一]

人人盡説登高好,惟我求閒不得閒。山後山前無數景,叮嚀遊客莫空還。

【校記】

〔一〕奏牘本無此詩。

題王子重書室句[一]

盆魚牕草真儒意,茗椀爐香靜者心。

【校記】

〔一〕奏牘本無此聯。

補 遺

乙卯春題書雪堂[一]

竹笋纔生黄犢角,蕨芽初放小兒拳。試尋野菜和香飯,便是黄州二月天。

【校記】

〔一〕奏牘本無此詩。

新　補

蜀道〔一〕

半明行遇躍龍橋，龍去橋橫溪水消。雲首烏鳶飛作隊，關前狼虎怒爲剽。天寧悔禍常霾雨，人未全生總寂寥。多少古來繁會地，徐驅疲蹇欲魂銷。

又

漫看一霧帶山腰，山外長松翠自摇。北地小春花六出，西川深谷雨連宵。紅黄半雜厓間樹，上下全崎渡處橇。煙斷日晴遠古徑，馬蹄艱澁憶嫖姚。

【校記】

〔一〕乾隆本無此文，據奏牘本補，爲卷八之第二十二篇。

詩　餘

憶王孫〔一〕

黄昏獨自聽烏啼，芳草樓前漸滿堤，寄語王孫莫意迷。蚤須歸，花影將斜月欲西。

【校記】

〔一〕奏牘本爲卷八之第四十四篇，題爲“憶王孫”。

如夢令〔一〕

歲暮容颜非舊，食少形骸消瘦。睡起不勝愁，頻叫蒼頭斟酒。斟酒，斟酒，夢見故鄉花柳。

其二[二]

赤壁鶯啼岸柳，岐鎮雨肥園韭。憶別若爲情，且看燕飛紅瘦。回首，回首，穀雨清明時候。

【校記】

〔一〕奏牘本爲卷八之第四十五篇，題爲“如夢令”。
〔二〕奏牘本小標題爲“又”。

滿庭芳[一]

脱却蠻煙，奔離蜀道，三年又到光黄[二]。生來命薄，才力比誰强。眼見此身已老，消磨了、多少疎狂。百年裏，有幾人跳出，傀儡逢塲。　思量還故里，簞瓢陋巷，澹泊何妨。任隨緣過日，説甚彭殤。幸遇杏花赤壁，訪遺跡、感慨悲傷。尋兩地，半丘荒草[三]，一望白雲鄉。

【校記】

〔一〕奏牘本爲卷八之第四十六篇，題爲“滿庭芳”。
〔二〕到　奏牘本作“滿”。
〔三〕丘　四庫本作“邱”。

百字令[一]

楚天和靄，忽風狂雲黯，霎時雨洩。濺入篷牕噴碎玉，濕透竹(穹)〔帘〕珠滴。鼉怒龍吟，雷轟電掣，永夜無休歇。挑燈倚枕，危檣只恐吹揭[二]。　待旦爽氣微開，枝頭梅子，鬧似金丸擊[三]。菡萏池塘花葉好[四]，醉倒渾如無力。紫燕無聲，烏鴉影滅，一帶柴門僻[五]。幾人酣飲[六]，頓忘昨夜岑寂[七]。

【校記】

〔一〕奏牘本爲卷八之第四十七篇，題爲“百字令”。
〔二〕危檣只恐吹揭　奏牘本作“恐把危檣吹揭”。

〔三〕擊　奏牘本多“相”,作“相擊”。
〔四〕花葉好　奏牘本無此詞。
〔五〕一帶柴門僻　奏牘本作“處柴門都閉”。
〔六〕酣飲　奏牘本作“賞雨”。
〔七〕頓忘昨夜岑寂　奏牘本作“酣飲頓忘岑寂”。

風流子〔一〕

曉風吹破屋,春將暮、聲碎滴簷頭。見霧繞千村,珠開萬樹,啣泥燕子,帶濕歸樓。心歡喜,點來翻麥浪,響過徹溪流。茅屋閉門,青山洗嗽〔二〕。牧童幾個,戴笠騎牛。　停雲時,午後凝眸望,滿目繡錯田疇。恍惚紅遮古道,绿暎滄洲。願自今伊始,桔槔掛月,禾秧飲露,婦子嬉遊。懷想醉翁遺跡,今古誰儔?

【校記】

〔一〕奏牘本爲卷八之第四十八篇,題爲“風流子”。
〔二〕洗嗽　四庫本作“洗漱”。

西江月〔一〕

終日陰雲霡霂,空過上巳踏青。殘紅片片滿長亭,兩岸浮萍靡定。　鶯報春歸誰送,遊人獨歎飄零。五更杜宇更難聽,萬囀千愁不(寢)〔竟〕〔二〕。

其二〔三〕

百歲春光有限,一年幾度花紅。及時笑傲趁東風,正好鞦韆輕送。　無奈人生易老,又當零雨其濛。清明寒食總成空,看破浮雲如夢。

【校記】

〔一〕奏牘本爲卷八之第四十九篇,題爲“西江月”。
〔二〕(寢)〔竟〕　奏牘本作“竟”,從奏牘本改。
〔三〕奏牘本小標題爲“又”。

附　古文〔一〕

《江南通志》序任兩江總制時作。

我皇上御極二十有二年癸亥,禮部奉旨檄催天下各省通志,限三月成書。臣成龍承乏兩江總督,應董其事。江西去臣駐扎江寧千有餘里,乃檄署江西巡撫、布政使臣張所志草創,送臣審定送部。其江南省通志,則臣成龍與江蘇撫臣余國柱、安徽撫臣徐國相徵屬府州縣新舊各志,及先儒先賢著述論建之有關地方應備採拾者,開局江寧,延聘在籍儒臣及文人宿學通達治體、諳悉典故者編纂,稽考甲乙次第。而臣成龍、臣國柱、臣國相且相與親爲討論焉,并董在局諸臣就明繼晷,敏皇將事。計六閱月而書成,共七十六卷。臣成龍以職掌所及,當有以序其簡端。

竊見九州之土宜、貢賦載於《禹貢》中,古文尚簡質,不事詳贍。其後《周官》所掌"三墳"、"九丘"與《禹貢》所載體制不同〔二〕,而秦、漢所收列國圖籍,時久世遠,莫可較訂。嗣後或有所述,出自一隅一事,不足傳信。即陳沂、楊慎所撰山東、四川通志固稱善本,然皆私自屬草,體例未純。

皇上乃渙大號申巽,命先取各省之志,以成一統之志,正欲於衆中求其詳,於繁中舉其要。夫修志之役必始於縣,縣志成,乃上之府,府薈集之爲府志。府志成,上之督撫,督撫薈集之爲通志。通志歸之禮部,然後輯爲一統志。於是無所不該,山川、貢賦、土産、人物之類無所不備,上下數千載,使之瞭如目前。然則通志之舉,其事不綦重、而爲之不綦難歟!且江南之視各省,纂集雖均,而難易懸絶。何也?各省通志原有成書,而江南絶無所本。事屬創始，未易周匝，雖窮博採，豈無絓漏？其難一也。孫吳、六代以逮明初，其經國大猷，代各異制，披尋史乘，浩如煙海，旁考别紀，又多舛誤，稽辨雖勞，詎協至當？其難二也。江左人物，甲於四方，偉人駿烈，尚疑遺佚。至如節孝、隱逸，悉存姓氏，既恐淆雜，欲裁訛濫，慮没幽潛。其難三也。所見異辭，所聞異辭，紀載歲月，遠於春秋，虞初雜志，任情好惡。志家之體，無容疑誤並存；裁量之能，豈盡銖黍不爽？其難四也。大江左右，僑立州郡，分隸不常，命名變易，考往已多無徵，準今何由參覈？其難五也。而臣等又以迂疎不學之才，兼以簿書塵冗之苦，短綆汲深，曷能勝任？惟是祗承詔旨，與同事諸臣其詳其慎，纂集成書，止足以備一統志之採輯，而未敢自信爲良史也。顧臣成龍自策名入仕，仰見聖治右文，皇上單詞隻字，皆足與《詩》《書》《典》《誥》争光，逮及備官畿輔，聞見益親。近又與江蘇撫臣國柱共事，撫臣國柱久在禁庭，身依紫極，常語臣成龍，皇上以天縱之姿，好學稽古，講筵詰難，燕閒辨問，多發先儒之未發。宵旰之暇，考核異同，披覽得失，未嘗旦夕釋卷，頻命詞臣有所纂著，皆足昭垂千載。山至於高，則拳石出雲；水歸於深，而淵泉不竭。臣等幸託唐、虞之盛世，依附皐、益之末光，使樸僿鄙陋之所纂輯，得備崇文内庫之目，以垂不朽，臣等實有榮幸焉。是爲序。

【校記】

〔一〕奏牘本無附古文之六篇文章。

〔二〕丘　四庫本作“邱”。

《樂經·内篇》序任福建臬使，尋陞方伯，奉命陞直隸巡撫時作。

余承乏八閩實司臬事，白雲在天，每刑人於“五聽”之庭。懲暴亂，理寃抑，呈制憲姚、撫憲吴兩先生，以上讞於天子。雖生人之念日廑於死人之法，而桁楊三木，痛楚哀號，常不得伸展眉額。用是，恒憬然曰："唐、虞時雍風，動刑期無刑，成、周刑措不用，何風之淳也。太和在宇宙，詎易言哉？皋陶士制百姓於刑之中，以教祗德，與后夔典樂教胄，實同源而異流。何也？樂陽刑陰，樂仁刑義。未能漸斯民於骨髓，即日取斯民而督責之，未易善也。《語》曰：'禮樂不興，則刑罰不中。'其是之謂乎！故知樂者禮之根蒂，尤刑之神髓也。《孝經》曰：'移風易俗，莫善於樂。'良得其原矣。"昆陵張子炅生彙《十三經》之語樂者成其書，曰《樂經·内篇》，攜就商訂，余曰："千金之裘，非一狐之腋。'思無邪'，一言克備全經。善得其解者，觸類可以旁通。裒集衆美，雅可自命一家。是編原本太和之保合，深究祀天神、祭地祇、享人鬼之奥義，自天命人心、三綱五常之大，以及日用起居之微，靡不悉備。而且考律吕之相生，定宫徵之互叶，旁搜廣採，舉凡正聲、子聲，正半、變半之説，鮮不備具。研抉精密，器與人合，德以音傳，清濁隆殺，罔有遺缺，即謂該樂之全可也。昔后夔韶箾，鳳凰來儀；師曠清角，鳴鶴率舞。馬仰秣於巴瑟，魚出聽於牙琴，聲音之道與造物通。其感召，洵有莫知其然而然者。故知樂之微，其於天下無難矣。《樂記》曰：'大樂與天地同和。'今聖天子建中和之極，正德、利用、厚生，九敘維歌矣。凡贊襄歌敘者，惟以樂防民之情而教之和，則以致鬼神，以和邦國，以諧萬民，以安賓客，以悦遠人，以作動物。躋天下於唐虞三代之盛，於以鼓吹休和，即雲門、咸池、韶濩，六代之樂，舉不外是。苟不探其原而僅求之黄鐘累黍，遂致阮咸譏荀勗之尺短，和峴病王朴之聲高，李照縱黍嫌於太長，胡瑗横黍苦於太短。或專求之金石，而鬴斛有古今之不同，斗臬有真贋之難辨，紛紛於制器吹律，以祈合天地之元音，安能興雅頌而復古樂也哉！抑聞之唐太宗有言：'朕聞人和則樂清。若百姓安樂，則金石自諧矣。'是誠得與民同樂之旨。《易》'雷''地'：'豫，豫順以動，故天地如之。'"此作樂崇德之所由來，不可識政教之大成也與？"披覽是編踰月，忽移藩署，更懼不克負荷，屨上之姚、吳兩先生。兹復奉簡命，北綏畿輔，任愈大，責愈重，益深惴慄。爰以教民和一念，用自策勵，因公之同好，導揚太和，共覩聖治之咸五登三焉。謹序。

驍騎將軍柱石王公墓表任湖廣分巡下江防道，新陞福建臬使時作。

公諱宗臣，號柱石，南陽淅川人。生有異徵，偉骨相，膂力絶人，喜韜略、射獵。禹山淯水間，以雄桀自命。弱冠遊荆、益。國初，滇、黔未入版圖，公即審順逆，仗策來歸。世祖章皇帝嘉之，命從事郢鄂。今上龍飛之五年，滇、蜀平，江、漢底定，上念豫、楚隘要，惟西陵、弋陽爲重鎮，晉公都督僉事，駐黄州。公至，則簡練將士，蒐乘補卒，於戟門右隙地闢射圃，超距翹關，角力較藝。立廟祀馬神，春秋取駒，閑廐蕃庶。暇則角巾從容柳蔭中，指顧形勝用兵之地，以示將佐。公紀律既嚴，什伍無舛，彍弦之士，襏襫耰耡，懽然聚處。樵牧近於梐枑，雞犬放於營壘，其威重慈惠如此。性藹厚，愛敬士大夫。士之賢而貧者，民之孤寡篤癃者，歲時賙給以爲常。而其自處則甚約，或餽美酒十數罌，悉以頒之麾下，雖古投醪挾纊何多遜焉。康熙七年，有隣鎮叛卒匿大崎山中，狡牢四出。公命偏師馳往，擒其渠魁九人送大府，餘黨遂鳥獸散。歲大饑，首倡捐賑，存活數萬人，上聞加一級。十二年癸丑冬，滇、黔變起倉卒，公不震不懸，惟申國威，明號令，備戰守。明年正月三日，大司馬撫軍張公檄守武昌，公星夜率兵往。元夜有警，公謹斥堠，息燈火，停漏皷，分哨九門，而自(環)〔擐〕甲坐譙樓上，夜半領十數騎周巡雉堞，竟夕惟飲湯一盞而已，賊寢謀不敢發。是時，大司馬出奇制勝，視公如左右手。五月，麻城東山賊起，公請於大司馬，率師東下，值守憲徐公疾趨至麻城，相與贊畫，悉中機宜，且勦且撫，不旬日，東山平。冬十月，江右賊出鄱陽，(陷)〔陷〕湖口數縣，進逼楚境，蕲州大震。公奉大司馬命，急駐蕲，與下雉一軍爲(猗)〔犄〕角〔一〕。時精甲盡在武昌，而公所部多新募，糧餉匱，軍容未振。余力圖芻糗，並贈火鎗百口，公立赴蘄，蘄民稍安。公委羅田守備黑子駐黄梅清江鎮。會禁軍樓櫓西上，夾攻賊，賊敗走，收湖口、星子諸縣，自蘄以上金湯安堵。事聞，上大嘉歎，數賜紀録。而公以勞瘁病作，和門星隕，櫪馬夜驚。嗚呼痛哉！時康熙十四年二月廿二也。大司馬思公功，特疏請邺曰："方兹多事之時，該將勤勞頗著，與尋常病故者不同。今王宗臣，幼子伶仃，窮途旅䙰〔二〕，情實可愍。應否比照彝陵鎮標馬之迅病故之例〔三〕，恩賜存邺，少慰忠魂，激勸勞臣，俾服皇恩靡盡。"疏上，天子惻然改容，奉俞旨，賜祭葬。先是，康熙六年覃恩誥封驍騎將軍，元配劉氏封夫人，並封二代考妣如其官，蔭一子入監讀書。公子，名麟紱。公卒，麟紱甫六歲，居喪成禮，今且十齡，舉止如成人，穎異能文。黄之人既德公，不忍其裔之歸豫也，相與留公匶。而公素與里中王氏篤兄弟誼有年，麟紱將長爲黄岡人。康熙十七年戊午十月二十九日，卜葬公於縣東還和鄉楊阪之原。既建塋兆，既揜黄腸，畏壘相鄉，永思無疆，嗚呼哀哉！麟紱聘現任武昌府城守、都督僉事李公諱兆捷女。女二，俱幼，未字。公之葬也，既礱石鐫志納壙中，而黄之紳士以余知公最深，屬文表墓，摭實直書，用告來(禩)〔禩〕。覽斯文者有所考述，庶以裨國史焉。

【校記】

〔一〕(猗)〔犄〕角　四庫本作"犄角"，從四庫本改。
〔二〕旅(䙰)〔櫬〕　四庫本作"旅櫬"，從四庫本改。
〔三〕彝　四庫本作"夷"。

《鄭肯崖詩集》序

肯崖，黄岡幽人也。自臨皋赤壁，閩海春潮，燕山朔雪，靡不晨夕與共。昨年秋，又訪余於三山石城，再閲冬春矣。肯崖有句云："赤壁清風連越嶠，金臺明月又揚州。"洵浮踪聚散真歲月也。比北道就養於上谷之堯封，余捘其行笈，有自爲詩，殘紙蠹蝕，得近三百首。詩道性情，本取其溫厚和平，有關於世道人心，此四始、六義之所以風世也。今肯崖栖心道岸，放情塵表，足跡所至，弔古品今，不爲凡響。或時闡聖賢之微文，或時寄漁釣於烟水，或時慨昔人之不可見，或時抒境遇之所欲言，咸以聲韻自寫性情，總不欲以姓名聞之海内。余素同漢陰南北，互忘賓主，不急爲之裒彙成帙，懼漸以爲不足輕重，愈遺落廢棄。特屬繕寫授梓，庶宇内讀書學道高人知瀟湘、江漢間尚有張子同、陸鴻漸其人，而肫摯悱惻，猶髣髴靈均《山鬼》《天問》諸篇，閑衛正學，更溯源道州濂溪紺寒清水也。爰濡筆而弁其端。

跋鄭肯崖《詠筠陽書院七賢》詩

聖學自濂洛、關閩後，躬行實踐、閑衛孔孟正宗者，代不乏賢，其穎慧高明流入葱嶺教外別傳者亦復不少。得此直指仁體功用，仍不外子臣弟友。贊頌七賢，各如其實，洵不敢跬步違背，可謂篤誠之學。

跋鄭肯崖《漁舟》詩

余在黄州九年，交肯崖老人最深。比癸亥春日，秦淮石城間出畫册《釣魚圖》，展翫良久，雅與張志和、陸龜蒙同一風尚，余不禁神遊浩浩烟波中矣。因捉筆題曰：風雨晦明皆造化，山河大地一漁翁。

于清端公政書 外集

于清端公傳〔一〕

陳廷敬說巖

公諱成龍，字北溟，山西永寧州人〔二〕。先世仕明，有諱坦者〔三〕，弘治間官至大中丞，著有聲績，載在邑乘〔四〕。父時煌，里中稱長者。明末盜起西疆，里中築堡以備警，逼公先隴〔五〕，形家言堡成不利于氏。公笑曰："我里千家保聚，獨我家不利？害少而利多，堡當築矣。"堡成，卒無害。

公生而才智絶人，有聲場屋〔六〕。崇禎己卯，中副車充貢〔七〕。入國朝，仕爲羅城令。羅城，秦桂林地，故多瘴癘，中州人官此土者，往往以生還爲幸〔八〕。又猺獞頑黠不可治，輒自罷去〔九〕。公喟然曰："荒徼皆王土〔一〇〕，惟國家所使耳〔一一〕。人生仕宦豈擇險易哉！〔一二〕"單裝徑往。羅城無城郭廬室，居民數家〔一三〕，公廨一，(眷)〔脊〕露叢篁深箐間〔一四〕。披草木入，得微徑，插籬棘爲門〔一五〕。虎嘯猿擲，白晝行庭中〔一六〕。公即庭中以土礫爲几案〔一七〕，楹下置爨〔一八〕，一釜一盂，炊烟併日寢處其中〔一九〕。召吏民引使前〔二〇〕，從容問所苦，喻以急公敬上之義。吏民皆鳥言吚喑〔二一〕，與之語，心耳邃絶。公爲之解析譬曉〔二二〕，神色愷易，良久，欣然拱聽〔二三〕。既去，則據案讀書，數錢貫惡酒獨酌〔二四〕,醉則隱几而臥,或竟日不冠履。既數月,吏民樂公坦懷易親〔二五〕,益皆樂就〔二六〕。當是時,西粵數叛服,羅城新下,民皆竄匿山谷〔二七〕,而猺獞與大姓相仇殺。民失業則阻險爲盜〔二八〕,它令或飾威規利,民益疑畏不敢前。公至,則悉除諸禁,拊循殘氓,誠意憐惻〔二九〕。人皆自至,以田賦詣公,親與交兑訖〔三〇〕。或留數錢置案上,公問何意,曰:“阿爺不要火耗,不謀衣食,寧酒亦不買耶?”公感其意,爲留數錢,計得酒一壺而止,民益親愛。因與朝夕問地方利害,悉得要領。編置保甲,約束猺民。請于上司,盜有犯者立斬之,縣其首於竿,由是盜皆屏跡〔三一〕。先是,鄰猺殺掠我人畜,歲二三至,以爲常。至是,鼓勒鄉勇,將進搗其巢,猺大震懼,自誓不敢犯界,盡歸所掠人畜〔三二〕。然後民得安居,盡力於耕稼之事〔三三〕。每春時,命兩猺舁竹兜行田野中,見力耕者,輒呼與語相勞苦。民知公來,皆率婦子環公羅拜,或坐樹下與飲食笑語,歡如家人。勤而穫者,旌其門;惰而荒者,群詈以辱之〔三四〕。民大勸悔,稞穗被野,牛羊滿山。公以其暇日增陴浚隍,招民來居〔三五〕。新築室者,公手書聯、額以獎異之〔三六〕。立學宫,教民其中,能讀書應舉者免徭役。民俗輯和,獨數大姓者負勢不爲下,其人皆號總戎、侯伯,嘗指揮長吏恣殘慝〔三七〕。公曰:“此曹向皆倚恃猺獞、盜賊爲之爪牙,一逆其心,則致亂召變〔三八〕。是故,它令多匿意阿忍。今吾威令已行,民知禮義〔三九〕,此曹不悛,終不可爲治〔四十〕。”會黄姓以家僮犯教令,執送公所〔四一〕,屬致之死。公審其情,當與杖〔四二〕。知已被杖,因立怒云〔四三〕:“爾既送官〔四四〕,有朝廷法在,何得自先擅刑?是藐官法!〔四五〕”叱之跪,欲予之杖送縣獄〔四六〕。黄大恐〔四七〕,叩頭謝死罪,移時始得免。公乃爲陳順逆禍福之理,黄大感悟〔四八〕。自是數大姓皆奉法惟謹〔四九〕,以公事至者,望籬門皆股栗項縮〔五〇〕,無復向之跳踉桀驁於公庭之上矣。三年政成,臺使者勑粤中,令以羅城令爲法。公乃牒上寬征徭、疏鹺引、諸利弊所宜興罷者〔五一〕,民愛之如父母焉〔五二〕。

公自處困約,人所不堪。從者皆盡散去,惟二僕染瘴不能去〔五三〕,旋亦皆死。羅人憐公,每晨夕環視,問公安否〔五四〕,間斂金錢跪進云:"知阿爺苦,我百姓每供些少鹽米費〔五五〕。"公笑謝曰:"我一人在此〔五六〕,何須如許物。可持歸,易甘旨奉汝父母,一如我受。"衆怏怏持去。居數年,家人來,羅人則大喜,奔譁庭中:"阿爺人來,好帶物安家去〔五七〕!"又進金錢如初。公又笑謝曰:"此去我家六千里,單人攜資,適足爲累〔五八〕。"揮使去〔五九〕。衆皆伏泣,公亦泣,卒不受。

丙午秋試,充外簾官〔六〇〕,公布袍數浣,破被如鐵,一蒼頭從。衆簾官皆美服盛飾,傔從姣好。公以敝衣垢縷參錯其間〔六一〕,諸吏人皆指目揶揄〔六二〕,與服飾盛者相周旋而不及公〔六三〕。大吏聞公名,亟欲識公,指敝衣垢縷者曰〔六四〕:"必羅城令也。"諸吏人皆相顧眙愕〔六五〕。於是大吏委公以試事使,專督之事皆精審曲當〔六六〕。因與極論時事所宜,及古今成敗是非得失之迹,公掀髯抵掌,詞氣激昂,具有倫要〔六七〕。大吏交章舉公"卓異"〔六八〕。

在羅城七年,遷知合州。公復牒十事上幕府,皆爲公行之。去羅城,羅人遮道呼號:"公今去,我儕無天矣!"追送數百里,哭而還。一(耼)〔眇〕者獨留不去,公問故,曰:"民習星卜,度公橐中資不能及千里而盡〔六九〕,民技猶可資以行也。"公感其意,因不遣去。會霪雨,資盡,竟賴此(耼)〔眇〕者力得達合州〔七〇〕。

州領三縣,合計纔遺黎百餘人,正賦十四兩,而供役繁重,不支官有騶從之費。公至,則盡除習弊〔七一〕,畜一羸馬,以家僕自隨。府帖下取魚,公曰:"民脂膏竭矣,無憐而問者,顧反乃樂魚,且安所得魚乎〔七二〕?"卒不與府中魚。因極陳荒殘疾困狀,郡守笑謝,爲裁革十餘事。公念治合之要,在招徠流亡〔七三〕。往時新歸流户,便令即日力役〔七四〕,而墾田既熟,土著訟爭〔七五〕,以故,集者復散。公皆爲區畫田廬、牛種,官立案籍。三年而後,復新集者既知田業可恃爲己有〔七六〕,而復無征發倉卒之憂,遠近悦赴,旬月之間,户以千計。未幾,用前"卓異"遷黄州同知,分鎮岐亭。

歧亭當黄、麻偏界,地多汊湖幽壑,盜所窟巢。時功令急,盜案文法頗繁〔七七〕,長吏至諱忌不欲聞〔七八〕,盜反持長吏所忌,白晝行劫,莫敢問〔七九〕。公遣捕得湯卷兒等九人〔八〇〕,集諸父老謂之曰:“此皆巨盜,彼恃捕後上解,則牽制官吏長短,往往得脱。今以示諸父老,有能保後不爲盜者,吾將貰之,否則,盡用吾法〔八一〕。”諸父老願以身保後不爲盜者二人〔八二〕,餘則立命取大索來,駢首連繫七賊〔八三〕,即諸父老前爲坑,坑之。盜自是驚匿。嘗草帽蹇驢〔八四〕,微行村堡,周知山川要害、閭里情僞〔八五〕。降大盜彭伯(鈴)〔齡〕等,拔置左右,責以捕盜,故遣發即得〔八六〕。四方來謁者無貴賤,皆接以恩禮,延問利病,咨訪人物,是以凡所興舉,悉協人情〔八七〕,黄州境壤,蒸蒸樂土矣。攝漢陽、黄安、通城事,皆絶火耗〔八八〕,飭保甲,所至輒著異蹟。操守益自危苦,惡衣(蔬)〔疏〕食,從者皆病之,公笑謂:“前在粤、蜀,民物凋殘,持廉甚易。今日正須試此定力,幸尚能爾,何乃以爲病耶!”時巡撫張朝珍雅知重公,特舉“卓異”〔八九〕。

會滇逆亂作,康熙十三年春,張公檄攝武昌事〔九〇〕,問禦亂之策,公對以安人心莫先下令停徵〔九一〕。時朝珍草疏欲奏,公意與合,以故,凡兵事皆倚公以辦。公悉意劈畫〔九二〕,羽書交馳,師旅雲集,軍資億萬,咄嗟而理〔九三〕。惡少憑依禁旅,罔敢指問。公立寘之法,白大將軍申明軍令,一時甲士十餘萬擁公忿譁〔九四〕。公不爲動,詞譬理解,神色抗厲。知公不可奪,皆斂迹去。居民安堵,人情大安〔九五〕。或諜武昌大姓與賊交通〔九六〕,指藏器仗爲證。朝珍召公,欲發兵捕〔九七〕。公言:“自烽警以來,武、黄諸宦家多盡室避兵良子湖中〔九八〕,家人藏兵械以備它盜,無足怪者〔九九〕。若遽加兵,人人自恐〔一〇〇〕,且所指皆素封良族,可力保無它〔一〇一〕。”迹之,果無所得。公所全濟多此類也〔一〇二〕。

用“卓異”遷知建寧,朝珍奏改武昌。時逆賊陷岳州、長沙,我師進勦取道蒲圻、咸寧〔一〇三〕,朝珍檄公往造軍所渡橋。賊鋒迫近,蒲圻人驚潰〔一〇四〕,城郭爲墟。公入城嚴斥堠,戢逃兵,招集民人〔一〇五〕,

城以不墮，通我師岳、長之徑。旬日成橋，山水暴漲，橋復壞，公以此去職。會東山之亂〔一〇六〕，公適進辭。撫軍朝珍語公曰："極知君勞且屈，然黄州忽有此變，非公莫可辦賊。〔一〇七〕"公曰："國恩至重，公知遇最深，敢以區區去就避患自逸哉〔一〇八〕？但黄州東連廬、皖，北接光、固，據三省形勝，控制七十二寨，其人剽悍善鬬，阻險跳梁，難以猝勝。若公見委，須便宜行事，方敢受命。"朝珍大喜，自起酌公曰："君肯任事，吾無憂矣，勦撫一以聽君。"問："需兵幾何？〔一〇九〕"公曰："風烟震驚，徒以兵從〔一一〇〕，賊衆我寡，反適資亂〔一一一〕，以前守蒲圻數人與，俱足矣。"遂嚴裝以行。

初，東山之亂也，妖人黄金龍詭言得天書、寶劍，來往興寧山中，煽誘愚民〔一一二〕。守道徐君惺往解散其黨，金龍亡匿黄麻劉君孚家〔一一三〕。君孚黠猾多智，數收召亡命，亦數數能禽獲盜賊。守長令牧多其能〔一一四〕，每撫而用之。公鎮岐〔一一五〕，君孚亦嘗居門下，憚公威明，頗以禮法自戢〔一一六〕。及後得滇逆僞劄書〔一一七〕，遂與金龍潛結河南賊渠譚以從、周鐵爪，江西楊寡婦，又連英、六、商、固數邑大盜，私立將軍、元帥諸名目〔一一八〕，衆號十萬，約以七月起事。會麻城人欲因以陷其仇家，君孚恐〔一一九〕，遂以五月望反於曹家河，擁衆數千人〔一二〇〕。黄守將王宗臣率所部兵駐興福寺，麻城令屈振奇率鄉勇駐白杲，約日進攻。君孚夜遣七騎斫黄將營，鄉勇亦自潰，退保麻城。賊勢甚張，而劉青藜、鮑世庸、陳恢恢、李公茂等諸盜所在蜂起〔一二一〕。公行次陽邏，偵知君孚雖反，以衆未合，猶豫持兩端。遂兼程抵白杲，未至賊寨十里止宿〔一二二〕，榜示士民："脇從者，許自首免罪；勢家誣陷者，即日赴訴，官吏不得按捕。過三日不投訴，以從賊論。〔一二三〕"於是投訴者日千計，公皆宥之，賊勢轉孤〔一二四〕。

君孚及其黨素服公恩信，聞公來，皆莫有鬬志；欲即降，恐見誅，惟擁衆自固。公度君孚倉猝舉事，違其始謀，及衆未聚，或可就撫〔一二五〕。若緩旬日，黨合衆集，則難爲圖矣〔一二六〕。遂命白杲鄉約一人持諭帖往〔一二七〕，布太守待以不死之意〔一二八〕。度持帖者已至賊所〔一二九〕,公則獨騎一黑騾,命鄉約一人張蓋,一人鳴鑼前導〔一三〇〕,徑趨賊寨。未至二里許,命鳴鑼前導者行呼:"太守來救爾山中人!"且鳴且呼〔一三一〕。君孚不虞公自來,倉皇匿後山,令數百賊持鳥鎗、弩矢夾道伏兩傍〔一三二〕,望見公,皆燃火控弦擬向公。公佯不爲顧,鞭騾直前〔一三三〕,賊亦卒不敢發。前至寨門〔一三四〕,門開,公徑入抵賊舍〔一三五〕,下騾即廳中坐。衆賊環列,其黠者則相率羅拜〔一三六〕。公問:"老奴安在?"老奴,指君孚也〔一三七〕。公佯恨之,以暱衆,且舊居麾下。衆對以有事暫出,少時宜可至〔一三八〕。公問〔一三九〕:"今歲山中雨水好否?禾稼何若?汝良民何敢作賊,自取屠戮?天時酷熱如此,汝等父母妻子皆藏匿何所,得無自苦?〔一四〇〕"衆皆泣。公曰:"熱甚,須少憩。"令一賊爲脱韡〔一四一〕,一賊取水來,公滿飲。數賊支榻揮扇,衆賊四向拱立。公熟睡,鼾聲如雷,賊皆驚〔一四二〕。移時寤,因謾罵君孚〔一四三〕:"老奴何爲久不出?豈有客至不設酒脯者!"君孚初意公必以兵來,且懼見紿,故深自匿。及見公推誠無猜,遂出叩頭〔一四四〕,訴所以激變之故〔一四五〕。公乃爲開陳利害順逆〔一四六〕,許以招撫,與約日而還〔一四七〕。至日,盡降其衆數千人,黄、麻數縣皆解嚴。朝珍上其事於朝,還公職,再命知武昌事〔一四八〕。朝珍檄公留麻城。公親歷村堡〔一四九〕,度地形所宜,分立區保,擇謹厚者爲區長,置烟民籍。凡有勇力、有鳥鎗兵械者,籍其人,區長統之,有警則各以其械來會〔一五〇〕。踪跡不軌者,區長立白誅逐,敢容隱及不實,與同罪〔一五一〕。於是凡前與君孚、金龍潛結爲賊者皆爲烟民〔一五二〕,皆樂爲公用〔一五三〕。

秋七月,經畫有緒,行還武昌。當是時,金龍留君孚所。君孚既無所用金龍,因縱之逃,與紙棚河賊鄒君申合。公已次岐亭〔一五四〕,移檄東南區長,按籍徵得二千人〔一五五〕,率門下諸生數人督兵進討,駐望花山。君申初謂公已還武昌,今忽聞以兵來,大驚,退保山寨。公策賊新反,未穫,食少,利在速戰〔一五六〕,而我兵驟集,攻之未必即克,困之則將自潰〔一五七〕。分遣一軍守象棋山,一軍守大崎山,一軍守布袋坳[一五八]。度賊走必經黄岡,獨馬鞍山一路不守[一五九],而陰伏兵嵤(嶇)〔峽〕間。君申、金龍果以糧絶,夜走馬鞍山,遇伏盡禽。公坐山上受俘,金龍縛急,欲以妖術遁。公手劍叱之,術不得施,遂斬其首。捷至武昌,朝珍持露佈示寮屬曰:"人謂我不應用醉漢,今定何如?"公食無兼味,獨于酒無量,臺司皆聞知[一六〇]。嘗與大吏抵掌論事,大吏觴公[一六一],公飲輒數十巨觥,露幘揎袖,酡颜瞋目而語,吏人皆竊笑公酒狂。及往東山,或以爲言,故朝珍云然也。疏聞晉級。

八月,調守黄州。時荆、岳兵事急,公外輸供億,内靖奸宄,郡壤以寧。十月,江西賊犯湖口,旁掠興寧,蘄州戒嚴。又滇逆密布僞劄[一六二],湖北復大亂[一六三]。陳鼎業合逃兵,掠驛馬,反陽邏;何士榮反永寧鄉;劉(啓)〔啓〕業反石陂[一六四];周鐵爪、鮑世庸反白水畈,各擁衆數千人[一六五],遥連湖口、寧州諸賊,約以十月上旬取黄州,遂及武昌、漢陽。高山大湖,烽火相望,城門皆晝閉,墟里寂無人。各鎮援兵悉隨大軍進攻湖南,黄州吏民才數百人[一六六],至不能備闔柝。議者欲棄黄州,退保麻城。公曰:"黄州爲湖北七郡門户,我師屯荆、岳者數十萬,水陸轉運取道于此。且瀕江而城,控制阻險,前倚興寧、廬阜,後壓天堂、金剛諸寨,雖祗一郡[一六七],實東南關鍵。釋此不守,則荆、岳有狼顧之虞,七郡成瓦解之勢,所繫非僅一城已也,吾誓死不去此[一六八]。然吾坐困以待,不若相機進勦,猶可僥倖以圖存。賊勢雖衆,皆取士榮進止,若先破士榮,餘可不戰而下。"于是遣門下諸生徵集各區鄉勇[一六九],又分守山隘,令逃民不得入合賊。别遣黄岡令李經政禽鼎業父子[一七〇],陽邏遂平[一七一]。十一月二日,率諸生及吏卒二十二人前進,次路口村。四日,次(叚)〔段〕家店,黄協千總李茂昇、把總羅登雲、吴之蘭以所部五十人來會[一七二]。各區長讀公檄,皆感憤流泣[一七三],召集鄉勇,告以同仇之義,前來會者有衆二千人[一七四]。于是立什伍、標旗幟,號令明整,卒如素習。部署甫定,諜報士榮已據黄土坳,公遣登雲偕武舉張尚聖以偏師往偵,自率大隊進發。七日,尚聖等遇賊前鋒,與戰,賊小却。公疾馳抵尚聖營,衆見公來,歡噪請賞。公徒手無以應〔一七五〕,惟摩其耳鼻,撫其項臂,慰勞獎勸〔一七六〕。衆感激,士氣益增〔一七七〕。下春,鄉勇大集,有衆五千人,營箔金寨下〔一七八〕,與賊對壘。八日黎明,士榮賊數萬人自牧馬厓分東西兩路夾攻我師〔一七九〕,賊皆手揮紅雜色旗,照耀山野。公匹馬仗劍〔一八〇〕,當營門立,見東路賊少,命登雲率千人禦之。自以大軍當其西,命尚聖攻右,之蘭攻左,公衝其中堅。戰甫合,之蘭中鎗死,賊鬬益急,鳥鎗雨集,礮火著處皆穿〔一八一〕。左右勸公盍少避,公叱之曰:"今日吾死日也,敢言退者,斬!"我軍見之蘭死,又被傷者衆,少却。而箔金寨後民素爲賊誘,見我軍却,鼓掌讙譁,皆于袖中出小紅旗相摩麾〔一八二〕。公見勢益急,鞭馬徑前,迴顧茂昇曰:"我死,可歸報張公!"茂昇恐失公,曰:"豈有文官死,而武官獨生之理!〔一八三〕"彎弓直前,發一矢〔一八四〕,翦其大旗,我軍少進。茂昇馬被鎗,馬倒〔一八五〕。茂昇步射殺二人,鎗洞衷甲,換馬進戰〔一八六〕,短兵相接,復手刃數人。而尚聖自右山繞出賊後,我軍急擊,盡搴其旗,賊遂大敗。士榮手長矛殿後,左臂斷,猶力戰,陷泥中,遂被禽。登雲擊賊東路〔一八七〕,亦追奔數十里。是役也,斬馘數千,山谷填溢,溪水盡赤,獲軍資器械無算。檻送士榮撫軍所〔一八八〕,公見賊名籍〔一八九〕,立焚之,衆心以安。乘勝進至吕王城,茂昇等欲少息,公曰:"白水、石陂諸賊本以士榮爲盟主,今士榮既禽,諸賊膽落,捲甲疾趨,將自崩解,所謂破竹之勢不可失也。若淹留晷刻,賊備既深,概據險致死,非計之得矣。〔一九〇〕"時諸營才午炊,公命盡覆其釜以進。據鞍草檄:"有能禽賊來獻者重賞,投誠者待以不死,脇從欲歸白者〔一九一〕,但閉門坐家。惟耰鋤,無鳥鎗、軍器者〔一九二〕,即從賊,概不追問。身無鄉勇印號,家藏兵仗,即良民,亦誅死。"于是衆賊聞士榮被禽〔一九三〕,既大悔懼,及得檄書,又知毁其名籍,一時解散略盡。師至白水畈,鐵爪、世庸等尚有親兵數百人,欲保什子寨。公已先令人守隘,不得上,脱身走。君孚十一日軍定惠寺,遣追盡禽之,而石陂等賊亦皆平。公駐黄市,撫戢軍民,東山大定,散各路鄉勇歸農,勒石黄市旗亭間,班師而還。自出軍至是僅二十四日,以鄉民數千破賊數萬,不費公家半菽〔一九四〕,不煩師旅遠征〔一九五〕,徒手奮身,摧鋒陷堅,不疾而速,克奏膚功,近世以來未嘗有也〔一九六〕。當此時,荆門、岳、湖燧火相望,對壘連疆,耕戎交跡。内患既消,邊圉孔固,公之功在天下而不在一隅矣。

十四年春,湖南兵久不解,餽餉繁興〔一九七〕,公于征斂、轉輸,重紓民力,而行間所需物用器什,文檄旁午〔一九八〕,公皆躬自購造,不假胥吏,省民費以千萬計。嚴飭屬邑禁羡耗,絶私派,懲誣告,杜饋遺。以其隙,招致文學之士,講論經學,興起廢墜,人不知兵〔一九九〕。秋,大饑,發廪賑卹,廣募輸積。嚴冬冒雪,計口受賑,全活數萬人。

十五年,水旱洊臻,訛言復起。公謂人心易摇,宜示以暇豫,與爲鎮静,修治赤壁亭榭,日與文武寮吏嘯詠、飲射其間,士民相與慶曰:“我公如此,吾屬何憂!”又以秘計擒詰奸細,撫定宄黨,流譽頓息。會丁繼母李夫人憂,請歸終丧〔二〇〇〕。士民數萬人伏撫軍轅門,號咷請留,制撫亦心知公不可去,疏請奪情,公勉起視事。

十六年,制撫以蘄州上接荆、武,下臨潯、吴,南連大冶、興國,東隣宿松、太湖水陸要區,奏復江防道以公爲之,三奏而報可。公規復沿江墩戍,繕治戰艦,練習水師,計擒僞官、渠盜,江境肅然。

十七年,遷福建按察使,士民請留不得。朝珍曰:“公去,失吾所憑。”公條便宜十餘事,乘五兩小舟,蕭然去楚。去之日,蘄、黄及旁郡人沿岸遮送至九江者數萬,哭聲與江濤相亂,公亦垂泣不忍别〔二〇一〕。

十八年春抵閩。時耿精忠叛新定,海寇犯順、漳、泉四郡〔二〇二〕,連數歲用兵,征役煩苦,又數起大獄,繫滿囹圄,每一卷牘罹重辟者,輒至數十百人,獄皆已具。公視之,慘怛言曰〔二〇三〕:“民命所關,寧以獄既成而可不慎諸〔二〇四〕?”語聞親王〔二〇五〕,令公會滿、漢大臣覆録。公言通海數案所連引半皆平民〔二〇六〕,遂白王,釋不問。或有持輕重兩可,公已盡得其狀,偘偘面折,略不爲屈〔二〇七〕,指庭下婦人孺子曰:“此曹皆何辜,乃攖斧鑕? 皇天在上,人命至重,吾誓不能緘阿從事!”王久聞公名,至是愈益傾折,每疑案送公專訊〔二〇八〕,讞決明允,所生全殆以千百計,久禁得白〔二〇九〕。貧不能歸者,皆給資遣還,淹滯爲之一空。逆亂時多掠浙東、江右子女,及後投誠,没爲奴婢,老弱轉棄溝中,僵尸相屬。公設法勸募,贖之歸籍。小兒女不能歸者,養之署中,積數十百人〔二一〇〕,計滿一舟,則給口食,歸其父母親戚。公退食,群兒皆環繞膝前,爭索果餌,喧譁以爲笑樂。初,匿者猶衆〔二一一〕,至是皆格化〔二一二〕,多自遣還者矣。任臬使〔二一三〕,官吏懾服,閩俗翕然一變。未及期,遷布政使。閩地久駐兵,重資民力,一鍘夫月以數萬計〔二一四〕。公白王:“軍人芻牧本有常役,今民困方殷,矧可額外派索〔二一五〕?”力爭請免。或謂:“非職掌,何爲自苦?〔二一六〕”公曰:“設兵以爲民,無民,設兵何爲?”調停者復議改折,公爭之益力。王卒是公言,向所科鍘夫數萬,一日盡皆罷去。民既樂公德愛,凡軍中所需乃益趨事恐後〔二一七〕。八郡正供及江、浙協餉不下數百萬,皆司庫收兑〔二一八〕。公大書誓聯揭于庭中,命各路解官隨到隨兑,正額外不增銖黍〔二一九〕,即令原解官役計項支撥,一無虧累〔二二〇〕。署中薪米不給,至無衣可典,或終日一食。隨征滿漢大臣、朝使者,時或來過〔二二一〕,徑入臥内,或繞署閑行,曲房阿閣,無不歷覽。几案間惟蛛羅、鼠跡〔二二二〕,一竹笥貯朝服,二釜備炊爨〔二二三〕,文卷、書册數十束,此外都無一物,咸歎曰:“于公,天下第一清官也〔二二四〕!”外番貢舶或有所獻,公悉屏斥,或呈樣香,一齅即還之〔二二五〕。貢使皆嘺指作禮,謂譯使云:“天朝洪福,我儕實未見此清官也!”將軍、督撫交章論薦〔二二六〕,舉“卓異”。

十九年春,開府畿内,去閩亦如前去楚時也。駐節上谷郡,邑吏望風,爭自濯磨,求稱公意。會旱,步禱,時雨大沛,禾麥重歧三穗,民號曰“于公穗”。立保甲,申約束,緝劇盜,懲豪强,政大修舉。所條上利病興除,前後數十事,皆朝上夕報可,語在奏疏中,不具載。

二十年春，督理孝昭皇后梓宫夫役〔二二七〕，前詣山陵，過闕請陛見。上久知公清忠，著有勲勞，而魏公象樞嘗特薦公〔二二八〕，名重朝右〔二二九〕，眷倚特甚。至是聞公入見，命侍衛持席于午門中，傳諭："巡撫年老不勝步，宜少坐。"公拜謝坐。少頃入見，賜坐，賜茶，問撫勦東山時事，溫語移時，慰勞有加〔二三〇〕，賜食于御書房，賜内帑金一千兩、鞍馬一匹〔二三一〕。既數日，上御製詩一章及御書手卷，命閣臣宣賜山陵。還過闕，賜鞍馬一匹，馬皆上所親乘〔二三二〕。還鎮，會宣府饑，親歷紫荆、喜峰，散公帑賑給，及勸輸二萬石有奇，凡活饑民十餘萬户，上優詔褒美。九月，駕幸雄縣，請謁行在，賜魚二函、鹿二、兔十、孤汀五。及見，詢訪治理及公前《請(補)〔增〕驛站工料疏》，因極陳民間疾苦，上動容久之。又問："卿所統官吏有尤佳者否?"公舉知通州于成龍爲第一，因復舉數人。上曰："成龍才品，朕已久知。"公退，侍衛宣賜銀鼠褂一領，溫語備至，又賜御膳八器、乳酒二瓶。公既拜而食飲，伏道傍送駕。上望見公行步遲，爲停轡待之。蓋上之重公如此。〔二三三〕

是年冬，疏請歸葬母李夫人〔二三四〕，得俞旨。數日，命總督江南、江西。以賜金庀治窀穸，分其餘以贍族戚里黨。葬事畢，單騎孤裝赴江寧，如赴羅城時〔二三五〕。公之節制兩江也〔二三六〕，方被命時〔二三七〕，即已廉得陋習數十事。比至，則揭之通衢。數剪除豪吏大猾，隱蠹舊弊，神明洞察，如親至目覩。墨吏日數十驚，見白髯偉軀者〔二三八〕，輒輒心膽落〔二三九〕。公亦數爲微行以實之〔二四〇〕。檄群邑條具便宜，皆爲興舉，郡邑吏無不畏愛趨令。南中風俗素侈麗，美服飾，喜遊冶。出示禁絶，頓改故習〔二四一〕，公私皆爭衣布褐，布褐價騰貴〔二四二〕。公知人心漸即于善，不事威嚴，專申德化，勤事誨導〔二四三〕。凡文議、爰書皆手自批勘，真書甲乙〔二四四〕，以示褒貶。自雞鳴至夜分不休，寢食爲廢。或勸之少息，輒曰："吾非不知食少事繁，養生所忌。第吾受國厚恩，兩江官吏多至千百，何可盡劾耶！所以爲此者，冀其見聞知警,使歸于廉慎[二四五]。吾雖盡瘁,于國家所得不已多乎[二四六]?"性善飲,至是累月不一醉。嘗中夜苦飢,索少米作糜不得,遂笑而止[二四七]。上下餽遺都絶[二四八],端午日遣視寮吏,無敢以黍角諸節物相饋者,吏治稱廉辦焉[二四九]。

初,公赴山陵,始識魏公象樞,語公曰:"爲政之要,在振綱飭紀,移風易俗。"公端居誦説斯語,以爲金陵要地,欲移易風俗,貴在得人而弛張之。於是特疏薦前所面奏之于公知江寧。既至,則與公精白一意,提挈左右,申明條禁,裁抑豪强,建書院,興文教,威董德懷。初,剽奪者吏弗能禁,至是,路不拾遺[二五〇],童孺攜金錢過市門交易而退,無敢欺者[二五一]。吏民安恬,有歌笑而無管絃,有醉飽而無羞錯,商旅輻輳,關市流通。每一令出,父老扶觀,有讀之垂涕者,罔不感動[二五二]。公清嚴忠直[二五三],勤勞國家,利濟民生[二五四],大較如此。其時或猶有以爲言者,蓋未能盡得公之實也。公自至金陵,倍益勞瘁,思歸休日甚,因自號"于山老人"。至是,遂累疏求去,上特旨勉留。[二五五]

二十三年春,被命巡海還,兼理安徽、江蘇兩巡撫印[二五六]。四月十八日晨起視事,未出户,疾作,召諸司語,不及家事,端坐而逝。至夜漏四十刻,坐不欹倚,顔色如生,年六十有八。將軍、都統、寮吏來至寢室,皆見牀頭敝笥中惟綈袍一襲,靴、帶二事,堂後瓦甕米數斗[二五七],鹽豉數器而已,無不慟哭失聲。時署中無親指,衣衾、飯含皆不備。江寧守于公經理其喪,禮意備極。[二五八]士民男女無少長,皆巷哭罷市,持香、楮至者日數萬人[二五九]。下至菜傭、負販、色目、番僧,亦伏地哭盡哀。公鞫獄多所平反,銜恩者皆設位于家,至是皆抱以來[二六〇]。未幾,公之子奔赴,曰:"我公生平不知阿堵物,烏用此楮錢爲? 諸弔者毋以紙幣來。"衆從之。[二六一]櫬歸,江寧守及門下諸生合士民數萬人[二六二],步二十里外,伏地哭江干,江濤聲殆不聞[二六三]。公能得吏民之心[二六四],江寧人謂數百年來無能如此者。士民立祠於清涼山,如黄州之赤壁云。當此時,微江寧

守,幾不能返櫬。公所引薦士多矣,而于公與公同名氏,其治行聲迹亦與相等。至始終之際,多可稱述,若此尤可爲難已。〔二六五〕

訃聞於朝,天子震悼,祭邺有加。已而,上南巡還〔二六六〕,謂内閣、九卿、詹事、科道曰:"國家澄敘官方,首重廉吏。其治行最著者,尤當優加異數,以示褒揚。原任江南、江西總督于成龍〔二六七〕,蒞任以來〔二六八〕,操守端嚴,始終如一。朕巡幸江南,延訪吏治,博採輿評,咸稱居官清正,爲古今第一廉吏,應加褒邺,爲内外大小臣工勸。其詳加議邺以聞〔二六九〕。"於是集議加太子太保,謚"清端",廕一子入監讀書。蓋上於公禮意盛隆,初終如此〔二七〇〕。凡爲臣子,能不感奮〔二七一〕?豈獨公之爲幸也與〔二七二〕?嗚呼〔二七三〕!公剛介沈毅,彊力多智,正直自持,不少回曲,而臨事決機,經權互用〔二七四〕。惟其誠與才合〔二七五〕,識與力并,故所至能集大勳而著令名。蓋本之既裕,而用以神焉〔二七六〕。

初,東山亂時,劉君孚爲逋逃主,黨羽甚衆。公欲用其力,而患其多集凶人〔二七七〕。會黄金龍就禽,公亟典衣分俸,得百金賞之。衆皆不平,謂君孚本匿金龍〔二七八〕,今何故反被賞〔二七九〕?公曰:"金龍之禽,實由君孚密計,君等不知耳。"其黨以爲然。又見君孚果得百金不讓,於是益疑君孚實賣金龍,其黨各稍稍散去。亡命者不敢近〔二八〇〕,而公又因縱間離其親屬。君孚計益窮,遂鬱鬱以死。其誅湯卷,初以盗降爲捕役〔二八一〕,每進見,公輒賜之酒肉〔二八二〕,慰勞之曰:"吾深知汝能,汝爲吾盡心禽盗,即爲善良,當格外旌賞〔二八三〕。"如是者屢〔二八四〕。一日又見,賜之酒,問大小盗幾何〔二八五〕?卷唯唯不盡言〔二八六〕。因復飲之酒〔二八七〕,竟醉矣。出,公微服從其後〔二八八〕。卷意得甚〔二八九〕,與其徒大飲酒店中〔二九〇〕,出橐中籍,歷指其名,謂其徒曰:"某是會養爺娘者。"謂善盗而能奉己也。曰:"某是爺娘靠不得者。"謂盗之無能也。公覘聽之甚悉〔二九一〕。明日,召卷來〔二九二〕,盛賜之酒食,卷益歡無忌,復大醉。問其生平,卷遂放意盡言諸盗殺、淫亂事甚多。〔二九三〕公曰:"吾聞汝橐中有籍,可取視否?"卷初不肯出諸橐,公搜得之〔二九四〕,

大小盜名皆具。公因謂卷:“若汝此行,未可立於人世矣,不如速歸。”〔二九五〕卷曰:“小人從公,復何所歸?”〔二九六〕公曰:“勸汝歸黄壤耳〔二九七〕。”卷惶懼言〔二九八〕:“死自其分,幸與母訣。”不許,取篋中俸金一兩,付卷寄母,揮卷出,斃之。公自得卷籍,按以緝盜,無不立得。〔二九九〕

新(州)〔洲〕大盜喻姓,劫一僧,剖其脛,以鐵筋挺之。公跨蹇驢獨往,訪得實,立斃之。〔三〇〇〕公嘗曰:“人命至重,此何等事而敢鹵莽〔三〇一〕? 自非精察確訊。若寃殺一人,便應償以一命〔三〇二〕。”故多徒步獨行,或策蹇疾驅,雜於田夫、旅人中〔三〇三〕。野籬村店、樵牧童叟、街談巷語、疑情細事,如燃犀照燭,無弗畢知。以故,遣使往察,人亦卒不敢欺,而往往蹙額哀矜,多所宥釋。〔三〇四〕一日,遣呼一盜〔三〇五〕,盜觳觫懼甚〔三〇六〕。公曰:“汝毋懼〔三〇七〕,吾知汝已改行矣,故呼汝獎賚之。汝輩爲盜而官不知,官之闇也;改行而官不知,亦官之闇也。今釋汝,〔三〇八〕汝傳語若黨,一改行則官知之,且賞之;則不改行者,官亦必知之,而誅之矣。〔三〇九〕”賜以酒食,放歸。一盜〔三一〇〕,公訊之曰:“汝竊也,且幸未至死。汝知某某非巨盜乎? 非汝竊盜比。然若能自新,〔三一一〕吾亦赦之。今釋汝歸,語若輩。”此竊者歸語群盜,盜大畏斂跡〔三一二〕。營弁領餉輸軍前,其弟夙無賴子,久客歸,而是夜軍餉被劫。營弁疑其弟,執送官司,不勝拷掠,遂誣服,連引平日交遊市井惡少十餘人。〔三一三〕問其贓,皆云:“用已盡。”獄具。公適以江防道來謁,撫軍偶舉此事〔三一四〕,公曰:“贓物未獲,終屬疑案,且餉銀數千,何得遽盡?”撫軍曰:“吾固疑之,君爲我更一鞫。”〔三一五〕公承命,秘其事不發。越二日,引衆囚至,略訊即釋去,復撫軍曰〔三一六〕:“江夏盜案無一人實者。”撫軍問:“囚今安在?〔三一七〕”公曰:“已盡釋之矣〔三一八〕。”撫軍驚恚〔三一九〕。公曰:“昨見衆囚被刑已極〔三二〇〕,若再訊,即恐立斃。誠不忍其無罪就死,且入奏須得真盜〔三二一〕,留此屬何用〔三二二〕?”撫軍問〔三二三〕:“真盜安在?”公指撫軍帳下一校曰:“即窩家〔三二四〕。”撫軍即縛以付公〔三二五〕。公曰:“衆盜皆進香木蘭山,數日可盡致矣[三二六]。"既數日,果執衆盜,至贓匿所縛校家[三二七],封識如故。撫軍問公何術能爾,公但笑謝[三二八]。他如此類,皆神變不可測。

閩囚數十人當斬,獄成[三二九]。公察知其枉,請撫軍白王[三三〇]。王下其事,獄詞凡六七往返不決[三三一]。公度此數十人終不得即脱[三三二],即取囚出,坐之階下,與飲食,去桎梏。凡死囚臨刑[三三三],給食,脱獄具[三三四],衆囚見其如此[三三五],謂即死,皆相對啼呼。忽聞傳語[三三六],令歸復業,乃驚喜不自持,狂叫叩頭出血。時滿、漢吏方有事至公署,亦感激雨泣。自是皆相勸爲善[三三七],羅織之風少衰。當事聞囚已盡釋,亦無以奪之也。

公之緝盜,惟善用人,所蓄捕役及降盜[三三八],恒撫以恩威,凡四方有盜[三三九],此數人皆得來白[三四〇]。公衣帶間一布夾袋[三四一],得盜名即投其中,自劇賊、偷兒踪跡畢具,探袋中勾捕[三四二],無不得。開府時,袋已敝,左右請易之[三四三],公笑曰[三四四]:"此袋昔貯盜,今以貯奸貪不肖之官吏[三四五],未可去也。"公常言[三四六]:"人見我發奸摘伏,疑有他術,不知但用成法[三四七],第因時制宜,行以實心耳[三四八]。"之閩時,有從公乞此數人者,及給役,皆昏頑不稱使,始知公爲不可及也。[三四九]公每論事,輒稱曰"上帝式臨",或曰"天監在兹[三五〇]"。夢寐與神明通[三五一],其斷獄制事[三五二],亦若有相之者[三五三]。黄安人鄒彬然夫婦夜被殺劫,無辜繫者十數輩。彬然夜叩其兄户曰:"連繫者皆非殺我者也,吾仇直待于青天來白耳。"時公自黄州還岐亭,訊是獄,召典史陳某謂曰:"汝在此少待,殺彬然者即至矣。"陳不敢信。公遂令囚彬然家僮大空屋中,深夜皆令牢役各散去。堂漏下三鼓,忽寒風起,沙石驚飛,嗌嗌有聲,僮則戰慄。電火閃爍,光影之下彬然夫婦被髪血流面,嗚嗚呼僮名曰:"奴今還吾命來!"僮曰:"殺主者兄某與隣某也,我執火立其傍耳。"獄以是定,無辜者皆釋。[三五四]

公既苦節好施予,每聽斷時,民有當償人錢物,力不能,則倒囊代與之〔三五五〕。歲飢，得俸多少悉施與，不顧已罄矣。惟一騾，公所出入騎者，鬻之市，得十金〔三五六〕，施一刻而盡。公日食粗糲，年飢更甚。舉家食粥，以少米爲之，雜以黍〔三五七〕，炒糠令微燋，取粉〔三五八〕，粥垂熟入粉其中〔三五九〕。客至亦出此粥，勸令依此法爲食，冀得存餘蓄以濟饑者。客皆不能堪，爲公强食之。有膏(梁)〔粱〕子不下咽〔三六〇〕，公謂之曰："貧苦士之常，富貴人之幸，汝何不習食此？吾他日過汝家，見不設此粥〔三六一〕，吾罰汝賑饑矣。"有魯晟者聞而慕之，不遠百里來嘗此粥。公懽然見之，曰："新客且一飯，再設則粥矣。"晟歸，竟以不得食此粥爲悵悵也。〔三六二〕時人謡曰："要得清廉分數足，惟學于公食糠粥。"公在岐亭，公子來省。及行，署中有一醃鴨，割其半與之，時人有"半鴨于公"之謡。先是，公每晨市豆腐二觔許，故又謡云："于公豆腐量太狹，長公臨歸割半鴨。半鴨于公過夜錢，五厘酒價何處拈？"蓋公飲酒，每夜以半壺爲準，楚酒半壺價五厘，故云爾。公軀幹修偉，紅頰隆準，美髭髯，神情炯炯四暎。平居與人交，不擇貴賤，談讌終日，略不拘忌。及當大事，或群議會讞有所可否〔三六三〕，雖王公大人不爲少貶。性極慈易，而御物整嚴。賓客故人有時過存，(蔬)〔疏〕食菜羹經時不倦〔三六四〕，或當歡笑一語涉私，即正色斥詰。諸吏望公威若負霜雪，及論説籌諮，輒霽颜商(確)〔榷〕，務盡事理，以是雖見嚴憚，愈益親樂之。勦東山，擒賊數十人至，公方晨飧，對之流涕輟食。及就刑，血漬帳前，僵尸相枕籍，公輒飲食寢息如常，〔三六五〕其喜怒哀樂本乎天性、得乎學力如此。公自初仕以至大吏，每好爲微行察民情實。一日，爲日者至村塾，塾師訓諸童蒙。主人饋食，邀與俱食。明日，呼其師來，謂之曰："昨荷君厚意，(苐)〔第〕君教諸童蒙，多不達義理，宜速謝去。"塾師曰："小人貧甚，館散則無以卒歲。"公曰："君欲卒歲，奈何誤人子弟耶？"取篋中二金給之，仍與五杖。又每見諸生館中夜半燈青熒，有誦書聲，或即造其館，或翌日召之來，怡然加禮，欽愛不已，諸生感勵。是以公所至，人才多有成就者。〔三六六〕嘗語人曰〔三六七〕："當惜福爲子孫留餘地[三六八]。布衣(蔬)〔疏〕飯,但覺受用無窮[三六九];膏(梁)〔粱〕紈綺[三七〇],實不解有何可戀。"

凡公話言文字,皆出之真學問,實經濟[三七一];單詞斷紙,可以感人心[三七二],挽習尚。有功于世者甚衆,語多不載[三七三],載其與友人荆雪濤書。書言羅城事最明[三七四],略曰:廣西柳州羅城,偏在山隅,土司環繞,山如劍排,水如湯沸,蠻烟瘴雨,北人居此生還者什不一二。土民有猺獞狑狼之種,帶刀執鎗,性好鬬殺,父子兄弟反目操戈,恬不知怪。順治十六年冬初入版籍。成龍於十八年之官選後[三七五],親者不以爲親,故者不以爲故,友者不以爲友[三七六],行李蕭條,自覺面目可憎。賒脚錢,寄口食,行至清源[三七七]。同年生王君吉人,其人慷慨好義,反復開譬,謂粤西非吉祥地,夙知成龍家食尚可自給,勸之勿往,以繳憑爲高見[三七八]。成龍時年四十五矣,然英氣有餘。私心自度,讀書半生,曾知"見利勿趨,見害勿避",古人義不辭難之説何爲也[三七九],俛首不答。王默知其意[三八〇],亦不更阻,揮淚而别[三八一]。五月三日抵舍[三八二],别母及妻兒。資斧艱難[三八三],典賣田屋,止得百金[三八四]。攜蒼頭五人,勇壯可伴[三八五]。臨行,族人相餞[三八六],歡飲至夜,扶醉就枕,而天已明矣[三八七]。古云:"壯士非無淚,不灑别離間。"此不情語也。天明,舉家拜别。[三八八]大兒廷翼爲庠生已久[三八九],猶如處子[三九〇],以祖遺田産文券開明交付[三九一],但云"我做官不管你,你作人莫想我"二語[三九二]。甫出户,而哭聲已達外矣[三九三]。拜别先祠,不覺腸斷,門裏門外相聚而泣[三九四],不復回顧,攬轡登程[三九五]。此時壯氣,直可吞猺獞而餐烟瘴也。行及湖南冷水灘,一病顛連[三九六],未免英雄氣短[三九七]。扶病陸行至桂林,謁上司,皆見羸體伶仃[三九八],詢及病狀[三九九],驚憫特異,惟勸以方藥調治[四〇〇],勿亟赴羅[四〇一]。抱痾之人至是膽落,往日豪氣消磨何所[四〇二]?病幾危,苦孽未盡,不速死。及柳州稍瘥,尚不知羅城在何許也。羅城與融縣、沙鞏連界,行至沙鞏,遇許鄉老,細詢之,乃知對山即是羅境。登山一望,蒿草滿目,無人行徑,繞山都似營壘陣塲,瘴雲滲澹,苦霧凄迷。哀哉！此何地也,胡爲乎來哉？悔無及矣〔四〇三〕,回憶同年生之忠告不置也。痴人作夢,以爲邊地如此,漸入腹里,或不更然,可憐黄茅一路直抵城下。〔四〇四〕八月二十日入縣中〔四〇五〕,一如郭外,居民六家,草屋數椽〔四〇六〕。寄居漢壽亭侯廟〔四〇七〕,支牀周倉背後〔四〇八〕,夜不瞑目,心焉如割〔四〇九〕。黎明到縣〔四一〇〕,廷無門垣,兩墀茅草,一如荒郊〔四一一〕。中堂草屋三間〔四一二〕,東斷爲賓館,西斷爲書吏舍。中開一門〔四一三〕,入爲内宅,茅屋三間〔四一四〕,四圍皆無牆壁〔四一五〕。哀哉！此一活地獄也,胡爲乎來哉?〔四一六〕鬱從中來,病不自持,一臥月餘。從僕環向而泣,無一生氣〔四一七〕。張目一視,各不相顧。無如咎孽未盡,死而弗死。乞歸無路,扶病理事,立意修善,以回天意,凡有陋弊,清察釐革。自憾己命不殞,禍及從僕〔四一八〕,黄瘦如壁畫陰鬼,相對而泣,莫能相救〔四一九〕。無何,一僕既死〔四二〇〕,餘僕皆病。康熙元年正月,謀爲歸計。〔四二一〕成龍自忖一官落魄復何恨,諸僕無罪,何苦貽累？叮嚀令各逃生。一僕蘇朝卿仗義大言:"若今生當死于此,去亦不得活。棄主人流落他鄉,即生亦何爲!"哀哉！幸有此也〔四二二〕。餘僕掉頭不顧。當時通詳邊荒久反之地,一官一僕難以理事,乞賜生歸。當事者置之一哂而已〔四二三〕。其年逃僕歸家〔四二四〕,大兒悲念天涯萬里,一主一僕何以安身〔四二五〕？續覓四僕來,而三僕皆登鬼籙〔四二六〕,止存一僕,晝夜號跳,一如風魔。事處兩難,一人難以遠行,欲遣此僕歸,則孑身更苦。無如此僕更切思歸之念,聽其浩然長往。〔四二七〕萬里惟餘一身,生死莫能自主。夜枕刀一口,牀頭樹鎗二(捍)〔桿〕,爲護身符〔四二八〕。然思爲民興利除害,囊無一物,猺獞雖頑,想無可取之資〔四二九〕,亦無可殺之仇〔四三〇〕,帖然相安〔四三一〕。事到萬不得已時,只須勉强爲之。申明保甲,不得帶刀攜鎗,咸遵無犯。間有截路傷命無踪盜情,務期緝獲〔四三二〕。隱昧情事,盡心推詳,必得真實,立時誅戮,懸首郊野。漸次人心信服,地方寧靜,而上臺採訪真確〔四三三〕,于是有大事殺了解省〔四三四〕,小事即行處決之。通行境内雖平，憾與柳城西鄉爲隣〔四三五〕，此地祖孫父子生長爲賊〔四三六〕，肆害無已〔四三七〕。申明當事，輒以盜案爲艱，置之高閣。成龍思漸不可長〔四三八〕，身爲民父母，而可使子弟罹殃咎乎？約集鄉民練兵，親督勦殺，椎牛盟誓，齊力攻擊〔四三九〕，先發牌修路，刻日進攻。此未奉委命而專征〔四四〇〕，自揣功成亦在不赦之條〔四四一〕，但奮不顧身，爲民而死，勝於瘴病而死也。渠魁俛首乞恩講和，擄掠男女、牛畜皆送還，仍約每年十月犒賞牛隻、花酒〔四四二〕，敢有侵我境者，竟行勦滅。蓋獞人不畏殺，惟以剥皮爲號令，而隣盜漸息。至是，上臺採訪更確〔四四三〕，反厭各州縣之請兵不已、報盜不休爲多事也。嗣後，官民親睦，或三日或六日，環集問安，如家人父子，言及家信杳絶，悲痛如切己膚。土謡："武陽崗三年必一反。"比及三年，食寢不安〔四四四〕。人心既和，謡言不驗〔四四五〕。又云："三年一小勦，五年一大勦。"比及五年，又復無事。而民俗婚喪之事，亦皆行之以禮，感之以情。羅城之治，如斯而已。自數年來，本非爲功名富貴計，止欲生歸故里。日食二餐或日食一餐〔四四六〕，讀書堂上，坐睡堂上，毛頭赤脚，無復官長體。夜酒一壺，直錢四文，無下酒物，亦不用箸快。讀唐詩、寫俚語，痛哭流涕，並不知杯内之爲酒爲淚也〔四四七〕。間嘗祝城隍："我無一點虧心事，當令早還鄉井。"〔四四八〕回思同寅諸人〔四四九〕，死亡無一得脱，興言及此，能不寒心！赴蜀之日，益勵前操，至死不變。此數年之大概也。偶書寄，以發知己萬里一嘅。公嘗自言："吾一生得力〔四五〇〕，在令羅城。"蓋其澹泊之操、堅危之節，始卒不渝、老而彌厲者，已預定于此。故余獨載此書者〔四五一〕，以見公之志焉。

公殁後，康熙二十九年冬，是時公所薦于公位總憲矣。公之孫、户部君準一日見于公，于公曰："清端公傳未具，吾聞陳氏有文，而能記載當代名公卿語言行事，子盍往求焉？"户部君踵予門而謁曰："願有請也。"公昔巡撫京畿時，余過上谷，見公於逆旅。公執余手而語，夜已深不欲别去，而於余有知己之言。微户部君之請，余將求得公緒言遺行，而列之於書，況辱于公之命。爰採楚人李君中素所爲傳略，追琢整齊，文繁不殺，又得進士范君鄗鼎所輯公雜文、軼事，補綴其間，使後之覽者有所感慕而興起焉。〔四五二〕

陳廷敬曰：前明吾陽城楊公繼宗〔四五三〕，天下稱清官所首指名者也〔四五四〕。予爲史官時，陽城田侍御在京師。京師一老嫗往來侍御家，間嘗讕語云："某不愛錢，豈楊繼宗耶？"楊公去嫗時三百二十年餘矣，而嫗能稱説之。蓋當時名聞天下，後世猶傳道之如此。人苟能以節行自立如楊公〔四五五〕，後世婦人女子皆習聞其名而尊美焉，凡爲士者可不嚮慕乎哉！予時年方少，感嫗言而志之〔四五六〕。其後浮沉仕路〔四五七〕，與衛文清公周祚、魏果敏公象樞、布政畢公振姬此數公者遊。數公天下之所謂清官也〔四五八〕，皆去陽城不二三百里，果敏公雖稍遠，皆晉人也〔四五九〕。天下清官不可易得〔四六〇〕，而爲世所指名者，乃獨皆在於吾晉〔四六一〕。自楊公以來迄於今〔四六二〕，可謂盛矣，最後乃更有公〔四六三〕。范君言，近代清官首軒公(軏)〔輗〕，(軏)〔輗〕之後楊公，厥後有布政張公鰲、副使劉公俊，知岳州張公舉，洪洞衛公英數人。數人或清矣而短於才，才矣而疎於學，或餒於氣。君子惜其用廉之未盡，而獨盛推于先生。予誠陋無識，不敢謬論昔人。然以吾所與游文清、果敏、畢公三賢者，使得于公之地與事而爲之，其優劣誠不知如何。而以今觀公之爲，果已釐然有異於諸公。後數百年有如老嫗之稱説楊公者，必多歸於公也。然則彪西之論豈爲過語耶？吾數公者之鄉人也，既幸賢人獨多出於鄉，而於公之事三復而謹書之，亦以致私淑之意云爾。〔四六四〕

【校記】

〔一〕《午亭文編》題爲"太子太保兵部尚書總督江南江西謚清端于公傳"。本文以清乾隆四十三年刻本《午亭文編》爲校本。

〔二〕山西永寧州人　《午亭文編》作"永寧人"。

〔三〕先世仕明，有諱坦者　《午亭文編》作"先世仕明者諱坦"。

〔四〕弘治間官至大中丞，著有聲績，載在邑乘　《午亭文編》作"有聲，弘治朝官至大中丞”。

〔五〕里中築堡以備警,逼公先隴 《午亭文編》作“里中築堡于公先壠傍”。

〔六〕有聲塌屋 《午亭文編》作“攻塌屋應舉之人中”。

〔七〕中副車充貢 《午亭文編》作“副榜”。

〔八〕中州人官此土者,往往以生還爲幸 《午亭文編》無此句。

〔九〕輒 《午亭文編》作“或”。

〔一〇〕王土 《午亭文編》作“民土”。

〔一一〕耳 《午亭文編》無此字。

〔一二〕《午亭文編》此句後加“且羅城可遂無官耶”。

〔一三〕居民 《午亭文編》作“居人”。

〔一四〕公廨一,(眷)〔脊〕露叢篁深箐間 《午亭文編》作“公廨在叢篁深箐間”。

〔一五〕爲門 《午亭文編》作“爲門牖”。

〔一六〕《午亭文編》此句後加“陽陽穿壞壁去”。

〔一七〕公即庭中以土礫爲几案 《午亭文編》作“公即庭中累土爲几案”。

〔一八〕楹下置爨 《午亭文編》作“其旁置爨”。

〔一九〕寢處其中 《午亭文編》無此句。

〔二〇〕召吏民引使前 《午亭文編》作“召吏民來前”。

〔二一〕《午亭文編》此句前加“申令行事”。

〔二二〕爲之《午亭文編》無此詞。

〔二三〕《午亭文編》此句前加“皆”。

〔二四〕《午亭文編》此句前加“以”。

〔二五〕易親 《午亭文編》無此詞。

〔二六〕皆 《午亭文編》無此詞。

〔二七〕羅城新下,民皆竄匿山谷 《午亭文編》作“羅城民皆竄山谷”。

〔二八〕民失業 《午亭文編》作“民既失業”。

〔二九〕《午亭文編》此句後加“感人”。

〔三〇〕以田賦詣公,親與交兑訖 《午亭文編》作“以田賦親輸公手”。

〔三一〕請於上司,盜有犯者立斬之,縣其首於竿,由是盜皆屏跡 《午亭文編》作“盜皆屏跡”。

〔三二〕盡歸 《午亭文編》作“上歸”。

〔三三〕《午亭文編》此句後加“矣”。

〔三四〕勤而獲者,旌其門;惰而荒者,群詈以辱之 《午亭文編》作“嘉其勤而獲者,愧其惰而荒蕪者”。

〔三五〕來居 《午亭文編》作“入居”。

〔三六〕公手書聯、額以獎異之 《午亭文編》作“公手書題額或門聯以示獎異”。

〔三七〕恣殘慝 《午亭文編》作“恣爲殘慝”。

〔三八〕則致亂召變 《午亭文編》作“則立致亂變”。

〔三九〕民知禮義 《午亭文編》“民服禮教”。

〔四〇〕此曹不悛，終不可爲治 《午亭文編》作“此曹可令終不悛耶”。

〔四一〕會黄姓以家僮犯教令，執送公所 《午亭文編》作“會一大姓執其僮予公”。

〔四二〕公審其情 《午亭文編》作“公訊審”。

〔四三〕知已被杖，因立怒云 《午亭文編》作“視之已杖矣，因怒謂”。

〔四四〕爾既送官 《午亭文編》作“爾歸之官”。

〔四五〕是藐官法 《午亭文編》作“藐官蔑法乎”。

〔四六〕欲予之杖送縣獄 《午亭文編》作“將杖下之獄”。

〔四七〕黄 《午亭文編》作“大姓”。

〔四八〕黄 《午亭文編》作“遂”。

〔四九〕惟謹 《午亭文編》無此詞。

〔五〇〕皆 《午亭文編》無句。

〔五一〕《午亭文編》此句後加“行之”。

〔五二〕愛之 《午亭文編》作“愛敬”。

〔五三〕公自處困約，人所不堪，從者皆盡散去，惟二僕染瘴不能去 《午亭文編》作“公自來羅城，從僕皆散去，二僕病不能去”。

〔五四〕每晨夕環視，問公安否 《午亭文編》作“每晨夕視，問安否”。

〔五五〕我百姓每供些少鹽米費 《午亭文編》作“我曹每供些少鹽米費耳”。

〔五六〕在此 《午亭文編》無此詞。

〔五七〕帶 《午亭文編》作“將”。

〔五八〕適足爲累 《午亭文編》作“適爲累耳”。

〔五九〕揮 《午亭文編》作“麾”。

〔六〇〕充外簾官 《午亭文編》作“辦事外簾”。

〔六一〕公以敝衣垢縷參錯其間 《午亭文編》作“公衣敝垢藍縷”。

〔六二〕《午亭文編》此句後加“之”。

〔六三〕與服飾盛者相周旋而不及公 《午亭文編》無此句。

〔六四〕大吏聞公名，亟欲識公，指敝衣垢縷者曰 《午亭文編》作“大吏夙聞公名，指衣敝垢藍縷者曰”。

〔六五〕眙愕 《午亭文編》作“愕眙”。

〔六六〕皆精審曲當 《午亭文編》作“無不精當者”。

〔六七〕具 《午亭文編》作“語”。

〔六八〕大吏 《午亭文編》作“大吏甚器重之”。

〔六九〕而盡 《午亭文編》無此詞。

〔七〇〕(耖)〔眇〕者 《午亭文編》作“其”。

〔七一〕公至,則盡除習弊 《午亭文編》作“公盡除習弊”。

〔七二〕顧反乃樂魚,且安所得魚乎 《午亭文編》作“顧乃欲漁吾魚,吾安所得魚乎”。

〔七三〕公念治合之要,在招徠流亡 《午亭文編》作“公念合州民多流亡”。

〔七四〕便令即日力役 《午亭文編》作“便即力役”。

〔七五〕《午亭文編》此句後加“之”。

〔七六〕復 《午亭文編》作“同”。

〔七七〕時功令急,盜案文法頗繁 《午亭文編》作“時急盜案官文法頗繁”。

〔七八〕《午亭文編》此句後加“盜”。

〔七九〕莫敢問 《午亭文編》作“莫敢何問”。

〔八〇〕公遣捕得湯卷兒等九人 《午亭文編》作“公捕得九人”。

〔八一〕用 《午亭文編》無此字。

〔八二〕後不爲盜 《午亭文編》無此句。

〔八三〕餘則立命取大索來,駢首連繫七賊 《午亭文編》作“立命鋃鐺駢首繫七賊”。

〔八四〕草帽 《午亭文編》作“草笠”。

〔八五〕周知山川要害、閭里情僞 《午亭文編》作“以周訪山川要害、閭里之情僞”。

〔八六〕降大盜彭伯(鈐)〔齡〕等,拔置左右,責以捕盜,故遣發即得 《午亭文編》作“貰大盜責以捕盜自贖,捕輙得無脱者”。

〔八七〕協 《午亭文編》作“中”。

〔八八〕皆絶 《午亭文編》作“皆先絶”。

〔八九〕從者皆病之,公笑謂:“前在粤、蜀,民物凋殘,持廉甚易。今日正須試此定力,幸尚能爾,何乃以爲病耶!”時巡撫張朝珍雅知重公,特舉“卓異”。《午亭文編》作“以圖民之急。巡撫張朝珍雅重之,持以卓異聞”。

〔九〇〕康熙十三年春,張公檄攝武昌事 《午亭文編》作“檄攝武昌事”。

〔九一〕下令停徵 《午亭文編》作“停徵求”。

〔九二〕劈 《午亭文編》作“擘”。

〔九三〕理 《午亭文編》作“具”。

〔九四〕一時 《午亭文編》無此詞。

〔九五〕皆斂迹去。居民安堵,人情大安 《午亭文編》作“皆徐斂去”。

〔九六〕諜 《午亭文編》作“諜得”。

〔九七〕朝珍召公,欲發兵捕 《午亭文編》作“朝珍欲發兵捕而召公”。

〔九八〕宦家 《午亭文編》作“臣家”。

〔九九〕家人藏兵械以備它盜,無足怪者 《午亭文編》作“家人藏兵械以備他盜耳”。

〔一〇〇〕人人自恐 《午亭文編》作“人人恐矣”。

〔一〇一〕且所指皆素封良族,可力保無它 《午亭文編》無此句。

〔一〇二〕果無所得。公所全濟多此類也 《午亭文編》作“果無他,公之鎮定知大體多此類也”。

〔一〇三〕咸寧 《午亭文編》無此詞。

〔一〇四〕驚潰 《午亭文編》作“潰驚”。

〔一〇五〕民人 《午亭文編》作“居人”。

〔一〇六〕之亂 《午亭文編》作“亂作”。

〔一〇七〕公適進辭。撫軍朝珍語公曰:“極知君勞且屈,然黄州忽有此變,非公莫可辦賊。” 《午亭文編》作“朝珍謂公‘極知君勞苦,然非公莫可辦賊。’”

〔一〇八〕敢以區區去就避患自逸哉 《午亭文編》作“敢辭艱乎”。

〔一〇九〕問 《午亭文編》無此字。

〔一一〇〕風烟震驚,徒以兵從 《午亭文編》無此句。

〔一一一〕反 《午亭文編》作“兵多”。

〔一一二〕煽誘 《午亭文編》作“煽惑”。

〔一一三〕守道徐君惺往解散其黨,金龍亡匿黄麻劉君孚家 《午亭文編》作“匿跡黄麻劉君孚家”。

〔一一四〕守長令牧多其能 《午亭文編》作“守令多其能”。

〔一一五〕《午亭文編》此句後加“時”。

〔一一六〕憚公威明,頗以禮法自戢 《午亭文編》作無此句。

〔一一七〕及後得滇逆僞劄書 《午亭文編》作“後得滇逆僞劄”。

〔一一八〕遂與金龍潜結河南賊渠譚以從、周鐵爪、江西楊寡婦,又連英、六、商、固數邑大盜,私立將軍、元帥諸名目 《午亭文編》作“遂與金龍潛結河南、江西諸渠魁,私立將帥”。

〔一一九〕會麻城人欲因以陷其讎家,君孚恐 《午亭文編》作“會有人欲發之,君孚恐事泄”。

〔一二〇〕擁衆數千人 《午亭文編》無此句。

〔一二一〕而劉青藜、鮑世庸、陳恢恢、李公茂等諸盜所在蜂起 《午亭文編》

作“而諸盜所在益蜂起”。

〔一二二〕未至賊寨 《午亭文編》作“距賊”。

〔一二三〕榜示士民:“脅從者,許自首免罪;勢家誣陷者,即日赴訴,官吏不得按捕。過三日不投訴,以從賊論 《午亭文編》作“榜示:‘脅從者,自首免罪;誣陷者,即赴訴,過三日,以從賊論。’”

〔一二四〕轉 《午亭文編》作“大”。

〔一二五〕公度君孚倉猝舉事,違其始謀,及衆未聚,或可就撫 《午亭文編》作“公度君孚倉猝反,其衆未聚,可就撫”。

〔一二六〕若緩旬日,黨合衆集,則難爲圖矣 《午亭文編》作“若旬日,黨合則難圖矣”。

〔一二七〕諭帖 《午亭文編》作“檄”。

〔一二八〕布太守 《午亭文編》作“布太守來”。

〔一二九〕持帖者 《午亭文編》無此詞。

〔一三〇〕命鄉約一人張蓋,一人鳴鑼前導 《午亭文編》作“一蓋一鑼與二人”。

〔一三一〕且鳴且呼 《午亭文編》作無此句。

〔一三二〕令數百賊持鳥鎗、弩矢夾道伏兩傍 《午亭文編》作“令數百鳥鎗、弩矢夾道伏”。

〔一三三〕公佯不爲顧,鞭騾直前 《午亭文編》作“公不顧直前”。

〔一三四〕前至 《午亭文編》作“至”。

〔一三五〕公徑入抵賊舍 《午亭文編》作“公入舍”。

〔一三六〕則相率羅拜 《午亭文編》作“率衆羅拜”。

〔一三七〕指 《午亭文編》無此字。

〔一三八〕公佯悵之,以暱衆,且舊居麾下,衆對以有事暫出,少時宜可至《午亭文編》作“以舊居麾下,故易暱之,衆云暫出,頃可至矣”。

〔一三九〕公問 《午亭文編》作“又姁姁問”。

〔一四〇〕今歲山中雨水好否? 禾稼何若? 汝良民何敢作賊,自取屠戮? 天時酷熱如此,汝等父母妻子皆藏匿何所,得無自苦? 《午亭文編》作“今歲山中雨暘禾稼若何? 若良民何作賊? 取屠戮耶? 時酷熱,若父母妻子匿何所? 得無苦乎?”

〔一四一〕令一賊爲脱韡,一賊取水來,公滿飲。數賊支榻揮扇,衆賊四向拱立 《午亭文編》作“令賊爲脱韡、取水飲,或支榻揮扇,餘四圍牆立”。

〔一四二〕賊皆驚 《午亭文編》作“賊驚異,不知何爲”。

〔一四三〕因 《午亭文編》作“又”。

〔一四四〕遂 《午亭文編》作“趨”。

〔一四五〕之　《午亭文編》無此字。

〔一四六〕乃　《午亭文編》無此字。

〔一四七〕與　《午亭文編》無此字。

〔一四八〕還公職，再命知武昌事　《午亭文編》作“再命公知武昌”。

〔一四九〕村堡　《午亭文編》作“村落”。

〔一五〇〕置煙民籍。凡有勇力、有鳥鎗、兵械者籍其人，區長統之，有警則各以其械來會　《午亭文編》作“其區之有勇力、若火藥、兵械者爲煙民，以慤者長之，曰遇警而集”。

〔一五一〕踪跡不軌者，區長立白誅逐，敢容隱及不實，與同罪　《午亭文編》作“蹤跡疑者，區長白逐之，容隱者，同罪”。

〔一五二〕凡　《午亭文編》無此字。

皆爲煙民　《午亭文編》作“皆隸煙民”。

〔一五三〕皆　《午亭文編》無此字。

〔一五四〕已　《午亭文編》無此字。

〔一五五〕按籍徵　《午亭文編》無此詞。

〔一五六〕在　《午亭文編》無此字。

〔一五七〕攻之未必即克，困之則將自潰　《午亭文編》作“攻之不如困之”。

〔一五八〕分遣一軍守象棋山，一軍守大崎山，一軍守布袋坳　《午亭文編》作“乃分軍，軍其三面”。

〔一五九〕獨馬鞍山一路不守　《午亭文編》作“馬鞍山故不守”。

〔一六〇〕公食無兼味，獨於酒無量，臺司皆聞知　《午亭文編》作“公酒無量”。

〔一六一〕嘗與大吏抵掌論事，大吏觴公　《午亭文編》作“嘗爲簾官，與大吏抵掌論事，時觴公”。

〔一六二〕僞劄　《午亭文編》作“僞劄書”。

〔一六三〕湖北　《午亭文編》作“湖北地”。

〔一六四〕(啓)〔啓〕　乾隆本作“啓”，爲啓之古字。

〔一六五〕《午亭文編》此句後加“號稱十萬”。

〔一六六〕黄州吏民　《午亭文編》作“黄州餘吏民”。

〔一六七〕雖祇一郡　《午亭文編》無此句。

祇　乾隆本作“衹”。

〔一六八〕不去此　《午亭文編》作“不能去此”。

〔一六九〕于是遣門下諸生徵集各區鄉勇　《午亭文編》作“於是徵各區鄉勇”。

〔一七〇〕禽鼎業父子　《午亭文編》作“攻鼎業禽其父子”。

〔一七一〕遂　《午亭文編》無此字。

〔一七二〕次路口村。四日，次(叚)〔段〕家店，黄協千總李茂昇、把總羅登雲、吳之蘭以所部五十人來會 《午亭文編》作“時千夫長百夫長李茂昇、羅登雲、吳之蘭以所部來會。”

〔一七三〕流泣 《午亭文編》作“灑泣”。

〔一七四〕召集鄉勇,告以同仇之義,前來會者有衆二千人 《午亭文編》作“厲鄉勇以同仇之義,漸次輻輳,得二千人”。

〔一七五〕徒手 《午亭文編》無此詞。

〔一七六〕惟摩其耳鼻,撫其項臂,慰勞獎勸 《午亭文編》作“惟用言語意氣拊循慰勞”。

〔一七七〕衆感激,士氣益增 《午亭文編》作“衆感泣,氣益增”。

〔一七八〕營 《午亭文編》作“屯”。

〔一七九〕人 《午亭文編》無此字。

〔一八〇〕公 《午亭文編》作“公著舊絨衣”。

〔一八一〕鳥鎗雨集,礮火著處皆穿 《午亭文編》作“礮火如爆豆,著處皆穿”。

〔一八二〕皆於袖中出 《午亭文編》作“袖出”。

〔一八三〕曰:“豈有文官死,而武官獨生之理!” 《午亭文編》作無此句。

〔一八四〕彎弓直前,發一矢 《午亭文編》作“急發一矢”。

〔一八五〕茂昇馬被鎗,馬倒 《午亭文編》作“茂昇馬被創倒”。

〔一八六〕換馬進戰 《午亭文編》作“乘他馬以進”。

〔一八七〕路 《午亭文編》無此字。

〔一八八〕撫軍所 《午亭文編》作“於朝珍”。

〔一八九〕見 《午亭文編》作“得”。

〔一九〇〕賊備既深,據險致死,非計之得矣。 《午亭文編》作“賊據險致死矣”。

〔一九一〕脅從欲歸白者 《午亭文編》作“脅從而歸者”。

〔一九二〕惟耰鋤,無鳥鎗、軍器者 《午亭文編》作“無軍器者”。

〔一九三〕被 《午亭文編》作無此字。

〔一九四〕半菽 《午亭文編》作“粒粟”。

〔一九五〕遠征 《午亭文編》無此詞。

〔一九六〕不疾而速,克奏膚功,近世以來未嘗有也 《午亭文編》作“而奏膚功,此近世所希有也”。

〔一九七〕饟餉繁興 《午亭文編》無此句。

〔一九八〕文檄旁午 《午亭文編》作“文檄橫飛,旁午絡繹”。

〔一九九〕人不知兵 《午亭文編》作“人若無兵”。

〔二〇〇〕請歸終 《午亭文編》無此句。

〔二〇一〕別 《午亭文編》作“視”。

〔二〇二〕順　《午亭文編》無此字。

〔二〇三〕慘怛言曰　《午亭文編》作“怛然謂”。

〔二〇四〕諸　《午亭文編》作“乎”。

〔二〇五〕語聞親王　《午亭文編》作“時以親王主兵事,語聞王”。

〔二〇六〕連引　《午亭文編》作“牽引”。

〔二〇七〕略　《午亭文編》無此字。

〔二〇八〕送　《午亭文編》作“予”。

〔二〇九〕所生全殆以千百計,久禁得白　《午亭文編》作“所生全以千計,其久繫得白”。

〔二一〇〕十　《午亭文編》作“千”。

〔二一一〕匿者　《午亭文編》作“占匿者”。

〔二一二〕格　《午亭文編》作“顧”。

〔二一三〕任臬使　《午亭文編》作“爲臬司”。

〔二一四〕一鐲夫月以數萬計　《午亭文編》作“莝夫月計數萬”。

〔二一五〕矧可額外派索　《午亭文編》作“矧忍横派悉索耶”。

〔二一六〕非職掌,何爲自苦?　《午亭文編》作“非所職,何自苦爲?”

〔二一七〕《午亭文編》此句前加“而”。

〔二一八〕兑　《午亭文編》無此字。

〔二一九〕公大書誓聯揭於庭中,命各路解官隨到隨兑,正額外不增銖黍《午亭文編》作“公大書揭庭中,命皆應時收正項外不增銖黍”。

〔二二〇〕略　《午亭文編》作“一”。

〔二二一〕時或　《午亭文編》作“有時”。

〔二二二〕惟　《午亭文編》無此字。

〔二二三〕二　《午亭文編》作“一”。

〔二二四〕天下第一清官也　《午亭文編》作“清苦天下第一也”。

〔二二五〕還之　《午亭文編》作“持還去”。

〔二二六〕督　《午亭文編》作“制”。

〔二二七〕夫役　《午亭文編》無此詞。

〔二二八〕嘗　《午亭文編》作“又嘗”。

〔二二九〕名重朝右　《午亭文編》無此句。

〔二三〇〕慰勞有加　《午亭文編》無此句。

〔二三一〕鞍馬一匹　《午亭文編》作“天閑馬一匹”。

〔二三二〕所親乘　《午亭文編》作“所乘也”。

〔二三三〕還鎮,會宣府饑,親歷紫荆、喜峰,散公帑賑給,及勸輸二萬石有奇,凡活饑民十餘萬户,上優詔褒美。九月,駕幸雄縣,請謁行在,賜魚二函、鹿二、兔十、孤汀五。及見,詢訪治理及公前《請增驛站工料疏》,因極陳民間疾苦,上動容久之。又問:"卿所統官吏有尤佳者否?"公舉知通州于成龙爲第一,因復舉數人。上曰:"成龍才品,朕已久知。"公退,侍衛宣賜銀鼠褂一領,溫語備至。又賜御膳八器,乳酒二瓶。公既拜而食飲,伏道傍送駕。上望見公行步遲,爲停轡待之,蓋上之重公如此。 《午亭文編》作"蓋自是隆禮異恩,不可殫紀,惟上知公之深,故尤重之如此。"

請增驛站工料疏 乾隆本作"請補驛站工料疏",據乾隆本卷五之請增驛站工料疏改。

〔二三四〕疏請歸葬母李夫人 《午亭文編》作"請歸葬母夫人"。

〔二三五〕以賜金庀治窀穸,分其餘以贍族戚裏黨。葬事畢,單騎孤裝赴江寧,如赴羅城時 《午亭文編》作"單騎孤裝,如赴羅城時。"

〔二三六〕《午亭文編》此句前加"方"。

〔二三七〕方被命時 《午亭文編》作"初被命"。

〔二三八〕《午亭文編》此句前加"出"。

〔二三九〕心 《午亭文編》無此字。

〔二四〇〕爲 《午亭文編》無此字。

〔二四一〕美服飾,喜遊冶。出示禁絶,頓改故習 《午亭文編》作"厚非奉美服、遊冶,聞公來"。

〔二四二〕《午亭文編》此句後加"而賤綺縠文繡"。

〔二四三〕不事威嚴,專申德化,勤事誨導 《午亭文編》作"遂專不事威嚴,專申德化,勤事誨導,用德化誨遵之"。

〔二四四〕真書 《午亭文編》作"第其"。

〔二四五〕使 《午亭文編》無此字。

〔二四六〕于 《午亭文編》無此字。

〔二四七〕遂笑而止 《午亭文編》作"遂笑而起視事達旦"。

〔二四八〕《午亭文編》此句前加"時"。

〔二四九〕吏治稱廉辦焉 《午亭文編》無此句。

〔二五〇〕初,公赴山陵,始識魏公象樞,語公曰:"爲政之要,在振綱飭紀,移風易俗。"公端居誦説斯語,以爲金陵要地,欲移易風俗,貴在得人而弛張之。於是特疏薦前所面奏之於公知江寧。既至,則與公精白一意,提挈左右,申明條禁,裁抑豪强,建書院,興文教,威董德懷。初,剽奪者,吏弗能禁,至是,路不拾遺《午亭文編》無此句。

〔二五一〕者 《午亭文編》無此句。

〔二五二〕罔不感動 《午亭文編》無此句。

〔二五三〕公 《午亭文編》作“公之”。

〔二五四〕《午亭文編》此句後加“者”。

〔二五五〕其時或猶有以爲言者，蓋未能盡得公之實也。公自至金陵，倍益勞瘁，思歸休日甚，因自號“于山老人”。至是，遂累疏求去，上特旨勉留。 《午亭文編》無此句。

〔二五六〕兼理 《午亭文編》作“護理”。

〔二五七〕鬥 《午亭文編》作“斛”。

〔二五八〕時署中無親指，衣衾、飯含皆不備。江寧守于公經理其喪，禮意備極 《午亭文編》無此句。

〔二五九〕持香楮至者日數萬人 《午亭文編》作“持香楮錢日至者數萬人”。

〔二六〇〕抱 《午亭文編》作“奉”。

〔二六一〕未幾，公之子奔赴，曰：“我公生平不知阿堵物，烏用此楮錢爲？諸弔者毋以紙幣來。”衆從之 《午亭文編》無此句。

〔二六二〕江寧守及門下諸生合 《午亭文編》無。

〔二六三〕江干江濤聲殆不聞 《午亭文編》作“江干江水聲如不聞”。

〔二六四〕能 《午亭文編》作“之”。

〔二六五〕當此時，微江寧守，幾不能返櫬。公所引薦士多矣，而於公與公同名氏，其治行聲迹亦與相等。至始終之際，多可稱述，若此尤可爲難已 《午亭文編》無此句。

〔二六六〕南 《午亭文編》作“東”。

〔二六七〕原任 《午亭文編》作“故”。

〔二六八〕蒞任以來 《午亭文編》無此句。

〔二六九〕以 《午亭文編》作“具”。

〔二七〇〕如此 《午亭文編》作“罔替”。

〔二七一〕凡爲臣子，能不感奮？ 《午亭文編》作“由公以來，士之以風節著者皆知慕傚公。”

〔二七二〕《午亭文編》此句前加“則”。

〔二七三〕嗚呼 《午亭文編》無此詞。

〔二七四〕經權互用 《午亭文編》作“應變無方”。

〔二七五〕惟 《午亭文編》作“蓋”。

〔二七六〕蓋本之既裕而用以神 《午亭文編》無此句，留“焉”。

〔二七七〕而患其多集凶人 《午亭文編》作“而實患之”。

〔二七八〕本 《午亭文編》無此字。

〔二七九〕今何故 《午亭文編》作“何”。

〔二八〇〕亡命者不敢近 《午亭文編》無此句。

〔二八一〕其誅湯卷,初以盜降爲捕役 《午亭文編》作“其坑七盜也,其魁初以盜降爲游徼”。

〔二八二〕之 《午亭文編》無此字。

〔二八三〕即爲善良,當格外旌賞 《午亭文編》作“吾貰罪旌汝”。

〔二八四〕如是者屢 《午亭文編》無此句。

〔二八五〕問大小盜幾何 《午亭文編》作“問群盜數名”。

〔二八六〕卷 《午亭文編》作“魁”。

〔二八七〕酒 《午亭文編》無此字。

〔二八八〕從其後 《午亭文編》作“伺之”。

〔二八九〕卷 《午亭文編》作“魁”。

〔二九〇〕酒店 《午亭文編》作“肆”。

〔二九一〕謂其徒曰:“某是會養爺娘者。”謂善盜而能奉己也。曰:“某是爺娘靠不得者。”謂盜之無能也。公覘聽之甚悉 《午亭文編》作“别其勤惰狡拙,公悉覘聽之。”

〔二九二〕卷來 《午亭文編》作“魁”。

〔二九三〕卷益歡無忌,復大醉。問其生平,卷遂放意盡言諸盜殺、淫亂事甚多 《午亭文編》作“遂益歡恃無所忌,復大醉,放意盡言諸盜狀。”

〔二九四〕卷初不肯出諸橐,公搜得之 《午亭文編》作“匿不肯出,搜得之”。

〔二九五〕公因謂卷:“若汝此行,未可立於人世矣,不如速歸。” 《午亭文編》作“公因謂:‘若此行不可立於人世矣,宜速歸。’”

〔二九六〕卷曰:“小人從公,復何所歸?” 《午亭文編》作“曰:‘小人從公,復何歸?’”

〔二九七〕勸 《午亭文編》無此字。

〔二九八〕卷 《午亭文編》作“乃”。

〔二九九〕付卷寄母,揮卷出,斃之。公自得卷籍,按以緝盜,無不立得。《午亭文編》作“俾寄其母,立斃之,公自得其籍,按以緝盜,無不得者。”

〔三〇〇〕新(州)〔洲〕大盜喻姓劫一僧,剖其脛,以鐵筋挺之。公跨蹇驢獨往,訪得實,立斃之。 《午亭文編》無此句。

新(州)〔洲〕 乾隆本作“新州”。《從好録》作“新洲”,從《從好録》改。

〔三〇一〕此何等事而敢鹵莽 《午亭文編》作“上天好生”。

〔三〇二〕便應償以一命 《午亭文編》作“便應以命償之”。

〔三〇三〕於 《午亭文編》無此字。

〔三〇四〕野籬村店、樵牧童叟、街談巷語、疑情細事，如燃犀照燭，無弗畢知。以故，遣使往察，人亦卒不敢欺，而往往蹙額哀矜，多所宥釋 《午亭文編》作“偵聽野籬郵店、樵牧童叟之語，以是疑情細事，無不如犀燃燭照，遣使往察事，人亦卒不敢欺也，而往往蹙額哀矜，多所減宥。”

〔三〇五〕遣呼 《午亭文編》作“逮”。

〔三〇六〕甚 《午亭文編》無此字。

〔三〇七〕汝毋懼 《午亭文編》無此句。

〔三〇八〕故呼汝獎賚之。汝輩爲盜而官不知，官之闇也；改行而官不知，亦官之闇也。今釋汝 《午亭文編》無此句。

〔三〇九〕一改行則官知之，且賞之；則不改行者，官亦必知之，而誅之矣 《午亭文編》作“改行與否官必知之，賞誅隨之矣。”

〔三一〇〕一盜 《午亭文編》“一竊者”。

〔三一一〕且幸未至死。汝知某某非巨盜乎？非汝竊盜比。然若能自新 《午亭文編》作“未至死，汝所知某某皆巨盜，罪應死，然能自新”。

〔三一二〕此竊者歸語群盜，盜大畏斂跡 《午亭文編》作“群盜聞之，皆大畏斂跡”。

〔三一三〕營弁領餉輸軍前，其弟夙無賴子，久客歸，而是夜軍餉被劫。營弁疑其弟，執送官司。不勝拷掠，遂誣服，連引平日交遊市井惡少十餘人 《午亭文編》作“一營弁，餽餉軍前，其弟無賴子也，久客歸，而是夜盡失其餉，遂執弟歸之官，弟不勝拷掠，因誣服，株引平日交遊市井惡少十餘人。”

〔三一四〕巡軍 《午亭文編》作“巡撫”。

〔三一五〕公曰：“贓物未獲，終屬疑案，且餉銀數千，何得遽盡？”撫軍曰：“吾固疑之，君爲我更一鞫。” 《午亭文編》作“公曰：‘無贓則案終疑，且數千金何得遽盡乎？’巡撫曰：‘吾固疑之，今以屬君。’”。

〔三一六〕撫軍 《午亭文編》作“巡撫”。

〔三一七〕撫軍問：“囚今安在？” 《午亭文編》作“問：‘囚安在？’”

〔三一八〕已 《午亭文編》無此字。

〔三一九〕撫軍驚恚 《午亭文編》作“巡撫大驚恚”。

〔三二〇〕昨見衆 《午亭文編》無。

〔三二一〕入奏 《午亭文編》作“上讞”。

〔三二二〕《午亭文編》此句後加之。

〔三二三〕撫軍 《午亭文編》作“巡撫”。

〔三二四〕即窩家 《午亭文編》作“盜主家也”。

〔三二五〕撫軍即 《午亭文編》無。

〔三二六〕衆盜皆進香木蘭山,數日可盡致矣 《午亭文編》作"衆盜數日可盡致也"。

〔三二七〕果執衆盜至贓匿所縛校家 《午亭文編》作"果皆就縛,贓在校家"。

〔三二八〕撫軍問公何術能爾,公但笑謝 《午亭文編》作"巡撫問公何術能爾,公笑謝而已"。

〔三二九〕獄成 《午亭文編》無此詞。

〔三三〇〕請撫軍 《午亭文編》無。

〔三三一〕獄詞凡六七往返不決 《午亭文編》作"獄詞六七返不決"。

〔三三二〕數十人 《午亭文編》無此詞。

〔三三三〕死 《午亭文編》無此字。

〔三三四〕獄具 《午亭文編》作"械"。

〔三三五〕見其如此 《午亭文編》無。

〔三三六〕《午亭文編》此句後加"冤已白"。

〔三三七〕皆相勸爲善 《午亭文編》無。

〔三三八〕捕役 《午亭文編》作"游徼"。

〔三三九〕凡 《午亭文編》無此字。

〔三四〇〕來白 《午亭文編》作"來先白"。

〔三四一〕衣 《午亭文編》無此字。

〔三四二〕袋中 《午亭文編》作"袋中名"。

〔三四三〕易 《午亭文編》作"去"。

〔三四四〕笑 《午亭文編》無此字。

〔三四五〕奸貪不肖之官吏 《午亭文編》作"酷墨吏"。

〔三四六〕常 《午亭文編》作"自"。

〔三四七〕但用 《午亭文編》作"皆古人"。

〔三四八〕實心耳 《午亭文編》作"誠心求耳"。

〔三四九〕之閩時,有從公乞此數人者,及給役,皆昏頑不稱使,始知公爲不可及也。 《午亭文編》無此句。

〔三五〇〕監 《午亭文編》作"鑒"。

〔三五一〕《午亭文編》此句前加"蓋往往"。

〔三五二〕《午亭文編》此句前加"故"。

〔三五三〕若有 《午亭文編》作"若神有"。

〔三五四〕黄安人鄒彬然夫婦夜被殺劫,無辜繫者十數輩。彬然夜叩其兄户曰:"連繫者皆非殺我者也,吾仇直待于青天來白耳。"時公自黄州還岐亭,訊是獄,召典史陳某謂曰:"汝在此少待,殺彬然者即至矣。"陳不敢信。公遂令囚彬然家僮大空屋中,深夜皆令牢役各散去。堂漏下三鼓,忽寒風起,沙石驚飛,啾啾有聲,僮則戰栗。電火閃爍,光影之下彬然夫婦被髮血流面,嗚嗚呼僮名曰:“奴今還吾命來!”僮曰:“殺主者兄某與鄰某也,我執火立其傍耳。”獄以是定,無辜者皆釋。 《午亭文編》無此段。

〔三五五〕代予之 《午亭文編》作“代之賞”。

〔三五六〕鬻之市,得十金 《午亭文編》作“鬻之得十金”。

〔三五七〕雜 《午亭文編》作“粿”。

〔三五八〕取粉 《午亭文編》作“屑之”。

〔三五九〕粉 《午亭文編》作“糠屑”。

〔三六〇〕膏粱 乾隆本作“膏梁”,誤。

〔三六一〕汝何不習食此?吾他日過汝家,見不設此粥 《午亭文編》作“今民不飽糠籺,而汝忍獨飫肥甘乎?若不節食及人”。

〔三六二〕有魯晟者聞而慕之,不遠百里來嘗此粥。公懽然見之,曰:“新客且一飯,再設則粥矣。”晟歸,竟以不得食此粥爲悵悵也。 《午亭文編》無此句。

〔三六三〕或 《午亭文編》作“若”。

〔三六四〕經時 《午亭文編》作“言娓娓”。

〔三六五〕勦東山,擒賊數十人至,公方晨飧,對之流涕輟食。及就刑,血漬帳前,僵尸相枕籍,公輒飲食寢息如常 《午亭文編》無此句。

〔三六六〕公自初仕以至大吏,每好爲微行察民情實。一日,爲日者至村塾,塾師訓諸童蒙。主人饋食,邀與俱食。明日,呼其師來,謂之曰:“昨荷君厚意,第君教諸童蒙,多不達義理,宜速謝去。”塾師曰:“小人貧甚,館散則無以卒歲。”公曰:“君欲卒歲,奈何誤人子弟耶?”取篋中二金給之,仍與五杖。又每見諸生館中夜半燈青熒,有誦書聲,或即造其館,或翌日召之來,怡然加禮,欽愛不已,諸生感勵。是以公所至,人才多有成就者。 《午亭文編》無此段。

〔三六七〕《午亭文編》此句前加“公”。

〔三六八〕《午亭文編》此句前加“人”。

〔三六九〕但覺受用 《午亭文編》作“享受”。

〔三七〇〕膏(梁)〔粱〕 乾隆本作“膏梁”,誤。

〔三七一〕皆出之真學問,實經濟 《午亭文編》無此句。

〔三七二〕《午亭文編》此句前加“皆”。

〔三七三〕有功於世者甚衆,語多不載 《午亭文編》作“不悉載”。

〔三七四〕最明 《午亭文編》無此詞。

〔三七五〕選後 《午亭文編》作“選授後”。

〔三七六〕友者不以爲友 《午亭文編》無此句。

〔三七七〕自覺面目可憎。賒脚錢,寄口食,行至清源　《午亭文編》作“次清源”。

〔三七八〕以繳憑爲高見　《午亭文編》無此句。

〔三七九〕讀書半生,曾知“見利勿趨,見害勿避”,古人義不辭難之説何爲也　《午亭文編》作“古人利不苟趨、害不苟避之義,何爲也?”

〔三八〇〕王默知　《午亭文編》作“王亦默知”。

〔三八一〕亦不更阻,揮淚而别　《午亭文編》作“揮淚别去”。

〔三八二〕五月三日　《午亭文編》無此詞。

〔三八三〕資斧艱難　《午亭文編》無此詞。

〔三八四〕止　《午亭文編》無此字。

〔三八五〕勇壯可伴　《午亭文編》作“頗勇壯可資”。

〔三八六〕臨行,族人相餞　《午亭文編》作“瀕行,族屬老稚相餞”。

〔三八七〕明　《午亭文編》作“曙”。

〔三八八〕古云:“壯士非無淚,不灑别離間。”此不情語也。天明,舉家拜别,　《午亭文編》無此句。

〔三八九〕庠生　《午亭文編》作“諸生”。

〔三九〇〕猶如　《午亭文編》作“猶謹樸如”。

〔三九一〕以祖遺田産文券開明交付　《午亭文編》作“以田産文券歷歷付之”。

〔三九二〕但云‘我做官不管你,你作人莫想我’二語　《午亭文編》作“但命之云‘我爲官不管汝,汝作人莫想我’而已。”

〔三九三〕甫出户,而哭聲已達外矣　《午亭文編》無此句。

〔三九四〕門裹門外相聚而泣　《午亭文編》作“門内外但聞哭聲”。

〔三九五〕攬轡登程　《午亭文編》無此句。

〔三九六〕一病　《午亭文編》作“臥病”。

〔三九七〕未免英雄氣短　《午亭文編》無此句。

〔三九八〕皆　《午亭文編》無此字。

〔三九九〕詢及病狀　《午亭文編》無此句。

〔四〇〇〕惟勸以方藥調治　《午亭文編》作“皆勸以善調治”。

〔四〇一〕羅　《午亭文編》作“羅城”。

〔四〇二〕消磨何所　《午亭文編》作“不知消磨何所矣”。

〔四〇三〕哀哉!此何地也,胡爲乎來哉?悔無及矣　《午亭文編》無此句。

〔四〇四〕痴人作夢,以爲邊地如此,漸入腹裏,或不更然,可憐黄茅一路直抵城下。　《午亭文編》無此句。

〔四〇五〕八月二十日　《午亭文編》無此詞。

〔四〇六〕一如郭外,居民六家,草屋數椽　《午亭文編》作“居民僅六家”。

〔四〇七〕寄居　《午亭文編》作“宿”。

〔四〇八〕周倉　《午亭文編》作“周桓侯”。

〔四〇九〕夜不瞑目，心焉如割　《午亭文編》作“永夜不成寐”。

〔四一〇〕黎明　《午亭文編》作“明日”。

〔四一一〕兩墀茅草，一如荒郊　《午亭文編》無此句。

〔四一二〕中堂　《午亭文編》無此詞。

〔四一三〕開　《午亭文編》作“闢”。

〔四一四〕入爲内宅，茅屋三間　《午亭文編》作“入亦屋三間”。

〔四一五〕《午亭文編》此句前加“内廨支茀穿漏”。

〔四一六〕哀哉！此一活地獄也，胡爲乎來哉　《午亭文編》無此句。

〔四一七〕無一　《午亭文編》作“了無”。

〔四一八〕自憾己命不殞，禍及從僕　《午亭文編》作“自以分死一官而己命不殞，累及僕從”。

〔四一九〕相　《午亭文編》無此字。

〔四二〇〕無何，一僕既死　《午亭文編》作“無幾何，一僕死”。

〔四二一〕康熙元年正月，謀爲歸計。　《午亭文編》無此句。

〔四二二〕哀哉！幸有此也　《午亭文編》無此句。

〔四二三〕哂　《午亭文編》作“笑”。

〔四二四〕《午亭文編》此句前加“無何蘇僕亦死”。

〔四二五〕悲念天涯萬里，一主一僕何以安身　《午亭文編》無此句。

〔四二六〕皆登鬼籙　《午亭文編》作“又前後皆死”。

〔四二七〕事處兩難，一人難以遠行，欲遣此僕歸，則孑身更苦。無如此僕更切思歸之念，聽其浩然長往　《午亭文編》作“欲遣之，則一人難以遠行，且此僕歸則孑身更苦，無奈其思歸日切，遂聽其浩然長往。”

〔四二八〕夜枕刀一口，牀頭樹鎗二(捍)〔桿〕，爲護身符　《午亭文編》作“夜枕刀卧，牀頭樹二鎗，以自防”。

〔四二九〕想　《午亭文編》無此字。

〔四三〇〕《午亭文編》此句後加“也”。

〔四三一〕帖然相安　《午亭文編》無此句。

〔四三二〕務期　《午亭文編》作“必務”。

〔四三三〕上臺　《午亭文編》作“上官”。

〔四三四〕殺了　《午亭文編》作“招擬”。

〔四三五〕通行境内雖平，憾與柳城西鄉爲鄰　《午亭文編》作“通行羅城雖安，而地與柳州西鄉接境”。

〔四三六〕此地 《午亭文編》作“其人”。

〔四三七〕肆害無已 《午亭文編》無此句。

〔四三八〕成龍 《午亭文編》作“竊自”。

〔四三九〕齊力 《午亭文編》作“合力”。

〔四四○〕專征 《午亭文編》作“擅兵”。

〔四四一〕《午亭文編》此句後加“矣”。

〔四四二〕牛隻、花酒 《午亭文編》作“牛酒”。

〔四四三〕上臺 《午亭文編》作“上官”。

〔四四四〕食寢不安 《午亭文編》作“甚憂之”。

〔四四五〕人心既和，謠言不驗 《午亭文編》作“人既和，謡不驗”。

〔四四六〕日食二餐或日食一餐 《午亭文編》作“日二食或日一食”。

〔四四七〕杯内 《午亭文編》作“杯中”。

〔四四八〕間嘗祝城隍：“我無一點虧心事，當令早還鄉井。”《午亭文編》無此句。

〔四四九〕同寅 《午亭文編》作“同僚”。

〔四五○〕公嘗自言：吾一生得力 《午亭文編》作“余昔過上谷，公自言：一生得力”。

〔四五一〕者 《午亭文編》無此字。

〔四五二〕公殁後，康熙二十九年冬，是時公所薦于公位總憲矣。公之孫、户部君準一日見于公，于公曰：“清端公傳未具，吾聞陳氏有文，而能記載當代名公卿語言行事，子盍往求焉？”户部君踵予門而謁曰：“願有請也。”公昔巡撫京畿時，余過上谷，見公於逆旅。公執余手而語，夜已深不欲别去，而於余有知己之言。微户部君之請，余將求得公緒言遺行，而列之於書，況辱于公之命。爰採楚人李君中素所爲傳略，追琢整齊，文繁不殺，又得進士范君鄗鼎所輯公雜文、軼事，補綴其間，使後之覽者有所感慕而興起焉 《午亭文編》作“余見公時，當公巡撫京畿，逆旅，深夜執余手而語，有知己之言。蓋康熙二十冬十月也。後七年，公孫、户部郎中準從余游，得公傳略及軼事襍文，揅掇而爲此傳。”

〔四五三〕前明 《午亭文編》作“異時”。

〔四五四〕清官 《午亭文編》作“清白吏”。

〔四五五〕後世猶傳道之如此。人苟能以節行自立如楊公 《午亭文編》無此句。

〔四五六〕予時年方少，感嫗言而志之 《午亭文編》作“予感嫗言而心識之”。

〔四五七〕浮沉仕路 《午亭文編》無此句。

〔四五八〕清官 《午亭文編》作“廉吏”。

〔四五九〕皆去陽城不二三百里，果敏公雖稍遠，皆晉人也 《午亭文編》作

"皆晉人,在陽城二三百里間。"

〔四六〇〕天下清官不可易得 《午亭文編》作"夫天下清白吏不易得"。

〔四六一〕乃獨皆在於吾晉 《午亭文編》作"乃獨多在於晉"。

〔四六二〕自楊公以來迄於今 《午亭文編》無此句。

〔四六三〕最後乃更有公 《午亭文編》作"乃今又得于公"。

〔四六四〕(軏)〔輗〕 乾隆本作"軏",誤。《明史》卷一百五十八載:"軒輗,字惟行,鹿邑人。永樂末年進士。……然清操聞天下,與耿九疇齊名,語廉吏必曰軒、耿。"從《明史》改。

范君言,近代清官首軒公(軏)〔輗〕,(軏)〔輗〕之後楊公,厥後有布政張公翽、副使劉公俊、知岳州張公舉、洪洞衛公英數人。數人或清矣而短於才,才矣而疎於學,或餒於氣。君子惜其用廉之未盡,而獨盛推于先生。予誠陋無識,不敢謬論昔人,然以吾所與游文清、果敏、畢公三賢者,使得于公之地與事而爲之,其優劣誠不知如何。而以今觀公之爲,果已釐然有異於諸公。後數百年有如老嫗之稱説楊公者,必多歸於公也。然則彪西之論豈爲過語耶?吾數公者之鄉人也,既幸賢人獨多出於鄉,而於公之事三復而謹書之,亦以致私淑之意云爾 《午亭文編》作"于公之清摻偉烈,章章如是,千百年下必有如老嫗之稱楊公者,可無以余文爲也。獨是余公之鄉人也,既多賢人之迭出於其鄉,而又嘗職在史官,親見聞公之行事,廢名臣之烈,湮鄉先生之蹟,咎莫重焉,故次敘之。傳曰:高山仰止,景行行止。雖不能至,然心嚮往之。余生賢之鄉,而志其摻行,亦將以爲取斯也。"

于清端公傳

毛際可

皇上御極之三十八年,省方兩浙。觀察于公蒙恩賜稠疊,且親灑宸翰,榜之政事之堂。兩浙人士踴躍稱慶,而黄髮耆舊謂公王父清端公當年榮膺聖眷,先後一轍。際可向觀察索遺集讀之,則今相國熊公已誌其墓,冢宰陳公復爲之傳。兩君子於際可爲同年,皆以文章名天下。然誌銘體尚簡嚴,而家傳每不厭詳悉,娓娓至萬餘言。竊不自揆,謬加纂輯,著爲傳略,以志景行之私云。

公諱成龍,字北溟,晉之永寧人。以己卯副榜官羅城令。邑多烟瘴,兼猺獞雜處爲患,或勸以中道告歸。公曰:"東西南北惟君所使,如若言,則羅城竟可無官耶?”抵署,僅茅茨數椽。二僕遘瘴疾死,其一後亦告歸。顧影孤孑,日食粗糲,晚酒一罌,以四錢爲率,併不設匕箸也。一意與民休息,編置保甲,鳥言椎髻之衆皆欣然聽約束。即隣猺之爲寇患者亦悔罪,還所侵掠。以餘暇勸農儲粟,興行教化。大吏方舉公“卓異”,而公秩滿,遷知合州矣。羅人泣送至數百里外,一瞽者獨留曰:“公橐中裝恐至中途而竭,瞽星卜取給,可爲行糧助也。”後竟賴其力,得達合州。清操惠政,一如羅城時。未幾,用前“卓異”,陞黄州同知。撫軍張公朝珍雅相器重,令攝武昌篆。值滇逆叛,兵事皆倚仗公。復以“卓異”擢武昌知府,檄公往軍前造橋。橋成而水漲復壞,遂以罷職。會有東山之變,撫軍曰:“非君莫可辦賊。”聽以便宜行事。先是,妖人黄金龍匿黄麻劉君孚家,得滇中僞劄,潛結河南、江西大盜,號稱十萬。而君孚向嘗居門下,服公威信。公單騎從一鄉約往,傳呼曰:“太守來活爾山中人!”君孚竄伏山後,而令甲士彀弩以俟。公直入廳事,索水滿飲,隨鼾睡榻上。既寤,因謾罵曰:“君孚老奴,何堅避乃爾?豈有客至不設酒脯者!”君孚遂出見泣訴,盡降其衆,後併獲金龍斬之。撫軍上其事,再命知武昌府。已而,湖北復亂,調守黄州。時援兵悉隨大軍進勦,黄州守備單弱,議者欲退保麻城。公曰:“黄州爲湖北咽喉,誓死不去。然坐以待斃,不若相機進勦,可以僥倖圖存。”遂率諸生、吏卒,併召集鄉勇,勵以忠義,礮火燎鬚不爲動。陣俘渠首何士榮等,得脅從名籍,立焚之,衆心以安。出軍僅二十四日,不費公帑,用鄉民數千人破賊數萬。以功陞江防道,遷福建按察使。當閩叛新定,數起大獄,公所平反甚多。仍下令募贖難民,其小兒女不能歸者,養之署中。每退食,群兒皆爭索果餌,以爲歡笑。俟稍長,俾還鄉里。及期,遷布政使。力請於王免鏟夫,月以萬計。收兑軍餉,正額外不增銖黍。大計,舉“清官第一”。上謂如成龍者,方不媿“卓異”二字,隨命開府畿内。常請陛見,天子知公清忠,而魏公象樞復言於朝，有帑金、鞍馬之賜，併御製詩及御書，命閣臣宣賜。會宣府歲祲，公發帑勸輸，饑民賴以全活。繼而總督兩江，境内望風震慄，遇白髯偉軀者輒心動，疑以爲公。公亦數微行以實之。而公益自刻苦，有"于青菜"之謡。更嚴勅學政課士講約，併靡麗之俗爲之一變。豪右多所未便，爭搆爲蜚語以撼公，公略不爲意。迄巡海歸遘疾，遂端坐而逝。牀頭惟綈袍一篋，鹽豉數器而已。哭奠者市肆爲空，所在各建祠以祀。訃聞，賜祭葬如禮，謚"清端"，復親譔碑文，以表神道。

公善政不可枚舉，而發奸摘伏尤稱如神。黄州大盜窟宅野廟中，公敝衣顧入爲伍，變姓名曰楊二。旬日内盡得其刦狀，密召捕役擒之。盜問："捕我者爲誰?"役曰："二府于青天也。"及進見，即入夥之楊二。盜叩頭服罪。公下堂酌酒遍飲之，曰："念廟中一日之雅，聊以一樽訣别耳。特欲免汝曹於刑戮。"(搿)〔舁〕棺至，悉活埋之。又營弁有弟，夙無賴，適遠歸，而是夜軍餉盡刼。執弟首官，拷掠誣服，連引惡少十餘人。問其贓，皆曰："糜費已罄。"公偶以事謁撫軍，語及之，公曰："餉銀數千，不應遽盡。"撫軍曰："吾固疑之，煩更爲一鞫。"公秘其事。越二日，引衆囚至，即破其械，復命曰："盜案無一人真者，已盡釋之矣。"撫軍厲色曰："然則真盜安在?"公指麾下一校曰："是即盜窩。餘盜皆進香木蘭山，行且就縛耳。"及獲盜併訊之，贓果匿校家，封識宛然。至公廉介出於天性，在羅城時困頓備歷，猶金之百鍊而益精，故垂老不衰云。

毛際可曰：公爲魏公象樞特疏所薦，輿論翕然，真大臣以人事君之義也。憶戊午際可應博學之徵，蒙魏公延飲邸舍，曰："吾性迂僻，雖大君子官吾地者，從不以杯酒爲餞。念君輩數人雅稱廉吏，且既已解組入都，即非現任，故破例一敘。"併述公之治行可爲後來法。際可因是知公，至今耿耿以不能一見公爲憾也。乃觀察蒞任吾浙，清節矯然，允矣克繩祖武也哉！

于清端公小傳

叢 澍

于公諱成龍,字北溟,山西汾陽人,己卯貢於鄉。公素以帖括無益經濟,遂專精經史之學,於程朱源流尤多發明,爲諸生時已負大儒之望。初授羅城縣令,以清介聞。歷陞黄州郡丞,值麻城賊勢甚張,有司惶遽,議會兵勦之。公獨慨然曰:"皆吾赤子也,賊不過數人耳,奈何因數人而殺千萬人? 宜撫不宜勦。"公單騎直造賊壘,責以大義,賊皆投戈,呼曰:"于青天至,我輩尚忍反乎?"皆就撫。東山之亂,公糾率義勇,衝鋒力戰,擒其巨魁,餘黨悉平。由是朝野欽爲異人。迨湖南蕩平,干戈甫息,公招集哀鴻,使安畛隰,供億軍旅,不致繹騷,皆公惠也。由是帝眷益隆,歷試大藩,若楚若閩若燕,悉稱上旨,而撫直隸時,則尤稱艱鉅。蓋輦轂之下,非才與膽與識相兼,未易言治。而公之剛方正直,一時有包孝肅、海忠介之稱。迨兩江節制之命下,而貪墨之吏不俟公至,望風解印綬去者踵相接,豪强梗化者徙境外,奢侈僭踰者皆(歛)〔斂〕跡焉,至今民賴其利。至若戒餽贐、禁加派、輕火耗、嚴保甲、懲奸拐、清營伍、訪蠹役、剔關政、平鹽價,種種良法,固赫赫在耳目間。而於多士則純以愛養爲心,常設立書院,甄拔英才,每訓諸生曰:"朝廷以人才爲急,諸生以品行爲先,庠序之中,稂莠並進,教未施耳。"故於誘掖薰陶三致意焉。兩江士風日上,公之惠也。惜不辭繁劇,卒以盡瘁遘疾。公薨之日,舉國若喪考妣,男婦童叟皆入公署,見孤燈熒熒,猶然在案,周身之具,布被一牀而已。清儉之節,固千古所未有也。一建祠於天妃宫側,再建祠於雨花臺畔,迄今士民過者,猶蘇蘇隕涕焉。

皇清光禄大夫總督江南江西文武事務兵部尚書兼都察院右副都御史贈太子太保謚清端北溟于公墓誌銘

熊賜履青嶽

總制兩江、大司馬、北溟于公卒於官。卒之日，金陵人爲之巷哭，相率炳香、燈祭於寢，日幾千百人，衙舍至不能容，遠近聞之皆輟市，如喪其親。訃聞於朝，天子大震悼，給與恩卹有加。公卒之三月，孤廷翼等將扶櫬歸里門，卜葬於某所。於其行也，謁銘於予。予以謂公之清德令望，即海内孰不知之！而予又辱公肺腑交，與聞公生平甚悉，則銘公者舍予而誰？謹按狀。

公諱成龍，字北溟，別號于山，山西永寧人。先世業儒，潛德不仕。父時煌，授鴻臚寺序班，居鄉力行孝義，有長者之稱。生二子，公居次。公生而莊毅，異於凡兒。稍長，鬚髯如戟，即齗笑不苟，見者憚而敬之。性善喫辛苦，諸人所不能堪者，一處之恬如。爲學務敦實行，不屑屑詞章之末。嘗曰："學者苟識得道理，埋頭做去，不患不到聖賢地位。"識者韙之。順治丙申，公年四十矣，以明經謁選，授粵西柳州之羅城令。羅城在萬山中，又屢經兵燹，無城郭人民，四時毒霧迷天，豺虎晝行於市。人頗爲公難其行，公曰："君命也，獨不聞義不辭險耶？"遂跨蹇驢，從二僮僕之任。至則滿目荒烟，野狼咷嘷而已。公坐臥一茅廨，以一蒼頭執爨，招集殘黎。每夜月啼猿，饑猩嘯雨，聞者淚下，而公弗顧。晨起，著芒鞵出郭省農事，衝烟觸瘴，上下懸崖絶澗中。如是者七年而治成。異時獶雜椎髻之子，且漸知所禮義矣。報"最"，遷四川合州守，其清風惠澤如在羅城時。未幾，轉楚之黄州郡丞。時吳逆叛亂，賊逼荆、岳。國家以江漢爲巖疆，而黄郡南瀕大江，東連廬、皖、光、蔡諸境，所屬蘄、麻數邑，中多崇山峻嶺，歷來盜賊盤踞，伏莽未靖。上官欲借公才望以鎮之,遂題陞黄州守。無何,有盜魁何士榮等嘯聚東山,謀爲内變,人心皇皇,莫知所出。公曰:“黄爲襄、漢襟喉,東山又黄之左臂也。無東山則無黄,無黄則無襄、漢,即江以北危矣,天下事尚忍言哉!”於是躬擐甲胄,鼓率義勇,直擣賊巢。比至,公挺身對壘,礮火燎鬚不爲動。士卒爭先血戰,陣斬士榮等,降其餘衆,東山以平。以功陞監司,駐防下江。尋遷閩臬,未數月,遂晉本省藩司。時閩海方用兵,公曰:“此則惟軍需重矣。”乃日會計八郡正供及江浙各省協餉數百萬,按時輸轉,以濟饋饟。仍爬梳鱗比,鉤稽出納,剔革飛詭、破冒、那墊諸弊,盡斥羨餘若干兩還民間,官吏不得名一錢。軍民用是兩便,而公自茹淡素如空門老衲,即親友贈遺,惟欖果、蒲葵而已。僚屬爲公苦之,公曰:“我生來無他嗜好,布衣(蔬)〔疏〕食纔免饑寒足矣。不知世間有受享事,亦不知饋遺交際欲何爲。計俸入自給有餘,要錢何用?”聞者歎服。是時外計,舉“天下清官第一”。天子固久知公,見公名,喜謂侍臣曰:“如于成龍方不愧‘卓異’二字。”特晉内臺副憲,巡撫畿輔。畿輔固巖邦也,滿漢軍民雜處,其黠者假投充侵奪民田,勢豪恣爲囊橐,以取奸利。所在盜賊縱横充斥,白晝殺人,莫可窮詰。而八旗莊頭尤多不受理,即民間有訟,莊頭輒上堂呼噪把持之,有司莫敢誰何,惟仰天太息而已。莊頭者,屯莊之頭目也。公曰:“我奉天子命來撫兹土,以惠養斯民也,豈怯佃伯哉!若雖悍,獨不畏三尺耶?”於是編保甲,嚴連坐,以清盜源;鋤豪强,嚴隱占,以甦窮困。令下,各屬奉行惟謹。公仍不時單騎行旅肆中,密切廉訪。諸有抗違,立置之法,無所假貸。自是人人惴慄,無敢有干公令者。而盜以息,民以安,滹沱、易水之間,洋洋乎頌聲作矣。天子聞之,咨嗟嘆息曰:“朕獨不得盡如于卿者而用之爾,寧憂百姓哉!”庚申春二月,召至行在所,溫綸獎慰,錫予騈蕃,御製詩篇,親灑宸翰,以寵異之。明年,滇寇平,四方底定。天子念吏治爲重,遂特晉公大司馬,總制兩江,以風群吏。

公聞命，感激涕零曰："君恩至此，難爲報矣！"乃星馳就道。語所親曰："江左承六代之餘習，尚浮靡，奸弊牢不可破。今天子命我，我必思所以易之。"而南中人聞公簡命，則亦駭汗股慄，轉相告語曰："于青天來矣，吾儕尚如此裝飾耶？"于青天者，異時楚人所稱號公者也。無何，金陵闔城盡換布衣，即婚嫁無敢用音樂。士大夫減騶從，毁丹堊，至有驚怖喘臥不能出户者。長干、朱雀、雨花、桃葉，舊時歌舞遊樂之地，一旦闃寂如僧舍，奸人、猾胥各挈妻孥鳥獸竄。蓋公未入境，而江淮間已大改觀矣。公至，則繩之益力，略無假借。懲刁頑、抑僭濫、禁苞苴、革加派、舉廉劾貪、勸學講約，期月之間，兩江數千里蓋駸駸乎丕變焉。而勢家豪右則多所未便，爭搆爲飛語以撼公。公略不爲意，笑曰："直道在人爾，彼呶呶者，惡足恤哉。"居無何，有巡海之命。公襆被扁舟以行，月餘事竣，旋治所，偶患嘔吐，不食，數日而卒。時康熙甲子四月十八日也。

公之清操姱行，不可枚舉，姑就予之耳目所覩記者數事述之。黄州有巨盜一夥，漏網且數載矣，百方緝之不可得。公察知其窟穴所在，則嘗匿聚深山古廟中。乃密帶捕役若干名伏廟側，身易丐者衣，往來廟前，群盜見而餉之。公故稱病，臥廟門内，已語盜渠願入其夥。渠壯其膂力而許之，變姓名曰楊二，以公髯，因綽號楊二鬍子。與群盜雜處者旬餘，盡得其平時所爲行劫狀。公度再不可久，遂如厠而出，密召所伏捕役入廟，盡縛之。盜覓楊二鬍子不得，則意公且遁矣。捕役械諸盜至公治所，盜問役曰："挐我者何官也？"役曰："青天于二府。"及進見，則廟中行乞入夥楊二鬍子也。盜始知爲公所策，叩頭服罪，無異辭。公乃下堂親破其械，命酒滿引，各手一盃。盜詫曰："我等死期至矣，不死我，而飲我胡爲者？"公笑曰："汝等自作不善，罹於法網，我不能代爲之寬。念廟中一日之雅，薄具觴酒一巡，聊識故人意爾。"言已復笑，既乃又泣，即諸盜亦泣。公曰："無庸也，讞已成矣。第不忍見汝曹之群即於戮，且以株連我良善爲也。”命舁棺若干具,並活埋之,表之曰“某府某官某瘞盜處”。於是楚人咸服公之神,群呼公爲“于活埋”云。公之自江防遷閩臬也,浙行僅襆被一囊,朝衣一襲爾。公趣僕人買蘿蔔數石,舁上船。舟人曰:“是賤物,烏用多爲?”公曰:“我沿途供饌也,載之且可以壓船。”既登舟,日啖蘿蔔一二枚,至閩界乃已。其赴任江寧也,僱騾車一輛,與幼子共乘之,各袖制錢數十文,宿飯店,不入公館。在制府兩載餘,日食麄糲一盂、粥糜一匙,侑以青菜,終年不知肉味,江南人又號公爲“于青菜”。僕從無從得蔬茹,則日採衙後槐樹葉啖之,樹爲之秃。夏月盛暑,公以疎苧布爲帳,不能避蚊。諸子衣藍布袍侍側,汗透背不敢脱,亦不敢揮扇。冬則皆衣褐或棉絮襖,無裘也。公嘗微行,或肩輿,或徒步,早晚出入僧舍中。於是人人轉相驚愕,各有一公在眉睫間,彷彿如或見之。舉凡面赤鬚白、形貌微似公者,即皆折目以爲公。兒女牀笫間語亦不敢高聲,曰:“于總督得無聞之?”夢中、醉中喃喃囈語,亦或大呼“于青天、于青天”云。而公之歿也,予以一瓣香哭公於喪次,仰瞻几筵,惟青燈布幔、冷落菜羹而已。問其篋笥,則故衣破靴,外無長物。蓋公之素履卓絶類如此。

嗚呼!予考傳記,三代而後以廉幹稱者代不乏人,然類多矯飾沽激,流爲刻覈,以納於偏畸,故措施建豎、表裏初終之際,往往難言之。未若公之狷介性成,質任自然,略無矯强刻厲之迹。而誠意感孚,無不服教畏神,不疾而速,直有超越於古人之上者。然後歎公爲真不可及,而益信誠中形外之爲不誣也。公倅黄時,予即耳公名,屢爲言於朝士,故公亦以予爲知己。初至金陵,即乘籐輿過予廬,坐雙梧下,握手款語。論及地方事,則任之甚力。無何,稍以直道難行爲憂。予曰:“公而亦慮此也。大丈夫勘得透時,雖生死亦不可易,何况其他!”公曰:“先生言是也,愚意亦如此。”嗣是,公餘常枉過予,而予則常不在家。今年春,公意興甚索,頗有請告之志。一日,訪予於清涼精舍,相對欷歔者久之,其中隱然若重有憂者。予厲聲曰:"遂忘梧桐樹下語耶!"公應之曰:"唯唯。"相與抗手而别。自公殁後,公友人鄭君某爲予言,公近有所忤于時貴,時貴實陰中之。公懼爲所誣陷,將無以自白。坐是,憤恚以殁,實無他病也。予聞之太息泣下,以爲公之精忠(獲)〔獲〕上,而猶道迴咨且有如此。自餘有志者,又焉望其能特立而不懼也耶?然觀上之遇公,恩禮終未少替,則知公之所以結主知者良有素,而聖朝初未嘗以浮議而有所參間之也。嗚呼!公亦可以自慰於九原矣。

公生于丁巳年八月二十七日丑時,得年六十有八。娶邢氏,封淑人。三子,廷翼貢生,廷劢、廷元並諸生。孫三,俱幼。公有文集若干卷行世,易名曰"清端"。於法皆宜銘。銘曰:

嗚呼噫嘻!爲菴中之芝,爲駑中之麒。蹂之益蕤,絏之益馳。物理既如斯,天道其易知。嗚呼噫嘻!廉吏不可爲也而可爲,如或疑之,請視兹辭。

書《于清端公傳》後

范鄗鼎

婁山病樵曰:"余讀《明史》,而歎廉吏之難。其人也,三百年來首軒輗〔一〕,輗之後有吾陽城楊繼宗,厥後有布政張鼒、副使劉俊、岳州知府張舉與吾邑洪洞衛英數人。"前輩石公瑤言之彰彰哉!余觀數人,廉矣而或短於才,才矣而或疏於學,或餒於氣。才、學、氣備矣,而或不得於君,不獲於上,政事止及於一時一隅之間。君子惜其用廉之未盡善也。本朝養士四十餘年,得于先生。先生之廉可不謂其盡善乎?廉則心清,心清則理明,理明則才全,理明則學優而氣壯。先生之言曰:"本府手刃四十八人。"張撫臺贊之曰:"以文吏而擅武略,屢著奇勛。"才何全也!前後奏疏條陳,援古証今,合理近情，學何優也！初至羅城，城中居民六家，先生寄居關夫子廟，安牀周倉背後。四僕亡其三，一僕又思歸。形單影隻，枕刀一口，氣何壯也！此皆自先生之廉得之。嗚呼！邦伯、師長、百執事之人，曷其奈何弗廉！

【校記】

〔一〕輗　乾隆本作"軏"，誤，已見前解。

請于清端入三立祠呈

范鄗鼎

呈爲本朝第一鄉賢，懇祈轉申上臺確採輿論，俯察行實。近考康熙二十一年事例，准入太原三立祠，以光祀典事。

查得太原三立祠之設，肇自故明山西巡撫魏見泉先生，成於山西督學道袁臨侯先生，共得七十一人，人各有傳，名實相副，朝埜交孚，後世允無異議。未及數十年，竄入名宦二人、鄉賢七人。康熙二十一年，督學道劉訓夫公祖，感物議之滋騰，稽增續之失實，止存名宦二人，另録鄉賢二人，于七十一人外共補四人。鼎按：此四人者，名宦如蔡忠襄，鄉賢如辛文敬，後世允無異議。至於名宦若桂、鄉賢若白，或遠而不及考，或考而不及詳，自有公論，不敢置喙。

兹有本朝兵部尚書、總督兩江于公諱成龍、謚"清端"者，係崇禎己卯副榜貢士，念乃父龍溪公年高不仕，其孝，既加人一等。順治十八年，父殁服闋，乃赴部選，其身不仕二主，既加人一等。選得廣西羅城縣令。羅城猺獞雜處，邑無城郭，下車之初，城内居民六家，廨宇、大堂編棘爲門。公夜宿關帝廟，安牀周倉背後。相隨四僕，亡三逃一。枕刀一口，隱几而臥。晝則誘兩猺舁一竹兜，巡行田野，勸民耕種。徵賦收租，與民親兑，力行保甲，猺獞(歛)〔斂〕

跡。應試者免其役，築室者獎以扁。投誠大姓，爵列侯伯，尚多負固。如黄姓者擅刑家僮，經公審理，黄姓畏服。未及三年，縣治既成，城隍云理，學宫漸修。本省鄉試，聘入外簾，公獨衣被襤褸，隻身徒行。撫軍金公、藩司金公一見，與語大悦，交薦“卓異”。尋以俸滿，陞四川合州，撫軍仍令條陳十餘事，次第舉行。居羅七年，其善政大略，有如此者。去羅之日，羅人送至三四百里。窺公清風兩袖，明月一船，不能赴合。會一(耖)〔眇〕者，素善星卜，偕公而往，以其技藝佐公資斧，乃得赴合。合則一州三縣，入額正供一十四兩。公招集流亡，不旬月得七百户，設法安插。會詔採楠木，撫軍張公委公稽閲。公單騎入山，省費無算。頃以羅城“卓異”，陞湖廣黄州同知。其治合善政大略，無異於治羅，有如此者。黄州同知分鎮岐亭，岐在郡極西，地逼湖邃，積盗出没。公得渠魁湯卷九人，術馭恩結，紿得情實，然後正法，群盗屏息。其詰奸宄大略，有如此者。既而，攝武昌、補武昌，剪吴逆之羽翼，成蒲圻之浮橋。水漲橋壞，隨以身殉，沉水不死，革職不恤。其致身大略，有如此者。革職之後，黄州蠢動，撫軍張公仍遣公往禦，命以便宜行事。慷慨任之，數日内兵不血刃，而數千大憝泣涕革心。其誠能感人之大略，有如此者。撫軍嘉乃績，上其事于朝，還公武昌太守。吴逆未戢，紛紛渠魁若黄金龍、若何士榮、若周鐵爪，勦者勦，撫者撫。十一月初二日出兵，二十五日班師，鄉勇凱歌，以寡制衆。其善師善陣大略，有如此者。武昌甫定，爲之禁火耗，杜私派，嚴誣告，絶餽送，招致文學之士敦詩説禮。明年饑，設法全活數萬人，自食糠粥。高人魯晟聞風，越七十里來嘗于公粥。其救荒恤災之大略，有如此者。繼母李夫人卒，制府蔡公等公疏奪情。尋陞江防道，上特簡八閩臬司。爾時耿逆新服，脅從多有。公開釋無辜，俾宅爾宅；老羸、黄口之不能歸者養之署中，計滿一舟，授以乾餱，復其原籍。其老老幼幼之大略，有如此者。旋陞藩司，會禁旅未旋，峙乃糗糧，無敢不逮。收稅兑餉，一絲不染，自矢一聯于藩司紫薇堂曰：

累萬盈千盡是朝廷正賦倘有侵欺誰替你披枷帶鎖

一絲半粒無非百姓脂膏不加軫惜怎饒得男盜女娼

其履乎羶途，而終不能污其操守大略，有如此者。在外，則親王、將軍誠服之，制府姚公、撫軍吳公等誠服之；在内，則大司寇魏公等誠服之，前後疏薦。上特簡巡撫畿甸。彈劾權要，激揚群吏，最著者申飭保甲，不拾前人唾餘，心裁十二款，續增五款。滿、漢雜處之地，捆載者千里不持寸鐵。條陳利弊疏數十上，朝入而夕報可。陛見，賜坐，賜茶，賜銀千兩、馬二疋，賜御製五言律手卷。是秋，駕幸雄縣，賜魚，賜兔，賜鹿，賜上親服銀鼠褂。其明良喜起之遇大略，有如此者。忠藎之餘，復廑孝思，請葬繼母而歸。不數日，有兩江總督之命。聞命起程，行李蕭然，宛然當年初至羅城行徑。入其境，輒爲微行，以察下情。關防清嚴，難以筆述。五日佳節，並無敢瓜粽相過存者。特薦江防道孔公、通州守于公、鎮江守高公、揚州守崔公，薦則真廉，劾則真貪，吏治丕變。嚴飭學政十款，相兩江時勢，另立保甲法三十八款。念奢靡之弊，著《節儉歌》一百二句；痛强暴之横，著《忍字歌》一百六十句；惡私派之濫，初指五十九款，繼指二十款，坊刻流傳，家絃户誦。其移風易俗之大略，有如此者。康熙二十四年四月十八日，端坐而逝，其面如生。同城將軍、寮屬偕入寢室，牀頭敝笥綈袍一襲，靴、帶二具，瓮内米數斗，鹽二器，四壁蕭然，無異寒士，將軍、寮屬相哭失聲。其節操至死不變之大略，有如此者。上聞訃，惻念殊深，賜謚，賜葬，賜祭，詔從其優。明年二月十五日，御製碑文，御筆貞珉，俾立墓上。若夫江南二十四郡邑之紳衿請祀名宦也，永寧等州縣紳衿之請建特祀也，尤直道之難掩、懿好之不容已者也。其没世而名稱益甚大略，有如此者。

鼎生也晚，其於于公生平未謀一面，未通一字，僅從拙選晉人、晉文、晉詩、晉語内拾其大略，未免掛一漏萬，聊以兩言蔽之曰：“若于公者，有陽城白東谷之經濟，而猶限於資格；有絳州辛文敬之學術，而非托之空言。"幸遇老父母奬進廉節，嘉予善類，懇祈轉申河東道、督學道、平陽府正堂，採輿論而察行實，倣康熙二十一年劉訓夫公祖附入白東谷、辛文敬之例，准入三立祠中，並立一傳，刻板續後，以垂永久，有光祀典。

上呈。

請于清端入三立祠覆呈

范鄗鼎

爲遵票覆呈情由，以候上臺核實事。

竊照各府州縣名宦、鄉賢之人，原係國家大典，必須旁採輿論，非從一人私言。至於太原三立祠之設，肇自故明撫臺魏公，成於學臺袁公，一增於撫臺蔡公，再增於康熙二十一年學臺劉公。凡有理學者、有經濟者、有節義者、有文章者，無論名宦、鄉賢入過與否，無論該地士庶申請與否，撫臺、學臺俱得獨斷允行，置主於三立祠中，立傳於《三立祠集》。此三立祠之設，與各地方名宦、鄉賢祠迥然不同。如于清端諱成龍之操守、之經濟、之節義、之文章，始于七星，繼于三湘，盛于八閩，昌于三輔，成于兩江，其大綱細目俱在今上洞鑒中。鼎心儀其人，謀面無緣，向往有日，曾於鼎彙選一代理學三晉文獻時，如《垂棘》《語録》諸小刻，載于清端嘉言善行。既蒙前任撫臺咨取送部，轉送史館，以備採擇矣。近又按其素行，覽其著作，聽其鄉評，得其詳備，益爲心悦誠服。知各上臺克公克明，旌淑好善，不俟草野申請，自應特行表章。但懿好在心，貴賤僉同，此鼎於本年六月間有"本朝第一鄉賢"之詞也。況今江南江寧等州縣，山西永寧等州縣，各有申請，既准入名宦、鄉賢訖。又況今上知人之明，千古無兩，御筆立石于墓，有曰"累加特擢，皆朕親裁"，又曰"惟爾之廉，天下共知"。輿論雖公，恐不能出聖天子綸綍之外。此鼎

“本朝第一鄉賢”等申請之情由,原以佐各上臺芻蕘之採,欲循康熙二十一年學臺劉公增入陽城白、絳州辛之例也。緣係票催前詞情由併行過事實,謹遵票上呈,懇祈覆申是幸。

洪洞縣看語

張彞統

洪洞縣知縣張諱彞統。看得顯庸寵秩者,朝廷爵禄之榮;褒美揚休者,儒生紀述之事。太原之有三立祠,其所以追崇先哲,饗祀前賢,既名實之交孚,亦朝野之共服,載在編簡,俗吏何知?今有鄉宦范鄗鼎,以原任總督兩江于公諱成龍者,申請入祠緣由到縣。于公籍非楊國,將毋越俎之嫌?三立祠在太原,難免隔垣之誚。特范宦身任名教,志在闡揚,兼于公清畏人知,廉蒙主眷,纂輯詎僭,揚扢匪誣。遡一本桑梓,景仰已深於昔日;鼓同聲砥礪,表彰自亟於今朝。豈其大雅云亡,忍聽典型淪落?爰刊其政事,以續《垂棘》,見直道之難泯;復請列鄉賢,以入名祠,洵懿德之共好。所當亟爲轉請,以示允行者也。

平陽府看語

周士賢

平陽府正堂、加一級周諱士賢。看得兩江總制、大司馬于公諱成龍者,廉介永矢,經術素裕,勳庸著於社稷,德業存於民生,朝廷有褒謚之典,宫牆有俎豆之崇,已爲直道在人、懿德難泯者矣。兹洪洞縣薦紳范鄗鼎刊其政蹟,傳其行實,猶以不足揚“清端”之美,盡欣慕之誠。請循往例,附入太原三立祠,立傳垂世,豈其阿所好哉?蓋于清端之人品、事業,爲聖主所獨嘉,實本朝不多得,堪與古君子並芳名於不朽,膺享祀於無疆耳。既據該縣具詳前來,相應轉請。伏候憲裁。

提學道看語

高龍光

提學道、按察司副使高諱龍光。看得三晉星分參井，地屬冀、并，肇自洪荒以來，實爲賢才之藪。延及近代，不乏偉人。若故總督兩江于公成龍者，尤間氣之挺生，名世之特出者也。其事親也克孝，其許國也以忠。其爲小吏也，廉則真廉；其爲大吏也，法則真法。其遠任邊方也，則恩威并濟；其窮治積盜也，則勦撫兼施。地易勢殊，則保甲不拘一格；情因辭見，則嘔心特著兩歌。是惟守定者不能移，抑且才而無不可用。是上邀宸眷，獨被殊恩。其人固近古所罕儔，其遇亦昭代之未有。今據平陽府詳，據洪洞縣進士范鄗鼎呈，祈轉申准入太原三立祠，以光祀典。屬在表章前賢，裨補聖治，固應不以越俎爲嫌也。伏候憲裁。

撫院批語

馬　齊

巡撫、都察院馬諱齊批：大司馬于公清操介節，事業文章，焜耀古今，允堪風世。如詳入三立祠，以光俎豆。繳。

康熙二十六年二月十四奉批，經太原府行縣知照。

江寧初建于清端公祠碑

彭定求

古者祀典之設，所以報德崇恩，故屬在群神。凡爲民人之所佑庇，邦土之所憑依，高閎大庭，焄蒿肸蠁，所在多有；而循吏之德澤翔洽、風節著明者,往往殁後之事儼若與明神等。亦曰:聖賢豪傑生也不偶,在天爲星辰,在地爲河嶽,明爲人而幽爲神,固理之必然者也。維故兩江總制于清端公,稟聰明正直之資,行潔己惠民之政,因爲聖天子所倚毗。而秉節於金陵也,時則湖湘未靖,師旅驛騷,生民顛頓極矣。爲大吏者,猶以朘削爲能,要結爲固,激揚倒置,綱紀淩遲。公出而清苦刻厲、躬行至誠以動人,遂使貪墨餘風翕然丕變。其清宵白晝,鑒之以天日,質之以影衾。燭奸於微、恤苦於隱者,莫不目懾而心服,氣悚而情移也。及夫盡瘁告薨,諸司臨哭,見其空齋敝帳,篋無十金。金陵之民呼號哀慟,填闉塞路。此時既悲公之不能復生,而猶冀公之神不遽舍我民,而靳其休庇也。於是謀所以祀公者,謂公生前曾夢入天妃宫而瞻謁焉,庶其神之陟降尚非惝怳而難憑、遼遠而莫測乎！因即宫之中而爲之祠。信乎民之事公如神,有不敢躋諸尋常俎豆之例者矣。夫水府之神,功德參乎天地;天妃之號,精爽翕霍、狀象彿彷、崇奉而嚴事之者,森然播列於寰區。若公持身之廉,則如水德之清;惠民之溥,則如水功之潤。當其感於夢也,一若宣聖有奠楹之徵,傅相有騎箕之驗,機之先見,昭昭在人耳目間也。繄此江淮河海巨浸瀠滙之墟,明昭上帝將藉公之浩氣充塞,於以默相而奠定之。則鯨鯢之浪可平,蛟螭之窟可静也;澤國之安瀾漸奏,畇田之膏雨長流也。從此永賴公之賜,而慰斯民之謳歌思慕於無窮,可以知陰陽之運,可以通幽明之故,豈曰禮疑於黷也哉！

昔公在位時,定求方繫官於朝,未及一見公,而聞風仰止,什伯恒情。既與公之冢孫、今中丞君遇於成均,心喜世澤之未有艾焉。中丞君來撫我吴,方欲紹述公之廉聲仁問,以兹祠建立既久,維麗牲之碑尚闕,乃屬爲之詞。竊媿文之弗稱,而獲附名於頌揚前賢之列,實所深願。謹爲敘其大略,併作迎饗送神之歌,俾春秋祀時用助士民將享之忱,而望公之昭格於上下云。其辭曰:

江森森兮天濛濛，樹榱桷兮環瑤宫。民所思兮清端公，靈之棲兮萃涣於其中。載雲旗兮乘回風，馮夷擊鼓兮來相從。粢盛兮潔豐，笙管兮和雍。願公如生兮呼吸與通，奠民居兮軫民窮。相陰騭隲兮以仰酬夫昊穹，瞻望旁皇兮神聽維聰。

蘇州初建于清端公祠堂碑〔一〕

韓　菼

國家監古王官之伯，出大臣以總一方。兩江地襟帶東南，賦繁重積，又間苦兵革。休息長養，董統齊壹，以紓南顧憂，恒難慎其人。康熙二十年，我永寧于公以畿内巡撫特簡來節制其地。公素以清望著威名，至是操益厲，襆被單車，布衣(蔬)〔疏〕食。吏慴望風，民悦載路。視事二年，條教大行。絶苞苴，止僭濫，清獄訟，肅軍伍，除稂莠，安愿良，有不便之者流言布聞，不恤也。以暇興庠序，習禮讓，數闢書院，講學其間，俗方彬彬焉。天不慭遺，奪我壽耇在厥服。天子敉功閔勞，葬贈有加，親製祭文，書以賜其家。維時兩江數千里，百萬生齒，保抱攜持，炳香望哭，哀音相屬不絶。而我蘇之民，彫劾之餘，視他郡爲劇。幸衽席於公，尤不勝嬰兒中路之悲，摧號隕慕，久益不忘，則相率爲祠以祀公。始於康熙丁卯春，子來丕作，地剪其隙，材庀其度，工一其力，勞歌不興，歡成若靈。其年之九月也，翼翼孔安，在上左右，旗纛麾幢，飛揚肸蠁。父老子弟，雜肴進蔬，惟序惟時，而屬其鄉人韓菼文其麗牲之石。菼旅進拜謁而言曰："公之勞於外也久，公之福於民甚溥。嘗試言其大者：從兩蒼頭，招孑遺之民，俾有政有居，公之爲政於羅城也；民罹賊慘，脱之水火，大工大役，身服其勞，而民不擾，公之爲政於合州也；削平巨盗，以固巖疆，公之爲政于黄也；會計數百萬之餉，不乏軍興，而身不名一錢，公之爲政於閩也；申保甲以清盗藪，鋤彊禦以甦民困,尤推薦屬吏、今左都御史于公、府尹衛公。兩公起,而活民又無算,公之爲政於畿輔八州也。繼自今孰不俎豆公?我邦之民即欲如桐鄉之奉嘗、安陽之薦食,顧安得而私公焉?雖然,方公在時,中外罔有大小遠邇,屋漏衾影莫不有公。或相恐曰:'得毋公來乎?'或又曰:'將毋不來?'所不到之地,猶若或臨之也。況其在宇下者,匹夫匹婦又公平日之所惻然。今者黄童白叟,雜然而祈賽於一堂,固公之家人父子爾,庶或享之,亦神之志也夫。"燅既退而書之石,復詩以繫之,以當迎享送神之曲,容歌而薦之。其辭曰:

帝勤南服,寄公安危。公獻其身,有勞有施。維卒不渝,孰磷與緇。王言如綍,表以素絲。滔滔江流,曷云其逝。肅肅柳荒,参差哀吹。不言不辭,靈往匆亟。匆捐我玦,或遺我袂。吳儂望思,廟河之滸。弗敢弘敞〔二〕,取庇風雨。匪緻匪堅,裁去鳥鼠。妥公平生,蕭然環堵。嘉薦普淖,粢醍在堂。腁胝我餘,不遐降嘗。有苦有薇,以芼以湘。侑公平生,唐園滿腸。我社於斯,我臘於斯。天子有命,公實來尸。曷間存没,神無不之。千秋兹土,食無我違。

【校記】

〔一〕以乾隆本爲底本,以《國朝耆獻類徵初編》爲校本。
〔二〕弘敞　乾隆本作"弘殺",誤。

江寧重建于清端公祠碑

彭定求

故兩江總制于清端公之薨於位也,一時金陵士民悲哀思慕,若失怙恃。既建公祠於天妃宫内,用協公之夢兆,歲時佑享,罔有不虔。越十年所後,總制傅公亦薨於位,時有爲之立祠者,因追思清端公之舊澤也尤深,相率言曰:"向者祀公於天妃宫内,地猶弗專,未足以伸昭報之誠。維聚寶門外長干里之雨花臺,枕崇岡,臨廣陌，拱列峰之明秀，帶巨瀆之澄泓，古名臣廟宇聳立於兹者甚著。今爲公建專祠，莫如斯土爲宜。”於是士民踴躍趨事，不移時，而潰於成。軒楹之麗壯，儀像之輝煌，堂哉皇哉！此以見公感人之誠、及人之久，有出於自然而不可强致者矣。今夫崇坊奥室，土木繁興，率皆上焉干譽、下焉貢諛之所爲，適足以供指斥者之口。生而侈然，没而寂然，且欲其速毁爲快也，安望其成之一而再耶？又安望其年往風微而思益未艾耶？若公之獨得人心也。蓋自我朝之督撫大臣，其廉節表著，固莫有先焉者也。廉者，臣道之根柢也，《周官》六計弊群吏，統善、能、敬、正、法、辨，而皆冠之以廉。非廉，則六者無從出焉。而大臣能廉，其功自百倍於小臣之廉，以其風厲者多，感乎者速。故夫統馭封疆而致頌德懷恩之盛，視夫置塚配社、樹碑立廟於一鄉一邑之間者，其規模之廣狹、制度之詳簡，有不可等量而齊觀者矣。恭惟皇上巡幸金陵，臨軒清問，親見民間頌公廉節，家尸户祝，近今罕有。於是錫寵綸，畀上謚，晉以孤卿之爵，延以胄子之官。炳炳麟麟，遐邇中外，喁喁悦服曰：“聖天子旌廉令典，度越前代萬萬也。宜乎是祠復興，日新月盛，而致四方和會之衆也。”古大臣之殁，而見思風流寖深且長者，莫如諸葛武侯之於蜀，所在各求立廟；羊太傅之於襄陽，人見峴山之碑而爲之墮淚。今公較之，曾無少異，雖百世以下，猶將過其地，述其遺事，而感動興起於不能自已。官常於是乎則傚，邦本於是乎維持，豈淺(眇)〔眇〕哉！公之冢孫、今中丞君時方任監司，於省城適覯是祠之成，會即遷擢去，未及徵文以勒諸石。兹乃并屬定求識之，用以昭示來者永永無極義，故不得復辭。銘曰：

於鑠我皇，眷顧南疆。藎臣應運，挈領維綱。滔滔狂瀾，樹諸隄防。清以表德，端以型方。公儀是絜，叔敖是埒。靡室靡家，民乃胥悦。挽澆維淳，救文維質。躋世唐虞，風軌可閲。誰嗣聞歌，傷如之何。罷舂輟耒，盈江之沱。青丘鬱鬱，丹楹峨峨。弘模再立，礪山帶河。綿綿奕世，禋祀匪懈。非私於公，樂只是戴。來瞻來依，神其如在。凡厥有官，視斯遺愛。

黄州重修于清端公祠碑記

周　華

從來大賢君子之流風遺澤，其入人也深，而傳之也必久。入人深，故凡轍跡所經與政事恩膏之所暨訖，實足以扶衰定難，淪浹人心。傳之久，故其盛名休譽，歷世彌新，與日月争光，與山川草木相輝映。如唐之房、魏，宋之韓、范、司馬諸賢，天下後世指爲祥麟威鳳，景星慶雲。若而人者，是皆造物所篤生，以翊興朝、勷景運，非偶然也。西河于清端公爲本朝名臣第一，亮節勳名，載在史册，其文章政事，每每傳之薦紳、學士與里巷之叢談，兹不具述。蓋公生平仕蹟之烜赫，實始自黄州云。其由郡司馬擢知府事也，值三藩作逆，萑苻不軌之徒倚東山、英、霍間爲窟穴，蜂屯蟻結，人情洶洶。公不事甲兵，單騎就道，團鄉勇，出奇計，相機勦撫，談笑而定之，王文成平八寨之才也。逃亡饑饉之餘，歲復大祲。公勞徠環集，施仁恩以賑活之，張益州治巴蜀之烈也。一時膚功異績，兩臺重之，聖天子嘉之，遂膺不次之擢，由閩藩撫綏畿輔，尋晉秩總制兩江，高風勁節，充塞寰宇，即包孝肅、海忠介諸公何以加焉？噫！近代求如公者，蓋亦寡矣。

公去黄之後，後人之仕於兹土者與邦之父老子弟不忍忘也，相與崇祀學宫，復於赤壁之巔建爲祠宇，祀公像於中，迄今數十年矣。丙戌春，公之冢孫、大中丞子繩公，由黔撫移節江蘇，道過齊安，展拜祠下，見其棟宇卑隘，堂殿缺然，出清俸畀華董理。於是鳩工庀材，即其地而重建前殿三楹、後堂三楹。丹雘牕欞，繚垣曲磴，莫不崇閎堅好，眎昔有加焉。從此江山風月，公之靈實式憑之，蓋千秋如一日矣。嗟乎！在昔黄郡之寓公、遷客，所謂大賢君子者，莫如韓忠獻公、蘇文忠公。迄今覽春草亭暨臨皐雪堂之遺跡，未嘗不留連慨慕，想見其爲人，然二公猶未嘗仕於其地也。若公之循聲異政，轉危爲安，霖雨甘棠，於今爲烈，其視二公爲何如哉？以故冠蓋勛名，後先濟美，大賢君子之流風遺澤，其日興月盛又何如哉？華以後學，承乏楚黄，幸得重葺公祠宇，瞻望典型。《詩》有之："高山仰止，景行行止。"雖不能至，心竊嚮往之。於是拜陳牲醴，敬妥公靈，並以誌後人之私淑云爾。是役也，經始於是歲孟夏二日，落成於季夏之九日。同事斯役者，黄州府知府、三原李彦瑁，同知、京江蔣尚忞，黄岡縣知縣、三韓黄極。其督修而爲之記者，郡通判、錢塘周華。題祠額者，海寧陳奕禧也。

蘇州重建于清端公祠碑

彭定求

康熙四十有五年，吴中士民合詞請於蘇州府，申藩、臬二司，以達督、撫、學三院曰："維前兩江總制于清端公之秉憲也以廉，爲我朝督撫大臣之冠。勵一介不取之節，守'四知'自省之義，飭吏治，恤民情，苞苴既除，疾苦畢達，軍戢於伍，士養於庠，農活於野。一時遐邇嚮風，頌聲大作，咸曰包孝肅、趙清獻再出也！我蘇雖去金陵較遠，而翹首跂足，如日在森然轅戟之下。嘗遇公巡歷海疆，襆被輕擕，蓬舟徑渡，郵傳間絶不覺有按部之役。士民伏謁道旁，條列地方事宜，輒爲溫言采訪，得其寔者，即與施行。公謂吴俗澆而鮮樸，親製《忍字歌》，頒行勸諭，大旨以息爭止訟爲全生保家之道。言言剴摯而周詳，可以家喻户曉，不啻若遒鐸之狥於路焉。故公薨之後，民間悲慕謳吟，境内相望。吾蘇既立祠於城中通闤坊久矣，(苐)〔第〕以逼近梵宇，規模隘狹，其於報德告虔之制弗稱，應易地而更新之。謹按前巡撫、睢州湯公得民心爲最甚,而祠在蘇州府學,春秋侑享,典禮綦隆。若公之清德,實先湯公而著聞於時。莫若兩祠並建,則儀型昭揭,相得益彰,可以範世濯俗,俾我民愛其休庇者實深且遠。"牒既上,三院下其議於所司,得允士民之請。衆遂踴躍趨事,度地於湯公祠之右,楝梁甎甓,資助駢集。前後堂廡凡若干楹,周以繚垣,兩祠合爲一門以入,高明爽塏,儼乎神明所棲。越十二月既望,厥工告成,涓吉升主以祭。士民胥大和會,笙歌奏,牲醴陳,咸曰:"是舉也,以崇邦憲至順也,以樹官箴至明也,以愜民望至公也。"乃屬定求敘建祠之始末,而爲文以識。

定求曾紀公祠之在金陵者有二,若我郡尸祝之忱如是,何能不又爲之述?乃對衆而申質之曰:"學宫從祀之典,由來重矣。凡吏有賢績於地方,則稱名宦而合爲之祠。其猶粹者,間有專祠,以别於龐雜他附之所。郡學中惟唐之韋刺史、宋之范文正、胡安定三祠鼎峙已爾,歷數百年始得一湯公爲之繼。兹復媲之以公,而衆議無不翕從者,蓋深信公之廉出之以至誠,而不等於立名之矯;行之以至正,而不流於制行之偏。自其起家儒素,歷民社,綰封疆,從未嘗一日攜家入署。公爾忘私,皎然獨拔於流俗。令行於光天化日之中,而恩及於窮簷蔀屋之際;清著於茹蘗飲冰之節,而愛篤於輟舂弛瑟之餘。謂非素所謹身慎獨、存理遏欲者,孰能與於此?古之大臣必有千駟弗受、萬鍾不易之操,而後能以匹夫匹婦莫不得所爲己任。此聖門之學莫先於義利之辨也。伏覩今上獎廉異數,至于公而褒揚軫恤,宸章光耀,蔑以加矣。曩者御試詞臣於西苑之豐澤園,作理學真僞論。諸臣呈卷時,上特諭曰:'理學無取空言。若于某不言理學,而服官至廉,斯即理學之真者也。'煌煌聖訓,聞者莫不動容悚息。則今日祀公於學宫,正所以對揚天子之明命,而匡維世道於不墜,固非泛泛紀循良、托遺愛者所可援此以論也。惟湯公以理學而顯於廉,惟公以廉而合於理學,名寔同揆,幽明允協,可與先聖先賢臨之在上、質之在旁者，有弗信矣乎！"僉謂是言也，可以俟後人知所考焉。因勒諸石，而凡士民之捐助者，皆以姓名列於碑陰云。

從好録

楚黄郡鄉紳士民同編

公爲黄州府郡丞，有湯卷者以慣盜投誠充捕役，其隱真盜、害良善特甚。公初見其人，輒賜之酒肉，慰勞之曰："本府深知汝能，汝誠爲我洗心戢盜，即是好人，吾當破格優賞。"如是者再。一日見，賜之酒，詢伊大盜幾何，小竊幾何，卷格格言不盡吐。因復賜酒，竟大醉，出時昏矣。公乃改裝尾其後，見卷得意甚，從其伴大飲店中，歡甚。乃出囊中紙摺，歷指其名，謂同伴曰："某人是會養爺娘的，好生看成。"蓋謂其慣盜，向伊納供奉者也。又指其名曰："此人是爺娘靠不得的。"蓋謂盜之無能者也。公從隙中窺聽之甚悉。明日召卷，盛賜酒殽獎譽之。卷益歡暢無忌，復大醉。隨詢伊生平，卷大放意，悉吐伊昔作盜時斃某人命，今爲捕役，誣平人某得財，又白伊强奸人妻女事。公謂之曰："吾聞汝有一手摺，可見否？"卷堅執不出。公搜得之，邑中大盜小寇悉無遺。卷仍不悛，謀殺奸淫益甚。公曰："若汝行事，汝亦未可再立於世矣，不如速歸。"卷曰："下役從此隨老爺，復何所歸？"公笑曰："勸爾歸黄壤耳。"卷曰："死是其分，幸與母訣。"不許。隨取篋中銀壹兩付卷寄母，即押令卷出，聽其自盡。公自得湯卷手摺，悉得盜竊姓名居址。一日，有事出郊城，謂其人曰："此地有大盜某某，小竊某某，共十八人。但守法不犯，且姑置之，犯即死矣。"聽者駭其神明，而諸盜遠逃屏跡矣。公平居，每曰："人命關天，此何等事而敢鹵莽？自非察訪極的，贓證極確，若寃殺一人，便應一命償彼。"故每慮訪察不確，多微行乘蹇，作田夫、旅客裝，躬至田野村落，聽輿人，訪樵牧，故疑情盡得，而奉察訪者亦不敢欺。一日，粧目者入村館少坐，聽其塾師訓諸童蒙。少頃，主人送點心至，館師邀俱食。明日，喚其師來云："吾昨承汝敬愛，第汝教諸童蒙多不通理。汝心未通，安可誤人？汝應速退。"其師泣曰："小人貧窮已甚，此館既散，則無以卒歲。"公曰："汝欲卒歲，奈何誤人子弟乎？"取篋中二金給之，仍與五杖。其細微採訪皆如此。每捕獲一盜，細訊若非近犯發覺者，痛加審責，但取伊通族、鄉保保結即釋。如是三日畢，竟無保結者，方從重處。諭保結者曰："此即明係真盜，汝能保其改過自新，再不犯者，即舊案不問。若一有犯，則連坐之罪，汝必無所辭。"又視其保結者，果係老成敦厚之人方准。一日，捕獲一慣盜，正審責間，十餘輩以保狀進。公曰："我觀汝十餘人者，無一敦厚長年，率皆輕浮猥猾。汝即盜也，安能保盜！"即各與三十杖，并此十餘人者取的保後釋。過三日，并無一名保此盜者，亦并無一名保彼十餘輩者。公乃重處此慣盜，諭餘十數人曰："汝情形吾已覷破矣，既無人保汝，汝十數人者即存此保狀，當互結有一犯者，悉當連坐。"由是群黨相顧膽落。

一日，遣呼一盜至，其盜懼甚。公曰："汝毋懼。吾知汝已改行，故呼汝獎賞之。汝輩爲盜而官不知，此官之闇也；汝輩改行而官不知者，亦官之闇也。今特呼賞汝，藉汝傳諭若黨，一改行，官即知之賞之；則不改行者，官亦必知之誅之也。"因賜酒食放歸。

東方某擒一偷兒至，公訊之曰："汝竊也，吾夙知之，且幸斂手未犯，何捕爲？且汝地某某非巨盜乎？豈汝竊盜比？然未新犯，吾亦姑置之。若一切搜陳案，則吾夾袋中不勝誅矣。今赦汝歸，當遍諭若輩。"此竊得釋歸，遍傳而群魅大畏。其志人知擒一而民畏，不知縱一而民愈畏；人知誅一而民畏，不知賞一而民愈畏。新洲大盜喻姓者，累年劫掠，聞一僧稍得經資，夜往劫，剖其脚腨而鐵筋挺之。公乘蹇躬訪，得其實，隨往編保甲。此盜聞風先遁，公點名至喻曰：“何無此人？”又點名至某曰：“何無此人？”限鄉保即刻拘至。喻姓者已喪魄矣，一訊即服，命取保結不得，立斃之。

辛亥、壬子饑，公退食半茹糠粃，痛自裁損，乃得餘俸，多少隨施，橐中懸罄。無已，惟以出入所乘一騾鬻之市，得十餘兩，一日而盡。蓋赤手空庭，躊躇無計，乃集岐鎮中多士、素封，溫言巧譬，勸其出資賑濟。衆喻公志，多少不同，悉無違拒。公既廣行勸施，而窮簷下里愚懦之民不克至前者，公間有聞，躬至其門，訪其果係窮孤稚寡，閱實其口數，裁處多寡周給。退食忍饑，履穿踵決，不惜也。或有不宜與者，一粒無濫。一日，有婦人領賑穀，詢之，云有兩子，長二十歲，少者十六。各至，皆丁壯也。公曰：“有如此壯子，不能養母，又獨令領賑乎？”仗其子各二十，卒勿與。

公有同社友，當爲子衿時，社中十餘人，獨此友家稍腴。社中貧寒者，此友資給之，此友家遂落。同社中有出仕者，皆於此友厚報之。公感此友惠特厚。忽來岐相訪，公見之，故交相得歡甚。此友欲關說片言，卒不得。公止傾囊，約得數金相贈，以至署中饔飧絶粒。夫以如是之交、如是之贈，而關説不得，則他可知矣。某宦有家僕拔人田豆，反毆其人，訴諸公。其僕偕其主人來，公曰：“拔豆雖小，然大不法殆始於此。”痛責其僕。其家叔伯兄弟皆仕宦，與公交厚，不顧也。事畢，則稱詩評酒如故。

安邑人鄒彬然夫婦，黑夜爲人所殺，劫去財物。其僕二長兒僞傷報縣，累及左右隣家十數人，被刑繫獄，究不得實據。彬然陰魂叩其兄守質之門曰：“汝拖累無辜，我的寃仇只待于青天到，便得明白。”及公自郡城還岐，審理彬然一案，令其兄守質將彬然所居房舍詳畫一圖，歷指問曰：“某房某房係何人居住？”並細訊是夜被殺情形始末。隨傳安邑陳典史至衙内，曰：“汝少待，殺彬然者即至。”陳尚不敢信。公乃用秘計，差役取彬然家僮三長兒至監，收一大空屋中，扭鎖柱下。監押人役夜深各歸别室就寢。至三更時分，屋隅飛沙走石，唧唧有聲索命。三長不禁股慄，作荷荷聲。須臾，電光閃爍，光影之下彬然夫婦披髮血面如被殺時模樣，嗚嗚哰哰哭駡：“負恩賊奴，把命還我！”三長慌叫道：“弒主者係我哥二長與隣人某某等，我不過秉火旁立，與我無干。”比時監押人役齊至，一一盤詰明白，帶三長還本家拏獲二長，並弒主刀棒與所捲家財，兼拏同謀夥逆者回話。先時數日，府門幽晦，旋頭風環遶不絶。及至是日早堂審理定案後，日明風静，萬聲頌祝。即日牌行該縣，釋放無辜拖累十數人。我公神明折獄類此頗多，特因鬼寃故録之。安邑百姓所以有“鬼有寃枉也來伸”之謡。

公自令羅、牧合以及岐鎮，槖無長物。公長郎來省，意謂往官羅、合，地皆初闢，黄、岐雖蕞爾，或較前稍善。及一見公，拮据僅凑路費以歸。瀕行時，署中止存一烰鴨，割半飯之，時人有“半鴨于公”之謡。先是，公每晨市豆腐二觔，供署中之用，故謡云：“于公豆腐量太狹，長公臨歸飯半鴨。半鴨于公過夜錢，五釐酒價何處拈？”蓋公酒量頗寬，每夜以半壺爲率，楚俗值價五釐云。遇相知友，引坐臥内，牀頭一敝簏，棹底數酒罌，率多空。家僮報米鹽罄，略無經營意，從容譚笑無減也。今年無秋，署中益屢空，其家人悉食粥。其粥更異甚，以少俸買稻舂米，復炒糠釜中令微焦，重磨取粉。每粥以少許黍米，煮垂熟，入糠粉及蕎麥麵、黄豆粉和之。客至亦出此粥，勸令如此食，冀得稍存餘蓄以濟饑者。客雖不堪，多勉强餐之。有膏粱子不能嚥，公謂之曰：“貧苦士之常，富貴人之幸。汝便不堪食此，吾他日過汝家，若未設此粥，吾罰汝賑饑。”鎮東有魯晟者，聞公高風而慕之，趨行七十里，欲嘗此粥。公懽然見之，曰：“新客且一飯，再設則粥矣。”晟明日東歸，以不得嘗異味爲怏怏。時又有“糠粥于公”之謡，謡曰：“要得清廉分數足，難學于公喫糠粥。”

公待己甚嚴，而待人則恕；處己則儉，而濟衆偏奢。每聽斷時，遇民有必不能償者,則傾囊代償,盡其俸薪亦無吝惜。頃歲大祲,饑饉無告,公首倡賑饑之教,雖上臺有勸賑之檄,邑大父臺有糴賑之行,公先已零星舉行矣。如周某者,以世家子弟忽值奇荒,八月中已大窘,婦子啼饑,轉食宋埠。宋埠人士(歛)〔斂〕資周給,又未即去。宋埠鄉保恐一旦殍壑不便,投禀於府。公詢其所以,即出俸糴稻二石與之,俾返所居。又鄰邑有主人饑窘,勒僕贖身者,得其大半而僕力已竭,不能畢償。其主告諸府,公審得其情,因諭之曰:"此贖身非僕本意,主窮急勒之耳。今索找足亦是本等,奈此僕一錢無有;欲返之,則主又無資退與。"遂代僕出數金給主人足其數。訟息而主僕兩生,獨公割俸不堪耳。頃見府門日有襤褸數老人請賑者,公皆隨數周之不倦。或曰:"此某人所薦引者。"公亦不復問。其躬赴各村鎮勸賑事,具前録中。

公每巡城,見諸生館中三更後尚有燈火,聞有誦讀聲者,或即適其館,或次日召入衙中,怡然加禮,欽愛不已,云:"讀書人須當如是。"諸生莫敢不遜志敏學。

補遺

撫臺張公贈聯任黄州府時。

何處尋求包老
此間便是閻羅

于清端公政書　續集

羅城創建于清端公專祠録序

金　岳

憶岳總角時,先大夫守濟南,公餘輒手一卷,或肅然起敬,或悠然神往,嘗嘆曰:"居官若此,宜血食無窮也。"岳從旁諦觀,不解其故。竊視題簽,則知爲《于清端公集》,然究不識公爲何人。年十四,受公全集讀之,得悉公以一代巨儒,起家縣令,洊歷制府,政績彪炳,恩榮稠疊,固生民寶筏,仕宦慈航也。顧岳竊有所疑,質之先大夫曰:"于公德澤固遍吳、楚,實發軔於粤西羅城。觀集中所載治羅善政,指不勝屈。乃兩江、兩湖間俱有專祠,而羅獨未載,豈兵燹初平,不暇崇報歟? 抑建祠在裒集之後,未曾記録歟?"先大夫頷之。迨先大夫復守南雄,調廣州,晉海南觀察,岳隨侍十餘年,嘗詔岳曰:"何時宦遊西省,當採其流風,并核羅邑專祠。其既立也,則聿新之;其未立也,則剏建之,以畢生平願。"岳誌之不敢忘。

歲辛未,岳以菲材奉命揀發來粤,無所短長,間欲竊公大意,而識力不逮,徒望洋興嘆。丁丑,恭膺憲委,攝羅城篆,岳不覺捧檄而喜。蓋先大夫一生宦績,皆步武前徽,中間大遇風波,幸蹶而復振。先大夫嘗持公集向天自矢曰:"臣允彝得保首領,皆聖天子恩,敢不始終身體是集,力圖報効!"而岳景仰之私,又已二十載,今坐公之堂,治公之民,何其幸也! 惟是崇報之典,止有名宦,無專祠。

父老告岳曰:"于公德政,民不能忘,顧因猺氛不靖,剏建遲遲。後既入名宦,遂中止。今始聞吳、楚皆有專祠,羅城食德獨先與久,而竟缺如,民不忍也。願劇資爲公剏建。"岳却之,自捐廉俸,鳩工庀材,不日落成。又於入縣治三十里路側峭壁間,刻"于公舊治"四字,大如斗。其春秋祭祀,藉辦公耗羨,以爲經費,而紳士所劇金,取子錢爲私祭費。并撰《迎神詞》及碑文,勒諸石。非敢獨爲君子也,蓋上以承先大夫之志,而下以遂余小子之私。兩代微忱,廿年夙志,於兹少慰耳。雖公之神明不僅藉此,而其中似有宿緣者。不揣弇鄙,而書其緣起如此。

羅城創建于清端公祠碑

金　岳

考《祭統》,有功德於民,能禦大菑捍大患,則祀之;非是,不在祀典。《書》曰:"記功,宗以功,作元祀。"祀事之舉,惟神所宜受者享焉。若前任羅城縣知縣、歷任兵部尚書兼都察院右副都御史、總督江南江西等處地方軍務兼理糧餉、操江、贈太子太保、謚"清端"、諱成龍于公之官於羅,固大有功德於羅之民,而禦菑捍患於斯土者也。岳少時讀我公《政書》,輒欽慕之,二十年來如一日。去秋檄攝羅篆,竊欣然曰:"此非我公發軔地乎?何幸學步於邯鄲也!"下車日,首於名宦祠謁公。瞻拜後。即訪其流風善政,父老猶有能言者。及問其專祠,則缺如焉。因慨然曰:"嗟乎!公之尊崇於名宦祠也久矣,然其地尊嚴,士民輕不得瞻仰。即有傾心乎公,而欲盡區區之誠者,亦徒徘徊於宮牆之外焉。"而專祠則不如是。故嘗考公之專祠,江寧、蘇州則有初建、重建者,而黄州亦有重修者,民情固大可見也。若羅,在公爲筮仕之初,在羅爲被德之始,似宜較他處爲尤重矣,而何以獨無?岳於是思立其祠,而士民亦莫不歡欣鼓舞。遂自捐薄俸,合僚屬,統吏民,不日而祠落成,奉公之主妥焉。工既竣,咸請礱石以紀其事。

岳念公之豐功偉績,載國史,誌家乘,以及碑傳於名公巨卿者既詳且悉,而惠羅之政或畧,固不敢湮没不彰也。羅僻在山陬,城垣傾圮,廨宇荒涼,居民止數家。公增陴浚隍,招集流徙,民賴以寧,今之廬旅處處,皆公惠也。功德之及羅者,此其一。邑環土司,接境柳城之西,猺狑冥頑,桀不可制。公設法勦撫,巨魁讋服,境賊寧而隣寇亦息,民安耕鑿,皆公力也。功德之保羅者,又其一。凋敝之鄉,民苦征輸。公牒上臺司,疏鹺引,省徵調,納賦以時,民得優游隴畒,不轉溝壑,皆公賜也。功德之甦羅困者,又其一。鳥言卉服,禮義蔑如。公政成民和,相愛如家人父子;因立學設教,士應舉者無力役征,由是知率訓自愛,皆公教也。功德之興羅化者,又其一。公遺愛在民,歷久猶新,豈非羅民所樂崇祀者乎?蓋公起邑令,洊登制府,歷官數十年,其生也寵眷頻頒,其没也蔭卹稠疊。千古名臣之樹績與一德之知遇,未有逾於公者。要其定識、定力不渝始終,一由令羅時堅忍磨礪,以厚其基,譬如干將、莫耶,百淬百鍊,以成其鋒。是保乂羅者,公也;玉成公者,羅也。公之愛羅民與羅民之愛公,詎可没歟?今吴、楚之間梴桷翬然,而羅缺焉。岳不敏,雖不敢妄希前哲,獨念潮之祀韓、柳之祀柳,苟有功德及人,皆廟食百世,不以地之荒遠廢。今公之政績卓然可頌,羅之民專享以報,豈非祀事所宜亟歟?爰允所請,勒此於石,用以誌不泯之意云。

迎神辭有跋

金　岳

維大清乾隆二十三年四月十八日,署廣西柳州府羅城縣知縣事、平樂府通判金岳,謹以香帛牲醴之儀,致祭於前任羅城縣知縣、

歷任兵部尚書兼都察院右副都御史、總督江南江西等處地方軍務兼理糧餉、操江、贈太子太保、謚"清端"、諱成龍于公之靈曰:

溯正氣於坤乾兮,實充塞乎八埏。伊我公之誕降兮,羌克紹乎前賢。旋捧檄而叱馭兮,甫下車以詰奸。撫荒城兮百里,紲驥鞅兮七年。凛楊震之"四知"兮,無劉寵之一錢。民不知長吏之可畏兮,而但怙父母之愛憐。催科緩兮不擾,蒲鞭設兮常懸。遏寇虐兮户耒耜,興仁讓兮士管絃。公之德惠兮式歌舞,公之勛績兮載史編。既璽書而晉秩兮,咸攀轅臥轍而涕漣。白雲峨峨兮,融江潺潺。公歸何所兮,或水涘而山巔。昭靈惠兮藹肅,祈福澤兮駢聯。諏巫兮嘉告,報祀兮豆籩。歌詩兮考鐘鼓,合樂兮潔几筵。神來格兮洞洞屬屬,保我羅兮綿綿延延。尚饗!

羅於順治十六年冬始入版圖,公涖兹土僅隔年餘耳。斯時兵燹之後,城署荒凉,民生凋敝。公剪棘披荆,興利除弊,極意拊循,是有大造於羅者也,豈可無專祀之祠?岳攝篆於兹,因構堂而奠焉,此即迎神辭也。

岳謹跋。

交代移文

金　岳

攝理羅城縣正堂、平樂糧捕分府、加一級、紀録一次金岳爲移交事。

照得禦菑捍患,無慚父母之稱;崇德報功,宜茂馨香之典。敝攝縣下車之始,即訪前任知縣、歷陞兩江總制、贈太子太保、謚"清端"、諱成龍于公,允稱名宦,宜建專祠。乃土瘠而略於報本,民貧而失所推崇,日久遷延,未曾剏建。夫名宦敕建尊祠,夫豈愚婦愚夫得以雞豚將享?戊祭爲朝廷巨典,究非一民一士申其報答微忱。爰是俯順輿情,勉捐廉俸,搆茲楹宇,以妥神靈,繪其肖形,以垂瞻仰。騎箕之日,用作春祈;嶽降之辰,即爲秋報。查有辦公耗羨一項,除酌給看管公祠僧人外,以爲兩祭之資。特是敝攝縣創之於今,惟望賢寅好繼之於後,庶几筵、榱桷不致風雨之漂摇,則曩哲、前徽時並河山而流峙矣。

須至移者。

于清端公政書　補集

初莅廣西柳州府羅城縣自記〔一〕

粵地僻處南荒,與交趾接壤,距中國萬里,越洞庭之險,涉瘴癘之危。官兹土者,岌岌乎殆哉! 當事者慰之曰:“粵地雖苦,法綱稍寬。臥治三十月,以爲梯榮藉。”而事竟有大謬不然者。棄墳墓,别妻子,揮淚長途,歷盡艱辛,及抵任,水土不調,疾病百侵,僕從死亡相繼。言之者傷心,聞之者酸鼻。瘠骨山立,催科勞心,親較簿書,日無寧晷,院司道府,督責不少貸。服中土之官者,堂宇巍峩,吏胥雲集,所求無不如意。凡有呵譴,□取其殃,夫復誰怨? 若夫粵西地瘠民貧,田土荒蕪,衙舍傾倒,無民撫役,其何以治? 食監門之食,衣皂隸之衣,強勉從事。初不知有爲官之榮也,苦至此極矣,而額外之誅求,意外之罪謫,無因而繩其後,所謂法綱稍寬者,何在也? 嗚呼! 天下最苦者,無如粵西;粵西最苦者,無如柳郡。降罰接踵,恐吏不安而百姓愈危,地方滋擾,其關係匪淺鮮也。當事者或可少寬法綱,以亟救其後云。

【校記】

〔一〕此篇爲奏牘本卷一之第一篇。

聞内艱訃告歸上張撫臺〔一〕

譾劣庸才,荷恩提拔,感戴終身。兹有下情,泣血上陳:念成龍父兄先逝，上無叔伯，終鮮兄弟，煢煢一身，奉侍慈幃，希冀升斗以禄養親。不料任粤、任蜀，遠隔天涯；及佐黄郡，又苦卑濕，不敢迎養。身羈一官，心懸白雲。十六年來，烏鳥之私，未嘗刻忘。成龍十三年，有終養之請詞，屢告休，實爲高堂母老，中懷隱憂，不得不爲之乞憐也。今忽焉永訣，母北子南，幽明殊隔，訃音馳至，肝腸慘裂，魂魄黯銷，號天愴地，欲見無由，追悔無及，痛成龍母老不能養，母死不能殮！目前柩停中堂，亡靈無依，倚門倚閭，死後望兒倍切。生前成龍他鄉孤哀，腐心疾首，淚已血凝，形已骨立，惟奔喪營葬，觸棺躃踊，少釋終天之恨。此成龍痛哭呼號，而不得不爲之乞憐也。伏乞憲恩，垂憐他鄉孤哀，母死無治喪之子，施浩蕩之仁慈，積萬代之陰騭，轉達歸葬，亡母有靈，叩感地下。成龍倘邀餘生，焚香頂祝，即與母偕逝，啣環結草，永矢世世矣。

附　張撫臺復書

歲聿云暮，將届新春矣。昨具疏請留，雖勉抑孝思，實爲地方起見也。幸節哀視事，庶慰輿情。再，前任王副將勞於王事，盡瘁厥躬，寓在黄郡，孤苦堪憐，不佞殷有故人之念，亦藉同志有以相成。幸分付各縣，一爲照拂周急之後，當有以酬其厚道也。不一。

【校記】

〔一〕此篇爲奏牘本卷二之第八篇。

籌荆州夫役上張撫臺〔一〕

黄屬素號盜藪。年來，幸仗憲臺恩威兼施，人心悦服，頗稱寧謐。近因逃兵紛竄，愚民驚慌。然逃兵有散必有聚，深山窮谷，不得不切意外之防。目前軍需太繁，尚賴各屬勉力支持，從未問及里民爲可慶也。前運彝米,初不料荆州有夫費,盡躊躇。今王糧廳傳言荆州之夫如故,先派搬運軍器夫役,州縣賫銀赴荆僱募,復又派舵工水手,但不知有何軍器搬運,或那用爲水手,似亦妥便辦事,靜鎮自無驚疑。成龍愚見,督憲統兵進勦,凡一應軍情事宜,均宜申報憲臺裁奪,自有卓見定議。

附 張撫臺復書

前藩司詳派黄屬水手已批,黄州離荆寫遠,令其減派矣。但目今大兵仍已俱返荆州北岸,則水手一項似可不需。親翁議以搬運軍器之夫即爲水手之用,此議極妥當。據文行藩司查議,親翁仍應徑詳制軍、藩司兩處,以免里民遠役之苦可也。

【校記】

〔一〕此篇爲奏牘本卷二之第十六篇。

聞西事報張撫臺〔一〕

成龍原籍山西汾州府永寧州人,西隣黄河,與延安府青澗、米脂并榆林一帶相近,東北與太原府交城縣接壤。崇山峻嶺,此地民人祖孫父子爲盜,乃逋逃之藪,更甚于麻城之東山。李自成釀禍交城,山中大變,搶掠州境。大同姜瓖作亂交城,山中又變,攻打州城,受害無盡,數年頗靖。然鼠竊狗偷,屢被侵欺。今有客自介休來,云:正月内,大盜謀劫州獄,聚眾搶解餉銀,公然無忌,四面響應。且聞汾州營兵提督調往平陽,内地空虚,人民難免驚擾。成龍家口住城内,去歲聞滇黔之變,躲避鄉村,九月内回城。家中老母,八十四歲,不知如何驚慌。西北不靖,又煩朝廷一番顧慮。緣係風聞,合就具稟。

【校記】

〔一〕此篇爲奏牘本卷二之第二十篇。

召募鎗手報張撫臺〔一〕

捧讀憲諭，兵夫兩事處置得宜，黄屬百姓咸受憲臺無疆之福矣。召募鎗手，查黄安縣武生陶權、錢世宗、張楚、耿興勃等，願赴憲臺轅門効用。該縣詳請，蒙憲批候用調取，諸生有志功名，必能招致壯勇。成龍星夜委武生葉方蘭前去傳諭，俟到府酌議速募另報。至于委官料理運糧，目前照磨李德、黄安典史陳聖訓分委買米，驛丞唐紹先訪買粟草，亦星夜調回赴憲，酌委前往，合先申報。本月十二日巳時，奉督憲牌，取用獵户，深嗔黄屬各縣奉行不善。仰成龍勉諭，但黄屬獵户最少，而鎗手人人可習，各縣泥定獵户二字不敢妄報，以致違命。此地方事宜，督憲尚未熟悉之也。止云武昌水師營多是黄屬召募，然水師鎗手，原無一名獵户。總之行師需兵，上不悮軍務，下不拂民情，期于事各有濟督命，詎不敢辭。合并報聞，伏乞憲鑒。

【校記】

〔一〕此篇爲奏牘本卷二之第二十二篇。

接長沙捷音賀張撫臺〔一〕

蒙憲露布，恢復長沙，成龍遵即張掛通衢，曉諭士民，仍抄録遍傳以見。用兵三年，有此奇捷，從此兵威大振，南寇瓦解。衡寶一帶，勢如破竹，乘勝長驅，直擣桂林，以壯粤東之氣，以牽滇黔之臂，陜間膽落，平靖妖氛，在此一舉。是誠朝廷洪福，憲臺可漸紓宵旰之勞也。成龍捧示，不覺雀躍異常，湖北地方可望甦息。成龍年邁力竭，庶敢泣請告休，沾憲臺破格之恩，與太平草木同享無事之休矣。

【校記】

〔一〕此篇爲奏牘本卷二之第二十六篇。

復張撫臺〔一〕

成龍庸質腐材，蒙恩提拔，惟期盡職圖報，守巡之任，自揣難勝。部議適如素志，偷安一隅，稍藉藏拙，且各屬英齡，質美性善，儘可教訓。黄屬健訟，漸加約束，俾就繩墨。課農桑、廣積儲，少紓憲臺東北之顧，以酬弘恩於萬一，此外不敢有過望也。惟恨年邁神疲，力不從心耳。蒙頒銀五百兩，採買米石粟草，遵即備辦，候命運解外，具領狀一紙。伏乞憲鑒。

附　張撫臺來書

署中食指繁多，兹者新稼將登之際，特附去銀五百兩，煩親翁陸續照市價買備米石。買就之日，幸以見聞，當發船來裝運也。瑣事屢煩，蓋恐托之他人則又有滋民間之累耳。耑佈，不一。

【校記】

〔一〕此篇爲奏牘本卷二之第二十七篇。

申明“六訓”示〔一〕

爲申明“六訓”，以靖地方事。

照得保甲之設，稽查奸宄，而出入相友，守望相助，親睦之風於斯備焉。此六論聖訓，掌之鄉約，所以倡明禮教，潛消黠悍之氣。家庭之間，父慈子孝，兄友弟恭；鄉黨之中，尊敬長上。見官府則尊敬，見鄉紳則尊敬，見耆老則尊敬。不敢以下犯上，不敢以賤妨貴，不敢以卑欺長。從此而人心端正，風俗淳良和睦，教訓務生理，無非爲釀成和平之福，盜賊不生，奸僞不作。末世視"六訓"爲虚文，人心日變，風俗日媮，盜賊奸僞日生。職此之由，合行申明。爲此，示諭鄉民人等知悉：嗣後，務遵"六訓"，實意力行。父以之教子，兄以之教弟。若犯不孝順、不尊敬等事，鄉約呈報，按律究處。是又保甲之根本也，切勿仍視爲故事。

【校記】

〔一〕此篇爲奏牘本卷二之第三十一篇。

委黄安士民堵禦牌〔一〕

爲委任堵禦，以保良善，以靖地方事。

照得黄麻東山一案，本府撫綏已竣，題敘在案。近因府屬災荒，黄安最甚，本府念切民艱，一應軍需代爲備辦解訖。又思爾民饑荒，設法賑救。兹聞光、羅一帶，間有蠢動，恐致震隣，合行特委防禦。爲此，牌委某照牌事理。凡屬村堡，務期編立保甲，清查匪類，勸諭隣封，嚴守本境。倘彼猖獗侵犯，一面飛報本府，一面督率鄉勇堵勦，務使外寧内謐，定行詳請獎賞爾等，亦不得藉端生擾未便。

【校記】

〔一〕此篇爲奏牘本卷二之第三十八篇。

招撫委牌〔一〕

爲招撫事。

照得逆賊孫調元、史國柱、陳鼎業等，携帶僞劄，煽惑内地，漸次就擒,梟首示眾。倘有脅從某等,疑畏未釋,踪跡靡定,棄家失業,深屬可憫。合行招撫。爲此,牌仰某等前往密探,如得其實在踪跡,即便開誠勸諭,務釋疑畏,傾心歸正,回家樂業,勿使流離失所。本府素性正直,從不欺詐陷人,傷天害理,以□民性命爲貪名邀榮之事。爾等切勿仍懷反側,自取棄家失業之□。爾奉差人等,亦不得藉端生事,有干法紀。

【校記】

〔一〕此篇爲奏牘本卷二之第四十篇。

禁夜行示〔一〕

爲曉諭事。

照得天井山附近一帶,盜賊夜行,婦女不安,雞犬不寧,皆由防守疎虞,以致鼠竊狗偷。於本月初三日,據丁生員報稱,夜晚把守隘口要路,有賊八人夜行,被伏路鄉民陳欽明等鳥鎗打死二人,獻首級前來,賞銀四兩,紅三疋,錢三百文。合行曉論。爲此,示仰各區長人等知悉:嗣後,各撥鄉民把守隘口要路,如遇此等夜行鼠賊,照例打死,獻功請賞,萬勿疎忽。

【校記】

〔一〕此篇爲奏牘本卷二之第四十一篇。

報旱呈張撫臺〔一〕

看得麻邑連年荒旱,民不聊生。今歲,春麥傷於霪雨,尚望蚤晚二稻以贍人口。無如霪雨之後,繼以亢旱,可惜蚤稻將成,晚稻正茂。值此烈日如焚,池乾、川竭、禾焦,人情驚惶。夫當山逆甫戢,人心甫定之時,何堪增此災厲也! 旱實太甚,地方安危所繫,合據呈詳報。

【校記】

〔一〕此篇爲奏牘本卷三之第十三篇。

祈雨示〔一〕

爲禁約事。

照得本府奉院安撫東山，目覩禾苗茂盛，爲斯民慶。兹二十日來，雨澤靳施，已秀之苗待以垂成，未秀之苗以滋生。愚民枯水，相與爭兢，祈雨溥施，勢不容緩。合行禁約。爲此，示諭士民人等知悉：除詳院清理監獄外，爾士民各宜齋戒，不許屠沽，仰冀天恩，速降甘霖，成此豐年。

【校記】

〔一〕此篇爲奏牘本卷三之第十四篇。

申報徐道臺〔一〕

查看得本年五月二十二日，奉巡撫部院憲牌，爲撫綏全賴賢能，合亟遴委，以安地方事等因，奉此。成龍凜遵，於本月二十四日至麻城白杲鎮，離賊窠十五里駐扎，居民俱已驚避山中。土寇聞憲臺會同協鎮領兵先至撫勦，各帖息待命。成龍諭以撫部院不忍加誅至意，張掛告示，仍宣布憲慈祥愷，協鎮兵威。劉青藜之父劉啓禎畏威懷德，於六月初三日率衆青藜等出山，獻"傾心向化"旗一面，赴憲臺投誠。蒙賞賚有差，遍給照示，歸籍寧家。蒙憲牌委劉啓禎招撫山中餘孽鮑洪功、陳恢恢。于六月初七日，啓禎招鮑洪功、陳恢恢、李公茂等率衆出山，獻"安家樂業"旗一面，赴憲臺投誠。又蒙賞賚有差，仍給照示，歸籍寧家。愼經節次，報明撫部院，允行招撫，安撫歸農在案。

又，六月初八日，據黄岡縣程鎮邦爲援例，安撫恩釋株連，以廣聖化等事。本月初九日，詳報撫部院，蒙憲批查程鎮邦果不知情，應准援例安撫。本月十二日，憲牌知照在案。本月十七日，劉啓禎領程鎮邦赴憲臺投誠，亦蒙賞賚。十八日，委河泊所景可賢府差左先護送鎮邦赴省投叩撫部院，求賜發落。

本月二十四日，奉批道詳批發臯司，將所繫家口取保候結在案。今奉確查，合逐一據實詳報。

附　張撫臺來書

程鎮邦一詳已批行徐道矣。輸誠投見，即屬良民，況原有知情、不知情之别，可速招之出山，自可無罪，毋貽後悔也。黄、梅二賊，曾得其人否？幸留神。聞各鳥鎗手俱肯入伍食糧，如果有此事，幸與徐道速商。此輩出山，則麻民可以高枕，而彼得効用行間，又可資其材力，此兩得之道也。諸凡安插招撫事宜，知親翁自能措置停妥，毋俟不佞之再囑也。麻城事竣，當爲備敘勞績，不獨開復浮橋一案已也。功名二字，雖賢者原不以之動懷，然不佞緇衣之好，自不能泯没耳□。

【校記】

〔一〕此篇爲奏牘本卷三之第十七篇。

西北鄉告示〔一〕

爲曉諭事。

照得麻邑東山雖有激變，不過數區，已經安撫。西南北一帶地方，原未萌動，何須疑慮。除將生員劉廣定等公呈詳院通行外，合先曉諭，釋爾暫時疑畏之心，堅爾原未萌動之志。本府鎮岐數載，與爾士民深相孚信。詁誡之言,奚啻再三。今當風鶴時聞,恐爾愚民不能堅持,終遭煽惑,面諭生員吳之鄴、劉廣定等逐區勉勵,擇立户首、垣主,清查匪類作奸。出入則守望相助,有警即堅壁却敵。子弟率父母訓迪,不爲逆子;百姓聽官長命令,乃是良民。早完應出之糧,莫作非爲之事。絃誦咏歌,士安士業;耕田鑿井,民樂民生。爾等士民果能照前安分,互相保全,或出力防禦,料理地方,確有成規,本生彙單,報府詳憲獎賞。如地方有宵小之人不事生理,或出入不常,結盟結黨,僞造訛言,恐嚇良善,不聽户首、垣主勸誡,以及捕役差人串通鄉保,指官詐騙,并不肖之徒借勢招摇,嚇人錢財者,均應呈報,就近官長立拿究罪。本府千言萬語,無非欲爾等邪念不生,身家永保,不負本府叮嚀勸諭之言,斷無日後羅織株連之禍。思之,慎之。

【校記】

〔一〕此篇爲奏牘本卷三之第二十四篇。

給鄒家河告示〔一〕

爲曉諭事。

照得東山已靖,本府編立保甲,期於善後。今聞黄、麻交界,尚有匪類,夜聚曉散,殊非本府安撫之意。合行曉諭。爲此,示諭鄒家河鄉約人民知悉:即同鄒魯章、吳錫予與鄒美公會議,作速安撫出山,勿使鼠伏疑畏。魯章等受本府倚重,自宜竭力殫慮,保全地方。

【校記】

〔一〕此篇爲奏牘本卷三之第二十八篇。

遣牌知會〔一〕

爲知會事。

照得本府奉院道委撫東山，已經安戢，的於本月某日，自白杲前往岐鎮，所有招募鎗手帶領，旋省復命。其日用飯食，俱係本府自備。凡經過地方，毋得驚慌。合行遣牌知會。爲此，牌仰沿途人等知悉：照常安堵，毋得畏避。

附　張撫臺來書

麻城一案，藉有成功，皆親翁感孚之所致也。徐親翁帶來鳥鎗手五千名，已發漢陽入伍矣。其餘鎗手可即招至，所有給與鎗價、安家之費。俟具題時，俱當題敘捐助之數，以不泯賢勞。至山中，聞有李家集褚姓係湖南逆賊遣來之人，及黄金龍、梅公素、黄日昇等，尤望速爲緝獲，以消萌孽。切切。耑佈，不一。

【校記】

〔一〕此篇爲奏牘本卷三之第三十篇。

勸諭告示〔一〕

爲曉諭事。

照得唐殿一區，已委生員何邦綏料理保甲事務。但何邦綏未受委托之先，有密報，曾伯田、官述明、生員何見子等多人結盟。雖有此報，未經行查。頃邦綏來望花山面禀本府云："伯田等已悔過自新，見領本堡鄉勇四十名，助生員劉啓禎扎營於沙家廟，不但前過可贖，而此刻之急義奉公，情更可喜。"爲此，示仰生員何邦綏前往唐殿一帶，一一勸諭，俾知犯上作亂之事必不可爲。盡回心向化,本府何樂如之。

【校記】

〔一〕此篇爲奏牘本卷三之第三十一篇。

報張撫臺捷書〔一〕

本月初七日,羅把總等領鄉兵,在黄土坳將賊赶竄,報明在案。初八日,群賊聚集山頭,執紅黄白旗,大膽前來打仗。李千總領馬步官兵,殺賊無數,活擒何士榮,搜獲僞劄二張、僞示稿一張,合先解報。所有傷過,吳把總并帶傷兵馬及有功兵民,俟李千總查明另報。

【校記】

〔一〕此篇爲奏牘本卷四之第三十一篇。

張撫臺來書〔一〕

援勦營鎗手向曾煩召募,今一千之數未能得半。目今兵主王進勦期速,難以再遲。兹特分頭各募,幸於所屬州縣中,即速多方善募,以應急用。但萬不可使州縣奉行不善,泒及里下,致滋公僱擾民耳。

又書〔二〕

程鎮邦至,接來翰所云地方諸事,反風滅火,驅虎渡河,此正前賢已行之效,我輩要當反躬修省以禳之耳。勉之,勉之。又,近因在省標營鎗手調赴荆州,所用鳥鎗,盡多帶去。今新召補伍之兵需鎗應用,一時難以猝就,煩親翁即爲覓買百十桿付至爲荷。其價幾何,開來即當付去。不一。

【校記】

〔一〕〔一二 此兩篇爲奏牘本卷四之末附。

慰蔡制臺丁艱〔一〕

成龍駑駘下吏，幸逢知遇殊恩，感報無地。憾滇黔大逆，無端倡亂，禍延湖湘，扼拒敵寇，惟荆州是賴。憲臺運籌帷幄，調兵請餉，焦心勞思，天下繫望，朝廷倚重。值太師相騎箕上升，增憲臺之痛傷。成龍沐恩微員，用是悼絕，禮宜躬赴叩奠，泣血伸懷。奈地方多事，軍務繁劇，拮据不遑，方寸抑鬱。謹率僚屬，跽陳誄辭，薄獻椒漿，望風灑淚，弔太師相在天之靈。復望憲臺體師相平時爲國爲民之心，勉強抑情，暫寬憂慘，報朝廷以慰師相。國家幸甚，寮屬幸甚。

【校記】

〔一〕此篇爲奏牘本卷五之第一篇。

候蔡制臺〔一〕

成龍命薄才疎，幸蒙知遇，格外之榮，三生之幸。自蒲圻叩辭，遍歷艱辛。浮橋遭蹇，委撫山寇，竭蹷從事，約束就繩，殫力軍需。心血嘔盡，匏繫齊安，遥望南岳，魂魄遠馳。憲臺爲朝廷荷南北重任，海內仰望風采。成龍下吏，咸沐宏庥。玆家丁牛自成領解槽鍘什物，肅獻小稟。俯候台安。

【校記】

〔一〕此篇爲奏牘本卷五之第二篇。

賀蔡制臺〔一〕

成龍樗櫟匪材，久辱知遇，章服加榮，格外殊恩，圖報銘刻。值洞庭之么魔，煩元老之憲駕，鼠賊已無固志，蕩平定在指顧。長沙一隅，衡實咽喉，密邇江右，一經會勦，南方震驚，勢成破竹。憲臺神謀妙算，自有方略，成龍何敢置喙也。兹當泰階之平正，憲臺萬福駢臻之會，成龍特沐弘庥，私切慶賀，敬効椒花之頌。仰祝聖化之調，以慶膚功，以賀太平。

【校記】

〔一〕此篇爲奏牘本卷五之第五篇。

復蔡制臺〔一〕

成龍仰荷恩庇，待罪黄郡，雖日昃靡寧，恒多覆餗之懼，屢乞告休，未蒙允達，心神俱瘁。兹承眷切，成龍感佩無地。木板一事，今歲漕糧，恐北運有期。自凛遵憲命，臨稟曷勝惶悚待命之至。

【校記】

〔一〕此篇爲奏牘本卷五之第七篇。

上勒部堂書〔一〕

成龍材識疎庸，蒙恩眷顧，拔之泥塗之内，寵以章服之榮。天地覆載，父母生成，此生此世，何以忘懷。忽聞衮衣北歸，雖廟堂資啓沃之助，而九罭之悲，信宿之私，烏能已已。惟顧贊畫鴻猷，底于磐石，蒼生倚賴，頌實無疆。成龍年邁力衰，勢若朝露，泰山北斗，未必穫瞻，仰於今生千載知遇之感，當與天壤無盡也。敬陳羔裘之獻，聊充禦寒之需，雖未足服御於憲體，祇以盡寒酸之下情。伏乞俯鑒。更有瀆者，成龍邇來心火炎燥，百病俱生，由憂思太過，血氣枯槁，事愈集則心彌燥，心彌燥則病愈篤。黄州重地，豈老病所能臥治！特因撫憲恩深義重，不敢云瘁，不忍告休。仰祈憲恩，金言九轉，代達撫憲，俯容休致。庶知己之拔識，曠絕千古，不至覆餗於末路，貽羞士大夫也。緣值駕别，黯然不覺，感觸己私，痛苦陳情。統乞汪鑒，臨啓悚息。

【校記】

〔一〕此篇爲奏牘本卷五之第十一篇。

留别蒲圻紳士書〔一〕

貴邑逼近湖南，士民震驚，失業離家，言之心愴。成龍實不才，撫徠無術，兼以天降淫雨，人布流言，阻我士民歸心。城垣崩壞，牆屋傾圮，氣象蕭索，寢食不安。邇來人民頗集，正欲修砌北城，以壯我蒲旺氣。事未就緒，值撫軍有撫緝嘉魚，事竣回省之命，束裝就道，不克面别，中懷鬱戀，後會何期！并期轉達諸生，亂離之中，朝夕歡接，一旦分袂，情實依依。地方事務，藉力調劑，言不盡意，統冀鑒照。不宣。

【校記】

〔一〕此篇爲奏牘本卷五之第十四篇。

與麻城諸生書〔一〕

世事反覆，憂心如焚，飲食不進，老病之軀，立待溘亡。師弟關心，言之淚下。羅山周鐵爪無端潛入釀禍，諸君念生苦心，多方禦侮，生即没在九泉，當銘骨不忘。聞屈親翁厚待，從此嫌疑盡釋，更喜出望外也。陽邏之賊突發，必然進山，前已有字托程譽早轉送，未知到否。隘口務要緊守，布袋坳須余公晉、夏仲崑謹守。但內患防備宜嚴，如乏人用，交白杲王家水砦一帶諸生發鄉兵相幫，一應機宜，總冀小心細密，言之不盡。

【校記】

〔一〕此篇爲奏牘本卷五之第十七篇。

謝徐守憲書〔一〕

成龍屢聞派夫之議，晝夜愁悶，如坐針氈。於本月初十日，值知憲臺詳情，折價武、漢、黄三府。士民戴如天之仁，陰德萬代；朝廷受無疆之福，鞏固百世。成龍不覺心折手額，踴躍欲舞，復望憲臺一力主議，哀懇必行。成龍奉命唯謹，伏乞憲鑒。

【校記】

〔一〕此篇爲奏牘本卷五之第十九篇。

新正候張撫臺〔一〕

成龍蒙恩提拔，感佩終身，知遇之感，誠千載一時也。復荷溫諭教訓，期以全人相勉勵，至誠藹洽，真天地之覆載，父師之生成，不是過也。成龍不惟書紳，而敬鏤心矣。新正元旦，謹書子謂子産四言，觸目而則傚之，以仰副憲臺之期望，變化氣質，時自刻責焉。兹當鳳曆初頒，正憲臺萬福駢臻，百政維新之會。成龍親沐弘庥，倍切慶賀，恭陳蕪言，聊抒下情。伏乞憲鑒。

【校記】

〔一〕此篇爲奏牘本卷五之第二十二篇。

報擒莫僞道上張撫臺〔一〕

成龍赴省叩謁憲堦,蒙恩優渥,歌醉飽之什,感高厚之仁,啣結難諼。於初七日叩辭,初九日回黄,十一日巳時據興國州報稱,挐獲莫僞道所供逆黨,已經報明在案。但文内并無各犯口供,亦無起解字樣,恐有意外之虞。成龍當於十二日夜二更時分,帶領防巡二道各役,乘十二槳快船,星赴興國,安慰良善,以釋驚疑,以靖地方。合就報明,統乞憲鑒。

【校記】

〔一〕此篇爲奏牘本卷五之第二十三篇。

候吴撫軍〔一〕

憲駕南征,成龍等弗克左右戎行,中心懸𠊎,旬日違顔,彌切瞻依。衹因匏繫職業,又不敢趨待座前,仰承色笑。聞憲臺駐節福清,櫛風沐雨,厲兵秣馬,爲朝廷封疆籌畫勞神,此又成龍等之寢處不安者也。海壇之捷,軍聲大振,數節之後,勢如破竹,成龍喜躍如狂。兹王驛道有閲站之役,趨謁軍門,成龍等均候起居,聊備食物數種,統乞鑒茹。

【校記】

〔一〕此篇爲奏牘本卷五之第三十篇。

特參州牧黨盜疏〔一〕

題爲州牧黨盜不報,臣謹特疏糾參,以儆官邪,以肅法紀事。

該臣看得州牧一官,身任地方之責,當以緝盜安民爲事,不意有緝盜無能,而反工護盜。如景州知州張鳴珂者,大盜吕世昌、高登舉將弓箭刀鎗等械用蓆包裹，暗藏車内，由景州以往德州，乃該州任其公行，而不爲覺察。及至兩處交界地方，被德州營兵盤獲，押解該營，而鳴珂旋爲關取。當賊由州境行走之時，何以昧於盤詰，及被隣兵拘執之後，又何以速於關提耶？且提到二賊，既不捕緝餘黨，又不申報道府，惟稱無失主贓證，難以盜賊懸擬爲詞，竟將載械刦掠行徑，諱爲賒買牛驢，強借偷驢舊案，私移德營，欲爲開釋。如此挾械之大盜，置之不究不報，且力爲出脱，此非通同受賄而何！鳴珂之居心行事，臣誠不能爲之解也。養奸貽害，一手障天，是州境竟爲群盜之淵藪，而隣封悉爲几上之魚肉矣。更不知前此之縱賊行刦於隣境者幾何，行刦於本境而隱諱者又幾何也。且臣准山東撫、提二臣咨會，檄令巡道、行提、捕役人等究訊，而鳴珂尚敢抗不申解，目中寧有三尺乎？似此黨盜庇蠹之員，斷難一日姑容，貽害地方，所當請旨革職，同捕役人等，一并提問，從重究擬者也。臣謹題參，伏乞睿鑒施行。

奉旨："這所參張鳴珂黨盜庇蠹，殊干法紀，著革了職，并本内有名蠹役，該撫嚴提究擬具奏。該部知道。"

【校記】

〔一〕此篇爲奏牘本卷六之第六篇。

深耕易耨壯者以暇日脩其孝弟忠信〔一〕榕城臬署拈示觀風諸子

刑罰省矣，税歛薄矣。桁楊不施，而比閭族處之間煙火萬家，謀生饒小人之力；追呼無擾，而綠野青畦之地田錯如繡，舉趾荷帝力之休。可以耕也，畟畟良耜，載芟載柞，耕何往而不深；可以耨也，有鎛斯趙，以薅荼蓼，耨何往而不易。將見犁雲鋤雨，備極終歲之勤勞；而占雨量晴，無非優遊之歲月。侯主侯伯，侯亞侯旅，有壯者焉。仰事俯育，苦莫苦於壯者，今何幸而有此壯者也。日出而作，日入而息，有暇日焉。議贖議輸，苦莫苦於兹日，今壯者何幸而有此暇日也。

以之而婦子饁畝，父老携杖。子與子言孝，伯也負耒，耦俱無荒。弟與弟言悌，出入可以相友，守望可以相助。子弟與子弟言忠，信食鬱及薁，烹葵及菽，此日之壯者修其孝矣。力田作苦，斗酒相勞，此日之壯者修其悌矣。彼有遺秉，此有滯穗，此日之壯者修其忠信矣。夫何幸而有此壯者也！抑何幸而有此暇日之壯者也！寬胼胝之手足，以養愚氓之天良；忘知識之泯棼，以見容蓄之大義。入事父兄，出事長上，非施仁政不及此。

【校記】

〔一〕此篇爲奏牘本卷八之第四十九篇。

附　録

于先生傳〔一〕康熙乙丑四月

范鄗鼎

大司馬于先生,諱成龍,字北溟,號于山,山西永寧州人。崇禎己卯副榜貢士,未仕。順治十八年,初任廣西羅城。官七年,陞四川合州。遷湖廣黄州同知,陞福建建寧知府,題留湖廣武昌。因浮橋革職,循題補知黄州。遷江防道,陞福建按察使,轉布政使。歷官善政,詳載親王、内閣大臣、制府、撫軍諸章疏中。康熙庚申正月,聖主特簡直隸巡撫。二月,陛見,賜坐,賜茶,賜宴,賜銀千兩、馬一疋、御製五言律一章。既,又賜馬一疋,親解賜銀鼠褂一領。冬杪,疏請歸葬其母。數日,有江南江西總督之命。不二年餘,卒于署。聲聞益藉甚,山農野老無不知先生爲當今第一人。歷官善政,兼在聖天子絲綸中。凡此史官能歷歷言之,余故不論。論其(帙)〔軼〕事。

先生官總督,其飭學政略曰:"前經左都御史魏諱象樞,山西蔚州人。題請,剔除十弊。禮部覆准,奉旨遵行已久,謂可稍挽頽風。乃本部、院下車以來,訪知積弊多端,有難悉數。如上下交通,則弊在有司;表裏作奸,則弊在胥吏;鑽謀賄托,則弊在生童。究之種種情弊,皆由學道無潔己之念,不能正以率下,以故難於杜絶耳。然誰無子孫,誰不願子孫成名顯達?而瞞心昧己,贓私纍纍,獨不畏明有王法,幽有鬼神? 見在發覺,則有身家性命之憂;日後凋零,更受男盜女娼之報應乎?"云云。又曰:"本部、院諄諄誡諭,并將訪聞各項情弊,爲十弊中所未有,或有而未詳盡者,條分縷析,爲十二款如左。"十二款不能畢録,詳刻余《續垂棘》二集。又曰:"十二弊有一于此,立刻飛章入告,官則摘印,子衿黜革,候旨按律擬罪。其蠹胥奸棍,即刻(弊)〔斃〕之杖下。本部、院實心實政,斷不托諸空言,使宫墻名教之地,爲爾等藏垢養癰也。"云云。又硃批曰"天監在兹"。余聞之程子云:"治天下以正風俗、得人才爲本。"史惺堂解云:"得人才爲正風俗之本。"觀于先生言,尤信。雖然,此猶總督文武事務,就見在職掌言之也。先生知黄州,其招安六安州略曰:"或有難白之隱、切膚之痛楚,以及飢寒、科役、仇傾、勢挾種種苦情,不妨徑赴本府投訴。本府一面移會爾府司官,善爲安插,一面飛詳本省撫憲轉咨爾省撫憲,求其寬宥賑濟,一如羅山等處事宜,決不食言。其有才力過人、志懷報効者,本府定行保舉題敘,以憑録用,立賜顯榮。必不以傾心向化之誠,置之空言無用之地。此本府一片婆心,故不避越俎之嫌。如慮本府地方區堡嚴密,不敢徑通,當令二三老成,隨傳示人前來,先爲照驗。"云云。夫六安非先生之職掌,似可以已矣。可以已而不已,先生之心殆不可以一世二世量也已。他若《自省六戒》、弭盜續增五款,皆先生不可以一世二世之心。余故備録於《三晉語録》中,一以補行狀之所不及,一以備太史之採擇云。

【校記】

〔一〕據道光五年本《國朝理學備考》第五册補。

江南江西總督于成龍〔一〕

于成龍,山西永寧人。順治十八年,由副榜貢生授廣西羅城知縣。康熙六年,總督(廬)〔盧〕興祖等言:"羅城在深山中,猺狑頑悍。成龍潔己愛民,建學宫,創養濟院,任事練達,堪列'卓異'。"遷四川合州知州,招徠流散,給田廬,貸牛種,期月增户千計。八年,遷湖廣黄州府同知。十三年,擢武昌府知府。吳三桂叛踞湖南,大兵將進討,巡撫張朝珍檄成龍於咸寧造浮橋濟師。甫成,水冲橋圮,部議革職。時妖賊黄金龍受三桂僞劄作亂,其黨劉君孚爲謀主,猶豫持兩端。朝珍以成龍素爲黄州民信服,令往麻城招撫。成龍廉知其狀,即自持檄,距賊十里許止宿,諭散其脅從者。遣一人前導,身入賊巢,降之。分立區保,籍其勇力者,督令進討,斬金龍。朝珍疏言:"黄州所屬四十八寨連數省,舊爲盜藪,伏莽易發,必得成龍彈壓。請復成龍職,即以爲黄州知府。"上允之。江西賊犯湖口,而逃兵陳鼎業、何士榮等與合勢趨黄。黄之兵前俱遣赴荆、岳,無可守者。成龍徵集鄉勇,得二千人,遣黄(剛)〔岡〕知縣李經政擊鼎業,擒之。賊數萬從牧馬崖來犯,成龍分兩翼夾擊,自以鋭卒衝其中堅。戰急,將士懼衆寡不敵。成龍策馬徑前,親冒矢石,奪賊旗,賊隨大潰,擒僞總兵鮑世(榮)〔庸〕、遊擊何士榮等。乘勝進至吕王城,餘黨望風解散。十七年,遷福建按察使。十八年九月,巡撫吳興祚等言:"成龍執法決獄不徇情面,屢伸冤抑,案牘無停。不濫准一詞、輕差一役,而刁訟風息,擾害弊除。捐增獄囚口糧,濟醫藥。倡贖被擄良民數百,資給遣歸。屏絶所屬餽送。爲閩省廉能第一。"疏入,得旨:"于成龍清介自持,才能素著,允稱'卓異'。"是月,遷福建布政使。

十九年,擢直隸巡撫。時直隸不設總督,保定有守道管布政使事,巡道管按察使事,與通、永、霸、昌,大名、口北、天津諸道,各以所司之事達巡撫。成龍既莅任,戒州縣私加火耗、餽上司節禮。上官舉劾,務覈實。未幾,道府揭報不職知縣數員,知縣即揭控道府需索。成龍疏言:"自督撫、監司以及州縣,上下名義,不容紊越。未有如直屬之逞訐上官,體統倒置者。臣任事後,以驅除貪吏、亟救生民爲務。隨有知縣訐告道、府兩案，皆摭拾往事，橫肆污衊，且不由守、巡兩道，徑以驗文封送。似此藐悍，將來道府必隱忍養奸，法紀頹靡。如果道府不法，而撫臣姑容恣害，應重罪撫臣。若道府揭報屬官，而屬官反誣挾制，應嚴加處分。”下部確議：“督撫姑容不法道府，降三級調用。屬官首告上司，揭報後者，不准理，革職。已革職者，刑部議罪。著爲例。”十月，疏請豁免宣府所屬東西二城與懷安、蔚州二衛水衝沙壓地千八百頃，民間包賠糧額三千餘石，銀一千兩。下部議：“自二十年始通行豁免。”先是，宣府所屬東西兩城及萬全、左右前衛、懷安、蔚州、保安、柴溝、西陽，夏秋被灾，已奉旨分别緩徵、平糶。至是，通判陳天棟報稱：“東西二城二十餘日間，飢死者不下數十人。”成龍即委同知何玉如等，馳赴東西二城及前衛、懷安，動支倉糧平糶，確察飢困窮民，每口賑給二斗，然後疏聞。奉旨：“即以平糶米賑濟。”十二月，疏劾青縣知縣趙履謙徵額賦銀一萬餘兩，多收火耗三千餘兩，領庫銀易銀賑濟，侵欺入己，及勒索報災册費，請治罪。

二十年，入覲。諭曰：“爾爲今時清官第一，殊屬難得。聞爾昔在黄州，土賊嘯聚，爾往招之，即時投順解散，何以致之？”成龍奏曰：“臣惟宣布皇上威德，未有他能。”上問：“屬吏亦有清廉否？”成龍以知縣謝錫衮、同知何玉如、羅京對。上曰：“爾所劾知縣趙履謙，甚當。”成龍奏曰：“趙履謙過而不改，臣不得已劾之。”上曰：“爲政之道，當知大體。小聰小察，不足爲多。且人貴始終一節，爾其勉之。”尋諭日講官曰：“于成龍起家外吏，即以廉明著聞。洊陟巡撫，並勵清操。凡在親戚、交遊相請托者，概行峻却。所屬人員並戚友間有饋送，一介不取。朕甚嘉之。知其家計涼薄，特賜内帑銀一千兩、朕親乘馬一匹，以示鼓勵。”七月，成龍疏言：“監司、廳印等官，求其於盜案脱然無累、符升轉之例者，十不能三四。此案未獲，彼案復增，一案幸完，數案未結，甚有一日而失盜數家。在州縣身任地方,既不能消弭於未然,又不能緝獲於事後,責無可諉,降調允宜。但既降級去任,接緝官事不切己,搜捕延緩,反多漏網。若降一級者仍留原任,能獲一半以上,開復原降之級,於懲過中寓以勸勉,必能悉力擒拏,不致凶徒倖免。至於薦舉'卓異'行取,每因一二案未完,格於定例,致遠大之器困於百里。前見江寧巡撫慕天顔,以現有錢糧未完處分之知縣林象祖、任辰旦,題請行取。奉特旨俞允,仰見皇上憐才之殷,初未欲以成例限人。直隸盜案處分,與江南錢糧相等。非無品行卓越、才具優長如林、任二令者,應無論盜案銷否,一體薦揚,以備擢用。其捕盜同知、通判,雖專司督緝,但所屬有十餘州縣及二三十州縣者,竟同各州縣一體處分,似屬過甚。武職議處既有專汛、兼轄、統轄之差,則同知、通判亦當視兼轄武職例,至督緝道員定例罰俸外,停其升轉。臣思方面大吏,或由京官改授,或由外吏升任,率多練達之才。及其年力精壯,正可矢圖報效,乃因督緝議處,無復進階之期,更爲可惜。在承緝官固應停其升轉,限年緝獲,而督緝者既已罰俸,似可免其停升。"疏下九卿等詳議。尋議:"承緝不獲未及二年者,免離任。督緝道員限滿罰俸,免停升。"旋特旨授江南江西總督。先是,因江西用兵,分設江西總督,至是復併爲一。

二十一年,成龍將赴新任,疏薦直隸守道董秉忠、南路同知陳天棟、柏鄉知縣邵嗣堯、高陽(知)縣孫宏業,俱堪磨練;通州知州于成龍、霸州州判衛既齊,俱堪大用。疏下吏部,嗣堯等准注册。抵江寧後,會江寧知府出缺。成龍請敕廷臣會推清操久著、幹練老成與通州知州于成龍、霸州州判衛既齊相類者。吏部以知府無會推例議上,命即以通州知州于成龍升補江寧府知府。二十三年三月,江蘇巡撫余國柱入爲左都御史,安徽巡撫徐國相升任兩廣總督,成龍兼兩巡撫事。四月,卒於官。諭部予恤。部臣奏成龍曾降五級,特予開復,賜祭葬,謚"清端"。七月,内閣學士錫住勘閱海疆還,上問曰:“爾到江南,聞原任總督于成龍居官如何?”錫住言:“居官甚清,但因輕信,或爲屬員欺罔。”上曰:“于成龍因在直隸居官甚善,朕特簡任總督。既到江南,有人言其變更素行。至病故後,知其始終廉潔,甚爲百姓所稱。殆因素性鯁直,與之不合者挾仇讒害,造言屬下欺罔。是爲不肖之徒所嫉耳,居官如于成龍者有幾?”十一月,上南巡至江寧,諭知府于成龍曰:“爾務效前任總督于成龍正直潔清,乃無負朕眷。”及回鑾,諭大學士等曰:“國家澄敘官方,首重廉吏。其治行最著者,尤當厚加異數,以示褒揚。原任江南江西總督于成龍,操守端嚴,始終如一。朕巡幸江南,延訪吏治,博採輿評,咸稱居官清正,實天下廉吏第一。應從優褒恤,爲大小臣工勸。”御製詩曰:“服官敦廉隅,抗志貴孤潔。”又曰:“江上見甘棠,遺愛輿人説。”尋允廷臣議,加太子太保,廕一子入監。雍正十年,入祀賢良祠。

【校記】

〔一〕據道光十年本《從政觀法録》卷七補。

于清端公事略孫準〔一〕

公諱成龍,字北溟,山西永寧人。順治十八年〔二〕,以副貢知羅城縣,年四十有五矣。臨行,與友書曰:“某此行絶不以温飽爲念,所自信者‘天理良心’四字而已。”羅城,烟瘴地。官廨在叢箐間,插棘爲門,虎白晝行庭中。公累土爲几案,旁置爨,釜一、盂一。召吏民從容問疾苦,皆感公至誠,益樂就,爭輸田賦。初,鄰猺歲率三四至,殺掠人畜。公嚴保伍,勒鄉兵,將擣其巢。猺懼,自投,不敢復犯界,數遣子女問安。每春時,命兩猺舁竹轝行田野中,見力耕者,輒呼與語,相勞苦。民率婦子羅拜,或坐樹下與飲食笑語,歡如家人。公奬勤抶惰,民大勸。始至,從僕皆死亡。羅人憐公,閒斂金錢跪進云:“知阿耶苦,聊供鹽米資。”公笑謝曰:“我一人,何須此?可持歸,市甘旨奉若父母,一如我受也。”居數年,家人來,羅人則大喜,又進金錢如初。公仍却之,衆泣,公亦泣。在羅城七年,招流亡,修學校,增陴浚隍,定昏喪之制。

以“卓異”遷知合州,羅人遮道呼號,追送數百里。一眇者獨留不去,公問故,曰:“民習星卜,度公橐中裝不能及千里,民技猶可資以行也。”公竟賴其力達合州。州領縣三,遺黎才數百人,正賦十五兩,而供役繁重。府帖下取魚,公曰:“民窮極矣,安所得魚?”卒不與。且極陳民困狀,盡裁革之。一僕、一羸馬自隨。貸牛種,招集流亡,旬月閒得户千計。再遷黄州同知,駐岐亭。地多幽壑汊湖,爲盜窟。公捕得九人,大集諸父老曰:“能保後不爲盜者,貰之。”保二人,其七人即諸父老前,取大索駢縶,悉坑之,衆股栗。又獲巨盜彭百齡〔三〕,貰其罪,令捕盜自贖,無脱者。巡撫張公朝珍器之,舉“卓異”。

吳三桂反,檄攝武昌府事。問禦亂策,公言:“安人心莫先下令停徵。”張公已草奏,與公意合,遂盡以兵事屬公。時大軍雲集,供億皆叱嗟辦。惡少憑禁旅爲姦,公立置之法,白大將軍申軍令。甲士擁公譁,公不爲動,徐斂去。諜指武昌大姓通賊,以藏兵器爲徵。公言:“巨室多避兵梁子湖,藏械備他盜,無足怪。”迹之,果無他。遷知建寧府,奏改武昌。大兵征岳州,檄造浮橋於蒲圻。賊驟至,公入城守。橋以山水暴漲圮,坐罷職。

會東山寇作,張公命討賊。公請得便宜從事,許之。問:“需兵幾何?”曰:“前守蒲圻數人足矣。”先是,大冶賊黄金龍亡匿劉君孚家。君孚素黠猾,收召亡命,亦閒爲官吏擒盜賊,嘗隸公岐亭役。至是,得三桂僞劄,與金龍潛結周鐵爪等,期七(日)〔月〕起事。事泄,君孚恐,遂以五月反於曹家河,官兵爲所敗。公行次陽邏,偵知君孚雖反,衆未合。遂直趨賊寨,未至十里止宿,榜示:“脅從者許自首免罪,過三日,以從逆論。”投首日千人。賊勢孤,欲即降,懼誅。公遣一人持檄往諭,而自騎一羸,一人張蓋,一人鳴鉦前導,命行呼:“太守來救爾山中人!”君孚匿後山,夾道伏鎗弩數百。公疾驅抵賊舍,坐廳事。賊衆環列,公問:“老奴安在?”君孚舊隸麾下,故呼以暱,易之。又問:“山中雨水、禾稼若何?若良民何爲作賊取屠戮?時方酷熱,若父母妻子匿何所?得毋苦耶?”賊皆羅拜泣。公曰:“熱甚,須少憩。”遂熟睡,鼾聲如雷。移時寤,又謾駡:“君孚老奴,何爲久不至?客至,乃不設酒脯!”君孚初懼見紿,及是出,叩頭受撫,即日降其衆數千。問:“金龍安在?”曰:“在望花山。”即令導行,掩其不備,擒斬之。捷聞,張公持露布語僚屬曰:“人謂我不當用醉漢,今定何如?”公常襄事秋闈,大吏觴公,抵掌論時事,飲數十巨觥,吏人竊笑公酒狂,故張公及之也。

八月,復職,調黄州。甫抵任,湖北大亂。何士榮反永寧鄉,陳鼎業反陽邏,周鐵爪、鮑世庸反白水畈,劉啓業反石陂,各擁衆數千,號十萬,逼趨黄州。時援軍皆赴湖南,黄州吏民才數百,至不能備闔柝。或議退保麻城,公曰:“黄州七郡咽喉也,棄之,則荆、岳瓦解矣。吾誓死不去。然坐困亦非策,當剿之。賊雖衆,皆取士榮進止,先破士榮,餘可不戰下。”遂集鄉兵,得二千人,别遣黄岡知縣李經政擒鼎業〔四〕。士榮已據黄土坳,遣把總羅登雲、武舉張尚聖迎擊。前鋒戰,少却,公疾馳抵尚聖營。日午,鄉兵大集,有衆五千,屯箔金寨,與賊對壘。詰旦,士榮率賊數萬,分東西路來攻。東路賊少,登雲領千人禦之。而公率千總李茂昇當其西,尚聖攻右,把總吳之蘭攻左。戰始合,之蘭中炮死,賊鬬益急,火燎公鬚。或勸少避,公叱之曰:“今吾死日也!敢言退者斬!”遂鞭馬直前,回顧茂昇曰:“我死,可歸報張公。”茂昇恐失公,急發矢殪其大旗,軍隨進。茂昇馬被槍,棄馬射殺二人,易馬進戰,復手刃數人。而尚聖自右山繞出賊後夾擊,賊大敗,斬馘數千。士榮左臂斷,就擒。登雲擊東路,亦追奔數十里。得賊名籍,立焚之。乘勝至吕王城,衆欲少憩,公曰:“破竹之勢,不可失也。”方炊,覆釜以進。公據鞍草檄，馳諭："有能擒賊獻者，重賞；投誠者，待以不死；脅從歸者，但閉門坐家；無軍器，即從賊，概不追問；藏兵仗者，即良民，亦誅死。"於是賊衆聞士榮擒，名籍已毁，各解散。至白水畈，鐵爪、世庸等欲趨保石子寨，公已遣人守隘，不得上，悉擒之。又分衆平石陂賊，乃勒石岐亭，班師。自誓師至此，二十有四日，公以鄉民數千，破賊數萬，不費公家絲粟，黄州平。時康熙十有三年十一月也。

次年秋，大饑，發廪賑卹，全活數萬人。十五年，水旱災，訛言復起。公故示暇豫，修赤壁亭榭，日與寮吏歗詠、飲射其閒。民皆曰："我公如此，復何憂？"會丁繼母艱，士民乞留者數萬，有詔奪情視事。

十六年，總督蔡公毓榮等奏復江防道，以公任之。明年，遷福建按察使。民遮送至九江凡數萬人，哭聲與江潮相亂。十八年春抵閩時，耿精忠亂後，康親王駐軍省會，閩民多以通海獲罪。公力白王，言："諸案所牽引多平民，宜省釋。"覆録時，大吏有難色。公指庭前婦孺曰："此曹豈能反？皇天在上，獨不爲方寸地耶！"王久聞公名，至是益重公，悉從其請。巡撫吳公興祚薦公"廉能第一"。遷布政使。禁軍月徵莝夫數萬，公爭於王前，罷之。滿兵掠浙東子女，役爲奴者數萬，公贖歸之。各屬納賦，皆應時收，不增銖黍。署中薪米不給，至無衣可典，日或不再食。隨征滿漢大臣、朝使者有時來過，徑入臥内，或繞署周行，几案閒蛛絲鼠迹，文卷書册，外無長物。咸嘆曰："于公清苦，天下一人而已！"外番貢舶有所獻，悉屏之。或呈樣香，一嗅即持去。貢使嚙指作禮曰："天朝有此清官，吾儕所未聞見也。"

十九年，遷直隸巡撫。知縣某經道府揭報，具牘訐告。公疏請嚴定反噬挾制律。著爲令。又疏請豁免宣府所屬東西二縣及懷安、蔚州二衛水衝沙壓荒糧三千餘石，銀千餘兩。從之。又因災，疏請緩征並平糶。詔即以平糶之米作賑。會旱，步禱，雨立沛，禾黍重岐三穗，民號曰"于公穗"。尋劾青縣令趙履謙貪黷狀。論如律。二十年春陛見，賜坐、賜茶，面諭曰：“爾爲今時清官第一，朕所深知。”因問剿撫黄州土賊時事。又問：“屬吏中亦有清廉者否？”公以知縣謝錫衮、同知何玉如、羅京對〔五〕。上曰：“爾所劾趙履謙，甚當。”公奏：“履謙過而不改，臣不得已劾之。”上曰：“爲政當知大體，小聰小察不足爲。且人貴始終一節，其勉旃。”旋賜食御書房，又賜帑金千、良馬一。馬，上所乘也。越數日，御製詩，手書賜之。尋遣官助公賑宣府各屬饑，詔蠲免本年額徵及積年帶征。秋，公請緩真定府屬房税銀，又請破格全蠲霸州本年田賦，均報可。冬，乞假歸葬，優詔許之。未幾，調兩江總督。瀕行，舉直隸守道董秉忠、通州知州于成龍、南路通判陳天棟、柏鄉知縣邵嗣堯、阜城知縣王燮、高陽知縣孫宏業、霸州州判衛既齊，並堪大用。得旨俞行。抵江寧，官吏皆望風改操。知公好微行，遇白鬚偉貌者，群相指目攝。檄郡縣條上便宜，皆爲興舉。會江寧知府闕，詔即以通州牧于成龍擢補。成龍，漢軍人，由廕生起家，後官河道總督，謚“襄勤”者也。南中風俗侈麗，公至，人爭衣布褐，布價驟騰。士民有歡笑無管絃，遊惰不空手，櫃坊無鎖。公自治官書，夜申旦不寐。性喜飲，至是累月不一醉。嘗中夜苦飢，索少米作糜，不得，笑而止。時苞苴盡絶，午日遣視寮吏，無敢以角黍相遺者。建虹橋書院，擇高才生講習其中，親往訓課。副都御史馬世濟還自江南，劾公年衰，爲中軍田萬侯所欺蔽。部議奪萬侯職，公休致。特詔公留任。二十三年春巡海還，兼攝江蘇、安徽兩巡撫事。四月十八日疾作，召屬吏與訣，端坐逝。至夜漏盡，坐不欹，颜色如生，年六十有八。公自服官後，未嘗攜家屬入署。至是，將軍、都統暨寮吏入其寢室，見周身布被袍一襲，鞾、帶各一，堂後瓦甕米數斛、鹽豉數盎而已。訃聞，賜祭葬，予謚“清端”。七月，學士錫住勘海疆還。上詢公在官時聲績，錫住奏其清廉，但因輕信，或爲屬僚欺罔。上曰：“此與成龍不合者造爲此言耳，居官如成龍者有幾？”十一月，南巡至江寧，諭知府于成龍曰：“爾務法前總督于成龍正直潔清，乃爲不負。”又諭閣臣曰：“原任總督于成龍,朕博採輿評,咸稱爲'古今第一廉吏'。可加贈太子太保,廕一子入監。"會御試詞臣作理學真僞論,納卷時,上特諭曰:"理學無取空言。如于成龍不言理學,而服官至廉,斯即理學之真者也。"自天子廣厲風節,恩禮始終,由是士皆慕效公,吏治烝烝一變矣。公薨後,軍民爭繪像祀,江寧、蘇州及黄州皆有祠。御書"高行清粹"四字爲祠額,并書楹聯賜之。

公軀幹修偉,紅頰隆準,美髭髯,精神炯炯四映。與人交,不擇貴賤,談燕終日。一語涉私,即正色斥詰,每稱曰"上帝臨汝",又曰"日監在兹"。屬吏畏公威,若負霜雪。及論事,輒霽顔商榷。用此,雖嚴憚,愈益親樂之。年饑,公屑糠雜米爲粥,與僮僕共之。屬吏至,亦以是進,曰:"如法行之,可得留餘以賑也。"性强毅,而臨事應變無方。當黄金龍就擒,公亟賞劉君孚百金。衆疑其過,公曰:"金龍之擒,實由君孚密計,君等不知耳。"於是其黨疑君孚賣金龍,各散去,又以閒離其親屬,君孚遂鬱鬱以死。公狀如鄉里學究,而用兵如神,尤善治盜,所用游徼及降盜,烜撫以恩威,輒先來報。知武昌時,營弁某,弟素無賴,適遠歸,是夜餉被劫。弁告弟所爲,已誣服,獄具,公破械縱之。巡撫驚問曰:"盜冤,真盜何在?"公指堂下一校曰:"是真盜也。餘黨進香木蘭山,今晚獲矣。"尋獲盜,贓尚在校家,封識宛然。江寧盜號魚殼者,拳捷,倚駐防都統爲解,有司莫能擒。公抵任,官吏遠迎,日旰不至,方驚疑,而公已單車入府矣。群吏飾厨傳、饋饟,(牽)〔率〕皆不受。按察使某,年家子也,請具一餐爲雅壽。公笑曰:"以他物壽我,不如以魚殼壽我。"按察使喻意出,乃以千金購名捕,縛置獄。是夕,公秉燭坐,一男子持匕首自屋梁下。公叱:"何人?"曰:"魚殼也!"公解冠几上,指其頭曰:"取。"殼長跪,笑曰:"取公頭,不待公命也。方下梁時,如有物擊我,手不得舉,乃知公神人。某惡貫盈矣。"自反接,銜匕首以獻。公曰:"國法有市曹在。"遲明,獄吏報失盜,人情洶洶,而公已命中軍將魚殼斬決西市。

孫準,康熙二十五年由廕生授臨清州知州,累官至江蘇巡撫,有賢聲。

【校記】

〔一〕據清道光刻本《國朝先正事略》卷七補。

〔二〕十八年 《國朝先正事略》作"十三年",誤,據史實改。

〔三〕彭百齡 《國朝先正事略》作"彭百鈴",誤,據史實改。

〔四〕李經政 《國朝先正事略》作"李繼政",誤,據史實改。

〔五〕何玉如 《國朝先正事略》作"何如玉",誤,據史實改。

于成龍孫準〔一〕

于成龍,山西永寧人。順治十八年,由副榜貢生授廣西羅城縣知縣。聖祖仁皇帝康熙六年,總督(廬)〔盧〕興祖等疏言:"羅城在深山閒,猺狑頑悍。成龍潔己愛民,建學宫,創養濟院,任事練達,堪列'卓異'。"是年,遷四川合州知州。八年,遷湖廣黄州府同知。十三年二月,署武昌知府。值逆藩吴三桂踞湖南,大兵將進征,巡撫張朝珍檄成龍於咸寧縣境造浮橋濟師。甫成,雨水衝激橋圮,部議革職。時吴逆散布僞劄,煽誘湖北州縣人民。麻城、大冶、黄岡、黄安各山寨,皆叛應之。朝珍以成龍素爲黄州人民信服,令往麻城縣招撫之。成龍單騎直入賊寨,諭脅從者免罪。賊衆逆降。復督兵擒斬大冶賊黄金龍、鄒君申等。朝珍疏言:"黄屬四十八寨接連數省,舊爲盜藪,伏莽易發,必得成龍彈壓。請復成龍職,即擢黄州知府。"上允之。成龍尋復率黄岡知縣李經政、千總李茂(鼎)〔昇〕等,集鄉勇二千人,偕營兵搜剿賊寨,擊潰賊衆於石子山及牧馬崖,擒僞總兵鮑世(榮)〔庸〕、僞遊擊何士榮、僞參將陳頓澈、鄧少興等。十五年十月,丁繼母憂,總督蔡毓榮奏令在任守制。十六年六月,增設江防道於黄州,擢成龍任之。十七年六月,遷福建按察使。十八年九月,巡撫吳興祚等言:"成龍執法決獄不徇情面,屢伸冤枉,案牘無停。不濫準一詞、輕差一役,刁訟風息,擾害弊除。捐增監獄口糧,徧濟病囚醫藥。倡贖被擄良民子女數百口,資給路費遣歸。屏絶所屬饋送,性甘淡泊,吏畏民懷。爲閩省廉能第一。"疏入,得旨:"于成龍清介自持,才能素著,允稱'卓異'。"是月,遷福建布政使。

十九年二月,擢直隸巡撫。時直隸不設總督,保定有守道管布政使事,有巡道管按察使事,與通、永、霸、昌、大名、口北、天津諸道,各以所司之事達巡撫。成龍既莅任,戒州縣私加火耗、上官節禮。尋據道府揭報不職知縣,劾罷數員,而知縣有以道府因無節禮,誣揭揑報,控訴成龍者。九月,成龍疏言:"自督撫、監司以及州縣,上下名義,不容紊越。未有如直屬之逞訐上官,體統倒置者。臣六月抵任,檢閱舊案,如前撫臣金世德之清慎明決,而已故知縣施延寶、夏顯煜侵欠庫銀,盈千累萬,被劾後,反訐告道府。效尤成風,恬不知怪。臣任事後,以驅除貪吏、拯救民生爲務。據道府揭報,察其已甚者參劾,以示懲創。隨有知縣訐告道、府兩案,皆摭拾往事、混肆污衊之言,且不由守、巡兩道,徑以驗文封送。似此悍藐,將來道府必懷投鼠忌器之嫌而隱忍養奸,法紀頹靡。如果道府不法,而撫臣姑容恣害,應重罪撫臣。若道府揭報屬官,而屬官反噬挾制,應加嚴處分,以肅法紀。"疏下部確議:"督撫姑容不法道府,降三級調用。屬官首告上司,在上司揭報後者,不准理,革其職。已革職者,刑部議罪。定爲例。"十月,疏言:"宣府所屬東西二縣與懷安、蔚州二衛,有水衝沙壓地千八百頃有奇,小民包糧爲累。經前撫臣金世德具疏請豁,部議令照舊徵收。臣履任後,勘明衝壓益甚,耕耨無期。窮黎緜力幾何,奚堪永遠包賠?荒糧一日不除,則民生一日不遂。雖目今師旅未息,需餉尚殷,而滇、黔餘孽指日蕩平,此後軍需無虞不足。況合計四處荒地糧,不過三千餘石,銀僅一千餘兩。在國計爲涓滴之損,而數千餘户貧民得免包賠,皆頂戴皇仁矣。"疏下部議,令確勘取結,自二十年始豁免錢糧。十一月,疏言:"宣府所屬東西兩城及萬全、左右前衛、懷安、蔚州、保安、柴溝、西陽等處,俱報夏災又被秋災。已奉恩旨分别緩徵,並平糶積貯糧石。近據通判陳天棟報稱:'東西二城二十餘日間,飢死者不下數十人,城坊闠市日有偃仆窮民。'伏思平糶糧石,止救稍能措糴之民,而不能救囊無一錢、殭卧待斃之民。即再疏請賑,候部議覆,奉旨允行,亦須一月。此一月之内,民之飢死者又不知凡幾矣。臣仰體皇上惠愛元元至意,委保定府同知何玉如等,馳赴東西二城及前衛、懷安等處,動支平糶倉糧,確察飢困不能謀生窮民,每口賑給二斗,俾少延月餘。其善後之舉,容臣與守道等酌議,另行題請。"疏入,下部議。尋奉詔:"即以平糶米石賑濟。"十二月,疏劾青縣知縣趙履謙徵額賦銀一萬餘兩,多收火耗三千餘兩,領庫銀一千賑濟,侵蝕入己,及勒索報災册費等款,請革職治罪。

二十年正月入覲,諭曰:"爾爲今時清官第一,殊屬難得。聞爾昔在黄州,土賊嘯聚,爾往招之,即時投順解散,何以致之?"成龍奏曰:"臣惟宣布皇上威德,未有他能。"上問:"屬吏亦有清廉者否?"成龍以知縣謝錫衮、同知何玉如、羅京對。上曰:"爾前所劾知縣趙履謙,甚當。"成龍奏曰:"趙履謙過而不改,臣不得已而劾之。"上曰:"爲政之道當知大體,小聰小察不足爲多。且人貴始終一節,爾其勉之。"尋諭日講官曰:"于成龍起家外吏,即以廉明著聞。洊陟巡撫,益勵清操。凡在親戚、交遊相請託者,概行峻拒。所屬人員並戚友間有饋遺,一介不取。朕甚嘉之。知其家計涼薄,特賜内帑銀一千兩、朕親乘良馬一匹,以示鼓勵。"尋命户部遣員外郎葉倫,會同成龍賑濟宣府各處飢民,詔蠲免本年額徵、積年帶徵錢糧及房税。七月,成龍疏言:"宣府被災地方房税,已蒙恩免徵。而真定府屬獲鹿、井陘、曲陽、平山、靈壽五縣,因夏旱二麥無收,其房税銀兩請緩至來年。”下部議，從之。九月，詔曰：“朕巡行近畿至霸州，見其田畝窪下，多遭水患，小民生計維艱，何以供給正賦？著察明，酌量蠲免。”成龍疏言：“霸州水淹地方，先經疏報，勘明成災十分、九分者一千五百四頃有奇。部覆照例免本年錢糧十之三，計額徵銀六千三百八十兩有奇，應蠲一千九百餘兩。今仰邀睿照，洞悉民困，特恩軫恤，應將本年錢糧破格全蠲。”得旨俞允。又疏言：“直屬監司、廳印等官，求其與盜案脱然無累，得與升轉之例者，十不能三四。此案未獲，彼案復增，一案倖完，數案未結，甚有一日而失盜之案數家。經年累月，攢眉無策。在州縣身任地方，既不能消弭於未然，又不能緝獲於事後，責無可諉，降調允宜。但既降級去任，接緝之官事不切己，搜捕玩延，强盜反多漏網。若議處降一級者仍留原任，能獲一半以上，開復原降之級，於懲過之中寓以勸勉，必能悉力擒拏，不致凶徒倖免。至於薦舉‘卓異’行取，乃朝廷超拔人才之典，而亦督撫諸臣盡其以人事君之義。每因一二案未完，格於定例，遠大之器困於百里，深爲可惜。前見江寧撫臣慕天顔，以見有錢糧未完，處分之知縣林象祖、任辰旦，題請行取。奉特旨俞允。仰見皇上憐才之殷，初未欲以成例限人。直隸盜案處分，與江南錢糧相等。非無品行卓越、才具優長如林、任二令者，應無論盜案之銷否，一體薦揚，以備擢用。其捕盜同知、通判，雖專司督緝之任，但所屬有十餘州縣及二三十州縣者，竟同各州縣一體處分，似屬過甚。武職議處既有專汛、兼轄、統轄之等差，則同知、通判亦當視兼轄武職例，至督緝道員定例罰俸之外，停其升轉。臣思方面大吏，或由京官改授，或由外吏升任，率多練達之才。及其年力精壯，正可矢圖報效，乃因督緝議處，無復進階之期，更爲可惜。在承緝官固應停其升轉，限年緝獲，而督緝者既已罰俸，似可免其停升。”疏下部議，不准。奉諭曰：“朕巡視畿輔，自山海關以西，永平以東，一面傍海，一面臨邊，盜賊無地潛藏，故剽劫猶少。至玉田、豐潤、遵化、薊州、霸州、保定諸處，民居稠密，盜賊所以繁也。今處分之例太嚴，恐官民俱累。其令九卿等詳議。”尋議：“承緝不獲未及二年者，免離任。督緝道員限滿罰俸，免停升。”十二月，成龍疏言：“臣早年失恃，繼母李氏勤劬撫育。臣初任知縣，欲奉母之任，而力有不能。及任黄州知府，正值兵興，終未遂迎養之私。尋聞母病故，督撫諸臣題留在任守制。由是抱哀供職，馳驅軍旅之閒，而臣母停柩在家，不遑顧也。今滇南逆孽蕩平，我皇上誕敷文德，首扶植綱常，敦崇倫理。臣謬任巡撫，代宣聖化，亦惟以綱常倫理教人。際太平盛時，非復從前多事，若不歸葬，是貪戀顯榮，忘親背義。對屬臨民之際，先自懷慙歉，又何以教人乎？伏乞允臣回籍葬母。完此一生大事，則犬馬餘年，皆圖報聖恩之日。”疏入，得旨：“覽奏，情詞懇切。准假三月，回籍葬母。事竣，速赴任供職。”越六日，特旨授江南江西總督。前此，因江西用兵，分設江西總督，至是復併爲一。

二十一年正月，成龍疏言：“臣乞歸葬母，奉有欽定假期，而新承簡命，未可久遲赴任。謹循前年直隸守道護理撫印之例，以守道董秉忠暫護直撫印務。臣即回籍葬母，事畢，赴新任。再有陳者，前歲舉劾案内，臣以直隸守道董秉忠、阜城知縣王燮薦舉。去歲遵旨往宣府賑濟飢民，以南路通判陳天棟薦舉。王燮已准行取，其董秉忠、陳天棟，均未予注册，而賢績已達天聽。此外，柏鄉知縣邵嗣堯、高陽知縣孫宏業，俱堪磨練；通州知州于成龍，具恬淡之性，優通變之才；霸州州判衛(濟賢)〔既齊〕，懔清白之操，化浮囂之氣，並堪大用。兹值離任之際，不敢隱蔽，特列名上陳，以盡舉賢之悃。”疏入，報聞，下吏部，邵嗣堯等准注册。六月，疏言：“江蘇見届二年舉劾之期。臣自四月任事，虚衷察訪屬員，有立身以名節自勵，而設施未洽民情；行己在清濁之間，而舉動未攖民怒。蓋賢非循卓之尤，不賢非污墨之甚，恐舉之劾之，不足以爲未舉未劾者愧勵。請暫停此次舉劾。其賢者，臣獎進誘掖，徐觀厥成，特疏題薦；不賢者，教誡以期自新。儻怙惡不悛，亦特疏糾參，無稍姑容。"疏下所司知之。是月，江寧知府缺出，成龍請敕廷臣，會推清操久著、幹練成效與通州知州于成龍、霸州州判衛(濟賢)〔既齊〕相類者。吏部以知府無會推例議上。上命即以通州知州于成龍升補江寧知府。十二月，疏言："臣自入境受事，細事必出於躬親，勺水必懔於夙夜。凡屬吏進見，多方訓誨，隨事整飭。察其所守之誠僞，訪其敷政之寬嚴，亦莫不爭相濯磨，矢志釐剔。未幾，而或以盜案，或以逋欠，或以違限，屢有處分。今遇計典，悉與舉薦之例不符。如江蘇布政使丁思孔，歷任既久，參罰因多，既不敢違例以入'卓異'之列，又不敢拘例以蹈蔽賢之愆。見將入覲，乞親賜諮訪，破格擢用。"疏下吏部、都察院，以無庸議覆奏。得旨："丁思孔准爲'卓異'。"旋擢任偏沅巡撫。

二十二年十月，督造漕船副都御史馬世濟還京，疏言："總督于成龍向有聲譽，初到江南，美名如故。聞其自任用中軍田萬侯之後，人多怨言。臣奉差在南，見其年近古稀，景迫桑榆。道路嘖嘖，咸謂田萬侯欺矇督臣，倚勢作弊。因未有實據，難以入告。由督臣衰暮，不能精察，故匪人得以播弄而敗善政。且各有司衙門皆有督臣穢言告示，污衊各官。如果各官不法，何難白簡題參？若俱循良，豈可憑空淩辱？顯係小人播弄，督臣令其虛張聲勢，就中取利。請罷黜田萬侯，並令成龍休致。"疏下部議。部臣以馬世濟所言未有實据，令成龍明白回奏。成龍奏："臣到江南，期以興利除害，察吏安民，仰報知遇。無奈兩江之吏治、營務、刑名、錢穀，繁劇實甚。臣晝夜拮據，躬親料理，從不敢寄耳目於左右。然近習難防，或亦有窺伺欺弄，臣亦安能保其必無。憲臣馬世濟疏稱'中軍田萬侯倚勢作弊'，臣實未之覺察也。至於告示一節，或地方之利弊、民生之疾苦，臣有見聞，即通行禁飭，無非以利害禍福之言痛切告誡，其詞未免過於峻厲，似涉穢言污辱。憲臣馬世濟疏稱'小人播弄，令其虚張聲勢，就中取利'，臣亦未之覺察也。此皆臣之衰邁昏瞶，何以自解？若夫臣之'年近古稀，景迫桑榆'，久在皇上洞鑒之中，雖殫精竭慮，不敢稍自寬假。然氣衰力疲，龍鍾之狀大非昔比，臣又何敢自諱？乞敕部嚴加議處，以爲大臣溺職、有初鮮終者之戒。"疏下部察議。兵部言："成龍既稱田萬侯倚勢作弊，就中取利，未之覺察，應革田萬侯副將職。"吏部言："成龍既自稱景偪桑榆，衰邁昏瞶，應令其休致。"上令成龍留任，田萬侯降級。

二十三年三月，江蘇巡撫余國柱入爲左都御史，安徽巡撫涂國相升任湖廣總督，成龍兼署兩巡撫事。四月，卒於官，年六十有八。諭部予恤。部臣以成龍曾降五級奏。得旨："予開復，祭葬如典禮，謚曰'清端'。"七月，内閣學士錫住勘問海疆還。上問曰："爾到江南聞原任總督于成龍居官如何？"錫住奏："成龍居官甚清，但因輕信，或爲屬員欺罔。"上曰："于成龍因在直隸居官甚善，朕特簡任總督。既到江南，有人言其變更素行。病故後，知其始終廉潔，甚爲百姓所稱。殆因素性鯁直，與之不合者挾仇讒害，造作屬下欺罔等語。是爲不肖之徒所嫉耳，居官如于成龍者有幾？"十一月，上南巡至江寧，諭知府于成龍曰："爾務效前任總督于成龍正直潔清，乃無負朕優眷。"回鑾，諭大學士等曰："國家澄敘官方，首重廉吏。其治行最著者，尤當優加異數，以示(襃)〔褒〕揚。原任江南江西總督于成龍，操守端嚴，始終如一。朕巡幸江南，延訪吏治，博採輿評，咸稱居官清正，實天下廉吏第一。應從優(襃)〔褒〕恤，爲大小臣工勸。其詳議以聞。"御製詩云："服官敦廉隅，抗志貴孤潔。"又云："江上見甘棠，遺愛輿人説。"尋允廷臣議，加太子太保，廕一子入監。世宗憲皇帝雍正十年，入祀賢良祠。

孫準，官至江蘇巡撫，别有傳。

【校記】

〔一〕據光緒十年本《國朝耆獻類徵初編》卷一五八補。

于成龍小傳〔一〕

毛際可

于成龍,字北溟,山西永寧州人。由貢生爲羅城令,撫輯猺獞,民皆安業。遷知合州,招徠流散,給田廬,貸牛種,期月增户千計。升黄州同知。吳三桂叛,湖廣居滇、黔要衝,撫臣調成龍攝武昌府事,而妖賊黄金龍亂作。其黨劉君孚爲主謀,猶豫持兩端。成龍廉知其狀,即自持檄,距賊十里許止宿,諭散其脅從者。遣一人前導,身入賊巢,降之。分立區保,籍其勇力者督令進討,斬金龍,遂駐黄州。江西賊犯湖口,而逃兵陳鼎業、何士榮等與合趨黄。黄之兵前俱遣赴荆、岳,無可守者。成龍徵集鄉勇得二千人,别遣黄岡令李經政擊鼎業,擒之。賊數萬從牧馬崖來犯,成龍分兩翼夾擊,自以鋭卒衝其中堅。戰急,將士懼衆寡不敵,成龍策馬徑前,親冒矢石,搴賊旗,賊遂大潰,獲士榮。乘勝進至吕王城,餘黨望風解散。升江防道,屯蘄州,修復沿江墩戍,治戰艦,練水師,計擒渠盜,江表肅清。擢福建按察使,時以海案株連者幾千餘人,獄久不決。成龍至,輒訽釋之。遷布政使,裁莝夫數萬,民稱便。巡撫順天,條上利弊數十事,悉見褒納。尋總督兩江,翦除豪猾,遠近驚若神明。躬行儉素,民化之,布褐至爲翔貴。兼攝江蘇、安徽兩巡撫印。卒官,予祭葬,贈太子太保,謚"清端"。成龍精吏治,钩摘姦宄,罔敢匿伏。尤以清節著名,聖祖獎諭廉吏,每稱成龍爲第一云。

【校記】

〔一〕據光緒十年本《國朝耆獻類徵初編》卷一五八補。

于清端公傳〔一〕

袁　枚

公姓于，諱成龍，字北溟，山西永寧人。順治十八年，以副榜宰廣西羅城縣。縣故烟瘴地，多苗，以攻劫爲俗。公與爲誓："毋弄兵器，毋盜。"苗敬信之，轉相告語，馴伏。或三日，或五六日，必率子女問安。在羅五年，舉"卓異"。遷合州知州，再遷湖廣黄州同知。巡撫張朝珍知公才，命討武昌賊黄金龍，即守武昌。當是時，三藩反，金龍陰受吴三桂僞劄，屯兵據險。其軍師劉君孚者，爲訟事受公恩者也。公知衆寡不敵，乃騎一騾，從一鄉約，直入劉家。劉欲探公意，逃山後不出，而陰張强弩待公。公罵且笑曰："君孚老奴，受我恩避我，自慚作賊耶？渠不過爲人逼誘耳。我老人，髮鬢如此，寧不曉也？"語未竟，君孚從厨後躍出，投弓，跪曰："君孚祖宗有靈，使公至此。降矣，尚何言！"即日降其衆數千。武昌鄉勇亦至，問："金龍何在？"曰："在望花山。"即命導行，乘其不備擒之。撫軍喜，奏實，授武昌知府，再調黄州。甫抵任，湖北大亂。何士榮反永寧鄉，陳鼎業反陽羅，周鐵爪反白水，劉啓業反石陂，各擁衆數千，號十萬，陽言先取黄州。議者謂援兵隨大軍征滇，黄州兵少，宜退保麻城。公不可，曰："黄州，湖北咽喉也。棄之，則荆、岳七郡皆瓦解矣。仗天子威靈，可以一戰。"徵各區丁壯，自草檄，先攻鼎業，擒之。再攻士榮，戰於黄土坳。賊勢甚盛，紅旗殷山，礮雨下，隊長吴之蘭焚死。火燎公鬚，不爲動，手劍立營門，而陰令三百人自右山擊賊後。賊大亂，敗走。公曰："諸賊中士榮最强。士榮既破，諸賊膽落，宜乘勝攻之。"諸營方炊，覆釜以進。預伏兵於鐵爪等敗逃處，果悉擒之。乃勒石黄市岐亭，班師而還。是役也，爲先烽者把總某，協謀者門下士某，引路者鄉民某，督陣者公也。不費公家一錢，二十四日而黄州平。遷江防道，再遷福建按察使。福建當耿精忠亂後，康親王駐軍省中，牧馬者月徵莝夫數萬。公爭於王前，罷遣之。海寇犯漳、泉，有莠民通海，起大獄，株連千餘家，公平反之。滿兵掠浙東子女，没爲奴婢者數萬，公贖還之。王與諸大府素知公名，公所言靡不聽。遷布政使，舉"清官第一"。巡撫直隸，再遷兩江總督。官吏望風改操，知公好微行，遇白髯偉貌者，群相指震慴。士民有歡笑無管弦，遊惰不空手，櫃坊無鎖。年六十八巡海歸，薨。天子震悼，給祭葬，加贈太子太保，謚"清端"。軍民巷哭，繪像以祀。

公清介絶俗，重門洞開。白事官吏直入寢室，左薑豉，右簿書，狀如鄉里學博，而用兵如神，尤善治盜。知黄州時，聞張某者，盜魁也。崇閎高垣，捕役多取食焉。慮少遼緩，奸不得發，乃半途微服，傭其家，詭名楊二，司灑掃謹。張愛之，使爲群盜先。居亡何，盡悉盜之伴侣、胠篋機密約號。乃遁去，鳴鉦到官。一日者，集健步，約曰："從吾擒盜。"具儀仗兵械，稱婭前行。至張所，排衙於庭，大呼"盜出！"張錯愕迎拜，猶抵攔，公曰："勿承，可仰面視，我楊二也。"張驚，伏地請死。公取袖中大案數十，擲與之，曰："爲辦此，足以贖矣。"張唯唯，願一切受署。合門妻子環跪，泣曰："第赦盜死，盜不能者，某等悉如公命。"公留健役助之。不數日，群盜盡獲。其殺人者，活埋之。武昌營弁某，弟素無賴，適遠歸。是夜，軍餉盡劫。弁告弟所爲，彭考誣服，連引十餘人。獄具，獻盜，公破械縱之。撫軍驚問，曰："盜冤。"曰："真盜何在？"公指堂下一校曰："是真盜也。餘黨進香木蘭山，今晚獲矣。"未幾，獲盜，贓尚在校家，封識宛然。

江寧盜號"魚殼"者，拳捷，倚駐防都統爲解，有司莫能禽。公抵任時，官吏憚公，遠迎。公日旰不至，方驚疑探刺，而邏者報公早單車入府矣。群吏飾厨傳，不受，饋饟(牽)〔率〕不受，一郡不知所爲。按察使某，公年家子也，從容言："公過清嚴，則上下之情不通。某意欲具一餐爲雅壽。"公笑曰："以他物壽我，不如以魚殼壽我。"按察使喻意,出以千金爲募。雷翠亭者,名捕也,出而授金。司、府、縣握手囑曰:"我等顔面寄汝矣,勉之!"翠亭質妻子於獄,偵知魚方會群盜,張飲秦淮。乃僞乞者,跪席西,呢呢求食。魚望見疑之,刃肉衝其口。雷仰而吞,神色不動。魚咋曰:"子胡然?子非丐也,子爲于青天來禽我耳。行矣,健兒,肯汝累乎?"翠亭再拜,群役入,跪而加鎖,擁之赴獄。司、府、縣賀於衢。是夕,公秉燭坐,梁上砉然有聲,一男子持匕首下。公叱:"何人?"曰:"魚殼也。"公解冠几上,指其頭曰:"取。"魚長跪,笑曰:"取公頭,不待公命也。方下樑時,如有物擊我,手不得動。方知公神人。某惡貫滿矣。"自反接,銜匕首以獻。公曰:"國法有市曹在。"呼左右飲之酒,縛至射棚下,許免其妻子。遲明,獄吏報失盜,人情洶洶。司、府、縣相賀者轉而相尤,趨轅將跪謝告實,而公已命中軍將魚殼斬決西市。

論曰:公筮仕羅城,年已四十五。不二十年,督兩江,名震天下。其初心豈及此哉?自言治兵武昌,因草豆不足,頭搶柱欲死者數矣。孟子"動心忍性"之言,不其然乎!魏尚書環極以公與陸稼書同薦,海内榮之。然公晚年出張中丞手書,輒嗚咽流涕。蓋魏公猶識之於名成後,而張公先識之於名未成時。子皮、鮑叔之功,尤爲難也。江寧人傳公魚殼事甚著,考澤州相公、毛稚黄兩傳皆無之。故别立一傳,不使文人釣奇,獨病太史公云。

【校記】

〔一〕據《小倉山房文集》卷六補。

于清端傳〔一〕

戴　震

于成龍,字北溟,山西永寧州人。順治十三年〔二〕,以副貢知羅城縣。縣數遭兵燹後,拊循殘氓,稍稍相習,因問地方利害,悉得要領。編置保甲,定約束。前時,鄰猺歲率二三至,殺掠人畜。成龍勒鄉勇將搗其巢,咸懼,自投,不敢犯界上,歸所虜掠,然後民得事耕稼。縣有數大姓,恃猺獞、盜賊爲爪牙,一逆其心則召亂。成龍善撫民,恩威並用,數大姓皆奉法惟謹。居七年,遷知合州。往者新歸流户墾田既熟,土著輒爭之,故既集復散。成龍爲規畫,立案籍,三年而後稽,旬月閒報歸千户。未幾,遷黄州同知,駐岐亭。岐亭當黄、麻偏界,多汊湖幽壑,盜所巢窟。時急盜案,官以盜爲諱,白晝行劫不問。成龍遣捕,得九人,集諸父老曰:"能保後不爲盜者,貰之。"保二人。即諸父老前,取大索連繫七人,阬之。盜自是慄遁。又獲大盜彭百齡,拔置左右,責以捕盜。巡撫張朝珍器重成龍,舉"卓異"。會吳三桂反,檄攝武昌事。問禦亂策,成龍對以安人心莫先下令停徵。朝珍已草疏,意與之合,以故兵事皆屬成龍。諜指武昌大姓與賊交通,以藏器杖爲證。成龍言:"大姓多避兵良子湖中,家人藏兵械備他盜,無足怪。"迹之,果無所得。用"卓異",遷知建寧府,朝珍奏改武昌,檄造軍所渡橋於蒲圻。賊鋒迫,入城守,而橋以山水暴漲圮,罷職。會東山寇作,朝珍復委除賊。成龍曰:"黄州界三省,控七十二寨。其人剽悍,險阻難猝勝,請得便宜行事。"許之。問:"需兵幾何?"成龍曰:"前守蒲圻數人與,俱足矣。"先是,妖人黄金龍亡匿劉君孚家。君孚得吳三桂劄書,與金龍潛結賊渠周鐵爪等,期七月並起。會麻城人欲因以陷其讎家,事洩,君孚恐,遂以五月反於曹家河。成龍行次陽邏,偵知君孚雖反,衆未合。遂趨白杲,未至賊砦十里止宿,榜示:"脅從者許自首免罪,誣陷者赴訴不按捕。"投訴者日千人,皆宥之。賊勢孤,欲即降,恐見誅。成龍知其情,遣一人持檄往諭,而自騎一騾,一人張蓋,一人鳴鑼前導。未至二里許,命行呼"太守來救爾山中人!"君孚匿山後,夾道伏鳥槍弩數百人。成龍鞭騾直前,入抵賊舍,坐廳中。賊環列,黠者因相率羅拜。成龍問:"老奴安在?"君孚嘗隸岐亭役,故呼以暱,易之。又問山中雨水禾稼,遂曰:"汝等皆良民,何作賊自取屠戮？父母妻子藏匿？"賊皆泣。成龍曰："熱甚，須少憩。"遂熟睡。移時寤，曰："客至，何乃不設酒脯？"君孚初懼見紿，及是出，叩頭自訴。許招撫而還，如期盡降其衆數千人。以功復官，留麻城經畫。行村野，分立區保，擇謹厚者爲區長。還武昌，聞金龍逃合紙棚河賊鄒君申，則移檄區長，徵得二千人，進駐望花山。度賊食少，彼利速戰。緩以困之，必自潰。分三路守象棋山、大崎山及布袋坳，以賊走必經黄岡，伏兵馬鞍山嶮(嶇)〔峽〕間。君申、金龍糧絶，夜遁走，遇伏兵，盡擒。成龍坐山上受俘。

疏聞，晋級，改知黄州府。江西賊犯湖口，旁掠興寧。吴三桂密布劄書，陽邏陳鼎業合逃兵，掠驛馬。永寧鄉何士榮、石陂劉啓業、白水阪周鐵爪、鮑世庸，各擁衆數千爲亂，逼趨黄州。是時，各鎮援兵悉隨大兵進攻湖南，議者欲退保麻城。成龍曰："黄州爲湖北七郡門户，我師屯荆、岳者數十萬，水陸轉運取道於此。且瀕江控制險阻，前依興、寧、廬、阜，後壓天堂、金剛諸砦。雖祇一郡，實江南關鍵，不可棄之去。然徒坐困，莫若相機進剿。賊雖衆，皆取士榮進止。先破士榮，餘可不戰而下。"於是徵集各區鄉勇，有衆二千人。别遣黄岡縣知縣李經政擒鼎業。諜報士榮已據黄土坳，分衆以把總羅登雲、武舉張尚聖領之往。遇賊前鋒，戰少利。成龍疾馳抵尚聖營，鄉勇大集，共得五千人，營箚金寨下，與賊對壘。士榮數萬人自牧馬崖分東西兩路來攻。東路賊少，以登雲領千人禦之。而成龍率千總李茂昇當其西，尚聖攻右，把總吴之蘭攻左。戰始合，之蘭中槍死，賊鬬益急。成龍鞭馬徑前，回顧茂昇曰："我死，可歸報張公。"茂昇奮而進，發矢折賊大旗，軍隨進。茂昇馬被槍，棄馬射殺二人，换馬進戰，復手刃數人。而尚聖自右山繞出賊後，相與合擊。賊大敗，士榮臂斷就擒。得賊名籍，焚之。登雲擊東路，亦追奔數十里。乘勝至吕王城，據鞍草檄馳諭。賊聞士榮被擒，又知毁其名籍，各解散。至白水阪，鐵爪、世庸等欲保什子砦。成龍已先令人守隘，不得上，脱身走，追擒之。又分衆平石陂賊。

自進剿至此,纔二十四日,東山亂定。此康熙十三年冬也。十五年,水旱洊臻,僞言復起。成龍以人心易摇,宜示以暇豫。乃治赤壁亭榭,與文武官僚飲射、歌詠其閒,而密得暗奸,流釁頓息。歷官江防道、福建按察、布政使、直隸巡撫、江南江西總督。卒年六十有八,贈太子太保,謚"清端",廕一子入太學〔三〕。其遷按察使也,時耿精忠初平,罹重辟者衆,獄已具。成龍力言通海數案所牽引半皆平民,遂白於親王,釋不問。成龍清嚴忠直,勤勞治事,官吏無不敬畏,歸於廉慎。及卒,將軍、都統、寮屬來至寢室,見周身布被一,笥中袍一襲,鞾、帶二事,堂後米及鹽豉數盎而已。平時心憚成龍者,俱感動流涕,士民立祠於清涼山。

【校記】

〔一〕據中華書局一九八〇年點校本《戴震文集》第一八二至一八五頁補。

〔二〕十三年　據史實應爲"十八年",保留原文貌。

〔三〕二子　據陳廷敬、熊賜履所著傳、銘,爲"一子"。

于清端公事狀〔一〕

彭紹升

公諱成龍,字北溟,山西永寧人。先世有諱坦者,明弘治中官至都御史。父諱時煌,鴻臚寺序班,里中稱長者。公生而莊毅,不苟嚬笑。及壯,鬚髯若神,忼慨喜立事,能辛苦,才智絶人。好讀書,而不喜章句,曰:"學者要識得道理,埋頭作去,何用呻唫佔畢爲?"崇禎末,舉副貢生,以父老,不仕。國朝順治十八年,父憂服闋,始謁選吏部,得廣西羅城知縣。臨行,語其友曰:"我此行絶不以溫飽爲念,所自信者'天理良心'四字而已。"羅城盛瘴癘。猺獞雜居,好殺難治。時初入版籍,官舍止茅屋數間,蒿莽蔚然。吏民鳥言咿嚘。公與居,日狎,指事設辭,漸開解。乃編保甲,禁民不得帶刀劍，盜殺人被獲者，立斬以徇。先是，鄰猺歲犯界，掠人畜無算。至是，集鄉兵，聯部伍，開道，將進攻。鄰猺大懼，盡還所掠，誓不敢再犯，眾以靖。勸民力作，方春，命兩猺舁行田間，憩樹下，父老環集相勞苦，如家人。察其勤者旌之，其怠而荒者群詈之。暇輒增陴浚隍，招集流散，定昏喪之制，修學宫教之讀書。三年恩信大孚，民耻犯法。上官廉其狀，飭粤中令以羅城爲法。公乃上書請寬徭賦，疏鹽引，竝論合省諸利弊宜因革者。巡撫金公光祖條列以聞，且以"卓異"薦。

康熙六年，以邊俸推升四川合州。州領三縣，居民僅百餘，徭役繁重。府帖下取魚，公曰："民窮極矣，顧安所得魚乎？"卒不與府中魚，而劇論民間困苦狀。知府慚，爲裁革十餘事。招民墾荒，除其力役，數月間流人歸附者千户。以前薦，遷黄州同知，分鎮岐亭。岐亭故多盜，公降其渠彭百齡等置左右，每盜發，遣捕輒得，盜皆遠竄。歲饑，竭橐中金以施。不足，賣所乘騾，得金十餘兩，施一日而盡。乃集岐亭富人，勸之輸，爭出粟以應，民賴以活。攝漢陽、黄安、通城事，絶火耗，嚴保甲，所至有聲。巡撫張公朝珍以"卓異"薦。會吴三桂反雲南，進陷湖南諸州縣。十三年春，檄公攝武昌。張公問禦寇之策，公言："安人心莫先下令停徵。"張公已草疏欲上，得公言，益自喜，凡兵事皆倚以辦。或諜武昌大姓與賊通，私藏兵器，且謀反。張公欲發兵捕之，公言："諸大姓皆良愿，決無反謀，藏兵以備盜耳。"迹之，果然。遷知建寧，張公奏改武昌。時賊陷岳州、長沙，我師道蒲圻，公所督造橋被水決去，免官。而黄州妖人黄金龍作亂，麻城人劉君孚結黨應之，五月反於曹家河，擁衆數千，敗黄州官兵。張公度非公莫能辦賊，欲以委之。公曰："黄州賊負險善鬭，難猝勝。公誠欲見委者，須以便宜行事，方敢受命。"張公大喜，自起酌公曰："君能任事，吾何憂？剿撫一聽君。"問："需兵幾何？"公言"兵不足用，得所習數人足矣。"遂行。劉君孚者，故衙胥，桀黠能捕盜。公前在岐亭，嘗撫而用之。至是，偵君孚雖反，衆未合,持兩端。遂兼程抵白杲,距賊砦十里止宿,榜示士民〔二〕:"脅從者許自首,過三日不出,以從賊論。"於是投訴者千計。賊素憚公,及是勢益孤,保砦莫敢出。公命白杲鄉約持一諭帖,先自跨贏,二人從執蓋,鳴金趨賊砦。君孚蒼黄走匿,群賊彀弩、然火槍夾道。公直前抵賊舍,升堂坐。賊衆愕,羅拜。公謂曰:"若良民,何作賊自取族滅辜?父母妻子匿何所?得毋苦耶?"衆色動。乃令賊脱韡,取水飲。酣臥,鼾聲若雷。有頃寤,漫罵曰:"君孚老奴何不出?敢慢客耶?"君孚初度公必以兵來,且懼見紿,故深自匿。及是,瞷公推誠無它意,遂趨出叩頭自訴。公爲陳説利害,令就撫,約日而還。及期,盡降其衆數千。張公聞於朝,還公職,復知武昌,仍留麻城以安衆。公親歷郚堡,度形勢,立區保,擇謹厚者爲區長。置煙民籍,其有勇力、畜兵械者,區長統之,有急則集以聽命。於是往時賊黨,皆充煙民爲官用。君孚既降,金龍走,與紙棚河賊鄒君申合。公集煙民二千,以門下諸生統之,進駐望華山。度賊糧少,分兵屯守要害,爲久困計,而伏兵馬鞍山。賊果以糧盡,夜走馬鞍山,伏發,盡擒之。公坐山上受俘。金龍縛急,欲以妖術遁。公手劍叱之,遂斬以徇。調知黄州。其年冬,江西賊犯湖口,略興寧,蘄州戒嚴。東山賊何士榮受吴三桂僞劄。合衆數萬,將取黄州。州吏民才數百人,衆議退保麻城。公曰:"黄爲湖北七府門户,我師屯荆、岳者數十萬,水陸轉運取道於此。去此不守,則荆、岳絶援,七府瓦解,吾當以死守之。雖然,不戰不可守也。"於是集諸區煙民,檄召所屬文武,各以其衆會。得衆五千,營焰金砦下,衝賊壘。明日,賊衆數萬自牧馬崖分東西兩路夾攻我師。公見東路賊少,命把總羅登雲率千人禦之,而自當其西。分其軍爲三,武舉人張尚聖攻右,把總吴之蘭攻左,己攻其中。戰甫合,之蘭中槍死。衆少却,礮火如雨至。或勸公少避,公曰:"吾今日死此矣,敢言退者斬!"策馬直前,顧千總李茂昇曰:"我死,可歸報張公。"茂昇恐失公,急從之,發一矢,翦賊大旗,我軍少進。茂昇戰益力,斃數人。而尚聖兵自右山繞出賊後,賊驚亂。我軍急乘之,賊大潰。士榮斷一臂,陷淖中,遂擒之。而登雲東路兵亦追賊數十里,乘勝逐北,東山遂平。

十四年秋,大饑,發倉賑。明年,丁繼母憂,士民乞留公者數萬人。大吏疏請奪情,報可。十六年,督撫以蘄州湖北要害,奏復江防道,以授公。明年,遷福建按察司使。十八年春,抵福州。時寇亂初定,民以通海見告者數千百人,獄成,當重辟。公白康親王言:“諸案所連引,半平民,當省釋。”覆録時,諸大吏或齟齬。公指庭前婦稚曰:“此曹豈能反?皇天在上,獨不爲方寸地耶?”王久聞公名,至是益重公,悉從其請。凡有疑獄,輒委公專決,全活甚衆。諸所省釋,貧不能歸者,悉資遣之。當耿精忠反時,多掠浙東、江西子女,及是盡没官爲奴婢,公醵金贖之,令歸鄉里。其小弱者養之衙内,度滿一舟,則給口食,訪其父母,還之。遷布政司使。時大軍久駐,日用鍘夫數萬,民苦之。公請於康親王,一日盡罷去。在官薪米常不給,客至入臥内,惟一竹笥貯朝服、文書數十束而已。將軍、督撫交章論薦。

十九年春,奉命巡撫直隸。既至,立保甲,恤驛遞,抑豪強,除劇盜,禁屬官餽獻及私加火耗。聖祖知公久,嘗試詞臣理學真僞論,諭曰:“理學無取空言。若于成龍不言理學,而服官至廉,斯真理學矣。”至是,公所奏請,輒見施行。十月,奏:“宣府所屬東西二城與懷安、蔚州二衛,有水衝沙壓地一千八百頃,請豁除賦額。”下部議,如所請。是歲,宣府饑,東西二城人有餓死者。公聞,立發倉米,察貧民,人給二斗。疏聞,有旨加賑。二十年春,公以孝昭皇后喪,詣山陵,過闕,請見。聖祖命侍衛布席午門外,命少坐。既見,問撫剿東山事,慰勞有加,賜食、賜金千兩、賜御用鞍馬、賜詩。會宣府洊饑,詔免新舊租脱,命員外郎葉倫偕公往發帑以賑。勸輸二萬餘石,活饑民十餘萬户。又以真定屬獲鹿、井陘諸縣被旱災,請緩徵房稅。霸州被水,有旨酌蠲正賦。公請全蠲本年錢糧,俱報可。其年冬,請歸葬母,詔假三月。明年春瀕行,特疏薦知州于成龍、州判衛既齊、知縣邵嗣堯、孫宏業，竝下部議行。旋擢兵部尚書，總督兩江。未幾，江寧知府缺，命即以成龍補之。江寧人聞公將至，一日盡易布衣，士大夫減騶從，昏嫁無敢用音樂，民閒大猾多挈妻子竄。既至，飭屬吏痛革故習，各條便宜以上，爲罷行之。公自爲州縣，數微行，遇有疑獄及諸盜案，輒蹤迹得之。至是，吏民日驚，見頎而白髯者，輒心戰。數月閒，道不拾遺，外户不閉。年饑，公屑糠雜米爲粥，與童僕共之。屬吏至，亦以是進，謂曰："如法行之，可得留餘以賑也。"公與人無城府，然持是非甚力，雖親故莫敢干以私。每稱曰"上帝臨汝"，又曰"天監在兹"。當大利害，未嘗少挫。與屬吏言，委曲盡事理。批勘文書，率常至夜分，曰："吾安得人人面誡之，盡吾誠焉，冀有所勸也。"

二十二年冬，副都御史馬世濟督造江南漕船還，奏公年衰，爲中軍田萬侯所蔽，請察治。疏下公回奏，公引咎乞加處分。詔降五級留任，謫萬侯官。二十三年春，被命巡海，攝安徽、江蘇兩巡撫事。四月，晨起視事，未出户，疾作。召諸屬吏與訣，端坐而逝。至夜漏盡，坐不攲，颜色如生，年六十有八。公歷官未嘗以家口自隨。至是，江寧知府于成龍經紀其喪。民閒罷市會哭者，日數萬人。及喪歸，送者追至二十里，皆伏地哭失聲。有旨："復所降級，予祭葬，謚曰'清端'。"已而南巡，復下詔褒公生平，稱爲"廉吏第一"，加太子太保，蔭一子入監讀書。雍正十年，入賢良祠。公薨後二十餘年，吳人蔡方炳輯公文告爲《政書》。附録俱前輩所紀述，載公治行甚具，於公之治盜也尤詳。

予謂公："操執似海忠介，智略似王文成。行成於獨，不言而人自化。用能保聖天子始終之恩，立百爾在官之準，永斯人没世之慕。區區發奸禁暴，豈足以見公之厓量哉？"於是比公行事，標其節目，著於篇，俾後之慕公者知所則效焉。

【校記】

〔一〕據光緒十年本《國朝耆獻類徵初編》卷一五八補。

〔二〕榜示　原文作“榜元”,據上下文意改。

于成龍傳孫準〔一〕

于成龍,字北溟,山西永寧人。明崇禎間副榜貢生。順治十八年謁選,授廣西羅城知縣,年四十五矣。羅城居萬山中,盛瘴癘,猺獞獷悍,初隸版籍。方兵後,遍地榛莽,縣中居民僅六家,無城郭廨舍。成龍到官,召吏民拊循之,申明保甲。盜發即時捕治,請於上官,讞實即處決,民安其居。鄰猺歲來殺掠,成龍集鄉兵將擣其巢,猺懼,誓不敢犯羅山境,民益得盡力耕耘。居羅山七年,與民相愛如家人父子。牒上官請寬徭役,疏鹺引。建學宫,創設養濟院。凡所當興罷者,次第舉行,縣大治。總督盧興祖等薦“卓異”。

康熙六年,遷四川合州知州。四川大亂後,州中遺民裁百餘,正賦僅十五兩,而供役繁重。成龍請革宿弊,招民墾田,貸以牛種,期月户增至千。

遷湖廣黄岡同知,駐岐亭。岐亭故多盜,白晝行劫,莫敢誰何。成龍撫其渠彭百齡,貰罪,令捕盜自贖。嘗察知盜所在,僞爲丐者,入其巢,與雜處十餘日,盡得其平時行劫狀。乃出呼役械諸盜,具獄辭,駢縛坑之,他盜皆遠竄。嘗微行村堡,周訪閭里情僞,遇盜及他疑獄,輒蹤迹得之,民驚服。巡撫張朝珍舉“卓異”。

十三年,署武昌知府。吳三桂犯湖南,師方攻岳州,檄成龍造浮橋濟師,甫成,山水發,橋圮,坐奪官。三桂散僞劄遍湖北州縣,麻城、大冶、黄岡、黄安諸盜,皆倚山結寨應三桂。妖人黄金龍匿興寧山中,謀内亂。劉君孚者,嘗爲成龍役,善捕盜,亦得三桂劄,與金龍等結大盜周鐵爪,據曹家河以叛。朝珍以成龍舊治得民心,檄往招撫。成龍詗知君孚雖反,衆未合,猶豫持兩端。兼程趨賊砦,距十里許止宿,榜示自首者免罪,來者日千計,皆貸之。先遣鄉約諭君孚,降者待以不死。乃策黑羸往,從者二,張蓋鳴鉦,徑入賊舍。呼君孚出見,叩頭受撫,降其衆數千。分立區保,籍其勇力者,督令進討。金龍走紙棚河,與其渠鄒君申往保山砦,成龍擒斬之。朝珍以聞,請復官,即擢黄州知府,上允之。

諸盜何士榮反永寧鄉,陳鼎業反陽邏,劉啓業反石陂,周鐵爪、鮑世庸反泉畈,各有衆數千,號東山賊,遥與湖口、寧州諸盜合,將趨黄州。時諸鎮兵皆從師徇湖南,州中吏民裁數百,議退保麻城。成龍曰:“黄州,七郡門户,我師屯荆、岳,轉運取道於此。棄此不守,荆、岳且瓦解。”誓死不去。遂集鄉勇得二千人,遣黄岡知縣李經政攻陽邏,得鼎業誅之。士榮率賊數犯,自牧馬崖分兩路來犯。成龍遣千總羅登雲以千人當東路,而自當西路。令千總吴之蘭攻左,武舉張尚聖攻右,成龍力衝其中堅。戰合,之蘭中槍死,師少却。成龍策馬冒矢石逕前,顧千總李茂昇曰:“我死,汝歸報巡撫!”茂昇戰甚力,尚聖自右出賊後,賊大敗,生致士榮,檻送朝珍,遂進克泉畈。凡二十四日,東山賊悉平。十五年,歲饉,訛言復起。成龍修治赤壁亭榭,日與僚吏歗詠其中,民心大定。會丁繼母憂,總督蔡毓榮奏請奪情視事。十六年,增設江防道,駐黄州,即以命成龍。

十七年,遷福建按察使。時鄭成功迭犯泉、漳諸郡,民以通海獲罪,株連數千人,獄成,當駢戮。成龍白康親王傑書,言所連引多平民,宜省釋。王素重成龍,悉從其請。遇疑獄,輒令訊鞫。判決明允,獄無淹滯。軍中多掠良民子女没爲奴婢,成龍集資贖歸之。巡撫吴興祚疏薦“廉能第一”,遷布政使。師駐福建,月徵莝夫數萬,累民,成龍白王罷之。

十九年,擢直隸巡撫。蒞任,戒州縣私加火耗、餽遺上官。令既行,道府劾州縣,州縣即訐道府不得餽遺挾嫌。疏請嚴定處分,下部議行。宣化所屬東、西二城與懷安、蔚州二衛舊有水衝沙壓地千八百頃，前政金世德請除糧，未行，爲民累。成龍復疏請，從之。又以其地夏秋屢被災，請治賑。别疏劾青縣知趙履謙貪墨，論如律。二十年，入覲，召對，上褒爲“清官第一”。因問剿撫黄州土賊狀，成龍對：“臣惟宣布上威德，未有他能。”問：“屬吏中亦有清廉否？”成龍以知縣謝錫衮、同知何如玉、羅京對。復諭劾趙履謙甚當，成龍奏：“履謙過而不改，臣不得已劾之。”上曰：“爲政當知大體，小聰小察不足尚。人貴始終一節，爾其勉旃！”旋賜帑金千、親乘良馬一，製詩褒寵，並命户部遣官助成龍賑濟宣化等處饑民。成龍復疏請緩真定府屬五縣房租，並全蠲霸州本年錢糧，均報可。是年冬，乞假喪母，優詔許之。

未幾，遷江南江西總督。成龍先後疏薦直隸守道董秉忠、阜城知縣王燮、南路通判陳天棟。瀕行，復薦通州知州于成龍等。會江寧知府缺，命即以通州知州于成龍擢補。成龍至江南，進屬吏誥誡之。革加派，剔積弊，治事嘗至達旦。好微行，察知民間疾苦、屬吏賢不肖。自奉簡陋，日惟以粗糲(蔬)〔疏〕食自給。江南俗侈麗，相率易布衣。士大夫家爲減輿從、毁丹堊，婚嫁不用音樂，豪猾率家遠避。居數月，政化大行。勢家懼其不利，搆蜚語。明珠秉政，尤與忤。二十二年，副都御史馬世濟督造漕船還京，劾成龍年衰，爲中軍副將田萬侯所欺蔽。命成龍回奏，成龍引咎乞嚴譴。詔留任，萬侯降調。二十三年，江蘇巡撫余國柱入爲左都御史，安徽巡撫涂國相遷湖廣總督，命成龍兼攝兩巡事。未幾，卒於官。

成龍歷官未嘗攜家屬，卒時，將軍、都統及僚吏入視，惟笥中綈袍一襲、牀頭鹽豉數器而已。民罷市聚哭，家繪像祀之。賜祭葬，謚“清端”。内閣學士錫住勘海疆還，上詢成龍在官狀，錫住奏甚清廉，但因輕信，或爲屬員欺罔。上曰：“于成龍督江南，或言其變更素行。及卒後，始知其始終廉潔，爲百姓所稱。殆因素性鯁直，不肖挾仇讒害，造爲此言耳。居官如成龍，能有幾耶？”是年冬，上南巡至江寧，諭知府于成龍曰：“爾務效前總督于成龍正直潔清，乃爲不負。"又諭大學士等曰:"朕博采輿評,咸稱于成龍實天下廉吏第一。"加贈太子太保,廕一子入監,復製詩褒之。雍正中,祀賢良祠。

孫準,字子繩。自廕生授山東臨清知州,有清操。舉"卓異",入爲刑部員外郎,遷户部郎中。出爲江南驛鹽道,再遷浙江按察使,居成龍喪歸,起四川布政使。康熙四十三年,授貴州巡撫。飭州縣立義學,令土司子弟及苗民俊秀者悉入肄業,送督學考試。調江蘇,歲饑,請發帑賑濟上元等十五縣及太倉、鎮海二衛。濱江海田畝被潮汐衝擊,多坍没,疏請豁免錢糧,詔允行。以布政使宜思恭爲總督噶禮所劾,準坐失察,罷歸。雍正三年,復職銜。尋卒。

【校記】

〔一〕據《清史稿》卷二七七補。

于成龍列傳〔一〕

于成龍〔二〕,山西永寧人。順治十八年,由副榜貢生授廣西羅城知縣。聖祖仁皇帝康熙六年〔三〕,總督盧興祖等言:"羅城在深山之間,瑶、玲頑悍,成龍潔己愛民,建學宫,創養濟院,任事練達,堪列卓異。"是年,遷四川合州知州。八年,遷湖廣黄州府同知。

十三年二月,擢武昌知府。值逆藩吴三桂踞湖南〔四〕,大兵將進征〔五〕,巡撫張朝珍檄成龍於咸寧縣境,造浮橋濟師。甫成,雨水衝激,橋圮。部議革職。時吴逆散布僞劄〔六〕,煽誘湖北州縣人民,麻城、大冶、黄岡、黄安各山寨皆叛應之。朝珍以成龍素爲黄州人民信服,令往麻城招撫。成龍單騎直入賊寨,諭脅從者免罪,賊衆遂降;復督兵擒斬大冶賊黄金龍、鄒君昇等。朝珍疏言:"黄屬四十八寨,接連數省,舊爲盜藪,伏莽易發,必得成龍彈壓。請復成龍職,即以爲黄州府知府。"上允之。成龍尋復率黄岡知縣李繼政、千總李茂昇等〔七〕,集鄉勇二千人〔八〕,偕營兵搜勦賊寨,擊潰賊衆於石子山及牧馬崖,擒僞總兵鮑世榮〔九〕,僞遊擊何士榮,僞參將陳正澈、鄧少興等[十]。十五年十月,丁繼母憂,總督蔡毓榮等奏令在任守制[十一]。十六年十月,增設江防道於黄州,擢成龍任之。

十七年六月,遷福建按察使。十八年九月,巡撫吳興祚等言:"成龍執法決獄,不徇情面,屢伸冤抑,案牘無停,不濫准一詞,不輕差一役,而刁訟風息,擾害弊除。捐增監獄口糧,遍濟病囚醫藥。倡贖被掠良民子女數百口,資給路費遣歸。屏絶所屬饋送。性甘淡泊,吏畏民懷,爲閩省廉能第一。"疏入,得旨"于成龍清介自持,才能素著,允稱卓異。"是月[十二],遷福建布政使。

十九年二月,擢直隸巡撫。時直隸不設總督,保定有守有道,管布政使事;有巡道,管按察使事;與通、永、霸、昌、大名、口北、天津諸道,各以所司之事達巡撫。成龍既蒞任,戒州縣私加火耗、餽上官節禮。尋據道府揭報不職知縣,劾罷數員,而知縣有以道府因無節禮,誣揭揑報,控訴成龍者。九月,成龍疏言:"自督撫、監司以及州縣,上下名義不容紊越,未有如直屬之逞訐上官,體統倒置者。臣六月抵任,檢閲舊案,如前撫臣金世德之清慎明決,而已故知縣施延寶、夏顯煜侵欠庫銀,盈千累萬,被劾後反訐告道府,效尤成風,恬不知怪。臣任事後,以驅除貪吏,拯救民生爲務,據道府揭報,察其已甚者,參劾,以示懲創。隨有州縣訐告道府兩案[十三],皆摭拾往事、混肆污衊之言,且不由守、巡兩道,徑以驗文封送。似此悍藐,將來道府必懷投鼠忌器之嫌,而隱忍養奸,法紀頹靡。如果道府不法,而撫臣姑容恣害,應重罪撫臣;若道府揭報屬官,而屬官反噬挾制,應加嚴處分,以肅法紀。"疏下部確議,督撫姑容不法道府,降三級調用;屬官首告上司,在上司揭報後者,不准理,革其職;已革職者,刑部議罪,定爲例。

十月,疏言:"宣府所屬東西二城[十四],與懷安、蔚州二衛,有水衝沙壓地千八百頃有奇,小民包糧爲累。經前撫臣金世德具疏請豁,部議令照舊徵收。臣履任後,勘明衝壓益甚,耕耨無期,窮黎綿力幾何,奚堪永遠包賠?荒糧一日不除,則民生一日不遂。雖目今師旅未息，需餉尚殷，而滇、黔餘孽指日蕩平，此後軍需無虞不足，況合計四處荒地，糧不過三千餘石，銀僅一千餘兩，在國計爲涓滴之捐，而數千餘户貧民，得免包賠，皆頂戴皇仁矣。"疏下部議，令確勘取結，自二十年始，豁免錢糧。十一月〔十五〕，疏言："宣府所屬東西兩城及萬全、左、右、前衛，懷安、蔚州、保安、紫溝、西陽等處，俱報夏災，又被秋災，已奉恩旨分别緩徵，并平糶積貯糧石。近據通判陳天棟報稱東西二城二十餘日間，飢死者不下數十人。城坊鬧市，日有偃仆窮民。伏思平糶糧石，止救稍能措糴之民，而不能救囊無一錢、僵卧待斃之民。即再疏請賑，候部議覆，奉旨允行，亦須一月。此一月之内，民之飢死者又不知凡幾矣。臣仰體皇上惠愛元元至意，委保定府同知何如玉等馳赴東西二城及前衛、懷安等處，動支平糶倉糧，確察飢困不能謀生窮民，每口賑給二斗，俾少延月餘。其善後之舉，容臣與守道等酌議，另行題請。"疏入，下部議，尋奉詔即以平糶米石賑濟。十二月，疏劾青縣知縣趙履謙徵額賦銀一萬餘兩，多收火耗三千餘兩，領庫銀一千賑濟，侵蝕入己，及勒索報災册費等款，請革職治罪。〔十六〕二十年正月，入覲，諭曰："爾爲今時清官第一，殊屬難得！聞爾昔在黄州，土賊嘯聚，爾往招之，即時投順解散，何以致之？"成龍奏曰："臣惟宣布皇上威德，未有他能。"上問屬吏亦有清廉者否，成龍以知縣謝錫袞，同知何如玉、羅京對。上曰："爾前所劾知縣趙履謙甚當。"成龍奏曰："趙履謙過而不改，臣不得已而劾之。"上曰："爲政之道，當知大體，小聰小察，不足爲多。且人貴始終一節，爾其勉之！"尋諭日講官曰："于成龍起家外吏，即以廉明著聞。洊陟巡撫，益勵清操。凡在親戚交遊相請託者，概行峻拒。所屬人員并戚友，間有餽遺，一介不取，朕甚嘉之！知其家計涼薄，特賜内帑銀一千兩、朕親乘良馬一匹，以示鼓勵。"

尋命户部遣員外郎葉倫會同成龍賑濟宣府各處飢民，詔蠲免本年額徵、積年帶徵錢糧及房税。七月，成龍疏言："宣府被災地方房税已蒙恩免徵，而真定府屬獲鹿、井陘、曲陽、平山、靈壽五縣因夏旱二麥無收，其房税銀兩請緩至來年。”下部議，從之。九月，詔曰：“朕巡行近畿至霸州，見其田畝窪下，多遭水患。小民生計維艱，何以供給正賦？著察明酌量蠲免。”成龍疏言：“霸州水淹地方，先經疏報勘明，成災十分、九分者一千五百四頃有奇，部覆照例免本年錢糧十之三。計額徵銀六千三百八十兩有奇，應蠲一千九百餘兩。今仰邀睿照，洞悉民困，特恩軫恤，應將本年錢糧破格全蠲。”得旨俞允。又疏言：“直屬監司、廳印等官，求其與盗案脱然無累，得預升轉之列者，十不能三四。此案未獲，彼案復增；一案倖完，數案未結；甚有一日而失盗之案數家，經年累月，攢眉無策。在州縣身任地方，既不能消弭於未然，又不能緝獲於事後，責無可諉，降調允宜。但既降級去任，接緝之官，事不切己，搜捕玩延，强盗反多漏網。若議處降一級者，仍留原任，能獲一半以上，開復原降之級，於懲過之中，寓以勸勉，必能悉力擒拏，不致凶徒倖免。至於薦舉卓異行取，乃朝廷超拔人才之典，而亦督撫諸臣盡其以人事君之義。每因一二案未完，格於定例，遠大之器，困於百里，深爲可惜。前見江寧撫臣慕天颜以現有錢糧未完處分之知縣林象祖、任辰旦題請行取，奉特旨俞允。仰見皇上憐才之殷，初未欲以成例限人。直隸盗案處分，與江南錢糧相等，非無品行卓越、才具優長如林、任二令者，應無論盗案之銷否，一體薦揚，以備擢用。其捕盗同知、通判雖專司督緝之任，但所屬有十餘州縣及二三十州縣者，竟同各州縣一體處分，似屬過甚。武職議處，既有專汛、兼轄、統轄之等差，則同知、通判亦當視兼轄武職例。至督緝道員，定例罰俸之外，停其升轉。臣思方面大吏，或由京官改授，或由外吏升任，率多練達之才，及其年力精壯，正可矢圖報效。乃因督緝議處，無復進階之期，更爲可惜。在承緝官固應停其升轉，限年緝獲，而督緝者既已罰俸，似可免其停陞。”疏下部議，不准。奉諭曰：“朕巡視畿輔，自山海關以西，永平以東，一面傍海，一面臨邊，盗賊無地潛藏，故剽劫猶少。至玉田、豐潤、遵化、薊州、霸州、保定諸處,民居稠密,盜賊所以繁也。今處分之例太嚴,恐官民俱累,其令九卿等詳議。”尋議承緝不獲,未及二年者免離任;督緝道員限滿,罰俸,免停升。

十二月,成龍疏言:“臣早年失恃,繼母李氏勤劬撫育。臣初任知縣,欲奉母之任,而力有不能。及任黄州知府,正值兵興,終未遂迎養之私。尋聞母病故,督撫諸臣題留在任守制。由是抱哀供職,馳驅軍旅之間,而臣母停柩在家,不遑顧也。今滇南逆孽蕩平,我皇上誕敷文德,首扶植綱常,敦崇倫理。臣謬任巡撫,代宣聖化,亦惟以綱常倫理教人。際太平盛時,非復從前多事。若不歸葬,是貪戀顯榮,忘親背義。對屬臨民之際,先自懷慙歉,又何以教人乎?伏乞允臣回籍葬母,完此一生大事,則犬馬餘年,皆圖報聖恩之日。”疏入,得旨:“覽奏,情辭懇切,准假三個月,回籍葬母。事竣,速赴任供職。”越六日,特旨授江南江西總督。前此因江西用兵,分設江西總督,至是復并爲一。二十一年正月,成龍疏言:“臣乞歸葬母,奉有欽定假期,而新承簡命,未可久遲赴任。謹循前年直隸守道護理撫印之例,以守道董秉忠暫護直撫印務。臣即回籍葬母,事畢,赴新任。再有陳者,前歲舉劾案内,臣以直隸守道董秉忠、阜城知縣王燮薦舉。去年遵旨往宣府賑濟飢民,以南路通判陳天棟薦舉。王燮已准行取,其董秉忠、陳天棟均未予注册,而賢績已達天聽。此外柏鄉知縣邵嗣堯、高陽知縣孫弘業俱堪磨練,通州知州于成龍具恬淡之性,優通變之才,霸州州判衛(濟賢)〔既齊〕凜清白之操,化浮囂之氣,并堪大用。兹值離任之際,不敢隱蔽,特列名上陳,以盡舉賢之悃。”疏入,報聞,下吏部,邵嗣堯等准注册。〔十七〕六月,疏言:“江蘇現届二年舉劾之期,臣自四月任事,虚衷察訪屬員,有立身以名節自勵,而設施未洽民情;行己在清濁之間,而舉動未攖民怒。蓋賢非循卓之尤,不賢非污墨之甚,恐舉之劾之,不足以爲未舉未劾者愧勵,請暫停此次舉劾。其賢者,臣獎進誘掖,徐觀厥成,特疏題薦;不賢者,教誡以期自新,倘怙惡不悛,亦特疏糾參,無稍姑容。"疏下所司知之。是月,江寧知府缺出,成龍請敕廷臣會推清操久著、幹練成效、與通州知州于成龍、霸州州判衛(濟賢)〔既齊〕相類者。吏部以知府無會推例議上,上命即以通州知州于成龍升補江寧知府。十二月,疏言:"臣自入境受事,細事必出於躬親,勺水必懔於夙夜。凡屬吏進見,多方訓誨,隨事整飭。察其所守之誠僞,訪其敷政之寬嚴,亦莫不争相濯磨,矢志厘剔。未幾而或以盜案,或以逋欠,或以違限,屢有處分。今遇計典,與舉薦之例不符,如江蘇布政使丁思孔歷任既久,參罰因多,既不敢違例以入卓異之列,又不敢拘例以蹈蔽賢之愆。現將入覲,乞親賜諮訪,破格擢用。"疏下吏部、都察院,以毋庸議覆奏。得旨,丁思孔准爲卓異,旋即擢任偏沅巡撫。

二十二年十月,督造漕船副都御史馬世濟還京,疏言:"總督于成龍向有聲譽,初到江南,美名如故。聞其自任用中軍田萬侯之後,人多怨言。臣奉差在南,見其年近古稀,景迫桑榆,道路嘖嘖,咸謂田萬侯欺朦督臣,倚勢作弊,因未有實據,難以入告。督臣衰暮,不能精察,故匪人得以播弄而敗善政,且各有司衙門皆有督臣穢言告示,污衊各官。如果各官不法,何難白簡題參;若俱循良,豈可憑空淩辱?顯係小人播弄督臣,令其虚張聲勢,就中取利。請罷黜田萬侯,并令成龍休致。"疏下部議,部臣以馬世濟所言未有實據,令成龍明白回奏。成龍奏:"臣到江南,期以興利除害,察吏安民,仰報知遇。無奈兩江之吏治、營務、刑名、錢穀,繁劇實甚。臣晝夜拮據,躬親料理,從不敢寄耳目於左右。然近習難防,或有窺伺欺弄,臣亦安能保其必無?憲臣馬世濟疏稱中軍田萬侯倚勢作弊,臣實未之覺察也。至於告示一節,或地方之利弊,民生之疾苦,臣有見聞,即通行禁飭,無非以利害禍福之言痛切告誡。其詞未免過於峻厲,似涉穢言污辱。憲臣馬世濟疏稱小人播弄,令其虚張聲勢,就中取利,臣亦未之覺察也。此皆臣之衰邁昏聵,何以自解?若夫臣之年近古稀,景迫桑榆,久在皇上洞鑒之中,雖殫精竭慮,不敢稍自寬假。然氣衰力疲,龍鍾之狀,大非昔比,臣又何敢自諱,乞敕部嚴加議處,以爲大臣溺職有初鮮終者之戒。"疏下部察議,兵部言成龍既稱田萬侯倚勢作弊,就中取利,未之覺察,應革田萬侯副將職;吏部言成龍既自稱景逼桑榆,衰邁昏聵,應令其休致。上命成龍留任,田萬侯降級。

二十三年三月,江蘇巡撫余國柱入爲左都御史,安徽巡撫涂國相升任湖廣總督,成龍兼署兩巡撫事。四月,卒於官,年六十有八。諭部予恤,部臣以成龍曾降五級奏,得旨,予開復,祭葬如典禮〔十八〕,謚曰"清端"。

七月,内閣學士錫住勘問海疆還,上問曰:"爾到江南,聞原任總督于成龍居官如何?"錫住奏:"成龍居官甚清。但因輕信,或爲屬員欺罔。"上曰:"于成龍因在直隸居官甚善,朕特簡任總督。既到江南,有人言其變更素行。病故後,知其始終廉潔,甚爲百姓所稱。殆因素性梗直,與之不合者,挾仇讒害,造作'屬下欺罔'等語,是爲不肖之徒所嫉耳。居官如于成龍者有幾?"〔十九〕十一月,上南巡至江寧,諭知府于成龍曰:"爾務效前任總督于成龍正直潔清,乃無負朕優眷。"回鑾,諭大學士等曰:"國家澄敘官方,首重廉吏。其治行最著者,尤當優加異數,以示褒揚。原任江南江西總督于成龍操守端嚴,始終如一。〔二十〕朕巡幸江南〔二十一〕,延訪吏治,博采輿評,咸稱居官清正,實天下廉吏第一。應從優褒恤,爲大小臣工勸。其詳議以聞。"御製詩云:"服官敦廉隅,抗志貴孤潔。"又云:"江上見甘棠,遺愛輿人説。"〔二十二〕尋允廷臣議〔二十三〕,加太子太保,廕一子入監。世宗憲皇帝雍正十年〔二十四〕,入祀賢良祠。

孫準,官至江蘇巡撫。别有傳。〔二十五〕

【校記】

〔一〕據《清史列傳》卷八補。原題爲"于成龍"。

《滿漢名臣傳》之"漢名臣傳"卷六,題爲"于成龍列傳"。

《清代七百名人傳》,清蔡冠洛編著,北京市中國書店一九八四年影印本。

《國朝耆獻類徵初編》卷一百五十八，題爲"于成龍"。

本文以《清史列傳》爲底本，以《滿漢名臣傳》爲校本，以《清代七百名人傳》《國朝耆獻類徵初編》爲参校本，題從《滿漢名臣傳》，爲"于成龍列傳"。

〔二〕此句後《清代七百名人傳》加"字北溪"，據史實，應爲"北溟"之誤。

〔三〕聖祖仁皇帝　《清代七百名人傳》無此詞。

〔四〕逆藩　《清代七百名人傳》無此詞。

〔五〕大兵將進征　《清代七百名人傳》作"將用兵進征"。

〔六〕吴逆　《清代七百名人傳》作"三桂"。

〔七〕李繼政　《清代七百名人傳》作"李經政"。

〔八〕二千　《清代七百名人傳》作"三千"。

〔九〕僞　《清代七百名人傳》作"其"。

〔一〇〕僞　《清代七百名人傳》二字均無。

〔一一〕十月，丁繼母憂，總督蔡毓榮等奏令在任守制　七百名人傳無此句。

〔一二〕得旨"于成龍清介自持，才能素著，允稱卓異。"是月　七百名人傳無此句。

〔一三〕州縣　《清代七百名人傳》作"知縣"。

〔一四〕城　《清代七百名人傳》作"縣"。

〔一五〕十一　《清代七百名人傳》作"十二"。

〔一六〕十二月，疏劾青縣知縣趙履謙徵額賦銀一萬餘兩，多收火耗三千餘兩，領庫銀一千賑濟，侵蝕入己，及勒索報灾册費等款，請革職治罪。　《清代七百名人傳》無此句。

〔一七〕再有陳者，前歲舉劾案内，臣以直隸守道董秉忠、阜城知縣王燮薦舉。去年遵旨往宣府賑濟飢民，以南路通判陳天棟薦舉。王燮已准行取，其董秉忠、陳天棟均未予注册，而賢績已達天聽。此外柏鄉知縣邵嗣堯、高陽知縣孫弘業俱堪磨練，通州知州于成龍具恬淡之性，優通變之才，霸州州判衛(濟賢)〔既齊〕凜清白之操，化浮囂之氣，并堪大用。兹值離任之際，不敢隱蔽，特列名上陳，以盡舉賢之悃。"疏入，報聞，下吏部，邵嗣堯等准注册。　《清代七百名人傳》無此句。

〔一八〕諭部予恤，部臣以成龍曾降五級奏，得旨，予開復，祭葬如典禮　《清代七百名人傳》無此句。

〔一九〕七月，内閣學士錫住勘問海疆還，上問曰："爾到江南，聞原任總督于成龍居官如何？"錫住奏："成龍居官甚清。但因輕信，或爲屬員欺罔。"上曰："于成龍因在直隸居官甚善，朕特簡任總督。既到江南，有人言其變更素行。病故後，知其始終廉潔，甚爲百姓所稱。殆因素性梗直，與之不合者，挾仇讒害，造作

'屬下欺罔'等語,是爲不肖之徒所嫉耳。居官如于成龍者有幾?"《清代七百名人傳》無此句。

〔二〇〕上南巡至江寧,諭知府于成龍曰:"爾務效前任總督于成龍正直潔清,乃無負朕優眷。"回鑾,諭大學士等曰:"國家澄叙官方,首重廉吏。其治行最著者,尤當優加异數,以示衰揚。原任江南江西總督于成龍操守端嚴,始終如一。《清代七百名人傳》無此句。

〔二一〕朕 《清代七百名人傳》作"上"。

〔二二〕應從優衰恤,爲大小臣工勸。其詳議以聞。"御製詩云:"服官敦廉隅,抗志貴孤潔。"又云:"江上見甘棠,遺愛興人説。"《清代七百名人傳》無此句。

〔二三〕尋允廷臣議 《清代七百名人傳》作"廷下部詳議"。

〔二四〕世宗憲皇帝 《清代七百名人傳》無此詞。

〔二五〕別有傳 《清史列傳》《清代七百名人傳》無此句,據《滿漢名臣傳》補。《清代七百名人傳》有"有于山奏牘、政書。"

于成龍傳〔一〕

于成龍,字北溟,永寧人。順治十(三)〔八〕年,以副貢知羅城縣。羅城,煙瘴地。官廨在叢箐間,插棘爲門,虎白晝行庭中,乃累土爲几案,旁置爨釜一、盂一。召吏民從容問疾苦,皆感其至誠,益樂就爭輸田賦。初,鄰猺歲率三四至,殺掠人畜。成龍嚴保伍,勒鄉兵將搗其巢,猺懼自投,不敢復犯界,數遣子女問安。每春時,命兩猺舁竹轝行田野中,見力耕者輒呼與語,相勞苦。民率婦子羅拜,或坐樹下與飲食笑語,歡如家人。獎勤抶惰,民大勸。在羅城七年,招流亡,修學校,增陴浚隍,定昏喪之制。以卓異,遷知合州。羅人遮道呼號,追送數百里。一眇者獨不去,問故,曰:"民習星卜,度公橐中裝不能及千里,民技猶可資以行也。"竟賴其力達合州。州領縣三,遺黎才數百人,正賦十五兩,而供役繁重。府帖下取魚,成龍曰:"民窮極矣,安所得魚?"卒不與,且極陳民困狀,盡裁革之。一僕、一羸馬自隨,貸牛種,招集流亡。旬月間,得户千計。再遷黃州同知,駐岐亭。地多幽壑、汊湖爲盜窟。成龍捕得九人,大集諸父老曰:“能保後不爲盜者,貰之。”保二人,其七人即諸父老前取大索駢擊,悉阬之,衆股栗。又獲巨盜彭百鈴,貰其罪,令捕盜自贖,無脱者。巡撫張朝珍器之,舉“卓異”。吳三桂反,檄攝武昌府事,問禦亂策。成龍言:“安人心,莫先下令停徵。”張已草奏,意與合,遂盡以兵事屬之。時大軍雲集,供億皆叱咄辦。惡少憑禁旅爲奸,立置之法。白大將軍申軍令,甲士擁之譁,不爲動,徐斂去。諜指武昌大姓通賊,以藏兵器爲徵。成龍言:“巨室多避兵梁子湖,藏械備他盜,無足怪。”迹之,果無他。遷知建寧府,奏改武昌。大兵征岳州,檄造浮橋於蒲圻。賊驟至,成龍入城守,橋以山水暴漲圮,坐罷職。會東山寇作,張命討賊,請得便宜從事,許之。問需兵幾何?曰:“前守蒲圻,數人足矣!”先是,大冶賊黄金龍亡匿劉君孚家,君孚素黠猾,收召亡命,亦間爲官吏擒盜賊,嘗隸岐亭役。至是,得三桂僞劄,與金龍潛結周鐵爪等,期七日起事。事泄,君孚恐,遂以五月反於曹家河,官兵爲所敗。成龍行次陽邏,偵知君孚雖反,衆未合,遂直趨賊寨。未至十里止宿,榜示脅從者,許自首免罪。過三日,以從逆論。投首日千人,賊勢孤,欲即降,懼誅。成龍遣一人持檄往諭,而自騎一羸,一人張蓋,一人鳴鉦前導,命行呼:“太守來救爾山中人!”君孚匿後山,夾道伏槍弩數百。因疾驅抵賊舍,坐聽事,賊衆環列。問老奴安在?君孚舊隸麾下,故呼以昵易之。又問:“山中雨水禾稼若何?若良民,何爲作賊取屠戮?時方酷熱,若父母、妻子匿何所?得毋苦耶?”賊皆羅拜泣,公曰:“熱甚,須少憩。”遂熟睡,鼾聲如雷。移時寤,又謾罵:“君孚老奴,何爲久不至?客至,乃不設酒脯?”君孚初懼見紿。及是,出,叩頭受撫,即日降其衆數千。問:“金龍安在?”曰:“在望花山。”即令導行,掩其不備,擒斬之。捷聞,八月復職,調黄州。甫抵任,湖北大亂,何士榮反永寧縣,陳鼎業反陽邏,周鐵爪、鮑世庸反白水阪,劉啓業反石陂,各擁衆數千,號十萬,逼趨黄州。時援軍皆赴湖南,黄州吏民才數百,至不能備闔柝,或議退保麻城。成龍曰:“黄州,七郡咽喉也。棄之則荆、岳瓦解矣！吾誓死不去，然坐困亦非策，當剿之。賊雖衆，皆取士榮進止，先破士榮，餘可不戰下。”遂集鄉兵得二千人，別遣黄岡知縣李經政擒鼎業。士榮已據黄土坳，遣把總羅登雲、武舉張尚聖迎擊，前鋒戰，少却。成龍疾馳抵尚聖營。日午，鄉兵大集，有衆五千，屯箬金寨，與賊對壘。詰旦，士榮率賊數萬分東西路來攻。東路賊少，登雲領千人禦之，而自率千總李茂昇當其西。尚聖攻右，把總吴之蘭攻左。戰始合，之蘭中礮死，賊鬬益急，火燎及鬚，或勸少避，叱之曰：“今，吾死日也。敢言退者，斬！”遂鞭馬直前，回顧茂昇曰：“我死，可歸報張公。”茂昇急發矢，殪其大旗，軍隨進。茂昇馬被槍，棄馬射殺二人，易馬進戰，復手刃數人。而尚聖自右山繞出賊後夾擊，賊大敗，斬馘數千。士榮左臂斷，就擒。登雲擊東路，亦追奔數十里。得賊名籍，立焚之，乘勝至吕王城。衆欲少憩，成龍曰：“破竹之勢，不可失也。”方炊，覆釜以進，據鞍草檄馳諭：“有能擒賊獻者，重賞；投誠者，待以不死；脅從歸者，但閉門坐家；無軍器即從賊，概不追問；藏兵仗者，即良民亦誅死。”於是賊衆聞士榮擒，名籍已毁，各解散。至白水阪，鐵爪、世榮等欲趨保石子寨，已遣人守隘，不得上，悉擒之。又分衆平石陂賊，即勒石岐亭班師。自誓師至此，二十有四日，以鄉民數千破賊數萬，不費公家絲粟。黄州平，時康熙十有三年十一月也。次年秋，大饑，發廪賑恤，全活數萬人。十五年，水旱災，訛言復起。成龍故示暇豫，修赤壁亭榭，日與寮吏嘯詠飲射其間。民皆曰：“我公如此，復何憂？”會丁繼母艱，士民乞留者數萬。有詔奪情視事。十六年，總督蔡毓榮等奏，復設江防道，就任之。明年，遷福建按察使，民遮送至九江，凡數萬人，哭聲與江潮相亂。十八年春，抵閩。時耿精忠亂後，康親王駐軍省會，閩民多以通海獲罪，力白王，言：“諸案所牽引多平民，宜省釋覆録。”時大吏有難色。因指庭前婦孺，曰：“此曹豈能反？皇天在上，獨不爲方寸地也。”王久聞其名，至是益重之，悉從其請。巡撫吴興祚薦廉能第一，遷布政使。禁軍月徵莝夫數萬，爭於王前罷之。滿兵掠浙東子女，役爲奴者數萬，贖歸之各屬。納賦皆應時，收不增銖黍。署中薪米不給，至無衣可典日，或不再食。隨征滿、漢大臣、朝使者，有時來過，徑入卧内，或繞署周行几案間，蛛絲鼠迹，文卷書册外無長物。咸嘆曰："于公清苦，天下一人而已。"外番貢舶有所獻，悉屏之。或呈樣香，一嗅即持去。貢使嗞指作禮，曰："天朝有此清官，吾儕所未聞見也。"十九年，遷直隸巡撫，疏請豁免宣府所屬東、西二城及懷安、蔚州二衛水衝沙壓荒糧三千餘石，銀千餘兩。從之。又因災疏請緩徵并平糶。詔即以平糶之米作賑。會旱，步禱，雨立沛，禾黍重歧三穗，民號曰"于公穗"。尋劾青縣令趙履謙貪黷狀，按治如律。二十年春，陛見，賜坐，賜茶，面諭曰："爾爲今時清官第一，朕所深知。"因問剿撫黄州土賊時事，又問屬吏中亦有清廉者否？公以知縣謝錫衮、同知何如玉、羅京對。上曰："爾所劾趙履謙甚當。"公奏："履謙過而不改，臣不得已劾之。"上曰："爲政知大體，小聰、小察不足爲。且人貴始終一節，其勉旃。"旋賜食御書房，又賜帑金千、良馬一。馬，上所乘也。越數日，御製詩手書賜之。尋遣官助賑宣府各屬饑，詔蠲免本年額徵及積年帶徵。秋，請緩真定府屬房税銀，又請破格全蠲霸州本年田賦。均報可。冬，乞假歸葬。優詔許之。未幾，調兩江總督。瀕行，舉直隸守道董秉忠、通州知州于成龍、南路通判陳天棟、柏鄉知縣邵嗣堯、阜城知縣王燮、高陽知縣孫宏業、霸州州判衛(濟賢)〔既齊〕，并堪大用。得旨俞。行抵江寧，官吏皆望風改操。知成龍好微行，遇白須偉貌者，群相指目懾。檄郡、縣條上便宜，皆爲興舉。會江寧知府闕，詔即以通州牧于成龍擢補。成龍，漢軍人，由蔭生起家，後官河道總督，謚"襄勤"者也。南中風俗侈麗，至是人爭衣布褐，布價驟騰。士民有歡笑，無管弦，遊惰不空手，櫃坊無鎖。自治官書，夜申旦不寐。性喜飲，至是累月不一醉。嘗中夜苦飢，索少米作糜，不得，笑而止。時苞苴盡絶，午日遺視，寮吏無敢以角黍相遺者。建虹橋書院，擇高才生講習其中，親往訓課。副都御史馬世濟還自江南,劾其年衰,爲中軍田萬侯所欺蔽。部議奪萬侯職,成龍休致,特詔留任。二十三年春,巡海還,兼攝江蘇、安徽兩巡撫事。四月十八日,疾作,召屬吏與訣,端坐逝。至夜漏盡,坐不欹,颜色如生,年六十有八。自服官後,未嘗攜家屬入署。及是,將軍、都統暨寮吏入其寢室,見周身布被、袍一襲,鞾、帶各一,堂後瓦甕米數斛,鹽豉數盎而已。訃聞,賜祭葬,予謚"清端"。七月,學士錫住勘海疆還,上詢及在官時聲績,錫住奏其清廉,但因輕信或爲屬僚欺罔。上曰:"此與成龍不合者造爲此言耳。居官如成龍者,有幾?"十一月,南巡至江寧,諭知府于成龍曰:"爾務法前總督于成龍正直潔清,乃爲不負。"又諭閣臣曰:"原任總督于成龍,朕博采輿評,咸稱爲古今第一廉吏。可加贈太子太保,蔭一子入監。"會御試,詞臣作《理學真僞論》。納卷時,上特諭曰:"理學無取空言。如于成龍不言理學,而服官至廉,斯即理學之真者也。"卒後,軍民爭繪像,祀江寧,蘇州及黄州皆有祠。御書"高行清粹"四字爲祠額,并書楹聯賜之。成龍軀幹修偉,紅頰隆準,美髭髯,精神炯炯四映。與人交不擇貴賤,談燕終日。一語涉私,即正色斥詰,每曰"上帝臨汝",又曰:"日監在兹"。屬吏畏威若負霜雪。及論事,輒霽颜商榷。用此雖嚴憚,愈益親樂之。年饑,屑糠雜米爲粥,與僮僕共之。屬吏至,亦以是進,曰:"如法行之,可得留餘以賑也。"性强毅,而臨事應變無方。用兵如神,尤善治盜。所用游徼及降盜,恒撫以恩威,輒先來報。知武昌時,營弁某弟,素無賴。適遠歸,是夜餉被劫。弁告弟所爲,已誣服獄具,破械縱之。巡撫驚問曰:"盜冤,真盜何在?"即指堂下一校曰:"是真盜也。餘黨進香木蘭山,今晚獲矣。"尋獲盜,贓尚在校家,封識宛然。江寧盜號魚殼者,拳捷,倚駐防都統爲解,有司莫能擒。成龍抵任,官吏遠迎,日旰不至。方驚疑間,則已單車入府矣。群吏飾厨傳,饋餼,率皆不受。按察使某,年家子也,請具一餐爲雅壽。笑曰:"以他物壽我,不如以魚殼壽我。"按察使喻意出,乃以千金購名捕縛置獄。是夕,成龍秉燭坐,一男子持匕首自屋梁下,叱:“何人?”曰:“魚殼也。”即解冠几上,指其頭曰:“取。”殼長跪,笑曰:“取公頭,不待公命也。方下梁時,如有物擊我,手不得舉,乃知公神人。某惡貫盈矣。”自反接,銜匕首以獻。成龍曰:“國法有市曹在。”遲明,獄吏報失盜,人情洶洶,而已命中軍將魚殼斬決西市。孫準,别有傳。

【校記】

〔一〕據(光緒)《山西通志》卷一三二補。

謚清端制軍于北溟先生事略

先生諱成龍,字北溟,號于山,永寧州人。幼端謹有威重。明崇禎己卯副貢生。清世祖順治丙申謁選,授廣西羅城縣知縣。地多烟瘴,猺獞雜處。先生年已四十五矣,友朋多難之者,先生慨然曰:“此行已誓先隴,絶不貪温飽,惟以‘天理良心’四字自信,以實施政事而已。”遂跨一驢,攜二僕往。抵任,僅茅屋數間,且鄰社廟,虎或晝入行庭中。先生壘土爲几案,旁置釜、盎。召吏民從容問疾苦,相與以誠,民猺皆服。會二僕觸癘死其一,一求去。先生自爲炊爨,晚酒一盂,以四錢爲率,一意息民。爲編保甲,堅約束,向時猺衆殺掠人畜諸習,爲之頓革。復勸農儲粟,招流亡,興學校,定婚喪諸制。春時行田野,見力耕者呼與語,相勞苦,或坐樹下飲食,笑語如家人。民亦憫先生獨居,以酒食進,先生呼共食。以金錢來者,曰:“可市食物供爾父母也。”相與感泣。任七年,以“卓異”陞四川合州。羅人泣送至數百里,有瞽者不去,曰:“公囊錢不給,民以星卜佐公行糧也。”先生以瞽力得抵任。其地户口凋零,供役繁重。府帖下取魚,先生却之曰:“民不聊生,魚安所得?”因切指艱苦狀,請盡革浮供。貸牛種,招流亡,未幾,户口日增至數千。尋轉湖北黄州同知。地多盜窟,先生(補)〔捕〕得九人,集父老語曰:“能保後不爲盜者，貰之。"保二人，餘悉活埋。衆股栗，盜巢漸傾，風亦熄。張撫軍朝珍雅重先生，舉"卓異"。時麻城土匪嘯聚，勢頗張，有司惶懼，議會剿。先生止之曰："是皆吾民，賊不過數人耳，宜撫之。"遂單騎入其壘，責以大義。匪衆曰："于青天至，我輩尚忍反乎？"皆投兵就撫。甲寅，滇難作，撫軍檄先生攝武昌府。問禦亂策，先生曰："首安人心，莫如先下令停徵。"撫軍深然之，盡以兵事屬先生。時大兵所過，惡少倚禁旅爲姦，先生治如法，復請大將軍申軍令。甲士擁先生譁嚇，不爲動，遂爲斂戢。旋選授福建建甯府大吏，奏改武昌。大軍征岳州，檄造浮橋於蒲圻。匪突至，先生入城守，水漲，橋圮，坐罷職。會東山寇作，撫軍延先生曰："非君莫可辦此。"且許便宜從事。問需兵若干，先生曰："先守蒲圻數人足矣。"寇衆屯兵聚險，其魁劉君孚者，嘗受先生恩。先生騎一驢，從一鄉約，入劉家。君孚匿不出，伏彊弩待先生。先生笑，且罵曰："老奴避我，自慙作賊耶？渠不過爲人逼誘耳，我老人鬚髮如是，甯不曉耶？"又諭衆曰："若良民，何苦作賊？時方酷熱，父母、妻子匿何所？得毋苦耶？"衆感泣。先生曰："吾熱甚，少憩。"遂熟睡，鼾聲如雷。少(項)〔頃〕寤，復罵曰："老奴無禮，何久不至？客至，顧無酒脯耶？"君孚從厨後躍出，投弓跪，以衆降。先生問知賊首黄金龍者在望花山，立發衆，乘不備，擒金龍斬之。撫軍得報，語僚屬曰："人謂我不當用醉漢，今何如耶？"先生嘗與撫軍論時事，飲數十巨觥，掀髯抵掌，論滔滔不竭，吏人竊笑爲"酒狂"。至是撫軍乃及之云。秋，調黄州府。甫抵任，而何士榮、陳鼎業、周鐵爪、鮑世庸、劉啓業輩，各擁衆數千趨黄州。時援軍皆赴湖南，黄州吏民才數百，或議退保麻城。先生曰："黄州爲七郡咽喉，棄之則荆、岳瓦解矣！吾誓死不去。然坐困亦非策，當剿之。計必先破士榮，餘衆易與也。"集鄉兵，得二千人，别遣黄岡李大令繼政擒鼎業，先生率衆攻士榮，戰於黄土(拗)〔坳〕。匪勢甚熾，礮子如雨，隊長吴之蘭死，火燎先生鬚。或勸少避,先生大呼曰:“今吾死日也,敢言退者斬!”鞭馬與李千總茂昇衝匪。茂昇急發矢,殪匪之揺大旗軍,匪稍潰,大軍進逼。茂昇馬被槍,棄之,步殺悍匪二人,易馬進戰。張武舉尚聖由師右繞出匪後,夾擊之,匪大敗,斬馘數千。士榮左臂斷,被擒。先生得匪名籍,立焚之,乘勝窮追。匪衆聞士榮擒,名籍且燬,多解散,鐵爪、世庸亦被擒。先生又分衆平餘匪。自誓師至班師,僅二十四日,不費公帑,大軍遂平匪數萬。因勒石岐亭。時十一月也。丙辰,水旱不時災,訛言頗起。先生修赤(璧)〔壁〕亭榭,日與僚吏歗詠、飲射,以示暇豫,民皆安。丁繼母憂,士民泣留數萬,詔奪情視事。丁巳,遷江防道,明年擢福建按察使,民遮送至九江,凡數萬人,哭聲與江潮相亂。己未春抵任,耿精忠亂後,康親王軍駐之,民多以通海罪連繫。先生力請於王,省釋之。覆録,先生指庭前婦孺曰:“此曹豈能反? 皇天在上,獨不爲方寸地乎?”康親王故重先生,悉如所請。撫軍奏先生“廉能第一”,遷布政使。滿兵月徵莝夫數萬,先生爭於王前,罷之。又前掠浙東,擄獲子女爲奴者數萬,先生贖歸之。又會計八郡正供,江浙協餉數百萬,釐剔諸弊,以羨餘悉歸民間,吏不得染指。先生所居,文卷、書册、時服外無長物,食菜茹糲如老衲。僚屬有勸毋自苦者,先生曰:“吾無他好,布衣(蔬)〔疏〕食,免飢寒足矣。不知世間有受享事,亦不知餽遺交際欲何爲。計俸入自給有餘,要錢何用。”僚屬及隨征諸官同聲稱于公清苦,天下一人。至外番貢舶有所獻,先生悉屏之,或呈樣香,一嗅,囑持去。貢使齧指曰:“中朝有此清官,向未聞見也。”庚申,擢直隸巡撫。滿漢軍民雜處畿甸,其黠者假勢以侵漁良懦,盜匪潛伏,八旗莊頭尤驕横,把持官府。先生爲編保甲,嚴連坐,抑豪強,懲隱占,仍不時騎驢行旅肆,訪諸抗違者立治之,盜風以熄,民衆得安。辛酉春,陛見,賜坐、賜茶,聖祖稱曰:“爾爲今時清官第一,朕所深知。”又温諭以爲政當持大體,尤貴始終一節。賜食御書房,又賜帑金及上所乘馬。越日,賜御書詩以旌之。先生請爲宣府各屬災賑,免本年額徵及積年帶徵詔,從之。又請緩真定府租銀,蠲霸州田賦,皆報可。先生每食,與僕隸共,以糠屑和米瀹,青菜少許。僚屬至,設食亦如之,曰:“毋苦,飢民安得此且常食? 省一錢,飢民得沾一錢益也。”冬,請歸葬母。未幾,調兩江總督。先生就道,僱一騾車,與幼子同乘。晚宿店,費錢數十文,不入公舘。嘗謂所親曰:“江左習尚浮靡,姦弊牢不可破。今天子命我,我必有以易之。”南中聞先生至,亦相謂曰:“于青天至,吾曹如此裝飾耶?”一時爭服布衣。先生至,首懲刁頑,斥僭濫,禁苞苴,革加派,舉廉劾貪,勸學講約,一年間,士民有歡會無管絃,游惰不空手,櫃房無鎖。先生治官書,夜申旦不寐。性喜飲,至是累月不一醉。勢家豪右多未便,或構蜚語,先生笑曰:“直道在人,呶呶者何足恤哉!”甲子春,旨命巡海,先生誤被扁舟,往月餘。竣事歸,兼攝江蘇、安徽兩巡撫事。疾作,數日卒,年六十八歲。先生服官後未嘗携眷屬,官吏白事,恒直入寢室。至是,將軍、都統、僚吏輩入視棺斂,見所有周身布被袍一襲,靴、帶各一,堂後瓦甕略貯米及鹽豉而已。奏聞,賜祭葬,予謚“清端”。尋進太子太保銜,廕一子入監讀書。先生狀貌魁偉,鬚髯如戟,精神炯炯四射。與人交,不擇貴賤,燕談偶涉私曲,先生正色斥之,恒稱“上帝臨汝”,又稱“日監在兹”。屬吏雖嚴憚先生,愈益親樂之。上試詞臣作“理學真僞論”,特諭曰:“理學無取空言,如于成龍不言理學,而服官至廉,斯即理學之真者也。”先生狀如鄉里學究,而用兵如神,尤善治盜。官黄州,有張某爲盜魁。先生易衣爲傭,詭稱楊二,雜處十餘日,盡得其故,乃遁歸,率健役入張家呼盜出。張迎拜,先生曰:“我楊二翁子也。”張叩頭請死。先生出大案數十,曰:“辦此,則贖若矣。”張聽命,且請留健役,卒如案破獲。知武昌,營弁某弟素無賴,會餉被刼,械弁弟,誣服。先生以爲冤,請縱之。撫軍驚問曰:“若冤,真盜何在?”先生指堂下一校曰:“是真盜。餘黨進香木蘭山，今晚獲矣。”果盡獲，餉在校家，封識尚未動也。又江寧巨盜魚殼者，尤狡悍，倚駐防都統，官不能擒。先生甫抵任，官吏以厨傳至，悉郤之。臬司某爲年家子，固請具一餐，先生笑曰：“以他物壽我，不如魚殼。”臬司喻意，出巨金購名捕縛殼置獄。先生夜治公書，一人以刀自屋梁下。先生詢之，曰：“魚殼也，取公頭。”先生摘帽几上，曰：“若取之。”殼長跪曰：“方下梁，如有物擊我手，公神人，某惡盈矣，請就死。”銜刀以獻。先生曰：“國法有，市曹在。”呼左右飲殼酒。遲明，獄吏方以失盜報，先生已命中軍斬殼西市矣。先生卒後，江寧、蘇州、黄州皆建專祠，軍民爭繪像以祀。既御書“高行清粹”四字額於祠並書楹聯以賜先生。奏議、文告、雜文、詩，經孫準蒐集爲《于清端公政書》，又論學諸説，準復綜而輯之曰《正修編》《齊治編》云。

于成龍〔一〕

于成龍，字北溟，係山西汾州永寧縣人。以廉潔顯於世，爲清初清官第一。當順治十(三)〔八〕年，初知羅城縣，年四十有五矣。臨行與友書曰：“此行絶不以温飽爲念，所自信者，‘天理良心’四字而已。”羅城烟瘴地，官廨在叢箐間，插棘爲門，虎白晝行庭中。成龍累土爲几案，房置爨釜一，盂一。召吏民從容問疾苦，皆感其至誠，益樂就，爭輸出賦。

初，鄰猺歲率三四至，殺掠人畜。成龍嚴保伍，勤鄉兵，將擣其巢。猺懼，自投，不敢復犯界，數遣子女問安。每春時，成龍命兩猺舁竹輿，行田野中，見力耕者，輒呼與語，相勞苦。民率婦子羅拜，或坐樹下，與飲食笑語，歡如家人。獎勤抶惰，民大勸。始至，從僕皆死亡，羅人憐之，間歛錢跪進云：“知阿耶苦，聊供鹽米資。”成龍笑謝曰：“我一人，何須此。可持歸市甘旨，奉若父母，一如我受也。”居數年，家人來羅，人則大喜，又進金錢如初。成龍仍却之，衆泣,成龍亦泣。在羅城七年,招流亡,修學校,增陴浚隍,定昏喪之制,以"卓異"遷知合州,羅人遮道呼號,送數百里。一眇者獨不去,問何故,曰:"民習星卜,度公橐中裝,不能及千里,民技猶可資以行也。"成龍賴其力達合州。

合州領縣三,遺黎才數百人,正賦十五兩,而供役繁重。府帖下取魚,成龍曰:"民窮極矣,安所得魚?"卒不與,且極陳民困狀,盡裁革之。一僕,一羸馬自隨。貸牛種,招集流亡,旬月間,得户千計。再遷黄州同知,駐岐亭,地多幽壑(汊)〔汊〕湖,爲盗窟,捕得九人,大集諸父老曰:"能保後不爲盗者,貰之。保二人,其七人,即諸父老前,取大索駢縶,悉坑之,衆股栗。又獲巨盗彭百(鈴)〔齡〕,貰其罪,令捕盗自贖,無脱者。巡撫張公朝珍器之,舉"卓異",後調黄州。

成龍調黄州,甫抵任,湖北大亂。何士榮反永寧鄉,陳鼎業反陽邏,周鐵爪、鮑世庸反白水畈,劉啓業反石陂,各擁衆數千,號十萬,逼趨黄州。時援軍皆赴湖南,黄州吏卒才數百,至不能備闍柝。或議退保麻城,成龍曰:"黄州,七郡咽喉也,棄之則荆、岳瓦解。吾誓死不去。然坐困亦非策,當剿之。賊雖衆,當取士榮進止,先破士榮,餘可不戰下。"遂申討,以鄉民數千,破賊數萬,不賫公家絲粟。時康熙十有三年十一月也。

次年秋,大饑,發廩賑卹,全活數萬人。十五年水旱災,訛言復起。成龍故示暇豫,修赤壁亭榭,日與僚吏歗詠飲射其間。民皆曰:"于公如此,復何憂。"後按察福建,值耿精忠亂後,康親王駐軍省會,閩民多以通海盗獲罪。成龍力白王,言諸案所牽引多平民,宜省釋。覆録時,大吏有難色,成龍指庭前婦孺曰:"此曹豈能反?皇天在上,獨不爲方寸地耶?"王聞成龍名,至是益重之,悉從其請。巡撫吴公興祚薦稱成龍"廉能第一",遷布政使。

時禁軍月徵莝夫數萬,成龍爭於王前,罷之。滿兵掠浙東子女,役爲奴者數萬,成龍贖歸之。各屬納賦,皆應時收,不增銖黍。

署中薪米不給，無衣可典，日或不再食。隨征滿漢大臣、朝使者有時來過，徑入臥内，或繞署周行，几案間蛛絲鼠迹、文卷書册外，無長物。咸嘆曰："于公清苦，天下一人而已。"外蕃貢舶有所獻，悉屏之，或呈樣香，一嗅即持去。貢使齒指作禮曰："天朝有此清官，吾儕所未聞見也。"二十年春陛見，上面諭曰："爾爲今時清官第一，朕所深知。"賜帑金千、良馬一，蓋馬即上所乘也。卒，謚"清端"。

【校記】

〔一〕據胡春霖編《山西名賢輯要》補。

于成龍宦績

于成龍，字北溟，山西永寧人。初任廣西羅城令，猺民嚮化。由"卓異"累升湖廣武昌知府，平定黄金龍、何士榮諸寇亂。遷福建按察使，郡人沿岸遮送至九江者數萬。歲庚申，巡撫直隸。明年，總督江南、江西。剪除豪吏大猾，隱蠹舊弊，神明洞察。郡邑條具便宜，皆爲興舉。嘗中夜苦飢，索少米作糜不得，遂笑而起，視事達旦。上下饋遺都絶。吏民安恬，商旅輻輳，關市流通。每一令出，父老扶觀，有讀之垂涕者。越三年，以勞瘁卒官。牀頭敝笥中，惟綈袍一襲，鞾、帶二事，堂後瓦瓮米數斛、鹽豉數器而已。江寧人爲立祠於清涼山。恤贈太子太保，謚"清端"，廕子入監讀書。據雍正十年本《江西通志》卷五八補。

于成龍，字北溟，汾陽人。康熙二十一年，總督兩江。先是，巡撫直隸，風節著聞朝野。及兩江節制，貪墨吏望風解綬，豪猾皆潛徙境外，奢侈僭逾者亦皆斂戢。莅任，即杜苞苴，禁加派，減火耗，嚴保甲，清營伍，除蠹胥，釐關政，平鹽價，凡有關國計民瘼者次第舉行。成龍負經濟之學，於程朱源流素多發明。故尤以教育多士爲心，創立虹橋書院，檄取高才生課習其中，每親臨訓誨："士當先勵品行，爲國棟梁，勿爲稂莠。"其所提獎陶成，後多貴顯。自奉儉薄，有寒素所不能堪者。以盡瘁遘疾，卒於位。贈太子太保，謚"清端"。卒之日，齠童、耄叟皆入弔哭。周身之具，麄布一衾而已。士民建祠，一在天妃宫側，一在雨花臺畔。雍正十二年，奉旨崇祀賢良祠。據乾隆二年本《江南通志》卷一一二補。

于成龍，永寧人。康熙十八年，福建按察使。寬厚慈仁，折獄平允，八郡咸稱無冤。遷本省布政使。一切餽送，概行屏絕。自奉如寒士，蔬水粗糲，極人不堪。潔己奉公，僚屬式化，清節爲天下第一。擢北直巡撫，士民至今思之。據乾隆二年本《福建通志》卷二九補。

于成龍，字北溟，山西永寧州副貢生。初由廣西羅城縣，遷知四川(倉)〔合〕州。康熙八年，授岐亭同知。性剛嚴明決，一切疑獄重案，判斷如神，積盜皆爲斂迹。十三年，调署。值逆藩吴三桂踞湖南，散布僞劄，煽诱湖北州縣人民，麻城東山亂作。巡撫張朝珍知成龍素爲黄民信服，委令復任。剿撫並行，擒賊首誅之，餘黨悉平。旋以"卓異"升黄州知府。時大兵討吴逆，辦理軍需，尤著勤績。其治行详雜記中所採"從好録"，其平亂事詳大事記。累官至兩江總督、直隸(總督)〔巡撫〕。卒謚"清端"，祀入黄州名宦，岐亭另建專祠。據光緒八年本《麻城縣志》卷一三補。

于北溟以副貢知羅城縣，年四十有五矣。臨行，與友書曰："某此行絶不以温飽爲念，所自信者'天理良心'四字而已。"羅城，烟瘴地，官廨在叢箐間，插棘爲門，虎白晝行庭中。公累土爲几案，旁置爨，釜一，盂一。召吏民從容問疾苦，皆感公至誠，益樂就之，爭輸田賦。後以"卓異"遷合州，羅人遮道號呼，追送數百里。

于名成龍,山西永寧人,其治羅城也,政績最著。初,鄰猺歲率三四至,殺掠人畜。公嚴保伍,勒鄉兵,將搗其巢。猺懼,自投,不敢復犯界,數遣子女問安。每春時,命兩猺舁竹輿行田野中,見力耕者輒呼與語,相勞苦。民率婦子羅拜,或坐樹下,與飲食笑語,歡如家人。又獎勤抶惰,民大勸。始至,從僕皆死亡。羅人憐公,間斂金錢,跪進云:"知阿耶苦,聊供鹽米資。"公笑謝曰:"我一人,何須此?可持歸,市甘旨奉若父母,一如我受也。"居數年,家人來。羅人則大喜,又進金錢如初,公仍却之。衆泣,公亦泣。在羅城七年,招流亡,修學校,增陴浚隍,定昏喪之制。以"卓異"遷知合州,羅人送之。一眇者獨留不去,公問故,曰:"民習星卜,度公槖中裝,不能及千里,民技猶可資以行也。"公竟賴其力達合州。後累官至兩江總督。聖祖稱爲"古今第一廉吏"。卒於官,予謚"清端"。據民國十一年本《新世説》卷二補。

于成龍,字北溟,山西永寧州副貢生。初由廣西羅城縣,遷知四川(倉)〔合〕州。康熙八年,授岐亭同知。性剛嚴明決,一切疑獄重案,判斷如神,積盜皆爲斂迹。十三年,調署。值逆藩吳三桂踞湖南,散布僞劄,煽誘湖北州縣人民,麻城東山亂作。巡撫張朝珍知成龍素爲黄民信服,委令復任。剿撫並行,擒賊首誅之,餘黨悉平。旋以"卓異"升黄州知府。時大兵討吳三桂,辦理軍需,尤著勤績。累官至丙江總督、直隸(總督)〔巡撫〕。卒謚"清端",祀入黄州名宦,岐亭另建專祠。據民國二十四年本《麻城縣志》卷七補。

于成龍爲政輯評〔一〕

唐　鑑

永寧于先生,諱成龍,字北溟,號(子)〔于〕山。由知縣歷官兩江總制。聖賢之學,體用一源。有真體者必有真用,有真用者必有真體。如先生者,所謂有真用者也,而真體即於用中見之。《自省六戒》曰:"朝廷設官分職,皆爲治民,而與民最親,莫如州縣。近來積弊成習,親民者反以累民。甚有不知廉耻爲何物,而'天理人心'四字,置之高閣不問矣。噫!吏治日壞,如倒狂瀾,何時止乎?用是偶採成言,兼參時弊,陳列六則,朝夕省觀,自爲猛惕。儻反是道也,王法不及,必有天殃及之矣。謹列於左:

"一曰勤撫恤。州縣之官稱爲父母,而百姓呼爲子民。顧名思義,古人所以有保赤子之喻也。夫保赤者,必時其飲食,謹其寒煖,事事發於至誠。保民者,亦當規其飢寒,勤其勸化,事事出於無僞。無僞則有實心。縱力有不及與事有掣肘,然此心自在,即於萬分中體認一分,亦百姓受福處也。昔陽城云:'撫字心勞。'知撫字必從心出。由心而發,隨事加恤,更有裨益。若徒從外面摭拾一二便民好事,以爲得意,亦市名也,其去殘忍者幾希耳。是不可不戒。

"一曰慎刑法。草木、禽魚皆有生命,不可恣意殺伐。況爲萬物之靈,其肌膚、手足悉胞與也。人不幸而涉詞訟,又不幸而於詞訟中受刑罰,雖十分不可寬,必須求一分稍可寬處。此吕叔簡《戒刑書》内所以有不輕撻、不就撻之説也。至於囹圄福地,昔言已及。當思入此者,皆無知小民,或有冤枉,極可哀痛,自然稍加體念。若徒任意禁獄與任意加刑,甚有徇情面、恣苞苴,以下民之皮膚供長吏行私之具者,或身或子孫定遭奇禍。是不可不戒。

"一曰絶賄賂。爲貧而仕,雖委吏、乘田止爲禄養,未嘗於禄養之外有别徑也。若舍此而外,多求便利,即爲暮夜楊伯起之'四知',言之已可凛矣。昔人云:'士大夫若愛一文,不值一文。'又云:'從來有名士,不用無名錢。'試思長吏於民論到錢處,亦何項爲有名乎?夫愛人錢而不與人幹事,則鬼神訶責,必爲犬馬報人。愛人財而替人枉法,則法律森嚴,定當妻子連累。清夜省此,不禁汗流。

是不可不戒。

“一曰杜私派。小民最苦,額徵尚且難應,未知私派從何起也。不過頻年來軍需緊急,如解馬、賠馬,與兵馬行糧、草豆,衝途供應,動以千百。無計可支,故有派之民間,俟日後銷價給發者。如近來行糧價值,檄行刊附由單之末,以防發民短少之弊。是部院大臣亦疑州縣爲先取民,而後發價矣。不知先取後發,雖至公無私,小民之揭借,其利已經數倍。況長吏派一錢,則胥吏派數錢;長吏派一斗,則胥吏派數斗,有極不堪命者乎?何如稍那正供,見價見買,而即力請上臺迅速開銷,并由單價值亦多此一番周折。昔人云:‘於不得已中求一分擔當,即人民利益處也。’至於因公苛斂、任意誅求,種種乘機自利,不啻爲盜取人,定然自有後禍。是不可不戒。

“一曰嚴徵收。小民正供,自有額賦。外此分釐,非可苟也。近來徵收立法,著令自封,禁絶火耗。上之所以嚴州縣者,可謂周且密矣。夫爲州縣而受上之禁飭,即使無弊,自好者尚覺汗顔。至爲州縣而并禁飭之不靈,儻有自欺,則有心者將視爲何等乎? 古人云:‘錢糧一節,若肯請減,其善無量。’今錢糧不能減,而去其錢糧中加增之弊,亦與減錢糧彷彿。況鳩形鵠面,此等困苦小民,欲陰搜其膏血,縱令安然無事,滿載還家,後日亦必生流蕩子孫,以覆敗之者。是不可不戒。

“一曰崇節儉。天生財物,固供人用,然必存不得已而用之之心,方能用度相繼。儻奢侈任意,飲食若流,無論暴殄,固犯譴訶,即費用必思取給,是亦壞心術之萌蘖也。夫長吏近民,雖自己足食,尤當思民之無食者;自己披衣,亦當思民之無衣者。推此一心,縱令衣食淡薄,尚且不能消受,而猶欲起侈麗之想乎? 鄭俠語人云:‘無功於國,無德於民,若華衣美食,與盜何異?’夫衣食甚細,而至以盜相推,此充類至盡,惟恐長吏之稍奢也。是不可不戒。”

此六者，語語從心上箴砭，不言克治存省，而克治存省備矣。他若《弭盜條約》，明以立法，威以成仁，所歷之地無不服教畏神者此也，先生之真體用也。初選羅城，榛狉犵狼之區也。山獠不遵法，難制，相識者多止之。先生謂義不辭難，慨焉有吞猺獞、餐烟瘴、死而不爲少屈氣概。及入境，榛莽滿目。先生朝捕賊，夜枕刀，約會鄉民，申明保甲。截路劫搶者，緝而誅之；嘯群擾害者，剿而滅之；頑梗不畏殺者，以剥皮爲令。三年而盜風息，民乃得安。書其功者，稱之爲勇。余曰非勇也，仁也。仁於民，故勇於除害民者也。由是而合州、而黄州、而至總制兩江，皆此法此意也。勇之至，仁之至也。之任江南，騾車一輛，與幼子共乘之。在制府兩載餘，日食粗糲一盂、粥糜一匙，侑以青菜，終年不識肉味，江南人號爲"于青菜"。嘗徒步微行，早晚出入僧舍中。於是人人轉相驚愕，各有一于總督在眉睫間，彷彿如或見之。舉凡面赤鬚白、形貌微似者，即皆屏息而避焉。其素經創懲、革面自新者，言及輒泣下曰："吾賴于青天，乃有今日。"吁！先生之清令人畏，令人服，令人感泣，何若是其神也？則以其出於誠也，真體真用於是乎見之。夫而後知先生之《政書》，即先生之學案也。天下之言清者，孰如先生？天下之言勇者，又孰如先生？曰仁、曰誠，先生可無愧矣。先生，吏者之師也。

【校記】

〔一〕據光緒十年本《國朝耆獻類徵初編》卷一五八補。

于先生集〔一〕

范鄗鼎

先生諱成龍，字北溟，號于山，山西汾州府永寧州人。崇禎己卯副榜，未仕。順治辛丑，知羅城縣。歷官兩江總制。康熙甲子四月日卒，享年六十有八，謚“清端”。

固哉！世人之論學也。非拾周、程餘唾，即沾程、朱剩汁；非異同朱、陸，即抑揚薛、王。至於真事功、真節義之昭昭者，則曰：“此事功之學、節義之學，非理也。”噫嘻！舍真事功、真節義，而論理學。坐而言之，未必起而行之；托之空言，未必見之實事。似乎理學一途，木雕泥塑者，處之裕如矣。愚竊疑之。因於故明取海忠介，於今取于清端，以俟世之尚論者。

鄗鼎識。

【校記】

〔一〕據道光五年本《國朝理學備考》第五册補。

總刻《于北溟先生文集》序〔一〕

范鄗鼎

康熙戊申、己酉間，予始知有于先生。及予之於先生作無情之應酬也，則在丙辰、丁巳之間。丙辰、丁巳，予選《續垂棘》二集，得先生著作，增光其中。又拔省身、弭盜諸格言，入《三晉語録》；拔忍字、節儉諸歌咏，入《三晉詩選》。予益知先生，而先生非予，安知予之知有先生也？即使先生知予，然予廿年守抱病蒙放之旨，未嘗於先生有一面之識、一字之通，故於先生相應酬者以神以性，而終不以情。乙丑夏，先生作古人去，予爲先生立傳，爲先生再三力請當路入三立祠，蒙俞。回憶廿年前，讀先生文章，景先生事功，所以報先生者止此。嗚呼！先生終不得而知予矣。文子三人，文孫四人，予亦做知先生之意，未嘗識一面、通一字，以與之知。歲辛未，小价購書吳門，假道金陵，傳聞口碑於僉憲，克闡乃祖宗風。會予及門舌耕於京口、錫山之間，所傳聞者無異詞。僉憲謂誰？即子繩世丈，先生文孫也。予夙慮先生之文章、之事功，恐不盡傳，忽聞口碑如此，意繩老能心先生之心，必能事先生之事。先生一言一行，必能紹衣而作求之。頃之，及門寄一函來曰："《于清端公集》，凡先生之文章、之事功見予《垂棘》《語録》《詩選》者，繩老父子逐字清出，彙成全書。"予且讀且喜，且思予昔所得於及門併小价之言不誣也。與繩老訂交，往來走字，實自此始。繩老乃贈其所彙成全書，來索序。或疑文章、事功不足盡先生，亦不足盡繩老之所以紹衣作求者。抑知古孝子愾聞僾見，一居處、一笑話猶思而不忍忘，況文章、事功赫赫在人耳目者乎？雖然，繩老所以紹衣作求者，實不在此。予爲關中楊忠介公序家乘，有曰："求忠臣於孝子之門，求孝子於忠臣之門，其理一也。"忠介公乃孫諱紹武，己丑進士，一仕而隱。今繩老德政方新，仕途日躋，將俾予求孝子乎？求忠臣乎？還以質諸繩老。

【校記】

〔一〕據道光五年本《國朝理學備考》第五册補。

哭于北溟總制〔一〕

魏象樞

一

簡命深叨聖主知，臣心精白總無私。
清風勁節高千古，吏治民生濟一時。
寢食難忘宸翰重，死生未報賜全慈。
巖疆賴有斯人在，何事驚傳箕尾騎。

二

生與同庚性不殊，居然三晉兩遷儒。
憐君盤錯身先瘁，顧我膏肓病未蘇。

南望江河誰復挽，北瞻雲日總難呼。

當年薦草曾聞否，歷盡平生一語無。

【校記】

〔一〕據乾隆三十六年本《汾州府志》卷三三補。

蘇州府鄉紳公祭郡學二賢祠先清端公祝文〔一〕

維康熙四十八年歲次己丑正月癸酉朔，越三日乙亥，舊治蘇州府在籍鄉官朱典、彭定求、馮勛、尤珍、韓孝基、何焯、汪份、陸秉鑑、吳瞻淇、施何牧、慕琛、顧楷仁、施震銓、陳世安、陸經遠、徐烱、張孟球、宋光業、顧用霖、張如錦、章豫、蔣文瀾、金秉樸、湯傳楷、宋定業、金大成、繆繼讓、徐嗣旦、王元位、錢晉珏、何煜、陸賜書、章貢、毛世楷、宋志夔、宋志益、王省、范濬等，謹以剛鬣柔毛之儀，致祭於皇清光禄大夫、太子太保、兵部尚書兼都察院右副都御史、總督江南江西等處地方、提督軍務兼理糧餉、操江、謚清端于公之神曰：

維公汾水儲精，行山毓粹。志聖賢之學行，躬厲廉隅；秉豪傑之才猷，胸羅經濟。官箴勸戒，懸魚酌水之時；邦憲激揚，攬轡埋輪之會。莅金陵而樹戟，蔀屋風馳；巡海甸而移旌，郵亭塵掃。包孝肅之明察，遠邇畏威；趙清獻之勤修，朝昏瀝誓。痛絶罷春之日，路盡迎神；思深愛樹之辰，家多繪像。孫謀丕授，允開穀後之祥；祖武重光，宜篤報功之禮。快覩新宫，輪奐輔翼，膠庠歡騰，舊部謳吟，敦崇俎豆。某等夙欽令德，共被仁聲。讀兩江之《政書》，儼承師保；聽九重之褒命，興起懦頑。薄采澗蘋，敬歌松桷。民亦勞止，願弘啓佑之模；神其格思，祈畀惠綏之慶。尚饗！

【校記】

〔一〕據康熙家刻本《于氏宗譜》卷四補。

于成龍祠祀田記[一]

陳鵬年

吳人即建制府于清端公專祠於郡學，於天子褒寵之美，士民慕思之誠，工之所經始，與其所落成之歲月，侍講彭先生既諗於衆，而紀諸於石矣。逾年，郡人又相與謀曰："事不規諸百年之久，則其敝壞即在耳目之前。今公之廟貌輪焉奐焉如是，公之烝嘗孔惠孔時如是。然吾得見其如是者，及吾身而止耳；而吾之所不及見者，不忍恝也。盍置田，以供備物，使勿替焉。"衆以爲然。乃醵金公購長洲縣草字三圩民田五十一畝六分五釐五毫，歲可得租米六十七石一斗五升一合五勺。既成券矣，又以爲公有之物，人必爭之，得其所歸則服。是時，公之文孫、大中丞公撫吳，恩信既孚，民之親之猶親公也。於是操書，致以納諸憲府。惟擇人以經理之是聽，則人不敢覬覦，而業乃以有永。又恐其後之無所稽也，屬予爲文以記之。予喟然曰："德之感人也如是夫！故君子非無聞之難，而無令德之患。德之至者，雖千秋百世之遠，小夫、孺子猶聞其風而慕之，況其近焉者乎？然近者不傳，傳而無其具，與有其具而不可以久，則遠者亦何所聞而起焉？今清端公之去人也近，近，故身受之。而身酬之，如子之報其親，不待勉強而拮据以從事。易世而後，欲望裔孫之盡志盡物於遠祖，賢者勉焉，而不肖者或幾乎倦矣。卒其所以倦者，非裔孫之敢忘乎遠祖也，或力有不給，則濡滯苟且，以至於廢。是則無其具焉故也。而清端公之德，其入於人也探，其及於人也廣。深則父以傳子，子以傳孫，雖遠也如一日；廣則家欲爲尸，户欲爲祝，雖衆也如一人。以民不能忘之心，合之衆擎易舉之力，則及今傳之而謀其具，以必期於可久者，又烏可以已哉？其置田以永其祀焉宜也，且不獨祀焉已也。以其歲人承祭之餘，榱桷之朽腐者易之，垣墻之頽敗者整之，丹堊之漫漶者新之。歲時增修，俾毋至於大壞，則公之祠雖與靈光並存可也。若曰惟乾没之是患，則承事者必非人。類而可猶是人也，則將責之曰：'公之德，爾之祖被之，爾之父被之，天下有無祖、父之人乎哉？爾何以休養生息，以至於斯日也？'亦必恧焉阻矣。夫峴山之碑，荆人墮淚；桐鄉之祭，越衆興思。公德過於羊、朱，而吳民亦勝荊、越。苟或滅德棄禮，以廢慢公之祀事，此又出於常情萬萬之外，而非今日之所敢知也。"是爲記。

【校記】

〔一〕據光緒十年本《國朝耆獻類徵初編》卷一五八補。

《撫直奏稿》序〔一〕

熊賜履

壬戌、癸亥間，于公北溟以清望重臣總制兩江，一時長吏咸爭自濯祓。而其中循卓尤著者，則維江寧舊太守于公振甲。振甲之守江郡，實北溟薦之也。故其感奮益力，而砥礪益嚴。予也痾卧石城，罕與世接。北溟念齊安一日之舊，常常過從。振甲以北溟故，亦特爲加禮，而予因得周旋於二公間。無何，甲子初夏，北溟以勞瘁卒於官，江南爲之罷市，而予與振甲則尤抱斯人之痛者也。是年冬十月，恭遇至尊巡幸至金陵，訪知二公之治行。予適蒙宣召，亦爲之極口二公。夫予豈有私焉，清問之下，無敢不正對耳。踰月，至尊回鑾，加賜北溟，卹典特優，而振甲亦有上江觀察之擢矣。乃未數月，復由觀察特晉僉憲，巡撫畿輔。蓋畿輔素號稱難治，務在得人，而又爲北溟所過化之地，是天子儼然以待北溟者待振甲矣。振甲陛辭之日，侃侃面陳，亦欲以北溟之治畿輔者報皇上。迨抵任之後，興利除弊，弭盜安民，諸所設施，實無一不步趨北溟。天子聞之，大爲嘉悦，顧左右曰："兩于成龍果相若也，朕心用慰矣。"於是特詔吏部加宫保銜，以示優眷。良駟、文鏐之錫，便蕃不絶，海内爭傳而榮之。夫二公之操履同，幹濟同，其姓名恰同，而特被恩遇則又同。兩賢并峙，輝映接踵，將千載之下，頌聖主知人之哲，而予亦得猥託於薦賢爲國之誼。斯其慶幸爲何如哉！雖然，予因之有所感矣。學者一行作吏，委身事君，上則知有宗社，下則知有生靈而已，他何計焉。至於升沉顯晦，類有天焉以主之，而絶非人力之所得與。況聖明在上，洞照幽隱，黜阿獎墨，事理較然。如二公者，孤踪介操，可質鬼神，初何嘗藉資於聲援之助？而仕途騰達，一歲九遷，恩禮之隆，至爲史册所罕見。彼回邪狂惑之子，終日紛挐，希心詭遇，究其所獲，果孰與二公？然後知聖天子轉移振作之微權，誠非尋常之所可測識，而重嘆夫營營逐逐者之竟何爲也！今振甲將梓其《撫直疏議》以行世，而特屬弁語於予。予固雅悉二公之顛末，遂颺言簡端，以志盛美，且爲士類示勸云。

康熙丁卯日躔星紀之次，澴川熊賜履謹題於秦淮精舍。

【校記】

〔一〕據康熙二十六年本《撫直奏稿》補。

《先儒正修齊治録》序〔一〕

于 準

先清端平生從不講學，而所行未嘗不合於道。素景慕者，漢則江都、隆中，唐則鄴侯、宣公，宋則魏公、温公，明則文清、文成。文清、文成爲理學宗主，若漢、唐、宋諸公，皆不以理學名者也。然江都之正誼明道，隆中之淡泊寧静，鄴侯之智識，宣公之忠悃，魏公之度量，温公之立誠，雖不樹理學名，實歸真於理學。先清端之景慕乎諸君子者，亦期無愧於真而已。聞往年皇上以“理學真僞論”，試詞臣於西苑之豐澤園。諸臣呈卷時，上諭曰：“理學無取空言。若于成龍不言理學，而服官至廉，斯即理學之真者也。”煌煌天語，先臣遂有定評。然平生無他著述，其大端見於《政書》。吳門蔡子息關，夙侍先清端教，知先清端心，故屬之編次。編次已竟，(麓)〔簏〕中存有手録雜稿，大都皆先儒語，散亂無次。蔡子見之，恍然曰：“往者尊清端公曾命炳曰：‘予薄有纂録，尚未成書。今政務冗忙，不暇及此。俟通志竣後，當延子入署，爲我排纘之。’豈料通志甫竣，而山頹木壞矣，此願不果。得無所需排纘者，即此稿耶？”準泯然久之，思先人有志而弗之繼，予滋罪矣。逐逐簿書、塵溷中，尤無暇及此。今歲自春及夏，于役於淮，于役於浙，舟車中稍有隙暇，聊爲撿點。蔡子亦出其平日所鈔見示，因得備録而成是編。不立體於身心，無以致用於家國；不於齊家治國，著其經濟，則所謂正心修身者，豈免迂疎無用之譏？故以言正修、言齊治者並録之，以徵天德王道之全；而仍以言正修、言齊治者分録之，以徵顯仁藏用之别。雖繼先清端之志而作，未識有當於先清端纂録初心否？余小子蓋日凜凜於斯，惟正修、齊治之君子有以教之。

康熙歲在著雍困敦之冬日，石州于準謹序。

【校記】

〔一〕據康熙四十七年本《石州于氏新纂正修齊治録》補。

重修安國寺碑記〔一〕

張　曙

佛法自入震旦以來，梵剎琳宫，幾遍宇内。然歷年既久，難免傾頽。每資修庀之功，方無廢墜，亦端在得其人耳。吾州共計二十餘寺,倚山者爲多,獨安國居萬山之中。相傳唐代宗以佛牙賜昌化公主,因創安國寺,範銅塔以貯之,即今之山寺也。翠柏林立,叠嶂雲飛,殿閣參差,回廊環繞,而山僧焚修於是,幾忘下界紅塵尚有人間世矣。宋元易代,修葺不常。至明天順間,有于大中丞諱坦者,常爲護法。延及裔孫、兩江制府、清端北溟公,少年讀書其地,與寺僧純天師朝夕講論,每多倡和,憫兹衰圮,矢願重新。後貴顯,於康熙己未歲,捐俸修理正殿□□。令嗣、封君右之公,再修石(堎)〔垵〕。己卯、辛巳兩年,令孫、今任江蘇巡撫、大中丞子繩公及諸檀越,復修東西禪院各三楹,南房五楹,正□□楹,東西磚窑各一所,又齋堂五楹,茶寮三楹。輝煌輪奐,丹碧崚嶒。野衲、騷人携壺策杖,無不嘖嘖稱揚成此人天大願也。戊子秋,余偶游兹地,詢得其由,不禁振袂色喜而嘆曰:"夫儒釋分途,各不同道,而世之迂儒膠執,往往辟之不遺餘力。然自唐宋迄今,多少名公鉅卿功業彪炳,及其晚年末路,每多悟入菩提。蓋釋氏之明心見性,即儒家之格物致知,教雖殊而理則同也。若清端公爲一代真儒,學問、勛名何等赫奕!然動則風雷在手,息則水月澄心,良由再來人雖現宰官身説法,仍不忘此一點靈光,而欲證成善果耳。況封君、中丞兩公,俱能繼述父祖之志,以成斯願。三世福田,功德何量!後昆鵲起,吾知其奕世緜緜矣。"然則捐俸新之者,于氏三公並檀越,而經理勤勞者,則老衲定空、法孫普聞也。是皆不可不紀,因留一言而鑱之石。

旹大清康熙四十八年歲次己丑夏六月望日穀旦。

乙卯科副榜、候銓教諭張曙薰沐撰。

【校記】

〔一〕據山西省吕梁市離石區安國寺碑文拓本補。

于清端公讀書樓記〔一〕

陳壯履

石州郭西山行二十里，唐蹟安吉寺後名安國寺者，其東偏有樓，爲于清端公讀書所。公未顯時，嘗避喧蕭寺，日披聖賢典籍習誦之，輒云："吾儒治經，須惜分陰以礪其學。古人燃糠燎麻，良有以也。"又云："讀書宜明行術，不徒虚聲以盗名譽。譬諸臨政然，治民當坐言起行，步步才有實際。至於生養教育之道，困苦疾疢之恤，不可以癈耳。"公後登仕版，從荒徼罷邑，歷官兩江制府，皆力行讀書初志，無一懈失。二十餘年端勵頽俗，清布遐風，卓然爲一代名臣。方之羊興祖、裴中立，果無怍已。其冢孫、大中丞萊公追念祖席，不忘前修，歸田之暇，懼斯樓之或泯也，葺而新之。余來石州，中丞邀游安國，得休憩樓上，見公所挍勘之經史在焉。丹黄屆戻，雙瞳豁如，乃慨前賢之遺徽餘韻至今弗墜，令人儃佪企慕而不能去，誠有以感人之深者。昔李忠襄少日讀書清涼寺，振攘之際，督師滇南，晉位大司馬。其孫芾過金陵，搆屋三楹，爲述德揚芬之堂，當時傳之。今中丞頓還舊觀，不失古人用意。余知其抱此遺經，以授子若孫，繼武餘烈，較之樂斯樓之樂爲何如耶？余與中丞忝王謝戚，因拜手援筆記之，并誌景仰之私。公之大節載先文貞集中，不具書。

雍正四年夏五月。

高都姻世、晚生陳壯履拜手。

【校記】

〔一〕據山西省吕梁市離石區安國寺碑文拓本補。

重修安國寺碑記〔一〕

于 準

誥授光禄大夫、總理糧儲、提督軍務、巡撫江寧等處地方□□□□□□□□□□□郡人萊公於準撰文。

誥授奉政大夫、刑部四川清吏司郎中、郡人尹泉于灝書丹。

方州之内叢山巖巖，具幽深葱蒨之姿，雲烟翕納之□□□□□□□□□□□□□□之徒結屋而居，鐘魚梵放，旦暮唄誦而已。非若文行偉奇之士託跡其所，搜靈討異，名垂千古者也。昔何侍□□□□□□□□□□□□□□□□篇，當時稱爲何山蕭諮議子雲隱處。東巖纂輯之暇，與緇流輩講演《涅槃》諸品，東巖遂有蕭寺之目。今歷千禩□□□□□□□□□□思吾□□之西不二十里，有山□然，群峭摩天，勾峰拔地，山多檜柏若牛毛肰，若野薺然。雖溽暑即之，□若冰雪在□□□□□□□□□□攷之州志，建自唐貞觀間，舊名安吉寺，宋嘉佑中改名安國，均未顯著於當世，非以不得其人故耶？明天順間，予遠祖大中丞諱坦者，曾重修斯寺。嗣是，凡有造作，吾于氏□人輒與其中。予家籍同南，環寺之山與土田俱隸同南，故吾于氏世爲玆山主，而寺因以不廢。先大父清端公未達時，厭城市之囂，沙霾之蔽，嘗讀書於寺之東樓，與浮屠純天者爲方外交。純天雖奉慈氏法，頗通子墨，清端公故喜與之遊。厥後，清端公筮仕，清操駿烈，炳耀一時，而故鄉丘壑、僧廬讀書之樂無刻忘之。先清端公往矣，四十餘年於玆矣。予歸田已來，屢遊寺中，瞻眺之餘，惻然有隱痛焉。憫玆寺之就頹，且恐先人遺跡久而與之俱湮也。於是庀材命工，無者增之，陳者易之，狹者廣之，卑者崇之。其大雄殿則仍其舊，而於山徑之初入，列石爲坊，依厂作閣，西方南海諸象森然。折而東，搆虚櫺以奉給孤長者。殿前拓地累址，臨溝闢山門而正之。樹樓藏塔，以貯佛身，乃唐昌化公主所奉於寺者。置鐘鼓樓於左右殿。東三楹祀幽冥教主，配以十王六曹。又東，雪洞五所，覆以三椽，位關帝於上。右則藻井五間，西又雪洞五區，以爲流覽者憩息之所。僧房、厨厩增三十餘間，周以複墻，護以石堤，而於先清端公肄業之□□加整飾焉。夫清端公音容雖遠，其功業赫赫在人耳目間者，固已駕何、蕭而上之，而兹山兹寺不將因清端公之□□而□□□大顯著耶？噫！予之於是舉也，追修祖悳是已，非所以種福田、祈果報於無窮也。董斯役者誰？純天之法嗣普聞是也。普聞少從予遊，□從事□□殊□勞心，例得書於後云。

大清雍正四年六月上浣。

【校記】

〔一〕據山西省吕梁市離石區安國寺碑文拓本補。

重葺山寺并先清端公讀書樓落成之日，歌以誌感〔一〕

于 準

烏崖横亘石巃嵸，古柏挺秀青濛濛。
中有梵宇盤幽勝，夕霞朝日萬緣空。
先公昔日厭聞見，與佛同龕布席硯。
六時洛誦聲琅琅，一片山光落書卷。
厥後節鉞承君恩，摛文建績翔天閽。
清夢不離巖際宿，風味依然舊菜根。
卌〔二〕年人事等烟霧，雲白山青無曉暮。
龍象蒼涼烏雀喧，丹陳粉暗書生蠹。
我今新兹選佛場，金繩界地欄楯長。

追思祖德情倍切,登樓髣髴飄芸香。

雍正五年秋七月九日冢孫準薰沐百拜。

【校記】

〔一〕據山西省吕梁市離石區安國寺碑文照片補。

〔二〕卌　原碑招片作“丗”應爲卌,據于準《重修安國寺記》改。

重修安國寺記〔一〕

于　準

自古英雄回首,晚多逃惮,要皆不得已而有托焉者也。余于内典,尤素所未窺,以故生平於寂滅一道未輕言闢,亦未敢言佞。州治之西二十里許,古稱安國寺,肇自有唐,柏林環繞,黛色参天,蓮岫巉岩,祥雲觸石,其第一清淨梵宇也。先王父清端公爲諸生日,苦志静修,嘗下帷於僧舍東樓。時寺僧純天者參惮而通儒,與先王父朝夕談心,遂稱爲方外友云。余席先人之餘業,躬逢聖明,叠荷主眷,凡先清端棠陰之地,余亦多説憩焉。治民事神不敢自忘祖武,迄今逍遥林下幾二十餘載,身雖江湖,心未嘗不在廊廟也。今上御極,蒙恩詔見,賜復原職歸里。厭於塵囂,時時趁閒遊息其地,目擊神宇飄摇傾圮,僧衆寥寥,心怦怦焉。念此地爲先人發跡之所,不忍蕪没於荒烟蔓草中也,乃不惜重費,擴而新之。鳩其工者寺僧普聞,頗有乃祖純天遺風。於是晨鐘暮鼓,梵音佛號,山鳴谷應,别一人天。但余入廟思祖,欲建别墅,以示後人。苦無其地,遂不免深公之笑。爲買山計,捐資制神田山崗坡地四十loading棋零一堆、平地二十一畝爲香火資,換買到廟後山崖一帶爲余别墅基業。筮於神,隨筊示告謀於施主僧人等,莫不首肯樂從。説者謂人和神悦,在此一舉。余亦感而且愧矣。因於豐泉之側,蓮峰之下,倚厂砌屋,傍崖鑿室,隨景布置,以次成趣,顏曰“眠雲谷”。日與二三手足并學士文人詩酒拚談，以終餘年。且俾我子若孫知余之先憂後樂，得以不墜家聲者，其發源有自，而爲之觸目警心焉，以光我前緒，實余之所日望也。至於爾寺僧等享此淨域，歸依樂土者，寔出自先清端公之遺澤。當永守清規，闡發宗旨，以知聖教之顯揚，未嘗不於吾儒是願焉。若云逃禪以佞，則又非愚意之所敢出也。夫遂撮其巔末，鐫刊於石，以垂不朽云。

誥授光禄大夫、總理糧儲、提督軍務、巡撫江寧等處地方、都察院右副都御史、加五級、郡人于準、男大梃、孫焯謹識。

大清雍正五年歲次丁未桂月穀旦。

【校記】

〔一〕據山西省吕梁市離石區安國寺碑文照片補。

重修安國寺記〔一〕

崔　相

環郡皆山也，而西南一帶，烏巖獨秀出諸峰，林泉之勝冠於州境，古剎安國寺在焉。山麓翠柏成叢，望之蔚然而深秀，誠足爲是山生色，爲是寺壯觀。寺創於唐貞觀間，至宋嘉祐改今名，蓋興廢者屢矣。當其廢也，荒烟蔓草之所縈也，虎豹之所經，狐鼠之所穴，樵蘇之所不及，行路之所戒，以爲畏途，而勿之顧也。當其興也，名僧之所住持，比丘之所參誦，宰官之所護法，文人墨客之所題咏，以志不朽者也。寺列州治官寺之一，于清端公未遇時讀書於此。其後，萊公嗣職，完整增華，金碧丹青，所費不下數千金。憶余爲童子時，從先生長者尋勝於此，覽前哲遺踪，(轍)〔輒〕流連企慕，動高山仰止之思。爾時紺殿雲堂未至傾圮，而烏巖之經萊公修飾者已大半零落。復慨然興嘆，謂非有大力者未易云補葺也，計至今幾逾三十載矣。乙丑之歲，上人心謐等立願重修。先貯存本寺常住租粟，會請同南都九十兩甲衆檀越議舉盛事,募得二百餘金。工大貲微,慮其無濟。考乾隆丁丑重修時,賴售樹成事,不得已彷舊轍行之,賣樹五百餘株,得銀三千五百餘兩。凡寺内殿宇、屋舍盡數整理,莫不焕然如新。復以餘貲爲于中丞祠内、觀音堂巖内,準提菴住持置養膳焉。惟工大於從前,故伐樹倍蓰從前,所費亦倍蓰從前也。工成,丐言於余。余以爲寺在於山,則樹固寺之樹,以山之樹修山之寺,誰曰不宜。特慮後之旦旦而伐者,借口爲公而陰以濟私,則山木之不至濯濯者幾希。夫十年樹木,百年樹人,古志之矣。柏之木非十年可成,所望守是寺者,戒其剪伐,勤其培植,非會同九十兩甲,不得妄採一枝。則林木無難復茂,而山嶽靈秀之氣間世一鍾,安知後學之士不復有清端其人者,爲是山别開生面乎?是爲記。

辛酉科拔貢、候銓直隸州州判崔相謹撰。

大清嘉慶歲次己巳夏四月上浣穀旦。

【校記】

〔一〕據山西省吕梁市離石區安國寺碑文拓本補。

于氏譜系〔一〕

吾于氏家於永寧,其來已久,並無兩族。自宋迄元迄明,年代久遠,子姓衰落,兼遭兵燹,遂致家乘缺略。今僅搜得元時所存二譜、明代所存二譜,皆前無所承,後無所繼。然不敢廢置,仍其原有次序而存之。更有止存名諱,并無次序、昭穆可考者。謹照原存名諱開列,以示後世,用誌尊祖之義,統爲《前譜系圖》:

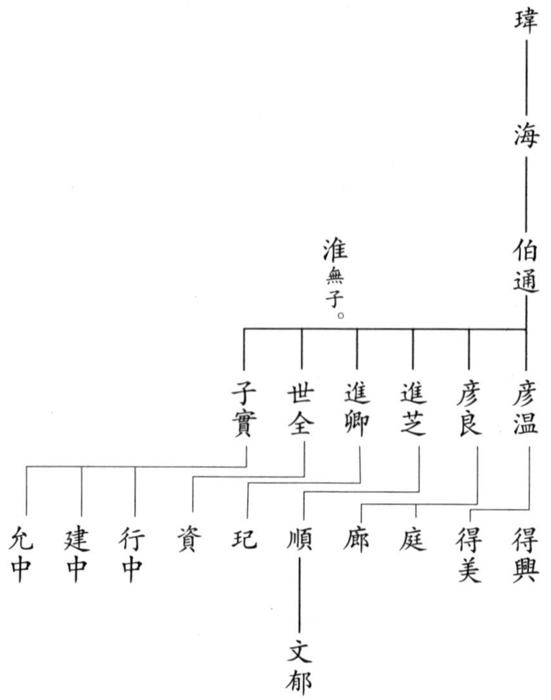

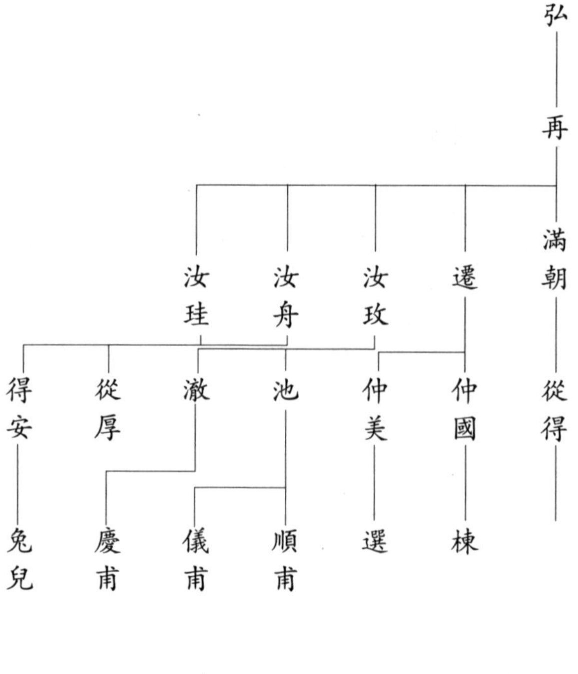

已上二圖係元至正時舊譜。

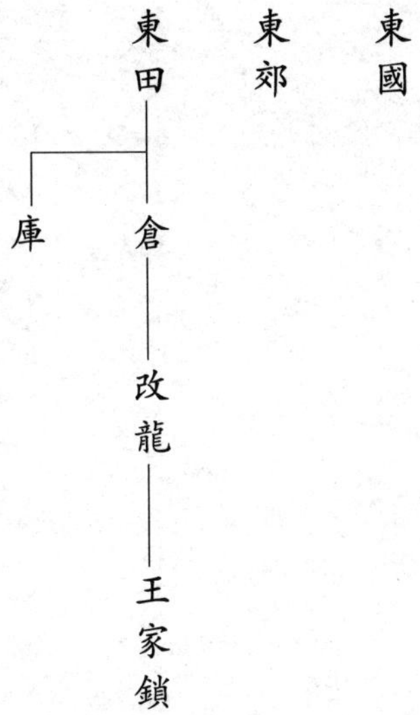

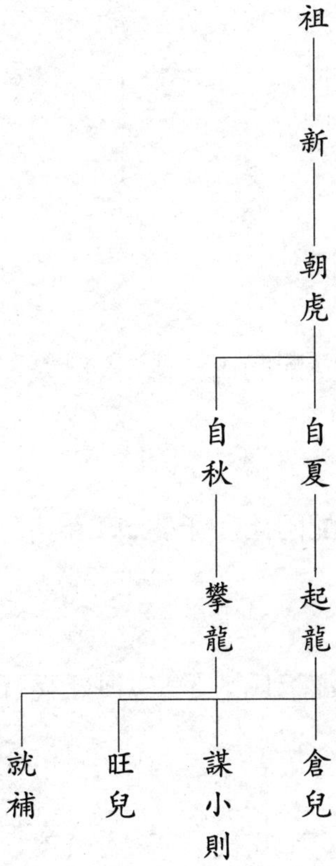

已上三圖係明代舊譜。

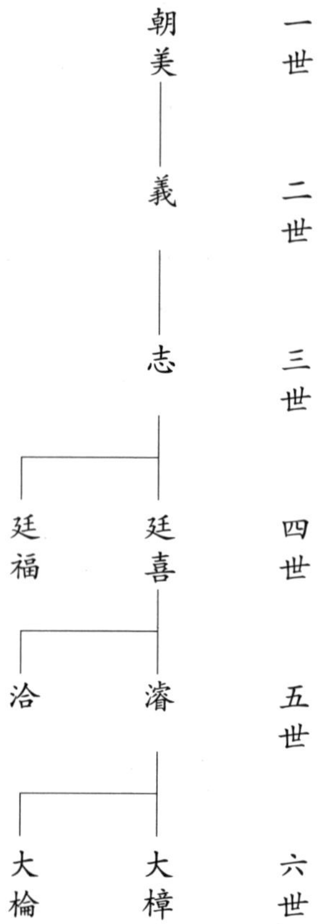

一世

處士公諱朝美。配□氏。子一,曰義。

二世

處士公諱義。配□氏。子一,曰志。

三世

處士公諱志。配穆氏。子二,曰廷喜、曰廷福。

四世

處士公諱廷喜。配高氏。子一,曰濬。

處士公諱廷福。配杜氏。子一，曰洽。

五世

文學公諱濬，字姚哲，州庠生。配杜氏。子二，曰大樟、曰大棆。

洽，字□□。配□氏。

六世

文學大樟，字介森，州庠生。配李氏，繼配馮氏。

大棆，字□□。配馮氏。

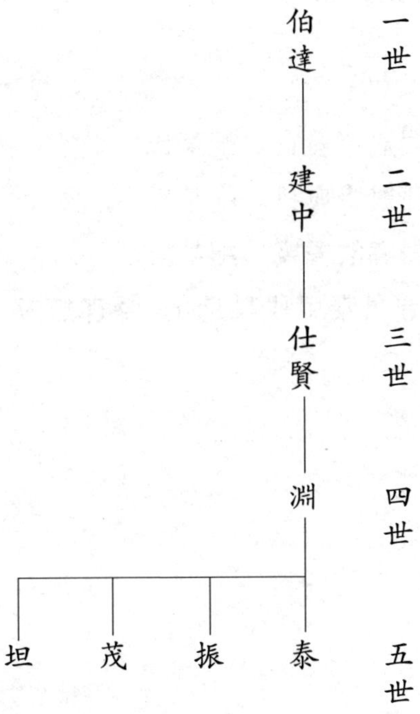

一世

處士公諱伯達，配某氏。子一，曰建中。

二世

處士公諱建中，配某氏。子一，曰仕賢。

三世

贈公諱仕賢，以子淵官贈文林郎、盧氏縣知縣。配張氏，封孺人。年近百齡，見孫坦成進士而卒。子一，曰淵。

四世

盧氏公諱淵，字德深，州庠生，貢入太學，歷事期滿。初爲河南永寧縣丞，以巡撫薦，升盧氏知縣，聲績甚著。以母老乞歸養，於天順癸未年卒，享年七十有一，葬州西孟家嶺。配慕氏，繼車氏、高氏。子四，曰泰、曰振、曰茂、曰坦。

五世

義職公諱泰，授冠帶義官。配某氏。

太醫公諱振，任醫學典科。配某氏。

鄉飲公諱茂，舉鄉飲耆賓。配某氏。

中丞公諱坦，登景泰甲戌科進士，歷官無考，仕至大中丞。配某氏。

六世

璽

國

瑄

瓚

玒

瑭

璜

珽

璇

琉

璘

六世

華陰公諱璽，太學生，仕至陜西華陰知縣。

太學公諱國，國子監監生。

義職公諱瑄，授冠帶義官。

處士公諱瓚。

處士公諱玒。

太醫公諱瑭，醫學典科。

處士公諱璜。

文學公諱珽，州庠生。

處士公諱璇。

明經公諱琉，歲貢生。

處士公諱璘。

已上按盧氏公墓表序(烈)〔列〕，然六世之十一孫已不辨某係某出矣。其他不知世次者，不敢妄爲序列，謹存名諱，以俟徐考。

璁	瑞	璧	琛
玉	九皋	九成	舜臣
舜民	四老	志學	友仁
鐩	钺	鏡	銘
鎧	針	镮	鐄
錚	欽	金	
秉文醫學典科。	秉彝	秉仁	秉直
秉義	秉真		
仲祥	仲元	仲友	仲賦

仲和	仲芳	仲成	
擇倉大使。	青	劑	震
器			
溥庠生，以孝行祀鄉賢。	潔	湖	江
淮	淇	潭	演
冲			
巨山	巨林	巨舟	巨川
文廣	文章	文表	
天佑		天祥	
綱	紀	讓	斌
真	昶	倫	俊
其	卓	照	

吾宗自卜居來堡以後，其世系彰彰可考。今支派漸繁，若不及今譜次，何以傳後，俾接續不替耶？爰别於前之不能序次者，爲《後譜系圖》：

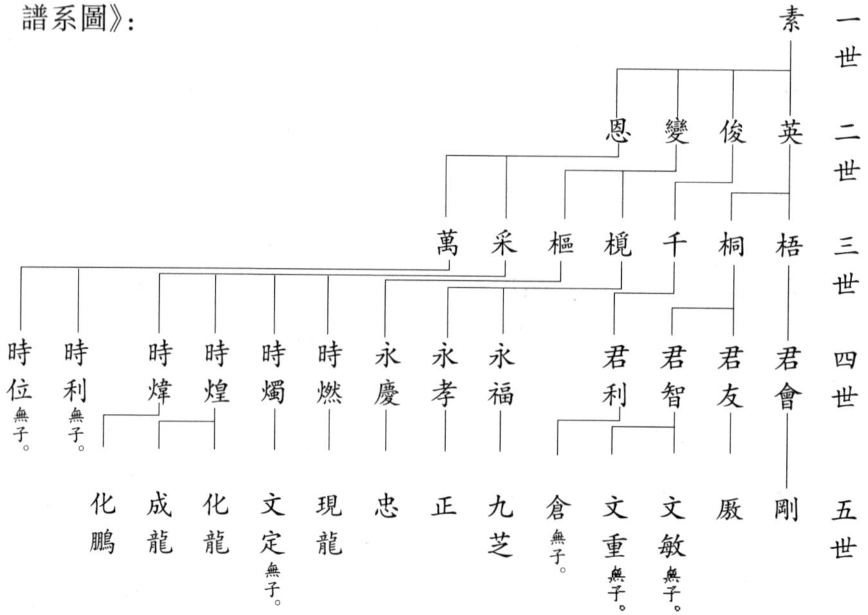

一世

處士公諱素。配白氏。自公卜遷來堡,子孫聚族而居,故以公爲來堡于姓之始祖。子四,曰英、曰俊、曰變、曰恩。

二世

處士公諱英。配王氏。子二,曰梧、曰桐。

處士公諱俊。配某氏。子一,曰千。

處士公諱變。配某氏。子二,曰槐、曰樞。

處士公諱恩。配高氏。子二,曰采、曰萬。

三世

處士公諱梧。配武氏。子一,曰君會。

處士公諱桐。配翟氏。子二,曰君友、曰君智。

處士公諱千。配某氏。子一,曰君利。

處士公諱槐。配白氏。子二,曰永福、曰永孝。

處士公諱樞。配陳氏。子一,曰永慶。

贈公諱采,以孫諱成龍官贈通議大夫、巡撫直隸等處地方、都察院右副都御史。配張氏,贈淑人。子四,曰時燃、曰時燭、曰時煌、曰時煒。

處士公諱萬。配某氏。子二,曰時利、曰時位。

四世

處士公諱君會。配萬氏。子一,曰剛。

處士公諱君友。配喬氏。子一,曰厫。

處士公諱君智。配高氏。子二,曰文敏、曰文重。

處士公諱君利。配某氏。子一,曰倉。

處士公諱永福。配胡氏。子一,曰九芝。

處士公諱永孝。配某氏。子一,曰正。

處士公諱永慶。配賀氏,繼任氏。子一,曰忠。

處士公諱時燃。配霍氏。子一,曰現龍。

處士公諱時燭。配張氏。子一,曰文定。

贈公諱時煌,以子成龍官初贈中憲大夫、湖廣黄州府知府,再贈通議大夫、巡撫直隸等處地方、都察院右副都御史。又以曾孫準官加贈光禄大夫、巡撫貴州等處地方、都察院右副都御史。配田氏,初贈恭人,再贈淑人,加贈一品太夫人。繼配李氏,初贈恭人,再贈淑人,加贈一品太夫人。子二,曰化龍、曰成龍。

處士公諱時煒。配張氏。子一,曰化鵬。

處士公諱時利。配某氏。無子。

處士公諱時位。配某氏。無子。

五世

處士公諱剛。配高氏。子一,曰就法。

處士公諱厫。配陳氏。子一,曰廷珍。

處士公諱文敏。配某氏。無子。

處士公諱文重。配某氏。無子。

處士公諱倉。配某氏。無子。

處士公諱九芝。配楊氏。子一,曰廷愷。

處士公諱正。配李氏。子一,曰廷助。

處士公諱忠。配陳氏。子二,曰廷牧、曰廷官。

處士公諱現龍。配霍氏,繼張氏。子二,曰廷弼、曰廷佐。

處士公諱文定。配張氏。無子。

令尹公諱化龍,字南溟,由恩貢考授知縣,未任。配白氏,繼張氏。子二,曰廷岳、曰廷宣。

清端公諱成龍,字北溟,號于山,明崇禎己卯副榜貢生。入國朝,選授廣西羅城縣知縣。歷任四川合州知州、湖廣黄州府同知、武昌府知府、黄州府知府、下江防道、福建按察使、布政使、直隸巡撫、都察院右副都御史、江南江西總督、兵部尚書,仍都察院右副都御史。卒於官,特贈太子太保,謚"清端",賜祭葬,御制御書碑文,崇祀名宦、鄉賢及吴楚專祠。生於前明萬曆丁巳年八月二十七日丑時,卒於皇清康熙甲子年四月十八日,享年六十有八,詳具傳述中。配邢氏,初封恭人,再封淑人。後以孫準官加贈清端公爲光禄大夫,加贈邢淑人爲一品太夫人。子三,曰廷翼、曰廷勷、曰廷元。

處士公諱化鵬,字□□。配陳氏。子一,曰廷魁。

五世	六世	七世	八世
剛	就法	潤	大彬

六世

處士公諱就法,字□□。配延氏。子一,曰潤。

七世

潤，字□□。配馮氏。子一，曰大彬。

八世

大彬，字□□。配□氏。

五世	六世	七世	八世
厥	廷珍	清	大棋

六世

處士公諱廷珍，字□□。配任氏。子一，曰清。

七世

清，字□□。配王氏。子一，曰大棋。

八世

大棋，字□□。配□氏。

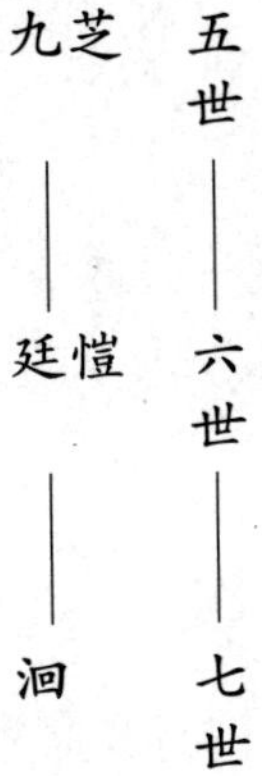

六世

處士公諱廷愷，字□□。配郝氏。子一，曰洄。

七世

洄，字□□。配任氏。

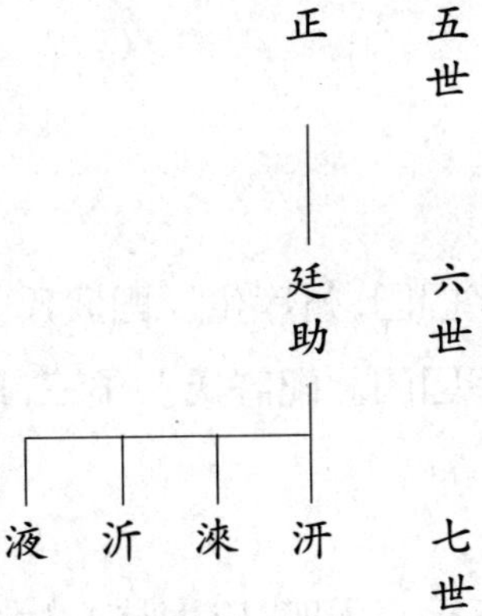

六世

處士公諱廷助，字□□。配王氏。子四，曰汧、曰淶、曰沂、曰液。

七世

汧，字□□。配□氏。

浹，字□□。配□氏。

沂，字□□。配□氏。

液，字□□。配□氏。

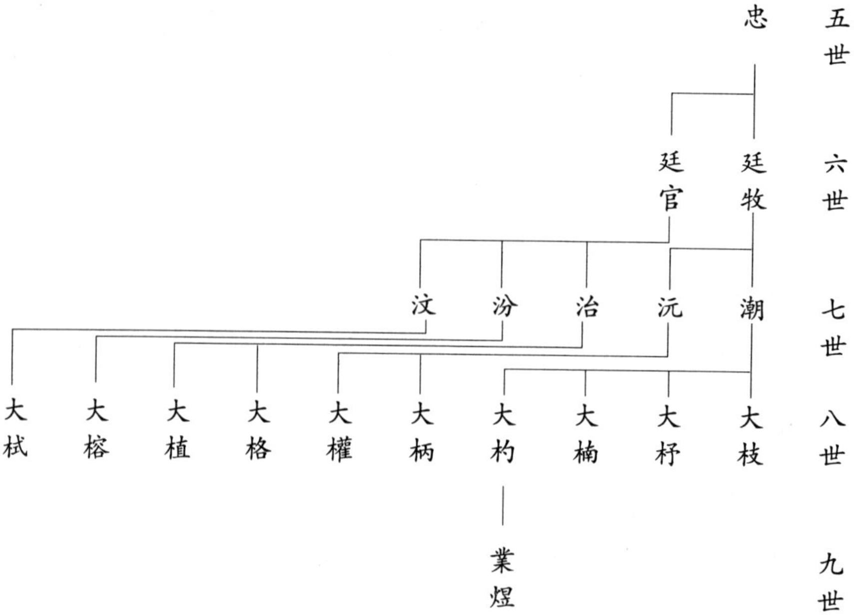

六世

文學公諱廷牧，字□□，州庠生。配武氏。子二，曰潮、曰沅。

處士公諱廷官，字□□。配許氏。子三，曰治、曰汾、曰汶。

七世

潮，字□□。配王氏。子四，曰大枝、曰大杼、曰大楠、曰大杓。

文學沅，字廣洋，州庠生。配趙氏。子二，曰大柄、曰大權。

治，字□□。配郝氏。子二，曰大格、曰大植。

文學汾，字晉源，州庠生。配楊氏。子一，曰大榕。

汶，字□□。配陳氏。子一，曰大栻。

八世

大枝,字□□。配□氏。

大杼,字□□。配□氏。

大楠,字□□。配□氏。

大杓,字□□。配□氏。

文學大柄,字揮鉞,州庠生。配王氏。子一,曰業煜。

大權,字□□。配喬氏。

大格,字□□。配□氏。

大植,字□□。配□氏。

大榕,字□□。配□氏。

大栻,字□□。配□氏。

編者按:原書世系圖與八世序列漏刻大榕,此據七世序列補入。大榕,汾之子。

九世

業煜,字□□。配崔氏。

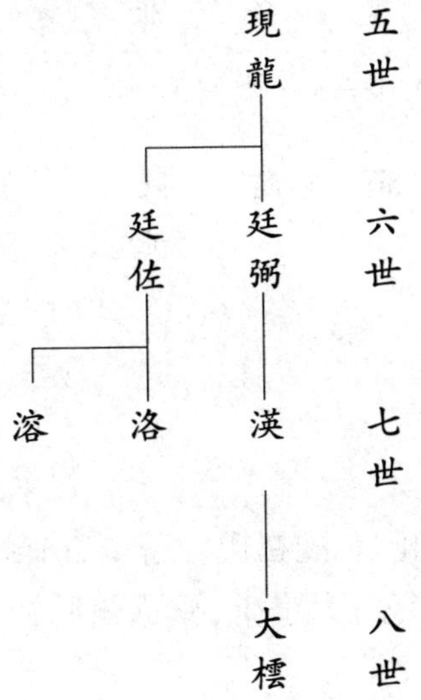

六世

處士公諱廷弼,字相之。配張氏。子一,曰漢。
處士公諱廷佐,字輔之。配劉氏。子二,曰洛、曰溶。

七世

漢,字天一。配□氏。子一,曰大櫄。
洛,字□□。配□氏。
溶,字□□。配□氏。

八世

大櫄,字□□。配□氏。

六世

處士公諱廷岳,字□□。配崔氏。子一,曰漣。

州佐公諱廷宣,字陸公,太學生,候選州同知。配任氏。子一,曰涵。

七世

漣,字天相,州武生。配崔氏。

涵,字遠度,歲貢生,候選訓導。配梁氏。

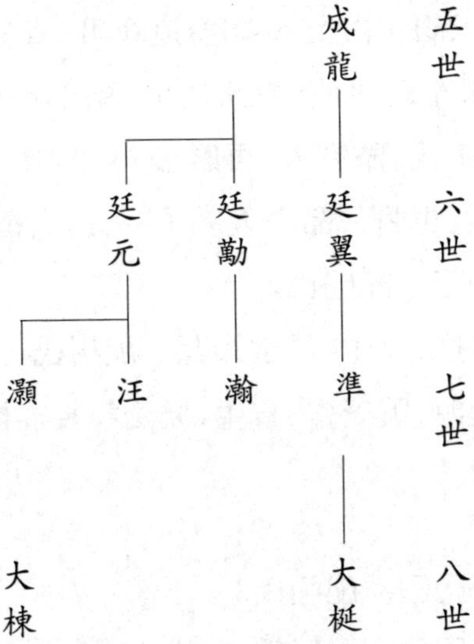

六世

贈公諱廷翼,字右之,歲貢生,任曲沃縣訓導。以子準官封奉直大夫、山東東昌府臨清州知州,再封朝議大夫、直隸錢穀守道参議,贈光禄大夫、巡撫貴州等處地方、都察院右副都御史,崇祀鄉賢。生崇禎丙子年七月初五日寅時,卒康熙庚辰年十二月二十四日亥時,享年六十有六,葬州治東三交鳳凰山嘴,詳具墓志。配張氏,封宜人,再封恭人,再封一品太夫人。子一,曰準。

司訓公諱廷勷,字用之,歲貢生,候選訓導。生順治丁亥年十二月初四日子時,卒康熙壬午年八月二十八日戌時,享年五十有六,葬本州城東,詳具墓志。配賀氏,繼王氏,又繼李氏。子一,曰瀚。

明經公諱廷元,字賡之,貢生,候選學博。生順治甲午年七月初一日寅時,卒康熙己卯年十月二十五日辰時,享年四十有六。配王氏。子二，曰汪、曰灝。

七世

準，字子繩，號萊公，由廕生初任山東東昌府臨清州知州，歷刑部員外郎、户部郎中、江南驛鹽道僉事、直隸錢穀守道參議、浙江按察司使、四川布政司使、貴州巡撫、副都御史，今現任江蘇巡撫、副都御史。配王氏，贈宜人，再贈恭人，再贈一品夫人。繼高氏，封宜人，再封恭人，再封一品夫人。子一，曰大梃。

瀚，字□□。配□氏。

汪，字洪度，貢生，候選知縣。配楊氏。

灝，字逢源，號廣齋，貢生，候選訓導。配蘇氏。子一，曰大棟。

八世

大梃，字□□。配□氏。

大棟，字□□。配□氏。

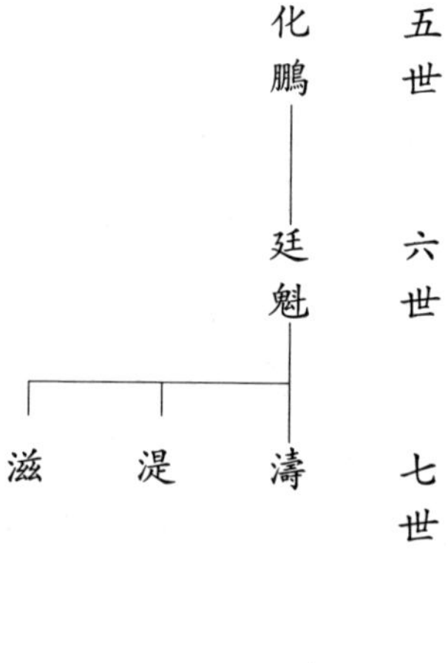

六世

處士公諱廷魁，字元之。配張氏。子三，曰濤、曰浞、曰滋。

七世

濤，字廣陵。配張氏。

湜,字□□。配□氏。

滋,字□□。配□氏。

【校記】

〔一〕據康熙家刻本《于氏宗譜》卷一補。

《譜系》文字中"字□□"、"配□氏",方框爲編者所加,原文爲空白。留白之故,或因不知其何字、何配,或因其年幼而未字、未配。

于氏族規〔一〕

吾族支分派遠,不立章程,則渙而無統,後人何所矜式?雖前此不可追遡,而將來猶堪整頓。今既以遠祖素爲始祖,則始祖之冢子、冢孫世世相仍,即爲大宗,不可紊也。下此,均屬小宗。酌定族規,庶乎子孫繁庶,永遠遵守,以免蕩檢逾閑,得爲聖朝淳民,而祖德於以不替也。條例開後:

一、主祀以大宗爲主。如祖素生長子英,英生長子梧,梧生君會,君會生剛,剛生就法,就法生潤,潤生大彬,此其大宗也。大彬以下之長子、長孫,世世皆爲大宗,此其百世不遷者也。凡主高祖之祀,如元旦、清明、忌日等,均以宗子主祭,而以司儀一人陪祭,其子孫照常從祭。凡族中有大事,亦必與聞於宗子。宗子不論有爵無爵,或貧或富。

一、立司儀。於本族之中,不論遠近崇卑,不論年齒老幼,不論有無爵位,但德足以服人,才足以馭衆,言足以解紛,闔族共立之爲司儀,主一族巨細之事。若司儀不公不法,則易置。

一、立副司儀。族大人衆,一人不能遍理,或正司儀有事及遠出,副司儀亦如正司儀行事。正司儀有不逮者,副司儀匡之。

一、祀典。宗子、司儀既主高祖之祀,此外各門除各祀高祖之外,各祀其本支之祖,與其所生之父母。遇元旦、清明、中元、十月朔、冬至、除夕、忌辰，各緣分自盡，不論窮富。富者固列三牲、五鼎，即窮者一飯、一湯、一飲、一紙，務必致祭，以報先人生成之恩。如敢怠慢，宗子、司儀查出，帶赴祠堂，責懲十板，仍補祭。願罰者贖，量力不過百文。如殷實之家，倍責倍罰。

一、祖宗、父母墳墓，每年清明節培上修理。倘有坍塌破壞，宗子、司儀查出，或責或罰。

一、族中有行善者，果其慈心濟衆，陰行方便，見義必爲，宗子、司儀於歲終獎勵。大者饋以布帛，小者送以食物。

一、族中子弟有上進者，俱謁墓謁祠，仍出喜資置祠堂公用。照後開例：

進學銀二錢　補增銀一錢　補廪銀三錢　出貢銀三錢　納監銀三錢　中舉銀五錢　進士銀一兩　出仕銀一兩　秩大銀三兩　再大銀五兩　顯者銀十兩

一、族中生子者，滿月後，赴祠堂報知某人某年月日生子，照昭穆次序，於五音字内挨順請一字爲名，即註入册，仍留香燭錢三十文在祠。如不報知，或不依譜序請名者，宗子、司儀同族衆，量其人之貧富議罰。以上二條及各條議罰所積之銀，留爲族中公事之用，及歲終獎勵善良者。

一、族中子弟營業，止許讀書、耕田、爲商、手藝四業。除此四業之外，有投營充兵、入衙門作皂快，及卑污苟賤之業者，宗子、司儀同闔族逐之。

一、族中男女及時婚配，不許良賤成婚。倘有貧不能娶、不能嫁者，告知宗子、司儀與族中有力之家，公助完婚，不得愆期。男不過二十歲，女不過十八歲，有故者勿論。

一、族中有喪不能舉者，亦如婚姻例行。

一、族中子弟，其人素行老成本分，忽遭意外之事，不能豁脱，宗子、司儀代爲籌畫。如事屬重大，不能自專者，倩多智多謀親友籌畫措置。倘有用錢之處，亦如婚喪之例行。若子弟不守本分，自致禍殃,不必管理。

一、子弟有不孝、不弟、不和親族、不敬長上者,宗子、司儀帶赴祠堂,量事之輕重責治,令其改過。如再不改過,送官究治。

一、族中子弟有姦人妻女、酗酒賭錢、不顧家計、不務本業,士、農、工、商之業。或恃强打降、生事非爲、爭鬬好訟,宗子、司儀查出,輕則或責或罰,重則公舉到官處。

一、族中有姦淫内亂者,不論有服無服。男則責逐改姓,不許歸宗,女則休回母家。有爲竊賊者,宗子、司儀帶赴祠堂,重責三十板,令其改過自新。如不改,責逐離宗。若爲大盜,宗子、司儀率闔族公舉到官,依律究治。

一、族中有不幸夫死妻幼,所遺子女無人看養,勢必隨帶改節。成人之時,宗子、司儀領回,男給營業婚娶,女擇夫壻嫁配,不許遺棄。繼父之家所費,取之闔族公助。

一、族中無論尊卑,妻室有不孝公婆、不遵禮義者,宗子、司儀查出,同本支年尊尊長一二人,及本婦公婆,當面誡訓,令其改過自新。如夫男偏徇,當本婦責治。倘本婦仍然不改,同闔族尊長帶赴祠堂,令本婦之婆當衆責治。倘干應出之條,照律遵行。

一、族中有婚喪大事,照常行禮,不分親疎。如人不到而禮儀到者,免議;若人與儀俱不到者,議罰。貧而無告者,不在此格。

一、爵位貴顯,或家資富厚者,遇本族之人,不論服屬遠近,凡老幼、貧賤、伯叔、尊長,俱照服制執禮,不得以富貴驕傲族人。如有此等,宗子、司儀同闔族長幼詣彼家,責以大義,議罰。倘不遵,照不睦條鳴官。

一、奴僕凡於族中之人,無論貧富、貴賤、長幼,概執主僕之禮。不許抗禮,不許結親。違者,奴僕帶赴祠堂,重責三十板。結親者斷離,奴僕之主議罰。

一、城南清端公祠堂,雖非合族宗祠,但永寧概無宗祠,不便另立。故即以城南之祠爲公所，遇有族中大事商議者，俱群集此祠議行。

一、族中公事，宗子、司儀有帖傳請，按期即至。如真正有事，或不在家則已。倘藉端躲避者議罰，生監有職者加倍。

以上二十二條，凡我族衆子孫永遠遵守。倘敢恃智妄作，或擅行增删，即以不孝論。其共承之，無斁。

【校記】

〔一〕據康熙家刻本《于氏宗譜》卷五補。

先清端公家訓〔一〕

公名成龍，字北溟，號于山，山西永寧人，由崇禎己卯副榜貢生仕至兵部尚書、江南江西總督。蔡方炳填諱。〔二〕

傳曰："君子不出家，而成教於國，則是家有教也。"正惟一家有教，一國觀感，相習成風，而仁讓興焉矣。故居今日，而欲陋習丕變，當自士大夫之家倡之。爲作家訓，以示後人云。

一、孝爲百行之原。父母生兒，能有幾箇身顯榮親的？就是力田貿易、肩挑負販者，皆可緣分以養親，但要把父母時時刻刻放在心裏，時時刻刻頂在頭上。讀書明理者以養志爲先，愚夫俗子亦勉力養其口體，依依膝下，始終孺慕。第一，不可聽妻子之言。如有不孝，族人公罰。

一、弟兄形雖有二，遡源於父母之身，究竟還是一箇。今人弟兄仇敵，只爲看做兩箇，所以參商。我今立訓，同爨者，宜一室和氣；若是分居，亦要彼此聯屬。爲兄者當愛，爲弟者當敬。患難相恤，貧富相顧，不肖相勸。勿聽妻子之言，而傷手足之情。如有不遵者，朝廷大律具在，莫貽後悔。

一、族中之人，皆吾祖宗一脈，譬如樹之有幹，畢竟落葉歸根。彼族中老幼，奈何其不睦乎？今人見族中之富貴者，羡爲榮耀；見族中之貧寒者，多生厭惡。此種心腸，豈可以對祖宗？我今立訓：凡係族人，不分枝派遠近，不論人物貴賤，俱照長幼執禮。倘敢高下異視，照不睦條議罰。

一、士農工商，各執一業。子弟十二三歲時，賢愚已定。賢者做向上事，愚者亦必令其執一藝，庶不致閒曠其身。到了長成，還可以贍養妻子。若一姑息，或聽其暴棄，鮮不貽後日之悔也。

一、族人不知讀書之樂，僥倖博一青衫，自以爲萬事皆足。至於科第一節，皆諉之於闔郡風水。不知發過先達，盡係讀書之人，豈風水之説獨不應於我輩乎？願我家子弟破除積習。做童生，下一番苦功，望進學；做秀才，下一番苦功，望中舉。即使數命不偶，艱於遇合，道理明透，亦不被人目爲不通。

一、四民之首曰士，原期讀書明道，較愚人迥出一頭，故稱之曰秀才。豈知一做秀才，惹禍招災，總從一念之放肆起。我願子弟小心敬畏，雖進學，與平人無異，埋頭讀書。設有非禮之來，當以理遣。如果有干身家，始許理論。切勿呼朋引類，做出非爲的事來，那時悔之晚矣。

一、士子幸而上達，身雖貴顯，居家切要勤儉，不可奢靡。待人務宜謙光，不可驕傲。

一、有田之家，率其佃僕及時耕種，及時耘耨，寧先時，毋後時。仍不時親身董率，勿自家懶惰，委之家人，徒飽溪壑也。

一、種田不離田頭，深耕易耨，是其本分。勤得一分，多得一分之利。仍要聚積糞灰〔三〕，地肥則苗盛。於農暇之時，就想到來歲耕耘之時，有當借用之物，乘閒置辦。雖遇豐年，所穫縱多，亦不可浪費。少留儲蓄，以備凶荒。田有隙地，必種瓜菜之類，畜養猪雞，以補不足。

一、朝廷錢糧，依期封納，不可拖延，爲里中頑民。

一、生意之人，或開店，或行商，俱要早起晚睡，不可偷安。語云："不將辛苦意，難取世間財。"

一、居家要儉,當念錢財非易。衣服飲食,惟期適口充身,不可浪費。吾永寧地土澆瘠,而天時又亢澇靡定。少有所蓄,庶可以備荒年。

一、馭僕婢,體恤勞苦,軫念飢寒,不可近狎,亦不宜疎遠。臨之以莊,馭之以禮,至要至要。貴顯之後,鄉黨之間,禁其放肆,則又寧嚴毋寬也。

一、結親惟取門當户對,不可扳高,亦不可就下。司馬温公曰:"嫁女勝吾家,娶婦不若吾家。"二語切記切記。女夫、兒婦俱要一一訪實,如儀容、惡疾之類,慎之於始。不可以一言之合,輒將兒女輕許於人。聘財粧奩,但當量其家計大小,不可過費,恐傷元氣。

一、喪葬俱按《文公家禮》行。父母年至六十,則衣衾、棺木之類,俱當及時置備。

一、祭祀祖先,或時祭,或忌日,牲醴、湯飯、紙錢,量力設備。男、婦依序行禮,不可疎略。

一、夫婦之間,當思一"敬"字,梁鴻、孟光之舉案齊眉,千古稱爲美談,敬而已矣。如今夫妻反目不和,只爲太狎。太狎則不敬,不敬則變生莫測矣。是故,居室之間當如賓客,自然刑于之化以起,門内之和以生。至於彼此罵詈,辱及其身,則又祖宗之罪人也,豈足語於人道乎?倘有小家女不敬祖先,不尊丈夫,敢用污言詈夫,并辱宗祖者,以不孝律出之。

一、凡年至四十無子,方許置妾,嫡妻不得妒忌。如不遵此訓,照"七出"條出之。其夫亦不得縱妾凌妻,犯者合族公罰。

一、貴顯之家有故交寒士在座,覺得另有一番韻致。若有骨鯁之士、文學之人在座,則愈顯其休容之度矣。子弟貴顯者,切莫疎慢士類。

一、人家生兒子,自然是聰明者佳,但聰明人每多刻薄,刻薄則暗中虧折了許多福分〔四〕。常見尖穎之人終於落剥,庸庸之人反享厚福。一係聰明發洩已盡,一係天機渾含不露〔五〕,所以受用各有不同。我勸聰明子弟,以寬厚宅心,庶可邀和平之福。

一、子弟將成人之時,性情易擾,不許結交淫朋浪友。如與不端之人往來,爲父兄者急早禁絶,以防其漸。

一、子弟年幼,早晚不時稽查,不許遠離膝下。即從師在學,亦必訪察功課。倘有曠業之日,則根究踪跡,大加振刷,勿事姑息。

一、子弟居室,早則十八歲,遲則二十歲,切不可再早。恐元氣未壯,致成虚怯。

一、子弟家居,飲食、動作俱教以規矩,事上、接下俱教以禮數。勿致放蕩,恐久久便成狂妄。

一、子弟出外,必稟命於父兄,反必面;婦女外出,必稟命於公、姑、夫男[六],反必面,不許擅自出入。

一、人家子女到五六歲時,男則從師,穎悟者望其上進,愚魯者束其身心,不致將來有佻㒓之虞。從小姑息,長大廢棄,皆爲父者貽之也。孔子云[七]:"愛之,能勿勞乎?"女孩兒即教其紡績,再長則教以鍼黹,仍約束其驕傲之性。婦主中饋,爲母者亦須教導,務要早起晚睡,不可令其懶惰;頭足修飾,不可令其邋遢[八];語言謹慎,不可令其縱肆;行止端莊,不可令其輕浮。若縱而不教,一到夫家,不成材料,不執婦道,牽惹辱詈,皆爲母者貽之也。子女所關匪細,爲父母者慎之。

一、閨門要嚴肅,雖係中表至戚,務要男女有别,遠嫌别疑,不可同席而食,同坐而語。宅中分别内外,昏夜之間女不出,男不入。女子有事,夜行以燭。男子年交十六,早晚非奉呼唤,不放擅入内宅。

一、婦女不許入寺觀燒香拜會,惟在家念佛持素不禁。

一、婦女惟正事出外,用金珠服飾。在家則家常服飾,不得喬粧艷服。

一、婦女不幸而夫早殀,應該守節爲是。其或青春年少,不能終節者,不妨善言,儘伊父母令其改適,以免意外之誚。

一、致富由勤，人盡知之。我謂“公道”二字，乃致富之要訣。常見世人欺慢愚人，巧詐取財，或戥秤升斗出入各别，也有賺錢起家的，究竟巧裏來拙裏去，明裏來暗裏去。蓋由此心一欺，必干天譴，終成無益。何如任天由命，永保福基。故我謂“公道”二字，其致富在“勤”字之上。

一、富貴是命裏帶來的，自不必説，然亦非鐵汁溶成的。天道惡盈，若無德以迓之，恐轉而消折矣。

一、錢財豐盈，千倉萬箱，不過屬你管轄，不可看作萬年不拔之基。若遇好事不做，遇貧難不施，不過一守財虜耳。或者博施濟衆，上天鑒之，必永享富厚也。

一、居心不可刻薄。天地長養萬物，只是一個仁，仁則并包無外。今人當處處以仁存心，所見、所行、所言，自無暴戾之習，純是一團靄然和氣。福慧油然而生，爲子孫不知存了多少地步，自家那裏覺得！

一、立身貴高。高非高傲之高，只是不可把自家的身子卑了，同流合污是也。須要看得自己身子重，自然非禮不爲，視一班苟賤趨逢者如坐泥塗，我之身豈不擡高幾十層乎？

一、人貴立志。志非大言不慚之謂也，乃念念向上一等做去。譬如我志在富，則當勤儉以致之；我志在貴，則當讀書以致之〔九〕。所趨者在那一等，自然所得者即在那一等，所謂有志者，事竟成也。

一、莫謂神明當敬也，敬神明不若敬心；莫謂此心可欺也，欺此心即是欺天。心存正直，天知神敬；心存欺詐，鬼禍災生。從古欺心做壞人者，曾有幾箇到頭？

一、世間當行與不當行者，善惡兩途；天之福人與禍人者，亦善惡兩途。勿謂此小之善不足紀，善念一生，天必降之福；勿謂此小之惡無足畏，惡念一生，天必降之灾。二者不分大小，只在人舉念間耳，《太上感應篇》註得分明。

一、不可結怨於人。人之最難忘者，感恩、積恨二端。施恩於人,尚有忘者;積恨於人,則透入骨髓,鮮有不思報者。所以吾人處世,當存一寬大之念,不獨馭事留其有餘,就是言語之間,也不可過當。我出於一時之無心,而人竟積爲終身之怨階矣。

一、凡事不可做盡。人力不逮於我,我不可窮人之力;人勢不及於我,我不可使盡其勢。即言語之間,不妨讓人一句,略得便宜,抽身便轉,討了許多受用,知之。

一、人終身體認一箇"忍"字,小不忍則亂大謀。忍得一分,受用一分。父子不忍,則乖天倫;兄弟不忍,則成吳越;夫妻不忍,則魚水反目;朋友不忍,則氣誼參商;居家不忍,則乖氣致戾;世情不忍,則變起仇敵。甚而一言不合,戈矛頓起,人命反掌,悔焉莫及。不忍之害大矣哉,可不慎諸?

以上四十一條,皆我親身閱歷,件件有着。凡我後人,勿謂其迂遠而忽之也。

【校記】

〔一〕本文以中國國家圖書館藏康熙家刻本《于氏宗譜》爲底本,以《齊治録》爲校本。

《于氏宗譜》卷五,康熙家刻本題爲《家訓》。《齊治録》上帙二十七,題爲《先清端公家訓》。題目據《齊治録》改。

〔二〕公名成龍,字北溟,號于山,山西永寧人,由崇禎己卯副榜貢生仕至兵部尚書、江南江西總督。蔡方炳填諱。 據《齊治録》補,《于氏宗譜》無此句。

〔三〕聚積 《齊治録》作"積聚"。

〔四〕刻薄 《齊治録》無此詞。

〔五〕一係 《齊治録》無此詞。

〔六〕夫男 《齊治録》無此詞。

〔七〕云 《齊治録》作"曰"。

〔八〕邋遢 《于氏宗譜》《齊治録》作"壏塌",據意改。

〔九〕我志在貴,則當讀書以致之 《齊治録》無此句。